한국의 신학자들 I

편집: 안명준
편집자문위원: 노영상·이상규·이승구

한국의 신학자들 I

초판 발행 | 2021년 10월 15일

편 집 | 안명준
편집자문위원 | 노영상·이상규·이승구

펴 낸 곳 | 아벨서원
등록번호 | 제98-3호(1998. 2. 24)
주 소 | 인천광역시 남동구 구월남로 118 (인천 YMCA, 805호)
e-mail | abelbookhouse@gmail.com
전 화 | 032-424-1031
팩 스 | 02-6280-1793
ISBN | 979-11-972229-2-4

한국의 신학자들 I

Korean Theologians

편집 안명준

편집자문위원 노영상 · 이상규 · 이승구

아벨서원

Abel Book House

●● 2021년 8월의 한국은 세계 속에서 크게 영향을 떨치고 있습니다. 이런 국가의 위상은 한국에 온 선교사들의 순교와 헌신으로 그 기초를 세웠다고 확실하게 말할 수 있습니다. 그들의 노력으로 교회, 학교, 병원, 봉사기관, 그리고 농촌의 발전과 여성들의 교육화를 통하여 오늘날의 한국의 모습을 만든 것을 어느 누구도 부인하지 못할 것입니다. 이런 한국의 번영 속에서 한국교회와 신학교에서 헌신하셨던 한국의 신학자들을 살펴보는 것은 역사적 사명과 큰 의미가 있습니다. 이 작품은 한국의 신학자들의 생애와 신학을 통하여 우리들의 신학의 모습들을 드러내며, 21세기 세계교회 속에서 중요한 위상을 가지고 있는지를 확인할 수 있는 매우 좋은 기회가 됩니다. 이 책은 많은 신학자들과 그들의 제자들의 열정 속에서 값진 작품으로 탄생되었습니다. 그들의 수고와 땀방울이 아름다운 열매를 맺기를 기대합니다.

이 책은 한국의 신학자들의 삶과 신학을 조명하여 역사적 기록과 후대를 위한 연구자료의 기초를 위하여 기획되었습니다. 앞

으로 몇 권이 더 진행될 예정입니다. 이 책은 2020년에 출판된 〈한국교회를 빛낸 칼빈주의자들〉의 후속작으로 장로교회 학자들뿐만 아니라 한국교회의 모든 신학자들을 포함하여 그들의 신학을 후대에 알리는 것을 목표로 합니다. 〈한국의 신학자들 1권〉은 수고하신 30명의 집필자들의 수고가 아니면 출판될 수 없었습니다. 팬데믹 상황 속에서 모두가 어려운 시기에 땀을 흘려 주심으로 이렇게 값진 한국교회의 신학자들을 조명하는 일에 헌신을 하셨습니다.

바쁘신 가운데서도 모든 글을 읽으시고 귀한 추천사를 써 주신 은사되신 김명혁 교수님, 한국교회의 복음적 신앙과 세계교회의 지도자가 되시는 김상복 목사님, 한국신학에 큰 공헌을 하시며 부족한 사람에게 늘 조언을 주시는 기독교학술원 원장이신 김영한 박사님, 한국교회와 한국민족을 위하여 특별한 은사와 소명으로 지대한 업적을 남기신 민경배 박사님, 한국신약신학 학계에 큰 공헌을 하신 은사되신 박형용 박사님, 한국교회의 연합과 세계화를 위하여 큰 공헌을 하신 국민문화재단의 이사장이신 박종화 박사님, 코로나

19로 힘든 상황에서도 신속하게 추천의 글을 주신 오정호 목사님, 한국의 여러 학회를 위하여 수고하시며 숭실사이버대학교의 이사장이신 노영상 박사님께 감사를 드립니다. 2020년에 출판된 〈한국교회를 빛낸 칼빈주의자들〉 제작시에 후원도 하셨던 장종현 백석대학교 설립자 목사님은 저를 비롯한 한국신학회 회장들에게 사랑과 후원을 아낌없이 베풀어 주셨기에 진심으로 감사를 드립니다. 노영상 박사님, 이상규 박사님, 그리고 이승구 박사님께서 언제나 여러 책들의 출판에 편집위원으로 귀한 조언을 주신 점에 감사를 드립니다. 한국교회와 교수님들을 위해 관심과 사랑으로 후원해 주셨던 대한예수교장로회 대신총회 총회장이시며 소망교회 담임이신 이정현 박사님께 진심으로 감사를 드립니다.

마지막으로 출판을 허락해 주시고 여러 차례 원고를 수정하시는데 큰 수고를 하신 대신총회신학연구원의 원장이신 이종전 박사님께 감사를 드립니다. ●●

2021년 8월

편집인

평택대학교 명예교수

안명준

추천사

●● 한국교회의 귀중한 선배님들에 대한 사랑과 존경의 마음을 지니고, 선배님들의 삶과 사역에 대한 사랑과 존경의 글들을 제자들로 하여금 쓰게 해서 출판하시는 안명준 목사님의 모습이 정말로 귀중하고 아름답게 보입니다. 사실 지금 한국교회는 신앙의 선배님들에 대한 사랑과 존경의 마음을 지니지 못하게 되었다고 생각합니다. 그런데 히브리서 11장은 신앙의 선배님들에 대한 이야기를 아주 길게 나열한 다음 12장에 들어와서 "이러므로 믿음의 주요 또 온전케 하시는 이인 예수를 바라보자" 라고 권면을 했지요.

안명준 목사님은 2020년 12월 20일에 『그리워지는 목회자들』이라는 제목의 책을 출판하면서 제자들로 하여금 21명의 목회자들의 삶과 사역에 대한 글을 쓰게 해서 소개했지요. 안명준 목사님은 이제 다시 제자들로 하여금 한국교회의 선배 신학자들의 삶과 사역에 대한 글을 쓰게 해서 『한국의 신학자들』이라는 제목의 책을 출판하려고 하지요. 아주 귀중하고 필요한 일이라고 생각합니다. 총신대학교의 안인섭 교수로 하여금 "실천적 신학자 송천 주도홍의 생애와 사상" 이라는 제목의 글을 쓰게 했는데, 그 글의 첫 부

분을 간단하게 인용합니다.

"현대 사회는 100세 인생으로 가고 있으니 60대 중반에 대학에서 은퇴한 교수라 하더라도 그 원숙함과 경륜을 바탕으로 더 맹렬한 후반전의 학술적 활동이 기대된다. 그럼에도 아직 활동하고 있는 학자의 신학과 삶에 대해 기록하는 것은 주도홍 교수의 삶의 전반부를 정리하는 의미가 있으며 차후에 더 증보되어야 할 것이다. 주 교수는 독일에 유학가서 신학 박사 학위를 받았고, 독일과 미국에서 목회를 했으며, 평생을 백석대학에서 교수 사역을 했다. 그러나 필자는 네덜란드에서 공부를 했고, 귀국한 처음부터 지금까지 총신대학교에서 가르치고 있다. 그렇지만 필자는 주교수와 같은 역사신학을 전공한 후배이며, 여러 학회에서 함께 활동해 왔기 때문에 누구보다 그의 학문의 의미와 깊이를 이해하고 있다고 할 수 있을 것이다. 게다가 2006년 기독교통일학회가 출범할 때부터 지금까지 매우 가까운 거리에서 시종일관 성경적 통일을 위한 학문적 길을 닦기 위해서 함께 섬겨오고 있기에 이 글을 쓸 용기를 낼 수 있었다. 아래에 기술된 내용 가운데 주도홍 교수의 생애와 사역과

저술에 대한 객관적인 정보는 주도홍 교수로부터 받은 자료에 근거하며, 이에 대한 의미의 분석과 신학적 평가는 필자의 몫이라고 할 수 있다."

이번에 출판되는 "한국의 신학자들"이 오늘을 복잡하게 살아가는 젊은이들로 하여금 신앙의 선배님들을 바라보면서 올바른 목회와 신학의 방향과 내용을 제대로 배우게 되는 귀중한 기회가 되기를 바라며 귀중한 사역을 하고 있는 안명준 목사님에게 감사와 격려의 박수를 보냅니다. ●●

2021년 8월

강변교회 원로목사
한국복음주의협의회 명예회장
전 합동신학대학원대학교 총장

김명혁

추천사

●● 『한국의 신학자들』 출판을 환영하며 축하를 드린다. 한국에는 훌륭한 신학자들이 많이 있어 좋은 목회자와 선교사와 기독교 지도자들을 양성하는데 크게 기여해 왔다.

뿐만 아니라 신학계에 다양한 연구가 이어져 폭넓은 한국신학의 세계화를 이루어 왔다.

한국의 현존 신학자들은 전 세계의 최고 신학기관에서 다양한 연구를 통해 학위를 받고 귀국하여 오랜 세월 한국의 신학교들과 한국교회를 성실하게 섬겨왔다.

한국의 신학계는 양적으로나 질적으로 세계적 수준에 이르러 건강한 신학을 후학들에게 전수하며, 한국교회를 탄탄한 신학 위에 올려놓았다.

이번에 출판되는 『한국의 신학자들』의 내용은 짧지도 너무 길지도 않은 적절한 분량으로 현존 신학자들을 소개하고 있어 신학자 상호 간의 교류가 쉽게 이루어지고, 기독교계는 각자의 써클 밖

의 귀한 신학자들을 쉽게 접할 수 있게 되어 한국 신학계와 교계의 값진 참고 자료가 될 것을 믿으며, 크게 환영하는 바이다. ●●

2021년 8월

횃불트리니티신학대학원대학교 명예총장

할렐루야교회 원로목사

김상복

추천사

●● 『한국의 신학자들 I』이 출판된 것에 대하여 환영하는 바이다. 작년에 『한국교회를 빛낸 칼빈주의자들』(킹덤북스, 2020)이란 편집서에서 빠진 신학자들을 이번에 선정하여 집필되었다. 이 편집서의 특징은 다음과 같이 말할 수 있다.

첫째, 초교파적이다. 장로교, 성결교, 감리교 등 교파에 구애받지않고 지난번 편집서에 빠진 중요한 신학자들을 소개한 것은 의미가 크다.

둘째, 복음주의자들을 망라했다. 『한국교회를 빛낸 칼빈주의자들』 편집서는 한국의 보수칼빈주의자들을 집대성하여 소개하였다. 장로교회의 대표 신학자들이 소개되었다. 이번 저서는 거기서 빠진 감리교와 성결교 신학자들을 찾아 선정했는데, 한국에는 복음주의자들이 많다는 것을 보여주고 있다.

셋째, 소개된 학자들은 신학대학에서 은퇴한 교수들, 60세 이상의 현직교수들이다. 그리고 본서에 소개된 교수들이 소속한 신학대학들은 장신대, 총신대, 합신대, 고신대, 개신대, 백석대, 광신대, 아신대, 국제신대, 평택대, 호남신대, 서울 장신대, 협성대, 성

결대, 서울신대, 대신총회신학연구원 등이다.

넷째, 필진들은 박사학위를 소유한 현직 신학대 교수들 내지 연구소장이다. 이들의 학문적 입장이 복음주의적이고 학문적인 신뢰성을 인정받고 있다.

편집인으로서 안명준 교수는 평택대에서 정년 은퇴한 조직신학자이고, 편집 자문위원들도 복음주의신학자들로서 학계의 중진으로 훌륭한 평가를 받고 있는 학자들이다.

오늘날 한국교회는 지구촌 북반구에서 136년 역사의 신흥 교회로서 가장 복음주의적이고 활기차며, 6만 교회와 967만명(2015년 기준, 통계청 발표)의 신자들을 갖고 있으며, 이러한 교회의 괄목한 성장에 힙입어 많은 신학교들이 설립되어 운영되고 있으며, 각 교단에서 많은 신학자들이 나오고 있다. 한국의 신학자들은 아시아의 모든 신학자들을 합한 것보다 많다고 한다. 그리고 한국의 중요 신학대학교수들은 유럽(독일, 영국, 네덜란드, 프랑스, 스위스, 오스트리아 등)과 미국, 캐나다, 아프리카 남아공 등의 유수한 신학

대학에서 공부하고, 거기서 박사학위를 취득한 자들이 상당수에 이른다.

이 책에서 각 신학자들을 연구한 글들은 오늘날 한국선교 136년을 맞이하는 한국의 복음주의 신학의 다양성을 제시해 줄 것이다. 오늘날 한국교회는 장로교가 3/4이요, 나머지 1/4이 감리교, 성결교, 하나님의 성회, 그리스도의 교회 등 다른 개신교 교파이다. 이에 상응해 한국신학자들도 비례하여 분포한다고 볼 수 있다. 이 책은 장로교 보수신학뿐 아니라, 감리교 및 성결교 보수신학에 대해 원로 신학자들을 중심으로 소개해주고 있다.

오늘날 한국신학에 대한 연구에 있어서 이 책은 교단의 장벽을 넘어서 초교파적으로 복음주의적 현황을 알려주고 있다. 한국에서는 복음주의 신학자들의 모임으로 한국복음주의신학회, 한국개혁신학회, 장로회신학회, 웨슬리신학회 등이 있다. 한국기독교학회를 중심으로 훌륭한 진보주의 신학자들도 있다. 이들을 소개하는 작업이 필요하다. 한국교회에는 장로교신학자들만이 아니라, 훌륭한 감리교신학자들, 성결교신학자들도 많이 있다. 이들을 소개하

는 일은 앞으로 후학들이 해야할 과제라고 생각한다. 이 책의 책임 편집을 한 안명준 교수와 편집위원들의 수고에 경의를 표하는 바이다. ●●

2021년 8월

기독교학술원장

숭실대 명예교수

한국개혁신학회 초대회장

김영한

추천사

●● 『한국의 신학자들』 I권이 마무리되어 추천사를 쓰게 됨을 기쁘게 생각합니다. 한국교회가 여기까지 오게 된 것에는 많은 목회자들과 신학자들의 노력이 있었습니다. 물론 평신도들의 역할도 적지 않았습니다. 수 많은 사람들의 땀과 눈물로 오늘에 이른 것입니다. 그러나 세월이 지나면 그분들이 어떤 일을 하셨는지, 그리고 어떤 삶을 살았는지 점점 잊혀지게 마련입니다. 나중엔 교회의 건물들만 남고, 그 속에 어떤 믿음의 사람들이 있었다는 사실들은 세월에 묻혀지게 될 것입니다. 이런 아쉬운 일들이 일어나기 전 우리는 이 땅에 살았던 믿음의 선진들의 이야기들을 모을 필요가 있으며, 이에 안명준 교수, 이상규 교수, 이승구 교수, 그리고 저까지 힘을 모아 이런 일들을 계속하는 중입니다.

교회가 어떻게 발전하였고 선교가 어떻게 확장되었는지를 남기는 것도 중요하지만, 그 안에 어떤 사람들이 살았으며, 어떤 생각을 하였는지를 모으는 일은 더 중요한 것이라 생각합니다. 이 책에 실리신 분들은 거의 다 은퇴하신 분들이십니다. 20년 30년 40년을 한국신학을 위해 노력해오신 분들의 이야기입니다. 한평생

을 신학책들과 씨름하며 목회자들을 길러내기 위해 애쓰신 분들입니다. 어떤 때는 자신이 하는 일들이 정녕 보람된 일인가를 의심할 때도 있었겠지만, 그분들의 신학적인 고민들이 없었다면 오늘의 한국교회가 바로 서지 못하였을 것입니다.

이 책에 실린 분들의 성함들을 보니, 한참 선배 되신 분들도 계시고 저의 동료로서 함께 생활하여왔던 분들도 계십니다. 제가 보기에도 모두가 다 귀한 분들이십니다. 황승룡 총장님, 장종현 총장님 등 제가 특별히 은혜를 입은 분들도 계셔 이 책이 더욱 빛나 보입니다. 어떤 분들은 학교 선배님이시고, 또 다른 분들은 같은 학교에서 함께 교수직을 감당하였던 분들도 계십니다. 학회 심포지엄을 하며 진지하게 신학적 논의를 하였던 분들과의 추억도 생각납니다.

신학계가 넓은 것 같지만 한 다리 건너면 다 알만한 사이입니다. 그분들과 동시대에 호흡을 같이하며 살았던 일들이 주마등같이 뇌리를 스치고 지나갑니다. 우리가 함께 하였던 시기는 정말 한국교회의 전성기였다고 말할 수 있습니다. 모두가 바삐 다니면서 강의도 하고, 연구실에 앉아 책들도 만들고, 학생들을 상담도 하며

분주한 날들을 보낸 것 같습니다. 이런 일들이 잊혀지지 않고 더 나은 열매로 결실되길 바랍니다.

이제 우리 모두는 한국교회가 주님의 은총 안에 새로운 면모를 갖추게 될 것을 기대하고 있습니다. 우리들이 사랑하였던 한국교회, 우리가 서로 정을 나누었던 선후배들의 이야기를 후대에 남기게 됨을 보람있게 생각함과 동시, 이 일을 위해 자신의 스승님, 아버님, 선배님의 삶과 신학을 이 책 속에 정리하여 주신 모든 필진들에게 환호하며 찬사를 보냅니다. 다시 한번 그 이야기들이 묻혀지지 않고 이 책 속에 생생하게 남겨지게 된 것을 기쁘게 생각하고 축하하면서 추천의 글을 갈음합니다. ●●

2021년 8월

전 호남신학대학교 총장
현 총회한국교회연구원장

노영상

추천사

●● 역사는 과거의 실록이요, 미래의 계시록이요, 현재의 동력현상학입니다.

한국교회는 선교 역사 140년 만에 세계에서 거대 교회로 우뚝 서 〈백성의 언약과 이방의 빛〉으로 치솟고 있습니다. 1888년에 벌써 우리 교회는 〈그 열매〉로 부강한 나라가 될 것이고, 심지어 강대국이 될 것이라 전망하고 있었습니다. 최근에 이르러서는 1994년 영국의 유력지 〈만체스터 가디안〉지가 한국이 세계의 종말이 오기 전에 세계기독교의 영도국이 될 것이라 예언하고 있었고, 2010.8.1자의 거대 주간지 〈뉴스위크〉는 한국이 로마제국 콘스탄틴대제가 한 것과 같은 일을 금세기에 해낼 것이라 확언하고 있었습니다.

이 거대 한국교회의 기상과 그 실상을 현대 한국교회의 현장에서 대를 잇는 듯 대의를 관철하고, 우리가 다 겪고 동감하는 풍부한 가치를 신선하고도 고도의 차원에까지 승화시킨 30인 거인들

의 대본을 완곡한 각본으로 구상화하는 일련의 작업이 안명준 박사님의 편찬 편수 구상에 따라서 여기 전집 형식으로 간행되기에 이르렀습니다. 본서에서 우리는 인물사를 보기 전에 한국교회의 그 심원하고도 강력한 신앙과 그 실상을 보게 되는데, 그것이 바로 우리 교회의 대동족보 형식입니다.

본서는 6.25전란의 참화와 피폐를 거쳐 솟아 오른 강력한 우리 한민족 현대교회의 완곡한 대본으로, 그것이 우리 가슴에 그대로 얹혀져, 그 고귀한 승전가로 우리들 가슴속에 압도하여 파도처럼 밀려오고 있는 우리 역사의 실록입니다. 이 책은 어떤 서평을 거치든지 빛나는 우리 현대사의 축쇄판, 바로 그것입니다. 이 책은 우리의 가슴속에 이식하여 양성하면, 우리 스스로가 그 중심에 서 있는, 그런 구도를 가진 원판입니다.

저자들은 주변의 관련 자료들을 도처 광수보궐(廣搜補闕)하고, 이런 수작(秀作)으로 편성하여 간행한 것인데. 이는 한국사료

편성사에서도 한 규범을 이루는 명필들을 남겼습니다. 더구나 이 책은 근고(近古) 현재 교회인의 생생한 실상 그 현상을 간결과 재치로, 그 만한 거인들의 실록으로는 이만한 단편으로 완결한 묘미가 탁월하기 때문입니다. 대개 인물 전기는 의도하지 아니할지라도 과장할 가능성이 큰데 이를 글귀마다 경계하면서도, 아주 품위있게 조리된 문체로 시종한, 그런 탁월한 이 책의 수사법은 우리들에게 고도의 공감과 문필의 능(能)을 보여주고도 남음이 있습니다.

근현대 한국교회 거인들의 영원한 승리자들의 모습, 그 헌신적인 고귀한 생애, 그런 것이 언제나 우리 곁에 빛나고 살아 있기 때문에 그 전기를 출간하는 것이, 청동(青銅)이나 대리석으로 깎아 세우는 것 못지 않아 감격이 이만큼 큽니다.

파노라마처럼 펼쳐진 전기편집 간행 사역을 시종 총괄하신 우리 안명준 박사님과 편집자문위원 이상규, 노영상 이승구 편집위원님들에게 다들 고마워 이렇게 격한 심정으로 축하하고 환호의 찬

사를 올려드립니다. 이제 우리는 그런 모습을 누구에게나 보여 줄 수 있는 나라를 만들어 냈구나 하는 생각이 절절이 가슴에 메어오기 때문입니다. ●●

2021년 8월

연세대학교 명예교수

민경배

추천사

●● 〈한국의 신학자들 I〉이 출간되었습니다. 한국교회와 신학교들을 섬기고 있는 신학자들이 갈수록 그 숫자가 늘고 있다는 소식을 들을 때마다 가슴이 벅차오릅니다. 여러 기준이 있겠지만 적어도 신학박사 학위를 취득한 신학자들의 숫자가 보수 진보 진영을 총괄하여 2,000여 명을 넘어선다는 통계를 접하면서 놀라움이 앞섭니다. 신학이 기독교 전통에서 차지하는 중요성 때문만이 아니라, 소위 피선교지 국가의 교회와 신학교 가운데서 이렇게 많은 신학 전문인들이, 이토록 짧은 기간에 배출된 역사가 세계교회 전반에 걸쳐 없기 때문이기도 합니다.

신학전공 학자들의 학문적 위상과 가치에 관한 객관적인 평가는 추후에 별도의 한국교회 신학사상사 연구자들의 과제로 넘겨주더라도, 일단 이 책에 소개된 여러 신학자들의 경우만 살펴보더라도 추천자의 일원으로서 뿌듯함과 기쁨을 숨길 수가 없습니다. 이는 우선 양적, 질적 교회성장과 거의 정비례하여 신학도 양적, 질적 성장의 흐름에 동승하고 있다고 봅니다. 이 일을 위해서 수고와 열성을 가지고 출판에 참여한 모든 집필자들의 헌신에 경의를

표합니다. 앞으로 계속해서 속편들이 나올 계획이라니, 기대가 크고 감사한 일입니다.

한국을 가리켜 민주화와 산업화 강국, 새 시대의 문화예술과 과학기술의 강국, 의료와 건강의 강국, 그래서 새 시대의 선진 강국이라 칭하는 데에 별로 이론의 여지가 없다고 봅니다. 이제 한 가지 더 추가할 영역이 있습니다. 교회와 신학의 강국입니다. 그리고 선진적 발전입니다. 그것이 우리 모두가 기독교 신앙의 입장에서, 세계 복음화와 인간화를 위해서, 궁극적으로는 "땅끝까지 이르러 주의 증인"으로 살고 섬기는 일, 곧 이 땅에 임하실 하나님 나라의 지평을 심화하고 확장하는 일을 위해서 부름 받고 보냄 받은 사명이라 확신하기 때문입니다. 이 책자도 이런 준비와 공헌의 하나라고 생각합니다.

바람이 있다면, 그동안 우리 교회와 신학의 발전과정에 소위 "번역 신학"이 상당한 위치를 차지하고 있음이 사실이고, 또 보편적 신학의 범주에 충실해야 한다는 과제도 있음은 주지의 사실이기

에 수긍할 수 있습니다. 다만 한국교회가 실제의 신앙생활에서 독특하게 경험하고, 신실하게 고백하고, 세계 신학과 함께 고민하며 나누고 싶은 "한국적이면서도 세계적인 신학", 곧 glocal theology의 성장과 심화발전도 심도 있게 모색해야 할 시점에 이르렀다고 생각합니다. 이번의 제 1 집과 앞으로 발간될 후속 작업에서도 좋은 결실이 계속해서 나오기를 기대해 봅니다.

우리들의 교회와 신학을 이끌어 주신 에벤에셀 하나님께 감사드리며, 앞으로 신학과 교회의 미래를 향한 길을 이끌어 주실 임마누엘 하나님께 간구의 기도를 드립니다. 하나님의 영광을 위하여!!! ●●

2021년 8월

경동교회 원로

국민문화재단 이사장

박종화

추천사

●● 스페인계 미국인 철학자 산타야나(George Santayana: 1863~1952)는 "역사를 통해 배우지 않는 사람은 잘못을 재연하게 된다."는 명언을 남겼다. 인간은 역사적 존재이다. 아무도 역사를 초월해서 살 수는 없다. 그러기에 기독교인은 하나님께서 우리에게 허락하신 역사의 한 시점에서 우리의 삶을 성실하게 살아야 한다. 금번에 출판되는 「한국의 신학자들」은 단순히 한 권의 책이 아니라, 한 시대를 살면서 자신의 삶을 성실하게 산 한국의 많은 신학자들이 남긴, 이 시대의 역사적 기록이라고 할 수 있다.

하나님은 한국 백성을 사랑하셔서 성경을 정확무오한 하나님의 말씀으로 믿고 가르친 선교사들을 한국에 보내주셨다. 그래서 한국의 기독교는 세계 선교 역사상 그 유례를 찾을 수 없을 만큼 크나큰 진보가 있어 왔다. 이는 모두 하나님의 인도요 섭리의 결과이다. 이 책에 수록된 많은 신학자들의 삶과 기여는 한국교회의 밑거름이요, 자랑일 뿐만 아니라, 또한 하나님의 구속역사 진행의 한 페이지를 성실하게 채우는 역할을 하게 된다. 그러므로 우리는 이들의 삶을 본으로 삼고, 하나님이 맡겨주신 사명을 감당하기 위해

옷깃을 여미면서 다짐을 해야 한다.

독자들은 그리스도의 교회를 위해 이들이 공헌한 부분을 생각하면서 진심으로 감사해야 하고, 우리 스스로도 후학들에게 귀감이 되기 위해 우리에게 주어진 역사적 시간들을 성실하게 채워나가야 할 것이다. 우리는 항상 어제는 역사요, 내일은 신비인데, 오늘은 내일의 신비를 풍성하게 만들도록 하나님이 우리에게 주신 선물임을 명심해야 한다. 이 책에 수록된 학자들에게 감사의 말씀을 전하고, 이와 같은 귀한 책을 출간하기 위해 수고한 모든 집필자들에게 치하의 말을 드리고 싶다. ●●

2021년 8월

전 합동신학대학원대학교 총장

박형용

추천사

●● 역사의 주관자는 오직 하나님 아버지이십니다. 은혜로우신 하나님께서는 각 시대마다 주의 마음에 맞는 일꾼들을 부르셔서 힘 있게 사용하십니다. 다윗을 사용하신 주님께서는 그 원리를 오고 오는 세대에 적용하십니다.

> 폐하시고 다윗을 왕으로 세우시고 증언하여 이르시되 내가 이새의 아들 다윗을 만나니 내 마음에 맞는 사람이라 내 뜻을 다 이루리라 하시더니 하나님이 약속하신 대로 이 사람의 후손에서 이스라엘을 위하여 구주를 세우셨으니 곧 예수라(사도행전 13장 22,23절)

이 책에 수록되어 있는 중요한 신학자는 우리 시대의 한국교회와 신학교의 축복의 선물이었습니다. 치열하고도 정갈하게 살아온 삶의 궤적은 당대와 후대의 이정표가 됩니다.

신학이 바로 서면 교회가 본질을 붙잡게 됩니다. 신학이 오염되면 교회는 허울만 남게 됩니다. 성도를 성도답게, 교회를 교회

답게 세우기 위하여 애쓰신 땀과 눈물을 은혜로우신 주님께서 위로하시고 자손대대로 복을 주시기를 기원합니다. 특히 신학자를 지망하는 젊은이들의 손에 이 책이 들려지게 될 때, 새로운 용기와 통찰력이 임할 줄 압니다. ●●

2021년 8월

새로남교회 목사
미래목회포럼 대표

오정호

편집인 안명준

편집자문위원 노영상, 이상규, 이승구

제 1 부 전·현직 신학대학교 총장들

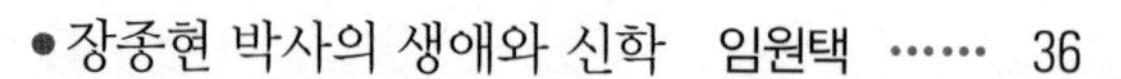

제 2 부 한국의 신학자들

제 1 부

Korean Theologians

전·현직 신학대학교 총장들

장종현 문성모 손석태
성기호 오덕교 전광식
정규남 정상운 황승룡

장종현 박사

장종현 박사의 생애와 신학

임원택_백석대학교 기독교학부 역사신학 교수

단국대학교 영어영문학과
대한신학교(현 안양대학교) 신학과
단국대학교 대학원 행정학 석사
단국대학교 대학원 행정학 박사
Azusa Pacific University 명예신학박사

학교법인 백석학원 설립자
대한예수교장로회(백석) 총회장
백석대학교 총장
기독교연합신문 발행인
한국교회총연합 대표회장

장종현 박사의 개혁주의생명신학

하은(河恩) 장종현(張鐘鉉) 박사의 신학은 개혁주의생명신학(改革主義生命神學)이다. 장종현 박사는 백석학원과 백석총회, 그리고 기독교연합신문사 설립자다. '백석학원'은 서울 방배동의 백석대학교 평생교육신학원, 백석예술대학교, 백석대학교 대학원, 그리고 천안 안서동의 백석대학교와 백석문화대학교, 이 모두를 통칭하는 이름이며, 백석총회는 대한예수교장로회 백석총회를 말한다.

백석대학교를 비롯한 백석학원 건물들 로비 벽면에는 다음과 같은 〈백석학원의 설립 취지〉가 걸려있다.

> 백석학원의 설립, 백석학원의 존재 이유는 이 땅에 대학이 없어서가 아닙니다. 세상의 지식을 가르치는 교육은 다른 대학에서도 얼마든지 잘 할 수 있습니다. 만일 우리 대학이 다른 대학과 동일한 교육을 한다면 세상의 수많은 대학에 또 하나의 대학이 더해진 것에 불과합니다. 교육은 사람을 '사람다운 사람'으로 새롭게 바꾸어 가는 일입니다. 도덕교육, 윤리교육만으로는 사람이 '사람다운 사람'으로 변화될 수 없습니다. 사람을 변화시키고 영적 생명을 살리는 교육은 오직 하나님의 말씀에 의해서만 가능합니다.[1]

사람을 변화시키고 영적 생명을 살리는 교육이 오직 하나님 말씀에 의해서만 가능하다는 표명은 또 다른 의미의 '오직 성경'(*sola Scriptura*)이다. 500여 년 전 종교개혁자들은 중세 말 로마 가톨릭교

1 장종현, 『백석학원의 설립정신』 (2014; 천안: 백석정신아카데미, 2019), 13.

회가 전통을 하나님 말씀보다 우위에 두는 잘못에 맞서 '오직 성경'을 강조했다. 종교개혁의 정신을 되살려 장종현 박사는 도덕이나 윤리, 또는 지식을 더 중시하는 오늘날 교육 풍토에 맞서 하나님 말씀인 성경만이 사람을 변화시키고 영적 생명을 살릴 수 있다는 확신으로 '오직 성경'을 강조했다. 하나님 말씀의 능력을 신뢰하므로 그 말씀을 가르쳐 사람다운 사람을 길러내기 위해 백석학원을 설립했고, 동일한 마음으로 백석총회와 기독교연합신문사를 설립했다.

장종현 박사

백석학원과 백석총회의 신학적 정체성은 개혁주의생명신학이다. 개혁주의생명신학이 무엇인가를 밝히면 백석학원과 백석총회의 신학적 정체성은 물론 주창자인 장종현 박사의 신학사상을 알 수 있을 것이다. 따라서 이 글은 장종현 박사가 개혁주의생명신학을 주창하게 된 이유와 개혁주의생명신학의 내용, 그리고 개혁주의생명신학 실천방안을 다룸으로 장종현 박사의 신학사상을 설명할 것이다.

장종현 박사의 생애

과수원 주인이 꿈이었던 소년 장종현

장종현은 1948년 충청남도 아산시 영인면 성내리 2구 689번지에서 아버지 장암이(張巖伊)와 어머니 김인순(金仁順)의 3남 2녀 중 넷째, 아들 중에는 막내로 태어났다.[2] '성내리'는 통상 '안골'이라고 불렀다. 장종현이 태어난 집 아주 가까이 안골교회가 있어서 교회에서 들리는 종소리나 찬송 소리를 예사로 듣고 지냈지만, 부모님이 엄격한 유교 가풍을 중시해온 터라 교회에 다니지는 않았다.

아버지는 올곧은 선비 같은 분이셨는데 농사를 천직으로 여기고 살면서도 나라와 이웃에 유익을 끼치는 삶을 살아야 한다고 자녀들에게 자주 말씀하시곤 하셨다. 어머니는 어질고 자상하신 분으로 일생 자기 이익을 위해 남을 어렵게 하거나 거짓말을 해서는 안 된다는 가르침을 친히 삶으로 보여주신 분이셨다.

모범적인 농부의 아들이었던 장종현의 어린 시절 꿈은 과수원 주인이 되는 것이었다. 향리의 영인초등학교를 졸업하고 천안에 있는 계광중학교에 진학하면서도 과수원 주인이 되리라는 꿈은 변함이 없었다. 그런데 중학교 시절에 예수님을 만난 것이 장종현의 삶에 전환점이 되었다.

예수 그리스도를 만난 장종현

부모님 슬하를 떠나 유학(游學)을 하게 된 장종현은 외롭고 의지할 곳 없는 외지 생활 중에 하숙집 주인 집사님의 전도를 받았다. 그래서 난생 처음 간 교회가 봉명동교회였다. 봉명동교회는 감리교회였는데, 장년 성도 수가 20여 명 정도로 교역자에 대한 예우도 제대로 할 수 없는 실정이었다. 그런데 1963년 김영철 목사가 부임한 후 전도에 힘쓰며, 생명력 있는 교회로 변화되었다. 특히 학생회가 매우 활발해졌다. 김영철 목사의 사역에 성령님이 역사하심을 본 학생회장 장종현은 담임목사님을 찾아가 부흥회를 인도해 달라고 간청했다. 이에 김영철 목사

2 백석학원 40년사 편찬위원회, 『백석학원 40년사』 (서울: 백석학원 40년사 편찬위원회, 2016), 16.

가 학생들 20여 명을 데리고 성거산에 올라가 부흥회를 인도했는데, 마지막 날 말씀을 들은 후 통성기도를 할 때 성령님이 역사하셨다.[3]

김영철 목사가 학생들 사이로 다니면서 안수기도를 할 때, 장종현을 비롯해 그곳에 있던 모든 학생들이 성령님의 역사를 체험했다. 크게 울며 죄를 고백하고, 방언이 터져 나왔다. 장종현은 성령님 안에서 죄를 회개할 뿐만 아니라 바로 자신을 위해 돌아가신 예수님을 위해 살겠다고 결단의 기도를 드렸다. 이때 그는 하나님께 이후에 선교사가 되겠다는 서원을 했다.[4] 그래서 대학 전공은 영문과를 택했다.

1974년 단국대학교를 졸업한 후 장종현은 사업을 시작했다. 야간에는 대한신학교에서 신학을 배웠다. 그는 1977년 2월 대한신학교를 졸업했다.[5]

무릎 꿇고 받은 사명

고등학생 때 은혜를 체험하고부터 장종현은 추석과 같은 명절이나 성탄절에 기도원에 올라가 기도하곤 했다. 사업이 어려움에 처하게 되자 그는 평소대로 기도원에 올라가 무릎 꿇고 기도하며 하나님께 부르짖었다. 기도 중에 그는 학생시절 받았던 복음전도에 대한 사명을 되새기게 되었고 신학교 설립을 결심했다. 몇몇 사람의 권유도 그의 결심에 힘을 보탰다.[6]

그런데 신학교를 설립하겠다는 장종현 전도사의 결심은 의외의 반대를 만났다. 그는 다른 누구보다도 김영철 목사의 축복 가운데 신학교를

3 백석학원 40년사 편찬위원회, 『백석학원 40년사』, 17-19.

4 장종현, "나의 영적 아버지, 김영철 목사님," 백석정신아카데미 개혁주의생명신학실천원 편, 『김영철 목사의 삶과 설교』 (서울: 기독교연합신문사, 2013), 78.

5 백석학원 40년사 편찬위원회, 『백석학원 40년사』, 19.

6 백석학원 40년사 편찬위원회, 『백석학원 40년사』, 19.

시작하고 싶었다. 그런데 기대와 달리 김목사는 신학교 설립을 만류했다. '이미 있는 신학교들도 많은데 왜 새로운 신학교를 세우려 하느냐? 먹고 살기 위해 신학교를 세우려 하느냐? 너는 목회를 해야 영적 지도자가 될 수 있으니 목회를 하라'며 신학교 설립을 한사코 말리는 것이었다. 하나님 앞에서 순전한 가슴으로 결심한 것은 몰라주고 애먼 말씀을 하는 듯해 섭섭한 마음도 들었다. 하지만 다른 사람은 몰라도 자신의 영적 멘토인 김영철 목사의 동의는 꼭 받고 싶었다. 그래서 다시 김목사를 찾아뵙고 신학교 설립의 뜻을 말씀드렸는데, 두 번째도 만류했다. 세 번째 다시 가서 자신의 뜻을 말씀드렸더니 그때는 그렇게 하고 싶으면 한번 해보라고 흔쾌히는 아니었지만 그의 뜻에 동의해주었다.[7]

백석학원과 백석총회 그리고 기독교연합신문사 설립

장종현 전도사는 1976년 11월 1일 서울 용산구 동자동에 백석학원의 모태인 대한복음신학교를 세웠다. 대한복음신학교 설립 당시 우리나라에는 이미 여러 신학교들이 있었다. 하지만 장종현 전도사는 1970년대 한국교회 상황을 심각한 위기로 인식했다. 다른 무엇보다도, 복음이 역사(役事)해야 할 목회 현장에 복음은 뒷전으로 밀리고 그 자리에 세상 방식이 난무하고 있었기 때문이다. 이에 그는 복음전파에 전력하는 사역자들을 양성하기 위해 대한복음신학교를 설립했다. 교명을 '대한복음신학교'라 한 것도 예수 그리스도의 구원의 은혜를 담은 '복음'을 온전히 드러내겠다는 의지 때문이었다.[8]

특정 교단에 뿌리를 두지 않아 신학과 교단 배경이 없었던 대한복음신학교를 뒷받침하기 위해 장종현 전도사는 학교 설립과 동시에 대한복

7 장종현, "나의 영적 아버지, 김영철 목사님," 80–81.
8 백석학원 40년사 편찬위원회, 『백석학원 40년사』, 16과 21–23.

음선교회를 세워 교단과 같은 역할을 하도록 했다. 대한복음신학교의 운영은 장종현 전도사가 맡았고, 대한복음선교회는 허광재 목사가 회장이 되었다. 하지만 선교회가 교회는 아니었으므로 신학교에서 배우고 졸업할 학생들이 목회를 하도록 인도하기 위해서는 교회, 즉 총회가 필요했다.[9)]

장종현 전도사는 대한신학교 졸업 1년 후인 1978년 2월 12일에 대한예수교감리회 총회(당시 상도동 소재)에서 목사 안수를 받았다. 장종현 목사가 신앙을 처음 갖게 된 학생 시절 다녔던 봉명동교회가 감리교회였고, 그 후 감리교회에서 신앙생활을 했기에 감리교 목사로 안수를 받았다. 하지만 그가 신학을 배운 대한신학교는 개혁주의신학 전통에 서 있는 장로교 신학교였다. 장종현 목사의 신앙이 개혁주의신학 위에 서 있으면서도 감리교의 열정적 신앙 색조를 띠고 있는 것은 그의 신앙적·신학적 여정의 귀결이라 할 수 있다.[10)]

대한복음선교회는 1978년 9월 11일에 제1차 총회를 열어 교단선언문을 선포하고 대한예수교장로회 복음총회를 설립했다. 장종현 목사가 초대 총회장으로 선출되었다. 이것이 오늘날 대한예수교장로회 백석총회의 시작이었고, 지금도 9월 둘째 주간 월요일에 총회를 개최한다. 대한예수교장로회 복음총회는 교단 선언문에 총회의 교리적 입장이 신율주의적 복음주의이며 역사적 개혁주의, 그리고 성경을 근본으로 하는 칼빈주의라고 선언했다. 성경을 근본으로 함은 성경이 유일하신 하나님의 절대 무오한 말씀이며 우리 신앙과 삶의 기준이 됨을 믿기 때문이라고 부연했다. 이는 백석총회의 신학이 성경과 건전한 전통 위에 서 있음을 명백히 드러내고 있으며, 장로교 신앙고백의 표준인 웨스트민스터신앙고백서가 서 있는 신학적 토대와 동일한 토대 위에 서 있음을

9 백석학원 40년사 편찬위원회, 『백석학원 40년사』, 26.
10 백석학원 40년사 편찬위원회, 『백석학원 40년사』, 26과 28.

드러내는 것이다.[11]

대한복음신학교는 1978년 5월 당시 관악구 동작동으로 교사를 이전했는데, 현재 주소로는 서초구 방배동이다. 그 후 몇 차례 교사 이전이 있었지만 백석학원의 방배동 시대는 이때 시작된 것이다.[12]

1978년 12월 대한예수교장로회 합동 측에 큰 분열이 일어난 결과, 방배동 영광교회에 비주류 측 신학교인 총회신학교가 세워졌다. 대한복음신학교와 대한예수교장로회 복음총회의 주역들은 1979년 봄 학기에 박아론 교수가 학장으로 있던 영광교회 소재 총회신학교에 입학했다. 1980년 2월 장종현 목사는 오늘날 M.Div. 과정에 해당하는 B.D. 과정을 졸업했다.[13]

1979년 9월 대한예수교장로회 복음총회가 '대한예수교장로회 합동 비주류'에 합류했다. 그 결과, 합동 비주류 측 평북노회·함북노회 사무실을 대한복음신학교에 두게 되었다. 하지만 얼마 지나지 않아 합동 비주류의 분열로 복음총회에서 합동 비주류에 합류했던 이들은 다시금 독자 노선을 걷게 되었고, 1980년 5월 '대한예수교장로회 총회(합동진리)'를 구성하므로, 학교 명칭이 '대한예수교장로회(합동진리) 인준 총회신학교'가 되었다. '총회신학교' 시대가 시작된 것이다.[14] 이른바 '방배동 총신'이라는 명칭의 시작이었다.

1983년 8월 30일 총신고등기술학교가 설립 인가를 받았다. 오늘날 백석예술대학교의 시작이 바로 총신고등기술학교인데, 장종현 목사가 문화와 예술 분야의 기독교 전문인 양성을 위해 설립한 학교다.[15]

복음전파의 역군을 키우는 신학교와 졸업할 학생들이 섬길 목회 터이

11 백석학원 40년사 편찬위원회, 『백석학원 40년사』, 28.
12 백석학원 40년사 편찬위원회, 『백석학원 40년사』, 29.
13 백석학원 40년사 편찬위원회, 『백석학원 40년사』, 36-37.
14 백석학원 40년사 편찬위원회, 『백석학원 40년사』, 37과 39.
15 백석학원 40년사 편찬위원회, 『백석학원 40년사』, 55-56.

며 신학적·신앙적 울타리 역할을 할 총회, 그리고 기독교 문화 창달의 사역을 감당할 예술학교까지 세워지자 이제는 이런 복음전파와 기독교 문화 사역을 측면에서 지원하며 때로는 건설적 비판을 할 수도 있는 언론사가 필요했다. 1980년 11월 신군부의 언론 통폐합조치와 그해 말 국가보위입법회의에서 언론기본법을 제정한 후 정부가 언론을 장악하고 통제하던 시대였기에 『기독교연합신문』 창간은 매우 뜻깊은 일이었다. 2년이 넘는 준비 작업을 거친 후, 1988년 2월 1일(월요일) 『기독교연합신문』 창간호가 발행되었다.[16]

백석학원이 장족의 발전을 하고 있던 1992년 장종현 목사는 단국대학교 행정학 박사학위를 취득했다. 대한복음신학교를 설립한 후 10년여 동안 교육에 매진한 장종현 목사는 총회신학교와 총신고등기술학교를 함께 일구어 가던 1988년 8월 단국대학교에서 행정학 석사학위를 취득했다. 그리고 1992년 8월 21일 "한국 대도시 교회행정의 구조 및 운영 개선에 관한 연구"로 행정학 박사학위를 취득했다. 학교 발전을 위해 불철주야 섬기는 중에 맺은 열매였기에 더욱 뜻깊은 일이었다.[17]

1994년 3월 1일 기독신학교가 개교했다. 오늘날 백석대학교의 시작이었다. 같은 날, 천안외국어전문대학도 개교했다. 오늘날 백석문화대학교의 시작이었다.[18]

현재 백석학원은 서울 방배동에 백석학원의 모체인 백석대학교 평생교육신학원을 필두로 백석예술대학교와 백석대학교 대학원이 있고, 천안 안서동에 백석대학교와 백석문화대학교가 있다. 2018년 기준으로 백석학원 4개 학교에 재학중인 학생은 27,000여 명이며, 전임교원 840여 명과 직원 190여 명이 재직하고 있다. 2019년 기준으로 백석총

16 백석학원 40년사 편찬위원회, 『백석학원 40년사』, 77–78.
17 백석학원 40년사 편찬위원회, 『백석학원 40년사』, 89–90.
18 백석학원 40년사 편찬위원회, 『백석학원 40년사』, 94–95와 97–98.

회 산하에는 122개 노회, 6,700여 교회가 있으며, 강도사와 전도사를 포함한 목회자 수는 11,000여 명이고 어린이를 포함한 교인 수는 150만 명으로 추산된다.

장종현 박사는 대한복음신학교를 설립할 때부터 학교를 복음전파의 기틀로 삼기를 원했기 때문에, 교회가 학교의 신앙적 구심점 역할을 해야 한다는 생각을 가지고 있었다. 그 결과 백석학원 설립 5주년인 1981년 11월 서울 방배동에 당시 학교 명칭을 따라 총신교회를 설립했다. 현재 백석대학교회(서울)의 시작이었다. 천안에 캠퍼스가 마련된 1994년 3월에 캠퍼스 중심에 백석대학교회(천안)를 세웠고, 백석학원 설립 37주년인 2013년 11월에는 천안 시내에 백석대학교회(청수)를 설립했다.[19] 장종현 박사는 백석학원을 이끌어가는 수장(首長)이라는 막중한 책임을 감당하는 중에도 세 교회의 동사목사(同事牧師)로서 교회를 살피고 성도들을 돌아보는 목회자의 사명도 감당하고 있다.

예수 그리스도의 생명을 전하고 나누는 영혼의 과수원지기

장종현 박사의 어릴 적 꿈은 과수원 주인이었다. 예수 그리스도를 만나고 그 꿈이 바뀌었다. 어부였던 베드로는 예수님을 만남으로 사람 낚는 어부가 되었다. 예수님은 소년 장종현을 예수 그리스도의 생명을 전하고 나누는 영혼의 과수원지기로 만드셨다.

백석학원에 속한 학교들과 백석총회의 역사는 장종현 박사의 역사와 궤를 같이 한다. 백석학원의 역사만 약술한다 해도 필자에게 주어진 지면 전체를 다 써도 모자랄 것이다. 이 글의 목적이 장종현 박사의 생애와 사상을 서술하는 것이기에 그의 생애는 이상의 내용으로 갈음하고

19 백석학원 40년사 편찬위원회, 『백석학원 40년사』, 48-49와 101-102.

이하 지면에서는 개혁주의생명신학을 살펴보도록 하겠다.

장종현 박사의 신학사상

신학은 학문이 아니다

장종현 박사는 신학의 본질을 예수 그리스도의 생명의 복음이라고 한다. 신학의 본질에 대한 장종현 박사의 이런 이해는 신학의 목적이 생명을 살리는 사역자 양성이어야 한다는 교육자로서 그의 사명에 따른 것이다.

신학교육의 목적은 생명을 살리는 사역자 양성이다

장종현 박사는 신학이 무엇인가 밝히기 위해 먼저 신학은 무엇을 위한 것인가 살핀다. 신학교에 들어오는 신학생들 대부분은 하나님의 부르심을 받은 후 하나님 말씀을 배워서 훌륭한 복음 사역자가 되기 위해 신학을 배운다. 성경을 잘 이해하고 예수님의 모습을 닮아가는 인격 훈련을 통해 성도들을 가르치고 지도할 영적 지도자가 되기 위해 신학을 배운다. 그런데 오늘날 신학교는 신학교육의 올바른 방향을 잃어버렸다. '신학 공부를 하면서 오히려 신앙을 잃어버렸다.' '하나님 말씀을 배우고, 하나님을 더 잘 알기 위해 신학교에 왔는데, 기도할 시간도 성경 읽을 시간도 없다.' 신학생들 입에서 이런 말이 나온 지 수 십 년이 지났다. 신학생들이 매 학기 많은 과목의 수업을 듣고 학점 취득하기에 바쁘다. 신학수업을 하면 할수록 머리는 점점 커지는데 정작 가슴은 메말라 간다. 학문적으로 신학을 배우기에 바빠서 하나님께 기도하며 성경 말씀을 깊이 묵상하고 예수 그리스도의 모습을 닮아가는 경건훈련을 소홀히 하다 보니 신학생들 속에 예수 그리스도의 생명력이 점점 사라지는 것이다.[20] 그런데 아무도 이런 상황의 심각성을 깨닫지 못하고 있다가 오늘날 한국교회가 심각한 위기를 맞고 있는 것이다.

신학교를 세우고 40여 년 신학생들을 길러낸 교육가로서 장종현 박사는 신학생들 속에 예수 그리스도의 생명력이 사라지고 있는 것이 오늘날 신학교육의 가장 큰 문제라고 본다.[21] 신학이 학문이 아니라 예수 그리스도의 생명의 복음이라는 주장은 장종현 박사가 교육 현장에서 올바른 신학교육이 무엇인가를 깊이 숙고하는 중에 받은 깨달음인 것이다.

장종현 박사는 신학이 '생명을 살리는 신학'이어야 한다고 강조한다.[22] 따라서 신학교육의 목적은 생명을 살리는 사역자 양성이다. 신학교육이 목적에 맞게 제대로 이루어지기 위해서는 신학의 본질에 대한 올바른 이해가 선행되어야 한다.

"신학은 학문이 아니다"

장종현 박사가 "신학은 학문이 아니다"라는 주장을 처음 한 것은 2003년 10월 24~25일 백석대학교(당시 천안대학교)에서 개최된 한국복음주의신학회 제2차 국제학술대회 때였다.[23] 폐회예배 설교를 통해 장종현 박사가 "신학은 학문이 아니다!"라고 선언한 것은 당시 신학계에 충격적 사건이었다.

그때 장종현 박사가 "신학은 학문이 아니다"라고 선언한 것은 그 얼마 전에 한국 보수신학계의 중진이라고 할 수 있는 한 신학교수로부터 "신학이 발달하고 신학자가 많아질수록, 교회는 점점 쇠퇴하게 된다"라는 말을 듣고 그 스스로 큰 충격을 받았기 때문이다. 과거에 서유럽과

21 장종현, 『교회를 살리는 신학』, 33.
22 장종현, 『교회를 살리는 신학』, 57.
23 장종현, 『교회를 살리는 신학』, 33.

미국의 교회가 선교는 물론 신학적으로도 귀한 사역을 감당했고, 우리 나라 교회의 시작도 서구교회 선교사들의 선교의 열매였다. 그런데 지금 유럽의 유명한 교회들은 신자들이 없어 관광명소나 음식점으로 전락했고, 미국교회 역시 쇠락의 길을 걷고 있다.[24] 굳이 목회자나 신학자가 아니더라도, 신앙이 좀 있는 신자라면 이미 다 알고 있는 사실이다. 그런데 어느 누구도 말하지 않고 있던 원인을 장종현 박사가 정직하게 지적한 것이다.

유럽과 미국교회가 쇠락한 것은 신학이 학문으로만 발전해서 예수 그리스도의 생명이 사라졌기 때문이다. 이론만 무성한 서구신학의 나무에는 열매가 없다. 그런데도 우리 한국교회와 우리 신학자들은 그 생명 없는 나무, 그 말라버린 나무를 가져다가 우리 땅에 심으려고 여전히 서구신학 전수에 목을 매고 있다. 얼마나 어리석은 일인가? 그러면 이 땅에서도 그런 나쁜 열매를 맺지 않겠는가? 교회가 점점 생명력을 잃고 시들어가지 않겠는가?[25]

우리 중 다수가 의식하고 있으면서도 정직하게 인정하지 않는 사실은 한국교회도 구미교회의 전철을 밟고 있다는 것이다. 그래서 "신학은 학문이 아니다"라는 선언을 들었을 때, 신학자들 대부분이 그 주장에 대해 짐짓 시큰둥하게 반응하며 부정하려 했다. 하지만 장종현 박사가 신학의 본질에 대한 문제를 제기한 후 20주년이 멀지 않은 지금 한국교회는 21세기를 시작할 때와 비교할 수 없을 정도로 심각한 위기에 처해있다. 20년 전 다른 나라들의 문제라 여겼던 기독교회의 쇠락이 바로 지금 우리 한국교회의 문제임을 이제 모두가 인정한다.

24 장종현, 『교회를 살리는 신학』, 34.
25 장종현, 『교회를 살리는 신학』, 34.

신학은 학문이 아니라 예수 그리스도의 생명의 복음이다

신학은 생명을 살리는 복음이 되어야 한다. 신학은 영혼을 살리고, 교회를 살리고, 세상을 살리는 예수 그리스도의 생명의 복음이 되어야 한다.[26] 장종현 박사가 "신학은 학문이 아니라 예수 그리스도의 생명의 복음이다"라고 할 때 신학의 학문적 체계를 부정하는 것이 아니다. 하나님에 대한 지식을 체계적으로 정리해서, 그것을 잘 알아듣게 가르쳐야 한다는 점에서, 신학은 지식 체계를 갖춘 학문이다. 그러나 신학은 학문에 그쳐서는 안 된다.[27] 신학이 학문에 그친다면, 그 신학으로는 생명을 살릴 수가 없다.

일반적으로 우리는 학문이 인간 이성의 활동이라고 생각한다. 학문은 어떤 대상을 알기 위해서 그것을 분석하고 비판하고 평가한 후 논리적으로 체계화한다. 학문으로서 신학은 하나님을 연구 대상으로 삼는다. 여기서 장종현 박사는 어떻게 창조주 하나님이 피조물인 인간의 연구 대상이 될 수 있는지 묻는다. 어떻게 타락한 우리 인간이 자기 이성을 기준 삼아 거룩한 영이신 하나님을 분석하고 평가할 수 있는가? 그래서 장종현 박사는 우리가 하나님을 아는 것은 오직 하나님이 성령님을 통해 스스로를 계시하실 때만 가능함을 환기 시킨다.[28]

장종현 박사는 오늘날 우리가 쓰는 '신학'(theology)이라는 용어의 그리스어 '테올로기아'(*θεολογία*)가 성경에 나오는 말이 아니라 철학자 플라톤(Platon, 주전 427년경~347년경)이 처음 사용했다는 점에 주목한다. 플라톤이 『국가』(*The Republic*) 2권의 379a 부분에서 한번 사용했는데, 이때가 주전 380년경이므로, '테올로기아'는 생명의 복음이신 예수 그리스도가 이 땅에 오시기 전에 이교도들에 의해서 이미 만들어진

26 장종현, 『교회를 살리는 신학』, 34.
27 장종현, 『교회를 살리는 신학』, 40.
28 장종현, 『교회를 살리는 신학』, 40.

용어다. 그러므로 플라톤이 말하는 '테올로기아'는 예수 그리스도와는 전혀 상관이 없는 것이다. 플라톤은 당시 그리스 사람들의 입에 오르내리던 신들에 관한 이야기인 '신화'를 가리키는 말로 '신학'이라는 용어를 사용했다.[29]

플라톤의 제자인 아리스토텔레스는 스승이 저속한 신화라는 의미로 사용한 '테올로기아'라는 용어를 '독자적이고 체계적인 학문'이라는 의미로 격상해 사용했다. 아리스토텔레스가 말하는 학문은 변화하는 이 세상의 원리와 원인을 탐구하는 것이다. 아리스토텔레스는 '신학'을 우주의 근본 원리를 탐구하는 '제1철학'이라고 했는데, 제1철학으로서 '신학'은 학문이지 성경을 바탕으로 한 신학과는 전혀 다른 것이었다.[30] 아리스토텔레스가 말하는 '신학'은 학문으로서 철학이지, 계시에 기초한 성경 중심의 신학이 아닌 것이다.

신화를 연구하듯 신학을 연구하고 가르치는 신학자들은 없을 것이다. 하지만 철학적 연구 방법으로 신학을 공부하고 가르치는 사람들이 있다는 것이 문제라고 장종현 박사는 지적한다.[31] 아리스토텔레스 식의 학문적 연구 방법은 이성을 절대기준 삼아 세상과 질서에 대해 탐구하는 것이다. 하지만 이런 학문 방법으로 세상을 창조하신 창조주 하나님을 연구할 수는 없다. 성경공부를 할 때, 당시의 시대 상황과 배경, 정치, 경제, 문화를 연구하는 것은 학문으로 가능하지만, 영이신 하나님을 믿고 구원을 받는 영생의 신학, 완전한 계시의 말씀에 순종하는 신학은 학문으로 할 수 없다.[32]

신학 외 다른 분야는 이성적으로 충분히 탐구할 수 있는 영역이다.

29 장종현, 『교회를 살리는 신학』, 40-41.
30 장종현, 『교회를 살리는 신학』, 41-43.
31 장종현, 『교회를 살리는 신학』, 43-44과 211.
32 장종현, 『교회를 살리는 신학』, 209.

그러나 신학은 우리의 이성을 초월한 영이신 하나님을 아는 지식이다. 이러한 신학은 하나님과 인격적인 교제 없이 관념적 차원에서 연구하는 것으로 끝나면 안 된다. 거기에는 생명도 구원도 없다.

참된 신학은 성경을 상고하고 기도하면서 하나님의 뜻을 영적으로 깨닫고, 하나님의 뜻에 순종함으로 하나님과 사귐을 갖는 것이다. 이러한 사귐을 통해 하나님을 더 깊이 알아가는 것은 그리스도의 생명과 복음을 통해서만 가능하다. 참된 신학은 하나님과 사귐을 통해 생명과 복음이 되시는 예수 그리스도를 만나는 것이다. 그래서 신학은 학문이 아니다.

장종현 박사는 요한복음 17장 3절 말씀에 따라 성경을 바탕으로 한 참된 신학을 제시한다. "영생은 곧 유일하신 참 하나님과 그가 보내신 자 예수 그리스도를 아는 것이니이다"라는 말씀대로, 하나님을 아는 것이 신학이다. 신학은 하나님을 아는 것이며 예수 그리스도를 구주로 고백하는 것이다. 그런데 하나님을 아는 것은 곧 영원한 생명을 얻는 것이다. 하나님을 아는 것이 우리로 하여금 영생을 얻게 하고, 그 영생을 누리며 살게 한다.[33]

장종현 박사는 신학을 학문으로 하는 사람들은 하나님을 인격적으로 만나지 못해서 자신이 얼마나 큰 잘못을 저지르고 있는지 모르는 것 같다고 안타깝게 생각한다. 학문을 가르치는 것만을 사명으로 생각하는 많은 신학자들이 하나님과 교제가 없어 하나님을 알지 못하니 성령 충만 없이 죽은 율법 조문과 이론으로만 하나님을 연구하고, 그렇게 하나님을 학문의 대상으로만 여기다 보니 하나님과 진정한 만남은 이루어지지 않는 악순환이 반복되는 것이다.

우리가 의지해야 하는 하나님은 영이신 여호와 하나님이시다. 그런데 오늘날 신학자들은 영이신 하나님보다 헛된 철학과 학문을 더 의지하고

33 장종현, 『교회를 살리는 신학』, 48-49.

있다. 그러면서 자신이 전수받은 학문을 우상처럼 숭배하고 있다. 그래서 장종현 박사가 "신학은 학문이 아니라, 예수 그리스도의 생명의 복음"이라고 선포한 것이다.

인격적인 하나님은 학문에 갇혀 계시는 분이 아니다. 신학은 예수 그리스도의 살아있는 말씀이요, 생명의 복음이 되어야 한다. 하나님의 유일하고 완전한 계시인 성경에 나타난 하나님은 우리에게 찾아오셔서 말씀하시는 분이시다. 그러므로 하나님께서 말씀하시는 계시에 의존하여 예수 그리스도를 따르는 신학이 참된 신학이다.

'테올로기아'는 '신'을 뜻하는 '테오스'(*θεός*)와 '말'을 뜻하는 '로고스'(*λόγος*)가 합해진 것이므로, '신학'이란 말은 '하나님께서 말씀하신다'와 '하나님에 대해 말한다'라는 두 가지 의미로 해석이 가능하다. '하나님께서 말씀하신다'라는 의미로 신학을 하게 되면, 신학의 주체가 하나님이 되어 신학은 영적인 지식이 된다. 하지만 '하나님에 대해 말한다'라는 의미로 신학을 하게 되면, 신학의 주체가 인간이 되고, 신학은 학문적인 지식으로 끝나고 만다.[34]

참된 신학은 하나님께서 말씀하시는 계시에 의존하여 하나님의 뜻에 순종하는 신학이다. 인간들이 하나님을 어떤 존재라고 정의하거나 연구할 필요 없이, 이미 드러난 계시를 통해서 하나님을 인격적으로 만나면 된다. 하나님의 계시인 성경에 기초하지 않는 신학 연구나, 성경에 기초하더라도 성령의 인도하심을 받지 않는 신학 연구는 철학자들이 추상적인 원리를 찾아 신을 연구하는 것과 같다. 그러나 우리 하나님은 인간의 유한한 이성이나 학문적 방식으로 알 수 있는 분이 아니다. 살아 계시고 인격적인 창조주 하나님이시기 때문이다.[35]

그런데 살아 계시며 인격적인 하나님을 아리스토텔레스와 같이 학문

34 장종현, 『교회를 살리는 신학』, 124.
35 장종현, 『교회를 살리는 신학』, 126.

적으로 연구하려는 사람들이 오늘날 우리 가운데 많이 있다. 신학을 이렇게 학문으로 접근하는 사람은 '신학'이라는 용어를 '하나님에 대해 말한다'라는 의미로 사용한다. 그 경우 신학의 주체는 인간이고, 신학의 연구대상은 하나님이며, 신학의 방법은 인간의 이성과 경험일 것이다. 이와 달리 우리는 '테올로기아'를 '하나님께서 말씀하신다'라는 뜻으로 사용해야 한다. 유한한 피조물인 인간이 무한하시고 완전하신 창조주 하나님을 연구대상으로 삼는 것 자체가 옳지 않기 때문이다.

장종현 박사는 기독교회 역사에서 참된 신학은 하나님을 향한 경건(pietas)이었던 사실에 주목한다. 하나님을 알고 사랑하여 즐거워하는 것, 하나님을 경외하고 순종하는 것, 그것이 신학인 것이다. 하나님을 인격적으로 만나 하나님께 감사하고 기도하며 회개함으로써 새로워지는 참된 변화, 이것이 우리가 추구해야 할 신학이다. 하나님을 찬양하고, 모든 영광을 하나님께 돌리며, 사나 죽으나 하나님의 영광을 위해 헌신하도록 하는 신학이 바로 참된 신학이다.[36] 그러므로 신학은 학문이 아니다. 참된 신학은 예수 그리스도의 생명의 복음이어야 한다.

개혁주의생명신학

개혁주의생명신학은 개혁주의신학과 동일한 신학이다

신학은 학문이 아니라 예수 그리스도의 생명의 복음이라는 명제가 대표하는 신학이 개혁주의생명신학이다. 개혁주의생명신학은 장종현 박사가 학교를 설립할 때부터 가지고 있던 신앙과 오늘날 한국교회가 처한 어려운 상황에 대한 판단, 그리고 그 상황을 극복할 수 있는 방안을 담은 것이라 할 수 있다. 백석학원이 설립된 1976년 한국교회의 주종

36 장종현, 『교회를 살리는 신학』, 53.

(主宗)을 이루는 장로교회는 1950년대 세 차례에 걸쳐 일어난 분열로 인해 이미 상당히 갈라져있었고, 그나마 유지하지 못하고 계속 갈라지고 있는 실정이었다.[37]

한국장로교회의 신학은 개혁주의신학이다. 개혁주의생명신학을 주창한 장종현 박사는 종교개혁자들 특히 요한 칼빈(John Calvin, 1509~1564)의 신학을 뼈대로 삼아 발전해온 개혁주의신학, 즉 개혁신학이 "하나님의 말씀인 성경을 가장 잘 해석할 수 있도록 해주는 신학"이라고 확신한다.[38] 종교개혁자들로부터 물려받은 "개혁주의신학이 가장 성경적인 신학"이라고 믿는 것이다.[39]

개혁주의신학이 '성경을 가장 잘 해석할 수 있도록 해주는 가장 성경적인 신학'이라면, 개혁주의생명신학이 왜 필요한가? 개혁주의생명신학의 필요를 이해하려면 개혁주의생명신학과 개혁주의신학의 관계를 알아야 한다. 장종현 박사에 따르면, 개혁주의생명신학의 정의는 다음과 같다.

> 개혁주의생명신학은 성경의 가르침과 개혁주의신학을 계승하여, 사변화된 신학을 반성하고, 회개와 용서로 하나 되며, 예수 그리스도께서 주신 영적 생명을 회복하고자 하는 신앙운동이다. 그리하여 성령의 도우심으로 삶의 모든 영역에서 예수 그리스도의 주권을 실현함으로써 오직 하나님께 영광을 돌린다. 이를 위해 나눔운동과 기도운동과 성령운동을 통해 자신과 교회와 세상을 변화시키는 역동적인 실천을 도모한다.[40]

37 백석학원 40년사 편찬위원회, 『백석학원 40년사』, 245.

38 장종현, 『백석학원의 설립정신』, 40.

39 장종현, 『개혁주의생명신학 선언문』 (2017; 천안: 백석정신아카데미, 2019), 32; 그리고 장종현, 『개혁주의생명신학 7대 실천운동』 (천안: 백석정신아카데미, 2019), 24 참조.

40 장종현, 『백석학원의 설립정신』, 17.

개혁주의신학은 종교개혁자들을 본받아 우리의 신앙과 삶을 성경에 비추어보아 그릇된 것은 바로잡고 바람직한 것은 북돋우는 신학이다. 개혁주의생명신학은 개혁주의신학의 이런 전통을 고스란히 계승한 신학이기에 새로운 신학이 아니라 개혁주의신학과 동일한 신학이다.[41]

개혁주의신학에 예수 그리스도의 생명력을 회복하는 실천운동

개혁주의생명신학이 개혁주의신학과 동일한 신학이라면, 개혁주의생명신학이 왜 필요한가? 개혁주의신학은 성경에 비추어 보아 올바른 것은 계승하고 잘못된 것은 고쳐나간다는 신학이다. 그런데 한국장로교회는 말로만, 그리고 강단에서만, 개혁주의를 표방할 뿐, 실제 삶에서는 성경을 기준으로 살지 않는 것이 문제라고 장종현 박사는 판단했다. 삶 가운데 예수님의 생명이 없기 때문에 개혁주의를 실천하지 못한다는 것이다.[42]

장종현 박사는 한국교회가 다시 생명력을 회복하게 하려면, 목회자들이 먼저 생명력을 회복해야 하고, 그러기 위해서는 목회자 후보생을 양성하는 신학교 교육이 변해야 한다고 판단했다. 장종현 박사는 신학교육은 물론이고, 기독교대학의 교육은 모름지기 생명을 주는 교육이 되어야 한다고 강조해 왔다. 2005년 6월 23일 백석학원 교직원연수회 때 "생명을 주는 교육"이라는 설교에서 그는 다음과 같이 말했다.

> 우리 대학이 추구하는 교육은 생명을 주는 교육입니다. 이 생명은 우리를 위해 자신의 생명을 십자가 위에서 나누어주신 예수님의 생명입니다. 이 생명을 소유하고 이 생명을 나누어 주는 것이 바로 하나님의 일입니다. 바로 이것이 우리 기독교대학이 해야 할 일입니다. 예수

41 장종현, 『백석학원의 설립정신』, 22-23; 장종현, 『개혁주의생명신학 선언문』, 42.
42 백석학원 40년사 편찬위원회, 『백석학원 40년사』, 245-246.

님의 생명을 확산시키는 것이 하나님이 함께하는 대학이 해야 할 일인 것입니다.[43]

개혁주의생명신학(the Reformed Life Theology)의 '생명'(life)은 바로 '영원한 생명'이신 '예수님의 생명'인 것이다.[44] 따라서 개혁주의생명신학은 "예수님의 생명을 더 풍성히 받아서 그 생명을 죽어가는 이 세상에 주는 신학"이다.[45]

개혁주의생명신학은 개혁주의신학에 예수 그리스도의 생명력을 회복하려는 실천운동이다.[46] 개혁주의신학이 아무리 좋은 신학이라고 해도 예수 그리스도의 생명이 빠진 학문적 노력에 불과하다면, 영혼을 살리는 신학이 되지 못한다. 이에 개혁주의신학을 계승하되 개혁주의신학의 가르침을 실천할 수 있게 하시는 분은 우리 안에 살아계신 예수 그리스도이심을 고백하며, 개혁주의신학의 본질을 회복하기 위한 실천운동이 '개혁주의생명신학'이다. 개혁주의신학의 실천은 예수 그리스도가 내 안에 내가 예수 그리스도 안에 있을 때만 가능한 것이다. 말씀과 성령님의 인도하심을 따라 개혁주의신학에 예수 그리스도의 생명을 불어넣음으로써 개혁주의신학을 활성화하려는 실천운동이 개혁주의생명신학이다.[47]

오늘날 개혁주의신학은 전수받은 신학 체계를 성경보다 앞세우는 잘못을 고쳐야 한다

개혁주의신학과 동일한 신학임에도 개혁주의생명신학이 필요한 것은

43 장종현, 『생명을 살리는 교육』 (서울: 백석대학교 백석신학연구소, 2008), 115.
44 장종현, 『생명을 살리는 교육』, 120.
45 장종현, 『생명을 살리는 교육』, 249.
46 장종현, 『개혁주의생명신학 선언문』, 26.
47 장종현, 『백석학원의 설립정신』, 40-41.

오늘날 개혁주의신학이 종교개혁의 정신을 잃어버렸기 때문이다. 많은 교회와 신학교가 개혁주의신학을 표방하고 있음에도 불구하고 개혁주의신학을 실천하지는 않음으로 교회와 신학교가 영적 생명력을 잃어가고 있다.[48] 오늘날 개혁주의신학은 전수받은 신학 체계와 교리를 새로운 전통으로 삼아 그것을 성경보다 앞세움으로 중세교회와 유사한 잘못을 범하고 있다. 중세교회가 성경보다 전통을 우위에 둔 것이 문제라면, 오늘날 우리는 성경보다 자신이 배우고 익힌 신학과 교리를 우위에 두는 잘못을 범하고 있다. 개혁주의신학 자체가 새로운 전통이 되어 성경을 강단에서 밀어낸 것이다.[49]

장종현 박사에 따르면, 신학자들이 빠지기 쉬운 위험 중 하나가 성경에서 끌어낸 어떤 신학 체계 자체를 절대시하는 것이다. 모든 신학자는 그 시대의 문제를 가지고 고민하고 그 시대를 향해 해답을 제시하기 위해 노력한다. 따라서 각자 다른 관점에서 성경을 읽고 서로 다른 성경 구절을 강조하게 된다. 따라서 신학자들이 만든 교의는 비록 그것이 성경에 바탕을 둔 것이라 해도 절대적 진리가 아니다. 절대적 진리는 오직 하나님 말씀인 성경밖에 없다. 그러므로 특정 신학을 절대시하는 것은 바른 자세가 아니다. 신학은 하나님 말씀인 성경으로 돌아가기 위해 끊임없이 의식적으로 노력해야 한다. 그렇게 하지 않으면 어느 순간 신학은 단순한 인간적 학문으로 전락해 버리고 만다.[50]

하지만 개혁주의신학에 예수 그리스도의 생명력을 회복시키기 위해 개혁주의생명신학을 추구하는 이에게, 신학은 학문이 아니라 예수 그리스도의 생명의 복음이다. 참된 신학은 하나님 말씀을 통해서 영원한 생명을 얻고, 이 생명을 전파하는 신학이다. 신학은 반드시 예수 그리

48 장종현, 『백석학원의 설립정신』, 22–23
49 장종현, 『개혁주의생명신학 선언문』, 42.
50 장종현, 『개혁주의생명신학 7대 실천운동』, 43–44.

스도의 생명을 전하는 복음이어야 한다.[51]

종교개혁 5대 솔라의 적용과 실천

장종현 박사는 개혁주의신학의 핵심이 종교개혁자들의 5대 표어에 잘 표명되어 있다고 본다. '오직 성경, 오직 그리스도, 오직 믿음, 오직 은혜, 오직 하나님께 영광.'[52] '5대 솔라'(*Five solae*)라고 부르는 이 다섯 가지 표어의 순서에 대해서는 다양한 의견들이 있다. '오직성경, 오직 믿음, 오직 은혜, 오직 그리스도, 오직 하나님께 영광'이라는 순서로 5대 솔라를 말하기도 하지만, 개혁주의생명신학에서는 '오직 믿음' 앞에 '오직 그리스도'를 놓는다. 개혁주의생명신학의 강조점이라 할 수 있는 '예수 그리스도의 생명' 그리고 '십자가와 부활의 신앙'이 현 시대에는 더욱 요청되기 때문이다.

장종현 박사는 500년 전 종교개혁자들의 신앙고백의 요체인 5대 솔라가 성경을 바탕으로 한 원리로서 오늘날 우리에게도 여전히 유효한 신앙원리라고 여긴다. 5대 솔라를 그대로 받아들이는 것도 귀하지만 오늘날 우리가 직면하고 있는 수많은 도전에 맞서 5대 솔라를 재해석함으로 우리의 신앙원리로 새롭게 제시함은 더욱 의미 있는 일이라고 본다. 아래 내용은 종교개혁 5대 솔라를 현 상황에 맞추어 재해석한 것이다. 백석교단은 2017년 9월 정기총회에서 종교개혁 500주년을 기념하여 종교개혁 5대 솔라를 오늘날 교회에 적용한 〈개혁주의생명신학 선언문〉을 총회의 신앙고백으로 채택했고 이후 헌법에 넣어 백석교단의 신앙 표준으로 삼았다.

오직 성경: 성경을 통하여 말씀하시는 성령. 성경은 하나님의 아들 예수 그리스도의 복음이다. 성경은 인간의 구원과 삶의 모든 문제에 대

51 장종현, 『개혁주의생명신학 7대 실천운동』, 38-55, 특히 40과 50.
52 장종현, 『교회를 살리는 신학』, 71.

한 유일하고 완전한 답이다. 성경에 기록된 하나님의 말씀이 선포되는 곳에서 성령도 함께 일하시며 예수 그리스도의 생명의 역사가 일어난다. 종교개혁은 성경보다 전통을 신봉하는 중세교회의 가르침에 반대하여 성경 66권만을 신앙과 삶의 표준으로 삼았다. 그런데 오늘날 신학자들 다수가 자유주의와 보수주의를 막론하고 성경을 이성의 비평 대상으로 삼아 신학을 학문으로만 여긴다. 목회자와 성도들은 성경 전체의 가르침을 보지 않고 자기에게 필요한 구절만 취한다. 성경은 성령의 감동으로 기록되었기에 성령만이 성경을 올바로 해석하여 적용하게 해주시는 분이다. 성령께서 영의 눈을 열어 주실 때에야 비로소 우리는 성경을 생명의 말씀으로 체험한다. 성경을 학문적으로만 다루게 되면 영적 생명을 상실하게 된다. 율법 조문은 죽이는 것이고 영은 살리는 것이다. 영이 살아야 학문도 산다. 그러므로 학문적 노력에 앞서 성령의 도우심을 간구해야 한다. 성령의 도우심을 받아 행하는 신학은 하나님에 관한 인간의 말이 아니라, 하나님이 인간에게 하시는 말씀이다. 신학은 학문이 아니라 예수 그리스도의 생명의 복음이다.[53]

오직 그리스도: 십자가와 부활의 삶. 예수 그리스도만이 구원의 유일한 길이다. '오직 그리스도'를 부정하는 종교혼합주의와 종교다원주의는 잘못된 사상이다. 인간은 하나님께 죄를 범함으로 하나님의 형상을 잃어버리고 하나님의 영광에 이르지 못하게 되었다. 하나님의 형상과 영광을 회복하는 유일한 길은 예수 그리스도의 십자가와 부활을 믿는 것이다. 이런 믿음은 십자가와 부활의 삶으로 나타나야 한다. 우리 자아가 십자가에서 온전히 죽고 성령의 도우심을 받아 부활의 삶을 살도록 우리는 날마다 기도해야 한다.[54]

오직 믿음: 순종하는 믿음과 기도. 믿음은 하나님의 선물이며, 살아

53 장종현, 『개혁주의생명신학 선언문』, 14-15.
54 장종현, 『개혁주의생명신학 선언문』, 16-17.

계신 하나님을 인격적으로 신뢰하는 삶이다. 우리 구원은 '오직 믿음'으로만 가능하다. 진정한 믿음은 순종을 동반하기에 행함이 없는 믿음은 죽은 것이다. 인간의 공로로 구원받을 수 있다는 중세교회의 율법주의도 잘못이며, 믿음이 순종을 동반하지 않아도 구원받을 수 있다고 가르치는 반율법주의도 잘못된 것이다. 믿음은 거룩한 부르심에 대한 우리 인간의 순종이며, 순종은 우리 힘과 능력으로가 아니라 오직 성령의 도우심으로만 가능하다.[55]

오직 은혜: 용서와 화해의 복음. 구원은 하나님의 전적인 은혜다. 인간의 공로로 얻을 수 없다. 우리의 화평이신 예수님은 오랫동안 막힌 담을 무너뜨리고 화해와 통합을 이루셨다. 안타깝게도 오늘날 한국교회는 분열을 거듭하고 있다. 십자가의 은혜로 죄 용서 받은 사람은 자신에게 죄 지은 사람을 용서해야 한다. 우리는 복음을 말로만 전파하지 말고 용서와 화해를 주시는 성령의 능력으로 전파해야 한다.[56]

오직 하나님께 영광: 희생과 봉사의 삶. 우리 삶의 목적은 하나님께 영광을 돌리는 데 있다. 구원받은 사람은 예수 그리스도를 본받아 십자가와 부활의 삶을 산다. 우리 자신의 힘으로는 제자의 삶을 살 수 없다. 우리가 하나님께 영광을 돌리기 위해서는 날마다 자기 십자가를 지고 희생과 봉사의 삶을 살아야 한다. 하나님의 영광을 가리는 우리의 실상을 회개하고 그 회개에 합당한 열매를 맺어야 한다.[57]

개혁주의생명신학 7대 실천운동

장종현 박사는 종교개혁자들의 5대 솔라를 현재 상황에 맞게 재해석

55 장종현, 『개혁주의생명신학 선언문』, 17-19.
56 장종현, 『개혁주의생명신학 선언문』, 19-20.
57 장종현, 『개혁주의생명신학 선언문』

해 우리의 신앙원리로 새롭게 제시하는 데서 한 걸음 더 나아가, 5대 솔라를 실천할 수 있는 방안으로 개혁주의생명신학 7대 실천운동을 제시했다. 한국교회 문제를 분열과 세속화로 보고, 그 문제를 해결할 수 있는 실제적인 방안으로 7대 실천운동을 제시한 것이다. 개혁주의생명신학 7대 실천운동이 처음 제시된 것은 2010년 5월 21일 수원월드컵 경기장에서 백석교단 소속 목회자들을 포함한 4만 명의 성도들이 함께한 백석전진대회에서 장종현 박사가 〈개혁주의생명신학 선언문〉을 선포했을 때였다. 2014년 11월 1일 일부를 개정했는데, 다음은 개정한 개혁주의생명신학 7대 실천운동의 전문이다.[58]

◀ 개혁주의생명신학 7대 실천운동 ▶

1. 개혁주의생명신학은 성경이 우리의 신앙과 삶의 유일한 표준임을 믿고, 개혁주의신학을 계승하려는 신앙운동이다.

2. 개혁주의생명신학은 지나치게 사변화된 신학을 반성하고 하나님과 그의 말씀으로 돌아가고자 '신학이 학문이 아님'을 강조하여 그 본래적인 의미를 회복코자 하는 신학회복운동이다.

3. 개혁주의생명신학은 하나님 앞에서 자신을 돌아보고 서로를 용납하여 하나 되는 것을 추구하는 회개용서운동이다.

4. 개혁주의생명신학은 예수 그리스도의 복음으로 사람을 변화시키며 우리 속에 그리스도의 영을 회복시키는 영적 생명운동이다.

5. 개혁주의생명신학은 성령의 도우심으로 사회, 경제, 교육, 문화, 예술 등 우리의 신앙과 삶의 모든 영역에서 예수 그리스도의 주(主)되심을 실현하려는 하나님나라운동이다.

58 백석학원 40년사 편찬위원회, 『백석학원 40년사』, 240-244.

6. 개혁주의생명신학은 자신과 교회와 세상을 변화시키는 역동적인 실천을 추구하며 그리스도께서 세상을 위하여 자신을 희생시킨 것 같이 우리에게 주어진 모든 것들을 세상과 이웃을 위하여 나누고 섬기는데 앞장서는 나눔운동이다.

7. 개혁주의생명신학은 오직 성령만이 신앙운동, 신학회복운동, 회개용서운동, 영적 생명운동, 하나님나라운동, 그리고 나눔운동을 가능하게 하심을 고백하며, 모든 일에 간절한 기도를 통하여 성령의 인도하심과 역사하심을 구하는 기도성령운동이다.[59]

이것은 개혁주의생명신학 7대 실천운동의 중심이며 개혁주의생명신학 실천운동들을 대표하는 운동은 일곱 번째 실천운동인 기도성령운동이다.

기도성령운동이 7대 실천운동의 중심인 것은 개혁주의신학과 동일한 신학임에도 개혁주의생명신학이 필요한 이유와 맞물려있다. 장종현 박사는 개혁주의를 부르짖는 많은 사람들을 만났지만 개혁주의를 부르짖고 가르치는 사람들이 막상 자기 자신을 개혁하지 못하는 사실에 놀랐다. 자기 자신을 개혁하려고 성령님을 의지하여 기도하며 몸부림치는 개혁주의자를 잘 보지 못했다. 장종현 박사는 성경대로 믿고, 성경대로 살자는 개혁주의신학이 가장 좋은 신학이라고 확신한다. 하지만 그렇게 하려면 우리가 예수 그리스도의 영의 지배를 받아야 한다. 예수 그리스도가 우리 안에, 우리가 예수 그리스도 안에 있어야 한다. 그럴 때 예수 그리스도의 생명이 우리 안에 역사한다. 우리가 예수 그리스도의 영의 지배를 받기 위해 필요한 것이 기도성령운동이다. 다른 실천운동들은 물론이고 개혁주의생명신학, 즉 개혁주의신학을 실천하는 원동력

59 장종현, 『백석학원의 설립정신』, 44–45.

이 기도성령운동인 것이다.[60]

장종현 박사가 기도성령운동을 강조함은 이것이 바로 오늘날 한국교회가 말씀 위에 세워져 부흥하는 개혁방안이기 때문이다. 예전에 한국교회에는 새벽기도, 금요철야기도, 산상기도회 등 기도의 줄이 끊어지지 않았다. 교회에서 기도소리가 끊이지 않았다. 그런데 오늘날 한국교회 상황은 그렇지 않다. 기도회들이 약해지니까 기도하는 성도들이 줄어들고, 기도하는 성도들이 줄어드니 교회의 영적 생명력도 자연스럽게 약해지게 되었다. 장종현 박사는 이 모든 것의 책임이 목회자와 신학자에게 있다고 본다. 1980년대에 들어서면서부터 한국교회의 목회 방향이 바뀌기 시작했다. 주석과 신학서적이 쏟아져 나왔고, 기도하지 않고, 성경을 읽지 않고도 설교를 할 수 있는 시대가 되었다. 그때부터 총신, 장신, 고신, 감신과 같은 역사가 오랜 신학교들이 교육부의 인가를 받기 시작했다. 인가를 받기 위해서는 건물과 물질도 있어야 하지만, 더 중요한 것은 학위를 받은 교수들이 필요했다. 때마침 외국에서 박사학위를 받은 학자들이 한국으로 몰려들어왔고, 목사 자격을 판단할 때 경건이 아니라 학력으로 판단하는 시대가 되었다. 학자들은 자신이 배운 것만 가르치고 학문적 성과에 집착했다. 그러다 보니 기도와 성령 체험, 은사가 무시되기 일쑤였다. 이때부터 서구신학이 신학교를 점령하면서 기도와 경건을 뒷전으로 밀어냈다.[61]

장종현 박사는 이것이 한국교회 비극의 시작이라고 본다. 경건함보다 공부를 잘 해야 신학공부를 하게 되었다. 교회 목회자를 구하면서도 기도를 많이 하는 목회자인가 묻기보다 그가 어떤 학위를 가졌는지 따지게 되었다. 신학이 사변화되고, 전문인들만 공부하는 전문영역이 되었고, 목회자를 양성하는 영적 지도자이어야 할 신학자가 학문적 권위를

60 장종현, 『교회를 살리는 신학』, 80.
61 장종현, 『개혁주의생명신학 7대 실천운동』, 144-147.

가진 선생의 수준에 머무르게 되었다. 인간의 지성이 성령님을 몰아낸 것이다. 그 결과 한국교회도 유럽교회처럼 영적 생명력을 잃고 문을 닫게 되는 길로 들어서게 되었다.[62]

기도성령운동은 한국교회가 살 길이다. 한국교회 성도들에게 기도의 열정이 회복되어야 한다. 그러기 위해서는 먼저 목회자들이 기도의 사람이 되어야 하고, 목회자들을 양성하는 신학교는 하나님에 대한 올바른 지식을 가르침과 더불어 기도의 불이 활활 타오르는 곳이 되어야 한다. 지식의 전달만으로는 부족하다. 뜨거운 기도가 있어야 한다. 기도 없는 신학은 신학이라고 부를 수 없다. 마르틴 루터(Martin Luther, 1483~1546)가 기도를 신학의 출발점으로 삼은 것도, 칼빈이 신학을 경건으로 규정한 것도 기도가 없이는 신학이 불가능하기 때문이다.[63]

성경과 기도 중심의 신학교육 개혁

장종현 박사의 신학은 설교와 책을 통해서 뿐만 아니라 신학교와 교회 현장에 바로 적용된다는 점에서 영향력이 매우 크다. 대표적 예가 신학교 교과과정 개정이다. 백석대학교 신학대학원은 2009학년도 2학기부터 교과과정 개정을 통해 기존의 신학 과목들 시수를 대폭 줄이고 그 줄인 만큼을 경건훈련 과목에 배정했다. 교과과정 개정을 통해 '성경 읽기와 필사' 6시수를 확보했다. 신학보다 성경을 가르치고 배우기에 힘써야 한다는 설립자 장종현 박사의 믿음이 반영된 결과였다. 이것은 개혁주의신학의 5대 표어 중 하나인 '오직 성경'의 정신을 제대로 계승하는 것이기도 하다.[64]

신학대학원 신입생영성수련회 기간을 두 주간 실시하는 것은 기도하

62 장종현, 『개혁주의생명신학 7대 실천운동』, 147.
63 장종현, 『개혁주의생명신학 7대 실천운동』, 147.
64 백석학원 40년사 편찬위원회, 『백석학원 40년사』, 337.

는 신학생들을 만들기 위함이다. 이 수련회에는 신학대학원 강의를 하는 교수들도 참석해야 한다. 교수들이 먼저 본을 보여야 학생들이 그 본을 따를 것이기에 당연한 요구라 할 것이다. 장종현 박사는 이 시간을 통해 학생들과 함께 교수들이 변하기를 기대하고 있음이 분명하다. 2008년 9월 9일 신학대학원 채플 때 장종현 박사는 요한복음 17장 3절을 본문으로 "신학은 학문이 아니다"라는 제목으로 말씀을 선포하며, "신학교에서도 마찬가지입니다. 교수님들도 기도와 믿음을 통해서 성령의 역사를 경험하고 있어야만 강의실에서 이런 영적인 것을 전달할 수 있습니다"라고 기도성령운동의 필요를 강조했다.[65] "옛날에는 방배동에 훌륭한 신학자가 없었어도 산에 가서 기도하고 말씀을 열심히 보는 분들이 있었습니다. 지금은 환경도 향상되고, 세계가 부러워할 정도로 방배동에 신학자들이 모여 있지만, 예전과 같은 기도와 말씀이 있는지 우리가 잘 살펴보아야 합니다."[66] 기도와 말씀, 이 둘은 신학생들에 앞서 신학을 가르치는 교수들이 먼저 힘 쏟아야 할 과제인 것이다.[67]

설교자가 적용해야 할 1-2-3

장종현 박사는 목회자들이 설교를 준비할 때 기도로 준비하는 것이 중요함을 강조한다. 목회자가 평소에 성경을 읽고 묵상하는 생활습관을 가져야 하고, 말씀에 순종하는 삶을 사는 것도 중요하다. 하지만 설교를 준비할 때 중요한 것은 성령님의 조명 아래 성경을 읽고 해석하는 것이다. 장종현 박사는 성경의 저자가 성령이심을 매우 강조한다(딤후 3:16). 성경의 저자가 성령이시므로 성경을 제대로 이해하려면 인간의 지성보다는 성령님께 의지해야 한다. 장종현 박사는 오늘날 신학자들

65 장종현, 『생명을 살리는 교육』, 244.
66 장종현, 『생명을 살리는 교육』, 241.
67 백석학원 40년사 편찬위원회, 『백석학원 40년사』, 337-338.

이나 목회자들이 성령께 의지하지 않고 인간 지성으로 성경을 풀려함을 매우 안타깝게 여긴다. 자유주의 신학자들은 물론이고 보수적인 신학자들이나 목회자들도 크게 다르지 않다는 사실을 안타까워한다. 성령의 조명을 간구하며 하나님께 무릎을 꿇지 않는다면, 아무리 아름다운 말로 설교하며 신학을 논해도 성경의 뜻을 올바로 가르칠 수 없는 것이다.

그래서 장종현 박사는 목회자들과 신학교수들은 물론 신학생들에게 다음과 같이 말씀하곤 한다. "주석이나 신학 책을 한 시간 읽으면, 성경은 두 시간 읽고, 기도는 세 시간 해야 설교 준비를 제대로 할 수 있습니다."[68] 성경을 올바로 깨닫기 위해 기도가 필수다. 성경은 하나님의 영이신 성령님의 감동으로 기록된 말씀이기에, 성령님이 저자이시다. 성경을 이해하기 어려울 때는 성령님께 기도해서 성경의 저자이신 성령님의 '저자 직강'을 듣는 것이 가장 좋은 방법이다. 필자는 실제로 설교 준비를 할 때 이 방법을 사용하고 있다. 목회자가 아니라 신학교수다보니 설교 횟수가 많지는 않다. 하지만 채플에서나 요청을 받아 설교하게 되면, 새벽기도나 금요기도회 개인기도 시간에 설교를 위해 하나님께 '말씀' 주시기를 간구한다. 적절한 주제나 본문을 잡게 되면, 성경 본문을 묵상하며 '말씀' 주시기를 또 기도한다. 그러는 사이에 주석서나 주제와 관련된 책들을 참고하기도 한다. 한 시간, 두 시간, 세 시간을 꼭 맞출 수는 없다. 하지만 오늘날 목회자들과 신학자들이 성령님의 깨닫게 하심을 이렇게 사모한다면 한국교회 강단에 예수 그리스도의 생명력이 충만하게 될 것이라고 필자는 확신한다. 한국의 개혁주의신학은 하나님 말씀인 성경은 강조하면서도 성령님의 역사는 상대적으로 경시해 왔다. 개혁주의생명신학은 개혁주의신학이 강조한 하나님 말씀과 더불어 성령님의 역사를 강조한다. 장종현 박사의 신학은 하나님의 말씀과

68 장종현, 『교회를 살리는 신학』, 201 참조.

성령님의 역사를 강조하는 실천적 개혁신학이다.

장종현 박사의 신학적 공헌

신학회복운동

장종현 박사는 신학은 학문이 아니라 예수 그리스도의 생명의 복음이라고 선언함으로 신학의 본질을 회복하는 신학회복운동을 이끌었다. 오늘날 우리 한국교회와 신학교는 교회가 점점 문을 닫고 있는 유럽과 미국교회의 전철을 밟고 있으면서도 그 사실을 인정하지 않고 있다. 장종현 박사는 신학은 학문이 아니라 예수 그리스도의 생명의 복음이라고 선언함으로 신학이 회복해야 할 본연의 모습을 제시했다. 신학은 죽어가는 영혼을 살리는 신학, '생명을 살리는 신학'이어야 한다. 신학회복운동은 한국교회 신학자들과 목회자들이 겸허히 동참해야 할 실천운동이다.

성경의 권위 회복

장종현 박사는 참된 신학을 하나님의 계시에 의존해 하나님의 뜻에 순종하는 신학이라고 함으로 성경의 권위를 회복시켰다. '신학'은 '하나님께서 말씀하신 것'을 믿음으로 받고 순종하는 것이므로 우리는 계시의 말씀에 순복해야 한다. 성경은 성령의 감동으로 기록된 하나님의 말씀이므로 성경의 저자이신 성령님이 성경을 풀어주시도록 성령님의 도우심을 간구하며 성경을 읽어야 한다. 이것은 전수받은 신학 체계와 교리를 새로운 전통으로 삼아 그것을 성경보다 앞세움으로 중세교회와 유사한 잘못을 범하고 있는 오늘날 개혁주의신학에 경종이 되는 가르침이며, 종교개혁자들의 '오직 성경'이라는 원리를 새롭게 적용한 가르침이라 할 수 있다.

개혁 실천 방안인 기도성령운동

장종현 박사는 한국교회 개혁의 실천 방안으로 기도성령운동을 제시했다. 오늘날 한국교회에 개혁이 필요함은 거의 모든 신학자들과 목회자들이 동의할 것이다. 하지만 개혁을 위해 무엇을 어떻게 해야 하는지에 대해서는 의견이 분분하다. 이에 장종현 박사가 제시하는 방안이 기도성령운동이다. 앞장서서 개혁을 외치는 신학자들과 목회자들부터 기도성령운동이 일어나야 한다. 오늘날 한국교회 가운데 영적 생명력이 약해진 것은 목회자들이 기도에 헌신하지 않기 때문이고, 목회자들을 양성하는 신학자들이 기도보다는 학문에 헌신하기 때문이다.

목회자와 신학자는 영적 지도자로서 육의 일을 버리고 영적인 일에 집중해야 한다. 육신적인 것은 무익하고 생명을 주시는 분은 성령이시기 때문에 성령을 따라 행해야 한다. 성도들과 학생들의 외적인 모습을 변화시키는 윤리적이고 학문적인 설교와 강의가 아니라, 성령님을 철저히 의지하는 가운데 하나님의 세미한 음성을 전하는 영적인 사역을 해야 한다.

그래서 장종현 박사는 머리의 신학이 가슴의 신학으로, 그리고 결국은 무릎의 신학으로 내려와야 한다고 강조한다. 무릎의 신학이 없으면, 머리의 신학, 가슴의 신학은 불가능하기 때문이다. 성령님을 의지해서 무릎 꿇고 기도해야만, 성령 충만한 말씀사역이 일어나고, 그 말씀을 들은 영혼들이 변화되는 역사가 일어난다.

개혁주의생명신학은 오직 성령만이 신앙운동, 신학회복운동, 회개용서운동, 영적 생명운동, 하나님나라운동, 그리고 나눔운동을 가능하게 하심을 고백하며, 모든 일에 간절한 기도를 통하여 성령의 인도하심과 역사하심을 구하는 기도성령운동이다. 우리는 자신의 무능함과 부패함을 하나님 앞에서 정직하게 인정하고, 오직 성령님의 능력에 의지해 간절히 기도하면서 모든 일을 해야 한다. 하나님이 우리에게 맡기신 사명은 우리의 능력으로 할 수 없다. 만약에 우리의 능력과 지혜로 이루었다고 해도, 그것은 하나님 앞에 아무런 영광이 되지 않는다. 하나님은 오직 성령님의 능력으로 모든 일을 행하는 것을 기뻐하신다. 그러므로 기도성령운동이 7대 실천운동의 마지막에 있지만, 실제로는 앞에 제시한 여섯 가지를 가능하게 하는 원동력이라고 할 수 있다. 연료가 없으면 자동차가 움직이지 않는 것처럼 기도성령운동이 일어나지 않으면, 개혁주의생명신학과 실천운동은 불가능한 것이다.

신학자들의 신학자, 목회자들의 목회자

장종현 박사는 설교를 마치며 기도할 때 하나님 아버지께 영광을 돌린 후에 "우리를 대한민국에 태어나게 해주셔서 감사드립니다"라고 감사 기도를 드린다. 그럴 때 필자는 그 기도가 참 적절하다는 생각을 하곤 한다. 장종현 박사는 세 교회를 설립하고 지금까지 동사목사로서 섬기고 있지만, 한 교회의 담임목사로 계실 분이 아니다. 미국도 마찬가지지만, 우리나라에서 신학교는 교파나 총회의 중심에 있으며 교회들에 지대한 영향을 끼친다. 신학교를 설립하고 40년 이상 이끌어 오며 장종현 박사는 한국교회의 중심에서 부침(浮沈)을 함께 했다. 한국교회의 부흥을 경험한 그가 오늘날 위기에 있는 한국교회를 위해 제시하는 개혁 방안은 매우 실제적이다. 신학교에서 수많은 신학자들을 만났고,

총회와 교계 연합운동을 통해 수많은 목회자들을 만난 그가 내린 진단과 처방이기에 '신학은 학문이 아니라 예수 그리스도의 생명의 복음이다'라는 선언이 대표하는 개혁주의생명신학은 가장 실천적인 신학자의 통찰력의 결과물이며 한국교회가 나아가야 할 활로다.

장종현 박사가 기도성령운동을 강조할 때, 그는 그 실천을 스스로에게 먼저 적용한다. 신학자들과 목회자들에게 설교할 때 선지자처럼 하나님의 말씀을 가감 없이 준엄하게 선포하는 그가 설교 중에 자주 하는 말이 있다. "개혁주의생명신학은 한국교회의 문제는 목회자의 문제요, 목회자의 문제는 신학자와 신학교육의 문제요, 신학교육은 저를 비롯한 신학교 운영자의 문제라는 자기반성에서 출발한 것입니다."[69] 그래서 '개혁주의생명신학은 하나님의 말씀에 비추어 자신과 교회와 세상의 그릇된 것은 바로잡고 올바른 것은 북돋우려는 개혁신학의 전통을 계승한다'고 선언하며 우리 자신을 개혁의 출발점으로 삼는다.[70] 기도함으로 성령 충만한 사람은 문제의 원인을 자신에게서 찾는다. 자신으로부터 시작해 한국교회와 우리 민족을 예수 그리스도의 말씀 위에 세우기 위해 성령님의 도우심을 구하며 말씀에 순복하는 영적 지도자인 장종현 박사는 신학자들의 신학자요 목회자들의 목회자다.

필자와 함께

69 장종현, 『세상을 살리는 교회: 교회는 대한민국의 희망입니다』, 개정판 (서울: 기독교연합신문사, 2019), 196; 장종현, 『교회를 살리는 신학』, 206 참조.

70 "개혁주의생명신학회 정관" 중 '학회 창립 취지,' 「생명과 말씀」 1 (2010): 219.

경력

대한복음신학교 설립 (1976년)

대한예수교장로회 복음총회 설립, 초대 총회장 (1978년)

학교법인 총신학원 설립자 겸 이사장 (1983년)

총신고등기술학교(현 백석예술대학교) 설립 (1983년)

천안외국어대학(현 백석문화대학교) 초대 학장 (1994~1999년)

천안대학교(현 백석대학교) 초대 총장 (1997~2001년)

한국기독교총연합회 공동회장 (2010~2011년)

백석대학교 총장 (2003~2009년)

한국사립대학총장협의회 부회장 (2005~2008년)

대한예수교장로회(백석) 총회장 (2013~2015년)

한국교회부활절연합예배 상임대표대회장 (2014)

광복70주년 한국교회 평화통일기도회 준비위원회 대표대회장 (2015년)

한국교회부활절연합예배 상임회장 (2015~2016년)

대한예수교장로회(대신) 총회장 (2015~2016년)

2016 기독교사회복지엑스포 상임대회장 (2016년)

연구 목록

● 박사학위 논문

"한국 대도시 교회행정의 구조 및 운영 개선에 관한 연구."

● 저서

『기독교 신앙의 원리』. 천안: 천안대학교출판사, 1998.

『생명을 살리는 교육』. 서울: 백석대학교 백석신학연구소, 2008.

『웨스트민스터 신앙고백서 강해』. 서울: 기독교연합신문사, 2011.

『백석학원의 설립정신』. 한영 합본. 2014; 천안: 백석정신아카데미, 2019.

『백석: 이기는 그에게는 흰 돌을 주리라』. 2014; 서울: 백석, 2019.

『개혁주의생명신학으로 바라본 웨스트민스터 소요리문답 강해』. 서울: 기독교연합신문사, 2015.

『세상을 살리는 교회: 교회는 대한민국의 희망입니다』. 개정판. 2016; 서울: 기독교연합신문사, 2019.

『개혁주의생명신학 선언문』. 한영 합본. 2017; 천안: 백석정신아카데미, 2019.

『개혁주의생명신학 7대 실천운동』. 한영 합본. 2018; 천안: 백석정신아카데미, 2019.

『교회를 살리는 신학: 개혁주의생명신학과 교회 회복』. 개정판. 서울: 기독교연합신문사, 2019.

『생명을 살리는 교리: 조직신학 개론』. 서울: 기독교연합신문사, 2019.

『생명을 살리는 성경공부: 개혁주의생명신학 7대 실천운동』. 전7권. 서울: 기독교연합신문사, 2019.

『5대 솔라 성경공부: 개혁주의생명신학 선언문』. 전5권. 서울: 기독교연합신문사, 2020.

● **편서**

『기독교의 이해』 시리즈. 전12권. 천안: 백석대학교 백석프레스, 2001~2019.

임원택 교수

서울대학교 철학과 (B. A.)
총신대학교 신학대학원 (M. Div.)
Calvin Theological Seminary (Ph. D.)

백석대학교 기독교학부 역사신학 교수
백석대학교평생교육신학원 학장
백석대학교 대학원 교학본부장
대한예수교장로회 백석총회 경안노회 노회장
한국복음주의신학회 부회장
백석대학교 신학대학원장 역임
개혁주의생명신학실천원장 역임
개혁주의생명신학회 회장 역임
한국복음주의역사신학회 회장 역임

저서_『역사의 거울 앞에서』. 서울: 수풀, 2008.
집필서_백석학원 40년사 편찬위원회. 『백석학원 40년사』. 서울: 백석학원 40년사 편찬위원회, 2016.
논문_"'신학은 학문이 아니다': 역사신학적 고찰." 『생명과 말씀』 6 (2012): 57–95 외 다수.

문성모 박사

문성모 박사의 생애와 신학

강지찬_한국공원선교회[1)]

서울대학교 음악대학 국악과 (B. M.)
장로회신학대학교 신대원 (M. Div.)
장로회신학대학교 대학원 (Th. M.)
Westfälische Wilhelms-Universität Münster
(Dr. Theol. Abschluss der Promotion)
Universität Osnabrück (Dr. Phil: Musikwissenschaft)

강남제일교회 담임목사
베아오페라예술원 이사장
예음문화예술원 원장
한국찬송가개발원 원장
한국음악평론가협회 수석부회장
이자익목사기념사업회 상임이사

시작하는 말

한밀 문성모 박사처럼 다양한 분야를 자유로이 넘나들며 활동한 학자는 드물다. 그는 작곡가요 음악학자이면서, 동시에 예배학자요 교회음악학자로 업적을 남겼다. 한편 신학대학 총장, 목회자, 설교자로 활동하였으며, 동시에 시인과 캘리그라피 예술가로도 왕성하게 활동 중이다. 이는 그가 남긴 저서의 종류가 말해주고 있는데, 그 분야가 찬송가집, 예배와 목회 관련 저서, 일반음악과 교회음악관련 저서, 3권의 시집, 번역서 등 다양하다.

문성모는 어린 시절부터 작곡가로서의 꿈을 키워왔다. 그는 서울예술고등학교에서 정통 서양음악 작곡 기법을 공부하였고, 서울대학교 음악대학 국악과에 입학하여 국악 작곡의 기법을 함께 습득하였다. 그리고 장로회신학대학 신대원과 대학원에서 공부하면서 한국의 예배와 교회음악이 너무 미국적임을 깨닫고 이의 한국화 작업에 평생을 매진하였다.

문성모 박사의 생애와 활동

문성모의 부모는 평안북도 용천에서 신앙생활을 하다가 1947년 월남하여 대전에 정착하였고, 그는 1954년 4월 26일에 대전에서 4대째 기독교 가정의 차남으로 태어났다. 그는 대전에서 중학교까지 어린 시절을 보냈다. 어린 시절 그의 꿈은 음악가가 되는 것이었다.

그는 대전중학교에 입학하였는데, 그 학교의 음악 선생님이 예수 믿

1 아래의 글은 2021년 2월까지 필자와 문성모 박사와의 여러 차례 대담을 통해 작성되었음을 밝힌다.

는 분이었고, 선생님의 사랑 어린 지도 속에서 혼자서 열심히 음악 공부를 하였다. 문성모는 중학교 3학년 가을에 한국음악협회 충남지부 주최로 개최된 음악콩쿠르에 작곡 부문으로 참가했는데 뜻밖의 대상(大賞)을 수상하였고, 그 상 덕분에 서울예술고등학교로 진학하게 되었다.

서울예고를 졸업하고 그는 서울대학교 음악대학 국악과 작곡 전공으로 입학을 하였다. 사실 그는 국악을 전혀 알지 못하였고 흥미도 없었다. 그가 서양음악 작곡과를 택하지 않고 국악과를 지원한 이유는 인간적인 계산 때문이었다. 나중에 음대 교수가 되려면 선배 층이 두꺼운 양악 분야보다는 비교적 신설학과인 국악과의 작곡 전공으로 가는 것이 유리하다는 판단에서였다.

문성모는 대학교 3학년 때 우리나라 최고의 권위를 자랑하는 동아음악콩쿠르 국악작곡부문에 참가하여 입상하게 되었는데,[2] 이는 음악가로서의 그의 정체성을 확실히 굳히는 사건이었고, 음대 교수가 되겠다는 그의 비전에 한 걸음 더 바짝 다가서는 기회가 되었다. 그는 대학에서 국악을 배운 것이 하나님의 놀라운 계획과 섭리라고 생각한다. 이로써 그는 서양음악과 더불어 국악에 대한 지식과 경험을 함께 가지게 되었다.

그때까지 그의 인생 계획은 서울대 대학원에 진학하여 졸업하고 음대 교수가 되는 것이었다. 그는 이를 위하여 계속 기도하였고, 이제는 시간문제였다. 그러나 하나님의 길은 사람의 길과 달랐고, 하나님의 뜻은 그의 뜻과 일치하지 않았다. 문성모의 아버지는 아들이 목사가 되게 해 달라고 계속 기도하였고, 하나님은 그 아버지의 서원기도를 응답하시고 문성모를 음대 교수가 아닌 목사로 만드셨다.

문성모는 아버지의 서원기도를 모른 채 장로회신학대학 신대원 입학시험을 치르게 되었다. 그는 대학교 3~4학년을 금호동에 있는 숭덕학

2 제16회 동아일보 주최 음악콩쿠르 국악작곡부문 2위 입상(1976).

사에서 생활하였는데, 그 안에 있었던 숭덕교회에는 당시에 교역자가 없었다. 임시방편으로 주일 설교를 장로 2인이 번갈아 가면서 하였는데, 문성모는 입사하자마자 장로님들의 권유로 수요예배 설교를 맡게 되었고, 가끔 주일예배 설교도 하게 되었다. 이리하여 그는 신학생이 되기 전에 설교부터 하게 된 것이었다.

문성모의 설교를 들은 많은 사람들이 신학교 입학을 권유하였다. 그는 심각한 고민에 빠졌다. 결국, 하나님께 영광을 돌리기 위해 음악을 하는 것이라면 신학을 공부하는 것이 나쁘지는 않다는 생각에 신대원 시험을 한 번 보기로 했지만, 합격은 생각지도 않았다.

문성모는 신학교 시험을 치르고 합격을 한 다음에야 비로소 부모님께 이 사실을 알렸는데, 아버지는 그를 불러 앞에 앉힌 다음에 그때까지 말씀하지 않았던 서원기도에 관해 이야기하셨다. 그리고 지금 신학교에 합격한 것은 "네가 태어날 때부터 24년간 계속된 내 기도가 응답 된 것"이라고 말씀하셨다.

문성모는 그 이야기를 듣는 순간 음악에 대한 미련을 버리고 목사가 될 것을 결심하였다. 어차피 하나님의 영광을 위해서 살아야 하는 길이라면 목사가 되어서 하나님의 인도하시는 대로 살면서, 음악 활동도 기회 주시는 대로 하겠다는 생각이었다. 그러나 이제부터는 음악가로서가 아니라 목사로서 사는 것이 하나님이 정한 그의 삶이라고 확신하였다.

그는 신학교에서 공부하면서 한국교회의 예배와 음악에 관한 관심을 가지기 시작하였다. 그리고 한국교회의 예배와 음악이 너무 서양적이고 미국의 아류에서 벗어나지 못하고 있음을 깨달았다. 〈예배와 음악의 한국화〉라는 신학적인 과제가 그에게 주어진 셈이다. 그는 이를 위하여 논문도 써보고, 작곡도 해보고, 몇 군데서 강연도 하면서 신대원(M.Div.)과 대학원(Th.M.) 과정을 졸업하였다. 그러는 동안 노량진교회와 삼각교회에서 전도사로 섬겼고, 서울서노회에서 목사 안수를 받았다. 그리고 도봉구 쌍문동에 있는 정의여고에서 교목 생활을 하면서 학생들에게 성경을 가르치고 예배를 인도하였다.

그는 한국에서 석사과정을 마친 후에 더 깊이 있는 공부와 넓은 세상을 경험하기 위하여 1983년 10월 말 독일로 유학을 떠났다. 사실 유학은 가고 싶었으나 경제적인 이유로 자신이 없었다. 그러나 이번에도 구하면 주신다는 하나님의 말씀을 붙잡고 기도하기 시작하였다. 그는 통장에 있는 돈 500만 원을 놓고 오병이어의 축복으로 채워달라고 기도하였고, 공부를 못 마치고 돌아오는 한이 있더라도 우선은 하나님을 믿고 유학을 떠나기로 결심하였다. 정말로 하나님께서는 오병이어의 기적으로 응답하셔서 10년간의 유학생활을 마칠 수 있었다. 뜻밖에도 독지가의 후원과 독일교회 장학금이 주어졌다. 당시 동아건설 최원영 사장의 조건 없는 경제적 도움과, 박창환 장신대 학장과 김용복 박사(전 한일장신대 총장)의 주선으로 독일교회 장학금을 받게 된 것이었다. 이는 모두 하나님의 은혜요 기도의 응답이었다.

독일에서 문성모는 우선 논문을 쓰기 전에 라틴어, 헬라어, 히브리어 등 필요한 고전어를 모두 다시 수강하고 시험에 합격하였다. 그리고 뮌스터대학 신학부에서 독일의 예배와 음악에 관해 연구하고, 오스나부뤽대학의 교육문화학부에서는 음악학에 관한 연구를 병행하였다. 그의 관심사는 한국교회의 예배와 음악을 한국화하는데 필요한 역사적 자료와 방법론을 찾는 것이었다.

공부하는 동안 그는 1년이 넘도록 목회에만 전념해야 하는 때도 있었다. 튀빙겐에서 공부하던 선배 배경식 목사가 전화하여 칼스루에(Karlsruhe) 한인교회에 목회자가 갑자기 비어버렸으니 맡아서 설교를 하라는 것이었다. 그는 목회에 시간을 뺏기고 싶지 않았으나 설교자 없이 예배드릴 70명이 넘는 교인들을 생각하니 가지 않을 수가 없었다.

이 사건을 통해서 그는 하나님의 일은 억지로 맡아도 복을 주시는 것을 깨달았다. 기차를 5시간이나 타고 가서 예배드리고, 설교하고, 교인들을 잠깐씩 돌보는 것이 전부였지만, 상처받은 교인들이 치유되고 교회가 정상화되어 120명 선까지 부흥하였다. 그리고 자궁암으로 절망적인 상태에 있었던 가정을 위하여 기도한 결과 병이 깨끗이 치료되고 믿음도 회복되는 놀라운 체험을 하였는데, 그는 이 일로 인하여 기도의 능력을 더 확신하게 되었다.

그는 1993년 2월 음악학으로 철학박사(Dr. Phil.) 학위를 받고 3월에 귀국하였다.[3] 처음에는 목회를 위한 기도를 하였다. 나중에야 어떻게 되든지 간에 우선은 목회의 경험을 쌓고 싶었다. 하지만 하나님의 생각은 달랐다. 하나님은 목회의 길을 막으시고 그를 광주에 있는 호남신학대학교의 교수로 사역을 시작하게 하셨다.[4] 그러나 하나님은 그의 기도에 응답을 거절하신 것이 아니라 늦추신 것임을 나중에 깨달았다.

문성모는 호남신학대에서 신학생들에게 예배학과 교회음악 이론을 가르쳤다. 그는 한국적인 예배와 음악의 모습이 어떠해야 할 것인가의 문제를 던지고 방법을 제시한 후, 학생들 스스로가 답을 찾도록 유도하였다.

호남신대에서 2년 동안 강의를 하고 있는데, 1995년 광주제일교회의 한완석 목사가 은퇴하면서 당회는 문성모 목사를 후임으로 청빙하였다. 이 또한 뜻밖의 결정이었다. 광주지역의 모(母) 교회가 타 지역 출신인 그를 청빙한다는 것은 예상을 뛰어넘는 일이었다. 그러나 이것은 그가 귀국하여 기도한 것에 대한 하나님의 늦은 응답임을 깨닫고 순종하기로 결심하였다.

3 문성모는 음악학 박사학위를 먼저 마쳤고, 뮌스터대학에서의 신학박사 과정은 논문을 쓰던 중에 지도교수가 은퇴했기에 수료로 마무리하게 되었다고 한다.

4 호남신학대학교 교수 초빙은 그 학교에 재직 중이던 동기 목사 노영상 교수의 추천으로 황승룡 총장이 받아들여 이루어졌다.

그는 광주제일교회에서 5년간 목회하면서 독일에서 연구하고, 학교에서 가르친 예배와 음악의 한국화 문제를 현장에서 실험하는 작업을 하였다. 절기예배가 특별해지고, 한국 악기와 가락이 추수감사예배에 등장하고, 교회 역사상 처음으로 삼일운동 기념예배가 특별한 순서에 의하여 드려졌다.

그리고 목회하는 동안에 군부대 자리가 있었던 상무 신도시의 1천 평 종교부지에 교회당을 신축하고 이전하였다. 그는 이때 건축이라는 것을 처음 해보았다. 그리고 이것이 그의 다음 사역을 위한 하나님의 예비하심이라는 것을 나중에야 깨달았다.

광주제일교회에서 교회당을 신축하고 이전감사예배를 드린 다음에, 그는 좀 쉬기도 할 겸해서 두란노가 주관하는 미국의 큰 교회와 기관을 돌아보는 팀에 합류해서 여행을 하였다. 그리고 그 미국 여행 중에 대전신학대학교 이사회가 그를 총장으로 청빙하기로 결의했다는 통보를 받았다. 당시 전임자였던 정행업 총장의 추천에 따라 이사회가 전격적으로 그를 차기 총장으로 결의하였다고 한다. 당시 이사 중 문성모가 아는 사람이 한 명도 없었으니, 이 또한 놀라운 하나님의 은혜였다.[5]

당시(2000년) 그의 나이는 만 46세였다. 역대 최연소 총장이 된 것이다. 학교의 당면과제는 교실과 예배당과 교수연구실 등을 종합적으로 건축하는 일이었다. 건축기금은 거의 마련되어 있지 않았으나 건축하는 일은 필수적이었다. 그는 건축을 위하여 한 한기 내내 혼자서 기도하였고, 한 학기가 지난 후에 "구하라 주실 것이요"라는 성경 구절을 크게 써놓고 학생들에게 학교 새벽기도회를 선포하였다. 건축을 위한, 총장이 직접 인도하는 신학교 새벽기도회는 전국적으로 처음 있는 일이었다.

참으로 고맙게도 학생들 절반이 새벽기도회에 출석하였고, 교직원들

5 정행업 총장은 문성모가 미국으로 떠나기 전 대전에서 만나 자신의 후임 총장으로 올 것을 제안하였다고 한다. 그러나 문성모가 아는 다른 이사들은 전혀 없었다.

도 거의 전원이 출석하였다. 모금에 대한 대책은 없었으나 기도하면 하나님께서 응답해 주시리라 믿고 부르짖으며 기도하였다. 그리고 정말 하나님은 인간의 계산으로는 이해할 수 없는 놀라운 손길들을 통하여 75억 원이 소요된 9층 건물과 800석의 예배당이 완공되는 축복을 주셨다. 그는 지금도 그 많은 돈이 어떻게 모금이 되었는지 모른다고 한다.[6)]

2004년 그는 대전신학대 총장에 연임되었다. 그리고 2005년 말 건축을 마치고 소진된 건강을 추스르면서 기도하고 있었다. 그런데 그때 국회에서 개정사학법이 통과되었다. 이 법의 독소조항 중의 하나는, 사립대학 총장은 1회에 한하여 중임하고 더 이상은 못 한다는 것이었다. 그는 이 법대로 하면 2년 뒤에는 학교를 물러나야 했다. 앞으로 무엇을 해야 할 것인가를 놓고 기도가 시작되었다. 그는 자리를 위하여 사람을 찾아다니거나 정치를 할 줄 몰랐고, 또 그럴 마음도 없었다. 단지 하나님께 "하나님이 필요로 하는 가장 적합한 곳에 저를 사용하여 주십시오"라는 기도만 하였다. 지금까지도 하나님의 인도와 은혜로 살았고 여기까지 왔으니, 앞으로의 진로 문제도 하나님이 하실 일이지 인간이 노력한다고 될 일은 아무것도 없었다.

그가 다음 거취 문제로 기도하고 있는데, 갑자기 곽선희 목사의 전화를 받았다. 그때 곽 목사님은 서울장신대학교 이사장이었는데, 그에게 총장으로 올 것을 제안하였다. 당시 민경배 총장이 정년이 되어 물러나는데 후임 총장으로 그를 동문회가 추천하고 자신도 흔쾌히 허락하였다는 것이다. 그 다음에는 동문회장 고시영 목사가 동문회의 이름으로 총장 영입을 환영한다고 연락을 주었다. 이 또한 뜻밖의 청빙이었다.

그는 대전신대의 총장 임기 중이었으므로 이 일을 당시 이사장인 류철랑 목사에게 보고하였고, 이사장의 뜻에 따르겠다고 하였다. 류철랑

6 문성모 총장은 건축을 위해 충청도 노회뿐만 아니라 제주도를 포함한 전국 60개 노회를 방문하여 모금을 호소하였다.

목사는 하나님의 뜻으로 알고 가라고 하였고, 문성모는 눈물로 이임식을 마치고 서울장신대학교의 총장으로 부임하였다.

문성모가 총장으로 부임하던 2006년 봄 서울장신대의 당면과제는 역시 건축이었다. 당시에 생활관과 종합관 건축에 소요되는 예상 공사비는 100억 원이었으나 모인 돈은 거의 없었다. 그는 다시 학교에 건축을 위한 새벽기도회를 선포하고, 한 학기 후에 믿음으로 건축에 들어갔다. 왜냐하면 그가 부임했던 2006년 말까지 공사가 시작되지 않으면 허가가 취소될 상황이었기 때문에 시간이 없었다. 그는 매주 채플 시간을 통하여 학교 건축을 위한 기도회를 독려하였고, 학교에는 여러 기도 그룹이 생겨났다.

드디어 학교의 50년 숙원사업이던 생활관과 종합관 공사는 완공되어 하나님께 영광을 돌리게 되었다. 그리고 계속하여 제주에 있는 김수웅 장로의 20억 원 헌금을 통하여 1천 석의 예배당 '해성홀'이 완공되었다. 이러한 신축건물들은 나중에 박사과정 신설과 평생교육원 신설, 그리고 대학기관인증평가에 결정적인 역할을 하였다.

문성모는 8년 동안의 서울장신대 총장 임기를 마치고, 2015년에 강남제일교회 위임목사로 청빙되어 6년째 목회하고 있다. 그동안 46억 원의 부채를 10억 원대로 낮추고 헌당식도 하였으며, 이제는 정년 은퇴를 몇 년 앞두고 있다.

문성모 박사의 활동 범위와 연구

교회음악 작곡가로서의 활동

문성모는 작곡가로서 350편이 넘는 찬송가와 독창곡, 기악곡 등을 작곡하였고, 이 중에서 찬송가와 시편송을 모아 『우리가락찬송가와 시편교독송』이라는 개인 찬송가집을 출판하였다. 그리고 이에 대한 영문판 『Our Melodies, Our Hymns』도 출판하였다. 그는 목사가 될 때 음악가로서의 일은 마음에 접어 두었다. 그러나 하나님께서는 음악적 활동도 보장시켜 주셨다. 현행 찬송가에는 그가 작곡한 찬송가 3곡(48, 418, 556장)이 들어있다. 문성모는 「대한예수교장로회(통합) 총회가」, 「기하성(순복음교단) 희년대회 대회가」, 「2007년 한국교회 대부흥 100주년대회 대회가」를 모두 작곡하는 영광을 누렸다.

그리고 군포제일교회 권태진 목사와 함께 '한국찬송가개발원'을 발족시켜 신작 찬송가 개발에 힘쓰고 있으며, '예음문화예술원'을 만들어 예배와 음악의 한국화 문제를 위한 작업을 계속하고 있다. 현재 문성모의 찬송가는 미국을 비롯하여 일본, 독일, 대만, 몽골, 네팔, 인도네시아 등의 찬송가와 복음성가집에 실려 불리고 있다.

특히 1989년 서울에서 개최되었던 「세계개혁교회연맹」(WARC) 총회 대회가 〈예수님은 누구신가〉와 입례송 〈평화의 왕 임하소서〉를 한국적인 멜로디로 작곡하였고, 2013년 부산에서 열린 WCC 제10차 총회를 위한 예배음악 〈혼자 소리로는 할 수 없겠네〉(With my voice alone)를 작곡하여 전 세계 기독교인들이 함께 부르는 한국 찬송가 보급에 공헌하였다.

문성모는 앞으로 평생 1천 곡 이상의 찬송가를 작곡하기로 하나님께 서원하고 찬송가 작곡에 정진하고 있다.

'예배와 음악' 학자로서의 활동

문성모는 14년 동안 총장으로 재직하며 살았기에 학자로서의 활동은 많은 제약을 받았다. 그러나 하나님은 한국교회를 위하여 그가 활동할 수 있는 학자로서의 지분은 남겨놓으셨다. 학자와 작곡가로서 그의 활동은 한국교회의 예배와 음악을 한국화(토착화)[7]시키는 작업이었다.

문성모는 예배와 음악에 관련된 50편 가까운 논문들을 통하여 한국교회의 예배와 예배음악이 한국적이 되어야 함을 주장하고 계몽하였다. 그는 이를 통하여 한국적인 예배와 음악의 당위성을 주장하고 그 방법론을 제시하므로, 한국적인 예배와 음악의 소중함과 필연성을 역설하였다.

그의 첫 저서는 1997년의 『민족음악과 예배』였다. 그는 2014년부터 2017년까지 3년간 「기독교사상」에 예배와 음악에 관한 글을 연재하였다. 그리고 이를 모아 2019년 『한국교회 예배와 음악 다시 보기』를 출판하였다.

문성모는 대전신대와 서울장신대의 총장 시절 각각 예배당을 건축하였다. 그리고 광주제일교회의 예배당을 신축하였고, 현재 시무하는 강남제일교회 예배당 전면을 리모델링하였다. 이 과정에서 그는 한국적인 예배에 대한 새로운 모델을 제시하려고 노력하였다. 예배당 전면의 분위기를 한국적인 것으로 바꾸었다. 격자 창살 무늬의 십자가를 특별 제작하여 세웠다. 그리고 그 배경에는 주기도문을 새겨 넣었다. 특히 서울장신대의 예배당에는 병풍식의 나무 판에 주기도문과 격자 창살 무늬의 십자가가 장식되었는데, 이는 특허 등록되어 있다.

문성모는 예배순서에도 절기 예배 프로그램을 한국적 상황에 맞게 특별 구성하여 학교와 교회의 예배 현장에 도입하였다. 그가 지금까지 실험적으로 개발하여 학교와 교회에 정착시킨 절기예배 자료집에는 다음

7 문성모는 토착화라는 용어 사용을 한국화로 바꾸어야 한다고 주장한다. "토착화라는 말은 소위 제1세계의 사람들이 문화적 · 사상적 우월감을 가지고 제3세계를 향하여 사용해오던 말이다. 즉 토착화란 백인들이 설정한 제1세계의 문화나 사상이 제3세계의 토양에 심겨져 자리를 잡는 것을 의미하는 말로 사용되고 있는 것이다.": 문성모, 『한국교회 예배와 음악 다시보기』 (서울: 대한기독교서회 2019), 166쪽.

과 같은 것이 있다.

①「삼일운동기념예배 자료집」(2000), ②「고난주간예배 자료집」(1999), ③「성금요일예배 자료집」(2000), ④「부활주일예배 자료집」(2000), ⑤「성탄축하예배 자료집」(1999), ⑥「송구영신예배 자료집」(1998), ⑦「광복60주년 기념예배 자료집」(2005), ⑧「삼일운동 100주년 기념예배 자료집」(2019), ⑨「6.25전쟁 70주년 기념예배 자료집」(2020), ⑩「추수감사예배 자료집」,「성령강림주일예배 자료집」(2021)

이 중에서「성금요일 예배」는 "십자가 위에서 하신 일곱 말씀을 새기는 명상예배"라는 부제가 붙어 있는데, 문성모는 2007년 4월 6일 이화여자대학교 채플 시간에 설교자로 초청받아 이 순서에 의한 예배를 집례하고 설교하기도 하였다.

문성모는 위의 예배순서를 상황에 맞게 응용하였는데, 2012년 11월 22일에 있었던 서울장신대 추수감사예배에서는 "판소리와 함께하는 추수감사예배"라는 주제로 추수감사예배를 드리기도 하였다. 여기에서는 예배 시작을 알리는 징을 치게 하고, 성경낭독을 우리 전통음악의 가곡창으로 바꾸고,「모세전」판소리를 설교 대신에 공연하였다.

이 밖에도 문성모는 2001년 한국기독교학회 30주년 기념예배의 기획을 맡아 예배 시작과 끝에 우리 전통 악기인 징을 치게 하고, 구약과 신약 성경을 전통 가곡의 낭창을 도입하여 새로운 한국적 분위기를 연출하였다. 또한 2013년 1월 21일에 일본 후쿠오카에서 개최된「세계기독교 미래포럼」개회예배를 기획하여 인도하기도 하였다.

설교자로서의 활동

문성모의 트레이드 마크는 총장이다. 그는 한 학교가 아닌 대전신학대학교와 서울장신대학교의 두 곳에서 14년간 총장직을 연임한 교단

역사상 전무후무한 기록의 소유자이다. 그리고 두 학교의 수백억이 들어간 건축 공사를 전국을 돌며 모금하여 완성하였다.

한편 문성모는 11년이 넘는 세월 동안 목회를 하며 설교자로 살았다. 그는 독일에서 귀국하여 첫 사역을 광주제일교회 위임목사로 시작하였고, 마지막 사역도 현재 강남제일교회의 위임목사로 시무하는 중이다. 그러므로 그의 사역의 알파와 오메가는 목회자요 설교자이다. 그는 교수와 총장 출신으로는 유일하게 전국과 세계를 돌며 부흥회를 인도하는 부흥사로서의 달란트도 갖추고 있다.

문성모가 부흥회를 처음 인도한 것은 대전신대 총장으로 있을 때였다. 학교건물의 건축이 한창 진행되고 있을 2002년 2월 말 충북 청원군의 상대교회라는 시골교회에서 부흥회 요청이 있었다. 그는 처음에 부흥회를 인도하는 것이 좀 어색하여 거절하였다. 그런데 그 교회 담임 황인욱 목사의 요청이, "교회가 재정이 어려워서 학교에 건축헌금 작정을 못했는데, 총장님이 부흥회를 하면 그 기간 동안에 모아진 헌금을 모두 학교 건축헌금으로 바치겠노라"는 것이었다. 그는 학교에 건축헌금을 하겠다는 약속에 부흥회 요청을 허락하였다. 맨 처음 인도하는 부흥회인지라 엄청나게 많은 기도와 준비를 하였고, 하나님의 도우심으로 첫 부흥회를 은혜롭게 마칠 수 있었다.

그 후에 문성모의 부흥회는 광고한 적이 없는데도 입소문을 타고 이 교회 저 교회에서 요청이 이어졌다. 당시 학교를 맡은 관계로 한 달에 평균 두 번 정도 부흥회를 인도하였다. 부흥회는 주로 저녁만 하거나 새벽과 저녁에만 집회가 있으므로 방학은 물론 학기 중에도 학교 행정에 전혀 지장이 없고, 그 자신이 목사로서의 정체성을 확고히 할 수 있다는 점에서도 유익하였다. 그리고 자연스럽게 부흥회를 인도한 교회의 건축헌금이 이어졌다.

건축헌금을 위하여 개인적으로 사람을 따로 만나 요청하지 못하는 그의 성격을 아시고, 하나님은 말씀을 전하는 달란트를 주셔서 부흥회와 각종 헌신예배, 수련회, 세미나 등의 강사로 활동하면서 말씀도 전하고 모금도 하게 하신 것이다.

또한 그가 전국의 여러 교회의 요청으로 순회하며 설교한 결과 학교 입시율도 매년 높아지는 긍정적인 효과도 보았다. 그리고 학교를 위한 기도 후원자들이 많아지고, 학교를 위한 우군이 늘어나서 보이지 않는 힘이 되었다.

학교 총장을 마친 후에도 부흥회 강사로서의 활동은 계속되었고, 현재 약 800회 이상의 부흥회를 국내외에서 인도하고 있다. '바른 믿음 바른 삶'이라는 큰 주제로 진행되는 그의 부흥회를 통하여 교인들도 은혜를 받지만, 목회자들도 많은 위로를 받고, 장로들도 큰 감동과 은혜 체험을 하므로 교회가 평안해지고 변화되는 것을 많이 경험하였다. 그리고 한국교회의 고질적인 병폐들과 잘못된 관습을 바로잡고, 교회의 상처를 치유하고, 목회자들을 격려하는 긍정적인 결과를 낳고 있다.

이자익 목사를 발굴하여 한국교회 인물로 세우다

문성모가 생애에 가장 보람을 느낀 것은 학교 건축이 아니라, 세상에 묻혀 있던 이자익 목사를 발굴하여 한국교회에 소개한 것이다. 이자익 목사는 대전신대 초대 교장이었다. 문성모가 총장으로 있었던 기간에 학교는 2004년 개교 50주년을 맞게 되었다. 그는 '대전신학대학교 50년사'를 발행하기로 마음먹고 자료를 정리하던 중에 초대 교장을 지낸 분이 이자익 목사라는 사실을 알게 되었다. 그리고 이자익 목사가 머슴 출신으로 지주 조덕삼보다 먼저 장로가 된 일과, 장로교 분열 이전에 총회장을 세 번(13, 33, 34대)이나 역임했다는 사실도 밝혀내었다. 그러나 2004년도까지도 이 거인은 사람들의 기억 속에 잊혀진 인물이었고, 학교의 동문들이나 나이가 든 옛 어른들의 입에도 전혀 오르내리지 않던 상태였다.

문성모는 교회사가 김수진 목사의 협조로 이자익 목사의 일대기를 새롭게 조명하고, 자료를 기증받아 대전신대 안에 '이자익기념사료관'을 만들었다. 그리고 '이자익 목회자상'을 제정하여 전국교회에 알리는 작업을 하였다. 마치 고고학자가 수백 년 묻혀 있던 보물을 발굴하여 소개하듯이, 수십 년간 세인의 뇌리에서 잊혀진 이자익 목사를 발견하여 새롭게 조명하고 세상에 알린 것은 한국교회를 위해 가장 보람 있는 일이었다고 자부한다. 문성모는 학교의 건물을 완공한 것 이상으로 이자익 목사를 발굴하여 소개한 것에 보람을 느끼고 있다. 그리고 이제 이자익 목사가 세상에 많이 알려지게 된 것은 참으로 기쁜 일이라고 감사해한다.

지금도 문성모는 '이자익목사기념사업회' 상임이사로 이자익 목사를 세상에 알리는 이 거룩한 사업에 헌신하고 있다. 그는 '이자익목사기념사업회'를 통하여 2년에 한 번씩 농촌교회 목회자나 선교사 중 모범이 될만한 사람을 선정하여 〈이자익목회자상〉을 수여하는 일을 계속하고 있다. 이는 이자익 목사처럼 농촌과 산간벽지에서 이름 없이 빛도 없이 목회하고 있는 자들을 발굴하고 격려하는 상이다.

문성모는 또한 '이자익목사기념사업회'를 통하여 이자익 목사 소장도서 중 가치가 있는 책을 영인본으로 출판하는 일을 하고 있다. 이 사업의 일환으로 2020년에는 『토마스 목사전』이라는 번역서를 출간하였다. 이 책은 한국의 최초 순교자 토마스 목사의 순교 장면과 그를 통하여 예수 믿은 사람들의 사건을 실감나게 기록한 책이다. 이 책은 1928년 오문환 장로가 쓴 책으로 한문이 많고 해석이 어려워 역사학자들도 번역을 미루어 왔는데, 영인본에 한글번역(남청, 문성모 공역)을 첨가하여 이자익목사기념사업회 편으로 책을 출판(기독교서회)한 것이다.

강신명 목사를 조명하고 세우다

문성모는 서울장신대 총장으로 자리를 옮긴 후에 똑같이 강신명 목사를 새롭게 조명하여 세상에 알렸다. 학교 건축이 한창 진행되고 있을 무렵인 2009년에 학교의 50여 년 역사의 최고 공로자인 강신명 목사 탄생 100주년을 맞았다. 강신명 목사는 24년 동안이나 교장과 이사장으로 어려운 시기에 학교를 지켜주신 고마운 분이었다. 그리고 영락교회에서 한경직 목사와 더불어 동사목사로 활동하면서 교회를 부흥시키셨고, 그 후 새문안교회도 24년을 목회하고, 총회장도 역임한 교계의 큰 어른이다.

그러나 당시에 강신명 목사는 젊은 층에 잊혀진 인물이었고, 한국의 어디에도 기념관 하나가 없었다. 한경직 목사에 대한 기념관은 장로회신학대학교와 숭실대학교 등 여러 곳에 있는데 반하여, 같은 시대에 큰 활동과 족적을 남긴 강신명 목사를 기념하는 건물이나 책이 없는 것은 매우 아쉬운 일이었다.

그는 탄생 100주년을 기하여 '강신명홀'을 건축하기로 마음먹었다. 그리고 강신명 전기를 발행하고 사료관을 만들기로 하였다. 6억 원이 소요되는 〈강신명홀〉의 건립을 위하여 새문안교회 이수영 목사를 방문하여 도움을 요청하였다. 강신명 목사의 기념관은 새문안교회가 헌금해서 만들어야 의미가 있다는 설명을 하고 6억 원을 헌금해 달라고 부탁하였다. 이수영 목사는 교회의 여러 사정상 어렵기는 하지만 꼭 필요한 일이니 함께 기도해 보자고 하였다.

문성모는 이 일로 새문안교회의 장로들도 만나 협조를 구하였고, 이수영 목사와도 몇 차례 더 만났다. 이 목사님은 방법을 연구한 끝에 그에게 부흥회를 인도해 줄 것을 제안하였다. 부흥회를 통하여 말씀의 은혜도 나누고 당회원들이나 교인들과 인사를 한 후에 당회를 열어 이 문제를 논의하겠다는 것이었다. 그리하여 그는 2007년 4월(15~17일) 새문안교회 부흥회 강사로 초청을 받아 설교하였고, 피차에 은혜를 나누는 감동의 시간을 가졌다. 그리고 부흥회 후 열린 당회는 3억 원을 학교에 헌금하기로 결의하여 〈강신명홀〉의 건축이 진행되었다. 나머지 부족한 금액은 100만원 헌금자 300명을 모아서 해결하였다.

2009년 개교기념식에서 강신명 탄생 100주년 기념 예배와 더불어 강신명홀 현판식과 전기 발행과 사료관 개관을 함께 축하하는 순서를 가졌다. 문성모는 대전신학대학교에서 이자익 목사를 발견하여 세상에 알린 것과 함께, 서울장신대에서 강신명 목사를 새롭게 조명하므로 한국교회의 중요한 역사적 인물을 바로 조명하여 세상에 알리는 일을 한 것이다.

학계 활동과 수상 경력

문성모가 평생 활동한 학계와 교계의 이력은 다양하다. 그는 한국실천신학회 회장, 한국기독교학회 회장, 전국신학대학협의회(KAATS) 회장, 한국신학대학총장협의회 회장, 한국신학대학총장조찬기도회 회장, 한국복음주의신학대학총장협의회 부회장을 역임하였다. 대교협(한국대학교육협의회) 관련해서는 이사로 활동하는 동안, 대교협 대학입학전형위원회 위원, 대교협 대학윤리위원회 위원을 지냈다. 찬송가와 관련해서는 한국찬송가공회 이사와 한국교회음악작곡가협회 이사장을 역임하였다.

그리고 수상 경력은 다음과 같다: 제16회 동아일보 음악콩쿠르 국악작곡부 입상(1976), 서울예고 동문상 '예고를 빛낸 사람' 수상(2004), 제18회 한국기독교문화예술대상 수상(음악부문)(2005), 제25회 한국기독교출판문화상 우수상 수상(목회부문)(2008), 제12회 세계복음화협의회 · 국민일보 공동주최 국민대상 수상(신학자 부문)(2011), 대한예수교장로회(통합) 총회 공로패 수상(1993), 장로회신학대학교 장한동문상 수상(2014), 월간 창조문예 시 부문 신인상 수상(시 부문)(2013), 목양문학상 신인상수상(시 부문)(2008), 광나루문학상 수상(시 부문)(2014), 대한민국 황조근정훈장 수상(2016), 한국기독교성령백년인물 선정 수상(2017), 서울음악대상 수상(2020).

현재 문성모는 대한예수교장로회 강남노회 소속 강남제일교회 담임목사로 섬기면서, 예음문화예술원 원장, 베아오페라예술원 이사장, 한국대학기독총장포럼 공동회장, 이자익목사기념사업회 상임이사, 한국음악평론가협회 부이사장, 국민악회 수석부회장, 월간「창조문예」회원, 한국캘리그라피 예술협회 이사, 한국교회법연구원 이사 등으로 활동하고 있다.

문성모 박사의 신학적 공헌

예배와 목회의 한국화

문성모는 한국교회가 목회, 설교, 예배, 음악 등 모든 면에서 미국교회의 판박이라고 비판한다. 사람은 한국 사람이 모이는데 교회당 건물부터 시작하여 교회 내적인 어떤 면에서도 한국적인 모습을 찾아보기 힘들 정도라고 주장한다. 특히 예배가 너무 미국적이어서 미국교회에서나 한국교회에서나 분위기가 동일하다는 것이다.

> 한국교회는 예배당과 예배 중의 의식이라는 면에서 미국교회의 영향을 너무 많이 받고 있다는 것이다. 한국교회 예배로서의 특징이 거

의 없고, 있는 것마저도 미국 예배를 기준하여 더하고 빼려는 사람들이 있어서 문제이다. 기독교 신앙으로 예배하는 곳은 미국만이 있는 것이 아님을 인정해야 한다. 수천 년의 예배 전통을 이어온 유럽 기독교의 예배 모습을 한국교회가 거의 모르고 있다. 더구나 천주교나 성공회, 정교회 등의 예배에 대하여 전혀 감각이 없고 비교의식도 없다. 그리고 한국의 타종교의 예배의식에 대한 경험과 분석은 더더욱 전무한 상황이다. 오로지 미국교회에서 보고 배운 것만이 오늘날 한국교회 예배에 통용되고 있는 실정이다. 여기에 두 가지 문제가 발생한다. 첫째는 미국교회의 예배 문화가 예배 전통에서 볼 때 많이 통속화 되어버린 점이 있다. 미국을 경유하면서 세속화되고 전통에서 벗어난 많은 부분들을 점검하고 시정할 때가 된 것이다. 또 하나의 문제는 한국적인 문화와 정서를 전혀 반영하지 못한다는 점이다. 명심할 것은 우리가 어디서 목회하고 설교하든지 우리는 한국 사람을 대상으로 하고 있고 한국 사람의 종교적 심성은 미국인의 것과는 사뭇 다르다는 사실이다. 따라서 예배를 둘러싼 여러 상황들을 한국적으로 해석하지 않으면 아무리 좋은 설교도 커뮤니케이션에 문제가 생긴다.[8)]

문성모는 예배는 삶이요 문화라고 본다. 그리고 한국인의 삶과 문화는 외국과 다르기 때문에 당연히 예배의식도 한국적인 것을 추구해야 한다고 주장한다. 그리고 이렇게 예배의 고유성을 확보한 후에 에큐메니칼한 보편성을 추구하는 것이 순서라고 강조한다.

그렇다면 오늘 한국 민족을 위한 예배와 음악은 어떤 모습이어야 하는가? 그것은 에큐메니컬적이어야 함과 동시에 한국적이어야 한다. 보편성과 함께 고유성을 추구해 나가야 한다. 그리고 이것은 두 개의 목표가 아닌 하나의 목표이다. 즉 한국교회 예배가 보편성을 획

| 8 문성모, 『곽선희 목사에게 배우는 설교』 (서울: 두란노, 2008), 323쪽.

득하기 위해서는 지극히 한국적이어야 한다는 역설이다.[9)]

문성모는 한국교회의 예배 현장에서 한국적인 것이 점점 사라져가고 있는 것을 회복해야 한다고 주장한다. 하나의 예로 그는 한국교회의 예배순서 중 가장 한국적인 것이 묵도라고 주장한다. 이는 자생적으로 생긴 우리의 예배순서인데, 이것을 한국교회가 제거하고 미국의 예배 순서인 'Call to worship'을 번역하여 "예배에의 부름"으로 대체시켰다. 문성모는 일부 예배 학자들이 묵도를 일제 신도이즘의 잔재라고 지적한 것에 대하여 반박한다. 그는 묵도가 오히려 동양 종교가 가진 보편적인 예배 요소인 정(靜; Silence)적인 요소라고 주장하며, 이를 발전시켜 한국화된 예배의 기초를 놓아야 한다고 강조한다.

> 묵도의 뿌리는 한국의 전통 종교가 갖고 있는 정(靜)적인 면에서 그 기원을 찾을 수 있다. 즉 동양의 모든 종교가 가진 정(靜)의 신학 속에서 묵도를 설명해야 한다. 동양의 모든 종교의식은 정적인 분위기로 시작된다. 이 정적인 요소는 물론 일본의 신도(神道)에도 있다. 왜냐하면 신도도 동양종교이기 때문이다. 그렇다고 한국교회의 묵도가 일본의 잔재라고 우기면 안 된다. 정적인 요소는 신도뿐만 아니라 유교, 불교, 도교, 그리고 무속종교 등 동양의 모든 종교가 동일하게 가지고 있다. 이 정적인 요소는 서양 교회가 흉내 낼 수 없는 동양 종교만의 보편적 현상이다.[10)]

문성모는 한국교회의 설교와 목회를 위한 이론이 모두 서양 교회 현장에서 얻어진 것임을 비판한다. 즉 서양 교회의 현장에서 얻어진 이론으로 한국교회 현장을 강요하고 있다는 것이다.

9 문성모, 『한국교회 예배와 음악 다시보기』, 133쪽.
10 위의 책, 137쪽.

> 그러나 이제는 적어도 목회 현장과 직접 관련이 있는 실천신학 분야는 전적으로 한국이라는 축을 중심으로 학문체계를 새롭게 구성해 나가야 한다. 여기에는 두 가지 이유가 있다. 첫째 이유는 한국의 교회와 사회의 상황이 서양과는 다르기 때문에 서양에서 수입된 이론을 그대로 적용시킬 수는 없기 때문이다. 여기서 여러 가지 질문을 던져볼 수 있다. 예배를 위한 외국 학자들의 이론은 실제로 우리에게 어떤 도움이 되는가? 서양의 학자들이 일주일에 열 번도 넘게 각각 다른 설교를 해야 하는 한국 목회자들을 염두에 두고 설교학 책을 썼겠는가? 서양의 예배학자들에게 문화와 전통이 다른 한국적인 상황이 조금이라도 고려의 대상이 되었을까? 서양 사람들이 정한 교회력의 여러 색깔은 우리 민족이 지닌 색의 정서와 일치하는가? 대답은 모두 부정적이다. 따라서 이러한 수입 이론들은 하나의 참고자료는 될 수 있어도 우리의 신학과 목회 현장에서 주인 노릇을 할 수는 없다.[11]

문성모는 예배를 중심한 모든 것에 한국화를 주장하며, 너무 미국화되어 있는 한국의 예배 문화를 비판하고 있다. 그는 한국의 교회력은 다시 구성되어야 한다고 강조한다. 한국교회 140년 역사의 중요한 사건들이 교회력을 통하여 기념되어야 마땅하다고 주장한다. 가령 삼일절, 광복절, 6.25전쟁 기념예배가 한국 교회력에 포함되어야 한다는 것이다. 이를 위하여 그는 실제로 각각의 기념예배 자료집을 만들고 보급하였다.

특히 2019년에는 『삼일운동100주년기념예배자료집』을 편집하여 전국교회 목회자들을 초청하여 시연회를 가지고 보급하였다.[12] 또한 2020년에는 『6.25전쟁 70주년 기념예배자료집』을 만들었는데, 이때는

11 문성모, 『한국교회 예배와 음악 다시보기』, 24-25쪽.

12 삼일운동 100주년 기념예배 강습회는 2019년 1월 21일 강남제일교회에서 개최되어 약 400명의 목회자와 평신도들이 참가하였다.

코로나 사태로 홈페이지를 통하여 전국교회에 시연회를 공개하고 다운받아 사용하게 하였다.

문성모는 한국교회의 교회력 색깔도 한국인의 정서에 맞게 재고되어야 함을 강조한다. 가령 서양의 가톨릭교회가 정한 고난주간의 색은 보라색이지만 우리 민족의 고난의 색은 무엇인가를 고민하고 연구해야 한다는 것이다. 또한 기쁨이나 슬픔, 감사에 대한 예전 색깔도 민족의 문화적 정서에 맞게 수정되어야 함을 강조한다.

문성모는 한복 두루마기를 개량한 가운을 입고 설교한다. 그는 예배의식을 위한 가운의 문제도 문화에 속한 것이기에 미국교회를 따라 하지 말고 한국적인 예복을 창의적으로 만들어야 함을 강조한다.

> 예배를 위한 가운도 미국식이다. 본래 개신교 가운은 가톨릭과는 달리 인간의 모습과 신분을 감추기 위해 만들어졌다. 그러므로 유럽의 개신교 가운은 단순하기 그지없다. 그저 검정색에 목 부분의 흰 리본이 전부이다. 그러나 한국 가운은 어떠한가? 점점 화려해지고, 여러 장식과 화려한 색깔이 가미되고 있다. 이는 미국식 가운의 영향이다. 심지어는 로버트 슐러 목사가 박사학위 가운을 입고 설교하는 모습을 본 우리나라 목사들이 너도나도 박사학위 가운을 입고 설교하던 촌스러운 때도 있었다. 요즘에는 미국 목사들이 가운을 벗어던지고 티셔츠 바람으로 강단에 서니 이것을 따라하는 목사들도 생겨났다.[13]

문성모는 한국교회가 미국교회의 예수상을 그대로 수용하고 반성하지 않는 것을 비판한다. 예수는 유럽인도 미국인도 아닌 아시아인의 외모였음에도 불구하고 한국교회의 예수상은 파란 눈에 긴 갈색 머리의 잘생긴 서양 남자라는 것이다. 예수는 복음이지만 예수상은 문화이다.

13 문성모, 『한국교회 예배와 음악 다시보기』, 157쪽.

따라서 한국인의 모습을 닮은 예수상을 그리고 바라보게 하는 것은 한국교회가 마땅히 해야 할 과제라는 것이다.

> 그 하나의 예로 우리가 쉽게 볼 수 있고 상상하기도 하는 예수의 모습, 즉 갈색의 긴 머리와 파란 눈을 가지고 지긋하게 나이를 잡수신 모습의 예수는 팔레스타인 출신 예수의 본래 모습과는 아무 상관도 없는, 유럽사람들의 상상화에 지나지 않는다. 예수는 아시아 사람이지 유럽 사람이 아니었다. 그러나 백인들이 예수를 자기들 식대로 그렸다고 해서 예수의 본질 자체가 변하지는 않는다. 그 그림이란 유럽인, 즉 백인들이 자기 식대로 표현한 문화적 표현이기 때문이다. 마찬가지로 우리가 우리 식으로 갓을 쓰고 한복을 입은 예수상을 그리거나, 전통음악으로 찬양한다고 해서 복음이 변하는 것은 아니다. 그것은 복음에 대한 우리 식의 응답일 뿐이다. 서양식의 응답은 정당하고, 우리식의 응답은 부당하다는 논리는 성립될 수 없다.[14]

문성모는 설교단을 비롯한 강대상을 한국의 쌀 뒤주에서 아이디어를 얻어 새롭게 고안하였다. 이 강대상은 그가 총장으로 있었던 대전신대와 서울장신대의 채플실에도 있고, 현재 목회하는 강남제일교회 예배당에도 놓여있다. 그의 주장은 설교단은 신학적 의미가 있어야 하는데, 아무 의미 없이 공장에서 생산된 기성품을 사다 놓으면 안 된다는 것이다.

문성모는 이 밖에도 성만찬 그릇을 도자기로 바꾸는 등 예배와 목회의 모든 면을 한국화하려는 노력을 그치지 않고 있다. 다음은 문성모 목사가 목회하는 강남제일교회를 탐방한 국민일보 기자의 글이다.

> 한옥의 격자 창살 문양 십자가, 뒤주를 본떠 만든 강대상, 도자기로

| 14 위의 책, 158쪽.

만든 성만찬 그릇 등 강남제일교회의 예배당에선 한국적인 분위기를 쉽게 찾을 수 있다. 교회 로고도 격자 창살 문양의 십자가를 바탕으로 파랑 노랑 빨강의 삼색 태극 문양이 둘러싸는 형태다. 다목적실인 예음홀에는 장구가 쌓여 있고, 도서관 등 교회 공간 곳곳에서 전통문화를 품은 장식품을 발견할 수 있다. [...] 외관에만 한국적 색깔을 담은 건 아니다. 문 목사는 부활절, 성탄절 등 주요 절기 외에 우리 역사에 맞는 절기도 만들어 챙긴다. 대표적인 게 6.25 한국전쟁과 8.15 광복절 기념예배다. 문 목사는 이때 성도들과 함께 태극기를 들고 역사적 의미를 되새기며 함께 예배하는 시간을 갖는다.[15]

찬송가 1,000곡 작곡

문성모의 한국화 작업은 찬송가 분야에서 가장 두드러진다. 그의 주된 작업은 찬송가의 한국화에 집중되어 있기 때문이다. 그는 이를 위해 한국적인 찬송가를 작곡하고, 이를 계몽할 논문을 발표하면서 살았다.

그는 독일에 유학 당시에 벌써 찬송가 100곡을 작곡하여 『우리가락찬송가 제1집 – 나의 힘이 되신 주』[16]와, 성서적인 소재로 작곡한 국악 작품집 『한국악기를 위한 교회음악 제1집 –부활』[17]을 출판하였다. 1999년에는 독창과 합창곡을 묶어서 『문성모 성가곡집 – 위로하소서』[18]를 출판하였다. 그는 계속 쉬지 않고 찬송가를 작곡하여 2011년에는 『문성모 찬송가 330곡집 – 우리가락찬송가와 시편교독송』[19]을 출판하고, 이어서 이 책의 영문판 『Our Melodies, Our Hymns』[20]도 출판하였다.

15 「국민일보」, 2020년 8월 18일, 32면.
16 문성모, 『우리가락찬송가 제1집 – 나의 힘이 되신 주』, (서울: 국악선교회 1989).
17 문성모, 『한국악기를 위한 교회음악 제1집 –부활』(서울: 국악선교회 1989).
18 문성모, 『문성모 성가곡집 –위로하소서』 (서울: 호산나음악사 1999).
19 문성모, 『문성모 찬송가 330곡집 – 우리가락찬송가와 시편교독송』(서울: 가문비 2011).
20 문성모, 『Our Melodies, Our Hymns』(우리가락찬송가 영문판) (서울: 가문비 2013).

문성모는 한국교회가 미국교회의 영향을 받아 예배음악이 너무 CCM 위주로 가고 있는 것을 염려한다. 그는 이렇게 된 원인을 찬송가 작곡가의 부재와, 한국인이 부를 만한 한국적인 찬송가의 빈곤에서 찾았기에, 평생 작업으로 찬송가 1,000곡 작곡을 목표로 기도하며 노력하고 있다. 그리고 이것이 한국교회 문화를 풍성하게 할 것으로 확신한다.

문성모는 나중에 후대까지 남는 것은 교인 숫자가 아니라 문화라고 주장한다. 그리고 이 시대의 교회가 후대에 남겨 줄 문화를 창출해야 한다고 강조한다.

> 문 목사는 은퇴까지 남은 4년간 한국적인 예배 문화를 널리 전하기 위해 헌신하고 싶다고 했다. 그는 시편에 음을 붙인 시편가를 비롯해, 평생 우리 색깔을 담은 찬송가 1,000곡을 발표하겠다는 목표를 밝혔다. 한국교회 역사에 남길 위대한 인물을 발굴하고 세워나간다는 포부도 다졌다. 문 목사는 "후대에 남겨지는 건 한국교회 성도가 몇 명이었는지, 교회가 얼마나 컸는지가 아니라 한국교회가 어떤 문화를 남겼는가 하는 것"이라며 "후대에 물려 줄 문화를 남기겠다는 사명을 위해 최선을 다하겠다"고 말했다.[21]

'음악신학' 분야 정착

문성모는 작곡뿐만 아니라 음악학자로서 강연과 논문발표를 통해 한국교회를 위한 한국적인 찬송가의 당위성을 강조하고 이론적 토대를 만들었다. 그의 첫 저서는 1997년에 출판된 『민족음악과 예배』이다.[22] 그리고 최근에 그의 이론을 집대성한 책은 2019년의 『한국교회 예배와 음

21 「국민일보」, 2020년 8월 18일, 32면.
22 문성모, 『민족음악과 예배』 (서울: 한들 1997).

악 다시보기–예배와 음악의 한국화를 위한 담론』[23]이다.

문성모는 여기에 실린 논문들을 통하여 초기 기독교부터 종교개혁자들의 음악에 대한 견해를 종합하면서 한국교회의 찬송가가 한국적이 되어야 하는 당위성을 설명한다. 또한 그 신학적인 근거와 역사적인 방법론을 열거하고 한국교회를 위한 찬송가의 한국화의 방향을 제시하고 있다.

> 예배는 복음에 대한 응답이다. 음악을 포함한 예배의 모든 순서는 복음에 대한 응답적 행위이다. 그리고 그 응답적 행위들이 신앙고백화되어서 '우리의 응답'으로 드려져야 가치가 있다. 한국교회의 예배와 음악이 '우리의 예배와 음악'이 되기 위해서는 정체성(identity) 확립이라는 전제 조건이 필요하다. 정체성이란 자기 삶의 본질을 찾고 긍정하는 의식이다. 스스로의 긍정 없이는 예배도, 음악도 의미가 없다. '우리의 응답'으로서의 예배와 음악을 위하여 필요한 것은 우리 민족과 문화에 대한 긍정이다. 그리고 한국교회는 우리 민족과 문화에 대한 긍정적 사고를 가지고 서양 교회와 만나야 한다.[24]

문성모는 나아가서 음악을 신학의 한 분야로 정착시켰다. 그가 서울장신대 총장으로 있을 때 박사학위 과정을 신설하였는데, 그 속에 '음악신학'(Theology of Music) 박사 과정을 포함시켰다. 그리고 그의 손으로 지도하여 2명의 '음악신학' 전공 박사를 배출시켰다.

문성모는 독일에서 공부할 때 음악신학(Theologie der Musik)이라는 분야를 처음 경험하였다. 독일에서는 진작부터 음악을 신학의 한 분야로 받아들이고 있었던 것이다. 최초의 음악신학자라고 불린 사람은 독일의 신약성서학자인 오스카 죙엔(Oskar Söhngen)이었다. 문성모

23 문성모, 『한국교회 예배와 음악 다시보기–예배와 음악의 한국화를 위한 담론』(서울: 기독교서회 2019).

24 문성모, 『한국교회 예배와 음악 다시보기』, 위의 책, 160쪽.

는 그가 총장으로 있던 학교에서 이를 실현하였고, 한국에도 '음악신학' 이라는 분야가 정식 학위 과정으로 정착된 것이다.

한국교회사의 인물 세우기

문성모는 목회와 설교 분야에 여러 주목할 만한 저서를 남겼는데, 특별히 인물을 조명하고 세워주는데 초점을 맞추고 있다. 이에 관한 저서에는 다음과 같은 것이 있다: 『청북교회이야기』(쿰란출판사, 2006), 『러시아선교이야기』(쿰란출판사, 2007), 『곽선희 목사에게 배우는 설교』(두란노, 2008), 『하용조 목사 이야기』(두란노, 2010), 『한국교회 설교자 33인에게 배우는 설교』(두란노, 2012), 『권태진 목사의 사랑 이야기 – 함께하니 참 행복합니다』(두란노, 2017).

『청북교회이야기』는 청주의 청북교회 담임 김영태 목사의 목회 사역을 정리한 책이고, 『러시아선교이야기』는 모스크바에 선교사로 파송되어 10년 동안 모스크바 장신대를 세우고 사역하는 이흥래 장로의 선교사역을 정리한 책이다.

『하용조 목사 이야기』는 온누리교회와 두란노를 설립한 한국의 대표적 목회자 하용조 목사의 삶과 신앙과 목회 비전을 종합한 책이다. 이 책은 하용조 목사의 방대한 사역의 갈래를 일목요연하게 정리하고 온누리교회의 사역을 조감도를 보듯이 한 눈에 볼 수 있게 만들었다는 점에서 높이 평가되며, 온누리교회 교역자들과 지도자들의 필독서가 되었다.

『권태진 목사의 사랑 이야기 – 함께하니 참 행복합니다』는 군포제일교회를 개척하여 오늘의 큰 교회로 성장시키고, 「성민원」이라는 복지법인을 통하여 가장 모범적으로 복지사역을 펼치고 있는 권태진 목사의 일대기를 조명한 것이다.

『곽선희 목사에게 배우는 설교』는 한국의 대표적인 설교가요 오늘의 소망교회를 개척하여 새운 곽선희 목사의 설교를 정리하고 종합한 설교학 책이다. 지금까지 설교학이 이론을 위한 학문의 틀을 벗어나지 못하여 신학교에서 배운 설교 이론이 현장에서 별 도움이 되지 못하는 것을 안타깝게 생각하여 만든 것이다. 문성모의 주장은, 설교는 목회를 성공적으로 감당하고 매주 감동적인 설교를 하고 있는 목회자에게서 배워야 한다는 것이다. 이 책은 1만부 이상이 팔린 설교학 분야에서 보기 드문 베스트셀러에 속한다.

『한국교회 설교자 33인에게 배우는 설교』는 문성모가 「월간목회」에 3년 동안 연재한 글을 모은 책이다. 이 책은 초기 길선주 목사로부터 현재까지의 대표적인 설교가의 설교자로서의 삶과 신앙을 배울 수 있는 내용으로 구성되어 있다. 특히 길선주, 이기풍, 김익두, 최권능, 서경조, 이성봉, 이용도, 주기철, 손양원, 한경직, 한상동, 강신명, 신현균, 김치선 등 신앙의 선배들의 설교자로서의 삶이 감동적으로 조명되어 있다.

문성모는 한국교회가 발전하기 위해서는 인물 세우기를 해야 한다고 주장한다. 한국의 풍토는 인물을 세우기는커녕 오히려 죽이고 헐뜯고 매장하는 역사가 계속되는 것을 안타깝게 생각한다. 한 인물의 삶에는 공로와 과오가 함께 있지만, 과오는 반성하고 비판하되 공적과 배울 점은 부각시켜서 한국교회의 다음 세대를 위한 표본으로 삼아야 한다는 것이다.

문화목회 중심의 한국교회 살리기

문성모는 한국교회의 목회에서 가장 중요한 선교전략은 문화라고 주장한다. 한국교회가 물량주의나 기복신앙에서 벗어나는 길도 문화를 목회 중심에 둘 때 가능하다고 역설한다. 그는 문화를 우리 몸의 비타민에 비유하여 다음과 같이 설명한다.

종교에서 문화란 어떤 의미가 있는가? 이 질문은 어떤 종교가 문화에 대한 가치를 얼마나 귀하게 보는가의 문제이다. 문화 없는 종교는 없다. 그러나 한국의 기독교는 문화를 무시하고 홀대하는 종교는 아닌지 심각하게 반성해볼 필요가 있다. 그리고 그 이유가 양적 성장에 매달린 결과라는 사실을 인정해야 한다. 돈이 없어서도 아니고, 사람이 없어서도 아니다. 문화를 보는 안목이 없고 문화를 귀하게 여기는 마음이 없기 때문이다. 문화란 종교에서 마치 비타민과 같은 영양소이다. 비타민이란 당장 없다고 성장에 큰 표시가 나는 것은 아니다. 그런 의미에서 탄수화물이나 단백질같이 귀하게 생각하지 않을 수 있다. 그러나 우리 몸에 필요한 비타민이 없으면 그 성장은 곧 기형이 되고 부작용을 일으키며 나쁜 세균을 이기지 못하여 질병에 걸리고 만다. 이것이 오늘 한국교회의 현실이다. 한국교회는 문화에 도무지 투자하지 않고, 그것을 가치 있게 생각하지도 않은 채 그저 커지고 많아지고, 일등이 되고 초특급이 되는 것에 혈안이 되어 비교의식과 경쟁의식 속에서 물불을 가리지 않고 달려왔다. 몸집은 커졌으나 기형적 현상이 나타났다. 도덕성에 구멍이 뚫려 한국 기독교 전체가 침몰하고 있는 느낌이다. 문화는 삶이고 신앙이다. 교회가 양적 성장을 하는 것도 중요하지만, 그 성장과정에서 문화적 성장이 함께 있었는가를 물어야 한다.[25]

맺는말

문성모 박사는 다양한 달란트를 가지고 예배, 설교, 목회, 음악, 문학 분야에서 한국화 문제에 공헌한 주의 종이다. 그가 주장하는 한국화에 대한 담론은 아직 한국교회에 열매를 거두지 못하고 있지만, 앞으로 한

25 문성모, 『한국교회 예배와 음악 다시보기』, 161쪽.

국교회가 나아가야 할 방향인 것만은 틀림없다.

문성모 박사는 그의 작업을 위해 스스로 작곡하고 자료집을 만들고 강연과 설교와 목회를 하고, 시를 쓰며 활동하였다. 그가 남은 평생에 1,000곡의 찬송가를 완성하는 일과, 150편의 시편송을 작곡하는 일은 한국교회 예배와 음악 유산을 풍성하게 하는 작업으로 생각되어 응원의 박수를 보내고 싶다.

그는 시인으로 3권의 시집을 출간했으며, 캘리그라피 예술가로 많은 전시회를 열기도 하였다. 그는 플루트를 불고 노래를 하면서 설교를 준비하고 예배를 기획한다. 한국인을 위한 한국적인 예배와 음악과 설교와 목회란 무엇일까에 대한 고민과 해답을 찾기 위해 오늘도 쉬지 않고 노력하는 그의 열정이 부럽다.

『삼일운동 100주년 기념예배 자료집』 I 2019

칼빈 탄생 500주년 기념
학술 심포지엄 좌장 | 서울교회

『요한 제바스티안 바하를 묻고 답하다』
출판기념 및 한국교회음악작곡가협회
제8차 학술세미나 강연 후 | 총신대 콘서트홀

한국 실천신학회 신년 하례회 | 2016년

가족 사진 | 손주 돌 기념

한복 두루마기를 개량한 가운을 입고
설교하는 모습

강남제일교회 설교단 | 쌀 뒤주를 변형시킨 강대상

경력

호남신학대학교 교수 (1993~1995)
광주제일교회 위임목사 (1995~2000)
대전신학대학교 총장 (2000~2006)
서울장신대학교 총장 (2006~2014)
한국실천신학회 회장 (2003~2005)
한국기독교학회 회장 (2005~2007)
전국신학대학협의회(KAATS) 회장 (2012~2013)
한국대학교육협의회(대교협) 이사 (2010~2014)
한국신학대학총장협의회 회장 (2010~2014)
전국대학총장조찬기도회 회장 (2012~2016)
제22차 세계개혁교회연맹(WARC) 서울총회 대회가(大會歌) 작곡 (1989)
대한예수교장로회(통합) 총회가(總會歌) 작곡 (1996)
한국교회 대부흥 백주년기념대회 대회가(大會歌) 작곡 (2007)
찬송가 350곡 이상 작곡
현행 찬송가(21세기찬송가) 48장, 418장, 556장 작곡
한국교회음악작곡가협회 이사장 (2018~2020)
재단법인 한국찬송가공회 이사 (2012~2016)
강남제일교회 위임목사 (2015~현재)
한국음악평론가협회 부회장 (2020~현재)
베아오페라예술원 이사장 (2019~현재)
예음문화예술원 원장 (2019~현재)

● 수상 경력

제16회 동아일보 음악콩쿨 국악작곡부 입상 (1976)
대한예수교장로회(통합) 총회 공로패 수상 (1993)

서울예고 동문상 '예고를 빛낸 사람' 수상 (2004)
제18회 한국기독교문화예술대상 수상 (2005)
제25회 한국기독교출판문화상 우수상 수상 (2008)
제12회 세계복음화협의회·국민일보 공동주최 국민대상 신학자상 수상(2011)
창조문예 시부문 신인상 수상 (2013)
장로회신학대학교 장한동문상 수상 (2014)
광나루문학상 수상 (2014)
대한민국 황조근정훈장 수상 (2016)
서울음악대상 수상 (2020)

연구 목록

● 예배 및 목회 관련 저서

『청북교회이야기』(쿰란출판사) 2006.
『러시아선교이야기』(쿰란출판사) 2007.
『곽선희 목사에게 배우는 설교』(두란노) 2008.
『하용조 목사 이야기』(두란노) 2010.
『한국교회 설교자 33인에게 배우는 설교』(두란노) 2012.
『권태진 목사의 사랑 이야기 - 함께하니 참 행복합니다』(두란노) 2017.

● 음악 관련 저서

민족음악과 예배(한들) 1997.
『우리가락찬송가 제1집 - 나의 힘이 되신 주』(국악선교회) 1989.
『한국악기를 위한 교회음악 제1집 - 부활』(국악선교회) 1989.
『문성모 성가곡집 -위로하소서』 1999.

『문성모 찬송가 330곡집 – 우리가락찬송가와 시편교독송』(가문비) 2011.
『Our Melodies, Our Hymns』(우리가락찬송가 영문판)(가문비) 2013.
『작곡가 박재훈 목사 이야기』(홍성사) 2013.
『요한 제바스티안 바하를 묻고 답하다』 (예솔) 2016.
『한국교회음악작곡가협회40년사』(예솔) 2017.
『한국교회 예배와 음악 다시보기』(대한기독교서회) 2019.
『우리나라 애국가 이야기』(가문비) 2021.
『작곡가 구두회 박사 이야기』(예솔) 2021.

● **기타 저서**

시집 『미완성 교향곡』(쿰란) 2009.
어린이 『소태수 선생님 정의가 뭐예요』(가문비) 2011.
시집 『6 Forte의 노래』(창조문예사) 2012.
칼럼집 『사랑을 믿으세요』(가문비) 2012.
제3시집 『아내를 위한 세레나데』(달샘/ 시와표현) 2017.

● **번역서**

칼 바르트, 『볼프강 아마데우스 모차르트』, 문성모 역 (예솔) 2020.
오문환, 『토마스 목사전』 문성모(공동 번역) (대한기독교서회) 2020.

● **주요 논문**

Bernhard Christoph Ludwig Natorp als Reformer der liturgischen Musik im Gottesdienst für die evangelischen Kirchen Westfalens in der ersten Häfte des 19. Jahrhunderts (1816–1846) (Münster) 1992.
Die Schulmusikerzieung Süd–Koreas nach Ziel, Inhalt und Methode und der europäische Einfluss in der Zeit der Lehrpläne (Seit 1955) 1993.

"비신화화론에 의한 예배음악의 실존 찾기" 「기독교사상」 2015년 3월호.
"예배음악의 수평적 기능과 사회적 책임" 「기독교사상」 2015년 4월호.
"묵도의 신학" 「기독교사상」 2015년 8월호.
"아더 피어선의 찬송가 연구" 「피어선신학논단」 제5권 제1호(통권8집), 평택대학교출판부, 2016.
"마틴 루터의 예배음악에 대한 이해" 「기독교사상」 2017년 2월호.
"장공 김재준의 찬송시에 대한 신학적 이해-〈어둔 밤 마음에 잠겨〉 가사를 중심으로" 「기독교사상」 2017년 3월호.
"시편의 표제와 음악에 관한 연구" 「기독교사상」 2017년 6월호.

강지찬 박사

목원대학교 음악교육학과
장로회신학대학교 신학대학원 (M. div.)
아세아연합신학대학교 대학원 선교학 (Th. M.)
연세대학교 연합신학대학원 조직신학 (Th. M.)
장로회신학대학교 목회전문대학원 목회와선교 (Th. D. in Min.)

ccm 가수 & 한국공원선교회

앨범_CCM 강동화 1집 "울지말아요"
CCM 강동화 2집 "집으로…"
CCM 강동화 3집 "테텔레스타이"
CCM 강동화 4집 "삶의 예배"

논문_"청년 선교동원을 활용한 북한선교 전략 연구"
"삼위일체 신학과 북한 주체사상의 비교 연구"
"도시지역에서의 선교적 교회 전환을 위한 연구"

손석태 박사

손석태 박사의 생애와 신학

김구원_전, 개신대학원대학교 구약학 교수

미국 Knox Theological Seminary (D. D., 2010)
미국 New York University (Ph. D., 1986)
미국 Westminster Theological Seminary (M. A. R., M. Div., 1982)
고려대학교 토목공학과 (B. E., 1969)

사단법인 기독대학인회(Evangelical Students Fellowship) 간사 (1969~1975)
대한예수교장로회 뉴욕노회 목사 안수 (1984. 4. 14)
새안암교회, 협동목사 (1986~2014)
사단법인 기독대학인회 이사장 (2002~2006)
새빛교회 담임목사 (2017~현재)

손석태 박사의 생애와 신학

훌륭한 성경 선생님이자 언약신학 연구의 대가인 손석태 박사는 보수적 개혁신앙을 서양의 주류신학에 성공적으로 접붙였다는 점에서 한국의 다른 신학자들과 구별된다. 그는 대학생 선교단체인 ESF(대학기독인회)를 창립하여 한국사회를 선도할 기독교 지도자들을 양성하는데 전념했을 뿐 아니라, 서양 학자들에 의해 선도되는 구약학 분야에도 한국인 학자로 뚜렷한 업적을 남겼다. 언약의 기원에 대한 연구에 있어서 손석태 박사는 하바드대학의 크로스(F. M. Cross)와 고든콘웰신학교의 후겐버거(G.P. Hugenberger)와 함께 어깨를 나란히 한다.

손석태 박사의 삶

손석태 박사는 1945년 8월 26일, 전남 보성군 웅치면 대산리 83, 제암산 밑의 복흥이라는 동네의 한의사이신 할아버지, 의사인 아버지와 간호사인 어머니의 집안에서 장손으로 태어났다. 어릴 때부터 비교적 부유한 집에서 온갖 기대 가운데 성장하였다. 할아버지는 그에게 한문을 가르쳤고, 증조 할아버지의 묘가 명당이라 이 집안에서 훌륭한 학자가 나올 것이라는 말을 자주 하셨다고 한다. 1948년 여순 사건, 1950년 6.25사변 등으로 그의 집은 많은 어려움을 겪었다고 했다.

손 박사는 웅치국민학교를 졸업하고, 광주로 올라와 그의 선생님의 추천에 따라 광주 사범대학부속중학교에 들어갔다. 중학교 졸업과 더불어 초등학교 교사를 양성하는 광주 사범학교를 지원하지 않고 그는 인문과인 광주제일고등학교를 택하였다. 그는 의사가 되려고 서울의대에 지원을 했지만 낙방하고, 1년 재수하여 다음 해에는 고려대 토목공학과에 입학했다. 대학 다니는 동안 그의 학비를 후원해주셨던 작은 아버지와 함께 그의 건설회사를 일으켜 돈을 벌 생각이었다.

그러나 대학을 다니는 동안 그의 꿈은 전혀 예기치 못한 곳으로 흘러갔다. 그의 고교 동창인 건축학과 김종욱 군과 함께 하숙을 하며 전공이 비슷하여 서로 도우며 공부도 열심히 했지만, 온갖 세상 재미를 맛보며 사는 중 UBF라는 학원선교 단체에 나가게 된 것이다. 그는 서양 선교사 Miss Sara Barry, Miss Acla Lum 등을 통하여 영어로 배우는 성경은 재미있었고, 그곳에서 좋은 친구들도 만났다. 서울 문리대 사회사업학과를 다니던 김세윤 군도 그때 만났다. 그런데 공학도인 그로서는 비과학적인 성경 이야기를 믿을 수 없었다. 많은 내적 갈등과 투쟁을 하는 가운데 창세기를 공부하게 되었다. 그는 창세기 1장 1절, 성경의 대 전제가 되는 말씀을 믿기로 결심했다. 태초에 하나님이 계셨고, 그 하나님께서 세상 만물을 창조하셨고, 그도 창조하셨다, 그래서 그의 인생이 의미가 있다고 믿기로 했다. 무신론이나 유신론이나 다 같이 전제의 문제이고, 다같이 증명이 불가능한 믿음의 문제라면, 모든 것을 우연으로 돌리는 무신론 보다는 유신론적 전제가 더 타당하다고 생각했다. 하나님께서 무에서 천지를 창조하신 전능자라는 것을 전제하면 모든 성경의 모든 기적이 가능하다는 답을 얻었다. 그래서 그는 하나님을 믿고, 그의 아들 예수 그리스도의 대속적 죽음과 부활을 받아들이기로 한 것이다. 그의 인생은 급격하게 달라지기 시작했다.

졸업이 다가오면서 그는 학원 복음화를 위한 UBF의 간사가 되어 달라는 부탁을 받았다. 그렇지 않아도 유교 집안의 장손으로서 기독교인이 되는 문제 때문에 집안 어른들과 이미 불신의 골이 깊어가는 중이었는데 이러한 제안은 그에게 큰 부담이었다. 그는 한참 고민하는 가운데, J.D. 샐린저의 "호밀밭의 파수꾼"(The Catcher in the Rye)이라는 책을 읽고, 주인공 홀든 콜필드처럼 그도 지옥의 낭떨어지 곁에서 하나님을 알지 못하고 인생의 낙을 즐기며 살아가는 한국의 젊은이들을 깨우쳐 주고 진리의 길로 인도하는 "복음의 파수꾼"이 되어야겠다는 결심을 했다. 그는 1969년 대학 졸업과 더불어 캠퍼스의 전도자의 길로 들어섰다. 집안과는 거의 연을 끊는 상태였다. 당시 김세윤 박사도 손석태 박사와 함께 UBF의 간사의 길을 택했는데, 그는 특히 영어를 잘하고, 다방면에 특출한 재능이 많아 신학을 공부하는 것이 좋겠다는 여러 사람의 의견을 따라 졸업과 동시에 싱가폴로 유학을 떠났고, 손석태는 고려대 학생들과 그 주변 대학생들의 복음사업을 위하여 세운 동대문 회관의 책임 목자가 되었다.

손 박사는 간사 생활하는 가운데 급성 폐결핵에 걸려 고생 했지만 건강이 회복되자, 같은 UBF의 일원이며, 고려대 출신 신경정신과 의사인 고희숙 여사와 결혼했다. 딸도 낳았다. 그러는 가운데 UBF는 눈부시게 성장하여 전국적으로 거의 모든 대학가에는 지부가 설치되었고, 독일을 중심하여 유럽과 미국에 평신도 선교사를 파송하기에 이르렀지만, 신학적인 문제가 제기되고, 불투명한 재정관리와 회원들의 지나친 사생활 간여로, 사회적인 문제로까지 비화되기 시작했다. 손 박사와 지도자급 임원들은 이런 문제의 개선을 여러 번 제의했지만 받아들여지지 않자 UBF를 떠나 1976년 새롭게 ESF(Evangelical Student Fellowship)를 설립했다. 그는 앞으로 ESF가 바로 성장하고 그들의 추구하는 성서한국과 세계선교라는 목적으로 한국의 지성인복음화를 추진해 나가기 위해서는 간사들의 신학공부가 절대적으로 필요하다는 생각을 하고 먼저 신학공부의 깃발을 들었다. 그는 1978년 총신대신대원 1학기 공부를 마치고, 바로 미국의 웨스트민스터 신학대학원으로 유학을 떠났다. 가족은 한국에 남겨 두기로 했다.

손 박사는 웨스트민스터에서 당대의 세계적인 개혁주의 신학자들의 강의를 들으며 그의 신학적인 기초를 튼튼하게 쌓았다. 한국에서 있으면서 QT교재『일용할 양식』을 집필하고 있었기 때문에 성경에 대한 관심이 특히 많았고, 트렘퍼 롱맨(Tremper Longman III), 레이몬드 딜라드(Reymond Dillard)와 같은 구약교수, 그리고 신약의 리차드 개핀(Richard Gaffin), 번 포이스레스(Vern Poythress), 모세 실바(Moses Silver)와 같은 교수들의 강의에 흥미를 많이 느꼈다. 신학교는 필라델피아에 있었지만 섬기는 교회는 뉴욕에 있기 때문에 토요일에 올라갔다가 주일 저녁에 기숙사로 돌아와야 했다. 이때에 그보다 10여년 나이가 어린 펜실베니아대학(University of Pennsylvania) 출신, 원종천 (당시) 전도사와 함께 다녔다. 그는 미국에 도착하자마자 한국의 ESF 출신자들을 중심으로 교회를 시작하였지만 공부에 전념하기 위하여 그 교회 사역에서 손을 떼기로 했다. 그리고 당시 웨스트민스터신학교를 졸업하고, 뉴욕대학교에서 구약학으로 박사 학위를 받은 김의원 박사(총신대 총장)가 개척하고 있는 교회의 전도사로 가게 되었다. 손석태 박사는 공부를 마치고 귀국할 때까지 이 교회에서 많은 재정적 도움을 받았다. 목사 안수도 그곳에서 받았고, 교회의 배려로 방학 때이면 귀국하여 가족들을 만날 수도 있었다. 손 박사는 딸과 아들 하나씩이 있었고, 그의 아내는 종합병원에서 신경정신과 의사로 일하고 있어서 방학이면 귀국하여 가족과 함께 지냈다. 1981년 M. Div.를 마치며 손 박사는 웨스트민스터신학교의 신학석사 과정과 뉴욕대학교(NYU)의 박사과정에 동시에 등록하게 되었다. 그래서 여전히 그는 뉴욕과 필라델피아를 왔다 갔다 했다.

뉴욕대학교에서의 박사 과정은 웨스트민스터신학교와 너무 달라서 공부가 쉽지 않았다. 멘토인 바룩 리빈(B. A. Levine) 교수는 유대인 랍비였으며, 당대 세계적으로 유명한 구약학자일 뿐 아니라 아카드어와 우가릿을 비롯한 고대 근동의 언어와 문학에 대해서는 통달한 사람이었다. 랍비라서 구약성경은 물론 기독교 신학에 대하여도 잘 알고 있는 사람이었고, 한국인 김의원 박사를 지도해본 분이라 손석태 박사의 신학적 배경이나 학문 활동의 역량에 대해서도 알만큼 알았을 것이다. 히브리어와 코이네 그리스어(Koine Greek)는 WTS에서 공부한 것을 인정해주었지만, 고전 그리스어, 아카드어, 우가릿어, 아람어, 시리악 등의 언어를 새로 요구했다. 손석태 박사는 제2, 제3 외국어로 독일어와 불어는 따로 시험을 봐야했고, 자격시험은 Hebrew Bible 전공과목과 고대 근동의 문화와 역사에 대한 종합시험이 있었다. 논문은 "The Divine Election of Israel"을 썼는데, 졸업 직후 어드만스(Eerdmans) 출판사에서 출판해주었다, 출판사에서는 책이 잘 팔린다는 감사의 글을 보내 왔었다,

손 박사는 1985년 말 성탄절에 공부를 마치고 미국에서 귀국하였다. 다음해 졸업식 때까지 계속 미국에 머무르며 웨스트민스터의 신학석사 논문을 마저 쓰고 싶었는데, 아세아연합신학교에서 빨리 귀국하여 겨울학기부터 강의를 하라는 정규남 박사의 독촉 때문에 미국 생활을 마치게 되었다. 그래서 1986년 봄의 졸업식에 참석하지 못하고 말았다.

손 박사의 한국에서 교수 생활은 그의 인생에 새로운 장을 여는 것이었다. ESF 간사로 일을 계속하고 싶은 마음이 컸지만 그가 없는 8년여 동안 ESF는 놀랍게 성장하여 그가 일할 틈이 없었고, 그 자신도 켐퍼스 현장에 직접 일하는 것보다는 뒤에서 돕는 길을 택하기로 결심하고 대학 교수가 되었다. 그는 미국에서 공부하며, 한글 성경 번역의 필요성을 절실하게 느끼고, 귀국하여 새롭게 번역해야겠다는 각오를 했었다. 이 일을 위하여 히브리어 사전을 먼저 번역하기로 했다. 세계적으로 학생들이 가장 많이 쓰고 있던 윌리암 L. 할러데이의 "구약성경의 간추린 히브리어, 아람어 사전"을 대본으로 번역 작업을 시작하여 8년만인

1995년에 초판이 나왔다. 당시에는 매킨토시 컴퓨터를 다룰 수 있는 사람도 별로 없었고, 10여개의 폰트를 동시에 사용하고 있어서 교정을 봐줄 사람도 없어서, 그 자신이 직접 모든 컴퓨터 작업을 해야 했다. 이렇게 완성된 히브리어 사전은 아직까지도 구약성경의 원문 독해에 관심이 있는 모든 신학도들의 필수 도서로 남아 있다.

손석태 박사는 아세아연합신학대학교에서의 교수 생활에 대한 좋은 기억을 간직하고 있었다고 한다. 동료 교수들, 특히 김세윤 박사와 같은 학교에서의 교수 생활을 한다는 것을 그는 큰 축복이라고 생각했다. 그러나 새로운 대학에 새로운 이사장을 청빙하는 문제로 학원 소요사태가 일어났고 여기에 책임 있는 김세윤 박사와 손석태 박사는 ACTS를 떠나게 되었다. 이후 두 사람은 같이 이진태 박사가 원장으로 있는 개혁신학연구원으로 갔지만 김세윤 박사는 얼마 안 있어 총신대로 옮겨가고, 손석태 박사는 개혁신학연구원에 남았다. 이후 손 박사는 개혁신학연구원에서 원장이 되어, 개신대학원대학교를 설립하는 데 큰 역할을 했고, 2003년에 개교와 더불어 초대 총장이 되었다. 그리고 2010년에는 은퇴하고 명예총장으로 추대 되었다. 개신대학원대학교와 학사교류를 맺고 있던 미국 낙스신학대학원(Knox Theological Seminary)에서는 그에게 명예신학박사학위를 수여했다. 그의 교수와 학자로서의 생애는 거의 개신대학원대학교와 함께 한 셈이다. 손 박사는 총장직을 수행하면서도 한국복음주의신학회, 한국 복음주의 구약신학회, 개혁신학회는 물론 미국의 성서학회(SBL), 복음주의신학회(ETS), 그리고 영국의 틴데일 펠로우십(Tyndale Fellowship) 등의 회원과 회장으로서 학문 활동을 했으며, 한국복음주의신학대학협의회 회장도 역임하며 회원교들과의 교류와 협력에도 힘썼다. 그는 성경과 신학의 중심 주제가 "관계"라고 생각했다. 언약도 관계의 일부라고 생각한 것이다. 하나님과의 끊어진 관계를 살리고 회복하는 것이 신학과 목회의 사명이라고 생각했다. 그래서 그는 학교의 교훈을 "살리는 신학, 살아있는 목회"라고 정하고, 칼빈주의 보수 개혁신학을 중심으로 실천신학 중심의 학교를 만들려고 노력했다. 이 즈음에 한국 교계는 이단 문제 때문에 논난이 일어나고 있었다. 손 박사는 정밀한 신학적 검증도 없이 형제를 이단으로 지목하고 교계로부터 소외시키는 일이 옳지 않다고 생각하였다. 그리하여 대학교 차원에서 "이단검증기준"을 만들고, 일부 이단성이 있다는 자들에 대한 신학 검증을 해주었다. 한번 이단이면 영원한 이단으로 취급받아서도 안 되고, 그들이 회개하고 바른 신학을 갖고, 정상적인 목회를 한다면 당연히 살려주고 교계에서 받아 주어야 한다는 주장을 한 것이다. 이것이 계기가 되어 한국교회사에서 처음으로 이단 검증의 문을 열어 교계에서는 억울하게 이단의 누명을 쓴 자들을 검증하여 구출해주는 역사가 시작되었다. 일부 사람들로부터 손 박사는 이단을 옹호한다는 오해를 받기도 했지만, 손 박사의 행보는 이단에 대한 판단이 성경적 진리가 아닌 교단 정치의 편의에 의해 영향 받는 일에 경종을 울리는 의미 있는 사건이었다고 평가된다.

손석태 박사의 학문

오랫동안 총장으로 재직하며 무거운 행정의 짐을 지고 있었음에도 불구하고 손석태 박사가 이룬 학문적 업적은 눈부시다. 손석태 박사는 한국에 많은 성경 신학자들 중 그 업적이 세계적으로 인정받는 학자는 몇 안되는 학자들 중 하나이다. 신약신학에 김세윤 박사가 있다면 구약신학에서는 손석태 박사가 있다. 어드만출판사에서 출판된 손석태 박사의 박사학위 논문은 이후에 이룰 그의 업적의 시작에 불과했다. 손석태 박사를 가장 유명하게 만든 것은 그의 스승인 바룩 리빈의 은퇴기념으로 제작된 논문집에 기고한 논문이다.[1] 성경에 나타나는 언약개념이 결혼이나 입양 등의 풍습에서 기원된 것임을 고대 근동의 아카드어, 우가리서, 아람어로 작성된 결혼 문서나 입양 문서에 나타난 결혼 공식이나 입양 공식을 통해 증명하였는데, Scott Hahn은 그의 책 Kingshipby Covenant (Yale U. Press, 2009)과 논문 "Covenant in the Old and New Testaments: Some Current Research (1994~2004)" (2005, 263-292)에서 손 박사를 언약의 기원에 대한 독창적 연구자로 F. M. Cross와 G. P. Hugenberger와 더불어 자리매김하고 있다.

이 논문에서 손 박사는 이스라엘의 언약 공식(Covenant Formula) "나는 너의 하나님이 되고 너는 나의 백성이 된다"의 기원을 탐구한다. 그 언약 공식이 고대 유목사회의 '친선 관계'(client relationship)에 기원한다는 구드(R. M. Good)의 견해에 반대하여 손 박사는 성경의 언약 공식이 고대 근동사회의 '친족 관계'(kin relationship)를 형성시키는 계약에서 유래한다고 설명한다. 구드가 친선 언약의 예라고 제시한 장면들, 즉 야곱의 아들들이 세겜의 가나안인들과 언약을 맺는 장면과 룻이 나오미를 붙좇으며 고백한 장면이 모두 결혼을 그 문맥으로 한 것에 착안한 손 박사는 예레미야의 새언약 본문(렘 31:31-33)에서 하나님이 '출애굽 때의 언약으로 말미암아 하나님 자신이 이스라엘의 남편이 되었다'고 말한 대목에 주목했다. 이때 하나님은 명백하게 언약 공식을 사용하는데, 이것은 이스라엘의 멸망을 '파혼'의 관점에서 설명한 예레미아 3장 8절에 의해 다시 한 번 확인된다. 나아가 손 박사는 남편과 아내의 관계를 언약적인 것으로 보는 고대 근동의 예들을 정리하여 성경의 언약의 기원에 대한 탐구를 이어간다. 손 박사에 따르면 고대 근동

1 "I will be your God and you will be my peope: the origin and background of covenant formula"

의 결혼 공식에는 크게 선언 공식(The Proclamation Formula)과 서술 공식(The Descriptive Formula)이 있다. 선언적 공식은 신랑과 신부가 서로를 향하여 선포하는 수행(隨行)적 언어로 되어 있다. 고대 근동 문서에는 명사 문장(verbless clause)의 형태를 가지지만 구약성경에서는 하야(הָיָה) 동사가 사용된다. 이는 성경 언약의 역동성을 잘 드러내준다. 관계가 고정적인 것이 아니라 생성, 발전, 소멸한다. 구약성경에서 서술적 결혼 공식에는 히브리어 동사 라카흐(לָקַח)와 전치사 라메드(לְ)가 짝으로 사용되는데, 라카흐는 하나님의 '선택'의 용어로도 사용된다. 이는 하나님의 언약과 선택의 밀접한 관계를 보여준다. 손석태 박사는 이를 '선택 없는 언약은 없다. 선택이 있으면 언약은 자연스럽게 발생한다'(Without election there is no covenant, and if there is election, covenant naturally follows)고 표현한다(367쪽).

한편 이 논문의 후반부는 입양 공식에 대한 것이다. 입양 공식도 결혼 공식처럼 선언적인 것과 서술적인 것으로 나뉘며, 그 내용도 유사하다. 비록 남편과 아내의 관계만큼 비준 계약으로 '느껴지지' 않지만, 아버지와 아들의 관계, 특히 입양을 통해 형성된 관계도 고대 근동에서 비준 계약'이었다.' 이 관계도 결혼 계약처럼 성경 안에서 역동적인 형태를 띠며 '파약'의 개념이 언약 파기를 설명하는데 사용된다. 결혼 계약과 입양 계약이 친족 관계를 형성시키는 고대의 두 가지 방법이며, 그 둘이 형식과 내용에 있어 대동소이하기 때문에 언약 공식의 기원에 대한 손 박사의 입장을 스캇 한(Scott Hahn)처럼 "친족 관계" 기원설이라고 칭하는 것이 그리 틀린 말은 아닐 것이다. 어느 쪽을 선택하던 손 박사의 논문은 구약성경에 대한 그리스도 중심적 접근, 신구약의 유기성에 대한 무한한 가능성을 제공한다. 후학들은 충분히 더욱 이 주제를 발전시킬 필요가 있어 보인다.

이후 손석태 박사는 구약성경 신학을 '관계'라는 주제로 서술하는 노력을 한다. 이런 노력의 결실이 〈목회자를 위한 구약신학〉에서 맺어졌다. 기존의 한국 학자들의 의한 구약개론서들은 미국이나 유럽에서 사용된 교과서들을 요약한 성격이 많다. 하지만 손석태 박사의 목회자를 위한 구약신학은 구약의 중심 주제를 "관계"로 정의하고, 그 중심 주제를 중심으로 구약 전체를 설명한다는 점에서 매우 독창적인 저술이라 할 수 있다.

손석태 박사가 구약성경의 주제적 통일성을 '전제'한 이유는 그것이 하나님의 말씀이라는 믿음 때문이다. 이것은 대부분의 구약학자들이 역사 비평의 전제에 따라 구약의 주제적 통일성을 부정할 때에, 젤린(E. Sellin), 쾰러(L. Koehler), 빌트버거(H. Wildberger), 시베이스(H. Seebass), 클라인(G. Klein), 프리첸(Vriezen), 스멘드(R. Smend) 등의 학자들과 궤를 맞추어 구약의 중심 주제에 대한 연구를 이어간 것이다. 다음은 손 박사의 성경관을 잘 드러내 준다.

> "성경은 하나님의 말씀이다. 영원토록 살아계신 하나님의 계시와 영감을 통하여 쓰여진 책이기 때문에 비록 일천년 동안 여러 사람의 손을 통해 쓰여진 다양한 장르의 책이라 할지라도 그 모든 책의 원저자는 하나님이다. 따라서 거기에는 일관성 있는 주제가 있고 통일성 있는 사상과 철학이 있다."(25쪽)

손석태 박사는 성경의 중심이 "관계성"(relationship)이라고 말한다(29쪽). 구체적으로 그것은 하나님과 그의 백성 사이의 관계성으로 "선택, 계약, 반역, 버림, 회복이라는 일련의 사건들이 역사 속에서 역동적으로 전개되고 발전되는 관계"라고 주장한다(29쪽). 손 박사는 이 중심

주제를 들여다보는 중요한 도구로 “은유”를 사용한다. 하나님과 인간의 존재론, 인식론적 격차 때문에 인간은 하나님에 대한 직접적 앎이 아니라, 계시적, 파생적, 매개적 앎에 국한된다. 하지만 그것이 하나님에 대한 제한적이지만 정확한 지식이라는 사실은 코르넬리우스 반틸의 주장대로 인간의 앎은 하나님의 앎에 대한 ‘파생적’(derivative)이기 때문일 것이다. 이런 점에서 손석태 박사가 은유를 인간과 하나님에 대한 관계라고 말할 때 그 은유가 인간의 자의적인 상상력의 산물이 아니라 성경에 계시된 은유라는 점이 중요하다. 손 박사는 성경에 기록된 대로 하나님과 인간의 관계를 규명하는 것이다. 손석태 박사는 하나님과 이스라엘의 관계에 대한 다양한 성경의 은유 “남편과 아내,” “아버지와 아들,” “주인과 종” 용사와 병사,” “왕과 신하,” “목자와 양,” “농부와 포도나무” 등을 기술한다. 그리고 그 은유들을 통해 하나님과 이스라엘의 관계가 선택, 계약, 사명, 버림, 회복이라는 역동적 구속사를 통해 펼쳐지는가를 개괄한다. 나아가 하나님과 이스라엘의 관계는 하나님과 온 세계, 나아가 하나님과 온 피조물의 관계의 청사진이 된다.

예를 들어 손석태 박사는 하나님과 이스라엘의 관계를 목자와 양떼로 은유한 성경 구절들을 논의할 뿐 아니라, 그 관계가 구속사를 통해 어떻게 발전했는지를 설명한다. 출애굽 사건은 목자가 양떼를 인도하는 모습과 연결시킨다. 가나안 땅에 정착한 이후 이스라엘의 역사는 목자가 양떼를 먹이고 지키는 일에 비유한다. 이스라엘이 약속의 땅에서 쫓겨 외국에서 포로생활을 하게 된 역사는 목자가 양떼를 흩는 일에 비유된다. 이것은 먹이고 보호하는 행위에 반대되는 것으로, 양떼에 나쁜 것을 먹이고 심지어 도살하여 죽이는 이미지도 포함한다. 한편 이스라엘의 회복된 역사는 여호와께서 목자가 흩어진 양떼를 모으는 장면을 연상시킨다. 특히 회복의 역사의 연장선상에 예수님의 사역이 있음에 주목할 필요가 있다. 예수님은 양떼를 도적질하거나 죽이기 위해 온 것이 아니라 양들에게 풍성한 생명을 주기 위해 왔다고 말하면서, 자신을 '양들을 위해 목숨을 버리는 선한 목자'로 명명한다. 이것은 구약에 나타난 '양떼를 모으는 목자'의 이미지를 넘치게 성취하는 것이다. 이처럼 손석태 박사는 성경에 사용된 은유를 통해 이스라엘의 구속사를 설명한다.

이처럼 목회를 위한 구약신학은 손석태 박사의 독창적인 신학을 전달하고 있다. 이것은 기존의 한국 학자들의 개론서가 미국과 유럽의 개론서를 요약 해설하는데에 그친 점을 생각할 때 매우 고무적인 것이라 할 수 있다. 그가 구약성경의 중심으로 제안한 "관계"는 앞으로 후학들이 더 깊이 연구하여 밝히 필요가 있는 중요한 성경신학적 주제가 될 것이다.

손석태 박사의 업적 중 가장 최근의 것은 성령 세례에 대한 연구이다. 이 연구는 본래 〈성령 세례 다시 해석한다〉의 제목으로 2016년에 처음 출판되었다. 그 후 그것의 개정판이 2018년에 위프앤스톡(Wipf and Stock) 출판사를 통해 영문(His Touch on the Mouths: New Perspective on the Holy Spirit)으로 출판되었고, 손 박사는 이를 다시 다듬어 2020년에 〈성령 세례의 새로운 해석〉이라는 제목으로 출판하였다. 이 저서는 기존의 성령 세례에 대한 이해에 근본적 도전을 가한다.

성령 세례에 대한 이 새로운 연구의 발단은 손석태 박사가 발견한 번역의 오류이다. 손 박사에 따르면 한글개역, 개역개정을 포함한 일부 번역 성경들이 사도행전 2장 3절의 '글로사이 호세이 퓌로스'를 '불의 혀같이 갈라진 것들'로 번역함으로써 오순절에 불이 임했다는 오해를 불러일으켰다. 하지만 앞선 헬라어 구절에서 '퓌로스' 불은 '글로사이'

혀들을 수식하는 말이며, 제자들에게 나타나 임한 것은 '글로사이' 혀들이다. 즉 혀가 갈라진 불같이 임한 것이지, 불이 갈라진 혀처럼 임한 것이 아니라는 뜻이다.

이 관찰에 근거해 손석태 박사는 오순절 성령 세례를 구약의 선지자들의 위임식과 연결시킨다. 성령 세례의 문맥에서 언급되는 '혀'를 말씀 선포의 사명을 위임받는 구약의 선지자들이 '피 아도나이' 곧 여호와의 입으로 불리는 점과 연결시킨다. 실제로 오순절 직전의 제자들의 모습은 하나님의 신현(神顯)을 체험한 예비 선지자들처럼 사명에 대한 확신이 없는 상태였다. 또한 오순절에 성령이 혀의 상징으로 임해 제자들이 각 나라 방언으로 복음을 전하기 시작한 것처럼, 예레미야, 이사야, 에스겔 같은 구약의 선지자들도 그들의 입술이 여호와의 손에 의해 '터치'되었을 때 사명을 확신하고 선지자로서의 삶을 시작하게 된다. 다시 말해 오순절 성령을 입은 제자들은 구약의 선지자들이 하나님께 처음 소명 받을 때와 유사한 체험을 한 것이다. 이런 관점에서 사도행전 2장을 다시 읽으면 다음의 몇 가지가 새롭게 눈에 들어온다. 성령 세례의 장면이 청각적 이미지로 시작한다. 즉 "급하고 강한 바람 소리"로 시작한다. 바람은 하나님 신현 장면의 전형적 요소이다. 또한 혀가 사람들에게 임한 후, 그들이 당시 예루살렘에 모인 각 나라 사람들의 언어로 예수님의 부활을 전하기 시작했다는 것이다. 이와 같은 신현 – 혀/입 – 말씀 선포로 구성된 일련의 모티프는 구약 선지자들의 소명 이야기에 동일하게 나타난다.

방금 약술한 바에서 명백해 지듯이 손석태 박사의 성령 세례에 대한 해석은 매우 독창적인 동시에 성경 신학적으로 더 풍성한 함의를 가진다. 김세윤 박사는 손 박사의 책에 대해 다음과 같이 평가한다.

"손석태 박사는 사도행전 2:3의 성령 세례에 대한 누가의 기술에 대하여 빛을 비췄다. 그의 새로운 접근은 구약 선지자들의 소명기사로부터 지금까지 인식하지 못했던 그 의미의 층을 열었다."

지금까지 우리는 손석태 박사의 학문적 업적을 그의 논문 1편과 2권의 저서를 통해 요약해 보았다. 성경 언약의 기원을 결혼 계약에서 찾은 업적, 구약성경 신학의 중심(Mitte)을 '관계'에서 찾고 다양한 은유들을 구속사의 부침에 따라 기술한 업적, 성령 세례를 구약의 선지자들의 소명 기사의 관점에서 새롭게 해석한 업적, 모두 그 자체로 가치 있고 앞으로 계속 학자들의 관심 속에서 회자되는 내용들이다. 특히 한국에서 신학을 하는 후학들은 손석태 박사의 신학에 관심을 가지고 발전시킬 필요가 있다. 선교 현장에서 기른 목자적 심성이 미국 주류인 뉴욕대학의 고대근동학과의 학문과 화학작용을 일으켜 생성된 손석태 박사의 신학은 점점 말씀에서 멀어져 종교 사업화되는 한국의 목회 현장 속에서 오랫동안 들려져야 하는 것이라 생각된다.

연구실에서

『성령세례의 새로운 해석』
영문판 표지

손녀의 생일을 축하하는 가족들

총장 이임식

강의 모습

학위수여식

교원 및 학회 활동 경력

아세아연합신학대학교 교수 (1986~1990)

개혁신학연구원 교수, 원장 (1991~2002)

한국복음주의구약학회 회장 (2001~2006)

대한성서고고학회 부회장 (2001~2010)

개혁신학회 회장 (2003~2006)

한국복음주의신학대학협의회 회장 (2006~2007)

한국복음주의신학회 부회장 (2006~2010)

개신대학원대학교 교수, 총장, 명예총장, 미국복음주의학회(ETS), 미국성서학회(SBL), 영국틴데일펠로우십(TF), 아시아신학협회(ATA)의 회원 (2003~현재)

연구 목록

● 학위 논문

"Divine Election of Israel." Ph. D. Dissertation: New York University, 1991.

● 저서

His Touch on the Mouths: New Perspective on the Baptism of the Holy Spirit. Eugene, Oregon : Wipf & Stock, 2018.

『말씀과 구속사』, 개정제3판. 서울 : ESP. 2017

『성령세례 다시 해석한다』, 서울 : CLC, 2016.

『말씀과 성령』, 서울 : CLC, 2013.

『성경을 바로 알자』, 서울 : CLC, 2012.

『말씀과 구속사』, RTS, 2010.

『성서주석 여호수아』, 서울 : 대한기독교서회, 2007.

『목회를 위한 구약신학』, 서울 : 기독교문서선교회, 2007.

『출애굽기 강의』, 서울 : ESP, 2005.

YHWH : The Husband of Israel. Eugene : Wipf & Stock, 2002.

『요엘서강의』, 서울 : ESP, 2001.

『여호와, 이스라엘의 남편』, 서울 : 솔로몬, 1997.

『창세기 강의』. 서울 : 성광문화사, 1993. 서울 : CLC, 2021

『이스라엘의 선민 사상』, 서울 : 성광문화사, 1991.

Divine Election of Israel. Grand Rapids : Eerdmans, 1991.

● 역서

할러데이, 『구약성경의 간추린 히브리어-아람어 사전』, 솔로몬, 1999.

● **학술 논문**

"아브라함 안에서" 『개신논집』 19 (2019), 5-21.

"만인 선지자" 『개신논집』 18 (2018), 5-36.

"여자의 후손" 『개신논집』 17 (2017), 5-44.

"성경공부를 통한 교회의 활성화 방안" 『개신논집』 16 (2016). 5-32.

"옛 언약과 새 언약" 『개신논집』 15 (2015), 5-33.

"창세기에 나타난 언약사상의 기원과 배경" 『개신논집』 14 (2014), 1-22.

"성경의 중심 주제로서의 '관계'" 『개신논집』 13 (2013), 1-22.

"'관계' 관점에서 본 이스라엘의 역사" 『개신논집』 12 (2012), 1-31.

"성령의 은사" 『개신논집』 11 (2011), 1-21.

"오순절 성령세례 다시 생각한다" 『개신논집』 10 (2011), 11-50.

"목회자의 정년은?" 『개신논집』 9 (2009), 57-61.

"칼빈의 성경해석" 『개신논집』 9 (2009), 1-39.

"여호사밧의 부흥운동" 『개신논집』 8 (2008), 1-26.

"선지자의 리더십" 『개신논집』 7 (2007), 1-32.

"여호와, 이스라엘의 왕" 『개신논집』 6 (2006), 1-45.

"여호와, 이스라엘의 전사" 『개신논집』 5 (2005), 11-48.

"여호와, 이스라엘의 아버지" 『개신논집』 4 (2004), 1-47.

"시편 1편의 구조와 해석" 『개혁신학』 3 (2002), 83-100.

" 'I Will Be Your God and You Will Be My People': The Origin and Background of the Covenant Formula." Ki Baruch Hu: Ancient Near Eastern, Biblical, and Judaic Studies in Honor of Baruch Levine. eds. R. Chazan, W. W. Hallo, and L. H. Schiffman. Winona Lake: Eisenbrauns, 1999.

Dictionary of Biblical Imagery. Contributor. eds. R. Ryken, J. C. Wilhoit, T. Longman, Downers Grove: IVP, 1998.

"여호와, 이스라엘의 목자" 『개혁신학』 2 (1995) 1-37.

“성경의 계약공식: 그 기원과 배경” 『개혁신학』 1 (1994) 24-47.

김구원 교수

서울대학교 철학과 (B. A.)
미국 웨스트민스터신학교 (M. Div.)
미국 시카고대학 고대근동학과 (Ph. D.)

개신대학원대학교 구약학 교수
현, 단국대학교 고대문명연구소 연구위원

저서_《Incubation as a Type-Scene in the Aqhatu, Kirta and Hannah Stories》 VTS 145, Leiden: Brill, 2011.《사무엘상》, 《사무엘하》, 《가장 아름다운 노래: 아가서 이야기》 Dictionary of the Old Testament: Psalms, Proverb and Writings, IVP.(공저)

역서_캐런 좁스, 모세 실바, 70인역 성경으로의 초대. 리차드 S. 히스, 이스라엘의 종교: 고고학적 성서학적연구. 프리처드 《고대 근동 문학 선집》(공역)

논문_"Eli, 'Enemy of a Temple'? A Study of מעוין in 1Sam 2:29 and 2:32." The Bible Translator, vol. 70, 2019.

성기호 박사

성기호 박사의 생애와 신학

김영택_성결대학교 겸임교수, 삼성성결교회 담임목사

경복고등학교 졸업
서울대학교 상과대학 졸업
성결교신학교(현, 성결대학교) 졸업(M.Div. equiv.)
미국, Faith Theological Seminary(Th.M.)
미국, Drew University 대학원(M.Ph.)
미국, Drew University 대학원(Ph.D.)

월간 「한국인선교사」 발행인
캄보디아 바티에이국제대학 총장
코디엠(KODIAM) 연구소장

서 론

한국 개신교의 역사에 있어서 성결교회가 갖는 의미는 한국선교 초기에 전도의 열정으로 오직 영혼을 구원하는 일에 집중한 것에 있을 것이다. 장로교와 감리교에 비해 후발 주자로 한국 땅에 복음을 전하기 시작한 성결교회는 1960년대 이후 한국 개신교회를 지칭할 때 일반적으로 "장.감.성"이라고 부를 만큼 성장하여 성결교회가 명실상부 장로교, 감리교에 이어 한국의 3대 교단으로 성장하게 된 것이다. 그러나 성결교회는 WCC 가입 문제로 1960년대에 가입을 주장하는 기독교대한성결교회와 가입을 반대하며 보수적 신앙/신학 노선을 분명하게 천명한 예수교대한성결교회로 분열하게 된다. 오랜 시간의 내홍과 부침을 경험한 후 교단통합 움직임에 따라 대부분의 성결교회의 목회자와 신학자들이 서울신학대학교를 중심으로 기독교대한성결교회로 통합을 이루었고, 끝까지 보수파에 잔류한 목회자들이 김응조 목사를 중심으로 예수교대한성결교회를 시작하게 됐다. 그리고 예수교대한성결교회의 목회자를 양성하기 위하여 행촌동 달동네에 성결교신학교를 세우고 신학생들을 모집하여 교단의 목회자들을 양성하기 시작하였다. 열악한 환경 속에서도 학교는 나날이 성장하여 안양에 넓은 학교부지를 장만하여 성결교신학교의 안양시대가 열렸다. 이때까지 성결교신학교는 외국에서 정식 박사학위를 받고 가르친 교수가 전무한 상태였다. 그래서 예성에 무슨 신학이 있느냐라는 말을 성결교신학교 학생이라면 누구나 한 번쯤 신학생 시절에 들어봤을 것이다. 신앙적 순수성과 보수적 신학이 성결교신학교의 장점이었지만, 신학이 없다는 말은 참 가슴 아픈 말이었다. 이러한 현상은 1980년대 말까지 이어졌다고 할 수 있다. 그 당시만 하더라도 장로교와 감리교의 신학교에는 외국에서 박사학위를 받고 귀국하여 후학들을 가르치는 유명교수들이 넘쳐나는 반면, 성결대학교(성결교신학교에서 여러 차례의 개명을 거쳐 현재의 성결대학교가 됨)에는 신학과에 단 한 명의 정식박사가 없던 시기였다. 이렇게 성결대학교 신학과 학생들이 교수진에 대한 아쉬움을 달래가며 나름 선지동산에서의 신학훈련을 받고 있을 때, 예성 최초로 신학의 명문인 미국 드루대학교(Drew University)에서 정식 박사학위를 받고 귀국하여 후학들을 가르치며, 성결대학교의 총장으로 취임하며 10년이 넘는 기간 동안 성결대학교의 눈부신 발전을 이룬 장본인이 은천 성기호 박사이다. 성기호 박사는 "전인적인 하나님의 사람"이라는 학교의 표어에 따라 한국 사회에 리더가 될 평신도들을 키워낼 꿈을 가지고 학교를 키워가기 시작했다. 인문학부의 새로운 전공들이 증설되었고, 새로운 학교건물도 세워져 학교가 외적으로나 내적으로 탄탄히 명실상부한 명문 기독교 사학으로 발전하게 되었다. 성기호 박사는 예성을 넘어 한국의 기독교 지도자들과도 폭넓게 소통하며 한국 기독교 교계에서 예성의 가치를 높이는 일에도 크게 공헌하였다고 할 수 있다. 성기호 박사는 성결대학교에서 총장으로 은퇴할 때까지 봉직하여 그가 은퇴할 때에는 한국 교계의 많은 지도자들이 그의 은퇴를 한편으로 아쉬워하며 기념사를 남겼다.

은천 성기호 박사 정년 퇴임 기념 논문집의 기념사를 쓴 할렐루야 교회의 김상복 목사는 은천에 대하여 다음과 같이 기록하고 있다. "성기호 박사님은 신학자, 목회자, 행정가, 저자로서 한 시대에 귀하게 쓰임받으시는 분이시다. 이 모든 것 위에 대단히 아름다운 성품과 인격을 소유해 주위 사람들에게 많은 감동적 영향을 주고 계신다. 탁월한 학문적 능력으로 후학들에게는 영향력 있는 교수로 기억에 길이 남아 있을 것이고 목사로서의 겸허하고 경건한 인격의 소유자일 뿐 아니라 조용한 가운데서 주님 한 분만을 바라보며 묵묵히 맡은 사역을 감당하며 살아가시는 모습은 우리 모두에게 귀감이 되신다."[1] 김상복 목사 외에 은천 성기호의 정년퇴임 기념 논문집에 기념사를 기고한 분들은 다음과 같다. 창신교회 김영복 장로, 칼빈대학교 김의환 총장, 한국대학생선교회 김준곤 총재, 숭실대학교 이사장 이원설 박사, 창신교회 이철용 목사 이상이다. 위의 기고자들은 한결같이 성기호 박사의 인품과 영성, 지성을 칭찬하고 있다. 은천 성기호 박사는 성결교회를 넘어 한국 교계에서 그의 신앙과 인품으로 인해 존경 받는 인물이 되었다.[2] 이에 은천 성기호의 생애와 신학을 살펴보는 일은 예성 공동체 뿐 아니라 한국교회를 위해서도 유익하고 의미있는 일이 될 것이다. 1부에서는 성기호의 생애를 다루고 2부에서는 신학을 다루려고 한다.

은천 성기호의 생애[3]

출생에서 고등학교 시절까지

은천(恩泉) 성기호(成耆虎)는 1940년 10월 7일 서울 공덕동에서 태어났지만, 6살 되던 해에 해방이 되면서 온천으로 유명한 온양으로 내려가 살게 되었다. 온통 초가집뿐인 그곳에서 초등학교를 다녔다. 소낙비가 내리는 어느 날, 어떤 손길에 이끌리어 가게 된 곳이 주일학생들이

1 「성결신학연구: 성기호 박사 정년퇴임 기념」 (안양: 성결대학교 성결신학연구소, 2005), 13-14.
2 은천 성기호 박사의 신앙과 인품에 대한 교계의 존경은 성기호 박사의 육십회기념논집에 잘 나타난다. 『성결한 신앙과 신학』과 『성결한 학문과 교육』이라는 각각의 논문집 제목으로 총 2권으로 출판되었는데, 두 권의 총 분량이 1000페이지가 넘는다. 이 두 권 중 첫 번째 책의 많은 부분이 성기호 박사에 대한 존경과 감사, 축하의 글로 이루어져 있다.
3 이하 '성기호'로 칭함. 성기호 박사의 생애는 필자와의 서신교환을 통해 성기호 박사께서 보내주신 글을 토대로 작성하였기에 별도의 참고문헌이 없음을 미리 밝혀 둔다.

예배드리는 곳이었다. 이때가 성기호가 태어나서 처음으로 교회와 인연을 맺은 때였다. 선생님들은 어린 성기호를 매우 친절하게 맞아주고 또 흥미를 갖게 해주었다. 그 당시 성기호의 가족들은 교회에 다니지 않을 때였으나 동생들을 인도하여 함께 주일학교에 출석하였다. 한참 시간이 흐른 후 성기호와 동생들이 교회에 갔을 때 감쪽같이 교회가 없어졌다. 나중에 알고보니 세를 얻어 예배드리던 교회가 건물을 짓고 새로운 장소로 이전한 때문이었다.

중학교 3학년이 되던 해에 가족과 함께 다시 서울로 올라온 성기호는 창신동에 살게 되었다. 중학교를 마친 성기호는 경복고등학교에 합격하게 되었다. 고등학생이 되어 여러 가지 생각으로 교회를 쉽게 정하지 못하고 있다가 가족들과 함께 가까운 교회에 출석하며 정착을 하게 되었다. 그 교회가 바로 성기호가 신앙의 기초를 쌓게 된 창신성결교회였다. 성기호는 고등학교 때부터 성결교회에서 신앙의 잔뼈가 굳어진 셈이다. 창신성결교회에서 고등학교 2학년 때 학습과 세례를 받았고, 고등학교 3학년 때 학생회장을 하였다. 안타깝게도 아들 성기호를 그토록 대견스러워하시며 아껴 주시던 부친께서 고등학교 1학년 때 돌아가셨다. 갑작스러운 아버지의 죽음으로 가족의 생활은 굉장히 어려워졌다. 그래서 성기호는 고등학교 때부터 월 5천 원 정도 받으며 초등학생 과외를 하기 시작했다. 그런 어려운 형편 중에서도 성기호는 과외를 통해 번 돈으로 성경을 구입했으며, 자신 만의 성경책을 가졌을 때가 인생에서 손꼽힐 만큼 감격스러웠던 때라고 회상하고 있다. 그 성경에 뭐가 묻지나 않을까 비가 오면 꼭 품고 다닐 정도였다. 한참 지나보니 손닿는 부분이 까맣게 손때가 묻는 것을 보고 성경을 펼칠 때면 바지에 손을 한 번 문지르고 볼 정도로 그 성경을 애지중지하며 아꼈다. 성기호는 이때를 회상하며 성경책을 사랑했던 때의 자신의 믿음을 순진한 "꽃믿음"으로 표현하기도 하였다. 아이들을 가르치고 받는 사례금으로 십일조 떼어놓고 세어보면 마음속에 갈등이 일어나기도 했다. 그도 그럴 것이 그 십일조를 떼어놓고 남은 돈으로는 구두나 바지를 사 입을 여유가 생겨나지 않았기 때문이다. 그런 갈등이 일어난 다음부터는 '십일조는 세어보지 않는다"는 원칙을 세우게 되었다.

성기호는 고등학교 2학년 때부터 주일학교 출석부를 나눠주고 걷는 보조서기 일을 했다. 새벽기도 마치고 집에 갈 시간도 없이 주일학교를 섬기는 고등학교 친구들과 걸레를 빨아서 교회 예배실 청소를 하였다. 9시에 드리는 어린이 예배를 마치면 성가대 연습, 대예배, 또 성가대 연습을 하고, 2시에는 학생회 예배, 아이들 오기 전에 또 청소 한 바탕 하고서 5시에는 주일학교 오후 예배, 저녁 예배 등 주일에는 하루종일 쉴 틈 없이 봉사하였다. 새벽기도회 때 나와서는 밤 9시까지 하루종일 교회에 있다가 집에 와 밥 한 그릇 먹고 나면 많은 피곤함이 몰려왔다. 고등학교 시절의 성기호는 교회생활도 열심히 했지만 학교생활도 충실하려 노력하였다. 등교는 전차를 타고 동대문에서 출발하여 광화문에서 갈아타고 효자동까지 가야했다. 그때에는 과외공부라는 것이 없었을 때라 학교에서 가르쳐 주는 것이 전부였다. 새벽밥 먹고 출발하여 밤에는 도서관에서 공부하였다. 겨울에는 냉장고 속과 다름없는 꽁꽁 얼어붙은 실내에서 공부를 해야만 했다. 성기호는 고등학교 시절은 정말 열심히 공부했다고 회상한다. 그때에 어렵게 공부하던 친구들끼리 이렇게 이야기 하곤 했다. "야, 이렇게 공부하는데 대학 입학시험에 떨어지면 죽어야지…"

성기호는 고등학교 3학년이 되니 참으로 마음이 바쁘고 초조해졌다. '내가 대학 시험을 볼 수 있을까? 주일학교와 학생회는 맡은 것인데 안 나갈 수 없고, 어른 예배만은 하나님이 이해해 주실 것이다.'하는 마음이 들었다. 그래서 대학시험을 본 다음에 어른 예배에는 잘 나가겠노라고 결심을 하고, 그 시간에는 어른 예배는 참석을 하지 않고 공부를 하였다. 그런데 그게 아니였다. 시계를 보면서 '지금쯤 찬양을 하겠지. 오늘은 어떤 찬양을 할까? 오늘은 누가 기도하실까? 설교는 뭘 하실까?" 하다 보니 공부는 하지 못하고 예배시간만큼 시간이 훌쩍 지나가 버렸다. 저녁예배 시간에도 책을 들었지만 책을 보는 것이 아니라 오히려 마음속에 갈등만 생겼다. 그래서 '주일은 하나님의 날이니까 교회에 꼭 나간다!" 이렇게 결심하고는 평소에 새벽 일찍 학교에 가서 공부하고, 수업이 끝난 다음에는 혼자 도서관에서 그날 배운 것을 모두 다 복습하였다. 수학문제면 그 문제들을 다 풀어보고, 영어는 단어도 외우고 해석도 해 보았다. 흔히 시험 칠 때 하는 이른바 '반짝공부'가 아니고, 매일 매일 그날 배운 것을 모두 익혔다. 그리고 주일에는 교회에서 맡겨진 일에 최선을 다했다.

대학시절

성기호는 서울대학교 상과대학에 원서를 넣었다. 대학입학 시험을 보는 날 모르고 써넣은 것도 많이 맞는 것을 보고 '하나님의 은혜'임을 체험했다. 그런데 어찌된 일인지 합격자 발표를 주일에 하였다. 성기호는 이날도 하루종일 교회에서 예배하고 봉사하고 있었다. 그런데 갑자기 교회 문이 열리더니 어머니께서 '기호야, 됐다! 합격이다!"하고 큰 소리로 전해주셨다. 대학입학 후 서울대 상대에 다니던 친구들은 당구를 치거나 막걸리 집에 가는 것이 예사였지만, 이런 잡기에 익숙하지 않은 성기호는 항상 '아웃사이더'였다. 그 당시에도 미팅이라는 것이 있어서 여대생들과 그룹미팅을 한다고들 했지만 거의가 주일에 했기 때문에 잘 참석하지 못하였다.

성기호가 대학교 2학년 때 4.19가 터졌다. 4.19 학생데모가 일어나고 며칠 후 이승만 대통령 하야와 더불러 정국이 바뀌는데, 그걸로 끝나는

게 아니라 학생들이 정국을 주도하자는 쪽으로 나가고 있었다. "판문점에서 이북 학생들과 우리가 협상해야 된다. 통일해야 된다." 등등의 이슈를 내걸고 날이면 날마다 데모하는 것이었다. 4.19 학생데모는 뜻이 있지만 그 다음 이어지는 일들을 보고 이것은 정치데모에 불과하다는 생각도 들었다.

서울대학교 뱃지는 '기역, 시옷, 디귿'으로 '국립 서울대학교'를 상징한다. 그런데 서울대 안에 하도 공산당이 많아(특히 상과대학은 더했다고 한다), 6.25 때는 그 표시를 '공산당'이라고 해석하여 공산당 뱃지라고 하기도 했다. 그 정도로 데모가 극심하고 정치적으로 흘러갔다.

그러자 이런 현실에 불만을 가진 많은 학생들이 자원입대를 했다. 그 때는 학도병이라는 제도가 있었는데 성기호도 61년 2월 16일에 자원입대하여 2월 22일에 군번을 받았다. 학도병은 특과는 못가고 보병만 갔다. 성기호 역시 백골부대 최전방으로 가서 하루 종일 바위산에서 훈련을 받았는데 얼마나 어려웠는지 모른다. 제대를 하고 서울대학교에 복학했을 때 입학 동기들이 졸업반에 있었다. 졸업 사진을 찍으라는 통지가 왔지만 생활이 어려워 양복 한 벌 살 수 없는 형편이었던 성기호는 그만 졸업 사진 찍는 일을 포기하고 말았다. 그래서 성기호는 지금도 대학 졸업 앨범이 없다. 대학 졸업과 동시에 교사자격신청을 해두었던 성기호는 대학 졸업 후 여러 기업에 취직할 기회가 있었지만 신앙적인 이유로 회사 취직을 단념하고 균명중학교(현, 환일중학교) 교사로 교편을 잡았다. 미션스쿨이었던 균명중학교에서 아침마다 찬송 부르고 성경읽고 기도하고 시작하는 것에 성기호는 큰 보람을 느꼈다고 한다. 그리고 월급을 받으면 하나님께 무릎 꿇고 "하나님, 한 달 동안 일하게 해 주셔서 감사합니다. 그리고 이렇게 일한 대가를 주시는 하나님 앞에 아주 유용하게 쓰도록 해주십시오."하고 기도한 다음 봉투를 열고 돈의 액수가 맞는가를 확인하는 한 편 새 돈으로 가려서 십일조를 드렸다.

성기호는 인생의 살아오는 굽이굽이 마다 하나님께서 함께 하시고, 붙잡아 주심을 피부로 느끼며 살아왔다. 특별히 창신교회를 건축하며 성도들이 경험한 하나님의 은혜는 특별한 것이었다. 학생들은 버스 한 번 안타고 벽돌 두 장 헌금하기 운동을 했으며, 어떤 주일학생은 긴 머리를 잘라 헌금을 하기도 했다. 어떤 할머니는 시집올 때 가져온 비녀랑 은수저를 헌금하기도 했다. 교인 모두가 가난하였으나 자신들이 가지고 있는 모든 것을 헌금으로 내어 놓았다. 온 교인들이 가난한 가운데 힘을 다해 바친 것이다. 이렇게 하여 창신성결교회가 건축되었던 것이다. 그 이후 집이 없던 교인들이 하나하나 집을 사기 시작했고, 교회 외에는 전화가 없었는데 교인들의 집에 전화가 놓이게 되었다. 성기호는 청교도들이 하나님 먼저, 그리고 자녀 교육, 그 다음에 자신들을 돌보았을 때 하나님이 복을 주신 것과 같이 교회를 건축하고 나서 하나님이 채워주시는 것을 실제로 많이 경험하게 되었다고 술회한다.

신학교 입학과 훈련 그리고 결혼

서울대학교 상과대학을 졸업한 성기호는 균명중학교에서 교편을 잡고 가르치는 한편 창신성결교회 청년부에 출석하고 있었다. 그 당시 청년부 담당 전도사께서 성기호에게 성결교신학교에 교수요원이 필요하니 신학을 공부해 보지 않겠냐고 진실되고 끈질기게 권유하였다. 처음에는 한 마디로 고사했던 성기호도 그 전도사님의 진정성에 감격하여, 신학의 길을 가는 것에 대해 기도하기 시작하여 응답을 받은 후 성결교신학교 2학년에 학사 편입을 하게 된다. 그리고 교회에서는 전도사로 사역을 하게 되었다. 전도사들은 평신도보다 30분 먼저 교회에 나가야 했으며, 새벽예배는 전도사들이 나누어서 설교를 했다. 또한 교역자들은 반팔 와이셔츠를 입을 수 없었다. 신학교 시절에는 예성교단과 성결대학교의 창립자인 김응조 목사에게 영향을 받았다. "교회가 목사의 밥통이냐, 문제가 있는데 목사가 밥통 떨어질까 봐 끝까지 붙잡고 있으면 교인들에게 상처만 더 준다. 그러지 말라." "목사는 하나님 중심이고, 교회 중심이다. 목사는 교회를 섬기는 사람이지 교회의 주인이 아니다." 이러한 가르침은 현재까지 성기호의 마음 속 깊은 곳에 새겨져 있다.

성기호는 성결교신학교 야간 2년 편입과정을 마친 후 목사 안수를 위해 주간 4학년에 편입하였다. 신학교는 70년에 졸업하여 낮에는 전도사로 시무하며 목사님을 따라 심방도 하고, 교회 일도 하고 밤에는 학교에 나가서 일하는 과정을 반복했다. 성기호가 신학교를 졸업하던 1970년 7월 17일 공휴일에 아내 될 사람을 처음 만나서 8월 15일에 약혼식을 하였다. 그 당시 10월 24일은 유엔의 날이라고 하여 공휴일이었는데, 그날 결혼식을 하려는데 주례 해주셔야 할 목사님이 브라질로 이민을 가게 되셨다고 하였다. "목사님, 주례는 해주시고 가셔야지 그냥 가십니까?" "그래? 떠나는 날은 이미 정해졌지만 성 전도사 주례까지는 내가 하마." 출국 날짜를 미뤄가면서 결혼 주례를 하고 그 주간에 이민을 간 목사님을 생각하면 성기호는 감사한 마음으로 눈시울이 뜨거워진다고 한다. 성기호가 안수를 받던 해(1973년) 아우가 신학을 졸업하고 교회 전도사로 섬기던 중 아이들하고 양평에 수양회를 갔다가 심장마비로 먼저 하늘나라로 갔다. 성기호는 죽음의 강이 가족 주변에 흐르는 것을 보며 그 해 여름을 참 어렵게 넘겼다.

1973년에 교단의 교리논쟁으로 인해 혁신측과 갈라지는 어려움이 있었다. 갈라지면서 교단은 3분열이 되었다. 기성, 혁신, 예성으로 뿔뿔이 흩어질 때였는데, 성기호는 그런 사실을 전혀 모르고 있었다. 그때 성결교신학교의 전영식 박사로부터 성결교신학교에서 강의를 시작하라는 권고가 있었다. 성기호는 고사를 하였지만, 전영식 박사는 신학교

교수들의 월급을 전면 조정하는 강수를 두면서까지 성기호 박사를 성결교신학교의 교수로 임용하였다.

전임강사로 부임했는데, 부임하자마자 학생과장 서리로 임명받았다. 그러던 중 대학원을 하지 않았다는 주변 사람들의 시선과 자책감에 하나님께 유학의 길을 열어 달라는 기도를 하기 시작했다. 성기호는 그 당시 성결교신학교에 강의를 나오던 서울대학교 신사훈 박사에게 상담을 하고, 김응조 목사께도 여러모로 유학에 관해 상담을 하였다.

미국 유학과 이민 목회

1974년 가을, 훼이스신학교의 맥킨타이어 박사께서 한국에 방문하였을 때, 김응조 목사께서 맥킨타이어 박사에게 성기호를 소개하고 미국에서 공부할 수 있는 길을 열어 달라는 요청을 하였던 것이다. 그 당시는 미국 유학 절차가 매우 까다로웠지만, 성기호에게는 기적처럼 유학의 문이 열렸고, 1975년 7월 드디어 그토록 기도하며 소원하던 유학을 떠나게 되었다. 그 당시 성기호는 결혼하여 슬하에 3남매를 연년생으로 두고 있었는데, 가족들이 함께 유학을 갈 수 없는 상황이었다. 결국 혼자 유학을 떠나기로 결정했다. 훼이스신학교에 도착한 다음 날부터 성기호는 재정적 필요를 채우기 위해 아르바이트를 하기 시작했다. 그리고 기숙사에서도 같은 또래의 유학생들을 만나 그들과 함께 밥을 해 먹고, 함께 기도하며 은혜를 나누기도 하였다.

가족에 대한 그리움이 밀려오던 그해가 저물어갈 무렵, 그해 여름에 세워진 이민교회에서 설교 요청을 해왔었다. 성기호가 1975년 미국에 처음 갔을 때는 그곳에 한인교회가 7개 밖에 없었는데, 1975년 여름 방학을 지나고 보니 14개가 되었다. 그 여름에 생긴 교회 가운데 하나가 뉴저지에 있는데, 1975년 겨울에 장로님이 성기호에게 찾아와 교회를 맡아달라고 하였다. 공부를 하기 위해 와서 어렵다고 고사를 하였지만, 주일에 설교만 해달라는 부탁을 받고 시작한 것이 1976년 1월부터 그 교회 초대 교역자가 되었다. 성기호는 유학을 오기 전 신학교에서 가르치면서 신학생들에게 다음과 같은 말을 하였다. “흔히 신학교 교수를 간접 목회라고 한다. 직접 목회하는 것이 아니고 키워낸 목회자들이 나가서 목회하고 교수는 뒤에서 기도하고 인물을 키우는 간접 목회라고 한다. 우리 학교 규정상 교수는 목회를 못하게 되어있으니까 난 목회할 기회가 없으니 여러분들이 나가서 목회 승리하고 성공하라. 그 소식을 전해줌으로 그 기쁨을 나도 누리게 해다오.” 그런데 하나님께서 성기호에게 직접 목회할 수 있는 기회를 주셔서 감사한 마음으로 설교하고 시간이 되는 대로 교회를 돌보았다. 그리고 방학에는 교회 근처에 내려와 있으라는 교인들의 권고로 교회 근처에서 지내며 성도들을 돌보는 일에 힘을 쏟았다. 성결교신학교에서는 성기호를 미국에 유학을 보내면서 2년만 공부하고 다시 돌아오라고 하였다. 그런데 교인들이 미국에 온 김에 아예 박사학위까지 하고 가라고 권유하였다. 그리고 김응조 목사께서도 가족을 미국에 초청해서 박사학위까지 하고 들어오라고 말씀하셨다. 그러나 한국에 있는 가족들에게 미 대사관에서 비자를 내주지 않아 어려움을 겪으며 몇 달이 지나버렸다. 그러는 동안에 성결교신학교에서 교수를 충원해야 하니 들어와야 겠다는 연락이 왔다.

귀국과 재유학

성기호는 기도하는 중에 학교를 위해 일하기로 헌신했으니 귀국하는 것이 옳다는 결론을 내렸다. 목회하던 교회의 장로님들께도 사정 이야기를 하니 눈물을 흘리며 아쉬워하였다. 참으로 아쉬운 작별이었지만 하나님께 교회를 의탁하고 귀국하여 3년 동안 신학교에 봉직하였다. 그러던 중 미국 드루대학교를 소개를 받고 지원하여 입학허가를 받게 되었다. 성기호의 아내도 이번에는 미국에 함께 가겠다고 하였다. 두 살된 아들을 2년만에 다시 만나니 아버지를 '삼촌' 또는 '아저씨'라고 헷갈리게 부르던 일을 기억하며, 성기호는 가장으로서의 책임을 다하지 못하는 것 같은 자책감이 생겼다. 성기호의 아내는 자신이 일을 하며 가정의 경제를 책임지겠다는 단호한 결단과 함께 온 가족이 미국 유학길에 올랐다.

드루대학교에서 조직신학 전공으로 코스웍을 마친 성기호가 종합시험을 보기까지 생각한 논문 제목은 "한국기독교 초기 신학사상-특히 종말론을 중심으로"였다. 1880년대에 미국복음주의는 상당히 부흥했다. 그때 선교사들이 우리나라에 들어 온 것이다. 미국의 복음이 가장 순수했을 때 우리나라에 전파된 것이다. 그러나 그 당시의 한국 쪽 자료를 거의 구할 수 없어 지도교수와의 상의하에 19세기 말엽에서 새롭게 주제를 정하게 되었다. 그래서 19세기 말엽의 성결운동의 한 갈래에 대해서 쓰고자 했다. 그래서 탄생한 논문제목이 "심슨의 교리학에 나타난 전천년사상"이었다.

성기호는 드루대학교에서 조직신학으로 박사과정을 이수할 때 또 이민교회의 청빙을 받게 되었다. 3일은 학교에 가서 공부하고 3일은 교회 사역을 하는 조건으로 교회에 부임하였다.

교회는 제법 중형교회로 성장해갔다. 그리고 교인들이 힘을 합쳐 7천평 대지에 예배당을 비롯한 여러 시설이 있는 교회를 우여곡절 끝에 매입하고, 성도들의 헌신으로 교회의 이런 저런 성구(聖具)들을 채워 나갔다. 교인들도 새로운 교회당 보수작업에 열심히 헌신하여 낡은 의자는 페인트를 벗겨내고 새로 칠하고, 유리창도 교인들이 갈아 끼우고, 방충망을 치고, 새 카펫을 깔고, 에어컨도 달고, 종탑을 세우고, 도배하고, 새 전등을 다는 등 거의 5개월 동안 한 사람 한 사람 정말 열심히 일했다. 정말 눈물겨운 헌신이었다. 그런데 이게 웬일인가? 교회에 누전으로 인한 화재가 난 것이다. 교회로 몰려든 교인들은 발을 동동 굴렀다. 정성스레 새로 장만한 모든 성구들이 교인들의 울부짖음에도 아랑곳없이 녹아내리면서 잿더미로 변하고 있었다. 성기호는 그때의 상황을 '기가 막혔다'라고 회상한다.

성결대학교 총장 성기호

성기호와 교인들은 붙탄 교회 곁에 있던 식당의 홀을 빌려 예배를 드렸다. 성기호는 "주 안에서 너희 수고가 헛되지 않다"(고전 15:58)는 제목으로 설교했다. "일생에 예배당을 한 번 짓는 것도 큰 축복인데, 이렇게 교회를 위해서 두 번 씩이나 봉사할 수 있게 되었으니 얼마나 큰 축복입니까?" 보험금을 청구하니 고치고도 남을 만큼 많은 금액이 나왔다. 그리고 교회를 고쳐 쓰느니 새로 짓는 편이 낫고 재정도 별반 차이 나지 않는다는 결론에 도달하게 되었다. 성기호는 성도들과 함께 다시 신축하기로 의견을 모았다. 건축설계사인 집사님이 무료로 설계를 해주기로 했고 우여곡절 끝에 미국 땅에다 온전히 성도들의 힘으로 아름다운 예배당을 헌당할 수 있었다. 건축허가를 받고 시의회에 허가를 내놓고 기다리던 중에 성결교신학교에서 성기호에게 연락이 왔다. 그 당시 성결교신학교는 상당히 어려움에 처해 있었다. 성결교신학교에서 학교가 어려우니 학장으로 부임해 달라는 전갈을 성기호에게 보낸 것이다. 그해 말 예수교대한성결교회 총회장이 청빙서를 갖고 미국까지 성기호를 찾아갔다. 성기호는 불에 탄 예배당 신축 문제와 한국에 가면 말도 안 통하는 아이들 교육문제들 여러 가지로 귀국하기가 쉽지 않은 상황이었다. 그렇지만 태평양을 건너올 때부터 작정한, 아니 신학교 야간에서 주간으로 옮길 당시부터 지금까지 교단 어른들의 배려와 사랑과 기대를 기억하며, 무엇보다 하나님께서 지켜주신 은혜를 생각하며 기쁜 마음으로 귀국하여 하나님의 은혜 가운데 13년여 기간 동안 학장과 총장으로 봉직하고 은퇴하였다. 성기호는 성결대학교 총장으로 봉직하는 동안 성결대학교를 기독교 사학의 명문으로 키우겠다는 소망을 가지고 학교의 내실을 기하면서도 외형적인 측면에서도 큰 발전을 이루는 성과를 이루어 냈다. 성결대학교는 수도권에서 기독교 사학으로서 손에 꼽히는 대학으로 성장하게 된 것이다. 성기호는 성결대학교 총장에서 물러난 뒤에도 의왕시의 작은 교회인 새에덴교회의 2대 담임목사로 취임하여 70세에 은퇴할 때까지 5년여간 담임목사로 사역하였다. 이때에 교계 신문에는 총장까지 지낸 분이 작은 교회의 담임목회자로 부임하는 일에 관하여 귀감이 된다는 기사가 나기도 하였다. 이후에 성기호는 선지 동산에서 하나님 나라 확장을 위해 청춘을 바치며 훈련받고 있는 사랑하는 후배들을 바라보며 "나의 나 된 것은 하나님의 은혜"임을 고백할 뿐 아니라, 미국과 한국에서 목회하였던 성도들을 위해 늘 기도하는 삶을 살고 있다. 지금은 미국에 거주하며 늘 성결대학교를 비롯한 예성 공동체를 위해 기도하며 더 나아가 조국교회의 부흥을 위해 기도하며 이민자들에게 어려가지 다양한 방법을 통해 복음을 증거하는 삶을 살고 있다. 모세가 80세부터 쓰임받은 것처럼 80세가 넘으신 은천께서 더욱 크고 귀하게 쓰임 받으시기를 기도한다.[4)]

성기호의 신학사상

한 사람의 신학사상을 살펴보는 여러 가지 방법론이 있을 수 있다.

| 4 2020년 9월 현재 은천 성기호 박사는 미국 필라델피아 교외에 거주하고 있다.

필자는 성기호의 신학사상을 그가 속한 신학전통 속에서 조직신학적 주제별로 추적하여 파악하고 한다.

사중복음의 신학자

신학자 성기호의 신학사상의 출발점은 그의 박사 논문이라고 할 수 있다. 성기호의 드루대학교 박사 논문 제목은 다음과 같다: "The Doctrine of the Second Advent of Jesus Christ in the Writings of Albert B. Simpson with Special Reference to His Premillennialism." 이 논문 제목의 키워드는 두 가지로 분류될 수 있다. 전천년설을 중심으로 한 재림론, 그리고 알버트 심프슨이다. 알버트 심프슨은 C&MA 창립자이며 '사중복음'(the four-fold Gospel)이라는 용어를 최초로 사용한 인물이다. 19세기 미국 성결운동은 부흥회를 중심으로 미국 전역에서 불길처럼 일어났는데, 이 성결부흥운동의 핵심적인 메시지는 첫째 중생이었다. 죄인들이 회개하고 예수를 믿어 구원받고 하나님의 자녀가 되게 하는 것이 부흥운동의 첫 번째 메시지였다. 불신자들에게 복음을 전하기 위한 부흥운동의 목적이 있었던 것이다. 두 번째 메시지는 '성결'의 메시지였다. 부흥운동의 이름이 Holiness Movement(성결운동)인 것에서 알 수 있듯이, 성결운동가들은 사람이 단지 중생하여 하나님의 자녀가 되는데 만족하지 않았다. 중생한 사람들이 영적으로 더욱 성장하여 성결한 그리스도인, 거룩한 하나님의 자녀가 되는데 그 목적이 있었던 것이다. 그래서 성결부흥운동의 가장 중요한 메시지 중의 하나는 하나님 앞에서 거룩한 삶을 사는 성결한 백성이 되자는 것이다. 이 외에도 부흥운동에는 신유의 메시지와 실제 신유집회들이 있었으며, 주님의 임박한 재림을 강조하는 재림에 대한 메시지도 있었다. 이러한 성결부흥운동의 메시지를 사중복음(the four-fold Gospel)이라는 말로 정리한 사람이 A. B. Simpson이었다. 성기호 박사는 A.B. Simpon의 재림론을 중심으로 논문을 썼지만, 재림론 자체가 사중복음의 신학적 패러다임 안에서 통전적으로 해석될 수 있기 때문에 성기호 박사의 신학은 사중복음의 신학이라고 해도 과언이 아니다. 실제로 성기호 박사는 그의 대표적인 저서인 『쉽고 재미있게 풀어 쓴 이야기 신학』에서 중생, 성결, 신유, 재림의 주제를 따로 한 장(chapter)씩 할애하여 자세하게 풀어 쓰고 있는 것을 볼 수 있다. 첫째, 사중복음의 첫째 주제인 중생론에서는 "선택과 예정, 하나님의 부르심, 구원의 초청, 책망과 회개, 믿음과 구원, 두 번째 출생, 칭의, 양자"[5] 등의 소주제로 다시 분류가 되어 중생론을 자세하게 다루고 있는 것을 볼 수 있다. 사중복음의 둘째 주제는 성결론이다. 성기호는 그의 저서 이야기 신학에서 그리스도인의 성결을 다음과 같이 논한다. "죄인이 구원받는 것과 마찬가지로 구원받은 신자들이 거룩하게 되는 것도 인간적 수양이나 노력으로가 아니라 하나님의 은혜로 이루어진다. 우리를 구원으로 불러 주신 하나님의 신실하심은 그 자녀된 우리들로 거룩하게 하시고 하나님의 거룩하신 성품에 참예하게 하신다. 성도를 보호하고 인도하기 위하여 강림하신 보혜사 성령께서 성도 안에 거하시며 그리스도의 속죄의 보혈을 끊임없이 공급해 주심으로 성도를 모든 죄와 불의에서 깨끗하게 하신다 (요일 1:9)"[6] 특별히 성기호는 성결교회의 전통에 따라, 성결을 성령세례로 이해 한다. 성령세례 체험은 곧 성결의 체험인 것이다. 성령께서는 "성도로 하여금 늘 승리하도록 능력을 주시며 성결하게 하시는 성령의 충만을 받아 하나님께 온전히 헌신하며 충성할 힘을 주신다고 믿는다. 우리로 거룩하게 하실 것을 약속하시고 명령하신 하나님의 신실하심을 믿고 간구함으로 모든 신자들이 문자 그대로 성결한 무리, 즉 성도들이

5 성기호, 『이야기 신학』, (서울: 국민일보사, 1997), 240-271을 참조하라.
6 성기호, 『이야기 신학』, 274.

되어야 하겠다."[7] 성기호는 성결론을 이론이나 신학으로만 주장한 것이 아니라 그 스스로가 성결한 삶을 몸으로 살아낸 성결론의 증인이라고 할 수 있을 것이다. 사중복음의 세 번째 주제는 신유이다. 성기호는 사람이 병에 걸리는 것을 그 환자가 죄를 지은 까닭이라고 잘라 말하기 어렵다지만 모든 병의 원인은 죄라고 말한다. 죄가 세상에 들어온 후에 병도 생겨났기 때문이다. 신유란 예수 그리스도의 속죄의 결과와 하나님의 약속에 따라 믿음으로 병 고침을 얻은 것을 말한다. 여기에서 성기호의 신유론은 철저히 기독론 중심인 것을 볼 수 있다. 신유의 근거가 그리스도께서 십자가에 이루신 속죄의 결과이기 때문이다. 이러한 이유로 성기호는 하나님께서는 영혼의 치료뿐 아니라 육체의 질병을 고쳐 주신다고 믿는다. 성기호가 은사중지론자가 아닌 이유가 여기에 있다. 성기호는 하나님께서는 지금 이 시대에도 병자를 치유하시는 기적의 능력을 행하신다고 믿는다. 사실 사중복음의 모든 주제는 과거의 주제가 아니라 현재를 위한 주제이며 미래를 위한 주제인 것이다. 그러므로 신유의 기적과 역사가 초기 기독교 시대에만 존재했던 것이 아니라 현대사회에서 경험될 수 있는 하나님의 은혜이며 기적인 것을 성기호는 굳건히 믿고 있다. 성기호는 다음과 같이 말한다. "보편적 신유의 은총 외에 마귀의 일을 멸하러 오신 예수 그리스도를 통해 초자연적인 치료의 역사가 나타난다. 예수님께서 십자가에 달리사 자기 몸으로 우리의 죄악과 연약을 담당하셨기에 믿는 자에게 죄의 용서와 질병의 치료를 베푸신다(사 53:5)"[8] 사중복음의 마지막 주제이며, 성기호 박사의 논문과 관련이 있는 주제는 "재림론"이다. 성기호는 "미래주의적 전천년설"(혹은 세대주의적 전천년설)을 지지하는 한국의 대표적인 신학자이다. 그가 박사학위를 마치고 한국에 돌아와 재림론을 강의할 때면 그의 강

7 성기호, 『이야기 신학』, 274-285를 보라.
8 성기호, 『이야기 신학』, 294-295.

의를 듣기 위해 많은 사람들이 운집할 정도였다. 그는 무천년설이 압도적인 한국 신학계에 미래주의적 전천년설의 새바람을 일으킨 장본인이기도 하다. 그의 재림론 강의는 명강의 중의 명강의로 정평이 나 있다. 성기호는 예수 그리스도께서 부활하신 몸 그대로 세상 끝날에 다시 오실 것을 믿는다. 성기호의 재림론은 이미 언급했듯이 미래주의적 전천년설을 그 기반으로 하고 있다. 미래주의적 전천년설은 예수 그리스도의 재림의 이중국면을 주장한다. 이른바, 공중강림과 지상재림이다. 공중강림은 믿는 자들을 위하여 예수께서 공중으로 오시는 사건을 말한다. 이때 지상에서 예수를 진실되게 믿었던 자들이 공중으로 이끌리게 된다. 이것을 휴거라고 한다. 지상에서 믿는 자들이 휴거 된 후 이 땅에서는 7년간의 대환란이 있다. 공중에 들림받은 자들은 7년 동안 재림하신 예수님과 천상의 축제를 경험하게 된다. 그리고 7년 후 예수께서는 믿는 자들과 함께 지상으로 재림하셔서 천년왕국의 통치를 시작하시게 된다. 이것이 바로 미래주의적 전천년설의 핵심 골자이다. 미래주의적 전천년설은 후천년설의 낙관주의적 역사관의 철저한 실패를 경험한 이들이 비관주의적 역사관에 기반하여 체계화한 재림론인 것이다.[9] 성기호는 전형적인 미래주의적 전천년설을 주장하는데, 죽은 성도의 부활, 살아있는 성도의 영화, 공중으로 끌려 올리어 감(휴거), 성도의 상급, 어린양의 혼인잔치, 지상의 대환난등의 주제에 대한 성기호의 주장이 이를 뒷받침 하고 있다.

이러한 재림론과 더불어 성기호는 천국과 지옥, 그리고 인간의 중간상태(죽음과 부활의 시간적 사이)에 대한 본인의 견해도 밝히고 있다. 성기호는 인간이 죽으면 최후의 심판이 있기까지 영혼은 음부 또는 낙원에 머물고 육체는 흙에 머문다고 믿는다. 그리고 죽음에서 부활 때까

9 성기호, 『교회와 신학논쟁』, (서울: 성광문화사, 1995), 391-442를 보라.

지 영혼이 머무는 상태를 중간상태라 하고, 영혼과 육체가 결합하여 영원히 사는 곳이 천국 또는 지옥이다. 천국과 지옥은 영원의 상태라고 주장한다.[10] 중간상태에 대한 성기호의 설명은 다음과 같다. "사람이 죽으면 영혼과 육체가 나누어진다. 육체는 흙에서 왔기에 죽으면 흙으로 돌아가고 영혼은 음부로 내려간다. 음부는 위 아래로 나누어져 있고 고통의 장소인 하음부는 죄인의 영혼이 머무는 곳으로 신약에서 게헨나로 표시되고 있다. 아브라함의 품이라고 불리는 음부의 상부는 의인의 영혼이 머무는 곳인데, 그리스도께서 음부에 내리셨다가 올리우실 때 낙원으로 옮겨진 것으로 생각된다."[11]

이상으로 성기호의 사중복음 신학에 대하여 살펴 보았다. 그런데 이 사중복음은 그 뿌리가 존 웨슬리에게 있고, 성결교회는 칼빈주의 노선을 따르는 교단이 아니라 웨슬리의 신학노선을 따르는 교단이기에, 성기호의 신학사상은 웨슬리 신학을 생략하고서는 논할 수 없을 것이다. 이제 다음은 성기호의 웨슬리 신학사상을 살펴보기로 하겠다.

웨슬리안 신학자

성기호를 웨슬리안 신학자로 평가하는 일이 정당한 것은 먼저 그가 제한적 속죄론이 아니라 보편 속죄론을 믿기 때문이다. 그의 저서, 『이야기 신학』의 구원론에서 "누구를 위한 죽음인가?"라는 별도의 장(chapter)에서 "예수님은 누구를 위해 죽으셨는가?"라고 질문을 던지며 "예수님께서 선택된 자들만을 위해 죽으셨다면 하나님의 사랑이 제한적인 것으로 오해될 수 있고, 또한 그의 공의가 무엇인가를 묻지 않을 수 없다. 한편 예수님의 죽으심이 온 세상을 위한 것이라면 어째서

10 성기호, 『이야기 신학』, (서울: 국민일보사, 1997), 294-295.
11 성기호, 『교회와 신학논쟁』, 391-442를 보라.

모든 사람이 다 구원을 받지 못하는지를 대답하기 어렵게 된다."라고 언급하며 학자들 사이에서도 그리스도의 속죄의 범위가 제한적인가 아니면 무제한적인가 하는 문제는 날카로운 의견의 대립이 있는 문제라고 말한다. 그리고 성경이 말하는 바 그리스도의 죽으심은 누구를 위한 것인지 논증을 펼치고 있다. 성기호는 "세상 죄를 지고 가는 하나님의 어린양"(요 1:29)은 "우리 죄를 위한 화목 제물이니 우리만 위할 뿐 아니요 온 세상의 죄를 위하심이라"(요일 2:2) 하였으니 "우리"라고 하는 신자들뿐만 아니라 "온 세상"을 위하여 예수님께서 죽으신 것을 말하고 있다고 주장한다. 예수님께서 친히 하신 말씀에도 "인자가 온 것은 섬김을 받으려 함이 아니라 도리어 섬기려 하고 자기 목숨을 많은 사람들의 대속물로 주려 함이라" (마 20:28)하셨으니 많은 사람이란 신자들을 포함한 모든 사람을 가리키는 것이라고 해석해야 옳다는 것이다. 모든 사람은 세상이 주는 거짓 평안에 속지 말고 죄사함을 통한 참 평안을 누려야 한다. 누구든지 주의 이름을 부르는 자는 구원을 얻으며 (롬 10:13), 저를 믿는 자마다 멸망치 않고 영생을 얻는다(요 3:16). 예수님은 온 세상의 죄를 담당하시고 피를 흘리셨다. 그러나 그 피를 믿는 자만 구원을 얻으니 예수님은 "모든 사람 특히 믿는 자들의 구주"가 되신다(딤전 4:10). 위의 예에서 볼 수 있듯이 성기호는 예수 그리스도께서 모든 사람을 위해 십자가를 지셨다는 보편 속죄론을 굳게 믿고 있다. 성기호를 웨슬리안 신학자로 평가할 수 있는 또 하나의 중요한 이유는 "예정과 자유의지"에 대한 성기호의 신학적 견해에서 발견할 수 있다.[12] 먼저 성기호의 예정론에 관한 견해를 살펴보면, 성기호는 극단적 예정설에 관해 다음과 같이 설명한다. "극단적 예정설을 말하는 사람들 중에는 하나님께서 사람을 창조하실 때부터 구원받을 사람

12 성기호, 『교회와 신학논쟁』, 116-126을 보라.

과 멸망할 사람을 구분하여 만드셨다고 말하기도 하고, 혹은 죄로 타락한 사람 가운데서 그들의 의지와 관계없이 구원할 사람들을 예정하셨고 나머지는 버리기로 작정하셨다고 말한다. 이러한 주장을 이중선택이라고 부른다. 구원할 사람과 멸망하도록 버려둘 사람을 처음부터 이중으로 예정해 놓으셨다는 것이다."[13] 위와 같이 극단적 예정설에 대한 설명한 한 후 성기호는 구원은 예정된 사람들이 받는 것이 아니라, 믿는 자들에게 주시는 하나님의 은혜라고 주장한다. 또한 다음과 같이 사람이 구원받지 못하는 이유에 관하여 명확히 설명하고 있다. "구원의 소식인 복음을 똑같이 들어도 구원을 받지 못하는 사람이 있는 것은 하나님께서 그를 멸망하도록 예정하셔서가 아니라 복음을 들은 사람이 그 말씀을 믿음으로 받아들이지 않기 때문이다(히 4:2). 따라서 그의 멸망은 하나님의 예정 때문이 아니라 그의 고집과 불순종 때문이다. 그러므로 멸망의 책임이 하나님께 있는 것이 아니라 불순종한 죄인에게 있음을 알아야 한다."[14] 성기호는 하나님이 영원 전에 구원받을 사람과 멸망한 사람을 결정해 놓았다는 극단적인 칼빈주의의 견해를 지양하고, 예수를 믿는 사람이 구원을 받는다는 복음적인 웨슬리안의 구원론을 견지하고 있는 것이다. 예정에 의한 구원이 아니라 하나님의 은혜 안에서 믿음으로 받는 구원론은 웨슬리안의 구원론이라고 할 수 있다. 인간 편에서는 믿는 자가 구원을 받지만, 하나님 편에서는 예정된 자가 구원을 얻는다. 천국의 입구에 세워진 문 위에 "믿는 자만 들어 오라"고 쓰여 있어서 신자들이 들어가 보니 천국 문 안 쪽에 "선택된 자들만 여기에 들어왔다"고 쓰여 있었다는 이야기도 있다. 예수님은 자기를 힘입어 하나님께 나아가는 자들을 온전히 구원하신다(히 7:25). 은총에 의한 믿음을 통한 구원과 밀접하게 연결되어있는 신학적 주제는 자유의지론이

13 성기호, 『이야기 신학』, 240-243.
14 성기호, 『이야기 신학』, 242-243.

라고 할 수 있는데, 성기호는 자유의지론에 관해서 다음과 같이 언급하고 있다. "하나님께서는 아담과 하와에게 자기들이 결정하고 실천할 수 있는 능력, 즉 자유의지를 주셨다. 아무리 마귀가 유혹해도 이를 거절하고 하나님의 말씀을 순종할 수도 있고, 하나님을 거역하고 마귀의 음성을 따를 수 있는 자유 선택권을 주신 것이다. 이 자유는 다른 동물들이 가지지 못한 사람만의 특권이었다. 아담은 이 자유의지를 남용하였다. 즉 자기 스스로 결정하여 마귀를 좇고 하나님을 거역한 것이다. 교만과 욕심 때문에 범죄한 것이다."[15] 웨슬리안은 하나님께서 인간에게 베푸신 선행은총의 다섯 가지 혜택을 말한다. 하나님에 관한 지식, 양심, 자유의지, 도덕법, 악을 억제시키려는 마음이 그것이다. 이 중에서도 중요한 것이 자유의지인데, 인간에게 자유의지가 없다면 하나님과 인간 사이에 참된 인격적 관계가 형성될 수 없기 때문이다. 하나님께서는 타락한 인간에게 당신의 선하신 은총에 따라 자유의지를 회복시켜 주셨고, 이 자유의지가 있기 때문에 구원의 은총에 반응하여 믿음으로 구원을 받을 수 있는 것이다. 인간에게 자유의지가 없다면 어찌 인간에게 책임을 물을 수 있단 말인가? 예정론에 의한 구원을 주장하는 칼빈주의자들은 엄밀한 의미에서 자유의지를 인정하지 않는 반면, 성기호는 하나님께서 인간에게 자유의지를 허락하셨으며 그 자유의지를 선용하여 구원의 은총에 믿음으로 반응할 수 있음을 주장하는 웨슬리안 신학자인 것이다. 이러한 자유의지론은 중생론을 중심으로 한 구원론에도 많은 영향을 미친다.

중생의 조건이 되는 회개와 믿음의 문제를 논할 때 논리적 순서에 있어서 회개가 먼저냐 믿음이 먼저냐 하는 칼빈주의와 웨슬리안의 첨예한 논쟁이 있다. 웨슬리안은 하나님이 주신 자유의지를 선용하여 하나

15 성기호, 『이야기 신학』, 144.

님의 말씀을 듣고 회개하고 예수를 믿어 구원을 받는다고 가르친다. 그러나 칼빈주의는 하나님이 예정한 사람이 믿음을 갖고 그 믿음을 가지고 회개한다고 가르친다. 성기호는 중생론에서 "성령께서는 여러 가지 환경에서 여러 가지 방법으로 죄인들을 책망하시고 깨닫게 하신다."[16] 라고 말하며 이 책망을 듣고 회개하는 자는 복이 있는 사람이라고 말한다. 그래서 하나님의 말씀을 통한 책망과 경고를 통해 회개하고 예수를 믿는 자들이 복된 것이다. 회개하고 믿는다는 이 선언은 복음주의 웨슬리안의 전형적인 주장인 것이다.

보수적 복음주의적 신학자

성기호는 한국의 대표적인 보수적이며 복음주의적인 신학자이다. 지금까지 살펴본 성기호의 신학사상에서도 충분히 살펴 보았지만 몇 가지 예를 더 들 수 있다. 성기호는 보수적이고 복음주의적 웨슬리안 신학자이다. 먼저 성기호의 성경관을 살펴보면 그가 얼마나 보수적인 신학자였는지를 알 수 있다. 성기호는 성경을 기록된 계시의 말씀으로 여긴다. 성기호는 1600여년의 기간동안 35명(또는 34명)의 직업과 기록한 장소가 같지 않음에도 불구하고 성경 전체의 흐름과 내용이 통일성이 있고 한결같이 그리스도에 대하여 기록하고 있는 것을 강조한다. 성기호는 성경이 성령의 감동에 의해 기록되었다고 믿으며 성령의 역사로 한 책으로 엮어진 성경은(사 34:16) 죄인의 구원과 인간의 바른 삶을 계시하고 있다. 우리가 무엇을 믿어야 하고 또 어떻게 살아가야 하는가 하는 신앙생활의 유일한 표준이 성경이다. 성경대로 믿어야 구원에 이르며 성경대로 살아야 하나님을 기쁘시게 하는 올바른 성도의 삶을 살

16 성기호, 『이야기 신학』, 254.

수 있다. 성기호는 "성경의 기록된 계시 대신 인간의 이성을 더 높은 위치에 두는 것이 인본주의이고 자유주의이다."[17]라고 말한다. 극단의 신비주의에 빠져 환상을 보았다거나 무슨 음성을 들었다고 주장하며 성경을 넘어서려는 주장도 위험하다. 성기호는 성경이 가는 곳까지 가고, 성경이 서는 곳에 서라고 가르쳤던 칼빈의 말을 인용한다. 영감론에 있어서 성기호 박사는 역동적 영감설(혹은 유기적 영감설)을 믿으며, 영감의 범위에 있어서는 완전 영감설 곧 축자영감설을 믿는다. 축자영감설을 믿느냐 믿지 않느냐에 따라 보수적/복음적 인가 진보적/자유주의적인가를 구분하는 할 수 있다고 한다면, 성기호는 분명 축자영감설을 믿는 보수적이며 복음적인 신학자이다. 인간의 구조를 설명하는 인간론에서도 보다 보수적인 신학자들이 취한다고 알려져 있는 삼분설을 취한다. 일반적으로 인간을 영혼과 육체를 이루어 졌다고 보는 이분설이 받아들여 지고 있지만 보다 보수적인 교단들에서는 영, 혼, 육으로 이루어져 있다고 보는 삼분설을 받아들이는데 성기호는 바로 인간이 영, 혼,육으로 이루어졌다고 보는 삼분설을 받아 들이고 있다. 성기호는 다음과 같이 인간의 구조에 관하여 언급한다. "보통으로 인간의 구조를 말할 때 육체와 영혼으로 이루어져 있다고 말할 수 있다. 성경에서도 영과 혼을 서로 바꾸어 사용하기도 하면 영혼과 영을 동일한 것으로 취급하기도 한다(히 12:23; 계 6:9). 그러나 성경의 진리를 보다 정확하게 설명하는 데는 **이분법적 인간의 구조보다 삼분법적인 설명이 더욱 적합하다**. 흙에서 왔다가 흙으로 돌아가는 육체가 있고, 다른 동물도 가지 있으며 이해, 감각, 감정 등을 주관하는 부분인 혼이 있으며, 사람에게만 있는 것으로 불멸적인 요소가 영인데 하나님과 교통하는 역할을 담당하고 있는 부분이다. 삼분법적 인간 구조론이 성경의 진리를 설

| 17 성기호, 『이야기 신학』, 36–37.

명하기에 유익한 것은 죄와 허물로 죽었던 영이 그리스도 예수로 말미암아 다시 살아나는 것(엡 2:1)이 중생이고, 그리스도 예수의 사람들이 육체와 함께 "정과 욕심"을 십자가에 못박은 상태, 즉 그 "혼"이 깨끗해진 상태를 성결이라고 하며, 우리의 육체는 속죄의 은혜로 건강해 지고(마 8:17) 예수님의 재림 때에는 썩지 않을 몸으로 갈아입게 될 것(고전 15:52)등을 잘 설명할 수 있기 때문이다."[18] 또한 성기호는 인간의 영혼의 기원에 관한 문제에 있어서는 인간이 영혼을 부모로부터 물려 받는다고 믿는 영혼유전설의 입장을 취하고 있다. "인간의 몸과 영혼이 하나님에 의해 직접적으로 창조된 것은 아담의 경우이고, 이와 같은 하나님의 일회적인 창조행위 이후로는 "생육하고 번성하라"(창 1:28)는 하나님의 명령에 따라 사람은 몸과 함께 영혼도 **그 부모로부터 자연적인 생식과정을 통해 물려받는다고 보아야 할 것이다.**"[19]

결 론

지금까지 은천 성기호의 생애와 신학사상에 대하여 살펴보았다. 은천 성기호는 예수교대한성결교회의 신학자, 교육자, 목회자로서 일생을 헌신한 예성의 보배같은 분이다. 그는 지성과 영성과 인성을 겸비한 예성의 큰 어른이 되셨다. 미국유학을 마치고 성결대학교의 총장으로 취임한 것이 50대 초반의 일인데, 지금은 80대 초반이 되셨으니 어언 30년의 세월이 쏜살처럼 지나갔다. 그가 예성 공동체와 한국교회에 남긴 발자취는 아름답고 귀한 발자취이다. 은천 성기호가 삶으로 보여준 성결한 목회자의 모습, 그리고 여러 저서를 통해 보여준 복음적이고 보수

18 성기호, 『이야기 신학』, 132. 굵은체는 필자가 강조한 것이다.
19 성기호, 『이야기 신학』, 139. 굵은체는 필자가 강조한 것이다.

적인 웨슬리안 사중복음의 신학은 성결교회를 넘어 한국교회의 신앙의 후배들에게 큰 귀감과 도전이 되리라 믿어 의심치 않는다. 부디 바라기는 한국교회에 은천 성기호와 같은 지성과 인성, 그리고 영성을 겸비한 목회자들이 많이 배출되어, 어두워져 가는 시대를 복음의 말씀과 성결한 삶으로 두루 밝힐 수 있기를 소망한다.

서울충신교회 부흥회 인도

베스트셀러 도서로 한기총
출판문화상(신학부문) 수상

성결대학교 설립자이신 고 영암 김응조 목사님
추모예배 후 묘소에서 가진 기도회

코디엠연구소 개소식 예배 후 기념촬영

기독교학술원(원장 김영한 박사) 논문 발표

김영택 박사와 함께

경력 및 상훈

균명고(현, 환일고) 교사 (1965~1972)
염광상고 교목실 교사 (1972~1973)
창신성결교회 교육 목사 (1973~1975)
미국 체리힐 한인교회 및 로워박스한인교회 담임 목사 (1975~1989)
성결교신학교 4대 교장 (1990~1992, 2)
성결교신학대학 초대 학장 (1992. 3. 1~1992. 3. 31)
성결교신학대학교 초대 총장 (1992. 4. 1~1994. 6)
성결대학교 2대 총장 (1994. 6~1998. 5. 6)
성결대학교 3대 총장 (1998. 5. 10~2002. 5)
월간「한국인선교사」 발행인 (1995. 8~현재)
한국복음주의신학회 회장 (1996. 4~1998. 4)
한국복음주의신학대학협의회 부회장, 회장 (1999. 4~2001. 4)
국민일보 편집 자문위원 (1996. 1~2001)
새에덴교회(경기도 의왕시 소재) 담임목사 (2006. 3~2011. 4)
캄보디아 바티에이국제대학 총장 (2014. 5~현재)
대필라델피아 원로목사회 회장 (2015. 11~2016. 11)
코디엠(KODIAM) 연구소장 (2018. 12~현재)

대한민국 근정포장(2001)
대한민국 청조근정훈장(2006)

연구 목록

주일학교 운영관리(성광문화사, 1979)
교회와 신학논쟁(성광문화사, 1995)
하나님을 기쁘게 하랴, 사람을 기쁘게 하랴(성광문화사, 1995)
이야기신학(국민일보사, 1997)
하나님이 열면 닫을 자 없다(쿰란출판사, 2001)
지성과 도전(도서출판 잠언, 2002)
마음에 새길 하나님의 말씀(성결대학교 출판부, 2005)
신학과 영성목회의 비전(도서출판 잠언, 2007)
이야기 조직신학(엠북스, 2009)
절기에 맞춘 요약설교 자료집(다미디어, 2021)
그 외 논문 다수

김영택 목사

Drew University (Ph. D.)
Southwestern Baptist Theological Seminary (Th. M.)
Azusa Pacific Univeristy (M. Div.)
SungKyul University (B. A.)

성결대학교 겸임교수
한국웨슬리 학회 총무
삼성성결교회 담임목사

번역서_John Wesley, *The Journal of John Wesley*, 웨슬리 신학연구소 편역(공역).「존 웨슬리 저널」, 서울: 신앙과지성사, 2020.

John Wesley, *The Works of John Wesley*, 한국 웨슬리 학회 편역(공역). 「존 웨슬리 논문집 II」, 서울 : 한국웨슬리학회, 2019.

John Wesley, *The Works of John Welsey*, 한국 웨슬리 학회 편역(공역). 「존 웨슬리 논문집 I」, 서울 : 한국웨슬리학회, 2009.

이블린 언더힐 지음. 김영택 역, 『사도 바울의 영성과 신비주의』, 서울 : 누멘, 2010.

논문_"존 웨슬리의 인간학 : 하나님의 형상과 도덕법", 「신학과 선교」 38권(2011), 39–65.

"종교개혁신학의 창조적 종합으로서의 웨슬리 신학", 「신학과 선교」 47권(2015), 9–53.

"존 웨슬리의 선교적 정치신학: 성결교회 사회선교의 신학적 토대", 「복음과 선교」 50권(2020), 177–207

"한인 디아스포라 선교운동과 사중복음", 「선교신학」 58권(2020), 79–118.

"존 웨슬리 칭의론의 실천신학적 이해: 칭의 교리 재해석과 한국교회를 위한 제언", 「신학과 실천」 69권(2020), 263–290.

오덕교 박사

오덕교 박사의 생애와 신학

안상혁_합신 역사신학

총신대학교 신학과 (B. A.)
총신대학교 신학연구원 (M. Div.)
총신대학교 대학원 (Th. M.)
미국 Yale University Divinity School (Research Fellow)
미국 Westminster Theological Seminary (Ph. D.)

합동신학대학원대학교 교수 (1987~2014)
합동신학대학원대학교 총장 (2005~2009)
한국장로교신학회 회장 (2010~2014)
종교개혁500주년기념사업회 상임회장 (2011~현재)
몽골 International University of Ulaanbaatar 4대 총장 (2014~2017)
한국기독교학술원 정회원
한국개혁주의연구소 소장
대한민국 민주평화통일자문회의 자문위원 (제16~17기, 2015~2018)
Member of Editorial Committee for Unio Cum Christo, An International Reformed journal on Faith and Life
미국 Westminster Theological Seminary 총장 자문 및 Adjunct Professor (2019~현재)

들어가며

우경(偶耕) 오덕교는 1951년 충청남도 보령시에서 태어났다. 총신대학교에서 철학을, 동대학원에서 신학을 공부하였고 대학과 신학대학원을 모두 수석으로 졸업했다. 1978년 대한예수교 장로회 (합동) 충남노회에서 안수를 받고 목사가 되었다. 이후 공군에 입대하여 중위로 임관하고 1981년에 대위로 전역하였다. 30세의 젊은 나이에 총신대에서 강사와 전임 강사로 교수사역을 시작하였다. 1982년 미국으로 유학을 떠나 필라델피아에 있는 웨스트민스터 신학교(Westminster Theological Seminary)의 박사과정에 입학하였다. 웨스트민스터신학교와 예일대학교 신학부에서 종교개혁과 뉴잉글랜드 청교도에 관해 연구했으며, 1987년에 "Church's Resurrection: John Cotton's Eschatological Understanding of the Ecclesiastical Reformation"(교회의 부활: 존 코튼의 교회개혁에 대한 종말론적 역사이해)이라는 제목으로 박사논문을 작성하여 웨스트민스터신학교에서 한국인으로서는 최초로 철학 박사 학위를 취득하였다.

우경은 1987년 9월부터 수원에 위치한 합동신학대학원대학교에서 교수 사역을 시작하여 27년간 역사신학을 가르쳤다. 2005년부터 2009년까지 제7대 총장으로 봉직하며 합동신학대학원대학교의 교육환경을 개선하고 개혁주의신학 교육을 세계화시키는 발판을 마련하였다. 2010년부터 2014년까지 한국장로교신학회의 회장으로 일하며 한국장로교총연합회 신학교인준위원장으로 한국교회를 섬겼다. 2014년에는 요한 칼빈 탄생 500주년기념사업회로부터 올해의 신학자로 선정되어 상을 받았다. 같은 해 2월, 우경은 몽골의 수도에 세워진 울란바토르대학교(현재는 International University of Ulaanbaatar)의 총장으로 취임하여 2017년까지 일하면서 몽골의 고등교육의 발전에 크게 기여하였다. 2018년부터 우경은 자신의 모교인 미국 웨스트민스터신학교에서 교회사를 빛내 설교가들에 대해 연구하였으며, 2019년 3월에는 연구 총장 자문으로, 6월에는 외래 교수(Adjunct Professor)로 임명받아 현재까지 활발하게 일하고 있다.

현재 우경으로부터 개혁주의신학을 배운 수많은 제자들이 합신교단 안팎에서 한국교회를 섬기고 있다. 우경은 널리 읽히고 있는 자신의 저작 『장로교회사』, 『종교개혁사』, 『청교도와 교회개혁』, 『청교도 이야기: 교회사를 빛낸 영적 거장들의 발자취』, 『언덕 위의 도시: 청교도의 사회개혁적 이상』, 『개혁신학과 한국교회』 등을 통해 교단의 울타리를 넘어 국내외의 신학계와 한국교회 전반에 큰 영향력을 미쳐왔다. 특히 우경은 국내 학계에 청교도를 소개한 제1세대 청교도 연구자이다. 오늘날 우경의 노력으로 한국 신학계는 청교도연구의 성기를 맞이하고 있다. 현재 우경은 종교개혁500주년기념사업회 상임회장과 한국개혁주의신학연구소 소장으로 한국교회를 섬기고 있다. 한 걸음 더 나아가 우경은 2015년부터 2019년까지 대한민국 민주평화통일자문회의 자문위원으로 일하며, 교계뿐만 아니라 일반 사회의 공익을 위해서도 헌신하였다. 아울러 우경의 역할은 국제적으로도 크게 인정받고 있다. 2017년에 우경은 몽골의 교육발전에 이바지한 공로를 인정받아 몽골 정부로부터 최우수 교육자상을 받아 한국인의 위상을 국제적으로 드높인바 있다. 현재 우경은 국제적인 신학 잡지인 *Unio Cum Christo, An International Reformed Journal on Faith and Life*(그리스도와의 연합: 신앙과 삶에 관한 국제 개혁주의 저널)

요한 칼빈 탄생 500주년 기념사업회에서 올해의 신학자 수상 | 2014년 11월 22일

의 편집위원으로 활동하면서 국제적인 신학계에서도 주어진 소명을 묵묵히 감당해 가고 있다.

우경의 생애와 사역[1)]

출생과 교육 그리고 결혼(1951~1978년)

우경은 1951년 12월 12일 충남 보령시 남포면에서 부친 오수옥과 모친 이갑분 사이에서 구남매 가운데 다섯째로 태어났다. 부모는 자녀들을 사랑하고 이웃과 나그네를 잘 대접하는 선량한 사람들이었다. 비록 기독교 신앙에 대해 몰랐으나 후일 형제들의 전도를 받아 신자가 되었다. 어려서부터 총명했던 우경은 남포초등학교 2학년 때, 담임교사의 권유로 4학년으로 월반했다. 대천중학교 시절 우경은 유독 역사 과목을 좋아했다. 역사 과목 선생님은 "오덕교 군은 앞으로 역사 박사가 될 거예요"라고 칭찬해 주시곤 했다. 선생님께 인정받는 우등생이었던 우경은 뜻밖에 고등학교 입시 시험에 실패하고 이듬해에 대천고등학교에 입학하였다. 입학 후 삼 개월 만에 고등학교졸업 검정고시를 치루고 합격하여 결국 남들보다 일찍 고등학교를 졸업하였다.

처음 고입에 실패하고 자존심이 상한 채 방황했던 시절 우경은 예수 그리스도를 인격적으로 만나 회심했다. 맏형의 인도로 동네에 있는 교회의 부흥회에 참여했다가 은혜를 체험했다. 이를 계기로 법관이 되려는 꿈을 포기하고 신학을 공부하기로 결심한 후, 출석 교회의 전도사의 추천을 받아 현재의 총신대학교를 소개받았다. 부모님의 반대를 무릅

1 우경의 생애와 사역에 대한 아래의 내용은 주로 필자가 우경을 인터뷰한 내용에 근거한 것이다. 인터뷰날짜: 2020년 5월 23일.

쓰고 신학교에 진학하기 위해 서울로 올라왔기에 스스로 생활비를 조달하며 공부를 했다. 극심한 가난 속에서 일주일 이상 굶기도 했고, 노숙한 일도 있었다. 합동측 총회의 재정부장이면서 대형 기독교 서점을 운영했던 김광철 장로의 도움을 받아 기독신문에서 일자리를 구했다. 1년간 주경야독의 세월을 보낸 후에 1971년 총신대학교에 진학하였다.

신학교 시절 아우구스티누스의 『하나님의 도성』과 아놀드 토인비의 『역사의 연구』를 읽고 역사와 교회사에 대한 안목을 형성하고, 라틴어와 신학 예비과정을 공부하며 교회를 섬겼다. 총신대를 수석으로 졸업하고, 1975년 신학대학원에 진학하여 본격적인 신학 수업을 받은 후, 1978년 2월 목회학석사 과정을 수석으로 졸업하였다. 신학교에서는 조나단 에드워즈를 연구하였고, 홍치모 교수의 지도를 받으며 "Jonathan Edwards의 교회관 연구"를 학위 논문을 작성하여 1980년에 졸업하였다.

1977년 11월 11일, 서대문장로교회에서 우경은 신부 이정화와 결혼했다. 이정화 사모는 믿음의 가정에서 태어나 경기여고와 외국어대를 졸업했다. 착한 성품과 따뜻한 마음을 가진 지성적인 신앙인이었다. 결혼식은 장성칠 목사의 주례와 김명혁 목사의 기도, 그리고 신복윤 목사의 축도로 진행되었다. 이렇게 하여 우경은 신앙의 가정을 이루었고, 이정화 사모와의 사이에서 예쁜 두 딸, 은일과 혜일이 태어났다.

국내 초기 사역(1978~1982년)

1978년 2월 20일, 우경은 대한예수교장로회(합동) 충남노회에서 목사 안수를 받고 다음 달에 공군 군목으로 입대하여 공군정보부대에서 3년 4개월 근무한 후, 1981년 6월 대위로 전역했다. 군목에게 월요일은 쉬는 날이었기 때문에 Th. M. 과정에 진학하여 신학 수업을 병행할 수 있었다. 군인 복음화를 위해 헌신하면서 군인 교회당을 짓기도 했다.

우경은 1981년 2학기부터 모교에서 근세교회사와 장로교회사를 강의했다. 이듬 해 3월에는 총신대학교 신학대학원의 전임강사가 되었다. 만 29세의 젊은 나이였다. 학생들 가운데는 담당 강사보다 나이가 많은 사람들도 적지 않았다. 우경은 최선을 다해 강의안을 작성하고 강의했다. 이 때문에 학교와 학생들로부터 인정을 받았다. 이 때의 경험은 이후 우경의 교수사역과 연구에 귀한 밑거름이 되었다.

미국 유학기(1982~1987년)

총신대에서 학생들을 가르치기 시작하면서 우경은 오랜 꿈이었던 유학을 떠나기로 마음을 굳혔다. 우경은 오래전부터 박윤선 박사와 김의환 박사가 공부했던 미국 필라델피아에 있는 웨스트민스터신학교(Westminster Theological Seminary)에서 공부하길 원했다. 웨스트민스터신학교는 우경에게 석사과정이 아닌 박사과정(교회사)에 곧바로 입학할 것을 허가하였다. 우경은 1982년 7월에 유학길에 올랐다.

우경은 웨스트민스터신학교에서 강도 높은 신학 수업을 받았다. 클레어 데이비스(D. Clair Davis), 싱클레어 퍼거슨(Sinclair B. Ferguson), 사무엘 로건(Samuel T. Logan Jr.) 등과 같은 저명한 교수들의 수업에 참여하는 것은 정말 유익했다. 그러나 학기당 200여권의 책을 읽은 후 25쪽 이상의 소논문을 네 편씩 작성하는 것이 유학생에게는 버거운 일이었다. 대학시절 폐결핵을 앓은 이후부터 하루에 충분한 수면을 취해야 건강을 유지할 수 있었는데, 박사과정의 수업량은 이를 허락하지 않았다. 견디다 못해 지도 교수였던 사무엘 로건을 찾아갔다. 박사과정을 포기하고 석사과정(Th.M)부터 다시 시작하게 해달라고 요청했다. 로건 박사는 이렇게 대답했다. “유치원을 두 번 다니는 사람을 보았습니까?

당신이 할 수 있다고 판단하여 박사과정 학생으로 선발한 것이니 계속 하십시오." 지도교수의 단호한 태도로 인해 우경은 공부에 전력투구하였다. 1985년 어학시험과 종합시험을 통과하고 졸업논문 제안서를 제출했다. 뉴잉글랜드 청교도 사회와 신학에 기초를 놓은 존 코튼(John Cotton)의 종말론과 교회개혁사상 사이의 연관성을 박사 논문 주제로 삼아 연구하였다. 책상에 앉아 독서하며 눈을 혹사시키다보니 심한 안구 건조증을 앓았다. 급기야 백내장과 녹내장 진단을 받았다. 한 시간 이상 책을 읽기 힘들었지만, 1986년 가을, 마침내 논문을 탈고하였다. 입학 후 4년 안에 이루어낸 성과였다. 뉴잉글랜드 청교도에 대한 보다 심도 있는 연구를 하기 위해 예일대학교로 가서 연구원(Research Fellow)으로 활동하며 유익한 시기를 보냈다. 특히 조나단 에드워즈 연구에 있어 대표적인 학자인 해리 스타우트(Harry S. Stout)의 영향을 받아 청교도 설교에 더욱 큰 관심을 갖게 되었다. 1987년 1월 필라델피아로 돌아와 구두시험에 합격하고 5월 27일 철학박사 학위를 취득하였다. 로건 박사는 다음과 같이 말하며 축하했다. "한국인 최초로 웨스트민스터에서 박사 학위를 받게 된 것을 축하합니다. 한국교회의 역사를 새롭게 만드는군요. 한국교회를 성경적인 교회로 만드는 일에 최선을 다하십시오."

유학시절 우경은 신학 훈련만 받은 것이 아니었다. 메릴랜드주 볼티모어에 있는 작은 교회의 청빙을 받아 담임 목사로 2년간 사역했다. 1982년 11월, 무작정 트럭을 몰고 필라델피아까지 올라온 교인들의 간곡한 요청을 거절할 수 없었다. 목요일 오후에 수업을 마치고 볼티모어로 내려가 목회 사역을 감당하고 월요일에 다시 필라델피아로 올라오는 생활을 반복했다. 학업과 사역을 병행하는 것이 쉽지 않았지만 하나님의 은혜 가운데 잘 감당했다. 네 가정으로 시작한 교회가 2년 만에 100여 명이 출석하고 경제적으로 자립하는 교회로 성장했다. 비록 박사과정의 코스워크를 우수한 성적으로 마쳤으나, 박사 논문 작성과 목회를 병행하는 것은 무리임을 깨달았다. 1984년 8월, 교회의 이해를 구하고 담임 목사 사역을 그만 두고 학교로 돌아왔다. 논문에 집중하면서 필라델피아 영생교회(이용걸 목사)의 청년부를 섬겼다. 몇몇 되지 않는 청년들이 점차 늘어 30여명으로 성장했다. 이들 가운데 적지 않은 일꾼들이 배출되었다. 일례로 정승원 교수, 장성철 교수, 김한요 목사, 백운영 목사, 김철우 목사, 빅민호 장로 등이 있다.

국내 사역기(1987~2014년)

우경은 웨스트민스터신학교를 졸업한 후 곧바로 귀국했다. 교수 사역을 위해 총신대학교 대신에 당시 여러모로 어려운 조건 속에 있었던 합동신학교를 선택했다. 박윤선 박사를 비롯한 여러 은사들의 초청에 응하여 1987년 9월 1일 우경은 합동신학교 역사신학 조교수로 부임했다. 모교인 총신대학교를 선택하지 않은 것에 대해 김의환 박사와 김희보 교수, 그리고 총신대 동기들은 크게 실망하고 반대하기도 했다. 우경을 아끼는 마음으로 조언해 주었던 이들의 염려대로 합동신학교에서의 삶은 어려움이 많았다. 학교는 경제적으로 힘들게 운영되고 있었고, 교수에 대한 대우 또한 변변치 못했다. 그러나 은사들과 함께 고생을 감수하기로 했던 처음의 마음을 잃지 않고 침묵정진하기로 다짐했다. 부름을 받은 자리에서 무엇인가 의미 있는 열매를 맺기 전에는 떠나지 않기로 결정했다.

합동신학교에서 조교수와 부교수를 거쳐 정교수로 근무하는 27년 동안 우경은 학생처장(89~91년), 교무처장(91~92년과 97~99년), 목회대학원장(99~02년), 기획실장(02-05), 박사원장(12-14년) 등을 역임했다. 2005년부터 2009년까지는 총장으로 학교를 섬겼다. 총장으로 선출되었을 때, 우경은 두 가지 과제로 인해 큰 부담감을 느꼈다. 첫째, 학교의 신학적이며 영적인 전통을 계승 발전시켜야하는 부담을 느꼈다. 초대 원장 박윤선 박사와 2대 학장과 5대 총장인 신복윤 박사의 뒤를 이어 김명혁 박사(3대), 윤영탁 박사(4대), 박형용 박사(6대) 등이 합동신학교의 정체성을 세운 선임 총장들이었다. 이들에 이어 제7대 총장으로 합동신학교를 이끌어 가는 과업에 막중한 책임감을 느꼈다. 둘째, 새로운 21세기에 학교와 개혁주의신학을 세계화시켜야 한다는 소명감을 느꼈다. 우경이 보기에 이는 비단 합동신학교의 과제만이 아니었다. 우경은 한 신문과의 인터뷰에서 다음과 같이 말했다. "한국 신학교의 최우선 과제는 성경 중심적 신학 정체성을 확립하고 발전시키는 일입니다. 그 다음의 과제는 한국적 신학의 체계화를 통해 세계 신학계에 기여하는 일입니다."[2]

학교는 안팎에서 여러 도전을 직면하고 있었다. 첫째, 2006년 광교신도시 개발로 인해 학교 대지의 반 이상이 경기지방공사에 의해 수용될 위기가 일어났다. 우경은 관계자들을 40여 번이나 찾아다니면서 학교의 입장을 호소했고, 학교 대지 안에 있던 2천여 평의 경기도의 땅 문제를 해결하기 위해 경기지방공사, 경기도청, 수원시청, 주택공사 등의 관공서를 찾아다닌 결과 일대 일의 대토를 하는 결정을 얻어내었다. 그 결과 합동신학대학원대학교는 현재의 아름답고 잘 정돈된 교정을 가꿀 수 있게 되었다. 둘째, 합신총회의 신학교 직영 문제가 대두되었다. 합신총회와 합동신학대학원대학교는 인준관계인 것이 특징이다. 이는 총회와 학교 사이에 그 어떤 정치적인 이해관계가 개입되는 것을 예방하는 효과가 있다. 그런데 일군의 사람들이 학교를 직영하자는 운동을 일으켰고, 이것이 총회의 주된 의제가 되면서 전국 교회의 관심을 받게

2 오덕교 총장, "한국 신학교, 정체성 확립과 신학의 세계화 이룰 때" 「크리스찬투데이」 2007. 11. 20

되었다. 우경은 학교와 총회의 건전성과 발전을 위해서는 현재의 인준 관계를 유지하며 학교의 자율성이 보장되어야 한다고 주장하며 교단 교회들을 설득했다. 그 결과 총회의 신학교 직영 여론을 잠재울 수 있었다.

우경은 앞서 소개한 신학교의 과제를 실현하기 위해 학교 안에서 몇 가지 의미 있는 변화를 시도했다.[3] 첫째, 학교 행정의 효율성과 공정성을 강화했다. 매주 부서장 회의를 소집하여 부서 간의 협력을 도모하고 직원 인사규정과 근무규정을 만들어 인사의 공평성과 근무 자세를 고양하도록 만들었다. 둘째, 교수와 학생의 비율이 좋은 장점을 살려 합신 멘토링 제도(HMS)를 신설했다. 이를 통해서 교수와 학생의 담을 헐고 인격적 교육이 이루어질 수 있도록 함으로 교육의 효율성을 높였다. 셋째, 경쟁력이 있는 교육은 교육환경에도 의존한다는 생각을 가지고 쾌적한 교육환경을 마련하는 시도를 하였다. 낡은 생활관을 대대적으로 보수하였고, 모든 강의실에 칠판 대신 전자교탁을 설치하여 인터넷과 빔프로젝트 등 현대의 정보 매체를 통한 교육이 가능하게 했다. 넷째, 학생들을 뛰어난 설교자로 훈련시키기 위해 설교 센터를 설립하였다. 다섯째, 효율적인 설비를 강화하였다. 전자 카드를 통해 출석만이 아니라 모든 것을 확인할 수 있는 정보 체제를 마련하였으며, 치안 유지를 위해 CCTV를 설치하는 등 교육환경을 현대화했다.

무엇보다 우경은 신학교육을 국제화하고자 의미 있는 시도를 하였다. 지구촌시대의 지도자를 양성하기 위해 미국의 명문 신학교인 웨스트민스터신학교나 퓨리턴리폼드신학교(PRTS) 등과 교환학생 제도를 마련했다. 합신 신학의 세계화를 위해서 합신 교수들의 강의를 중국 등 아시아지역의 인재들이 청강할 수 있도록 홈페이지를 개설했다. 아시아 각국의 신학교 교수 후보자들이 합신에 유학 와서 신학석사(Th. M.)와

3 "인터뷰; 4년 임기 마감 평교수로 돌아간 오덕교 총장 이임 인터뷰," 「기독교개혁신보」 (2009. 3.11)

신학박사(Th. D.), 철학박사(Ph. D.) 과정에서 공부할 수 있도록 3억 원 이상의 아시아장학기금(Asia Scholarship Fund)를 마련했다. 국제적인 신학교 지원단체인 해외사역협의회(Overseas Council)의 파트너 스쿨로 인정받아 이제 아시아지역에서 오는 유학생들이 이 기관을 통하여 장학금을 지원받게 되었다.

이러한 국제화 시도에 발맞추어 교과과정에도 변화를 시도하였다. 2007년부터 신학영어교육 프로그램인 ATEC(Advanced Theological English Course) 과정을 개설하였다. 학생들에게 해외의 석학들과 만날 수 있는 기회를 제공하기 위해 정암 석좌교수 제도를 신설하였다. 정암 박윤선 박사가 마지막으로 사역했던 화평교회의 지원으로 매년 해외 신학자를 한 명씩 초청하여 캠퍼스에 머물면서 학생들에게 강의할 수 있도록 하였다. 남아프리카공화국 스텔렌보쉬대학교의 베델 밀러 교수와 퓨리턴리폼드신학교의 조엘 비키 교수, 그리고 정암의 손자로서 옥스퍼드대학교에서 신학박사 학위를 받은 박승천 교수 등이 참여하였다. 우경의 이러한 노력으로 국제화의 기초가 마련되었고, 학교는 오늘날까지 국제적인 관계를 더욱 확장해 가고 있다.

한편 우경은 국내의 여러 신학회에서도 활발하게 활동하였다. 특히 2011년 3월부터 2014년 2월까지 한국장로교신학회 회장으로, 2013년에는 한국장로교총연합회 신학교인준위원장으로 섬기면서 한국장로교회의 연합과 신학의 발전을 위해 공헌하였다. 특히 국내의 장로교단 안에 공존하고 있는 진보적이거나 보수적인 신학 전통에 속한 신학자들을 학회에 함께 초청하여 학문적 대화와 교류의 장을 마련하고자 노력하였다. 장로교 신학자들은 이러한 폭넓은 교류를 통해 개혁주의 전통의 정체성을 확인하고 성경에 보다 충실한 신학을 추구할 수 있는 기회로 삼을 수 있었다. 2014년에는 이러한 우경의 노고를 기리며 「장로교회와 신학」 제11권을 우경 오덕교 박사의 은퇴기념호로 발간하였다.

몽골 사역기(2014~2017년)

2014년 2월, 우경은 27년간 교수 사역을 했던 합동신학대학원대학교를 사임하고 몽골의 수도에 있는 울란바타르대학교(Ulaanbaatar University, 현 International University of Ulaanbaatar)의 총장으로 취임했다. 울란바타르대학교는 유치원부터 대학까지 전 교육과정을 갖춘 몽골의 사립학교로서 1995년 몽골에서 가장 먼저 설립된 외국대학이고 2002년 종합대학으로 인가받았다. 대학교육의 몽골 현지화와 국제적인 수준의 대학교육을 지향하며, 기독교 정신에 입각하여 믿음과 소망과 사랑을 실천하는 인재를 양성함을 목표로 한다. 신학교육의 세계화를 강조하던 우경 자신이 신학교와 대한민국의 울타리를 넘어 국제무대로 나아간 것이다. 은퇴를 앞둔 시점에서 언어와 문화가 다른 환경에서 새로운 사역에 도전하는 것은 쉬운 일이 아니었다. 그러나 우경의 결정에는 내적인 동인이 있었다. 20세 때 우경은 자신의 인생 계획을 세웠는데, 앞으로 60세가 되면 다른 곳으로 떠나 새로운 봉사의 삶을 살기로 결심한 일이 있었다. 마침 2011년부터 3년간 우경은 울란바타르대학교의 이사로 섬긴 것이 인연이 되어 2014년부터 2017년까지 4년 동안 총장으로 재임한 것이다. 총장의 직무를 수행하면서 학교의 당면과제들을 훌륭하게 해결하였다. 곧 정부로부터 재인가 받는 문제를 해결하고, 학교 재정을 안정화시켰으며, 학교의 비전과 정체성을 재확립했다. 또한 우경은 국내의 조선대, 동덕여대, 한국교통대과 같은 교육기관 등과 MOU를 체결하고 학문적인 교류를 시도했으며, 대한민국과 몽골 사이의 문화 교류에도 크게 공헌하였다. 2017년 몽골 정부는 우경의 공로에 감사하는 뜻으로 최우수교육자 상을 수여하였다.

은퇴 이후의 사역(2018~현재)

몽골에서의 사역을 마친 후에 우경은 모교인 미국 웨스트민스터신학교에 객원교수로 방문하여 교회사를 빛낸 설교자들과 이들의 설교를 연구하였다. 이 주제를 선택한 배경에는 교회의 생명이 하나님의 말씀과 설교에 있다는 그의 일관된 신념이 잘 반영되었다. 2019년 3월에는 웨스트민스터신학교 총장의 자문위원이 되었고, 같은 해 6월부터는 겸임교수(Adjunct Professor)로 사역하고 있다.

우경(偶耕) 오덕교의 신학적 특징

개혁주의신학[4)]

역사적으로 16세기 프로테스탄트 종교개혁에 뿌리를 두지만 이와 동시에 루터파와 재세례파와의 신학적 차이를 확인하면서 시작한 개혁주의 전통이 우경이 계승한 신학의 기본적 배경을 형성한다. 우경의 저서 『종교개혁사』를 비롯한 주요 연구물에서 우경이 이해하는 개혁신학의 핵심교리는 다음의 두 가지로 요약될 수 있다.

첫째, 성경 중심 사상이다. 개혁주의자들은 성경을 신앙과 생활의 최고 규범으로 고백한다. 또한 성경은 신학적인 인식의 기초이다. 이런 맥락에서 칼빈은 『기독교 강요』에 첫 부분에서 인간에 대한 지식의 기

4 우경의 개혁주의 사상은 그의 저작 전반에 걸쳐 잘 배어 있다. 이 글에 첨부한 우경의 저작 목록을 참고하라. 특히 다음을 보라. 오덕교, "개혁주의신학 전통과 한국교회." 「신학정론」 13/2 (1995): 430-457.

초가 되는 하나님에 대한 지식을 바로 성경을 통해 얻게 된다고 말하였다. 또한 성경은 하나님의 계시이자 말씀 자체이므로 성경은 신적 권위를 가지며, 성경의 권위는 교회(전통)의 판단에 좌우되는 것이 아니라 하나님 자신에 근거한다. 칼빈의 성경중심적 사상은 청교도에게 계승되었으며 개혁주의신학의 전통이 되었다. 17세기 개혁주의자들은 신앙고백을 작성하며 성경중심의 사상을 첫 부분에서 다루는 공통점을 보였다. 개혁주의자들은 성경이 가는 곳까지 가고, 성경이 침묵하는 곳에서 침묵하는 성경 중심적인 신학운동을 전개하였다.

둘째, 하나님 중심주의와 주권사상이다. 특히 구원은 하나님의 주권적인 사역임을 강조한다. 개혁주의자들은 인간의 전적인 타락과 부패를 인정하고, 구원에 있어 하나님 주권적인 예정, 효력 있는 부르심, 죄인을 중생하게 하시는 성령님의 역사, 신자의 성화, 교회의 머리되신 그리스도와 전 피조계를 다스리시는 그리스도의 왕 되심 등을 강조한다.

한편 우경은 개혁주의를 너무 좁게 이해하려는 태도를 경계한다. 일례로 칼빈주의 5대 강령으로 알려진 도르트신조는 개혁주의 구원론을 잘 대변하고 있지만, 이것이 개혁주의신학의 전부인 것으로 생각해서는 안 된다고 우경은 지적한다. 또한 우경은 개혁주의의 역사적인 신앙고백을 귀한 유산으로 간주한다. 우경이 중요하게 생각하는 신앙고백은 다음과 같다. 「바젤신앙고백서」(1534), 「제1스위스신앙고백」(1536), 「제2스위스신앙고백」(1566), 「제네바신앙고백서」(1537), 「제네바일치서」(1522), 「프랑스신앙고백서」(1599), 「4개도시고백서」(1530), 「하이델베르그요리문답서」(1563), 「첸게르신앙고백서」(1577), 「센도미르일치서」(1570), 「시기스문트신앙고백서」(1614), 「스코틀랜드신앙고백서」(1560), 「39개조신조」(1563), 「아일랜드신앙고백서」(1615), 「웨스트민스터신앙고백서와 요리문답서들」(1647), 「도르트신조」(1618), 「스위스일치서」(1675). 이처럼 우경이 가르치는 개혁주의는 포괄적인 신학 주제와 광범한 역사적 유산을 계승하는 풍성한 개혁주의신학 전통이다.

교회를 위한 신학[5)]

우경에게 있어 신학은 교회를 위한 신학이다. 특히 개혁주의신학은 교회 안에서 예배개혁으로 구체화되고 열매 맺어야한다는 것이 우경의 일관된 가르침이다. 우경에 따르면 16세기 종교개혁의 핵심은 예배개혁이었다. 특히 중세 천주교회의 미사 중심적 예배를 설교와 말씀 중심의 예배로 전환한 것이 종교개혁과 개혁주의 전통의 주요한 특징이라는 사실을 우경은 강조한다. 영국의 종교개혁에 해당하는 청교도운동 역시 성경의 가르침에 따라 영국교회 안에 남아 있는 로마천주교회의 잔재를 제거하고자 시도했다. 곧 세례 받을 때 대부를 세우는 것, 성인을 숭배하는 축성일, 십자가 성호 긋기, 성찬 받을 때 무릎을 꿇는 행위, 그리고 성직자의 복장 착용 등을 제거하고 오로지 성경이 규정하는 대로 예배를 드리고자 노력했다. 우경은 이러한 종교개혁자들의 노력이 단지 과거의 역사로 화석화되는 것을 경계했다. 오늘날 한국교회의 예배가 강단 주심에서 점차 의식 중심으로 변화되어간다고 지적하면서 우

5 우경의 다음 연구물들을 보라. "교회개혁의 수단: '하나님이 예비하신 강력한 쇠사슬'(1)." 「신학정론」 10/1 (1992): 143–170.; "청교도와 교회개혁의 방편으로서의 설교." 「신학정론」 11/2 (1993): 440–462; "윌리엄 퍼킨스와 '설교의 기술'." 「헤르메네이아 투데이」 20 (2002): 50–57; "조지 휫필드와 설교." 「헤르메네이아 투데이」 22 (2003): 95–102; "청교도적 관점에서 본 교회정치의 원리." 「신학정론」 13/1 (1995): 66–96; 『현대교회와 예배갱신』. (서울: 한국개혁주의신학연구소, 1997); "장로교회의 원리에 대한 역사적, 신학적 고찰." 「신학정론」 19/2 (2001); 『청교도와 교회개혁』. (수원: 합동신학대학원출판부, 2001); "장로교회의 원리: 역사적, 신학적 고찰." 「장로교회와 신학」 1 (2004): 47–76; "웨스트민스터신학교와 한국교회." 「신학정론」 25/1 (2007): 195–214.; "한국 장로교회 100년: 명과 암." 한국장로교신학회 제18회 학술발표회. 한국장로교총연합회(2011). "예수교장로회조선총회 100년을 돌아보며: 한국 근대사회와 장로교회." 「장로교회와 신학」 9 (2012): 5–24.

경은 성경중심의 예배를 회복할 것을 역설한다.

예배개혁의 핵심에는 강단의 개혁이 필수적이라고 우경은 강조한다. 설교는 교회개혁의 강력한 수단이다. 일찍이 종교개혁 시대에 설교를 통해 선포되는 하나님의 말씀은 중세교회의 영적인 무지와 미신을 물리치는 강력한 무기였다. 또한 설교를 통해 선포되는 복음은 모든 믿는 자들에게 구원을 주시는 하나님의 능력으로서 죄인들을 구원할 뿐만 아니라 부패한 인간의 심성을 치료하고 신자의 삶을 개혁한다. 한 걸음 더 나아가 종교개혁과 더불어 복음적 설교가 회복되면서 말씀이 왕노릇하게 되었다. 이런 의미에서 종교개혁은 설교의 부흥운동이라고 말할 수 있다.

한편 올바른 신학은 교회정치를 위해서도 봉사해야한다고 우경은 가르친다. 곧 건전한 개혁교회의 전통은 교회 직분이 계급화 되는 것과 개교회주의를 모두 배격한다. 특히 교회의 유일한 머리이신 그리스도의 다스림 안에서 각 지역 교회의 자율성이 인정받으면서도 노회와 총회의 치리가 권위 있게 이루어져야 함을 지적한다. 이러한 내용은 우경의 저서 『장로교회사』에 잘 반영되어 있다. 여기서 우경은 장로교회 정치의 세 가지 핵심 적인 원리, 곧 자율, 평등, 연합의 원리를 강조한다. 한국장로교회의 역사를 기술하고 가르친 우경은 1907년 9월 17일 "대한 예수교 장로회 노회"(독노회)가 조직된 역사를 중요하게 생각한다. 「12 신조」를 채택하고 독노회는 웨스트민스터 표준문서를 성경적인 신조로 인정하면서 「웨스트민스터 표준문서」를 교회에서 사용할 문답책으로 채택하였다. 이후 한국장로교회는 웨스트민스터 총회가 작성한 「교회 정부 현태론」을 채택하여 개혁주의적 장로교 정치 형태를 발전시켰다. 이처럼 한국장로교회가 처음부터 개혁주의신학의 토대 위에 세워졌음을 잘 드러낸다. 요컨대 하나님의 말씀을 바르게 해석하고 증거하는 바른 신학은 교회를 세우고, 교회를 살리며, 교회를 건강하게 치리하고 성장시키는데 귀하게 쓰임 받는 신학, 곧 '교회를 위한 신학'이다.

청교도적 경건주의[6]

우경은 한국교회의 신학이 유럽 대륙과 영미의 개혁주의 전통 모두를 계승한 이른바 '청교도적 개혁주의신학'이라고 말한 신복윤의 평가에 동의한다.[7] 1919년에 한국을 방문한 아서 브라운은 초기 한국을 찾은 선교사들은 "전형적인 청교도형의 사람들"이었다고 기록한다. 브라운의 기록을 인용하며 우경은 이러한 선교사들을 통해 한국교회는 철저한 주일 성수, 금욕과 절제의 생활, 그리고 오직 성경의 절대적 권위를 주장하는 청교도적 교회로 성장하게 되었다고 평가한다.

우경에 따르면 청교도와 청교도운동을 이해하는데 있어 핵심은 설교이다. 청교도는 설교를 거듭남의 수단으로 간주하였다. 하나님은 복음의 사역에 속하는 가장 위대하고 탁월한 수단인 설교를 통해 사람들을 은혜의 상태로 부른다. 또한 설교를 통해 선포된 하나님의 말씀은 사람을 구원하고 변화시킬 뿐만 아니라 사회를 개혁한다. 종교개혁자들과 영국의 청교도는 과격한 혁명의 방법이 아닌 설교 운동을 통해 교회와 사회를 점진적으로 개혁하고자 시도했다. 한 걸음 더 나아가 청교도의 소명 사상은 중세의 성속이원론과 달리 일상의 삶과 노동, 그리고 직업을 통해 이웃과 하나님을 섬기는 실천적 경건을 강조한다. 우경에 따르

6 우경의 다음 논문들을 보라. "뉴잉글랜드 청교도의 건국이념 비교: 플리머스와 보스턴을 중심으로" 「성경과 신학」 27 (2000): 415–449; : 477–502; "청교도의 정치사상." 『청교도 신앙과 신학』 김상현 편(서울: 미주이민선교100주년기념사업회, 2003): 178–211; "일가 김용기와 청교도 사상." 「신학정론」 21/2 (2003): 513–545; "웨스트민스터신학교와 한국교회." 「신학정론」 25/1 (2007): 195–214.

7 신복윤, "한국 개혁주의신학의 어제와 오늘과 내일," 「신학정론」 10/2(1992): 115–116; 오덕교, "개혁주의신학 전통과 한국교회." 443.

면. 이러한 청교도적 경건주의 전통은 성경적인 예배개혁을 신자 개인의 소명과 삶, 그리고 사회의 전반에 적용시키는 특징을 갖는다. 곧 가정과 교회, 그리고 국가의 질서를 성경대로 개혁하고, 이 모든 영역에서 그리스도의 왕권이 회복되는 것을 지향한다.

윌리엄 퍼킨스가 "공적인 소명을 받은 자는 먼저 자신을 개혁해야"[8] 한다는 주장한 것처럼, 우경은 모든 종류의 개혁운동은 신자 개인의 개혁으로부터 출발해야한다고 강조한다. 일례로, 2019년 초, 예장합동 총회를 더 좋은 모습으로 변화시키기 위한 길을 모색하기 위해 개최된 합동포럼에서 우경은 좋은 총회를 만들기 위해서는 "제도 개선보다는 나 자신이 변해야 하며, 내가 먼저 무릎 꿇고 기도해야 한다."라고 주장하며 청중에게 깊은 울림이 있는 메시지를 던졌다.[9] 물론 한 사회가 경건한 사회로 세워지기 위해서는 개인의 변화와 함께 사회를 구성하는 각 가정이 경건하게 세워져야한다. 우경의 연구에 따르면, 뉴잉글랜드 청교도의 개혁운동은 이들의 가정관과 결코 분리될 수 없다. 청교도는 경건한 자손을 신앙 안에서 양육하고 가정을 세우는 것을 하나님께서 주신 거룩한 소명으로 간주했다. 뉴잉글랜드 청교도는 가정과 교회에서 성경과 요리문답서를 가지고 자녀를 부지런히 가르쳤고, 함께 가정예배를 드렸으며, 공교육의 현장에서도 『뉴잉글랜드 입문서』(New England Primer)를 통해 신앙과 학문의 통합을 모색했다. 이 모든 노력은 건전한 가정을 통한 경건한 사회를 건설하려는 목적에 뿌리를 두고 있었다.[10]

한편 우경에 따르면 개혁주의는 세속권과 교권의 분리를 주장하는 정

8 William Perkins, "A Treatise of the Vocation," *The Works of William Perkins, Vol 1* (London: John Legantt, 1626): 757.

9 "CFC 스페셜 강좌: 오덕교 박사, '청교도와 언덕 위의 도시,'" 「크리스천 포커스」 (2019. 2. 7)

10 오덕교, "뉴잉글랜드 청교도의 가정관," 「성경과 신학」 24(1998): 439-479

교분리 사상을 설파한 것이 아니라 국가와 교회의 고유한 소명과 협력을 강조하는 정교구분 사상을 주장한다. 그럼에도 한국교회는 정교 분리를 핑계 삼아 교회의 사회 참여를 반대할 뿐만 아니라 정치 사회적인 악을 묵과하는 잘못을 범했다고 우경은 지적한다. 이런 맥락에서 우경은 그의 저서 『청교도와 교회개혁』(2002)에서 성경대로 예배하고 생활하는 모범적인 신앙공동체를 건설하여 유럽의 나라들이 바라볼 수 있는 "언덕 위의 도시"(City Upon a Hill)를 건설하고자 시도했던 존 윈스럽과 뉴잉글랜드 청교도의 이상을 의미 있게 소개한다.[11] 요컨대 참된 경건은 신자 개인의 삶을 개혁하는 데에 머무르지 않고, 가정과 교회 공동체를 변화시키며, 한 걸음 더 나아가 하나님의 주권을 사회영역으로 확장시켜 사회 전체를 변화시키는 개혁으로 열매 맺어야한다고 우경은 일관되게 가르친다.

지금까지 살펴본 우경의 신학사상에 있어 나타나는 세 가지 특징은 개혁주의신학, 교회를 위한 신학, 그리고 청교도적 경건주의이다. 우경이 교수와 총장으로 사역했던 합동신학대학원대학교의 3대 이념은 바른 신학, 바른 교회, 바른 생활이다. 이 세 가지 이념이 우경의 삶과 신학사상 안으로 스며들고 체화되어 아름답게 열매 맺은 것이 바로 앞서 소개한 세 가지 신학적 특징인 것이라고 판단된다. 또한 바른 신학과 경건한 삶은 궁극적으로 하나님을 영화롭게 하고, 그 분 만을 영원토록 즐거워하는 것임을 우경은 강조한다. 이 또한 우경의 삶과 신학에 깊게 스며든 개혁주의신학의 핵심적인 특징이다.

11 오덕교, 『청교도와 교회개혁』, 수정판(수원: 합동신학대학원출판부, 2002), 72-73.

우경(偶耕) 오덕교의 신학적 공헌과 교훈

청교도 연구의 선구자[12]

우경은 국내에서 청교도 연구를 이끈 제1세대의 대표적 연구자이다. 1894년 제임스 스카스 게일(James S. Gale) 선교사가 존 번연의 『텬로력뎡』을 출간한 이후 1950년대 후반에 이르기까지 청교도의 다른 저작이나 인물에 대한 주목할 만한 학문적 연구가 이루어지지 못했다. 1950년대부터 1970년대까지는 일반 역사학계에 속한 소수의 연구자들이 청교도에 대한 학문적 연구를 이끌었는데, 연구자들은 모두 "청교도 혁명"을 연구 주제로 삼았다. 청교도신학과 직접적으로 관련된 글을 발표한 학자로는 이장식이 "청교도의 자연법 사상"을 1959년 「신학연구」에 기고하였고, 1960년과 61년에 명신홍이 "빽스터와 그의 설교"와 "빽스터의 목회"라는 제목의 짧은 글을 「신학지남」에 게재했다. 일반 학계의 연구물에 비해 신학교에서 발표된 글들은 아직 미미한 수준이었고, 그나마도 학문적인 연구물이라기보다는 해당 인물이나 주제를 간략하게 소개하는 성격의 글이었다. 국내 신학자들이 청교도를 연구하여 한국교계에 본격적으로 소개하기 시작한 것은 1980년대부터이다. 80년대에 이르면 신학계에서 이루어진 연구물이 그 수효에 있어 역사학계의 "청교도혁명" 연구물과 대등한 위치를 점하게 되었다.[13]

12 보다 자세한 논의와 서지사항에 대해서는 필자의 『한국인의 청교도 연구』 (수원: 합신대학원출판부, 2019)를 참고하라.

13 1986년 김명혁은 조나단 에드워즈의 생애와 설교를 소개하는 논문을 발표하였다. 1987년에 김선기는 번연의 『천로역정』을 연구하여 국내에서 박사학위를 받았고, 유성덕은 번연의 작품 속에 나타난 흠정역 성경의 영향에 관한 연구 논문을 발표하였다.

그러나 해외에서 청교도를 연구하여 박사 학위를 취득한 후, 국내에서 본격적인 청교도 연구를 시작한 최초의 인물은 바로 우경이었다. 1980년 우경은 총신대에서 "Jonathan Edwards의 교회관 연구"라는 제목으로 석사 학위를 취득하였다. 이후 우경은 미국 웨스트민스터신학교에서 17세기 뉴잉글랜드의 청교도 신학자 존 코튼(John Cotton)을 연구하여 박사학위를 취득하였다[논문 제목: "The Churches Resurrection: John Cotton's Eschatological Understanding of the Ecclesiastical Reformation"]. 귀국한 후 우경은 코튼과 청교도에 관한 연구물을 지속적으로 발표하였는데, 학계에 소개된 대표작들은 다음과 같다. "웨스트민스터 총회에서의 안소니 터크니의 역할과 대소요리문답," 「신학정론」 5/2(1987): 350-61; "교회사에 나타난 예배-청교도 존 코튼을 중심으로," 「성경과 신학」 6(1988):113-130; "존 코튼의 교회개혁에 대한 종말론적 해석," 「신학정론」 8/1(1990): 139-179; "존 코튼의 그리스도의 천년왕국에 대한 이해," 「신학정론」 9/1(1991): 141-177; "청교도와 교회개혁의 방편으로서의 설교," 「신학정론」 11/2(1993): 440-462; "청교도적 관점에서 본 교회정치의 원리," 「신학정론」 13/1(1995): 66-96; "뉴잉글랜드 청교도의 가정관," 「성경과 신학」 24(1998): 439-479; "뉴잉글랜드 청교도의 건국이념 비교," 「성경과 신학」 27(2000): 415-449; 『청교도와 교회개혁』(2001); 『청교도 이야기: 교회사를 빛낸 영적 거장들의 발자취』(2001); "윌리엄 퍼킨스와 설교의 기술," 「헤르메네이아 투데이」 20(2002): 50-57; "청교도의 정치사상," 「신학정론」 21/1(2003); 199-225; 『언덕 위의 도시: 청교도의 사회개혁적 이상』(2005) 등이다.

우경의 상기한 연구물들과 학계에서의 활동은 국내의 청교도 연구를 이끈 견인차 역할을 감당했다. 우경의 헌신적인 노고와 공헌으로 2000년대에 이르러 국내의 청교도 연구는 전성기를 맞이했다. 2000년 이후에 한글로 번역되어 출간된 청교도 저작과 청교도 관련 국내 학술 논문과 단행본, 그리고 국내 박사학위 논문의 수효가 1950년부터 2000년까지의 50년 동안의 출판물보다 각각 두 배, 세 배, 네 배, 그리고 여섯 배 이상에 해당할 정도이다. 이러한 큰 변화는 한 세대를 앞서간 청교도 연구의 선구자 우경이 다음 세대를 위한 길을 훌륭하게 닦아 놓았기에 가능한 일이었다.

가교의 신학

고신의 이상규 교수는 우경의 학문적 공헌에 관해 다음과 같이 평가하였다.

> 그는 한국인으로서 청교도에 대한 사실상 최초의 연구자로서 학문적 기여를 했을 뿐만 아니라, 청교도의 가르침, 특히 이들의 교회개혁 사상 설교 혹은 예배 신학을 깊이 연구하고 이를 한국교회에 소개하고, 한국교회 쇄신의 역사적 전거로 제시한 바 있습니다. *그는 신학은 교회를 위한 학문이라는 전제에서 신학 연구와 교육, 그리고 교회 봉사를 통해 교회와 신학 간의 건실한 발전을 도모하는 가교의 역할을 감당해 왔습니다. 그런 점에서 그는 '가교의 신학'을 추구했다고 생각합니다.*[14]

이상규가 지적한 바대로 우경은 종교개혁과 청교도의 유산이 갖는 적실성을 서양 기독교의 전통 안으로 제한하지 않는다. 우경은 종교개혁자들과 청교도의 주요 인물들과 저작들을 한국교회에 소개하면서 이

14 이상규, "권두언: 오덕교 회장의 은퇴를 기념하면서," 「장로교회와 신학」 11 (2014): 6-7. 강조 표시는 필자의 것이다.

를 당시의 한국교회 정황에 적용하고자 최선의 노력을 기울여왔다. 우경의 연구물들 가운데 "개혁주의신학 전통과 한국교회"(1995), "21세기 교회교육과 개혁주의 예배"(1995), "칼빈의 관점에서 본 한국교회의 분열 운동: 신사참배 문제를 중심으로"(2002), "일가 김용기와 청교도 사상"(2003), "웨스트민스터신학교와 한국교회"(2007), "예수교장로회조선총회 100년을 돌아보며: 한국 근대사회와 장로교회"(2012), 그리고 『개혁신학과 한국교회』(2014) 등은 우경의 학문적 탐구가 한국 교회의 쇄신을 지향하고 있음을 잘 드러내 준다.

이들 연구물 안에서 독자들은 귀에 익은 종교개혁가들이나 청교도 작가들은 물론 이응찬, 백홍준, 서경조, 김종섭, 방기창, 이승훈, 안창호, 김구, 이승만, 이시영, 김규식, 이상재, 주기철, 손양원, 박형룡, 박윤선 등과 같은 한국의 교회와 한국 근대사에 있어 중요한 인물들을 만난다. 이들의 삶 안에서 독자들은 하나님께서 선교사들을 통해 이 땅에 심어 놓으신 성경과 하나님의 주권을 강조하는 개혁주의신학과 청교도적 경건, 그리고 한국 사회를 변혁시키는 수많은 인재를 배출한 초기 한국교회의 역사를 배운다. 우경은 개혁주의와 청교도신학이 실험되고 열매 맺은 시대와 장소가 16~17세기의 유럽과 영국, 그리고 뉴잉글랜드뿐만 아니라, 초기 한국교회의 역사와 사회였다는 분명한 사실을 오늘날 한국교회로 하여금 직시하도록 돕는다. 우리는 일평생 서구 교회의 역사를 공부하고 가르친 우경의 가슴에는 언제나 한국교회를 향한 관심과 애정이 자리 잡고 있었다는 사실을 느낀다. 범위에 있어 서양과 한국의 교회사를 잇고, 실천적으로는 신학과 교회를 연결하는 이른바 "가교의 신학"은 한국교회를 향한 우경의 특별한 사랑에 깊이 뿌리 내리고 있다고 말할 수 있다. 오늘날 한국교회의 신학도와 신자들이 우경에게 귀 기울이고 배우며 교훈으로 삼아야 할 것은 그의 연구 업적만이 아니다. 일평생 그의 연구의 동인으로써 역할 해 온 교회, 특히 한국교회를 향한 사랑이다.

나가며

우경의 삶은 현재진행형이다. 은퇴 이후에 누릴 수 있는 여유 속에서도 우경은 초대교회에서 근대교회에 이르는 역사를 집대성하여 저술할 계획을 세운다. 학자들을 모아 서로 논문을 발표하고 토론할 수 있는 장을 마련하기도 하고, 사랑하는 어린 손자와 함께 읽으며 공부할 수 있는 소요리문답을 구상하며 얼굴에 미소 짓는다. 많은 경우 우경의 현재는 누군가에게는 미래의 목표와 지향점이었다. 학업과 사역에서 무엇이든 다른 이들보다 먼저 시작하고 먼저 마치며, 개척자의 역할을 훌륭하게 감당해왔다. 효율성과 성과를 강조하면서도 따뜻함을 잃지 않는 스승이었다. 우경은 합신에서 교수로 사역할 때, 대다수 학생들의 이름은 물론 이들의 가족 구성원까지 세밀하게 기억하고 안부를 묻는 특별한 스승으로 유명했다.

한국의 신학자들과 교회에게 부족한 것이 무엇이냐는 질문에 대해, 우경은 신학교 교수들은 학생들에게 좀 더 가깝게 다가가고, 교회는 신학생들을 귀하게 여겨야한다고 대답했다. 물론 교회의 생명은 하나님의 말씀과 설교에 있기 때문에, 설교자들은 깊이 있는 말씀을 선포해야 한다고 우경은 말한다. 또한 선포된 말씀은 회중의 지성과 감정에 호소하는데 그치지 않고 이들의 의지를 움직여 마침내 삶을 변화시켜야 한다고 우경은 역설한다. 이러한 우경의 일관된 강조점은 제자들의 가슴에 깊게 각인되어 있다. 한 걸음 더 나아가 참된 의미의 교회개혁과 부흥을 소망하는 이 땅의 모든 목회자와 신학도가 진지하게 경청해야 할 핵심적인 가르침이다.

웨스트민스터 제1호 박사

오덕교 박사 가족

합신 총장들

피터 릴백 총장과 함께

로고스 칼리지에서

공군 군목 시절

저서 『종교개혁사』

수상

요한 칼빈 탄생 500주년 기념사업회에서 올해의 신학자 수상 (2014. 11. 22)
몽골 정부 최우수교육상 수상 (2017)

연구 목록[15]

● 박사학위 논문

"Jonathan Edwards의 교회관 연구." 석사학위 논문. 총신대학교, 1980.

"The Churches Resurrection: John Cotton's Eschatological Understanding of the Ecclesiastical Reformation." Ph.D. Dissertation. Westminster Theological Seminary, 1987.

● 단행본

『장로교회사』. 수원: 합동신학대학원출판부, 1995, 2000, 2006.

『현대교회와 예배갱신』. 서울: 한국개혁주의신학연구소, 1997.

『종교개혁사』. 수원: 합동신학대학원출판부, 1998, 2005, 2010.

15 보다 상세한 목록은 다음을 참고하라. 한국장로교신학회, "우경(偶耕) 오덕교 박사의 저작 목록." 「장로교회와신학」 11. 우경 오덕교 박사 은퇴 기념호 (2014): 10-17

『청교도와 교회개혁』. 수원: 합동신학대학원출판부, 2001.
『청교도 이야기: 교회사를 빛낸 영적 거장들의 발자취』. 서울: 이레서원, 2001.
『언덕 위의 도시: 청교도의 사회개혁적 이상』. 수원: 합동신학대학원출판부, 2005.
『개혁신학과 한국교회』. 수원: 합신대학원출판부, 2014.

● 공저

김성봉, 오덕교, 이광희 공저. 『빈야드운동 무엇이 문제인가?』. 서울: 한국개혁주의신학연구소, 1996.
신복윤 명예총장 은퇴기념 논문집 출판위원회. 『칼빈의 신학과 한국교회의 과제』. 수원: 합동신학대학원출판부, 2002.
서요한, 오덕교 외. 『신학논문총서: 역사신학』. 13. 서울: 학술정보자료사, 2004.
고용수, 오덕교 외. 『신학논문총서: 실천신학』. 22. 서울: 학술정보자료사, 2004.
남양 김명혁박사 은퇴기념논총 출판위원회. 『복음주의와 한국교회』. 수원: 합동신학대학원출판부, 2004.
수은 윤영탁박사 은퇴기념논총 출판위원회. 『그 아들에게 입 맞추라』. 수원: 합동신학대학원출판부, 2005.
성결교회와 역사연구소. 『오희동박사 고희기념논문집』. 안양: 성광, 2005.
박영선, 오덕교 외. 『구원 이후에서 성화의 은혜까지』. 서울: 이레서원, 2005.
유강 김영재박사 은퇴기념논총 출판위원회. 『한국교회의 신학인식과 실천』. 수원: 합동신학대학원출판부, 2006.
한국기독교성령백년사편찬위원회. 『한국기독교성령백년인물사』. 서울: 쿰란, 2009.
기독교학술원. 『개혁주의 영성의 기초』. 서울: 기독교학술원, 2010.

김태호, 오덕교 외. 『한눈에 읽는 교회사 상권: 초대교회부터 중세교회까지 기독교 역사』. 서울: 생명의말씀사, 2011.
Pipa, Joseph A., 오덕교 외. 『설교사역과 성령』. 한국개혁주의설교연구원 설립 20주년 기념세미나. 한국개혁주의설교연구원, 2012.

● **학술 논문**

"웨스트민스터 총회에서의 안소니 터크니의 역할과 대소요리문답 작성에 미친 그의 영향." 「신학정론」 5/2 (1987): 350-361.
"교회사에 나타난 예배: 청교도 죤 코튼을 중심으로." 「성경과신학」 6(1988): 113-30.
"로마 카톨릭의 교회관." 「신학정론」 6/1 (1988): 28-43.
"교회의 부활: 교회개혁에 대한 죤 코튼의 종말론적 이해." 「신학정론」 7/1 (1989): 64-104.
"죤 코튼의 교회개혁에 대한 종말론적 해석." 「신학정론」 8/1 (1990): 139-179.
"죤 코튼의 그리스도의 천년왕국에 대한 이해." 「신학정론」 9/1 (1991): 141-177.
"교회개혁의 수단: '하나님이 예비하신 강력한 쇠사슬'(1)." 「신학정론」 10/1 (1992): 143-170.
"청교도와 교회개혁의 방편으로서의 설교." 「신학정론」 11/2 (1993): 440-462.
"청교도적 관점에서 본 교회정치의 원리." 「신학정론」 13/1 (1995): 66-96.
"개혁주의신학 전통과 한국교회." 「신학정론」 13/2 (1995): 430-457.
"21세기 교회교육과 개혁주의 예배." 「기독교교육연구」 6/1 (1995): 7-31.
"주제/인성교육; 피영민 교수의 '스펄전의 인간성'을 읽고." 「성경과신학」 18 (1995): 171-173.
"청교도와 개혁의 방편으로서의 설교." 『목회자의 경건과 설교』 이종윤 편 (서울: 요단출판사, 1996): 31-60

"뉴잉글랜드 청교도의 가정관." 「성경과신학」 24 (1998): 439-479.

"뉴잉글랜드 청교도의 건국이념 비교: 플리머스와 보스턴을 중심으로" 「성경과신학」 27 (2000): 415-449.

"장로교회의 원리에 대한 역사적, 신학적 고찰." 「신학정론」 19/2 (2001): 477-502.

"구 프린스턴과 총신: 연속성과 불연속성." 「신학지남」 68/2 (2001): 206-227.

"박영선 목사와 그의 설교." 제1회 한국교회 설교자와 설교세미나. 개혁신학연구소(2001).

"윌리엄 퍼킨스와 '설교의 기술'." 「헤르메네이아 투데이」 20 (2002): 50-57.

"칼빈의 관점에서 본 한국교회의 분열 운동: 신사참배 문제를 중심으로." 「신학정론」 20/1 (2002): 194-224.

"군 복음화 50년의 역사: 한국기독교군선교연합회를 중심으로." 「신학정론」 20/2 (2002): 481-505.

"청교도의 정치사상." 「신학정론」 21/1 (2003): 199-225.

"청교도의 정치사상." 『청교도 신앙과 신학』 김상현 편(서울: 미주이민선교100주년기념사업회, 2003): 178-211.

"자살, 최후의 도피처인가." 「신학정론」 21/2 (2003): 269-274.

"일가 김용기와 청교도 사상." 「신학정론」 21/2 (2003): 513-545.

"조지 휫필드와 설교." 「헤르메네이아 투데이」 22 (2003): 95-102.

"청교도의 정치사상." 「신학정론」 21/1 (2003): 199-225.

"장로교회의 원리: 역사적, 신학적 고찰." 「장로교회와신학」 1 (2004): 47-76.

"조나단 에드워즈와 구원과 성화." 『오직은혜: 이용걸목사 성역 30주년 기념논총』 (서울: 새한기획출판부, 2006): 230-271.

"웨스트민스터신학교와 한국교회." 「신학정론」 25/1 (2007): 195-214.

"교회의 연합은 교회의 지상과제이다." 「장로교회와 신학」 8 (2011): 6-7.

"한국장로교회 100년: 명과 암." 한국장로교신학회 제18회 학술발표회. 한국장로교총연합회(2011).
"예수교장로회조선총회 100년을 돌아보며: 한국 근대사회와 장로교회."「장로교회와 신학」 9 (2012): 5-24.
"청교도 설교의 실제."「개혁신앙」 44(2016년 7월). 별책부록

안상혁 교수

연세대학교 (B. A., 사학)
미국 University of Illinois at Urbana–Champaign(교환학생, 서양사)
서울대학교 대학원 (M. A., 서양사)
합동신학대학원대학교 (M. Div., 목회학)
미국 Yale University (Divinity / S. T. M., 교회사)
미국 Calvin Theological Seminary (Ph. D., 역사신학)

저서_언약신학: 쟁점으로 읽는다』(영음사, 2016), 『세 가지 관점으로 보는 시내산 언약』(합신대학원출판부, 2018), 『한국인의 청교도 연구』(합신대학원출판부, 2019)
역서_사무엘 루더포드 『생명 언약 제1부: 행위언약과 은혜언약』(합신대학원출판부, 2018)
사무엘 루더포드 『생명 언약 제2부: 구속언약』(합신대학원출판부, 2020)

전광식 박사

전광식 박사의 생애와 신학

배정훈_고신대학교 신학과 교회사 교수

고신대학교(고려신학대학) 신학과 (B. Th.)
고신대학교(고려신학대학) 대학원 (M. A.)
고신대학교 신학대학원 (M. Div.)
독일 Regensburg 대학교 박사과정
독일 München 대학교 박사과정 수학
영국 Oxford 대학교 박사과정
독일 Regensburg 대학교 (Ph. D)

독일 Regensburg 대학교 철학과 조교
고신대학교 교수 (1990~현재)
미국 Harvard 대학교 고전학부 Visiting Scholar (한국학술진흥재단 국비파견)
캐나다 Trinity Western University/VIEW, Adjunct Professor
기독교대학설립동역회 / 기독교세계관학술동역회 실행위원 및 이사
대한철학회(현재), 대동철학회(현재), 통합연구학회 운영위원 및 이사
〈통합연구〉, 〈고신신학〉 편집인
사랑글로벌 아카데미(SaGA) 객원교수 (현재)
독수리 중고등학교 이사장 (2005~현재)
차세대지도자 훈련원 이사장 (2006~현재)
고신대학교 총장(제8대) (2014~2018)

서 론

전광식 교수는 한국의 대표적인 기독교 철학자이며 신학자이다. 그는 1990년 고신대학교 신학과 철학신학 및 현대신학 교수로 임용되어 30년 이상 사역하고 있다. 이 글의 목적은 그의 생애와 사상을 소개하며 교훈과 가르침을 살펴보는데 있다. 원고청탁을 받고 한 학자의 학문과 삶을 정리한다는 게 쉽지 않은 일이라 한동안 망설이다가 수락했는데, 그 이유는 필자의 스승이기도 한 그의 생애와 학문세계를 정리하면서 본인도 이제 막 시작한 신학과 교수로서의 삶을 어떻게 살아야 하는지에 대한 교훈을 얻고 싶었기 때문이다. 글은 크게 생애와 연구 분야, 그에 대한 평가로 구성되었다. J. N. D. 켈리는『고대 기독교 교리사』(The Early Christian Doctrines)을 저술하면서 자신의 책이 교부들의 저작들에 푹 빠져보는 계기가 되었으면 좋겠다고 말한다.[1] 본인 역시 같은 희망을 가지고 있다. 이 글이 전광식의 삶과 신학과 사상의 세계를 설명할 뿐만 아니라 그의 글을 직접 읽게 하는 동기가 되었으면 한다. 무엇보다 후학들과 많은 신자들에게 희망과 도전의 메시지를 주었으면 한다.

생 애

출생 및 교육

전광식의 생애는 몇 시기로 구분할 수 있다. 그는 경남 함양의 남덕유산 아래 화림동 새들 마을에서 태어났다. 어머니의 기도의 응답으로

1 J. N. D Kelly, *The Early Christian Doctrines*, 5th, 박희석 역 (서울: 크리스챤 다이제스트, 2004), 6.

태어난 3대 독자였다. 조선시대 호란 때에 관직에서 물러난 선비들이 낙향하면서 만들어진 새들은 한적한 시골마을이다. 그의 아버지는 내성적이었지만 묵묵히 가정을 위해 성실하게 일을 했다.[2] 전광식의 삶과 신앙에 가장 큰 영향을 준 사람은 바로 그의 어머니이다. 어머니는 무엇보다도 기도의 사람이었고 사람에 대한 사랑, 정직, 성실 등을 몸소 보여주었다. 전광식은 모든 일은 기도로 시작해야 한다는 점과 인생은 궁극적으로 위로부터 주어지는 하나님의 은혜로 이루어진다는 것을 어린 시절부터 어머니로부터 배웠다. 그녀는 아들을 바라는 간절한 마음에서 신앙의 길로 인도받았고 이후에는 큰 예외가 없는 이상 매일 아침, 저녁으로 아들을 위해 한 시간씩 기도했다. 이러한 기도습관으로 어머니는 겨울에 감기에 쉽게 걸리곤 했다.[3] 보통 시골집들이 그랬던 것처럼 형편이 넉넉하지는 않았지만 어머니의 아낌없는 사랑과 기도 아래서 그는 자랐다.

전광식은 고향 새들에서 초등학교를 졸업 후 안의에서 중·고등학교 시절을 보냈다.[4] 그의 어머니는 기도로 낳은 아들을 특별하게 생각하여 농사일을 하지 못하도록 했다.[5] 이 시기에 전광식은 공부도 잘 했지만 특별히 자연에 대한 특별한 감수성을 가지게 되었다. 그는 시골집에서 늘 자연의 소리를 들으며 자랐는데, 이는 문학적, 예술적 상상력을 자극했다. 이러한 경험은 훗날 그가 철학을 전공하면서도 문학과 예술에

2 전광식, "저 들녘을 휑하니 지나가는 바람처럼," 『배움과 믿음으로 도전하는 삶: 대학교수 8인이 들려주는 공부, 신앙, 인생 이야기』, 전광식 편, 개정판 (서울: CUP, 2002), 67, 69-70.

3 전광식, "저 들녘을 휑하니,"64-66, 69-70; 전광식과의 인터뷰. 그는 어머니와의 관계에 대해 다음과 같이 회고하였다: "어머니는 그리스도 다음으로 나의 전부였고 나는 그리스도 안에서 어머니의 전부였다. 어머님은 나에게 마이스터 에크하르트(Meister Eckhart)의 말처럼 "천 사람의 학문의 스승보다 나은 한 사람의 삶의 스승이셨다(Ein Lebemeister ist besser dann tausend Lesemeister)." 전광식, "저 들녘을 휑하니," 64, 101.

4 전광식, "저 들녘을 휑하니," 68.

5 전광식과의 인터뷰.

깊은 조예를 가지게 된 계기가 되었다.[6] 15살에 세례를 받은 그는 또래 아이들과 함께 어울려 신앙생활을 하면서 때때로 풍금 반주나 교회학교에서 설교도 했다.[7]

무척산에서 기도응답을 받은 어머니는 아들에게 서원대로 신학의 길을 걸어갈 것을 권했다. 전기에는 아예 원서를 내지도 않고 바로 후기에 고려신학대학에 입학한 전광식은 대학 2학년 때 자기에게는 목회사역이 아니라 학문의 길이 맞겠다는 생각을 갖게 되었다. 그리고 학문의 분야를 두고 고민하면서 교회를 향해 가르치는 분야보다 신학이나 교회의 입장에서 다른 학문들이나 세상을 향해 변증적인 학문을 하고 싶다는 뜻을 품게 되었다. 그래서 그는 아무래도 철학을 공부하는 것이 신학을 미리 공부한 자기로서는 이런 뜻을 펼치는 데에 좋을 것으로 판단하였다. 철학에 대한 관심은 고등학교 2학년 혹은 3학년 때 전 경북대학교 철학과 하기락 교수가 은퇴 후 고향에서 고등학생들에게 윤리를 가르치면서 소개하여 신학공부시작 이전부터 관심을 가진 분야였다고 밝혔다. 이러한 관심에서 대학시절 비트겐슈타인, 카이퍼, 도예베르트, 반틸, 김교신, 조만식 등의 글을 읽으며 현대철학, 신학, 한국의 토착화론을 아우르는 지식을 쌓아갔다. 서양의 지적전통뿐만 아니라 민족문제에도 깊은 관심을 가졌다.[8] 대학 졸업 후 고려신학대학원으로 진학했다.[9] 전광식은 학부와 신대원 시절 자신의 공부와 시대적인 고민과 성찰을 담은 논문들을 학술제에서 발표했고 당시 학교신문에 크게 소개도 되었다.[10] 이 시기부터 그는 남다른 학문적인 재능을 보여주었다.

6 전광식, "저 들녘을 휑하니," 65, 68; 전광식과의 인터뷰.
7 전광식, "저 들녘을 휑하니," 71–72.
8 전광식과의 인터뷰.
9 전광식, "저 들녘을 휑하니," 74.
10 전광식, "Tractatus의 中心思想," 고려신학보, 6월호 (1978): 2; 전광식, "現代神學의 方法論 批判: R.Bultmann의 神學을 中心으로," 고려신학보, 제 37호 (1978): 2; 전광식, "한국에서의 기독교 문

독일유학

전광식은 신학공부를 마친 후 대구에서 2년 동안 사역하다가 더 전문적인 공부를 위해 1985년 3월 7일 독일로 유학을 떠났다. 이후 1990년까지 5년 간 독일에서 유학생활을 하며 학문적인 역량을 다듬어갔다. 여러 대학교로부터 입학허가를 받았지만 그는 한적한 고향과 같은 레겐스부르그(Regensburg) 대학을 선택하였다. 전광식에게는 그리스도 안에서의 궁극적인 영혼의 고향뿐만 아니라 물리적인 고향의 정취와 분위기도 중요했다.[11] 언어시험 통과 후 철학과에서 본격적으로 고대철학과 고전학 공부를 시작했다. 고대철학과 희랍, 라틴 강독 수업에 들어갔고 이외에도 칸트, 헤겔, 키에르케고르와 같은 근·현대 철학과 미학, 생태철학을 수강했으며 신학세미나와 기독교 미술사와 건축사 수업도 수강하였다. 2년이 지난 뒤 박사과정에 들어가 1전공 고대철학, 2전공 조직신학(현대신학)으로 3년 반의 연구과정을 더 했다. 철학과였으나 두 전공 모두 동일한 수의 강의를 들어야 했다. 이 기간 동안 고급세미나에 참여하면서 "플라톤과 헤겔에게 있어서의 정신본체론과 초월의 문제"(Die Geistontologie und das Transzendenzproblem bei Platon und Hegel)라는 제목으로 박사논문을 작성하였다. 이 논문은 서양 철학의 두 거장인 플라톤과 헤겔에게 있어서 정신의 활동이 신플라톤주의를 매개로 어떤 관련성을 가지는지, 또한 내재된 초월의 문제를 다루었다. 당시에 많이 연구가 되지 않았던 신플라톤주의뿐만 아니라 플라톤과 헤

화건설론," 고려신학보, 5월호 (1979): 2; 전광식, "도대체 하나님이 어떻게 되었단 말인가? (1): 所謂 死神神學에 대한 批判," 「고려신학보」 2 (1980): 22–25; 전광식, "도대체 하나님이 어떻게 되었단 말인가? (2): 所謂 死神神學에 대한 批判," 「고려신학보」 3 (1980): 32–43; 전광식, "時間과 終末," 「고려신학보」4 (1982): 20–29.

11 전광식, 『고향: 그 철학적 반성』. 서울: 문학과 지성사, 1999.

겔의 사상까지 꿰뚫어보아야 했기 때문에 상당한 에너지가 소모되는 과제였다. 학위논문 작성 이외에도 국내외에 글을 쓰고 발표하였다.[12)]

유학기간 중 전광식은 학문의 지평을 더 넓히고자 독일 이외에도 옥스퍼드, 소르본, 하버드와 같은 유럽과 미국의 명문대학교에서 연구 하길 원했다. 선하신 하나님의 인도로 우선 뮌헨 대학을 갈 수 있었다. 거기서 신플라톤주의 전문가 베르너 바이에르발테스(Werner Beierwaltes)교수의 강의와 세미나에 참가하여 플라톤, 프로클로스, 헤겔, 그리고 신화와 철학 등의 관계에 대해 배웠으며 그의 연구실에서 개인적인 교제도 가졌다. 또한 당시 뮌헨대학 철학과에 셸링강좌 초빙교수로 온 소르본대학의 유명한 해석학자 폴 리꾀르(Paul Ricoeur)의 수업도 두 강좌나 들을 수 있었다. 1988년 8월에는 뮌헨을 넘어 옥스퍼드 대학으로 가게 되었다. 이곳에서도 고전학과 고대철학을 연구하였다. 아리스토텔레스 전문가였던 존 애크릴(John L. Ackrill) 교수에게 매주 목요일마다 개인적인 지도를 받았다. 영국은 독일과 달리 강의와 세미나 이외에 튜토리얼(Tutorial)제도가 있었기 때문이다. 그리고 애크릴교수와 함께 옥스퍼드의 고대헬라철학교수로 명성을 날리던 죠나단 반즈(Jonathan Barnes)교수의 수업도 참여하게 되었다. 전광식은 이곳에서 여러 세계적인 학자들과 교류하는 귀중한시간을 가질 수 있었다. 애크릴의 소개로 헤겔 전문가인 옥스퍼드의 마이클 잉우드(Michael Inwood) 교수를 만났고, 런던대학 교수였던 셰퍼드(Anne Sheppard)와 세계 철학회 회장이면서도 유명한 유태인 철학자였던 클리반스키(Raymond Klibansky), 신플라톤주의와 관련된 탁월한 학자인 암스트롱(A. H. Armstrong)과 개인적으로 교류하였다. 이러한 세계적인 학자들과의 만남과 교제로 인해 전광식은 다양한 안목과 연구의

12 전광식, "저 들녘을 휑하니," 78–80; 전광식과의 인터뷰.

전문성을 높일 수 있었다.[13)]

유학생활의 묘미는 세계적인 학자들의 가르침을 받는 것에만 있지 않았다. 전광식은 교수들 이외에도 다양한 친구들을 사귀며 삶이 주는 풍성함을 경험했다. 그 중 가장 기억에 남는 친구는 게르린데 수녀(Sr. Gerlinde)였다. 1986년 2학기 라틴어 코스에서 처음만나 친해졌고 학위 말에는 그녀의 수녀원을 방문하기도 했다. 그녀는 전광식에서 개인적인 이야기도 털어놓았다. 또한 그는 공부하는 틈틈이 독일의 문화와 풍습도 익혀갔다. 시장에서 한 주간 먹을 장을 보고 분데스리가 축구를 보거나 토요일이나 주일 저녁에는 산책을 하였다. 거기서 자연의 아름다움과 독일인들만의 여유로운 삶을 볼 수 있었다. 산책 외에 주말이면 종종 벼룩시장을 찾았고 등과 종을 수집하기도 했다.[14)]

유학을 떠날 때 전광식은 경제적으로 풍족한 상태가 아니었기 때문에 일을 하면서 공부하려고 생각했다. 하지만 하나님의 큰 은혜와 어머니의 기도로 장학금을 받아 오직 공부에만 전념할 수 있었다. 특히 1987년부터 1990년도까지 외국유학생으로는 받기 힘든 프리드리히 에버트 재단(Friedrich-Ebert-Stiftung)의 박사장학금을 받게 되었고 이로 인해 충분한 생활비를 지원받아 고국 교회에 십일조와 어머니께 매달 용돈도 보내드릴 수 있었다. 프리드리히 재단은 나중에 박사논문 인쇄비와 귀국 비행기 값도 제공해주었고 이후에도 매년 본인이 원하는 학술서들과 재단이 발간한 다양한 자료들도 보내주었다.[15)] 또한 생각지도 않은 기회들도 찾아왔다. 1987년 9월 2일 벤츠학술재단이 주최한 제1회 국제소장학자 초청 세미나가 열렸다. 전광식은 '인간·기술·환경'이라는 제목의 세미나에서 '기술적 이성과 생태학적 이성'(Technologische Vernunft

13 전광식, "저 들녘을 휑하니," 83–85; 전광식과의 인터뷰.
14 전광식, "저 들녘을 휑하니," 90–93.
15 전광식, "저 들녘을 휑하니," 81–83.

und ökologische Vernunft)이라는 논문을 발표했다. 여기서 그는 서구에서 기술적 이성과 생태학적 이성이 첨예한 대립관계에 있다고 보았다. 기술의 발전으로 지상낙원을 이룰 것이라는 기대는 환경오염의 부정적인 결과를 유발한다. 이에 대해 유럽사회는 무제한적인 기술의 발전에 대한 반성을 요구하며 후대를 위한 환경보존의 중요성을 내세웠다. 전광식은 미래의 서구사회는 이 두 이성이 조화롭게 되는 길을 추구하게 될 것이라고 예측했다.[16] 이 발표를 인상 깊게 들은 막스 플랑크 연구소(Max-Planck Institut) 관계자는 그에게 장학금 지원을 약속하며 연구소에서 이 주제로 학위논문을 쓸 것을 제안했지만 이미 박사논문을 진행하고 있었기 때문에 거절할 수밖에 없었다.[17] 전광식은 1989년 말 학위 논문 통과와 함께 구두시험을 무사히 마침으로 5년간의 학위공부를 하나님의 은혜로 잘 마감하였다.[18]

교수사역과 대내외 활동

전광식은 교수 임용 초기까지의 생을 돌아보는 자서전적인 글에서 자신의 인생의 계획을 모세의 모범을 따라 세웠다고 말한다. 모세는 120년의 생애 중에서 40년은 바로의 궁전에서, 40년은 광야에서, 나머지는 이스라엘의 지도자로 살았다. 전광식은 이러한 모세의 삶처럼 자신 역시 어린 시절은 고향에서, 이후는 학문적인 훈련기간으로, 그리고 나머지 기간은 주의 나라와 이웃과 조국을 위해 섬기는 삶을 살 것이라고 다짐했다.[19] 귀국 후 1990년 모교인 고신대학교 신학과 철학신학 교수로 임용되면서 하나님 나라를 위한 헌신적인 봉사의 여정을 시작하였

16 전광식, 『서구의 황혼에 대한 세 가지 생각』 (서울: 도서출판 생능, 1988), 1-8.
17 전광식과의 인터뷰.
18 전광식, "저 들녘을 휑하니," 94.
19 전광식, "저 들녘을 휑하니," 72.

다. 우선적으로 학자로서 연구와 가르침에 탁월한 업적을 이루었다. 그는 고신대 신학과와 대학원을 통틀어 유일한 철학신학 전공교수로 철학개론, 고대 철학, 중세 철학, 근·현대 철학, 기독교 사상사, 현대신학개론, 현대신학 사상사, 기독교 철학, 변증학, 예술과 사상 등 철학, 신학, 역사, 미학, 인문학을 가로지르는 다양한 과목들을 가르쳤다. 그의 강의는 사상사와 함께 현대의 사조들을 기독교적인 관점을 통해 비판적으로 이해할 수 있는 안목을 제공하였다. 전광식은 또한 고대 및 고대 후기 철학 및 신학, 교부학, 비잔틴 신학, 아랍 철학, 기독교 세계관, 문화·예술, 교육, 정치 다방면에 걸친 활발한 연구와 저술 작업을 수행해 왔다. 주 전공인 신플라톤주의와 그 영향사는 국내외적으로 연구가 많이 되지 않은 분야로써 이러한 연구의 공백을 극복하는 큰 공헌을 세웠다. 그는 이러한 연구 분야에서 편집 책 포함 총 단행본 20여권과 약 70여 편의 소논문을 남겼다. 이 외에도 북 쳅터와 여러 잡지와 신문에 수많은 글들을 기고하였다. 또한 독일어권의 국제저널에도 여러 번 게재하여 국제적인 수준의 연구능력을 보여주었다.[20]

20 Koang-Sik Chon, "Zeitgeist and Spirituality: A Christian Antithesis to the Contemporary Civilization," in *Die Bedeutung der Theologie für die Gesellschaft,* eds. Anna M. Madsen (Frankfurt: Peter Lang, 2004), 65–75; id., "*Philosophia as Philotheos*: The Reception of Greek Philosophical Definitions in the Byzantine Philosophy and the Islamic Philosophies," in *Christliche Existenz in einer überwiegend nicht-christlichen Umgebung*, eds. Andrea König (Frankfurt: Peter Lang, 2008), 203–18; id., ""Homoiōsis theō" als Sinn und Ziel des Menschenlebens und der Philosophie bei Platon: im Vergleich mit Aristoteles," in *Doing Theology in a Global Context*, eds. Craig L. Nessan and Thomas Kothmann (Bangalore, India ATC: Asian Trading Corp, 2009), 185–92; id., "Christian Philosophy, Apologetics and Worldview in Korea," in *Mission, Dialog und friedliche Koexistenz*, eds. Andrea König (Frankfurt: Peter Lang, 2010), 211–30; id., "De vita Christiani moninis bei Calvin," in *Regionale Aspekte der Globalisierung*, eds. Hans Schwarz and Thomas Kothmann (Frankfurt: Peter Lang, 2012), 245–55; id., "Identity and Mission of the Christian University," in *Theologie im Spannungsfeld von Kirche und Politik*, eds. Matthias Heesch and Hans Schwarz (Frankfurt: Peter Lang, 2014), 393–405.

전광식은 한국연구재단의 연구지원에도 많이 선정되어 총 10번의 과제를 진행했고 그 결과『마르크스주의 이후의 철학』,『고향』,『신플라톤주의의 역사』,『시민참여적 민주주의와 대중선동적 중우주의』와 같은 책을 저술했다. 마르크스주의 이후의 철학적 동향은 독일 학술교류처(DAAD)의 후원도 받았다. 연구재단의 과제선정은 학자 개인의 학문적인 역량을 보여주는 중요한 지표들 중에 하나이다. 과제수주를 받는 것이 얼마나 힘든 일인지를 안다면 그가 이룬 학문적 업적의 크기를 짐작할 수 있을 것이다. 특히 주목할 만한 점은 새로운 밀레니엄이 시작하는 첫 해 2000년에 연구재단의 해외파견교수로 선정되어 1년간 객원교수(visiting scholar) 자격으로 미국 하버드 대학교를 방문한 것이다.

전광식은 유학시절부터 해외의 유수의 대학에서 연구하고자 하는 열망을 가졌다. 독일 유학중에는 옥스퍼드에서 공부했었는데, 교수가 된 이후로 하버드 대학에서 연구하게 되었다. 그는 이곳 고전학부에서 세계적인 비잔틴학 전문가 존 더피(John Duffy), 신약학의 국제적 권위자 프랑수아 보봉(Francois Bovon), 동방신학에서 탁월한 업적을 남긴 니콜라스 콘스탄스(Nicolas Constans)와 함께 연구하며 비잔틴 신학과 철학과 이후의 사상적 역사에 대한 이해를 심화시켰다. 신플라톤주의에서 시작된 학문여정이 아랍과 비잔틴을 거쳐 러시아 동방정교회에 이르기까지 확장되었다.[21] 또한 그는 신약위경과 그것을 반영한 그림, 그리고 파피루스, 양피지 등에 기록된 고문서의 서체를 연구하는 팔레오그래피(paleography)까지 접했다. 학생과의 교제와 지도에도 많은 관심을 가져 기독교 세계관과 철학 동아리인 에클람포 지도교수를 오랫동안 맡았다.[22]

교수사역과 연구 이외에도 전광식은 학교와 대외적으로 여러 행정을

21 전광식과의 인터뷰.
22 전광식, "저 들녘을 훼하니," 96–97.

맡으며 활발하게 외부사역도 감당했다. 어떤 사람은 조용하고 내성적인 성향의 그가 어떻게 많은 행정 일을 감당했을까 의아해 할 수도 있을 것이다. 하지만 그는 고요히 학문의 깊은 세계에 머무는 '관조적인 삶'(*vita contemplativa*)과 현실에 적극적으로 참여하는 '활동적인 삶'(*vita activa*)의 균형을 잘 이루었다.[23] 고신대 교무처장, 부총장, 총장대행 등 학교의 중요한 보직을 두루 거쳤으며 오랫동안 기독교대학 설립동역회, 기독교세계관 학술동역회, 대한철학회, 대동철학회, 통합연구학회 운영위원 및 이사를 맡았다. 다음세대 기독인재양성에도 큰 관심을 가져 한국의 대표적인 기독교 대안학교 가운데 하나인 독수리 중고등학교와 20대 기독청년들을 훈련시키는 차세대지도자 훈련원 이사장으로 봉사하고 있다. 최근에는 평신도들의 신학훈련과 일터선교를 위한 사랑글로벌 아카데미(SaGA)에서 객원교수로 활동 중이다.

이러한 다양한 사역 중에서도 단연 돋보이는 것은 고신대학교 총장으로 취임한 것이다. 전광식은 2014년부터 4년 간 고신대학교 제8대 총장을 역임했다. 그는 총장이 되면서 고신대학교를 한국의 대표 기독교대학, 세계의 명품 기독교대학의 반열에 올려놓겠다는 원대한 비전을 선포했다. 그는 고신대학교가 지나 온 지난 발자취를 되돌아보면서 학교가 나아가야 할 방향을 제시하였다. 그에 따르면 고신대의 역사는 세 시기, 곧 1.0시대(1946~1980), 2.0시대(1980~2013), 3.0시대(2014~이후)로 구분될 수 있다. 1.0시대는 신학적 정체성을 형성했지만 신학과와 교회관련학과만의 개설로 일반대학의 다양성은 없었다. 2.0시대는 신학대학 외에도 인문, 자연과학, 의학, 간호학, 예체능 학과의 개설로 일반적인 기독교 인재양성의 목표 아래 종합대학교로서의 다양성은 갖추었지만 영적으로 침체되고 세속적인 원리에 의해 학교와 병원이 운

23 전광식, "*Vita Activa*와 *Vita Contemplativa*: 삶의 유형에 대한 개념사적 논의," 「대동철학」56 (2011): 27–55.

영됨으로 정체성이 약화되었다. 따라서 전광식은 이전시대의 장점들, 신앙적, 신학적 정체성을 분명히 하면서 미래에 맞는 다양한 대학의 면모를 갖추도록 시도하였다. 대학을 성경과 개혁주의 신학, 신앙의 전통과 생활의 순결, 정직함과 순수함을 지닌 신앙 공동체, 영적 공동체로 세우고 학생들을 사회와 온 열방을 향해 복음의 증인의 역할을 감당할 전문인 선교사로 훈련하였다. 나아가 전문인 선교사 양성을 위한 해외봉사단 및 해외선교 인턴십을 강화하고 외국인 신학교육을 적극적으로 유치하고 이들을 본국으로 파송하였다. 해외의 유수한 대학들과 기관들과 교류를 확대하고 국내에서 정기적인 후원의 밤을 개최함으로 학교의 위상을 높였다.[24] 무엇보다도 전광식은 기독교대학은 하나님 나라의 운동이고, 하나님 나라 운동은 반드시 기도로 시작해야 한다는 신앙적 확신과 함께 학교설립의 뿌리인 신사참배반대운동에 영적 동력을 제공한 무척산 기도원을 인수하여 고신대학교 경건훈련원으로 개원하여 기도운동을 전개했다.[25] 그는 위로부터 주시는 하나님의 능력으로 고신대학교가 하나님이 기뻐하시는 대학이 되고 기독교의 원리와 정신으로 운영되며 차세대에 조국과 열방을 섬길 탁월한 인재를 배출함으로 세계적인 기독교 명품대학이 되도록 이끌었다.

연구 분야 개관

전광식의 연구 분야는 크게 다섯 가지로 구분할 수 있다.[26] 물론 어떤 연구물들은 여러 범주에 겹치기도 하지만 이러한 구분은 그의 연구

24 고신대학교 70년사 편찬위원회, 『세상의 빛들을 배출해 온 고신대학교 70년사』 (부산: 고신대학교, 2017), 164-77.

25 김영산(편), 『무척산 기도원: 休 그리고 힐링』, 8.

26 전광식과의 인터뷰.

의 특징을 파악하는데 도움을 준다. 첫째는 고대철학이다. 이는 그의 주 전공이다. 특별히 신플라톤주의의 철학사상이 어떻게 이후의 철학과 신학전통에 흐르고 있는지 추적한다. 이러한 작업은 철학적으로는 후기고대, 중세, 헤겔의 독일 관념론, 신학적으로는 동방과 비잔틴 신학과 아랍을 거쳐 러시아 정교회까지 이른다.[27] 이와 같은 신플라톤주의의 영향사는 학위과정 중 시작한 연구로 이후 한국연구재단의 과제와 하버드 대학 고전학부 교환교수 과정을 통해 더 발전시키고 심화시켰다. 이 한 분야만 보더라도 그의 연구의 폭이 얼마나 넓고 사상사를 꿰뚫어보는 안목이 큰지를 알 수 있다.

『신플라톤주의의 역사』는 이 분야의 주저이다. 이 책은 프로클로스(Proklos, C.E. 412~485)를 중심으로 한 신플라톤주의의 사상사를 후기고대에서부터 비잔틴시대, 중세 스콜라신학, 르네상스, 근세의 사상에 이르기까지 분석하였는데, 국내에서 처음 나온 신플라톤주의 연구서로 대한민국학술원 추천학술도서로 선정된바 있다. 대한민국학술원 주관으로 간행된 우리나라의 다양한 학문 분야의 연구동향을 정리한 『학문연구의 동향과 쟁점』의 철학부분에 따르면 전광식의 이 저서를 '플로티누스 이후의 신플라톤주의에 관한 신뢰할만한 입문서'(76쪽)라고 평하고 있다.[28] 전광식은 프로클로스에 의해 신플라톤주의가 완성 혹은 절정에 이르렀다고 주장한다. 프로클로스는 플라톤(Platon, B.C.E. c.428~c.348)과 아리스토텔레스(Aristoteles, B.C.E. 384~322) 철학과 신플라톤주의 전임자들인 플로티노스(Plotinus, C.E. 205~270)와 암블리코스(Iamblichus, C.E. c.245~c.325)의 사상, 오르픽 신화와 갈대와 신탁과 같은 고대헬라의 모든 철학적, 종교적 전통을 통합하여 새로운 체계를 만들었다. 프로클로스는 초월적이며 절대적인 일자

27 전광식과의 인터뷰.
28 대한민국학술원, 『학문연구의 동향과 쟁점』, 76.

가 있으며 거기서 다자가 나온다고 주장하면서 다자가 궁극적으로 일자로 돌아가려는 본질이 있다고 설명한다. 이 과정은 세 가지, 곧 '일자 안에 머뭄'(μονη), '일자 밖으로 나감'(προοδος), '일자에게로 돌아감'(επιστροφη)으로 구성된다. 이 형이상학적인 삼중적 구조(trias)는 고대후기에서 먼저 아테네, 알렉산드리아 학파에 영향을 주었고 알렉산드리아에서는 기독교와 조화를 이루었다. 고대후기의 신플라톤주의의 흐름에서 중요한 인물은 위 디오니시오스(Psudo-Dionysios Areopagita, 5th~6th)이다. 그의 책과 무명의 『원인들에 관한 책들』(*Liber de causis*)을 통해 프로클로스의 사상은 기독교와 이슬람권의 교리의 구성과 우주관 형성에 큰 영향력을 행사했다.[29)]

중세 스콜라 철학과 신학에서는 프로클로스의 사상이 직, 간접적으로 계승되었다. 위 디오니시우스의 저술들에 대한 에리우게나(Johannes Scotus Eriugena, 810~877)의 라틴어 번역본(Corpus Dionysiacum)과 『원인들에 관한 책들』을 통해 중세신학자들은 프로클로스의 사상을 간접적으로 접했다. 가장 중요한 사상가는 아퀴나스(Thomas Aquinas, 1225~1274)로 부정신학, 사랑과 아름다움에 대한 이론에서 프로클로스의 영향을 발견할 수 있고 위 디오니스우스의 글에 대한 깊은 연구가 그의 『신학대전』(Summa theologiae)의 중요한 자료가 되었다. 중세에 미친 신플라톤주의의 직접적인 영향은 모에르베케(Wilhelm von Moerbeke, 1215~1286)의 프로클로스의 형이상학의 진수를 담은 『신학강요』(Elementatio theologica)의 번역으로 이루어졌고, 이를 통해 알베르투스 마그누스(Albertus Magnus, c.1200~1280), 에크하르트(Meister Echhart, c.1260~c.1328), 타울러(Johannes Tauler,

29 전광식, 『신플라톤주의의 역사: Proklos의 철학을 중심으로 한 신플라톤주의 사상과 서구정신사에서의 그 영향사』 (서울: 서광사, 2002), 2-3장. 신플라톤주의의 특성과 주요학파들에 대해서는 책의 1장을 참고하라.

c.1300~1361)등과 같은 여러 신학자들과 신비주의자들이 프로클로스의 철학을 수용하였다. 프로클로스의 사상은 동방의 비잔틴제국에도 전해져 5~6세기 가자(Gaza)에 존재했던 기독교철학학파에서부터 비잔틴제국이 멸망한 1453년까지 동방교회에 지대한 영향을 주었다.[30]

전광식은 고대와 중세를 넘어 근대의 사상사에서도 프로클로스 사상의 영향을 찾았다. 중세 말 쿠자누스(Nicolaus Cusanus, 1401~1464)를 거쳐 신플라톤주의 철학은 피치노(Marsilio Ficino, 1433~1499)와 재건된 피렌체 아카데미를 통해 전 유럽의 문화와 사상에 큰 영향을 미쳤다. 이러한 영향은 스피노자(Spinoza, 1632~1677)와 라이프니츠(Gottfried Wilhelm Leibniz, 1646~1716)의 사상과 캐플러(Johannes Kepler, 1571~1630)의 우주관에서도 볼 수 있다. 신플라톤주의 사상은 이후 근세의 범신론, 신비주의자들과 특히 쉘링(Schelling, 1775~1854)과 헤겔(Hegel, 1770~1831)의 철학적 방법론과 체계에 큰 흔적을 남겼다. 프로클로스는 헤겔의 절대관념론적 구조와 변증법에 틀을 제공했다.[31] 전광식은 신플라톤주의는 다양한 얼굴로 고대부터 근대에 이르는 서양사상사와 정신사에 끊임없이 사상의 원천이 되었다고 주장한다. 그것은 신에 대한 인간의 지성적, 언어적 불가성을 말하는 부정신학, 명상을 통한 영혼과 신적일자의 합의를 주장하는 신비주의, 때로는 헤겔의 엄격한 변증법, 신비적 주술, 우주관 등 철학, 신학, 종교, 과학, 예술에 큰 영향을 주었다. 신플라톤주의와 그 사상적 영향사에 대한 전광식의 연구는 국내외의 부족한 연구의 공백을 매우는 공헌을 세웠다. 특히 국내는 신플라톤주의의 이름도 생소한데 그의 연구가 이 사상을 체계적으로 소개하였다.[32] 이후 후속작업을 통해 신플라

30 전광식, 『신플라톤주의의 역사』, 4장.
31 전광식, 『신플라톤주의의 역사』, 5장.
32 전광식, 『신플라톤주의의 역사』, 18–20, 265–66.

톤주의, 고대후기 철학, 비잔틴과 아랍철학과 신학의 고리와 각각의 철학적, 신학적 특징에 대한 연구를 심화시켰다.[33)]

전광식의 철학적 작업은 고대에만 머물지 않았다. 그는『마르크스주의 이후의 철학』에서 구소련과 현재의 러시아를 중심으로 국가 이데올로기로서의 마르크스주의의 몰락 이후 어떤 철학이나 사상이 나타나고 있는지 분석했다. 이 책은 70여 년 동안 러시아의 정신과 사회를 장악한 마르크스의 헤게모니가 사라진 후 다양한 사상적 경향들이 춘추전국시대를 이루고 있음을 보여준다. 대략적으로 세 가지 경향이 있는데, 첫째는 마르크스주의 이전의 러시아 전통 종교철학의 부흥이다. 둘째는 현대 서구철학의 도입이며, 마지막은 마르크스-레닌주의를 고수하려는 움직임이다. 이들은 마르크스주의에서 스탈린과 레닌의 영향을 제거하여 순수한 형태의 마르크스의 사상을 회복하려고 했다. 전광식은 이외에도 민족주의 성장, 기독교와 신비주의 사상의 부흥, 인간론, 인격주의 철학, 포스트모더니즘, 개혁지향의 현실철학과 자유민주주의 이념에 대한 여러 철학적 관심들이 등장하고 있다고 지적한다. 그는 이

33 대표적인 논문들은 다음과 같다. 전광식, "초기 비잔틴기독교에서의 수도적 삶: Klimakos와 Maxlmos를 중심으로," 「고신신학」 3 (2001): 81–112; 전광식, "비잔틴 신비주의사상에서의 '신적인 빛'과 '신과의 합일': Gregorios Palamas와 Barlaam of Calbria 간의 논쟁," 「고신신학」4 (2002): 65–85; 전광식, "중세비잔틴에서의 헬라사상의 부흥과 Photius," 『하나님의 주권과 은혜: 이근삼 박사 사역 50주년 기념논집』 이근삼 박사 사역 50주년 기념 논집 발행위원회 편 (서울: 총회출판국, 2002): 693–701; 전광식, "아카데미 폐쇄 이후 6~7세기 알렉산드리아 학파의 철학적 작업에 대한 연구: *Prolegomena Philosophiae*를 중심으로," 「哲學硏究」 91 (2004): 321–44; 전광식, "플라톤 아카데미의 그늘에 앉은 모세의 후예들: 초기 비잔틴사상에서의 기독교와 철학," 「고신신학」 6 (2004): 79–135; 전광식, "5~6세기 Gaza 학파의 기독교 철학," 「고신대학교 교수논문집」 26 (2006): 112–25; 전광식, "*Philotheos*로서의 *Philosophia*: 후기 고대와 중세 초기 비잔틴에서의 철학적 개념의 수용과 변용," 「哲學硏究」 103 (2007): 181–210; 전광식, "Philosophia Arabica: 초기 아랍철학의 발전과 철학의 정의: 신플라톤주의의 영향을 중심으로," 「대동철학」 45 (2008): 317–40; 전광식, "*Philosophos*에서 *Philotheos*로: 헬라철학의 마지막 단계로서의 후기 고대 알렉산드리아학파의 철학정의론과 비잔틴사상에의 영향," 「대동철학」61 (2012): 369–91.

러한 다양성을 긍정적으로 평가하면서 러시아 철학의 풍토가 정상화되고 있다고 주장한다.[34] 이외에도 그는 '고향,' '죽음의 준비,' '활동적 삶'과 '관조적인 삶,' '영혼의 치료'개념사와 문화사, 사상사적인 의의에 대한 흥미로운 연구를 남겼다.[35]

둘째, 신학연구이다. 전광식은 신학 전반의 서론적인 문제들과 개별적인 주제별로는 비잔틴 신학과 수도주의, 부정신학과 신비신학, 그리고 경건의 개념 등을 탐구했다. 이들 연구 모두 신학사와 철학사에서의 시작, 발전과 의의, 그리고 비판적인 평가로 이루어져 있다.[36] 특별히 비잔틴 신학, 부정신학, 신비신학은 그의 신플라톤주의 연구에 기초를 둔 것이다.[37] 전광식은 신학사를 개념사의 통시적인 분석을 통해 이해하는 흥미로운 접근도 하였다. 그는 하나님(하늘)과 땅(피조물)의 관계가 신학사의 큰 줄기라고 주장했다. 이는 신학대학원 졸업논문의 주제로 앞으로 더 발전시킬 계획이다.[38] 신학서론 연구를 좀 더 자세히 보면 여기서는 주로 신학의 정의, 본질, 목적과 방법론에 집중한다. 2,000년의 신학사와 주요 신학자들을 고찰하면서 신학의 여러 서론적인 문제들을 다루었다. 전광식은 현대교회에서의 신학의 위기를 지적하면서 신학의 정의를 논한다. 본래 어원적으로 고대 헬라 세계에서 신

34 전광식, 『마르크스주의 이후의 철학: 마르크스주의 몰락 이후 구소련과 러시아에서의 철학의 변천과 동향』, 개정판 (서울: 이문출판사, 2005).

35 전광식, 『고향』; 전광식, "'죽음에의 연습'과 '삶에의 연습': 후기고대 사상에서의 Melethe Thanatou의 개념사와 그 철학적 이상,"「哲學硏究」95 (2005): 307–46; 전광식, "Vita Activa와 Vita Contemplativa"; 전광식, "'영혼의 병고치기' 또는 '영혼의 밭갈기'로서의 철학: 후기고대 동방과 서방에서의 철학의 목적론적 개념과 문화사적 의의," 「대동철학」57 (2011): 239–62.

36 전광식, 『경건의 길: 신학사에서의 경건 논의에 대한 비판적 논고』 (부산: 기독교사상연구소, 2005); 전광식, "Unio Mystica와 Communio Mystica: 기독교 신비주의에 대한 비판적 소고,"「고신신학」9 (2007): 227–83; 전광식, "Theologia Negativa: 부정신학의 역사와 의미," 「石堂論叢」45 (2009): 33–71.

37 각주 28번 참고.

38 전광식, "하늘과 땅의 神學 試論," 석사학위논문. 고신대학 신학대학원, 1983; 전광식과의 인터뷰.

들에 대한 이야기를 의미한 '신학'(θεολογια)은 초대교회 신학자들에 의해 차용되어 하나님에 대한 가르침으로 변화되었고 현대에 이르러 기독교 신앙과 삶의 종합으로 그 의미가 확장되었다. 신학은 정의에서부터 이론과 실천을 아우르기 때문에 신앙과 교회와 신자의 삶과 분리될 수 없다. 전광식은 신학의 유일한 자료는 성경이라고 주장한다. 중세의 가톨릭교회는 자연과 이성을 성경과 동등한 신학의 원전으로 보았지만 종교 개혁가들은 이를 거부하고 오직 성경으로 돌아갈 것을 외쳤다. 이러한 특성으로 인해 기독교 신학은 계시적 혹은 초자연적인 신학이다.[39]

전광식은 신학방법론에 있어서 신앙과 지식, 텍스트(text)와 컨텍스트(context)가 균형을 이루어야 한다고 주장한다. 신학은 학문적인 성격을 가지기 때문에 논리와 합리적인 체계성을 지녀야 하면서도 신앙적인 차원이 있음을 간과해서는 안 된다. 이러한 신앙이 신학을 다른 학문과 구별되게 만든다. 또한 신학자는 텍스트에 치우쳐 성경 문자주의에 빠져서도 안 되고 콘텍스트만 강조하는 상황화의 위험도 조심해야 한다. 전광식에 따르면 신학은 성경 텍스트에서 나와서 개인적, 사회적, 역사적 현실의 영적을 조명하고 그것을 변화시켜야 한다. 더불어 현실의 문제와 요구를 분석하여 성경 속에서 답을 찾아야 한다. 이와 같이 text-context-text의 원환 형태가 올바른 신학이라고 말한다. Text에서 현실을 바라보고 context의 문제에 대한 답을 text에서 찾는 것이다. 전광식은 text와 context 사이의 균형이 중요하다고 생각한다. 신학은 내부적, 외부적인 2가지 목적을 가진다. 안으로는 성도들에게 올바른 교리와 말씀을 가르치고, 기독교 세계관과 학문의 기초를 제공하고, 교회를 세우며 밖으로는 사회와 문화의 비 성경적인 측면들을 비판하며 복음을 소개하고 변증한다. 전광식은 신학의 유일한 길은 성

39 전광식, "*Quo vadis, Theologia?*: 신학의 길과 신학함의 길," 「고신신학」8 (2006): 16–26.

경이며 신학함의 유일한 길은 성령님임을 강조한다.[40] 전광식은 신학은 궁극적으로 생명으로 인도하는 학문이라고 설명한다. 성경은 죄인들에게 유일한 영생의 길인 예수 그리스도를 증거하기 때문에 성경에 기초한 신학은 결국 생명을 주는 학문이 될 수밖에 없다는 것이다. 복음과 예수 그리스도가 신학의 중심이기에 신학은 본질적으로 살아있고 역동력이 있다.[41] 이러한 신학은 사랑으로 열매를 맺는다.[42] 전광식은 신학 서론뿐만 아니라 중세 스콜라신학의 성격과 방법론도 분석하고 평가했다.[43]

셋째, 기독교 세계관에 대한 연구이다. 전광식은 성경에 기초한 기독교 세계관의 렌즈를 통해 현대사상, 문명과 문화를 비판적으로 분석하고 기독교적인 대안을 제시하는 작업을 지속적으로 펼쳐왔다. 이는 궁극적으로 기독교적으로 사는 것을 목표로 한다. 그리스도인답게 사는 것은 기독교적인 사유와 행위로 구성된다. 곧 성경에 따라 생각하고 살아가는 것이다.[44] 전광식은 『학문의 숲길을 걷는 기쁨』에서 신자답게 살기 위해서는 기독교 세계관이 중요하다고 밝힌다. 그는 근·현대 사상가들과 기독교 철학자들의 세계관에 대한 논의를 분석하면서 그것을 개인이나 집단이 세계를 이해하고 그에 따른 삶을 구성하는 인식체계라고 정의한다. 따라서 성경적 세계관은 성경에 따라 세상을 보는 인식의 틀로서 창조-타락-구속이 주된 내용이다. 이러한 기독교적 세계관은 우

40 전광식, "*Quo vadis, Theologia?*,"26-63.

41 "개혁주의 생명신학의 성경적 토대 모색: 생명의 학문으로서의 신학: 총론적 고찰," 「생명과 말씀」 2 (2010): 133-63.

42 전광식, "사랑의 신학과 실천," 『하나님 나라와 신학: 황창기 교수 정년퇴임 기념논문집』, 전광식 편 (부산: 고신대학교 출판부, 2008), 225-48.

43 전광식, "중세에서의 신학과 신학함: 중세 스콜라신학의 방법론과 배경에 대한 일고,"「고신신학」 1 (1999): 121-57.

44 전광식, 『학문의 숲길을 걷는 기쁨: 세계관, 철학, 학문에 관한 여덟 가지 글 모음』 (대구: CUP, 1998), 4-5.

리가 어디에서 왔으며, 무엇이 잘못되었으며, 해결책은 무엇이며 어디로 가야하는지를 알려준다. 전광식은 기독교인들은 삶의 모든 영역을 성경적 세계관으로 바라보아야 한다고 주장한다.[45] 학문적인 영역에서는 성경과 성령의 조명하심을 바탕으로 기독교적으로 사고해야 하고, 여러 사상의 이면에 있는 비 성경적인 경향을 읽고 성경적인 대안을 제시해야 한다. 전광식은 이러한 예로 포스트모더니즘, 논리 실증주의, 과학주의에 대한 기독교 세계관적 접근을 보여준다. 하지만 성경적 세계관은 지적 영역에만 머무르지 않는다. 전광식은 이를 강조한다. 그리스도인들은 각자의 자리에서 세상을 긍정도 부정도 아닌 하나님의 뜻을 이루기를 추구하고 한편으로는 죄악과 싸우고 다른 한편으로는 사랑과 섬김을 실천해야 하는 것이다.[46] 전광식은 칼빈(John Calvin, 1509-1564)에게서 기독교 철학과 삶의 실천의 뿌리를 발견한다.[47]

기독교 세계관과 삶의 변혁은『문명의 황혼과 소망의 그리스도』에서 더 쉽고 분명하게 설명된다. 이 책은 〈타임〉, 〈뉴스위크〉, 〈슈피겔〉과 같은 세계적 시사지에서 나온 24개의 기사들을 분석하여 현대문화의 영적인 어두움을 잘 보여주었다. 서구문명의 황혼은 이미 이전에 출판된『서구의 황혼에 대한 세 가지 생각』에서 간략하게 다루었다.[48]『문명의 황혼』에서 전광식은 인류의 문명은 겉으로 보기에는 화려하지만 그 이면에는 영적, 경제적, 사회적, 문화적, 사상적인 위기가 크다고 주장한다. 하나님이 상실된 자리에 인간은 도구화 되어 돈, 권력, 욕망의 노예가 되었다. 전광식은 현대의 성, 죽음, 문화와 축제, 전쟁과 국제적 분쟁, 정치, 경제, 과학기술의 본질과 구조를 파헤쳐 현대인들이 허

45 전광식,『학문의 숲길을 걷는 기쁨』, 10-54.

46 전광식,『학문의 숲길을 걷는 기쁨』, 56-172, 240-75.

47 전광식,『학문의 숲길을 걷는 기쁨』, 205-39; Chon, "De vita Christiani moninis bei Calvin," 245-55; 전광식, "칼빈에게서의 기독교 인생관,"「고신신학」15 (2013): 385-414.

48 전광식,『서구의 황혼에 대한 세 가지 생각』

무주의, 쾌락주의, 잘못된 영성으로의 회귀가 있음을 발견하였다. 그는 책을 마감하면서 그리스도인들은 문명의 어두움에 절망하고 낙담하는 것이 아니라 하나님의 백성답게 시대를 영적으로 통찰하고 악과는 싸우되 사랑의 섬김을 실천해야 한다고 주장한다. 그 위에 성령의 능력을 구해야 한다. 문명의 위기와 어두움의 극복은 여전히 예수 그리스도에게 있음을 강조한다.[49] 전광식은 또한 교육, 과학기술의 발달과 환경문제에 그리스도인들이 성경적인 세계관을 통해 해결책을 제시하면서 현실에 적극적으로 참여해야 한다고 역설한다.[50]

넷째는 문학과 미술 및 예술분야이다. 전광식은 '고향'이라는 문학적 주제에 대한 철학사적인 고찰을 시도했다. 이 주제를 다룬 『고향: 그 철학적 반성』이라는 책은 본래 연구재단 학술과제였으나 주제의 대중성으로 인해 국내 유수한 출판사인 문학과 지성사에서 문고판 새 시리즈 첫 권으로 발간되었다. 출판되자마자 주요 일간지 등 많은 언론들이 긴 소개 글이나 평을 내었다. 그리고 그해에 청소년 권장도서로 선정이 되었으며, 이와 관련된 논문 등 연구물들도 나왔고,[51] 심지어 교육부 검정 고등학교 『문학』 교과서에도 수록되었다. 서울대 김윤식 교수는 우리나라 소설, 문학, 시 등의 70%가 고향을 소재로 하고 있다고 말한바 있다.[52] 문학의 주된 주제인 고향은 하지만 국내에서는 학문적으로 다뤄지지 않았다. 외국학계, 특히 독일에서는 70년대부터 고향의 본질과 고향상실 문제를 진지하게 연구했는데, 전광식은 이러한 연구들을 소개하면서 한국의 고향상실로 인한 개인적, 공동체적 문제를 살펴보고 대

49 전광식, 『문명의 황혼과 소망의 그리스도』 (서울: CUP, 2005).

50 전광식, 『성경적 환경론: 환경위기 극복에 대한 성경적 답변』 (부산: 기독교사상연구소, 2006); 전광식, "과학기술문명의 시대를 이 땅의 그리스도인들은 어떻게 보아야 할까?," 크리스채너티 투데이 한국판 2017년 7/8호, 60-73; 전광식, 『기독교 대안교육과 대안학교』 (서울: SFC, 2019).

51 이를테면, 김남식, "김성우, 전광식의 '고향, 그 그리움과 아쉬움'," 「신학지남」 68 (2001): 318-26.

52 전광식과의 인터뷰.

안을 제시하였다. 그는 이 책에서 고향의 정의와 인류의 고향의 회복과 회귀 본능과 관련된 고대세계의 호메로스와 플라톤, 신플라톤주의, 어거스틴과 현대의 후설과 하이데거, 쉴라이에르마허, 헤겔, 마르크스, 블로흐에 이르는 사상의 궤적들을 광범위하게 탐구하였다. 전광식은 현대인들의 고향상실은 산업화와 도시화와 같은 문명의 발달로 인해 지리적인 고향을 잃어버린 것뿐만 아니라 궁극적으로는 인간의 감정적인 유대와 공동체 의식, 자기 동질성과 자기 존재의 근원을 상실한 것이라고 주장한다. 탈고향화는 지리와 공간적 의미와 영적이고 형이상학적인 차원을 포함하는 것이다. 전광식은 플라톤의 영혼의 회상과 오디세이의 귀향, 하이데거의 고향 상실과 복귀에 대한 담론을 분석하면서 인류는 끈임 없이 존재의 근원으로 돌아가고자 했음을 보여준다. 하지만 인류의 참된 고향회복은 하나님께로 돌아가야 이루어진다. 하나님을 떠난 인류는 실향민이요, 하나님께 돌아가야 진정한 귀향이라는 것이다. 죄와 저주로 인해 하나님과의 관계가 단절된 인간은 그리스도를 통해 참된 하나님을 만나야 고향상실의 문제가 완전히 해결된다는 것이다.[53]

전광식의 예술적인 감성은 기독교 미술과 서양 일반 회화에 대한 글 속에 잘 드러난다. 그는 신플라톤주의와 마르크스주의의 역사와 같은 고도의 이론적인 작업에서는 철저한 철학적 글쓰기를 보이는가 하면 예술에 대한 분석에서는 우리의 감성을 세밀하게 만지는 섬세함을 보여준다. 그는 2003년부터 2009년까지 약 6여 년 동안 매달 『목회와 신학』의 '이달의 명화'라는 코너에서 기독교 그림을 소개하고 설명했다. 대략적으로 70개가 넘는 그림들을 해설한 셈이다. 몇 가지 그림의 제목들은 다음과 같다: 샤갈의 〈노아와 무지개〉, 호리노 타까꼬의 〈바벨탑〉, 코

53 전광식, 『고향』.

로의 〈광야에 버려진 하갈과 이스마엘〉, 〈야곱의 사닥다리〉, 푸생의 〈금송아지를 둘러싼 무도〉, 레옹 보나의 〈욥〉, 엘스하이머의 〈애굽에로의 도피〉, 얀 브뤼겔의 〈그리스도께서 설교하시는 해변〉, 콘라드 비츠의 〈기적적인 고기잡이〉, 바싸노의 〈선한 사마리아인〉, 루카스 크라나흐의 〈최후의 만찬〉, 페터 브뤼겔의 〈죽음의 승리〉, 뒤러의 〈삼위일체 하나님에 대한 경배〉, 존 마르틴의 〈천상의 평원〉, 벨라스케스의 〈안토니우스와 파울루스의 만남〉. 전광식은 이러한 신구약 성경과 신학과 교회사에서의 중요한 인물과 사건을 담은 그림들의 배경과 장면을 설명하고 풍성한 신학적, 영적인 교훈과 가르침을 제공한다.

『세상의 모든 풍경: 평화와 위안을 주는 풍경화를 찾아서』는 동서양의 아름다운 풍경화에 대한 글이다. 책에 담긴 글들은 원래 『가이드 포스트』에 2년간 연재한 글들로 책으로 엮으면서 대폭 수정하였다. 책에 나오는 명화들은 이전에 소개된 적이 없거나 덜 알려진 것들이다. 전광식은 봄, 여름, 가을, 겨울 각 계절별로 6개씩 총 24개의 풍경화를 담아 화가에 대한 소개와 자신의 경험과 깨달음을 녹여 그림에 대한 생생한 감상을 제시한다. 비교적 쉽고 문학적인 느낌을 많이 주지만 그 기저에는 철학, 신학, 역사와 예술에 대한 깊은 통찰이 깔려있다. 주요 그림들을 소개하면 다음과 같다: 헤르만 헤세의 〈무차노 전망〉, 프레더릭 샌디스의 〈포근한 봄날〉, 고잠의 〈배〉, 에밀 클라우스의 〈강변 오후〉, 겸재 정선의 〈박연폭포〉, 폴 고갱의 〈우리는 어디에서 왔고, 우리는 누구이며, 우리는 어디로 가는가?〉, 찰스 스프레이그 피어스의 〈양치기 소녀의 뜨개질〉, 바르톨로메 에스테반 무리요의 〈과일 파는 작은 소녀〉, 아르힙 쿠인지의 〈달밤 풍경〉, 마츠무라 고슌의 〈기사가 있는 겨울 풍경〉, 피터르 브뤼셀의 〈스케이트 타는 아이들과 새덫이 있는 겨울 풍경〉, 유스 드 몸퍼의 〈겨울 풍경〉. 전광식은 이 책을 통해 각박한 세상살이에 지친 이들에게 위로와 평안을 주기를 원한다. 고향집 소소가(蕭蕭家)에서 느끼는 평안과 설레임을 독자들도 느낄 수 있기를 소망한다.[54] 고향은 전광식의 연구와 삶을 관통하는 중요한 주제이다. 어쩌면 고향이 있기에 전광식이 있다고 해도 과언이 아닐 것이다. 기독교 명화나 동서양의 풍경화에 대한 그의 글을 읽고 있으면 한 장의 그림 속에서 이렇게 다채로운 의미와 교훈을 얻을 수 있다는 것이 신기하게 다가올 것이다.

2020년 1월부터는 부산일보에서 『전광식의 인문예술 풀꽃향기』라는 칼럼을 연재하여 산과 물, 가을 들풀과 달밤, 강과 물가와 같은 우리가 지나치기 쉬운 자연의 아름다움을 다시 생각해 보도록 한다. 이런 글들 속에서 바쁜 일상 속에서 지친 현대인들은 잠시나마 한숨 돌리고 어린 시절 시골에서 아무 걱정 없이 뛰어놀던 동심으로 돌아갈 수 있을 것이다.

많은 사람들에게 거의 알려져 있지 않지만 전광식은 국내 및 아시아 도예의 전문가이다. 기독교 철학자이며 신학자인 그가 도자기에 대한 글을 쓴다는 것이 쉽게 상상이 되지 않을 것이다. 하지만 그는 남다른 식견으로 도자기에 대한 상당한 조예를 보여주는데 오랫동안 지당(志堂) 박부원(朴富元)의 도자 세계를 평론하였다. 박부원은 광주 왕실 도자기 초대 명장으로 올해로 도력(陶歷) 59년에 접어든 명실상부 대한민국 최고의 도예가로 불린다. 지당의 전시회에 관한 책에는 전광식의 글이 늘 실려 있다. 그는 『월간도예』에도 정기적으로 글을 기고하고 있으며 도자기 애호가들 사이에 그의 글은 정평 높아 일본어로 두 편이 번역되기도 했다.[55]

마지막으로 전광식은 정치와 사회 문제에도 많은 관심을 가졌다. 물론 이전의 기독교 세계관에 대한 연구에서 그리스도인으로 성경적인 정치관을 가져야 한다는 점을 강조하며 간략하게 정치문제를 다루었다. 『시민 참여적 민주주의와 대중 선동적 중우주의』에서 전광식은 현대의

54 전광식, 『세상의 모든 풍경: 평화와 위안을 주는 풍경화를 찾아서』 (서울: 학고재, 2010).
55 전광식과의 인터뷰.

SNS를 통한 정치참여의 장단점을 상세하게 다루며 앞으로 민주주의가 나아가야 할 방향을 논한다. 전광식은 한국을 비롯한 전 세계가 SNS로 인해 정치가와 시민의 소통이 증가하고 시민들의 정치참여가 더 활발하게 일어나고 있음을 보면서 이러한 정치문화의 변화가 대중을 선동하거나 잘못된 정보를 주는 중우정치로 변질될 수 있는 위험성을 지적한다. 고대 그리스, 로마 철학자들은 이미 민주주의가 중우정치로 퇴락할 수 있음을 경고했다. 플라톤, 아리스토텔레스, 폴리비오스(Polybios, B.C.E. c.200~c.118)와 키케로(Cicero, B.C.E. 106~43)는 시민의 절대적인 자유와 평등, 대중선동가들의 만남은 최악의 정치형태를 만든다고 주장했다.[56)]

고대 정치이론을 살펴본 후 전광식은 여러 나라에서 중우정치의 현대적 형태인 포퓰리즘과 선동정치의 다양한 형태와 특징을 고찰한다. 브라질의 룰라(Lula) 대통령의 정치는 가난, 차별, 경제적인 불평등으로 고통 받는 빈곤층에게 인간다운 삶을 실현시켜주는 복민주의 형태이다. 이 유형은 긍정적인 측면이 있지만 태국의 탁신(Thaksin)과 일본의 고이즈미가 펼친 대중선동정치는 매우 부정적이다. 그들은 자신들의 정치적 야욕 성취와 권력유지를 위한 국민들을 극한 대립으로 몰고 갔다. 이 외에도 아프리카의 해방유형과 서방국가의 선거유형이 있다. 전광식은 이러한 중우정치는 단순논리를 주장하며 사람들의 감성에 호소하여 당파를 만들며 정치가들은 이를 이용하여 자신들의 권력을 유지하거나 뜻을 관철시킨다고 주장한다. 그는 역사 속에서 존재해왔던 중우정치가 오늘날 SNS 정치에서 벌어질 수 있다고 본다. SNS 정치는 청년들의 정치적 관심과 참여를 높이고 직접 민주주의 이상을 이룬다는 장점이 있지만 부정확한 정보로 여론을 조작하고 분열시키고 정

56 전광식, 『시민참여적 민주주의와 대중선동적 중우주의: 고대헬라, 로마사상에서의 중우정치담론과 현대의 포퓰리즘에 대한 논의』 (부산: 고신대학교 출판부, 2017), 1부.

치 지도자들이 민중들을 선동할 수 있는 위험이 큰 한계도 있다. 전광식은 SNS의 역기능은 극복하고 순기능은 강화시켜야 한다고 주장한다. SNS는 이전보다 훨씬 더 많은 사람들의 소통과 만남, 그리고 연합의 장을 만든다. 전광식은 정치적 당파나 이데올로기에 거리를 둔 정치적으로 중립적인 개인과 시민운동의 활동을 강조한다. 이들이 중간자의 역할을 하여 사회와 국가의 통합이 가능해질 수 있다는 것이다.[57)]

신학적 공헌 혹은 교훈들

전광식의 연구는 여러모로 학계와 교회, 더 나아가 사회에 큰 공헌을 하였다. 첫째, 그는 신플라톤주의 사상의 철학적, 신학적 영향사에 있어서 선구자적인 연구로 국내에서 이 분야의 장을 열었다. 외국에서는 신플라톤주의 연구가 활발하게 이루어지고 있으나 그가 한국에 귀국한 1990년대에 이 분야에 대한 국내의 연구는 거의 없었다. 30년이 지난 지금 철학, 신학, 역사, 예술 분야에서 다양한 각도로 신플라톤주의를 탐구하고 있지만 아직도 프로클로스에 대한 관심은 거의 없다. 『신플라톤주의 역사』가 프로클로스의 사상과 그것의 영향에 대한 유일한 전문적인 연구서이다. 또한 고대에서 프로클로스의 철학전통의 흐름과 관련하여 동방교부, 비잔틴 신학, 아랍철학에 대한 접근은 국내 신학계와 철학계에 거의 없다. 고대 후기의 교부들에 대한 전광식의 연구는 철학과 초대교회사, 교부학, 비잔틴 역사 간의 학제적 연구로 기독교 신학자들과 사상가들의 사상을 깊이 있게 이해할 수 있도록 돕는다. 교부들의 사상이 어떤 면에서 철학자들의 영향을 받았고 어떻게 그것을 변혁했는지, 곧 유사점과 차이점을 발견할 수 있도록 만든다. 곧 초대교회

57 전광식, 『시민참여적 민주주의와 대중선동적 중우주의』, 2~3부.

의 신학과 사상이 진공 속에서 형성된 것이 아니라 당시 지적, 문화적, 사상적인 전통과의 상호작용 속에서 발전했다는 점을 알 수 있다. 전광식의 연구는 앞으로 이 분야에 관심을 가진 학자들에게 좋은 출발점이 될 것이다.

둘째, 연구방법론에 있어서 전광식은 통시적이며 거시적인 분석을 보여준다. 그의 연구는 주로 사상사적인 고찰이 많다. 한 개념과 사상이 처음에 어떻게 생성되었으며, 이것이 후대에 어떤 영향을 주고 변화하고 발전하는 지를 설명한다. 그 폭은 광범위해서 고대 철학자들과 신학자들로부터 시작하여 현대의 사상가들과 논의까지 아우른다. 철학으로는 신플라톤주의 역사, 마르크스 이후의 철학, '죽음의 준비,' '활동적 삶'과 '관조적인 삶,' '영혼의 치료'의 개념, 신학에는 신학서론, 신비주의, 부정신학, 경건개념, 문학에는 고향, 그 외에 기독교 세계관 일반정치에 있어서 큰 그림을 그려주어 세밀하고 미시적인 사건들을 이해할 수 있는 틀을 제공한다. 그리고 전광식의 연구는 통합적인 방법을 지향한다. 그의 연구 분야는 철학, 신학, 기독교 세계관, 문학, 예술, 교육, 문화, 과학, 정치에 이르기까지 다양하고 폭넓을 뿐 아니라 이 분야들이 서로 통합되어 있다. 서울대 김병종 교수는 전광식의 통합적인 학문세계를 적절하게 묘사한다.

> 전광식 교수는 철학적 글쓰기의 명인이다. 문, 사, 철을 넘나들며 많은 독서를 한데다가 예술적 감성까지 겸비한 독특한 학자이다. 특히 그는 미술작품을 철학과 문학적 방법으로 해석해내는데 탁월하다. 고전 명작에서부터 현대미술에 이르기까지 허다한 작품들을 그는 철학적으로 분석하고 문학적으로 서술한다. 영어와 독일어는 물론 헬라어까지 폭넓은 어학 실력을 바탕으로 그만의 독특한 사유를 풀어낸다. 하나의 미술작품에서 이토록 다양한 해석과 이야기가 가능할 수 있구나 하는 것을 나는 그의 글을 통해 새삼 느끼곤 한다. 미술작품을

들여다보며 독특한 철학적 사유를 하는 그의 글은 그러나 메마른 논리와 분석으로 시종하고 있지 않다. 풍부한 문학성을 바탕으로 한데다 재미도 있다. 더구나 일정한 위격을 지니고 있다. 그의 글을 따라 그림을 읽다보면 단조로워 보이는 그림세계도 참 풍성해진다.[58]

셋째, 그의 연구는 학술적인 차원에서 객관적인 탐구로 그치지 않고 성경과 기독교 신학과 세계관으로 평가하여 신자들의 삶을 위한 실제적인 교훈을 제시한다. 전광식은 철저하게 성경중심에서 기독교적으로 사상과 문화와 현실을 읽는다. 사상과 현상의 이면에 도사리고 있는 반기독교적인 면을 비판하고 성경적인 대안을 제시한다. 기독교인들을 향하여는 신학과 기독교 세계관에 기반을 둔 올바른 가르침과 현실인식을 주고 비 기독교인들을 대해서는 기독교 진리를 변증하는 역할을 한다. 교회와 사회를 잇는 징검다리 역할을 하는 것이다. 기독교 철학자이며 신학자이지만 일반 출판사와 잡지에서도 왕성하게 활동하고 있다. 또한 전광식은 시대와 문화와 사상을 영적인 눈으로 볼 수 있어야 함을 주장하며 성령의 능력을 강조한다. 악한 영은 문화와 사상을 통해서도 역사하기 때문에 이를 분별해 낼 수 있는 영적인 혜안이 필요하다. 전광식은 우리가 무의식적으로 접하는 세계의 영적 어두움을 들추어내고 기독교인답게 생각하고 살아가야 함을 보여준다.

결 론

전광식은 1985년부터 1990년까지 독일의 레겐스부르그대학교, 뮌헨대학교, 영국의 옥스퍼드대학교, 2000년에는 하버드대학교에서 고대

58 전광식, 『세상의 모든 풍경』, 4-5.

철학, 고전학, 현대신학을 전공하였고, 1990년부터 고신대학교 신학과 교수로 활동하였다. 철학사, 신학사, 학문사, 예술사 등 여러 분야의 과목을 가르쳤고 고신대 교무처장, 부총장, 총장대행을 거쳐 2014년부터는 제 8대 총장을 역임했다. 또한 기독교대학 설립동역회, 기독교세계관 학술동역회, 대한철학회, 대동철학회, 통합연구학회 운영위원 및 이사를 맡았고, 현재는 고신대 신학과 교수로 재직하고 있으며, 동시에 사랑글로벌 아카데미 객원교수, 독수리 중고등학교와 차세대지도자 훈련원 이사장으로 봉사하고 있다. 철학, 신학, 교육, 문화, 정치, 예술, 기독교 세계관을 가로질러 단행본 20여권과 약 70여 편의 소논문을 남겼다. 학문과 대내외 활동 모두에서 높은 업적을 남겼다.

전광식은 젊은 시절의 결심처럼 유학시절까지 묵묵히 학문의 준비를 철저히 하고, 이후에는 연구와 가르침과 대내외 사역을 통해 하나님 나라를 위한 섬김과 희생의 삶을 살았다. 그의 인생에서 우리는 어머니의 기도와 학문에 대한 열심과 다음세대를 위한 섬김이 분명하게 볼 수 있다. 그리고 무엇보다 하나님 앞에서의 순수함과 정직함을 느낄 수 있다. 그는 개인적이며 정치적인 손익을 계산하지 않고 오직 하나님이 무엇을 원하시는지에 관심이 있다. 지금까지 쌓아온 학문과 경력의 탑보다 이 신앙의 인격이 그를 더욱 더 빛나게 한다.

글을 마무리하면서 고대 후기 신플라톤주의와 관련된 소논문들과 예술에 관한 글들이 책으로 출판되었으면 하는 바람을 가진다. 전자는 후배 학자들을 위한 것이며 후자는 모든 성도들을 위한 것이다. 미술과 도예에 관한 글을 읽으면서 저자의 혜안과 통찰력에 감동할 때가 한 두 번이 아니었다. 근래에 기독교 인문학 열풍이 불고 있는데, 전광식은 그 작업을 이미 20년 전부터 하고 있었다. 그러한 글들이 더 많은 사람들에게 소개되고 읽혔으면 한다.

칼빈학술세미나

이동원 목사와의 겨울산책

홍정길, 오정현 목사부부 및 박부원 장로와 함께

웨스트민스터 신학대학교 피터 릴백 총장과
화란 캄펀신학대학 교수 부부와 함께

독일 한스 슈바르츠 교수 부부, 토마스 코트
만 교수, 홍콩루터대 필그림 로 교수 내방

무척산 기도원 인수식 I
손봉호 명예교수, 강영안 이사장 및 교계인사들과 함께

고신대학교 제8대 총장취임식 |
오병세 총장, 손봉호 교수, 홍정길 목사, 김무성 대표, 신일희 총장, 오정현 목사, 이규현 목사, 김신 대법관, 김경수 고검장, 황보승희 의원, 어윤태 구청장, 교단총회 회장단 및 법인이사 등

수상 및 학술연구지원 수혜과제

Technologische Vernunft und ökologische Vernunft (Benz Stiftung, 1987)

Geistontologie und Transzendenzproblem(Friedrich-Ebert-Stiftung, 1987~1990)

A Study on History of the Neoplatonism(Gilchrist Educational Trust, 1988)

동구권에서의 마르크스주의 몰락 이후의 철학적 동향(한국학술진흥재단, 1995)

Gesichtspunkte von Westen über Untergang der Kommunismus (DAAD, 1995)

고향에 대한 철학적 반성(한국학술진흥재단, 1997)
서구정신사에서의 신플라톤주의의 영향사(한국학술진흥재단, 1998)
후기 고대와 초기 중세에서의 비잔틴 철학 연구(학술진흥재단 해외파견교수, Harvard University, 2000)
아카데미 폐쇄 이후 6~7세기 알렉산드리아학파의 철학적 작업에 대한 연구(한국학술진흥재단, 2002)
21세기 기독교교양교육(CMGE)의 모델연구(한국학술진흥재단, 2002)
'죽음에의 연습'과 '삶에의 연습': 후기 고대사상에서의 Melethe Thanatou의 개념사와 그 철학적 이상(한국학술진흥재단, 2003)
Philotheos로서의 Philosophia: 비잔틴철학과 이슬람철학에서의 헬라철학 개념의 변용(한국학술진흥재단, 2005)
'영혼의 병고치기' 또는 '영혼의 밭갈기'로써의 철학: 후기 고대 동방과 서방에서의 철학의 목적론적 개념과 그 문화사회적 의미(한국학술진흥재단, 2010)
시민참여 민주주의와 대중선동적 중우주의의 경계(한국연구재단, 2012-14)

연구 목록

● 학위 논문

교육학적 맥락에서 본 암스테르담 철학의 인간론" 석사학위논문. 고려신학대학 대학원, 1981.
"하늘과 땅의 神學 試論" 석사학위논문. 고신대학 신학대학원, 1983.
"Die Geistontologie und das Transzendenzproblem bei Platon und Hegel: Studien zum Wesen und zur Problemgeschichte des göttlichen Geistes' in Bezug auf die Transzendenz im Platonismus und Hegelianismus" Ph.D. Diss., Universität Regensburg, 1989.

● 저서

『기독교 대안교육과 대안학교』(증보개정판). 서울: SFC, 2019.

『시민참여적 민주주의와 대중선동적 중우주의: 고대헬라, 로마사상에서의 중우정치담론과 현대의 포퓰리즘에 대한 논의』. 부산: 고신대학교 출판부, 2017.

『신학의 길과 신학함의 길: *Quo vadis, Theologia?*』. 부산: 기독교사상연구소, 2010.

『세상의 모든 풍경: 평화와 위안을 주는 풍경화를 찾아서』. 서울: 학고재, 2010.

『칼빈과 21세기』. 서울: 부흥과 개혁사, 2009(편집서).

『성경적 환경론: 환경위기 극복에 대한 성경적 답변』. 부산: 기독교사상연구소, 2006.

『경건의 길: 신학사에서의 경건 논의에 대한 비판적 논고』. 부산: 기독교사상연구소, 2005.

『문명의 황혼과 소망의 그리스도』. 서울: CUP, 2005.

『21세기 기독교 교양교육(CMGE)의 모델』. 부산: 고신대학교 출판부, 2004.

『가난과 부요의 저편』. 서울: SFC, 2002.

『신플라톤주의의 역사: Proklos의 철학을 중심으로 한 신플라톤주의 사상과 서구정신사에서의 그 영향사』. 서울: 서광사, 2002.

『고향: 그 철학적 반성』. 서울: 문학과 지성사, 1999.

『배움과 믿음으로 도전하는 삶』. 서울: CUP, 1999.

『학문의 숲길을 걷는 기쁨: 세계관, 철학, 학문에 관한 여덟 가지 글 모음』. 대구: CUP, 1998.

『마르크스주의 이후의 철학: 마르크스주의 몰락 이후 구소련과 러시아에서의 철학의 변천과 동향』. 서울: 이문출판사, 1996, 2005(개정판).

『(기독교 대학에서의)학문과 삶』. 부산: 고신대학교출판부, 1996.

『기독교대학과 학문 자료집(1)』. 부산: 고신대학교출판부, 1995.

『기독교 세계관으로 본 쥬라기 공원』. 대구: CUP, 1993.
『서구의 황혼에 대한 세 가지 생각』. 서울: 생능, 1988.

● **논문과 북 첸터**

"Zeitgeist and Spirituality: A Christian Antithesis to the Contemporary Civilization." In *Die Bedeutung der Theologie für die Gesellschaft*, edited by Anna M. Madsen (Frankfurt: Peter Lang, 2004): 65–75.

"*Philosophia as Philotheos*: The Reception of Greek Philosophical Definitions in the Byzantine Philosophy and the Islamic Philosophies." *In Christliche Existenz in einer überwiegend nicht-christlichen Umgebung*, edited by Andrea König (Frankfurt: Peter Lang, 2008): 203–18.

""Homoiōsis theō" als Sinn und Ziel des Menschenlebens und der Philosophie bei Platon: im Vergleich mit Aristoteles." In *Doing Theology in a Global Context*, edited by Craig L. Nessan and Thomas Kothmann (Bangalore, India ATC: Asian Trading Corp, 2009): 185–92.

"Christian Philosophy, Apologetics and Worldview in Korea." *In Mission, Dialog und friedliche Koexistenz*, edited by Andrea König (Frankfurt: Peter Lang, 2010): 211–30.

"De vita Christiani moninis bei Calvin." In *Regionale Aspekte der Globalisierung*, edited by Hans Schwarz and Thomas Kothmann (Frankfurt: Peter Lang, 2012): 245–55.

"Identity and Mission of the Christian University." In *Theologie im Spannungsfeld von Kirche und Politik*, edited by Matthias Heesch and Hans Schwarz (Frankfurt: Peter Lang, 2014): 393–405.

"헤겔과 아테네: 『철학사 강의』를 중심으로 살펴본 헤겔 사상의 배후로써의 고전헬라철학." 「哲學硏究」 157 (2021): 127–58.

"Hegel 정신철학의 최종단계: 정신의 귀환과 'Ruhe in Gott'" 「대동철학」 85 (2018): 41–72.

"아리스토텔레스에게서의 민주정치의 이상(理想)" 「대동철학」 79 (2017): 1–28.

"칼빈에게서의 기독교 인생관" 「고신신학」 15 (2013): 385–414.

"*Philosophos*에서 *Philotheos*로: 헬라철학의 마지막 단계로서의 후기 고대 알렉산드리아학파의 철학 정의론과 비잔틴사상에의 영향" 「대동철학」 61 (2012): 369–91.

"'영혼의 병고치기' 또는 '영혼의 밭갈기'로서의 철학: 후기고대 동방과 서방에서의 철학의 목적론적 개념과 문화사적 의의" 「대동철학」 57 (2011): 239–62.

"*Vita Activa*와 *Vita Contemplativa*: 삶의 유형에 대한 개념사적 논의" 「대동철학」 56 (2011): 27–55.

"개혁주의 생명신학의 성경적 토대 모색: 생명의 학문으로써의 신학: 총론적 고찰" 「생명과 말씀」 2 (2010): 133–63.

"*Theologia Negativa*: 부정신학의 역사와 의미" 「石堂論叢」 45 (2009): 33–71.

"사랑의 신학과 실천" In 『하나님 나라와 신학: 황창기 교수 정년퇴임 기념논문집』. 전광식 편 (부산: 고신대학교 출판부, 2008): 225–48.

"학문의 신학적 기초" 「기독교교육정보」 19 (2008): 193–220.

"*Philosophia Arabica*: 초기 아랍철학의 발전과 철학의 정의: 신플라톤주의의 영향을 중심으로" 「대동철학」 45 (2008): 317–40.

"*Philotheos*로서의 *Philosophia*: 후기 고대와 중세 초기 비잔틴에서의 철학적 개념의 수용과 변용" 「哲學硏究」 103 (2007): 181–210.

"*Unio Mystica*와 *Communio Mystica*: 기독교 신비주의에 대한 비판적 소

고”「고신신학」 9 (2007): 227-83.
“5~6세기 Gaza 학파의 기독교 철학”「고신대학교 교수논문집」 26 (2006): 112-25.
“한국사회에 대한 기독교적 비전”「통합연구」 19/1 (2006): 7-22.
“점술(占術)에 대한 성경적 비판”「통합연구」 19/2 (2006): 157-70.
“*Quo vadis, Theologia?*: 신학의 길과 신학함의 길”「고신신학」 8 (2006): 11-63.
“‘죽음에의 연습’과 ‘삶에의 연습’: 후기고대 사상에서의 *Melethe Thanatou*의 개념사와 그 철학적 이상”「哲學硏究」 95 (2005): 307-46.
“플라톤 아카데미의 그늘에 앉은 모세의 후예들: 초기비잔틴사상에서의 기독교와 철학”「고신신학」 6 (2004): 79-135.
“아카데미 폐쇄 이후 6~7세기 알렉산드리아 학파의 철학적 작업에 대한 연구: *Prolegomena Philosophiae*를 중심으로”「哲學硏究」 91 (2004): 321-44.
“한국교회사에 있어서의 오종덕(吳宗德)목사의 위치에 대한 재조명”「고신신학」 5 (2003): 13-32.
“중세 비잔틴에서의 헬라사상의 부흥과 Photius” In 『하나님의 주권과 은혜: 이근삼 박사 사역 50주년 기념논집』 이근삼 박사 사역 50주년 기념 논집 발행위원회 편 (서울: 총회출판국, 2002): 693-701.
“중세 스콜라철학에서의 신플라톤주의적 요소: Proklos 철학의 영향사를 중심으로”「哲學硏究」 82 (2002): 187-211.
“비잔틴 신비주의사상에서의 '신적인 빛'과 '신과의 합일': Gregorios Palamas와 Barlaam of Calbria 간의 논쟁”「고신신학」 4 (2002): 65-85.
“Proklos의 신플라톤주의 사상에 대한 일고: 그의 Trias적 형이상학을 중심으로”「哲學硏究」 77 (2001): 209-38.
“오병세의 신학” In 『새벽이슬 같은 은총의 날들: 오병세 목사 성역 50주년 기념문집』 오병세 목사 성역 50주년 기념문집 간행위원회 편 (부산: 오병세 목사 성역50주년 기념문집 간행위원회, 2001): 101-15.
"초기 비잔틴기독교에서의 수도적 삶: Klimakos와 Maxlmos를 중심으로" 「고신신학」 3 (2001): 81-112.
"후기 고대 및 중세 초기에서의 비잔틴 철학에 대한 소고: 고전 헬라철학의 수용을 중심으로" 「대동철학」 14 (2001): 1-34.
"복음화와 상황화: 대한예수교장로회(고신)의 신앙고백에 나타난 선교론과 현대 에큐메니칼 선교론의 비교연구" 「기독교사상연구」 6 (2000): 145-78.
"전환기의 세계관과 문화에 대한 기독교적 반성" 「통합연구」 13 (2000): 49-72.
"경건의 길: 신학사에서의 경건에 대한 오해와 이해에 대한 비판적 논고" 「고신신학」 2 (2000): 57-100.
"후기 고대에서의 Proklos 철학의 영향사." 「대동철학」 10 (2000): 105-41.
"중세에서의 신학과 신학함: 중세 스콜라신학의 방법론과 배경에 대한 일고(一考)" 「고신신학」 1 (1999): 121-57.
"귀향(歸鄕): 그 철학적 의미: 서양 정신사에서의 논의를 중심으로" 「대동철학」 2 (1998): 357-406.
"기독교 세계관과 현대학문 이론: 최근의 학문이론에 대한 기독교적 비판" 「기독교사상연구」 5 (1998): 9-42.
"고향에 대한 철학적 반성: 근·현대 서양정신사에서의 고향논의를 중심으로" 「哲學硏究」 67 (1998): 253-86.
"기독교 세계관과 현실문제" 「기독교사상연구」 4 (1997): 7-31.
"Platon의 'Phaidros'에서의 '사랑의 광기'" 「哲學硏究」 63 (1997): 401-20.
"최근의 학문이론에 대한 기독교적 비판" 「통합연구」 10 (1997): 97-133.
"성경적 관점에서 본 환경문제" 「고신대학교 교수논문집」 23 (1996): 5-38.
"Postmodernism에 대한 비판" 「기독교사상연구」 2 (1995): 115-60.
"성경적 세계관이란 무엇인가?" 「기독교사상연구」 2 (1995): 7-20.
"신앙과 학문의 통합: 인문과학적 논의를 중심으로" 「통합연구」 8 (1995):

9-37.
"Der Begriff des höchsten Wesens bei R. Descartes und I. Kant: Im Vergleich des Cartesischen Apriorismus mit dem Kantischen Postulatismus im Gottesbegriff" 「고신대학교 교수논문집」 22 (1995): 41-78.
"Die Zeitphilosophie in Platon's *'Timaios'*" 「고신대학교 교수논문집」 21 (1994): 51-86.
"포스트모더니즘에 대한 기독교 세계관적 비판" 「통합연구」 7 (1994): 11-67.
"Eros(ερως) und Mania(μανια) im Platonischen Denken: Erotischer Wahnsinn im Platon's *'Phairdros'*" 「고신대학교 교수논문집」 20 (1993): 269-96.
"인종 차별과 신학사상: 남아공화국에 있어서의 Apartheid 와 신학적 입장에 대한 논고" 「통합연구」 6 (1993): 129-87.
"십자가 상징의 예술철학: 원형 테의 십자가를 중심으로" 「통합연구」 6 (1993): 45-89.
"세계관과 기독교 세계관: 세계관(世界觀)의 개념사(槪念史)와 그 본질" 「기독교사상연구」 1 (1992): 7-44.
"존 칼빈에게 있어서의 기독교 철학" 「통합연구」 5 (1992): 57-94.
"Hellenic and Christian Studies" 「통합연구」 5 (1992): 119-31.
"독일의 대학과 학문연구" 「學生生活硏究」 6 (1991): 46-67.
"가난과 부요의 저편(彼岸): 아굴의 기도와 성경적 소유원리" 「통합연구」 4 (1991): 181-200.
"생태학적 철학과 윤리학의 최근 동향" 「통합연구」 4 (1991): 109-39.
"하나님에 관한 문학적 표현" 「통합연구」 4 (1991): 95-105.
"하나님의 경륜과 역사철학: Karl Popper의 역사관에 대한 비판" 「기독교대학」 42, 43 (1990).

"헬라人과 야만인(野蠻人): 바울과 Proklos 에게 있어서의 두 개념의 대립성 극복과 통일에 관한 연구" 「통합연구」 2 (1989): 49-66.
"時間과 終末" 「고려신학보」 4 (1982): 20-29.
"도대체 하나님이 어떻게 되었단 말인가? (1): 所謂 死神神學에 대한 批判" 「고려신학보」 2 (1980): 22-25.
"도대체 하나님이 어떻게 되었단 말인가? (2): 所謂 死神神學에 대한 批判" 「고려신학보」 3 (1980): 32-43.
"한국에서의 기독교 문화건설론" 고려신학보, 5월호 (1979): 2
"現代神學의 方法論 批判: R.Bultmann의 神學을 中心으로" 고려신학보, 제 37호 (1978): 2.
"*Tractatus*의 中心思想" 고려신학보, 6월호 (1978): 2.

배정훈 교수

고신대학교 신학과 (B. A)
고신대 신학대학원 (M. Div)
보스턴 칼리지 (Boston College, Th. M)
호주 가톨릭 대학교 (Australian Catholic University, Ph. D)
현 고신대학교 신학과 교회사 교수

저서_*John Chrysostom on Almsgiving and the Therapy of the Soul*, Patristic Studies in Global Perspectives 1. Paderborn: Brill, 2021.

정규남 박사

정규남 박사의 생애와 신학

황성일_광신대학교 교수

연세대학교 철학과 졸업
연세대학교 대학원(철학) 졸업
미국, Westminster Theological Seminary (M. Div. Th. M)
미국, Drew University, Madison New Jersey (Ph. D).

아세아연합신학대학교 교수 및 부총장 (1980~1997)
의료선교교회 담임목사 (1981~1982)
충현교회 협동목사, 장년 3부 지도 목사 (1989~1994)
광신대학교 총장 (1997~현재)

이스라엘, Ecumenical Institute 연구(Visiting Scholar) (1982~1983)
영국, Oxford University 연구(Visiting Scholar) (1986~1987)

한국복음주의신학회 회장 (2004~2006)
복음주의신학대학 협의회 회장 (2005~2007)
성경공회 감수위원장 역임, 현재 한국성경공회 이사장 및 대표회장 (2000~현재)

부친 정문갑 장로

정규남 박사의 부친 정문갑 장로는 1906년 고흥 포두면에서 출생했다. 그는 길두교회 류천석 장로의 전도를 받아 어렸을 때부터 교회에 출석하면서 신앙생활을 시작했다. 점차 성경에 관한 관심이 깊어지면서 마침내 그는 성경을 더 배우려는 마음으로 순천의 매산학교(현재 순천 매산고등학교)에 진학했다. 매산학교는 미국 남장로회 선교사인 존 페어맨 프레스턴(변요한 John Fairman Preston, 1875~1975)과 로버트 쏜웰 코잇(고라복 Robert Thornwell Coit, 1878~1932)이 설립한 학교로서 정규과목으로 성경을 가르치는 것과 신사참배를 반대한 것으로 유명하다.

정문갑은 매산학교 재학 시절 벌교의 유지 가문에서 온 조덕제와 절친한 벗이 되었다. 후에 그는 조덕제의 소개로 그 동생 조순심과 만나 결혼하게 되었다. 독실한 신앙을 가졌던 그는 25세의 나이로 길두교회의 안수집사가 되었고, 1933년 만 27세의 나이로 포두면 길두교회의 초대 장로로 추대되었다.

1934년에 그는 고흥군 남계리에 화신연쇄점(백화점)을 3인 공동으로 설립하여 10여년 동안 경영하였다. 그러다가 포두면의 면장이 되면서 경영권을 포기하고 오로지 면장으로서의 활동에 집중하였다. 포두면의 8대 면장으로 재직하면서 포두수리조합장도 겸직하였다,

포두면의 면장으로 활동하던 그는 1953년부터 당시 집권 여당이었던 자유당의 전남도당에서 총무부장으로 활동했다. 그 후 1955년에 광주로 이주하였고, 그때로부터 본격적으로 정치활동을 하게 된다. 그러다가 1956년 8월 13일, 제2대 도의원 선거에서 당선되었고, 또 의장으로 선출되었다. 대룡골의 저수지인 대룡제는 그가 도의원으로 활동하던

초기 시절 1956년에 완공하였다.

1960년 3월 15일의 부정선거는 4.19 혁명으로 이어졌다. 결국, 이승만 대통령이 하야하고 허정을 수반으로 하는 과도기 내각이 구성되었다. 그 후 3차 개헌과 함께 내각책임제가 시행되었다. 그리고 치러진 국회의원 선거에서 무소속으로 입후보한 그는 고흥군민의 지지에 힘입어 참의원으로 선출되어 산업위원회 소속으로 활동하였다. 1961년 5.16 군사 쿠데타와 함께 국회가 해산되자 그는 참의원 활동을 중단하고 광주로 귀향하였다. 그 이후 교회를 중심으로 생활하다가, 1977년 5월 19일 광주 자택에서 72세로 세상을 떠났다.

유학 이전

정규남 박사는 1944년 고흥에서 부친 정문갑과 모친 조순심 사이에서 6남 3녀 중 사남으로 출생하였다. 그는 초등학교에 입학한 형을 따라 학교에 놀러 다니다가, 1950년 6세의 나이로 자연스럽게 학교에 입학하였다. 당시 초등학교 교장은 고숙이었고, 큰누나가 교사로 재직하고 있었다. 초등학교 5학년이 되었을 때 부모님을 따라 광주로 전학하였다. 이 무렵 모친은 금남로 4가 도로변에 호남여관을 운영했고, 부친은 도의원으로 당선되어 정치인으로서 활동하였다. 이후 온 가족이 광주중앙교회에 출석하였다. 정규남의 경건한 삶과 신앙, 그리고 신학의 기초는 일차적으로 부모로부터 이어받아 형성되었다. 그리고 광주중앙교회 주일학교를 통해 교육을 받으면서 그 기초가 더욱 견고하게 되었다.

정규남은 1958년 광주 숭일고등학교에 입학하였다. 숭일고등학교는 배유지(Eugene Bell) 선교사에 의해 1908년 설립된 학교로서 신사참배를 반대하여 8년 동안 폐쇄되었다가 광복 후 다시 복교되었다. 정규남은 고등학교 3년 동안 계속 반장으로 활동했다. 또 광주중앙교회 고등부 회장뿐만 아니라 광주시 전체 교회 학생연합회 회장으로 봉사하였다. 그러면서 정규남은 학생 시절부터 리더의 자질을 키워나갈 수 있었다. 이 무렵 그는 참의원을 지낸 부친처럼 정치가가 되는 꿈을 품었다. 해방 이후 격변하던 한국의 시대적 상황 속에서 사회와 국민을 위해 희생적으로 봉사하는 부친의 모습이 그에게 큰 영향을 미쳤기 때문이었다.

하지만 그가 고등학교 2학년 때 폐결핵에 걸리면서 인생의 큰 전환을 이루게 된다(1959년 10월). 그가 학교의 수학여행에서 돌아왔을 때 피를 토하게 되어, 제중병원(현재 광주 기독병원)에 입원했다. 병은 이미 상당히 진행되어서 폐에 공동이 생길 정도였다. 당시 폐결핵은 환자의 사망률이 꽤 높은 질병이었다. 그는 뜻하지 않게 4개월이나 병원에서 입원생활을 해야만 했다. 병원의 침상에 누워 그는 하나님에 관하여, 그리고 자신의 삶에 대하여 깊이 성찰할 기회를 얻었다. 그리고 마침내 목사가 되기로 하나님께 서원하였다.

정규남은 일이관지(一以貫之)하는 사람으로서 무엇을 결정할 때는 매우 신중하고, 한번 결정한 것은 끝까지 이루어나가는 성품을 지니고 있다. 그런 그에게 있어서 정치가가 되려는 처음 결심을 바꾸어야만 했던 일은 쉽지 않았음이 분명하다. 하지만 병상에서의 생활은 그에게 많은 생각을 하게 하였고, 기도하며 성경을 읽는 중에 하나님께서 자신을 목사로 부르고 계심을 확신할 수 있었다. 그는 그러한 결정을 그 이후 한 번도 후회하지 않았고 훌륭한 목사가 되기 위해 최선을 다하였다.

하지만 이러한 그의 서원이 가족들에게는 안타까운 마음을 불러일으켰다. 당시는 목회하는 목사의 삶이 힘들기만 할 때였다. 아주 특별한 경우가 아니라면, 고난과 희생밖에 없는 목사의 삶을 살겠다고 결심하는 사람들이 드물었다. 그만큼 목사가 되겠다는 결심은 쉽지 않았다. 여러 면에서 밝은 미래가 기대되는 한 젊은이가 목사가 되겠다고 결심하자 그의 가족을 포함한 주변 사람들이 마음으로 애처롭게 생각하였다.

정규남은 고등학교를 졸업하고 신학을 공부하려고 하였는데, 당시에는 정규대학으로 인정받은 신학대학교가 존재하지 않았다. 그러므로 그는 신학의 바탕이 될 수 있는 철학을 먼저 공부하고 그 이후에 신학을 공부하겠다는 계획을 세우고 1961년 3월 서울 연세대학교 철학과에 입학하게 된다. 그리고 1965년 졸업과 함께 같은 대학교 대학원으로 진학하여 철학을 계속 공부하였다. 철학은 그의 신학에 튼튼한 기초와 방법론을 제공하였다. 그의 글이나 말이 간단하면서도 명료하여 사람들이 쉽게 이해할 수 있는 것은 이와 같은 철학적 기초가 저변에 형성되어 있기 때문일 것이다.

1968년 11월 12일 그는 광주중앙교회당에서 정지나와 결혼하였다. 정지나는 광주중앙교회를 담임하던 정규오 목사의 장녀다. 정규남과 정지나는 동성이지만 본이 다르므로 서로 교제하는 것이 아무런 문제가 되지 않는다. 하지만 조금이라도 오해의 소지를 남겨두지 않기를 원하는 양가 부모들이 처음에는 둘의 교제를 반대하기도 했었다. 그러나 두 사람의 사랑은 어떤 상황에서도 변하지 않았고, 마침내 부모님들의 동의를 얻어 부부가 되었다. 이후 지금까지 언제나 사랑하면서 존중하였는데, 반세기가 넘는 결혼생활 동안 그들은 목소리를 높여 다툰 적이 한 번도 없었다고 한다. 막내아들 정성철은 자신의 부모에 관하여 "두 분은 천생연분이다. 서로를 사랑하시고, 서로 잘 도우실 수 있다."라는 글을 남기고 있다. 또 정지나 사모는 결혼 50주년이 되던 해인 2019년에 그동안의 모든 추억과 사랑을 담아서 『세월은 흘러도 사랑은 남는다』라는 제목의 책을 출판하였다.

정규남의 경건한 삶에는 경제에 관한 성경적 원칙이 분명하게 세워져 있다. 이는 다름 아니라 자신이 노력함으로써 생기는 정당한 수입 외에는 얻으려 하지 않는다는 것이다. 이러한 원칙은 그의 일상생활 가운데 언제나 실천되고 있었다. 한 예를 들면, 제주도에서 신혼여행을 마치고 광주로 돌아온 뒤 그는 자신이 호텔 숙박료를 적게 지급한 것을 깨달았다. 그 즉시 호텔로 연락하여 다시 보내겠다고 하였으나 호텔에서 감사하다고 말하면서 부족한 숙박료 부분은 결혼선물로 생각하라고 말해주는 것이었다. 그는 그 답변을 듣고서야 호텔에 돈을 보내려 하지 않았다.

유학 시절

이제 그가 고등학교 시절에 서원했던 대로 신학을 공부해야 할 때가 되었다. 정규남은 한국의 교단 신학교에 가기보다 미국으로 유학하여 신학을 공부하기로 하였다. 군대에서 복무하는 동안 정부에서 시행하는 유학 자격시험을 치렀는데, 군 생활 도중에 시험을 준비하기가 쉽지 않았다. 그러나 놀랍게도 그가 공부했던 내용에서 모든 문제가 다 나왔고, 애매하다고 여겼던 문제들도 모두 정답을 적어낼 수 있었다. 이렇게 그는 하나님의 은혜로 무사히 유학 자격시험에 합격할 수 있었다. 그는 하나님께서 자신의 유학을 기뻐하고 계심을 알 수 있었다.

그가 유학할 학교로 처음에는 고든-콘웰신학교를 생각하기도 했다. 그러나 아내 정지나 사모의 오빠인 정대현 교수가 그 무렵 웨스트민스터신학교에서 유학하고 있었기 때문에 정규남 역시 같은 학교에서 유학하겠다고 결심하였다. 웨스트민스터신학교는 개혁주의 신앙과 신학으로 유명하였기 때문에 망설일 이유가 없었다. 그는 1969년 1월 30일 혼자서 미국 유학길에 올랐다. 이때는 결혼한 지 3개월이 지난 때로서 신혼이었지만 어쩔 수 없이 아내와 헤어져야 했다. 그러나 얼마 지나지 않아 유학생의 아내에게도 비자를 허용하는 법이 생겨서, 같은 해 12월 3일 정지나 사모가 학생부인 자격으로 미국으로 갈 수 있었다.

그는 웨스트민스터신학교에서 신학대학원(M. Div.) 과정을 마친 뒤, 신학석사(Th. M.) 학위를 위해 진학할 학교를 정해야 했다. 신학석사 학위를 하려면, 그 이후 진학할 박사과정을 염두에 두어야 하는 법이다. 그런데 그 당시 많은 학교가 웨스트민스터신학교에서 신학석사 과정을 졸업한 사람을 박사 과정에 받아주려고 하지 않았다. 왜냐하면, 그 학교들은 웨스트민스터신학교가 지나치게 보수주의 신학을 가르친다고 생각하고 있었기 때문이다. 그러므로 정규남 박사도 웨스트민스터신학교에서 신학석사 과정을 밟는 것을 다소 주저하였다. 더욱이 이때 프린스턴대학교에서 그의 신학석사 과정 입학을 허가하면서 장학금까지 약속해 주었다. 정규남 박사는 웨스트민스터신학교와 프린스턴대학교 중 어느 학교에서 신학석사 과정을 밟을 것인지 진지하게 생각했다. 하지만 결국 그는 물질적인 혜택을 받으면서 자유주의신학을 가르치는 대학교로 가는 것을 포기했다. 그 대신 그는 재학 중에는 아무런 장학 혜택이 없고 졸업한 뒤에는 박사 과정으로 진학하기도 어렵지만 보수주의 신학을 가르치는 웨스트민스터신학교에 남기로 하였다. 그가 웨스트민스터신학교에서 신학석사 학위를 받을 수 있도록 논문을 지도해 준 교수는 팔머 로버트슨(Palmer Robertson) 교수였다.

미국 PCA 교단에 속해있는 로버트슨은 학교에서 교수로 재직하면서 동시에 자신이 출석하는 교회의 설교 목사로 봉사하고 있었다. 그는 보수주의 신학에 근거한 구약학자일 뿐만 아니라, 청중들에게 감동과 도전을 주는 뛰어난 설교가로서도 사람들의 존경을 받고 있었다. 그의 대표적인 저서는 The Christ of the Covenants이다. 이 책은 『계약신학과 그리스도』라는 제목으로 번역되어 국내에 소개되었다.

정규남은 웨스트민스터신학교에서 공부하는 동안 학비와 생활비가 언제나 부족했으므로 주말이 되면 밀러(Miller) 목사가 시무하는 Summit Church에서 관리인으로 근무하면서 돈을 벌어야 했다. 그가 주로 해야 하는 일은 화장실을 포함하여 교회 건물 전체를 청소하는 것이었다. 자신에게 주어진 일이라면 어떤 것이든 최선을 다해 수행하는 정규남은 교회의 화장실 청소에 있어서까지 조금도 소홀함이 없었다. 그 교회를 담임하고 있던 밀러 목사는 그가 힘든 일을 성실하게 수행하는 모습을 보고 크게 감동하였다.

석사 학위를 끝내고 박사 학위과정으로 진학해야 하는데, 다시 학교를 선택하는 문제로 고심했다. 웨스트민스터신학교에는 박사 과정이 없었고, 그 학교 출신이 다른 대학교의 박사 과정으로 진학하기가 쉽지 않았기 때문이다. 그러던 중 주말마다 봉사하던 Summit Church의 밀러 목사가 드류대학교(Drew University)를 추천하면서 자신과 친밀한 Herbert B. Huffmon 구약 교수를 소개해 주었다. 정규남이 드류대학교의 Huffmon 박사를 인사차 방문했을 때, Huffmon 박사는 그 자리에서 바로 다른 교수를 불러 입학 면접을 보았다. Huffmon 박사는 Miller 목사의 소개로 이미 정규남에게 큰 호감을 갖고 있었기 때문이다.

유학 시절에 정규남의 세 아들이 모두 태어났다. 석사 학위를 하던 기간 중 1971년 장남 정영철(현재 연세대학교 의대 정신건강학과 교수)이 출생하였고, 1975년 6월 6일 둘째 정한철(미국 나사NASA에서 9년간 선임연구원으로 근무하다가 2020년 귀국, 현재 한국해양과학기술원의 선임연구원)이 출생하였다. 그리고 박사 과정을 진행하던 중 1977년 7월 19일 셋째 정성철(현재 명지대학교 정치외교학과 교수)이 출생하였다. 이 세 아들은 모두 미국에서 출생하여 미국 시민권을 가지고 있었다. 하지만 이들은 그 시민권을 포기하였고, 다들 군대에 입대하여 최전방에서 현역으로 복무하였다. 이들이 어린 시절에 한국어를 제대로 모르는 상태로 귀국하여 한국의 학교나 사회에 적응하기가 쉽지 않았을 것이다. 그런데도 한 번의 불평도 없이 잘 성장하여 한국 사회를 이끌어가는 귀중한 인재가 되었다. 이는 어렸을 때부터 부모의 삶을 보면서 자연히 형성하게 된 훌륭한 신앙과 인격에 기인한다고 여겨진다.

1975년 정규남은 뉴저지에 소재한 드류대학교 기숙사에 새로운 보금자리를 얻었다. 그리고 Bush 목사가 담임하던 Madison Immanuel Church에 출석하였다. 드류대학교는 외국인 학생에게도 장학금을 지원하였기 때문에, 비로소 그는 연구에 집중할 수 있는 좋은 환경을 얻을 수 있었다.

1977년 5월 9일, 정규남은 박사학위 논문 자격을 취득하기 위한 종합시험을 치렀다. 정해진 날이 되어 시험을 치르려고 할 때 몸의 상태가 갑자기 좋지 않아져 당혹스러웠으나, 무사히 시험을 치르고 합격할 수 있었다. 그런데 같은 날 같은 시간에 광주에 계시던 부친 정문갑 장로가 소천했다는 소식을 나중에야 듣게 되었다. 한국에 있던 가족들이 혹시라도 그가 종합시험 치르는 일에 방해가 될까 염려하여 소식 보내는 것을 늦추었기 때문이다. 그는 자신이 존경하고 사랑하던 부친의 임종을 보지 못했다는 안타까움에 눈물을 흘려야 했다. 하지만 그가 가난한 유학생의 삶을 살아가면서 뒤늦게 귀국할 수도 없어서 먼 이국땅에서 슬퍼할 수밖에 없었다. 사실 그는 재정적인 이유로 10년 유학 생활 동안 한 번도 한국을 방문할 수 없었다.

드류대학교에서 박사학위 논문을 지도했던 지도교수는 그의 입학을 받아주었던 Herbert B. Huffmon 박사다. Huffmon박사는 1968년 이후에 드류대학교에서 강의했던 성경 고고학자이면서 성경 신학자이다. 그는 아카드어로 기록된 마리 문서를 연구하였고, 특히 마리 문서에 나타난 고대 근동의 예언과 성경 예언서를 비교하는 연구로 유명하다.

정규남의 박사 학위 논문의 제목은 Court Etiquette in the Old Testament(“구약에 나타난 궁중 예절”)이다. 그는 이 논문에서 구약에 나타난 이스라엘의 왕 즉위식이나, 혹은 다른 궁중 의식들에 관하여 연구했다. 그가 이러한 주제를 선택한 것은 평소에 이 주제에 관해 관심을 지니고 있었던 이유도 있지만, 한편으로는 문서설을 비롯하여 여러 비평 이론들에 관한 무익한 논쟁을 피하려고 했기 때문이다.

목사 안수를 받을 때가 자꾸 늦어진다는 것이 이 무렵 그가 고민했던 또 하나의 문제였다. 한국에 들어가기를 기다렸다가 한국의 보수 장로교단에서 안수를 받으려면 한국의 교단 신학교에서 재교육을 받아야 할 수도 있었고, 또 다른 여러 가지 문제들이 있을 수 있었다. 무엇보다 70년대 말 한국의 장로교 상황은 크게 혼란스러웠다. 당시는 한국장로교단의 다툼과 분열, 이합집산이 매우 심할 때였다. 그러므로 이 문제로 자신의 석사 논문 지도교수였던 로버트슨 교수와 상의하였는데, 로버트슨 교수는 자신이 속한 PCA(Presbyterian Church in America) 교단에서 안수받는 것이 좋겠다고 권면하였다. PCA 교단은 미국에서 보수 개혁주의 신학에 기초한 교단으로는 가장 큰 교단이다. 로버트슨 교수의 권면에 따라 정규남은 그 교단에서 요구하는 대로 목사가 되기 위한 준비 과정을 모두 밟은 뒤 드디어 1978년에 목사 안수를 받았다. PCA 교단의 전통에 따라 안수식에서 정규남 박사가 설교하였다. 이는 그가 목사가 되겠다고 결심한 지 20년째가 되는 해였다.

로버트슨 교수는 정규남 박사의 학문과 신학에 큰 영향을 미친 인물이다. 정규남 박사는 그를 존경하여 언제까지나 자신의 지도교수로 여기고 있다. 로버트슨 박사 역시 제자인 정규남 박사를 특별히 사랑하였다. 정규남 박사가 학위를 마치고 귀국해야 할 무렵, 그의 형편이 어렵다는 것을 알고 있었던 로버트슨 교수는 그를 불러서 한국까지의 항공료를 자신이 내겠다고 하면서 준비한 돈을 그에게 주려고 하였다. 정규남 박사는 로버트슨 박사의 사랑에 크게 감복하였다. 하지만 정규남 박사에게는 마침 모친이 여비를 보내주신 것이 있었으므로 정중히 사양하면서 그 돈을 로버트슨 교수에게 돌려주었다고 한다. 이에 로버트슨 교수는 정규남 박사의 이러한 정직한 모습에 한 번 더 감동하면서 자신의 제자를 더 자랑스럽게 여겼다.

1979년 2월 27일, 마침내 그는 10년의 유학 생활을 마치고 세 아들의 아빠이며, 목사와 박사가 되어서 35세의 나이로 귀국했다. 서울에서 하루 머문 뒤 1979년 2월 28일 광주로 내려올 수 있었다. 본가의 마당에서 모친과 상봉하였는데, 아들에 대한 그리움이 너무나 사무쳤던 모친은 아들을 만난 기쁨에 못 이겨 그의 품에 안긴 채 실신하고 말았다. 그는 모친을 곧바로 적십자 병원으로 모시고 갔으나, 결국 모친은 그대로 소천하시고 말았다.

광주신학교 교수 시절

박사 학위를 마칠 무렵, 정규남은 미국에서 강의할 자리를 찾고 있었다. 자신은 미국에서 교수 사역을 하면서 그동안 아내 정지나 사모에게 공부할 수 있는 기회를 만들어주려는 생각도 강하게 있었다. 마침 L.A.에 한인 신학교 건립을 계획하고 있던 미국의 한인 교회들이 그에게 전임 교수 자리를 제안하고 있었다.

그런데 1978년 갑작스럽게 장인인 정규오 목사가 미국으로 찾아왔다. 정규오 목사는 광주신학교를 운영하면서 자격을 갖춘 훌륭한 교수를 초빙하기 위해 노력하고 있었는데, 때마침 사위인 정규남이 학위를 곧 받게 되었음을 알고 교수 초빙을 위해 온 것이었다. 그가 이렇게 직접 찾아오게 된 것은 사위인 정규남을 교수로 초빙하기 전에 그가 10년의 미국 유학 생활을 통해서 어떤 신학을 정립하게 되었는지 확인하기 위해서였다. 정규오 목사는 사위와 장시간 동안 그의 신학적 입장에 관해 이야기했는데, 정규남 박사가 유학을 떠나기 전에 갖고 있었던 보수적 신앙을 변함없이 지니고 있음을 알게 되었다. 또 정규남 박사는 자유주의 신학을 조금도 받아들이지 않고 개혁주의 신학과 보수적 성경 영감설의 바탕 위에 견고하게 서 있었다. 크게 기뻐한 정규오 목사는 사위에게 광주신학교에서 교수 생활을 시작하는 것을 제안하였다. 이때 정규남 박사가 흔쾌히 수락하지 않자, 정규오 목사는 그의 모친 건강이 좋지 않다는 이야기까지 해주었다. 그 이야기를 들은 정규남 박사의 마음이 흔들릴 수밖에 없었다. 이를 알게 된 정지나 사모가 자신이 미국에서 공부하는 것을 포기할 테니 한국으로 빨리 들어가 모친을 모시고 살자며 남편에게 권유하였다.

그런데 정규남 박사가 한국으로 돌아가려 해도 여비가 없다는 것이 문제였다. 그러던 중 광주에 계시는 모친으로부터 한국에 들어오라는 권유와 함께 모친이 보낸 여비가 미국에 도착하였다. 또 그는 모친의 건강이 더 나빠지고 있다는 소식도 들을 수 있었다. 정규남 박사는 유학 생활을 하느라 부친의 임종을 보지 못했는데, 모친께서도 편찮으시다는 것을 알게 되자 다른 생각을 하지 못하고 귀국을 서두르게 되었다. 모친과 함께 있으려는 의도에서 광주신학교의 교수직 제안을 받아들였다. 그리고 이왕에 광주신학교에 가게 되었으니 최선을 다해 학생들을 교육하고 학교의 발전에 이바지하겠다는 각오를 품었다.

1979년 귀국한 정규남 박사는 그해 봄학기부터 광주신학교 구약학 교수가 되어 학생들을 지도하였다. 그는 월요일에서 금요일까지 광주에서 강의한 뒤, 서울에서 주말을 보내는 방식으로 생활했다. 왜냐하면, 자녀들의 한국어 교육과 학교생활의 적응을 위해 1년만 서울에서 거주하고 그 후 광주로 이사하려는 계획에 따라 서울에 임시 처소를 마련했기 때문이다.

그러나 얼마 지나지 않아 정규남 박사는 광주신학교에서 뜻하지 않게 혼란스러운 일을 겪게 된다. 어떤 사람들이 정규남 박사를 오해하여 그가 정치적 야욕을 품고 장인이 교장으로 있는 광주신학교로 왔다고 말하고 다녔기 때문이다. 학문연구와 학생지도에만 힘쓰기를 원했던 정규남 박사는 자기 뜻과 상관없이 정치적인 힘겨루기에 자신이 빠져들었음을 깨달았다. 결국, 그는 광주신학교 교수 생활에 대한 회의를 느끼게 되었고, 기도하면서 하나님의 뜻을 물었다. 마침내 그는 이런 상황이라면 학교를 옮기는 것이 광주신학교를 위해서, 그리고 자신을 위해서 불가피한 선택이라는 결론을 내리게 되었다. 정규오 목사가 크게 반대했으나 정규남 박사는 학교를 옮기는 것이 하나님의 뜻이라 확신했다.

사실 정규남 박사는 유학 시절 동안 ACTS(아세아연합신학대학교) 교수였던 이종윤 박사로부터 ACTS의 교수로 오라는 제안을 받은 바 있었다. 그러므로 정규남 박사는 이종윤 박사에게 연락하여 ACTS로 가고 싶다는 생각을 밝혔다. 그러자 이종윤 박사는 ACTS의 총장 한철하 박사와 함께 그의 자택으로 찾아와서 ACTS 교수로 오라고 간곡한 태도로 제안하였다. 이에 정규남 박사는 길지 않았던 광주신학교 교수 생활을 정리하고 학교를 옮기게 된다.

광주신학교에서 비록 짧게 강의하였으나, 그때 그는 많은 학생을 가르치면서 그들과 좋은 관계를 맺을 수 있었다. 정규남 박사는 광주신학교에서뿐만 아니라 그 이후의 교수 생활에 있어서 언제나 강의 준비에 있어서 매우 성실하였고, 철저하게 보수주의 정통신학에 입각하여 학생들을 가르쳤다. 그의 강의는 학생의 학문적인 욕구를 충족시키면서, 무엇보다 그들의 신앙과 신학을 바르게 세워줄 수 있었다. 학생들은 그가 강의하는 매 순간에 그의 인격과 신앙을 깊이 느끼게 되기 때문이다.

정규남 박사를 만났던 대다수 사람은 그의 장점으로서 대인관계에서 나타나는 겸손과 온유를 말한다. 그는 사람을 만날 때 항상 따뜻하게 배려하고 존중하는 태도로 대하며, 그 사람과 그 가족들의 형편에 관해 관심을 표시한다. 교수의 신분으로 학생을 대한다고 하여 그들에게 고압적인 태도를 나타내지 않고 겸손히 대하면서, 학생의 학교생활뿐만 아니라 가정생활과 신앙생활에까지 관심을 기울인다. 그리고 학생의 이름과 얼굴을 기억하려고 노력하기 때문에, 오랜 시간이 지나서 만날 때에도 그의 이름을 기억하여 말할 수 있었다. 이 같은 그의 성품으로 인하여 광주신학교에서 만났던 많은 학생이 언제까지나 그를 선생님으로 생각하면서 존경하는 마음을 품고 있다. 이러한 모습은 비단 광주신학교의 학생들뿐만 아니라 ACTS의 학생들에게도 똑같이 나타난다. 특히 이 시기에 맺어진 광주신학교 동문과의 친밀한 관계는 후일 정규남 박사가 광신대학교 총장으로 취임하게 될 때 그에게 큰 힘이 되어 주었다.

ACTS(아세아연합신학대학교) 시절

정규남 박사는 한철하 총장의 초빙으로 1980년 3월 봄학기 ACTS 교수로 취임하여 18년 동안 재직했다. ACTS의 분위기는 교단의 정치적 혼란 속에 어려움을 겪었던 광주신학교의 분위기와 크게 달랐다. ACTS는 보수적인 신학의 기초 위에 설립된 초교파 신학교로서 당시 어떤 교단으로부터도 지나친 영향을 받지 않으면서, 교수들의 학문연구와 강의가 자유롭게 이루어지는 대학이었다. 당시 ACTS에 재직하던 교수들은 대부분 학문을 연구하고 후학을 양성하는 것을 자신의 사명으로 삼고 있었다. 이러한 분위기는 정규남 박사의 성품이나 뜻에 잘 어울리는 것이었으므로, 그는 ACTS의 교수가 된 것을 진심으로 기뻐하였다.

한철하 총장 역시 정규남 박사를 사랑하고 신뢰하였으므로 많은 부분에서 도움을 베풀었다. 정규남 박사에 대한 한철하 총장의 사랑을 알 수 있는 사례를 들자면, 한철하 총장은 일찍 세상을 떠난 아들의 추모예배를 10여 년 이상 드렸는데, 그때마다 항상 정규남 박사에게 설교를 맡겼다. 또 ACTS의 양평 캠퍼스 옆에 칼빈 아카데미를 조성하면서 그 경내에 한철하 총장은 자신이 사랑하고 감사하는 세 사람을 가리키는 소나무 세 그루를 심었다. 그중의 한 그루는 정규남 박사를 위한 것이었다.

ACTS 교수로 있으면서 1981년부터 1989년까지 그는 서울 충현교회 협동 목사로 봉사했다. 그는 주일마다 장년부 성경공부를 인도하기도 했다. 이것은 정규남 박사에게도 성경을 쉽게 풀이하는 것을 연습할 기회를 제공해 주었으며, 성도들을 위한 쉽고 올바른 성경 번역본이 필요하다는 사실을 경험하게 하였다.

이 무렵 의사인 이명수 장로와 차경섭 장로는 전문 의료인들을 위한 교회를 만들었는데, 그들은 정규남 박사에게 그 교회의 담임목사가 되어 줄 것을 제안하였다. 교회가 ACTS 서대문 캠퍼스 안에 있었기 때문에 자연스럽게 정규남 박사는 1982년 의료선교교회 초대 담임목사로 취임했다. 정규남 박사는 자신의 지도교수였던 로버트슨 박사의 모습을 기억하면서, 자신 역시 주로 설교와 심방만을 담당하였고 교회 운영은 성도들의 손에 맡겨 두었다. 그러나 그것 역시 자신의 교수 생활뿐만 아니라 교회의 성장에도 지장을 준다고 생각하여 2년 후 사임했다.

정규남 박사는 ACTS에서 지내는 동안 연구년을 세 번 가졌다. 세 번이나 연구년을 보낼 수 있게 된 것은 자신을 항상 도와주려 했던 한철하 총장의 배려가 있었기 때문일 것이다. 첫 번째 연구년은 이스라엘의 예루살렘 에큐메니칼 인스티튜트에서 보냈다(1982~1983년). 3년 뒤 두 번째 연구년 동안 그는 영국 옥스퍼드 대학에서 두 학기 동안 연구할 수 있었다(1986~1987년). 그리고 세 번째 안식년은 ACTS에서 재직한 마지막 해에 이루어진 것으로 미국의 여러 대학을 탐방하면서 보냈던 기간이었다(1996년).

첫 번째 안식년을 마치고 난 후, 정규남 박사는 귀국 이후 계속 해왔던 강의와 연구 결과를 정리하여 1985년 5월 31일, 41세의 나이로 『구약개론』 초판을 출판했다. 이 책은 오랜 시간 동안 ACTS에서 강의 교재로 사용되었다. 또 정규남 박사에게 배웠던 많은 제자가 여러 교단 여러 신학교의 교수가 되면서 그들 역시 이 책을 필수적인 구약학 교재로 사용하였다. 따라서 이 책은 구약학이라는 학문 분야뿐만 아니라 교단을 초월하여 한국 목회자들의 목회 사역에 큰 영향을 끼친 책이 되었다. 이 책은 1999년 9월 13일에 초판 13쇄가 출판되었고, 2011년에는 재판 6쇄가 출판되었다.

또 1994년에 정규남 박사는 충현교회 장년부 성경공부를 인도하면서 만들었던 교재를 정리하여 『고린도전서 강해』와 『고린도후서 강해』를 출판하였다. 이는 평신도들이 알기 쉽게 신약성경 고린도전서와 후서를 풀이한 것으로서 성도의 거룩한 삶에 관한 교훈들을 정리한 책들이다.

ACTS에서의 마지막 해인 1996년, 정규남 박사가 세 번째 연구년을 보낼 때 『구약신학의 맥』이 출판되었다. 이 책은 오랜 시간 동안 구약신학을 강의하면서 사용하던 강의안을 수정하고 보완하여 만든 책이며, 그의 신학을 총정리한 책이라 할 수 있다.

광신대학교 총장 시절

광신대학교는 1954년 10월 21일에 광주신학교로 개교하였고, 1993년에 4년제 대학 학력 인정 학교가 되었으며, 1996년에 광신대학교 설립인가를 받았다. 광신대학교 초대총장은 정규오 목사였다. 정규오 목사는 이 무렵 고령으로 업무를 감당하기 어려웠으므로, 신임 총장을 초빙하기 위하여 총장 후보를 국내외 학자와 목회자들 사이에서 물색하였다. 광신대학교의 신임 총장이 되기 위해서는 보수신학의 기초가 튼튼하고, 학문적인 업적이 있으며, 행정력과 지도력이 입증된 학자이어야 했다. 정규오 목사는 객관적인 기준에 따라 국내외의 여러 학자를 편견 없이 평가하였다. 그리고 당시 ACTS 부총장으로 재임하던 정규남 박사를 총장으로 초빙하는 것이 좋겠다고 생각하고 이사회에 안건으로 내어놓았는데, 모든 이사가 만장일치로 동의하였다.

1997년 초, 정규남 박사는 이전에 교수로 재직하던 광신대학교로부터 총장으로 초빙하겠다는 제안을 받고 깊은 생각에 빠졌다. 그가 처음으로 이 제안을 받았을 때는 단호하게 거부하였으나, 광신대학교의 이사들이 몇 번이나 찾아와 설득하자, 마음이 조금씩 바뀌게 되었다. 또 광신대학교 교수진의 대표와 학생 대표도 이사들과 함께 그를 찾아와 간곡히 부탁하였다. 정규남 박사가 그 제안을 쉽게 받아들이지 못하였던 이유는 자신이 총장을 하기에 부족하다는 인식 때문이었고, 그러면서 자신이 정규오 목사의 사위라는 점으로 인하여 다른 사람들의 오해와 공격을 받을까 염려하였기 때문이었다. 하지만 기도하는 가운데 하나님의 뜻을 확신하고 그 제안을 받아들이기로 하였다.

그 후 정규남 박사는 1997년 8월 25일 2학기 개강예배에서 광신대학교 제2대 총장으로 취임하였다. 그는 임기가 끝날 때마다 이사회와 교수회의 적극적인 지지를 받아서 계속 총장으로 연임하면서 현재(2020년) 제7대 총장의 임기를 수행 중이다. 그가 총장으로 취임한 1997년 이후 광신대학교는 크게 발전하는데, 이는 정규남 총장의 주도적 역할에 힘입어 이루어졌다고 말할 수 있다.

총장으로 취임한 초기에 겪었던 어려운 문제는 자신이 총장이 되기 전 학교가 재정적인 부채를 많이 지고 있었기 때문이다. 정규남 총장은 처음 몇 해 동안 그 부채를 갚기 위해 많은 힘을 기울여야 했다. 이런 어려움 가운데서도 학교는 정규남 총장의 지도력 아래 계속 발전해 갔다.

1998년 12월 16일 광신대학교는 국방부로부터 군종사관 후보생 선발대상 학교로 지정받았다. 또 1999년 11월 2일 교육부로부터 신학대학원 목회학 석사 과정(M. Div.) 신설을 승인받았다. 2002년 10월 30일 일반대학원 설립 허가를 받아 신학 석사(Th. M.) 및 신학 박사(Th. D.) 과정을 신설하였으며, 그 후 다른 학과 대학원 과정들이 신설되었다. 신학박사는 2010년부터 철학박사(Ph. D.)로 명칭을 변경하였다. 2005년에는 일반대학원 목회학 박사 과정 및 상담 치료 대학원을 신설했다. 2008년에는 부설기관으로서 한국 가족치유 상담교육원과 요양보호사 교육원을 개원했다. 이어서 2011년에 일반대학원 교육학 석사 과정 및 국제대학원 문학석사 과정을 신설했다.

정규남 박사가 총장으로 부임할 당시, 학교 건물은 진리관과 은혜관, 그리고 생활관으로 구성되어 있었다. 정규남 박사는 학교의 장기적 발전을 위해 도서관과 기숙사를 위한 독립된 건물들이 필요하다고 여겼다. 그리고 그의 희생적인 노력과 많은 사람의 도움으로 2003년 11월 3일에 해원 기념 중앙도서관 건물이 완공되어 개관식을 했다. 또 2011년 6월 7일에 국제관을 준공하여 외국인 학생과 한국인 학생을 위한 기숙사로 사용하게 되었다. 또 진리관을 리모델링 하였고, 운동장 트랙 및 캠퍼스 조성 공사를 완료했다. 은혜관과 진리관에 엘리베이터를 설치함으로써 광신대학교 학생의 생활과 면학을 위한 환경이 완성되었다.

정규남 총장의 재임 기간에 광신대학교는 이같이 꾸준하면서도 빠른 성장을 이루었다. 그는 모든 일을 할 때 자기 생각에 따르지 않고, 항상 성령의 음성에 귀를 기울이면서 그분의 인도하심에 따라 순종하려고 힘썼다. 그러므로 그는 자신의 계획에 따라 이루어진 일은 하나도 없으며 모든 것이 하나님의 은혜로 성취되었다고 말한다.

정규남 총장은 자신이 광신대 총장으로 오게 된 것부터 하나님의 인도하심에 의한 것이라고 확신한다. 하나님께서는 자신을 총장으로 부르시려고 그 이전의 모든 과정을 통해 자신을 준비시켜주셨다고 믿기 때문이다. 광신대학교에 오기 전 ACTS에서 학교를 운영하는 방법을 배울 기회를 얻었다는 것이 그 한 예다. 무엇보다도 정규남 총장은 자신이 이전 광주신학교에서 교수로 짧게나마 재직하면서 광신의 동문들과 좋은 관계를 형성할 수 있었다는 것이 하나님의 섭리였다고 이야기한다. 그가 광신대학교에서 힘든 일을 만날 때마다 과거 그에게서 배웠던 광주신학교 동문들이 협력해 주었다. 정규남 총장은 특히 광주겨자씨교회의 나학수 목사가 중요한 시기마다 재정적으로 큰 도움이 되어 주었다고 말하면서 그에게 감사를 전하고 있다.

정규남 박사는 2004년에서 2006년까지 한국복음주의신학회의 회장을 역임했다. 그동안 한국의 복음주의 신학을 발전시키기 위해 힘써 노력했다. 그리고 2006년에 한국복음주의신학회 주석 시리즈의 한 권으로 『출애굽기 주석』을 출판하였다. 이 책은 출애굽기의 각 구절에 관한 상세한 주석을 담고 있는 방대한 책이다. 특히 철저한 주석에 기초한 십계명 강해가 백미이며, 성막의 구조와 제사장 복장에 관해서도 탁월한 해석을 담고 있다.

정규남 박사가 총장으로 재임하는 동안 열정적으로 추진했던 한 가지 사업은 한국성경공회를 통한 바른성경 출판이었다. 성경을 사랑하는 그의 마음은 그가 바른 신앙과 바른 신학에 기초하여 정확하고 읽기 쉬운 성경을 번역하는 사업에 많은 힘을 쏟게 했다.

1993년 대한성서공회가 성경전서 표준새번역을 발행하였을 때, 많은 보수 교단이 그것을 강단용 성경으로 받아들일 수 없다고 거부하였다. 그리고 1993년 10월 28~29일에 서울 삼정 호텔에서 합동측, 개혁측, 그리고 고신측 대표들이 모여서 한국성경공회발기총회를 열었고, 이어서 이에 동조하는 40여개의 보수 교단들이 모여 한국성경공회 협의회를 조직하였다. 한국성경공회는 1997년 7월 하나님의 말씀, 신구약성경을 출판하는데, 정규남 박사가 그 번역위원으로 활동하였었다.

광신대학교로 오게 된 후, 정규남 총장은 1999년 6월 29일 한국성경공회 바른성경 번역 감수위원장으로 취임하였다. 또 그는 2007년 7월 1일 한국성경공회 법인 설립 당초 임원으로 취임했고, 2013년 11월 1일에 사단법인 한국성경공회 대표회장직에 취임하였다. 2019년 4월 19일 사단법인 한국성경공회 이사장으로 취임하면서 대표회장직과 겸직하여 현재에 이른다. 성경공회에서는 2008년에 바른성경 초판을 출판하였고, 그 후 판을 거듭하다가 2016년 12월 30일에 5판을 출판하였다.

구약신학의 과제와 방법론에 관하여

정규남 박사의 신학은 복음주의적 성경관에 기초하고 있다. 그에게 있어서 성경은 하나님의 영감을 받은 저자들이 기록한 책이다. 그는 성경이 글자 하나하나에 이르기까지 하나님의 영감을 통해 기록된 하나님의 말씀이며, 거짓이 없는 참된 진리의 말씀이라고 말한다. 그는 성경의 여러 저자가 기록했던 원래의 본문에 오류가 없었다고 확신한다. 그러므로 성경은 죄인이 예수 그리스도를 믿는 믿음을 통해 구원에 이르게 하는 지혜를 담고 있는 책이며, 성도를 능히 온전하게 하며 선한 일을 위해 준비하게 하는 책이다.

정규남 박사는 성경의 다양성을 인정한다. 성경에는 오랜 시대에 걸쳐서 많은 저자가 자기 시대의 문화적이며 역사적인 배경 속에서 기록한 다양한 사건들과 인물들이 존재한다. 또 그들이 펼쳐내는 삶의 이야기, 간증이나 기도 혹은 찬양이 있고, 역사와 신학이 있으며, 법률과 교리가 있다. 이렇듯 다양하지만, 그것들은 서로 모순되거나 상충하지 않는다. 오히려 정규남 박사는 성경의 다양성이 그것을 읽는 많은 사람에게 자신들과의 공통점을 쉽게 발견하게 하고 하나님의 뜻을 이해하는 것에 도움을 준다고 말한다.

이러한 개혁주의적 성경관의 확실한 기초 위에서 정규남 박사는 구약신학이 서술적-신학적 과제(the descriptive-theological task)를 갖는다고 주장한다. 여기서 서술적 과제는 성경이 기록 혹은 선포되던 당시의 역사적 의미를 밝히는 것이며, 그렇기 때문에 역사적 과제라고도 표현할 수 있다. 성경은 역사와 무관한 교리서가 아니다. 성경은 역사 속에서 행하시는 하나님의 사역과 그에 대한 사람의 반응을 기록하고 있다. 그러므로 구약신학은 본문이 기록되던 당시에 가졌던 의미가 무엇인지를 먼저 밝혀내야 한다. 이를 위해 정규남 박사는 문법적-역사적 해석 방법을 사용한다. 그러면서 그는 필요한 경우에 다른 고대 근동 국가들의 자료와 비교하는 방법을 통해 성경이 그 시대적 상황에서 가지는 가치와 의미를 찾으려 한다.

이와 함께 정규남 박사는 구약신학의 신학적 과제 역시 중요하다고 말한다. 신학적 과제란 성경이 현대의 독자들에게 무엇을 의미하는지 연구하는 것이다. 구약성경은 기록될 당시의 사람들에게 주어진 말씀이면서 동시에 오늘날의 성도들에게 주어진 하나님의 계시의 말씀이다. 하나님께서는 구약성경을 통하여 지금 우리에게 말씀하신다. 그러므로 정규남 박사는 성경 본문이 현대에 갖는 의미를 연구하지 않는 구약신학은 과거의 신학사상을 연구하는 역사적 연구에 그칠 뿐이며 참된 의미의 신학이 될 수 없다고 말한다.

신학적 과제만을 주장하는 학자들은 흔히 믿음을 강조하면서 성경의 역사적 의미를 무시한다. 하지만 구약의 신앙은 역사에 뿌리내리고 있으며, 역사를 이끌어가시는 여호와를 믿는 신앙이다. 그러므로 정규남 박사는 구약신학의 서술적 과제와 신학적 과제를 분리할 수 없으며, 그 둘이 하나로 합쳐진 서술적-신학적 과제를 추구해야 한다고 말한다. 왜냐하면, 신학적 과제는 서술적 과제에 기초해야 하기 때문이다. 다시 말하여, 성경이 현대의 독자들에게 갖는 의미는 성경의 역사적 진실성을 전제해서 연구하여야 하며 역사적이며 서술적인 의미의 기초 위에 형성되어야 하기 때문이다.

한편 정규남 박사는 계시사적 방법(the revelation-historical method)으로 구약을 연구해야 한다고 말한다. 계시사적인 방법은 구약이 역사 속에 행하신 하나님의 활동을 증언할 뿐만 아니라 하나님의 영감을 통해 기록된 하나님의 계시라는 사실을 전제한다. 그가 이러한 전제를 받아들이는 것은 성경이 그와 같이 증언하기 때문이다. 성경은 이스라엘을 구원하신 분이 하나님이시며, 그 구원의 역사를 기록하여 모든 사람이 구원을 얻을 수 있도록 이끄신 분도 하나님이시라고 증언하고 있다(딤후 3:15ff; 고전 10:11; 롬 15:4).

그러면서 정규남 박사는 하나님의 계시가 점진적인 과정을 통해 기록되었다고 주장한다. 그는 이것을 '역사적 점진성의 원리'(the principle of historic progression)라고 말한다. 이와 같은 그의 주장은 신약의 말씀에 근거한다. 히브리서 1:1-2 "옛적에 선지자들을 통하여 여러 부분과 여러 모양으로 우리 조상들에게 말씀하신 하나님이 이 모든 날 마지막에는 아들을 통하여 우리에게 말씀하셨으니 이 아들을 만유의 상속자로 세우시고 또 그로 말미암아 모든 세계를 지으셨느니라" 따라서 그는 두 종류의 계시가 있다고 말한다. 첫째로 아들을 통해 마지막 날에 완성하신 계시가 있다. 둘째로 계시의 완성을 준비하기 위해 아들이 오기 이전 점진적으로 발전해 가는 계시가 있다. 하나님께서는 인류에게 전하시려는 자신의 계획과 뜻을 점진적으로 계시하실 뿐만 아니라, 이미 계시하신 내용이 갖는 의미가 점진적인 과정을 통해 분명히 밝혀져 간다.

정규남 박사가 말하는 계시의 점진성에 따르면, 구약성경에 기록된 인류의 역사는 여섯 시대로 구분된다. ① 창조 때부터 아담의 타락 때까지다. 이 시대는 인간이 죄를 짓기 이전이며, 하나님과 인간이 직접 교제하던 시대다. ② 아담의 타락 이후부터 노아 홍수 때까지다. 이 시대의 인간은 제멋대로 죄를 짓고 있다가 마침내 심판을 받게 된다. ③ 노아 홍수로부터 열조를 부르시기 전까지다. 하나님께서 어느 한 사람을 택하지 않으시고 인류 전체를 다루고 계시던 시대이며, 인간은 교만하여 바벨탑을 건축했다. ④ 하나님께서 아브라함을 선택하셔서 인류 구속의 역사를 시작하시는 시대다. 아브라함의 후손이 구속의 역사를 이루어나갈 것이다. ⑤ 모세의 때로부터 가나안 정착 때까지다. 하나님의 뜻이 이전보다 더 완전하고 구체적이고, 문자로 표현된 율법을 통해 주어졌다. ⑥ 모세의 율법을 가르치며 적용하는 때이다. 이 시대에 선지자들과 지혜자들이 하나님의 뜻을 선포하며, 해석하고, 가르치면서, 메시아가 올 것을 예언하는 시대다.

정규남 박사는 구약의 이 여섯 시대가 서로 모순되지 않으며, 각자 독특하면서도 유기적으로 서로 연결되어 있다고 말한다. 나중 시대의 계시는 이전 시대의 계시에 근거하면서 점진적으로 발전한 형태를 취한다. 그러므로 그는 구약의 전체 내용을 하나의 개념 아래 조직화하지 말고, 각 시대가 나타내는 다양성을 인정하면서 각 시대에 나타난 하나님의 구원 원리를 밝히고 설명하는 것이 구약신학을 하는 올바른 방법이라고 주장한다.

맺는 말

시편 73:28(바른성경) “하나님을 가까이하는 것이 참으로 내게 좋으니, 내가 주 여호와를 내 피난처로 삼아 주님의 모든 일을 전파하겠습니다.” 시편 73:28은 정규남 박사가 즐겨 인용하는 성경 구절 중 하나다. 아마도 정규남 박사의 성품과 삶과 사역이 이 구절 속에 잘 드러나고 있기 때문일 것이다.

정규남 박사는 하나님을 가까이하는 것을 좋아한다. 그는 기도하는 사람이다. 매일 정기적인 기도 시간을 정해놓고 기도하며, 기회가 있으면 기도하고, 무엇을 하든지 늘 기도로 시작하여 기도로 끝내며, 사람들과 함께 기도하는 것을 기뻐한다. 이뿐 아니라 그는 성경책을 사랑한다. 성경을 통해 하나님의 마음을 느끼는 것을 좋아하며, 성경을 통해 들려오는 하나님의 음성 듣기를 즐거워한다. 구약학자인 그에게 있어서 성경은 학문의 대상이기도 하다. 하지만 그 이전에 성경은 그가 항상 함께 있기 원하는 벗이며 연인이다. 성경과 함께 있으면 그는 마음이 즐겁다. 그러므로 그는 예배하는 것을 기뻐한다. 그는 광신대학교에서 매일 경건회를 드리는 전통을 이어가고 있다. 또 교회의 모든 공예배에 참석하면서, 간절히 기도하고, 온 힘을 다해 찬송하며, 집중하여 설교 말씀을 듣는다. 간혹 설교자가 틀린 내용을 이야기할 때조차 그 가운데서 은혜로운 부분을 발견하고 “아멘”이라고 말한다.

정규남 박사는 여호와 하나님을 자신의 피난처로 삼았다. 그는 광신대학교의 총장으로서 많은 일을 책임져야 했다. 그러나 자신의 힘으로 하려 하지 않는다. 왜냐하면, 여호와께서 그의 피난처가 되시기 때문이다. 그는 여호와께 모든 것을 내어놓고, 그분의 능력에 의지한다. 자신의 힘을 드러내지 않아도 되기 때문에 그는 겸손하고 온유할 수 있다. 자기 스스로 싸우지 않아도 되기 때문에 사람을 존중하고 배려하며, 사랑할 수 있다. 그는 부드럽고 온화하다. 그러면서 그는 강하고 굳건하기도 하다. 어떤 상황에서도 여호와의 뜻에 변함없이 순종하고, 자신의 사명에 충실하기 때문이다. 그의 심지가 견고한 것을 알 수 있는 한 예가 있다. 친척의 묘를 이장할 때, 뼈를 추스르는 작업이 필요했다. 그 때 나서는 사람이 없자, 직접 나서서 뼈들을 꼼꼼하게 정리하는 대범한 모습을 보였다고 한다. 이뿐 아니라 학교 운영에 여러 번 위기가 찾아왔지만, 여호와를 의지하는 그는 흔들리지 않고 그 모든 순간을 이겨낼 수 있었다.

정규남 박사는 여호와를 전파하는 것을 삶의 목적으로 삼았다. 그는 많은 일을 행하였지만, 결과보다 과정을 중시하였다. 그는 무슨 일이든 불의나 편법을 따르지 않고 의로운 방법으로 행한다. 그것이 여호와를 전파하는 것이라 여기기 때문이다. 그는 여호와께서 자신에게 맡기셨다고 확신하는 일에 삶을 드려서 헌신한다. 여호와를 전파하려 하기 때문에 자신의 명예가 실추되는 것과 자신에게 손해 되는 일도 참을 수 있다. 그는 단지 여호와를 위해 그분께서 맡기신 사명을 성실하게 감당할 뿐이다. 그는 학생들에게 늘 거룩한 삶에 관해 강조한다. 왜냐하면, 그것이 하나님의 이름을 영화롭게 하는 길이기 때문이다. 정규남 총장 자신이 세속의 즐거움이나 명예나 이익을 추구하지 않음으로써, 거룩한 삶의 본이 되고 있다.

정규남 박사는 1980년대로부터 지금까지 한국의 구약신학을 이끌어 온 신학자이다. 그는 보수주의 구약신학을 한국교회들에 가르치고 성장시키기 위해 일생을 바쳤다. 그가 광신대학교 총장으로 섬긴 것 역시 신학교의 교육을 통해 바른 신앙과 신학을 널리 전파하기 위해서였다. 그런데 정규남 박사는 최근의 한국 신학자들이 보수주의 신학의 기초를 버리고 자유주의 신학으로 쉽게 넘어가고 있는 성향에 관하여 크게 안타까워한다. 그러면서 후배 신학자들이 개혁주의 전통에 머물러 서서 한국의 모든 교회와 신학교들을 정통신앙과 신학으로 재무장시키는 일에 솔선하여 주기를 간절하게 원하고 있다. 그의 간절한 소원처럼, 한국교회의 전통적인 신앙과 신학을 위해 연구하고 가르치는 많은 신학자가 있으면 좋겠다.

연구실에서 | 2015년경

한국주석총서 시리즈로
출판된 『출애굽기』 주석
(도서출판 횃불) | 2006년

70회 생일 때, 아내와 아들들과
손녀, 손자들과 함께

국제관 및 운동장 조성 공사 완공
감사예배 후 기념촬영 | 2011년

아내와 함께 백두산 천지 천문봉에서 | 2000년 초

미국 Westminster 신학대학교 Robertson 교수
님과 함께, 광신대학교 교정에서 | 2016년

연구 목록

● 학위 논문

"The Kingdom of the 'Son of Man' in Daniel 7(An Exegetical Study of Daniel 7:9–28)," (Th. M.) Westminster Theological Seminary, Philadelphia, U.S.A., 1975.

"Court Etiquette in the Old Testament," (Ph. D.), Drew University, Madison New Jersey, U.S.A., 1979.

● 저서

『구약개론』, 서울: 개혁주의신행협회, 1985.

『고린도전서 강해』, 서울: 엠마오, 1994.

『고린도후서 강해』, 서울: 엠마오, 1994.

『구약신학의 맥』, 서울: 두란노, 1996.

『출애굽기 주석』, 서울: 횃불, 2006.

● 논문

"구약신학과 정경," 성경과 신학, 1권, 1983.

"호세아에 있어서의 하나님의 지식," 신학사상, 1983.

"구약신학의 과제와 방법론," ACTS Theological Journal, Vol. 1, 1984.

"다니엘 7장에 있어서의 '인자'", 성경과 신학, 2권, 1984

"스가랴의 신학," 개혁신앙, 1985

"The Problem of the Identification of the Forth Kingdom in Daniel Seven," ACTS Theological Journal, Vol. 2, 1986.

"선민의 종교의식," 성서의 세계, 3, 서울: 동아출판사, 1988.

"Prayer in the Psalms," *Teach us the Prayer in the Bible and the*

World, Baker Book House, 1990.

"Puzzling Questions about MENE MENE TEKEL UPRASIN in UPARSIN," ACTS Theological Journal, Vol. 4, 1991.

"할례와 출애굽기 4:23-26의 해석," 신학과 선교, 창간호, 1997.

"칼빈과 성경관," 칼빈과 개혁신학, 1999.

"구약에서의 의(義)," 신학과 경건, 2002.

외 다수의 논문

황성일 교수

총신대학교 (M. Div.)
아세아연합신학대학교 (B. Th., Th. M.)
리버풀대학교 (Ph. D.)

광신대학교 교수 (2000. 08 ~ 현재)

저서_아카드어 사전, 광신대학교 고대근동어 연구소, 2007. 7
성경 히브리어 문법, 크리스챤 출판사, 2014. 8
구약배경사, 그리심어소시에이츠, 2013. 12

정상운 박사

정상운 박사의 생애와 신학

이은성_성결대학교 신학대학 부교수, 교목실장

성결대학교 신학대학 신학과
한양대학교 철학교육 전공 석사, 한국사 전공 문학박사 (Litt. D) 과정 수료
참례신학대학교 역사신학 전공 신학석사, 철학박사 (Ph. D)
몰도바 자유국제대학교(Moldova Free International University)
명예박사(Doctor Honoris Causa)

성결대학교 5, 6대 총장
성결대학교 신학과 교수
성결교회와 역사연구소 소장
한국신학회 회장
한국대학기독총장포럼(KUCPK) 회장

들어가는 말

외국선교사 주도의 선교로 시작된 장로교, 감리교와 달리 자생적 개척을 통하여 1907년 이 땅에 첫 뿌리를 내린 한국성결교회는 올해로 115년이라는 장족의 역사를 맞이하고 있다. 정상운 박사는 이런 한국의 성결교단을 대표하는 역사신학자이다. 그는 예수교대한성결교회 산하 소속기관인 성결대학교 신학대학 교수이자 제5~6대 총장을 역임하며 학교발전에 지대한 공헌을 하였고, 지속적이고 다양한 저술과 대외활동을 통해 한국성결교회의 지나온 역사를 정립함으로, 교단의 정체성을 세워 나가는데 특별한 기여를 남기고 있다. 관련하여 좀 더 구체적인 거론을 한다면, 정상운 박사는 성결대학교 교수로 재직하며 여러 차례 최우수 교수상과 교육공로상을 수상하는 등 신학교육에서의 탁월함을 보여주었다. 총장으로 재임하면서는 성결대학교의 위상을 높이는데 큰 공헌을 하였다. 이에 대하여는 당시의 여러 언론 기사들을 통해서 쉽게 확인될 수 있다. “성결대가 용틀임하고 있다. 환태평양 무대에서 활약할 동아시아 글로컬(Glocal, global과 local의 합성어)전문가를 양성하는 인큐베이터로 진화하고 있다”(중앙일보 2009년 8월 31일). 시사 월간지 〈신동아〉에서는 성결대학교를 처음으로 취재하는 기독교계 대학으로 소개하면서 다음과 같이 말하고 있다. “반세기를 맞는 성결대는 최근 빠르게 변화하며 더욱 발전하고 있다. 정상운 총장이 학교를 이끈 후 캠퍼스 곳곳에는 많은 변화가 생겼다”(2009년 11월호).[1] 또한 역사학자로서의 정상운 박사는 한국복음주의역사신학회 회장, 한국성결신학회 회장, 한국신학회 회장, 한국성결교회연합회 신학위원장, 성

1 CBS 2009년 9월 16일자 보도 내용을 「신동아」, “매력 있는 대학이란 이런 거예요”, 2009년 11월호 468에서 인용한 것임.

결신학연구소 소장, 성결교회와 역사연구소장, 영암신학연구소장 등을 역임하면서, 일일이 거론할 수 없는 수많은 연구와 저작들을 통하여 성서적 복음주의 민족사관과 사중복음에 기반을 둔 성결교단의 역사적 뿌리와 신학적 정체성을 바로 세움에 있어 지대한 공헌을 하였다.[2] 이런 업적을 인정받아 2007년 성결월드미션이 제정한 세계성결교회 100주년기념 시상에서 교육과 신학분야에서 세계성결교단에서 영향력 있는 신학자 중의 한사람으로 공로상을 수상하기도 하였다. 최근에는 성결대학과 신학의 발전과 교육전문인 선교에 헌신한 공로를 인정받아 (사)한개협 세계CEO전문인선교회(WCPM)로부터 2018년 자랑스런 전문인선교 대상(大賞) 수상자로 선정되기도 하였다. 2019년에는 성결교회의 숙원 사업인 교단 100년사를 간추린 『한국성결교회 백년사』를 집필하여 예성교단 총회와 성결대 이사회에서 공로패를 받기도 하였다.

아직도 현역으로 왕성하게 다양한 사역을 펼쳐나가고 있는 교육자요 신학자로서의 정상운 박사에 관한 평가는 훗날 다시 한 번 깊이 있게 재론되어야 할 여지가 있다. 그럼에도 정상운 박사의 지금까지의 지나온 삶의 여정과 학문적 배경, 교수로서의 활동과 저술, 신학적 특징 및 공헌 등에 대해 잠시 살펴본다는 것은 나름 큰 의의가 있다고 생각하며 간략하게 소개하고자 한다. 특히 이 글은 신학자로서의 정상운을 논하기에 앞서, 교육선교자요 행정가로서 남달랐던 그의 단면도 적잖게 다루고 있다. 본질적으로 그는 성결교를 대표하는 현직 역사신학자 이기도 하지만, 동시에 교육선교 활동과 성결대학교 제5대 및 6대 총장으로 재임하면서 그가 남긴 업적을 결코 간과할 수 없기 때문이다.

2 그가 대표 집필자로 최근(2019년) 출간한 『한국성결교회 백년사』는 역사학자로서 한국성결교회의 정체성과 정통성 및 주체성과 미래 지향성을 살펴보고 고민하며 한 길을 걸어 온 그의 관심과 노력을 집대성한 역사서술로 그 의의가 크다.

가정배경·신앙생활·교육

가정 배경과 골목대장 리더십

정상운(鄭祥雲)은 1958년 9월 7일 노령산맥 끝자락에 있는 낮은 구릉인 전라북도 고창에서 예조판서 정국(鄭菊), 병조판서 정응(鄭應)을 비롯하여 고려부터 조선까지 수많은 인재들을 배출한 나주(羅州) 정씨 정해(鄭諧)의 27대손으로 부친 정영길과 모친 강경자 사이에서 태어났다. 두 살이 되면서 가족을 따라 상경하여 이내 서울 성북구 돈암동에서 줄곧 자라며 삼선초등학교를 졸업했다. 어릴 때 아버지께서는 간장을 만드는 양조장을 하셨고 그런 덕에 정상운은 비교적 부유했던 유년시절을 보낼 수 있었다. 그러나 초등학교 시절로 들어서면서 화폐개혁 등과 맞물려 아버지 사업이 한순간에 무너지고 극심한 가난한 생활이 시작되었다. 당시 그의 배고픔을 채워줄 수 있는 최고의 음식은 학교 무상급식인 옥수수 빵이었다. 중학교 입학 시에는 월사금이 없어 등록을 못할 상황에 처했다. 6학년 담임 선생님은 그의 부모님께 "상운이는 잘 가르치면 훌륭한 재목이 될 것"이라고 하며 진학을 독려했고, 어린아이답지 않게 자신 또한 '배워야 산다'고 다짐하며 어렵게 부모께 간청하여 집안 문중으로부터 빚을 내어 중학교에 진학할 수 있었다. 그렇게 시작한 중학교 생활에서 정상운은 동네 초등학교 아이들의 과외를 시작하여 수업료와 학용품 비용을 직접 해결하면서 공부도 열심히 하여 좋은 성적을 받았다.[3]

3 WCPM, "2018 전문인선교 大賞 시상식 안내자료", 73; 「아름다운 사람」, "뜨거운 열정과 비전의 사람 골목대장, 대학교 총장이 되다", 2010년 9월호, 12.

가난했던 그 시절 정상운은 어린 나이에도 동네를 주름 잡던 당당한 꼬마 골목대장이기도 했다. 특히 그는 딱지나 구슬치기를 잘했는데, 거기서 생긴 딱지와 구슬을 가게보다 훨씬 싸게 아이들에게 제공하면서 돈을 모았다. 그리고 아이스크림이나 구미를 당기는 과자로 그들에게 다시 환원해주기도 하면서 골목대장으로서의 남다른 리더십을 발휘하는 재능이 있었다. 또한 전쟁놀이에 필요한 기구를 만들기 위해 직접 아이들과 청계천 평화시장에 가서 밖에다 내다버린 마대나 나무 등을 주워와 나무총을 만드는데 쓰거나 공동의 이익과 목표를 위하여 썼기에 그는 어린 시절 독보적인 존재로 골목대장을 할 수 있었다. 실로 아이들 세계에서만 있을 수 있는 순수 그 자체였지만 당시 골목대장으로서의 리더십은 훗날 젊은 나이에 리더로서 큰 역량을 발휘하는 기초가 되었다고 그는 회상한다.[4)]

신앙생활의 시작과 고등학생 목사

정상운은 초등학교 5학년 때부터 지방 쓰는 법과 접는 법을 배울 정도로 전통적인 유교집안에서 자랐다. 그러나 집에서 가까운 장로교회의 주일학교를 출석하면서 골목대장 기질을 발휘하여 다수의 동네 아이들을 교회로 인도하여 매번 전도상을 받기도 하였다. 중학교 3학년 이후로는 대학로에 위치한 동숭교회를 출석하게 되었는데, 고등학교 1학년 때 가평에 위치한 마장초등학교에서 열린 중고등부 하기수련회에 참석했다가 캠프파이어 마지막 시간에 말씀의 은혜를 받고 혼자 울며 통성기도를 하면서 복음을 깨닫고 십자가에 못 박히신 예수님을 영접하였다. 이때 새벽까지 대성통곡하며 기도하던 그의 모습을 보고 당시 고

4 송용순, "글로벌 시대를 선도하는 성결대학교 정상운 총장을 만나다", 경기헤럴드, 2009년 11월 6일. http://m.ggherald.com/view.php?idx=10899.

등부 지도목사였던 이순각 목사는 그에게 다가와 "너는 하나님의 택하신 그릇이다"라고 말하며 안수기도를 해주었다. 어린 정상운은 자신을 드려 하나님의 일꾼으로 헌신할 것을 서원하였고, 이러한 중생(重生)과 소명(召命)에 대한 신앙적 체험은 하루아침에 그의 삶을 180도 바꾸는 인생의 전환점이 되게 하였다.[5)]

강력한 하나님의 은혜 가운데 예수를 영접한 정상운은 이후 주일이면 30분 거리의 교회로 새벽기도회를 다니는 유별난 학생이 되었다. 그러나 전통적 유교집안에서 혼자만의 신앙생활은 쉽지가 않았다. 특히 제사문제로 아버지와 갈등을 겪었다. 그에게 '조상도 모르는 패륜아'라는 가혹한 질책이 쏟아졌고 매를 맞기도 하였다. 그러나 그는 음식을 차려놓고 죽은 조상에게 절하는 것보다 살아계신 부모님께 효도를 다하는 모습으로 조금씩 그들의 마음을 움직여나갔다. 한번은 아버지가 집에서 넘어져 머리를 다치게 되었는데, '예수 믿어도 부모님을 공경하는 효심이 있다'는 것을 아셨으면 하는 마음으로 통행금지가 있는 밤이 늦은 시간이지만 의식을 잃은 아버지를 들쳐 업고 근처 서울대병원까지 뛰었다. 이일 이후 놀랍게도 기독교 신앙에 대한 아버지의 박해가 멈추게 되었다.[6)]

미션 스쿨인 환일고등학교를 다니던 정상운은 회심 이후 매일 수업시간 전에 드려지는 아침 경건회를 자원해서 인도했다. 고2 때 한번은 영혼구원에 대한 안타까운 심정과 열정으로 담임 선생님에게 보충수업 1시간 사용을 허락받아 60여 명의 자기반 친구들에게 '4영리(四靈理)'[7)]를 중심으로 복음을 전했는데, 그 중 20여 명이 예수님을 영접하게 되

5 WCPM, 13.
6 송용순, "글로벌 시대를 선도하는 성결대학교 정상운 총장을 만나다", 경기헤럴드, 2009년 11월 6일.
7 대학생선교회에서 제작한 전도 소책자로 4영리는 4가지 영적원리를 말한다.

었다. 이후 그는 매시간 성경수업시간에 선생님을 대신하여 간증설교를 하게 되었고, 나중에는 전교학생들 앞에서도 설교와 간증을 할 수 있는 기회가 주어졌고 친구들로부터 '목사'라는 별명을 얻게 되었다. 목사라는 별명에 어울리게 정상운은 각반 종교부장, 차장 3개 학년 60명으로 구성된 종교부 부장(기독학생회 회장)으로 선출되어 캠퍼스 복음화를 위한 자체 전도지를 만들면서까지 학원 복음화에 열정을 쏟았다. 또한 석탄일이 국경일로 제정되던 해에 석탄일이 국가기념일로 제정되지 못하도록 '석탄일 국경일 제정 반대를 위한 특별기도회'를 방과 후 교실에서 개최하여 대한민국이 우상을 섬기지 않는 믿음의 나라가 되게 해달라고 통성으로 기도하는 시간을 가지기도 하였다. 그러면서 토요일 오후에는 서울 정동 High C.C.C.(한국대학생선교회 고등부)에서 제자양육을 받고 서울 서부지역학교 순장을 맡으면서 민족복음화와 세계선교에 대한 비전을 키워나갔다.[8)]

어린 학생 정상운의 신앙생활을 이런저런 관련 자료를 참고하여 간단히 정리해 보았다. '내게 주어진 일에 최선을 다하면 하나님께서 내게 새로운 길을 열어줄 것이다'라고 생각하며 신앙인으로서 늘 최선을 다하는 삶을 살아왔던 어리지만 성숙했던 한 사람의 모습을 엿보게 된다. 그의 간증을 들어보자.

> 기도 중 평생 이 길을 걸을 것이다 확신을 했고, 가정 복음화를 위해서 기도했습니다. 그러자 아버님은 집사, 어머니는 권사, 막내가 목사가 되었고, 집안이 다 예수 믿고 구원받았으며, 믿지 않는 집안에서 목사가 두 명이나 되었습니다.[9)]

8 WCPM, "전문인선교 그랑프리", CEO Professional Mission Series ②, 291-291.
9 「아름다운 사람」, 13.

노방전도 신학생에서 교수와 총장으로

고등학생 때부터 복음전도에 남다른 열정을 가졌던 그는 판검사가 되었으면 하는 아버지의 바람보다는 예수님을 만날 때 결심한 대로 주님의 종이 되기 위하여 성결교신학교(현 성결대학교)에 입학했다. 신학교 1학년 때 서울 종로에 나가 당시 같은 신학생이었던 장경동(현 대전중문교회 담임목사)과 함께 코스모스전도단의 일원이 되어 노방전도를 하였다. 당시에는 흔하지 않았던 남성4중창을 구성하여 지하철(1호선)에서 차간을 이동하며 음악공연을 하면서 전도지를 나누어 주며 복음을 전하기도 하였다. 뿐만 아니라 정상운은 학창시절 다독상(多讀賞)을 받을 정도로 '책벌레'라고 불렸다. 도서관에서 책을 많이 읽고 책과 씨름하고 토론하는 학구파로 전영식 학감을 지도교수로 모시고 Holy Club(독서클럽)을 이끌기도 했다. 총학생회(당시는 학도호국단) 문예부장으로 적극적인 학생활동과 함께 전교생의 다수가 입회를 하여 문예활동을 할 정도로 문예부를 활성화시켰다. 성적장학금까지 받을 정도로 학과 공부도 열심히 했으니 그의 대학생활은 감성과 낭만, 지성과 영성이 함께하는 남다른 열정의 시간들이었다.[10)]

신학교를 졸업하는 해, 정상운은 복음전도자로서 바로 목회자의 길을 가야할 것인지 아니면 교수가 될 것인지 고민하게 되었다. 그는 이 문제에 대한 응답을 얻고자 1월 1일 추운 겨울인데도 청계산에 올라가서 사흘간 금식하며 하나님께 매달리며 기도하였다. 그러던 중 마지막 날 기도원에서 기도 가운데 '평생 복음전도자로서 교육선교의 길을 걸을 것'이라는 확신을 갖고 내려왔다. 신학교를 우등(優等)으로 졸업 후 바

10 WCPM, "2018 전문인선교 大賞 시상식 안내자료", 74.

로 한양대학교 대학원과 침례교신학대학교 대학원에 진학하여 철학과 교회사를 전공하였다. 정상운은 많은 사람들의 기대 속에 28살에 성결대학교 개교 이래 최연소 신학과 전임교수가 되어 강의와 연구에 매진하였다. 그리고 20년 만인 48살 젊은 나이에 6개 단과대학, 7개 대학원 재적생 약 7,600명이 수학하고 있는 기독교종합대학인 성결대학교 제5대 총장으로 선출되었고, 2010년는 제6대 총장에 재선되었다.[11] 6대 총장 취임식에서, "한국사회와 세계 속에서 자랑스러운 100년 성결의 도약을 이룰 수 있는 제2의 창학을 위한 초석을 마련하도록 전심전력하겠다"는 그의 다짐처럼 성결대학교는 그의 헌신을 통해 제2의 창학이라 불리기에 부족함 없는 많은 발전을 이루었다.

늘 주어진 일에 최선을 다했던 교육자이자 총장으로서 그가 살아왔던 삶을 조명하며 그는 이 시대 젊은이들에 아래와 같이 조언한다.

그리스도 안에서 큰 꿈을 가져라.
실패를 두려워하지 말고 도전하면 할 수 있다.
더 퍼스트가 아니라 더 베스트가 되라.[12]

성결대학교 총장과 교육선교의 비전

이 글은 정상운 박사의 생애와 신학사상을 조명하는데 보다 초점을 모아야하는 글이어야 하지만, 서두에서 언급한 바와 같이 신학자로서의 정상운을 살펴보기 전에, 먼저 교육선교자요 행정가로서 남달랐던 그의 단면도 살펴 볼 필요성이 있을 것 같다. 본질적으로 그는 성결교

11 WCPM, "2018 전문인선교 大賞 시상식 안내자료", 74-75.
12 「아름다운 사람」, 15.

를 대표하는 현직 정통 역사신학자 이기도 하지만, 동시에 교육자로서 초교파적인 그의 교육선교 활동과 성결대학교 제5대 및 6대 총장으로 재임하면서 보여준 관리자로서의 그가 남긴 업적을 결코 간과할 수 없기 때문이다.

멈추지 않는 전문인 교육선교

정상운 박사의 교육선교적 단면은 성결대학교 총장은 물론이고 신학부장, 교목실장, 목회대학원장, 선교대학원장, 신학대 학장 등을 역임하였던 학교 내의 보직들과 다양한 대외 활동들을 통해서 더욱 잘 드러난다. 그는 한국복음주의역사신학회 회장과 한국성결신학회 회장을 맡아 성경적 복음주의에 기반한 한국 역사신학의 올바른 발전과 그 역할 감당을 위해 노력하였다. 그리고 전국선교대학원장협의회 총무와 전국대학원장협의회 회장을 맡아 한국의 기독교 대학원 교육과 전문인 선교교육을 위해 헌신하였다. 또한 한국복음주의신학대학총장협의회 회장과 대교협 한국신학대학총장협의회 수석 부회장을 맡아 한국의 건전한 신학교육 발전을 위해 많은 수고를 감당하였다. 더불어 2005년 세계한인신학자대회 대회장, 코리안 디아스포라포럼 공동회장, 바른 성문화를 위한 국민연대 공동회장, 라이즈업 코리아 대표회장 등을 역임하면서 한국교회의 지속적인 갱신과 한국교회의 미래를 이끌어 갈 다음 세대가 다른 세대가 되지 않도록 많은 노력을 기울이기도 하였다.[13)]

현재도 성결대학교 신학대학 역사신학 전공 교수로 후학들을 가르치는 일에 매진하고 있는 그는 동시에 대외적으로는 한국신학회 회장과 40여 명의 전·현직 총장들로 구성된 한국대학기독총장포럼(KUCPK)

13 WCPM, "2018 전문인선교 大賞 시상식 안내자료", 76.

3대 회장으로 섬기고 있다. 사회와 교회, 대학의 민감한 시대적 이슈를 복음주의 기독교 시각에서 진단하고, 해법을 균형 있게 개진하면서 여전히 한국의 기독교대학과 한국교회 부흥과 발전을 위한 전문인 교육선교의 장을 확장시켜 나가고 있다. 그 어느 직함보다 '복음 전도자'이기를 스스로 자천하며 소중히 여기는 그는, 총장 재직기간을 포함 35년간을 교수로 재직하는 지금도 이 시대 젊은이들의 마음에 세계선교의 비전과 하나님 나라 확장을 위한 불타는 꿈을 심어주고 있다.

동아시아를 넘어 세계로!
우리 시대 이 민족과 세계를 그리스도께로!

총장으로 재임하면서 백발의 하얀 머리카락에 환한 미소를 지으며 확신에 찬 어조로 힘차게 말했던 그의 끊임없는 도전은 오늘도 쉬지 않고 계속되고 있다. 이러한 교육 전문인선교에 대한 헌신과 성결대학의 발전에 기여한 공로를 인정받아 그는 6회에 걸쳐 예수교대한성결교회총회장 공로패를 받기도 하였다. 아울러 2007년 세계성결선교회(북미)에서는 성결교회 100주년 기념 공로상을 수상하였다. (사)한개협 세계 CEO전문인선교회(WCPM)로부터는 5.18 UN/유네스코세계문화유산 기록등재 기념사업위 이사장 김영진 장로, 예장통합 전국장로회연합회 회장 안옥섭 장로, (사)한국기독교의료선교협회 증경회장 이건오 박사, (사)한국기독교직장선교연합회 직전이사장 이상구 장로와 함께 2018년 자랑스런 전문인선교 대상(大賞) 수상자로 선정되기도 하였다.

뜨거운 열정과 비전의 사람

1962년 9월 서울 서대문구 충정로에서 개교한 이래 2012년 개교

> 50주년을 맞이하게 될 성결대학교는 정상운 총장 취임 이후 혁신적인 발전을 계속해 최근 입시 경쟁률이 14대 1 이상이 될 만큼 경쟁력 있는 대학교로 거듭났다. 교육중심대학으로서 여러 부분에서 최우수 평가를 받았고, 해외 17개국 52개 대학들과 교류하며 각종 글로벌 프로그램의 활성화를 통해 국제화된 대학으로 발돋움하였다. 다문화 사회통합 ABT(Active Brain Tower) 대학 선정에 이어, 올해 2월에는 서울의 유수한 대학들과 함께 법무부와 MOU를 체결함으로써 이 분야의 선두주자가 되었다. 기독교 정신을 바탕으로 '전인적인 하나님의 사람'을 양성하는 것을 대학 이념으로 삼고 있는 성결대학교는 기독교적 인성교육, 창의적 학문 탐구, 자율적 사회봉사를 실현하며 국가와 인류사회의 번영에 기여하는 인재 양성을 목적으로 하고 있다.[14]

위의 글은 월간 〈아름다운 사람〉 2009년 9월호에 게재된 정상운 박사 초대석 인터뷰 '뜨거운 열정과 비전의 사람 골목대장, 대학교 총장이 되다'에서 기술된 내용을 그대로 소개한 것이다. 지금도 인터넷 검색을 하면 이외에도 당시 여러 주류 언론사들과 방송에 소개된 정상운 총장과 성결대 관련 기사와 영상들을 쉽게 찾을 수 있다. 돌이켜보면 대학의 내실화와 더불어 대외적 위상이 높아지면서 성결대가 널리 알려지기 시작한 전환점이라고 할 수 있는데, 이는 그 중심에 총장 정상운 박사가 있었기에 가능한 일이었다.

정상운 박사는 2007년 성결대학교 제5대 총장으로 선출되었고 2010년 제6대 총장으로 재선되었다. 그는 성결대의 미래를 내다보며 '한국사회와 세계 속에서 자랑스러운 100년 성결의 도약을 이룰 수 있는 제2의 창학을 위한 초석을 마련하도록 전심전력 하겠다'는 다짐을 하였다. 이에 '전인적인 하나님의 사람 육성'이라는 학교설립 이념의 구현과 캠

14 「아름다운 사람」, 11.

퍼스 복음화, 우수교수 영입 등 학교 경쟁력 강화, 국제화 정책 활성화, 대학경영의 내실화, 생활관 신축 및 그린 캠퍼스 조성 등 5대 사업 추진을 통해 제2 창학의 기틀을 마련하였다.[15)]

그는 먼저 교육선교적 관점에서, 교직원 연수를 통해 강의실이 선교현장이라 보고, 교수들이 지식만 전수하는 것이 아니라, 신앙과 인격이 전수되도록 전문인 선교사로서의 비전과 제자화를 이루도록 강력한 드라이브를 걸었다. 그 결과 한해 일반학과 불신자 학생들 중에서 세례를 받는 학생이 500-600명에 달하기도 하였다. 또한 재학생들에게는 하나님께서 마지막 때에 한국을 높이 들어 세계선교의 사명을 감당하게 하실 것이라는 세계복음화의 비전을 제시하고 '동아시아를 넘어 세계로(beyond East Asia to the World)'라는 기치 아래 동아시아를 넘어 세계를 품고 기도하고 준비하는 글로벌 크리스천 인재가 되도록 전문인 교육선교의 마인드를 심어주었다. 이를 위하여 교내에 동아시아센터를 설립하였고, 학생들이 오가며 자유롭고 쉽게 접할 수 있도록 학생회관 내에는 글로벌 라운지를 열어주었다. 더 나아가서는 학생들이 여름과 겨울방학을 이용해 다양한 봉사활동을 할 수 있도록 지원해 주는 한편, 해외 자매결연 대학 및 기업들을 통해 해외인턴십, 해외봉사, 영어연수 등의 해외 프로그램을 체험하도록 하였다. 그리고 이런 다양한 활동들을 개강예배 때 선교보도대회 영상으로 보고하게 함으로, 강요하지 않으면서도 모든 재학생들로 하여금 민족복음화와 세계선교에 대한 비전을 가지도록 하였다. 이외에도 정상운 총장은 학교 모든 건물 화장실마다 외부 지역교회의 후원을 받아 한글과 영어가 적혀진 성결구절이 담긴 액자 1,500개를 제작하여 걸도록 하였다. 불신자 학생들도 성경말씀을 자연스럽게 익히게 하고, 화장실 공간도 깨끗하고 경건한 분위기로

15 WCPM, "2018 전문인선교 大賞 시상식 안내자료", 75.

바꾸어 놓았다.[16]

그의 총장 재임 시 학교의 위상이 달라진 것은 '입학 경쟁률 상승'에서 쉽게 확인할 수 있다. 2008년 수시 경쟁률은 24대 1로 개교 이래 처음으로 두 자리 수를 넘었고, 체육교육과는 경쟁률이 146대 1로 치솟기도 했다. 학생들은 '학교의 교육서비스 수준'이 올라간 것에, 학부모들은 성결대의 '인성교육과 따뜻한 인간미 넘치는 교육환경'에 높은 점수를 주었다. 교육의 질적 향상과 관련하여 두드러진 변화중의 하나는 '글로벌 경쟁력 강화'였다. 그는 무리하지 말라는 일부 주변의 만류에도 불구하고 '글로벌 경쟁력 강화'를 학교 발전의 중요한 한 축으로 삼고, 모든 학생들이 영어를 보다 자유롭게 구사하는 능력을 갖추도록 그 해 신규 임용한 37명의 전임교수 중 81%에 해당하는 30명을 영어수업 진행이 가능한 외국인으로 임용하였다. 이어 글로벌 라운지를 열어 학생과 외국인 교수간의 1대 1 라운지클리닉(lounge clinic)과 커피토크(coffee talk)에 무료로 참여할 수 있는 기회를 마련해 주었다.[17]

그의 재임 시 강의실을 최첨단 시설로 바꾸는 한편, 어디에도 자랑할 만한 아름다운 최첨단 학술정보관을 신축한 것은 성결대의 변화를 상징하는 그의 또 다른 업적이다. 교수와 학생이 좀 더 쾌적한 환경에서 연구하고 공부할 수 있도록 각 건물들에 최신식 냉·난방 시설과 편의시설들이 들어섰고, 연세대와 고려대 학술정보관 시스템을 모델로 한 성결대학교 학술정보관은 그의 말대로 "수많은 서적들, 그리고 영화관, 카페테리아 등이 들어선 친환경과 최첨단이 만나는 곳"이 되었다. 학생이 원하는 책을 로봇이 자동으로 찾아주고 또 반납이 되는 자동서고 시스템은 국내에서는 성결대가 한국대학 최초로 도입한 것이었다.

대학이 빠르고 발전하고, 다양한 교육인프라를 확충하는 과정에는 이

16 WCPM, "2018 전문인선교 大賞 시상식 안내자료", 75-76.
17 「신동아」, 468-469.

를 위한 재정의 확보가 필연적이다. 정상운 총장은 역대 그 어느 총장보다도 열심히 뛰어다니며 많은 후원금을 끌어왔다. 그리고 그 기금으로 캠퍼스 곳곳에 많은 변화를 가져왔다. 그런데 한 언론에 실린 필자도 잘 몰랐던 기사 내용은 공동체를 먼저 생각하며 자신의 권리보다는 책임을 다하려는 그의 모습에 잔잔함 감동이 올라오게 만든다.

> 하지만 총장실은 멋진 캠퍼스와 시설들에 비해 볼 품 없다. 33.058m² (10평)도 채 안 되는 좁은 공간에 총장 책상과 뒤편에 서재, 그리고 손님접대용 소파가 전부다. 요즘처럼 추운 날씨에도 총장실은 난방이 다른 건물들처럼 잘 되지 않는다. 후끈한 강의실, 직원들 사무실과는 대조적이다. 이에 일부 직원들은 정 총장에게 "총장실도 좀 넓히고 시설을 보수하자. 이 대학의 총장이 이런 집무실을 쓰면 되겠느냐"고 여러 차례 건의했지만 완강히 거부했다. 총장실 리모델링에 대해 그는 "그동안 교내의 많은 시설을 정비하고 교체했지만 아직도 손봐야 부분이 많다. 모든 것을 다 갖춘 다음 마지막으로 총장실을 정비할 예정이다"고 밝혔다.[18)]

또 다른 인터뷰 말미에 그는 이렇게 답하였다. "'개교 이래 이런 변화와 개혁은 없었을 정도'라는 말이 학교 안팎에서 나올 정도입니다. 그러나 저는 아직도 배가 고픕니다. 성결대는 더 변화해야 하고, 그리고 더욱 발전할 것입니다. 학생들 모두를 사회의 1등급으로 만드는 게 우리 대학의 목표죠. 제대로 된 기독교 명문 종합대학으로 발돋움하는 성결대를 주목해 주십시오."[19)] 뜨거운 열정과 비전의 사람 교육선교자 정상

18 김정욱, "최신시설 리모델링...총장실 빼고 다 바꿨죠", 노컷뉴스, 2009년 11월 26일. https://www.nocutnews.co.kr/news/656621.
19 박철중, "변화·개혁 구슬 땀...글로벌대학 뚜벅뚜벅", 노컷뉴스, 2009년 9월 16일. https://www.nocutnews.co.kr/news/631160

운을 확인할 수 있는 참 멋진 말이라는 생각이 들었다.

첨언하면 그는 전문인 교육선교의 이념을 학생들뿐만 아니라 가족 구성원에게도 불어넣어 가족선교회를 만들어 슬하의 2녀 1남 자녀들을 전문인 교육선교사로 양육하고 있다. 가족들 모두 다른 전공을 하였는데 아내는 유아교육학 전공으로 교육학박사 학위를 받아 유아교육학과 교수로 재직하고 있다. 장녀 정가은은 필란트로피 커뮤니케이션 전공으로 문학박사 학위를 받고, 비영리 공익재단에서 PL로 일하고 있으며, 큰사위는 공학박사로 반도체연구소에서 일하고 있다. 차녀 정시은은 뷰티디자인전공으로 뷰티디자인학박사 학위를 받고 현재는 베트남 호치민에서 Weddingbook Vietnam의 원장(Director of Makeup)으로 일하고 있다. 막내아들은 미국 유학중에 있다. 학업 중인 20대 초반인 늦둥이 아들을 빼고는 가족 5명 모두 박사학위를 받은 박사가정으로서 각자의 전공과 일터가 달라도 그리스도의 복음을 자기 분야에서 전하는 전문인 교육선교사들로 사역하고 있다.

학자 정상운의 신학과 사상

정상운은 신학교에서 기독교 역사신학(교회사)을 전공한 신학자이면서도 동시에 일반대 사학과에서 한국사를 전공한 사학자이기도 하다. 이러한 다양한 학문 여정은 정형화된 신학교수들에게서 나타나는 신학이라는 기존 학문의 울타리에서 잘 찾아볼 수 없는 자유로운 복음주의적인 학문의 행보를 보여준다.

한국교회 중심의 구속사적 역사이해

그의 저술을 중심으로 학자 정상운의 연구에서 드러나는 기독교의 역사 특히 한국성결교회의 역사이해는 대체적으로 한국교회의 주체성에 기반을 둔 복음주의적 구속사관에 그 초점이 모아지고 있다. 즉 그리스도의 죽으심과 부활이라는 복음의 이해에서 바라보는 구속사적인 역사 이해가 강조되면서도, 세계선교의 연장으로 북미나 유럽의 해외선교회의 시각보다는 복음을 전수받아 수용한 한국교회의 주체적 입장에서 역사를 해석하는 특징을 보이고 있다는 것이다. 흔히 한국교회사를 해석하는 기존의 관점은 크게 일제 중심의 식민지 사관, 북미선교사 중심의 선교사 사관, 그리고 민족교회 입장에서 바라보는 민족사관 3가지를 말한다. 여기서 정상운은 선교사 사관에서 선교사들 중심의 주체적인 관점은 지양하지만 그들이 전하고자한 복음의 내용을 더욱 중시한다. 민족사관에서는 한국교회 중심의 주체적인 역사관을 강조하지만, 민족의 강조로 민족주의적인 국수적 사관을 무비판적으로 수용하는 것은 거부한다. 이러한 관점은 그가 최근에 대표집필자로 저술한『한국성결교회 백년사』의 집필방향에서 잘 나타난다.

> 첫째, 예성의 신학적 정체성(神學的 正體性)으로 칼빈주의와 대조적으로 웨슬리 알미니안 입장에서 19세기 성결운동의 신학적 배경과 역사적 맥락을 동양선교회와 관련하여 규명하고자 했습니다. -중략- 셋째, 예성의 주체성(主體性)으로 종래의 선교사 입장의 역사 서술을 지양하고 한국성결교회 입장에서 주체적으로 지나간 역사를 기록하는데 주안점을 두고자 했습니다.[20]

정상운 박사는 '예성비전프로젝트'의 일환과 성결교회 역사연구소 개소 20주년 기념으로 2019년 출간한『한국성결교회 백년사』에서 1907년

[20] 정상운,『한국성결교회 백년사』(서울: 성결교회와 역사연구소/킹덤북스, 2019), 11-12.

경성에서 출발한 한국성결교회의 100년의 역사를 정리하며 19세기 북미 성결운동의 역사적 유래와 영향을 분명히 서술하고 있다. 그러면서도 동시에 동양선교회(OMS)의 입장이 아닌 정빈과 김상준의 '자생적 개척(自生的 開拓)'으로 창립된 한국성결교회의 주체적 시각에서 양면을 함께 바라보는 역사서술을 하고 있다. 이와 같은 역사 해석의 관점은 1997년에 성결대 부설연구소인 성결신학연구소 「聖潔神學硏究」 2집에 발표한 '한국성결교회의 기원'에서도 명확하게 언급되고 있다.

> 1907년 한국성결교회가 설립되고 난 후 토마스 목사가 오기까지 초기 기간에 한국성결교회의 기원의 문제를 놓고 자생론과 타생론에 치우쳐 한쪽만의 해석이 옳고, 다른 상반된 시각의 해석은 틀렸다는 식의 흑백 논리는 불필요한 논쟁과 역사 인식에 대한 혼란을 야기시키는 결과를 초래한다고 본다. 그것은 역사 해석이란 동시대의 사건을 기록한 단일 사건이라도 보는 자의 이념과 사관에 따라 역사 서술이 결정적인 영향을 받기 때문이다. 한국에 귀국할 때 정빈과 김상준이 1907년 한국에 복음 전도를 하기 위해 카우만과 킬보른을 대동하고 귀국했다는 서술과 카우만과 킬보른이 정빈과 김상준을 대동하고 동양선교회 지부를 한국에 세우기 위해 갔다는 서술은 서로 다른 시각의 차이점을 갖고 있다. 성결교회의 자생론적 개척이라는 개념은 장, 감과 달리 이미 한국에서 한국인에 대한 선교적 열망이 있는 한국인이 일본에서 순복음이라 불리는 사중복음을 배우고 돌아와서 한국인에게 복음을 전하고, 한국인으로만의 교회를 처음으로 1907년 5월 30일에 이 땅에 세웠다는 전제하에 출발한다. 이것은 한국성결교회 역사는 한국인의 입장에서 보여진 시각에서 이해되고, 서술되어야 한다는 시각의 반영이다.[21)]

21 정상운, "한국성결교회의 기원(1907-1910년)," 「聖潔神學硏究」 2집(안양: 성결대학교 성결신학연구소, 1997).

한국성결교회의 역사를 다루고 있는 그의 방대한 저술들은 어떤 부분들을 다루든지 큰 틀에서 모두 일관된 특징 혹은 한 방향성을 견지하고 있음을 다시 확인하게 된다. 즉 세계선교의 연장에서 한국에 전수된 복음의 본질과 역사를 숙지하면서도, 단순히 선교사들의 일방적 시각이 아닌 '한국성결교회 역사는 한국인의 입장에서 보여진 시각에서 이해되고, 서술되어야 한다.'는 민족 주체적인 입장에서 역사를 바라보고 있다는 것이다. 그런 관점에서 정상운은 흔히 한국성결교회를 '자생적 교단'이라는 자생론적 이해의 통설과, 이를 거부하는 타생론적 역사 서술의 한계를 지적하며 '자생적 교단'이 아닌 '자생론적 개척'으로 달리 설명하기도 한다.

성서적 복음주의와 사중복음 강조

정상운의 신학사상은 어떤 특정한 신학자들의 사상을 강조하거나 주장하는 데에 이르지 않고 십자가 구속의 복음을 주창하는 성경적 복음의 증언과, 성결교회와 관련하여서는 구체적으로 사중복음의 강조로 함축되고 있다.

여기서 성경적 복음의 증언이란 존 스토트의 말을 빌려 설명한다면 포괄적 에큐메니즘과 신정통주의적 개신교 신앙흐름을 지향하는 자유주의적 복음주의와 비교되는 '보수적 복음주의'라고 규정할 수 있을 것이다. 무분별한 일치운동에 함몰되는 에큐메니즘, 진화론적인 세계관에 영향을 받은 성경비평학을 추종하는 개신교 신앙, 기적과 구속사를 부정하는 윤리적, 합리주의적 자유주의 신앙, 그리고 성례의존적 신앙과 구별되는 성경적 신앙노선을 지지하며 증언하는 것이 바로 보수적 복음주의이다.[22]

아울러 신학자로서의 정상운의 연구는 주로 한국성결교회의 역사에 집중하고 있으며, 그의 이러한 연구는 또한 많은 경우 "한국성결교회를 특정 짓고, 타 교단과 구분 짓는 판별적인 교단적 신학전통"이라 할 수 있는 사중복음에 집중되고 있다.[23] 사중복음(四重福音)은 19세기말 오순절운동에서 특징적으로 쓰이던 용어로 한국교회에서는 '순복음(Full Gospel)'으로 오히려 많이 알려진 바, 이는 '구원·성화(성령세례)·신유·재림'이라는 사중유형의 4가지 테마를 함축하는 표현이었다. 19세기 말 북미교회들마다 각기 신학적인 차이를 나타내면서도, '순복음'(Full Gospel or Whole Gospel)은 성결-오순절운동으로부터 유래된 각 교단(교회)들에서 강조되었다. 1887년 심프슨(A. B. Simpson)이 올드 오챠드에서 열린 총회의 설교에서 '사중복음'(The Fourfold Gospel)이라는 말씀을 전하며 처음으로 사중복음이라는 용어를 사용하였다.[24] 그는 사중복음이란 그리스도께서 우리에게 제공하시는 축복을 가장 완전한 방법으로 요약한 것이라고 강조하였다.[25] 심프슨은 그의 주저 「The Four-fold Gospel」에서 그리스도께서는 우리의 구주요, 성화케 하시는 자요, 치유자시며, 재림의 왕이심을 가르쳐주었다.[26]

성서적 복음주의에 대한 정상운의 역사연구는 19세기 말 북미 성결운동의 일환으로 만국성결교회와 심프슨이 강조하고 이것에 영향을 받아 동양선교회가 1901년 일본 동경에서 시작할 때부터 창립의 주된 목표로 강조해 온 사중복음을 한국성결교회의 교리적 강조점으로 재차 정립하고자 하는 데서 잘 드러나고 있다. 정상운은 한국성결교회 백주년을 앞두고 '21세기 한국성결교회와 사중복음의 재해석'에서 성결교회는 성

22 김희권, "존 스토트(John R. W. Stott)의 복음주의와 그 신학적 유산과 영향에 대한 비판적 소고(小考)," 「장신논단」 vol. 49, No. 1,(2007. 3), 116.

23 정상운, 『사중복음』 (안양: 성결교회와 역사연구소, 2005), 16.

24 정상운, 『사중복음』 개정판(안양: 성결교회와 역사연구소, 2010), 20.

25 정상운, 『한국성결교회 백년사』, 62.

26 A .B. Simpson, *The Four-fold. Gospel* (Harrisburg: Christian Publication, 1887), 4.

경적 복음의 요체인 사중복음을 웨슬리신학에 편승하거나 단순한 전도표제로 해석하는 것을 넘어서 성결교회의 신앙적 유산과 교리적 전통인 사중복음을 신학화하는 패러다임의 전환을 통한 현대적 해석을 꾀해야 함을 분명하게 역설(力說)하고 있다.

> 여러 가지 도전과 변화를 갖고 오는 21세기의 미래적 상황을 맞이하는 한국성결교회는 신학적 과제로서 성서적 복음의 요체인 사중복음의 신학화 작업을 전통 보존과 함께 변화된 현대적 상황에 대응할 수 있는 신학의 새로운 패러다임의 모색으로 발전시켜 사중복음의 신학화를 꽤해야 한다. –중략– 지금까지의 전도표제로서 사중복음 강조나 웨슬리신학의 편향성을 넘어서고 더 나아가 사중복음의 현대적 해석을 통해 새천년 새시대에 적용할 수 있는 성결교회신학이 되도록 신학적 지평을 넓혀감으로 한국성결교회의 발전과 성장의 거름과 디딤돌 역할을 해야 할 것이다.[27]

사중복음의 현대적 해석과 관련하여 한 사례로, 그는 사중복음의 성결체험도 기존의 개인적인 신앙 체험 강조에서 사회적 성결개념으로 확장시켜 성결체험이 개인주의나 분파주의에 머무르지 않고 사회적 관심과 역사적 현실도 직시해야 함을 말하기도 한다.

> 21세기에 들어선 현 사회상황에서 사중복음의 하나인 성결의 개념이 기독교 윤리와 사회적 적용에 있어서 그 어떤 시대보다 폭 넓게 적용해야 하는 시대적 요청을 받고 있다. 성결의 복음과 그 능력은 개인적인 차원뿐만 아니라, 사회적 차원에서도 열려 있어야 한다.[28]

27 정상운, 『사중복음』 개정판, 33.
28 정상운, 『사중복음』 개정판, 36.

부연하면, 정상운의 성경적 복음주의 사상은 그가 1999년에 창립한 성결대 인준연구소인 '성결교회와 역사연구소'를 통한 그간의 학문적 활동에 고스란히 배어 있다.[29] 2021년 현재까지 22년이라는 장족의 기간 동안 연구소의 활동을 살펴보면, 2019년 「한국성결교회 백년사」의 출간을 비롯하여 다양한 저서의 발간 및 세미나를 개최하였다. 성경적 신유 이해, 성경적 종말론 이해, 유아세례 이해 등 다양한 연구 주제들은 모두 그 신학적 기저에 있어서 성경적 복음주의를 일관되게 표방하고 있다.

다른 관점에서, 최근 정상운의 성서적 복음주의에 대한 강조는 공론의 장에서 WCC의 종교다원주의와 동성애를 옹호하는 포괄적 차별금지법 제정에 대한 문제점을 지적하며 반대의사를 분명하게 표명하고 있는 데서도 잘 드러나고 있다. 그는 2013년 제10차 WCC 부산총회 개최에 앞두고 WCC와 관련하여 "그리스도의 복음(the gospel of Christ)이 다른 복음(any other gospel)"으로 변하거나 혼잡되이 전해지는 위험성에 대한 심각한 우려를 표명하였다.[30] 그리고 관련 세미나의 저서 출판을 통하여 "성경적인 바른 역사의식과 바른 신앙, 바른 삶, 바른 성장으로 전환"하도록 경성해야 할 것을 촉구하였다.[31]

29 성결교회와 역사연구소는 1999년 3월 13일에 성결대 인준연구소로 시작하여 지금까지 21년간 정상운 박사가 소장을 맡아 연구소 논문집 「성결교회와 역사」 창간호(1999년)를 비롯하여 예수교대한성결교회 공식 역사서(대표 집필)인 『한국성결교회 백년사』, 『사중복음』 등 수많은 저술들을 간행하면서 성결교회 역사와 신학 정립에 큰 영향을 미치었다. 2001년 5월 24일에는 그동안 괄목할 정도로 교단 역사와 신학 정립의 학문적 성과를 인정받아 예수교대한성결교회 총회 인준연구소로도 인가받았다. 2003년에는 독일 Stuttgart에 소재한 콜함머(W.Kohlhammer)출판사와 출판협정을 맺고 요한네스 쉬네이더(Johannes Schneider)박사의 Die Taufe im Neuen Testament를 번역하여 『유아세례가 과연 성경적인가』를 출간(출판사 바울서신)하고, 2010년에는 성결교회 100주년을 기념으로 발간한 정상운의 주저 『사중복음』을 영문판 The Four-fold Gospel 으로 번역하여 출간하였다.

30 정상운(편), 『한국교회 미래는 있는가?』 (안양: 한국신학회, 2013), 15.

31 정상운(편), 『한국교회 미래는 있는가?』 (안양: 한국신학회, 2013), 12.

또한 정상운은 이 시대 한국교회와 기독교가 우리 사회로부터 매우 강한 불신을 받는 위기를 깊이 체감하고 대학사회의 발전과 한국교회를 새롭게 회복하는 일에 기여하고자 2014년 대학총장포럼을 주도적으로 설립하고 성경적 가치수호와 복음적 교회들의 연대를 위해 일해 왔다.[32] 2015년 6월 8일 서울시청 광장에서 동성애 축제를 허락한 서울시 결정을 우려하는 성명서에 이어, 2020년 10월 14일 한국교회 교단장들(한교총)과 연대하여 공동으로 공동성명서를 내고, "포괄적 차별금지법 제정을 강행하는 것은 기독교 정신을 훼손하고 평등 구현과 인권 보장에 역행하며 건강한 성경적 가치관과 신앙과 양심, 학문과 표현의 자유를 심각하게 파괴하는 일로 대한민국의 자유와 건강한 미래를 위해 즉각 중단하라"고 촉구하였다.[33] 이에 앞서 8월 20일 서울 팔래스 강남호텔에서 가진 기자들과의 인터뷰에서는 '동성애자는 품어야 할 대상이지만 동성애가 옳다고 하신 것은 아니다'고 말하며, 성경적 가치관 사수를 위해 한국교회는 보수, 진보를 떠나 연대하여 위기대응팀을 만들어 나가야 함을 역설하기도 하였다.[34]

성서적 에큐메니즘와 복음선교의 강조

정상운의 성서적 에큐메니즘은 제10차 WCC부산총회를 앞두고 개최한 한국신학회 학술대회 관련 저서의「한국교회 미래는 있는가?」의 발간사에서 잘 표명되고 있다. 정상운은 신앙의 일치를 통한 교회연합과 협력을 지향하고 있는 바 WCC의 신앙의 일치와 연합보다는 기구적 연합과 일치를 지향하는 행보에 제동을 거는 학술대회를 개최하였다. 그

32 정상운 외,『이 시대 대학총장에게 길을 묻다』(용인: 대학총장포럼/킹덤북스, 2019), 517.
33 "차별금지법 제정 즉각 중단하라,"「국민일보」2020년 10월 15일(34면).
34 정상운 인터뷰(한국교회 차금법 위기 대응팀 함께 만들자),「국민일보」2020년 8월 25일(32면).

는 WCC의 세속적 에큐메니즘이 가져다주는 문제점과 폐해(弊害)를 지적하면서 '다른 복음은 없나니'에서 다음과 같이 말하고 있다.

> 한국교회 한 쪽에서는 WCC 부산총회는 우리 한국교회가 세계교회와의 만남으로 선교의 문이 크게 열리고, 하나님 나라를 확장하는 계기를 갖게 될 것이라고 예견하지만 다른 한쪽에서는 신앙의 일치보다 기구적 연합과 일치를 추구하고, 지향하는 WCC의 근본 구조를 볼 때, 한국교회에 득보다는 실을 가져다 줄 영향이 크다고 말하며 심히 우려하는 시각의 차이를 보이고 있습니다. 분명한 것은 WCC가 반개종주의를 견지하고 다원주의를 표방하는 현대사회의 시대정신에 걸맞게 예수 그리스도의 구원의 유일성(요14:6, 행4:12 등)을 떠나 타종교와의 대화와 협력뿐만 아니라 타종교에도 구원이 있을 수 있다는 다원적 구원의 가능성을 쉽게 용인하게 해 줌으로 기독교 구원의 복음에 대한 신앙의 혼란을 가져다주고 선교의 필요성을 해지시킴으로써 한국교회로 하여금 전도의 문을 닫고 구원의 방주로서 교회의 본래적인 사명을 상실하게 할 수 있는 위험성을 갖고 있음을 심히 우려하지 않을 수 없습니다.[35]

그러면서 한국교회의 사명이 민족복음화와 세계선교에 있음을 다음과 같이 강조하고 있다.

> 한국교회는 1960년대에 들어와 세상의 빛으로서 세상사람 앞에 비추게 하여 우리의 착한 행실을 보고 하나님 아버지께 영광을 돌리게 하는 삶(마5;13-16)에 대해 소극적으로 살았습니다. 구원받은 자로서 이 땅에 사회적 책임을 다하지 못했음을 철저히 반성하고, 과감히 가시적인 교회성장 지상주의에서 벗어나 교회의 내실을 기하여 성경

35 정상운, "발간사- 다른 복음은 없나니," 『한국교회 미래는 있는가?』, 11-12.

적인 바른 역사의식과 바른 신앙, 바른 삶, 바른 성장으로 전환하여야 합니다. 그리고 한국교회의 가시적 성장을 세계교회에 드러내고 주도하려는 일보다 초기 한국교회의 신앙으로 돌아가 겸손하게 이 마지막 때에 재림신앙으로 무장하고, 성결의 복음으로 거듭나서 각자의 삶의 영역에서 하나님의 나라를 확장하고, 한국교회에 주어진 본연의 사명인 민족복음화와 세계선교에 주력해야 합니다.[36]

실제로 정상운 박사는 성결대학교 총장으로 재직할 때 전체 학생 개강예배와 종강예배를 단순한 한 학기 수업의 시작과 마침에 대한 예배로 끝나지 않았다. 그는 앞서 언급한 대로 재학생들에게 마지막 때 한국을 높이 들어 세계선교의 사명을 감당하게 하실 것이라는 세계복음화의 비전을 제시하고, '동아시아를 넘어 세계로' 라는 기치 아래 종강예배에는 동아시아봉사단(선교단 파송예배) 발대식을 가졌고, 개강예배에는 방학 중에 파송된 학생들의 선교, 봉사 보고대회를 가지며 신학대뿐만 아니라 일반 단과대 학생들에게도 강력한 세계선교의 비전을 불어넣었다. 동아시아 봉사단은 가깝게는 중국과 일본으로부터 멀리는 남아프리카와 브라질까지 파송되면서 동아시아를 넘어 세계를 품고 선교하는 글로벌 전문인 예비 선교사들을 키워냈다.[37]

성서적 변혁주의의 강조

정상운은 시대의 변화에 부응하지 못하는 형식적이며 폐쇄적인 보수주의를 과감히 떨쳐버리며 성서적 변혁주의를 제창한다. 보수주의가 변혁적 복음주의로 21세기의 급변하는 환경 속에서 시대의 변화에 따

36 정상운, "발간사- 다른 복음은 없나니," 『한국교회 미래는 있는가?』, 12.
37 세계CEO전문인선교회, 『전문인선교 그랑프리 II』 (서울: WCOM, 2019), 294.

라 본질은 일치를 꾀하나 비본질은 자유, 즉 본질을 훼손하지 않고 오히려 역동적으로 드러내는 점에서 과거와는 다른 능동적인 변화를 강조하고 있다. 이미 20여 년 전인 1999년에 정상운은 '새천년을 향한 한국성결교회의 신학적 과제'에서 다음과 같이 말하고 있다.

> 교회 역사는 교회가 언제나 보수적 태도를 취함으로써 변화의 뒷전에 머물러 왔고, 그래서 비교적 변화와 파고로부터 안전할 수 있다는 것을 보여 주었다. 그러나 지금은 전적으로 다른 상황이 시작되고 있다. 새천년 시대적인 변화의 파고는 교회에 질적으로나 양적으로 상상할 수 없을 만큼 큰 도전을 해 올 것이다. 변화를 느끼지 못하고 사우나를 즐기다가 현실에 안주하여 죽은 가마솥의 개구리 신세에서 벗어나려면 교회는 시대의 변화를 깊이 이해하고 스스로 변해야 한다. 급변하는 상황 속에서 자기 정체성과 사명을 확인하고, 이것을 현실에 적용하지 못하면 내일의 생존(survival)을 확보할 수 없다.[38]

같은 맥락에서 정상운 박사는 2019년 예수교대한하나님의 성회 목회자대학에서 그의 생각을 진전시켜 시대의 변화 속에서 복음주의 한국교회의 나아갈 길을 다음과 같이 요청하고 있다.

> 복음주의는 복음의 본질에 관해서는 어떠한 변화도 용납할 수 없습니다. 그러나 본질이 아닌 비본질에 대해서는 복음의 본질을 부정하거나 훼손시키지 않는 면에서 유순한 자세(변혁주의적 자세)가 필요합니다. 불신자들과 동시대를 살아가면서 복음을 전하고 복음으로 우리 사회를 변혁시키는 방법 면에서 능동적으로 현시대의 변화의 파도 속에서 하나님의 뜻을 구현한다는(파악하여 적용, 실천한다는) 점에

38 정상운, '새천년을 향한 한국성결교회의 신학적 과제," 「성결교회와 역사」 1집(1999년)(성결교회와 역사연구소, 1999), 70-71.

서 참신한 성경적 사고방식의 전환이 필요합니다.

따라서 다음 세대 교회지도자를 양성하는 신학교의 신학교육도, 교단의 목회자 연장교육도 이러한 변화에 대응하는 방향에서 개선, 재조정되어야 합니다. 그리고 복음주의신학은 종교와 문화의 상대성을 철저하게 인정한 나머지 타종교의 구원의 가능성과 만인구원설을 주장하는 종교다원주의 신학과는 입장을 달리할 뿐만 아니라 그들의 비성경적인 위험성과 문제점들을 날카롭게 비판, 지적하여 배격하는데 앞장서야 합니다.

21세기 모든 종교현상과 사회의 문제에 대한 해결책은 (특정한 신학의 사상이나 신학자의 주장은 한계가 있고, 완전한 신학은 없다.) 세상의 유일한 구속자이시며, 심판자이신 예수 그리스도에게서만 발견될 수 있기 때문입니다. WCC 종교다원주의의 일반화, 동성애 찬동과 같은 반성경적이면서 무신론적인 세속적 현대주의의 지배와 폭력 그리고 구조적인 악으로부터 예수 그리스도에 대한 사도적 가르침(복음)에 대한 믿음을 지키고, 싸우면서 역사적 기독교의 귀중한 신앙유산을 다음 세대에 그대로 순수하게 전하는 일이 복음주의자 신학자들에게 주어진 오늘날의 시대적 사명임을 엄중히 인식해야 합니다. 이 일은 신학자뿐만 아니라 목회자 우리 모두에게 해당되는 사항입니다. 그 어느 때보다 이 시대는 목회자의 능동적인 역할을 요구하고 있습니다.[39]

정상운의 성서적 변혁주의 사고는 한 사례로 '추수감사절'에 관한 그의 논지에서도 잘 나타나고 있다. 그는 본질은 일치, 비본질은 자유'기치 아래 한국교회가 지켜오는 현행 11월 추수감사절은 성경적인 기원에서 출발하지 않고 미국 건국역사와 관련된 것으로써 미국기독교 문화에

39 정상운, "부르심에 합당한 삶을 살라: 목회자의 소명과 자질개선," 「예수교대한하나님의 성회 제1회 목회자 평생교육과정 자료집」, (2019년), 70.

대한 무비판적 수용이라는 점에서 한국적 기독교 절기의 토착화의 가능성을 열어두어야 할 것을 말한다. 정상운은 “11월 추수감사절은 한국문화와 관련하여 생각해 볼 때 민족문화에 기독교적인 뿌리를 깊게 내리지 못한 모습으로 비춰지고” 있음을 지적한다.[40] “11월 추수감사절이 우리의 신앙과 땀과 감사가 넘치는 주체적인 이 민족의 추수감사절기인가에 대해 반문”하며 “한국교회는 한국문화와 우리의 역사적인 경험을 근거로 복음의 본연적인 뜻을 드러내는 변혁적 입장에 서서 감사절의 토착화 문제도 미래지향적인 방향으로 추진”해야 할 필요성을 말한다.[41]

나가는 말

이상으로 정상운 박사의 생애와 신학사상에 대하여 간단히 살펴보았다. 건강과 학교일로 시간에 쫓기며 집중하지 못하면서 정리한 글이다 보니 제대로 담지 못한 부분이 여기저기 상당하다. 한국연구정보서비스(RISS)에 들어가서 ‘정상운’ 키워드만 쳐도 국내학술논문에 이런저런 형태의 다양한 논문들이 검색되지만 시간에 쫓겨 거의 살펴보지 못한 아쉬움이 크다. 그나마 정상운 박사가 다른 분들에 비해 아직은 상대적으로 젊은 소위 현역 학자이기에 추후 다시 한 번 관련 분야의 누군가에 의해 제대로 보완 평가될 기회가 있을 것이라 생각하며 스스로를 위로하고 싶다.

정상운 박사는 자신을 가리켜 스스로 벳새다 들녘의 한 끼 어린아이

40 정상운, “추수감사절과 한국문화” 들소리신문, 2004년 11월 17일. http://www.deulsoritimes.co.kr/news/articleView.html?idxno=10249

41 정상운, “추수감사절과 한국문화” 들소리신문, 2004년 11월 17일.

도시락인 '오병이어'의 기적과 같은 삶이었다고 말하고 있다. 세상에서 보잘 것 없는 가난하고 척박한 불신자 가정의 소년에서 오늘날 복음을 전하고 가르치는 하나님의 일꾼이 된 것은 전적으로 하나님의 구원의 역사와 은혜와 사랑이었음을 고백하고 있는 것이다.

지난 날 걸어온 길 돌아보니 나의 나됨은 모두가
하나님의 은혜였습니다!

모든 것이 하나님의 은혜였을지라도 사람을 통해서, 그리고 사람을 세워서 그의 구원의 역사를 진행시켜나가시는 하나님의 섭리 가운데서, 정상운 박사는 적어도 성결대학교의 발전과 한국성결교회의 주체성과 정체성을 세워나가는데 있어서 하나님께서 기대하셨던 제 몫을 다 해왔고[42] 지금도 그 몫을 더 감당하기 위해 순간순간의 수고를 쉬지 않고 있다. 가까이서 오랜 기간을 지켜본 후배 동료교수로서, 소명감을 가지고 성결교회의 지나온 역사와 현실을 직시하면서, 동시에 최근 우리사회와 한국교회의 반성경적 반복음주의적 경향들에 대하여 목소리를 내고, 이와 관련한 다양한 집필과 대외 활동을 쉬지 않고 이어오면서, 또한 매년 그의 노고가 담긴 1~2권의 저서를 기쁘게 선물로 안겨주는 모습에는 일종의 존경심도 가지게 된다.

우리는 오늘날 상대주의 세계관이 범람하는 현실 속에서, 역설적

42 이와 관련하여 갑자기 떠오르는 한 가지 사례는 예수교대한성결교회와 현 성결대학교의 설립자이신 영암 김응조 목사님과 관련된 장신대 한숭홍 교수와의 신사참배 논쟁이다. 국가보훈처에서도 김응조 목사의 친일 의혹이 논의된바 구체적인 진상조사에 나섰을 때 정상운 박사는 실증적 자료에 근거하여 이 의혹 제기에 대한 설득력 있는 반박과 논의를 통하여 한교수의 주장이 근거가 불분명한 의혹 제기임을 입증하므로 친일 의혹을 깔끔히 일소하였고, 이로 인해 교단으로부터 공로상을 수상한 기억이 난다. 이에 관한 자세한 내용은 그의 저서 「영암 김응조 목사와 신사 참배」(이레서원)에 잘 기술되어 있다.

으로 지켜야할 기독교의 진리와 전통의 중요성을 보다 절실하게 깨닫게 된다. 그동안 이 일에 큰일을 감당해 온 정상운 박사의 수고에 감사드린다. 하나님께서 계속해서 그에게 은혜로 주시는 혜안(慧眼)을 통하여, 위기 속에서 한국교회가 지나온 역사를 통찰하면서 새로운 도전과 개혁과 부흥의 기회로 삼도록 방향성을 제시하는, 여전히 제 몫을 잘 감당하기를 바라며 이 글을 맺도록 하겠다.

서울신학대학교 개교 100주년 기념예배

『한국성결교회 백년사』
대표 집필

대학총장포럼 출판감사예배
[이 시대 대학총장에게 길을 묻다]

성결교회 100주년 기념대회
선언문 발표 | 2007년

은혜와 진리교회 안양성전 봉헌예배 설교

육·해·공군 연합예배 설교 후
공군참모총장을 비롯한 각군 대표들과

베트남 홍방대학교 명예총장 추대식

미 백악관 차관보 강영우 박사와 함께

경력 및 수상

● 주요 경력

성결대학교 신학과 교수(1987년~현재)

성결교회와 역사연구소 소장(현재)

성결대학교 총장(5~6대)

성결대 신학대 학장, 신학대학원장, 선교대학원장 등

성결신학연구소 소장

영암신학연구소 소장

예일대(Yale University) 연구교수

한국복음주의역사신학회 회장(2~3대)

한국복음주의신학대학협의회 회장

한국신학대학총장협의회 부회장

전국기독교대학원장협의회 회장

한국성결신학회 회장

한국성결교회와 문학연구회 회장

한국신학회 회장(현재)

한국성결교회연합회 신학위원장

베트남 홍방국제대학교(Vietnam Hongbang International University) 명예총장

한국성결교회백년사 집필위원장

2005세계한인신학자대회 대회장

2007포럼 공동회장

라이즈업 코리아(사) 대표회장

한국대학기독총장포럼(KUCPK) 회장(현재)

수상 및 학술상

성결대 최우수 교수상 표창(1998, 1999)
세계성결교회 100주년기념 공로상(2007)
대통령 표창(2007)
세계CEO전문인선교회(WCPM) '2018 자랑스러운 전문인선교 대상'(2018)
예수교대한성결교회 공로상(2019, 총 7회 수상) 등

연구 목록

박사학위 논문

初期 韓國聖潔敎會의 形成過程에 對한 分析的 考察 – 19世紀末 聖潔運動과 東洋宣敎會 神學的 背景과 關係性을 中心으로 – (浸禮神學大學校 大學院 歷史神學專攻, Ph. D.)

저서

『교회사의 사람들』. 서울: 이레서원, 1995.
『새벽을 깨우는 사람들: 인물로 본 성결교회사』. 서울: 은성, 1995.
『한국성결교회사 (I)』. 서울: 은성, 1997.
『영암 김응조 목사와 신사 참배』. 서울: 이레서원, 2001.
『성결교회와 역사연구 (I)』. 서울: 이레서원, 1997.
『성결교회와 역사연구 (II)』. 서울: 이레서원, 1999.
『성결교회와 역사연구 (III)』. 서울: 한국복음문서간행회, 2001.
『성결교회와 역사연구 (IV)』. 서울: 한국복음문서간행회, 2002.

『성결교회와 역사연구 (V)』. 서울: 한국복음문서간행회, 2003.
『성결교회와 역사총론』. 서울: 한국복음문서간행회, 2004.
『성결교회와 역사총론』. 서울: 한국복음문서간행회, 2012(개정판).
『사중복음』. 안양: 성결교회와 역사연구소, 2005.
『사중복음』. 안양: 성결교회와 역사연구소, 2010(개정판).
『쉽게 풀어 쓴 한국교회사』. 서울: 소망플러스, 2016.
『한국성결교회백년사』(대표집필). 안양: 성결교회와 역사연구소/킹덤북스, 2019.
The Four-fold Gospel. Anyang: Institute of The Korean Sungkyul Church and History, 2010.

● **공저**

『알기 쉬운 교회사』. 서울: 이레서원, 2000.
『유아세례 다시보기』. 서울: 성결교회와 역사연구소/바울서신, 2004.
『세계교회인물사』. 안양: 성결대학교출판부, 2002.
『성결의 기수』. 안양: 성결대학교출판부, 2002.
『성결교회와 세대주의』. 안양: 성결대학교출판부, 1999.
『새천년과 한국성결교회』. 서울: 성결교회와 역사연구소/바울서신, 1999.
『이명직·김응조 목사 생애와 신학사상』. 서울: 성결교회와 역사연구소/바울서신, 2002.
『신유』. 서울: 바울서신, 2002.
『사중복음연구』. 안양: 성결교회와 역사연구소, 2005.
『영암의 신학사상』. 안양: 성결교회와 역사연구소/바울서신, 2001.
『천주교는 개신교와 무엇이 다른가?』. 용인: 한국신학회/킹덤북스, 2019.
『우리 세대 미래는 있는가?: 이 시대 대학총장에게 길을 묻다』. 용인; 대학총장포럼/킹덤북스, 2019.
『성결교회인물전』 1집~10집. 서울: 일정사 외, 1989년~1999년(총 10권)

● 논문

"金相濬論,"「교수논문집」, 17집, 성결대학교, 1988, 185-215.

"성결교회성 회복에 대한 연구,"「논문집」, 성결대학교, 18집, 1989, 157-184.

"만주에서의 한국교회의 선교활동에 대한 연구",「논문집」, 19집, 성결대학교, 1990, 169-198.

"한국성결교사의 소고(1907-1991),"「논문집」, 20집, 성결대학교, 1991, 163-188.

"만주에서의 한국교회의 선교활동,"「신학지평」, 통권1호, 성결대학교, 1991, 99-140.

"李明稙論評,"「논문집」, 21집, 성결대학교, 1992, 75-88.

"Thomas Müntzer의 개혁사상 연구,"「논문집」22집, 성결대학교, 1993, 75-95.

"Martin Luther의 두 왕국론,"「논문집」24집, 성결대학교, 1995, 61-76.

"정빈의 사상연구,"「성결신학연구」1권, 성결대학교 성결신학연구소, 1996, 113-127.

"한국성결교회의 기원에 대한 연구(1907-1910): 자생론적 입장에서,"「성결신학연구」2권, 성결대학교 성결신학연구소, 1997, 59-72.

"1936년 성결교 총회 분립에 대한 연구,"「논문집」, 26집, 성결대학교, 1997, 35-50.

"김응조 목사 신사참배 주장에 대한 비판,"「신학지평」7권, 안양대학교 신학연구소, 1998, 169-198.

"세대주의적 전천년설과 성결교회의 재림론,"「한국기독교와 역사」, 11권, 한국기독교역사학회, 1998, 167-198.12.

"한국성결교회 여성운동에 대한 연구(1907-1945년),"「논문집」, 27집, 성결대학교, 1998, 35-52.

"한국성결교회의 초기 문서운동(1945년 이전 잡지를 중심으로),"「성결신학연구」, 3, 성결대학교 신학연구소, 1998, 57-78.

"사중복음과 한국성결교회의 신학적 배경," 「한국기독교와 역사」, 8권, 한국기독교역사학회, 1998, 237-267.
"한국성결교회와 사중복음의 유래," 「역사신학논총」, 1권, 한국복음주의 역사신학회, 1999, 55-85.
"새천년과 한국성결교회: 새천년을 향한 한국성결교회의 신학적 과제," 「성결교회와 역사」, 1권, 성결교회와 역사연구소, 1999, 63-95.
"동양선교회 초기역사 연구(1901~1917)," 「논문집」, 28집, 성결대학교, 1999, 23~38.
"한국교회와 Postmodern 신학," 「복음과 신학」, 2권, 평택대학교 피어선기념성경연구원, 1999, 256-281.15.
"한국교회 이단종파 연구," 「성결신학연구」, 4, 성결대학교 신학연구소, 1999, 21-34.
"한국성결교회 성결론의 교회사적 이해," 「성결교회와 역사」, 2권, 성결대학교 성결교회와 역사연구소, 2000, 73-96.
"6.25 한국전쟁과 성결교회," 「역사신학논총」, 2권, 한국복음주의역사신학회, 2000, 258-278.
"영암신학의 이해: 사중복음을 중심으로," 「성결교회와 역사」, 3권, 성결교회와 역사연구소, 2000, 9-41.
"경성성서학원의 초기 발전과정 연구(1907~1940년)," 「논문집」, 29집, 성결대학교, 2000, 11-26.
"한국성결교회의 재건(1945-1950년)," 「성결신학연구」, 5, 성결대학교 성결신학연구소, 2000, 9-24.
"기독교민족운동과 한국성결교회," 성결대학교「논문집」, 30집, 성결대학교, 2001, 27-44.
"1907년 대부흥운동 연구," 「성결신학연구」, 6권, 성결대학교 성결신학연구소, 2001. 27-40.
"한국성결교회 신학교육 기관의 역사," 「역사신학논총」, 3권, 한국복음주의 역사신학회, 2001, 235-252.
"예수교대한성결교회의 신학적 배경과 역사 그리고 현황,"「성결교회와 신학」, 5권, 서울신학대학교 현대기독교 역사연구소, 2001, 95-118.
"세속화 시대의 성결신학,"「한국기독교와 역사」, 16권, 한국기독교역사학회, 2002, 101-122.
"한국성결교회와 신유: 한국성결교회 신유론의 역사,"「성결교회와 역사」, 4권, 성결교회와 역사연구소, 2002, 12-46.
"이명직의 신유이해," 성결대학교「성결신학연구」, 7, 성결대학교 성결신학연구소, 2002, 25-36.
"한국성결교회의 초기 선교활동,"「성결신학연구」, 8, 성결대학교 성결신학연구소, 2003, 157-168.
"영적 리더십- 영암 김응조 목사를 중심으로,"「성결신학연구」, 10, 성결대학교 성결신학연구서, 2004, 21-33.
"A. B. Simpson의 신유 이해,"「역사신학논총」, 5권, 한국복음주의 역사신학회, 2003, 115-130.
"한국성결교회의 세례 이해: 헌아식과 유아세례를 중심으로,"「성결교회와 역사」, 5권, 한국성결신학회, 2004, 13-34.
"1961년 한국성결교회 분립 연구,"「역사신학논총」, 7권, 한국복음주의 역사신학회, 2004, 236-259.
"복음주의와 한국교회," 성결대학교「성결신학연구」,11, 성결대학교 성결신학연구소, 2005, 9-28..
"사중복음의 전래와 21세기 한국성결교회,"「성결신학논총」, 2권, 한국성결신학회, 2005, 11-34.
"한국성결교회의 100주년과 예성신학,"「성결신학연구」, 13, 성결대학교 성결신학연구소, 2006, 13-26.
"예수교대한성결교회 헌장에 관한 연구,"「성결신학연구」, 24권, 성결대학교 성결신학연구소, 2012.

"한국성결교회의 부일행위에 대한 연구," 「성결신학연구」, 25권, 성결대학교 성결신학연구소, 2013.

"성결교회 의회제도 연구: 1945년 해방이전을 중심으로," 「성결신학연구」, 26권, 성결대학교 성결신학연구소, 2014.

"정빈의 사상(2)," 「성결신학연구」, 27권, 성결대학교 성결신학연구소, 2015.

"한국성결교회 여성사역에 대한 연구: 여메례 생애를 중심으로," 「성결신학연구」, 28권, 성결대학교 성결신학연구소, 2016, 59-80.

"성결교회의 사중복음과 영산의 오중복음 비교," 「영산신학저널」, 50권, 한세대학교 영산신학연구소, 2019, 47-83.

외 다수.

이은성 교수

성결대학교 신학과
캐나다 McMaster University (M. R. E.)
Biola University, Talbot School of Theology (M. Div.)
Trinity Evangelical Divinity School (Ph. D.)

성결대학교 신학대학 부교수
현 교목실장

저서_교회교육 전도사를 위한 리더십 핸드북
현대문화와 기독교: 기독교는 문화를 어떻게 가르칠 것인가?
웨슬리와 기독교교육
간추린 교회교육행정론
제4차 산업시대의 교육목회(공저)
외 다수의 논문

황승룡 박사

황승룡 박사의 생애와 신학

황민효_호남신학대학교 조직신학

조선대학교 기계공학 학사
장로회신학대학교 (M. Div)
장로회신학대학교 대학원 (Th. M)
4개 신학대학 공동 박사과정, 조직신학 (Th. D)

호남신학대학교 초대~3대 총장 (1992. 3~2004. 4)
전국신학대학협의회(KATTS) 회장 (1998. 2~1999. 2)
한국조직신학회 회장 (1999. 10~2000. 10)
한국대학교육협의회 신학대학협의회 회장 (2000. 2~2004. 5)
광주·전남지역 4년제 대학교 총장협의회 회장 (2002. 9~2003. 9)
총회신학대학협의회 회장 (2003. 8~2004. 3)
호남신학대학교 교수 및 명예총장 (2004. 6)
청조근정훈장 수여 (2010. 2. 28)
아세아연합신학대학교 총장직무대행 (2010. 7~2011. 2)
학교법인 우암학원 이사장(남부대학교, 전남과학대학교, 옥과고등학교) (2016. 5. 9~현재)

들어가는 말

우리는 탈근대(post-modernism)의 시대에 살고 있다. 이 새로운 시기는 전통적으로 고수했던 가치체계와 의미체계를 가지고서는 더는 세상을 변혁하거나 새로운 의미를 창출할 수 없다는 비판의식을 기반으로 하는 시대를 의미한다. 나아가 AI와 빅데이터를 중심으로 한 4차 산업혁명시대를 맞이하여 사회 전반에 걸쳐서 기존 모형과 틀을 바꾸어야 한다는 패러다임의 전환(paradigm shift) 요청은 더욱 거세지게 되었다.

예를 들어, 구조주의와 포스트 구조주의로 대변되는 탈근대주의적 사고는 이성이라는 범주를 벗어나 낯선 타자의 눈으로 전통적 사회에서 자명하게 여겨졌던 것들에 관하여 비판적인 의문을 제기한다. 대표 사상가인 푸코(Michel Foucault)의 경우 정상과 광기의 관계, 범죄와 법의 관계, 성적 관계들에 숨어있는 권력과 억압의 모순들을 폭로함을 통하여 우리가 당연시해온 사회의 보편질서에 의문을 던졌으며, 데리다(Jacques Derrida)의 경우 흔적(la trace)과 차연(la différance)의 개념을 통해 남성과 여성, 선과 악을 나누는 전통적 이분법적 가치체계가 가진 문제점을 폭로하고 해체하며, 다원성이라는 새로운 가치체계에 정당성을 부여한다. 이러한 탈근대주의 틀과 비판들 가운데 기존 사회를 지탱해왔던 보편적 가치체계들은 붕괴하였고 그 힘을 잃어왔다. 우리는 우리가 살아가는 세상을 더는 자연스럽고 당연한 질서로서 인정할 수 없게 된 것이다.

그리스도교신학을 향한 탈근대주의의 영향력은 더욱 거세다. 다원성과 상대성을 중시하는 탈근대주의 아래에서 그리스도교처럼 자신이 가진 진리의 절대성을 중시하며 선포하는 가치체계는 낡은 것으로 여겨지고, 그 정당성을 잃어갈 수밖에 없었기 때문이다. 보편적이고 절대적 가치를 부인하는 탈근대주의 시대에서 그리스도교와 신학은 어떠한 태도를 보여야 할까? 그냥 눈감고 귀 막으며, 그들의 비판을 외면해도 되는 것일까? 아니면, 그들의 비판에 귀 기울이며 우리의 관점에서 새롭게 진리를 선포해야 할까? 이러한 점에서 평생 복음주의 변증신학자의 길을 걸어온 황승룡 박사의 생애와 그 신학사상을 살펴보는 것은 매우 의미 있는 작업이 되리라고 생각한다.

이를 위하여 우리는 제II장에서 황승룡 박사의 생애에 관하여 약술하고, 제III장에서 황승룡 박사의 신학에서 찾아볼 수 있는 방법론과 특성을 논하고, 제IV장에서 그가 한국교회와 신학에 이바지한 점들을 살펴보고자 한다.

황승룡 박사의 생애

황승룡 박사는 1944년 8월 4일 전라남도 나주시 반남면 대안리 풍동마을에서 아버지 황기선씨와 어머니 김복금씨의 5남 2녀 중 장남으로 태어났다. 신실한 신앙인이었던 어머니 때문에 그는 모태신앙인으로 태어났고 어려서부터 교회학교에서 신앙을 배우고 자랐으며, 기독교학교인 숭일중, 고등학교에 진학한 것도 신앙적인 이유에서였다.

그는 고등학교 졸업 후 당시 산업화시대에 엔지니어로서 국가발전에 공헌하겠다는 신념으로 조선대학교 기계공학과에 입학하였다. 그러나 대학재학 중 대학생 선교단체인 대학생 성경 읽기(University Bible Fellowship)에 몸담아 열정을 다해 캠퍼스 선교에 매진하였고, 이를 계기로 신학도의 길을 가기로 결단하게 되었다.

그는 장로회신학대학교 신학대학원 목회학 석사(M. Div) 과정에 입학하였고, 졸업 후에는 6년 동안 광주 수피아여자고등학교에서 성경과 윤리를 가르치면서 교목으로서 학생들의 신앙지도에 힘썼다. 그 후 장로회신학대학교 대학원에서 조직신학을 전공하여 신학석사 (Th.M)학위를 받고 호남신학교에서 조직신학을 가르쳤다. 석사학위 논문은「현대 칼빈 기독론 이해의 중요성」(The Importance of Understanding John Calvin's Christology Today)이었다. 조직신학을 가르치던 그는 더 깊은 학문적 열정에 목말라 당시 학제로서는 신학대학교가 단독으로 신학박사 학위를 줄 수 없어 4개 대학(장로회 신학대학, 감리교신학대학, 서울신학대학, 한국신학대학)이 공동운영하여 학위를 주는 4개 대학 공동학위과정에 입학하여 한국신학대학이 수여한 한국인 제1호 신학박사 학위를 받았다. 그의 신학박사 학위 논문은「폴 틸리히의 그리스도론에 관한 연구」(The Study of Paul Tillich's Christology)였다.

그는 호남신학교를 각종학교로부터 학력 인정교, 신학대학을 거쳐 신학대학교로 발전시켰다. 그는 총 22년(교장 8년, 학장 2년, 총장 12년) 동안 학교 행정의 책임을 맡아 온갖 헌신과 수고로 오늘의 호남신학대학교로 발전시켰다. 이런 가운데서도 교수로서 가르치는 일을 중시하여 쉼 없이 가르쳤고 연구에 매진하여 수많은 논문과 저서를 저술하였다.

또한 황승룡 박사는 목회자는 예수님의 성품을 닮아야 한다는 자신의 신념에 따라 채플이나 강의중에서 언제나 학생들에게 "부드럽고 따뜻한 사람, 그리고 겸손한 사람이 됩시다"라고 서로 인사를 나누며 시작하였다. 그가 이처럼 온유와 겸손을 강조한 것은 "나는 마음이 온유하고 겸손하니 나의 멍에를 메고 내게 배우라"는 주님의 말씀을 평생의 금과옥조(金科玉條)로 여긴 까닭이었다.

집무실에서 황승룡 박사의 모습

그는 이뿐만이 아니라 한국교회와 신학의 발전, 그리고 한국대학교육과 사회와 국가를 위하여 헌신하였다. 그는 아세아연합신학대학교가 학교분규로 관선이사가 파견되었을 시에는 총장직무대행을 맞아 단기간에 학교를 안정화, 정상화하여 관선이사체제를 벗어나게 했으며, 한국조직신학회의 학회장으로, 한국전국신학대학협의회(KAATS) 회장으로 신학발전에 이바지하였다. 또한, 전국 4년제 대학협의체인 대학교육협의회 이사로, 한국대학교육협의회 신학대학협의회 회장으로 섬기어 대학발전을 위하여 기여하였다. 그리고 광주·전남지역 총장협의회 회장을 역임하면서 지역대학의 발전을 위하여서도 헌신하였다. 그는 지금도 노령의 나이임에도 학교법인 우암학원(남부대학교, 전남과학대학, 옥과고등학교, 우암우치원)의 이사장으로 섬기고 있다.

황승룡 박사는 이렇듯 성실하고 신실하게 학문과 교회와 사회를 위하여 삶의 책무를 다하였고 이러한 그의 공로를 인정받아 대한민국 정부는 그에게 공직자에게 주는 최고의 훈장인 청조근정훈장을 수여하였다. 또한, 그는 장혜숙 여사와 결혼하여 장남 황민구 교수(남부대학교)와 차남 황민효 교수(호남신학대학교)를 두었다. 아내인 장혜숙 여사 역시 평생 시민운동가로서 지역사회와 국가를 위해 헌신 봉사하였다. 장혜숙 여사 역시 이런 그녀의 공로를 인정받아 대한민국정부로부터 국가발전에 크게 이바지한 이에게 수여하는 국민훈장 모란장을 수여받았다. 이처럼 부부가 그들의 헌신과 사역을 통해 대한민국 정부로부터 훈장을 수여받게 된 것이다.

황승룡 박사는 20대 후반 중증 류머티즘을 앓았다. 류머티즘 균이 온몸의 관절마다 침범하여 혼자서는 일어서거나 앉을 수도 없을 정도였으며, 심할

황승룡 박사와 장혜숙 여사의 훈장 수여 모습

때는 단 한발자국도 걸을 수 없었다. 이러한 아픔과 고통가운데에서도 "선하신 하나님의 뜻이 있다"는 믿음과 "사명이 있는 자는 그 사명이 이루어질 때까지 죽지 않는다"는 사명감을 가지고 질병을 극복하여 오늘에 이르렀다. 지금도 관절이 굳고 변형되어 움직임이 자유롭지 못하지만, 이 믿음과 사명으로 50여년을 변함없이 사명자로 살아오고 있다.

주위의 많은 이들이 한 목소리로 말하듯, 황승룡 박사는 목회자로서 예수님의 성품을 본받아 부드럽고 따뜻한 겸손의 본을 보인 인격자였으며, 학자로서 끊임없이 열정을 다하여 연구하여 후학들의 길잡이가 되신 스승이었으며, 또한 행정가로서 주어진 일에 최선을 다하므로 사명자로서 책임을 다한 우리 시대의 삶의 안내자이자, 길잡이이자 큰바위 얼굴이 된 분이셨다. 이제 우리는 다음 장에서 황승룡 박사의 신학방법론과 신학의 특징들을 살펴볼 것이다.

황승룡 박사의 신학

신학방법론: 복음주의 변증

황승룡 박사의 신학방법론에서 최우선적 중요성을 가지는 것은 하나님의 말씀 곧, 성경이다. 그는 자신의 저서 『신학서론』에서 신학을 구성하는 궁극적 근거이자 규범으로 성경을 강조한다. 물론, 교회의 전통, 인간의 이성, 그리고 체험 등이 신학의 소중한 자료인 것은 부인할 수 없다. 그러나 신학의 궁극적 근거는 오직 하나님의 말씀인 성경이 되어야만 한다. "신학적인 진술뿐 아니라 교회의 모든 활동은 성경으로부터 출발하여 이루어져야 하며, 그 타당성 여부 역시 성경에 비추어 비판적으로 검토되어야 한다."[1] 그러나 황승룡 박사는 하나님의 말씀으로서의 성경의 권위를 분명하게 인정하면서도-과거 성경숭배론자가 되기를 거부했던 바르트(K. Barth)처럼-신학적 근거와 규범으로서의 성경은 기록된 개개의 글자에 달려있다기보다 성경의 구심점인 예수 그리스도를 증언할 때 임을 분명하게 주장하고 있다. 이러한 이유로 황승룡 박사는 성경의 바른 해석은 성령의 조명을 통해서만 가능하다는 개혁신학적 입장을 견지함과 동시에 신학에서의 성령론의 중요성을 역설하고 있다.

또한, 황승룡 박사의 신학방법론에서 성경과 더불어 중요성을 획득하고 있는 것은 상황에 대한 민감성이다. 그는 진리란 단순히 이론적인 것을 넘어 실제 삶에서 실천적으로 입증되어야만 함을 주장하며, 이론과 실천의 상호연관성을 주장한다. 이 점에서 그는 실존주의 신학자인 틸리히(P. Tillich)의 영향을 받은 것으로 보인다. "신학의 과제는 메시지의 본질과 시대적 상황이라는 양극 사이에 언제나 상관성을 모색하여 바르게 상황에 응답해야 한다는 폴 틸리히의 주장은 암시하는 바가 크다."[2] 따라서 황승룡 박사는 바른 신학방법론은 시대적 상황속에서 하나님의 말씀인 성경의 증언이 모든 상황에서 영원한 진리가 될 수 있도록 메시지의 참됨을 해석하는 변증신학(apologetic theology)이 되어야 함을 말한다.

황승룡 박사의 신학방법론을 특정 방법론 유형에 위치시키기는 쉽지 않은 일이다. 그는 분명 성경을 가장 중요한 신학의 근거이자 규범으로 주장하지만, 동시에 교회의 전통, 시대적 상황, 인간의 이성과 체험 역시 등한시하지 않기 때문이다. 추후 다시 언급하겠지만, 아마도 그의 신학방법론에 이름을 붙인다면, 굳건한 복음의 관점에서 시대정신과 소통하며 그리스도교의 영원한 진리를 세상에 증언하는 것을 목적으로

1 황승룡, 『신학서론』 (서울: 한국장로교출판사, 2003), 29.
2 앞의 책, 32.

하는 "복음주의 변증"[3]이라고 명명해야 할 것이다.

황승룡 박사의 신학의 특징

21세기 신학의 새 패러다임은 성령론이다

황승룡 박사의 신학에서 찾아지는 가장 중요한 특징 중 하나는 그의 신학이 성령론 중심의 신학이라는 것이다. 황승룡 박사는 성령론이 신학에서 가지는 중요성을 아래와 같이 크게 네 가지로 진술하고 있다.[4] 첫째, 하나님의 본체의 제 삼위되시는 성령께서 계시지 아니하면 삼위일체 하나님과 그분의 역사하심이 이해될 수 없다. 특별히 성령께서는 하나님의 미래에 대한 종말론적 희망을 품게 하시며, 현재 살아서 역사하시는 하나님의 창조적 활동성을 증거하신다. 둘째, 성령의 능력으로 그리스도의 구원사건이 현재화되었다. 성령께서는 그리스도의 사건을 우리에게 구체화, 현재화하셔서 우리의 눈을 열어서 그 사건을 믿음으로 받아드리게 하신다. 셋째, 성령께서는 교회가 자기 정체성(self-identity)을 확립하게 하신다. 교회의 기초요, 힘이요, 희망이신 예수 그리스도를 교회로 하여금 깨닫게 하시는 이는 오직 성령이시기 때문이다. 넷째, 성령께서는 종말론적 의미에서 오늘의 역사를 개방시키시며 인간과 세계를 역사화하시며, 더 나아가 진취적인 삶을 영위하게 하신다. 이러한 점에서 황승룡 박사는 성령론이야말로 그리스도교 신앙과 신학에서 필수적 구성요소일 뿐 아니라 그리스도교를 참으로 그리스도교적으로 만드는 가장 중요한 교리 중 하나임을 분명하게 주장하였으며, 성령론에 관련된 여섯 권의 저서와 역서를 출판하였다.[5]

3 "너희 마음에 그리스도를 주로 삼아 거룩하게 하고 너희 속에 있는 소망에 관한 이유를 묻는 자에게는 대답할 것(apologia)을 항상 준비하되 온유와 두려움으로 하고" (벧전 3:15)

4 황승룡, 『성령론: 신학의 새 패러다임』 (서울: 한국장로교출판사, 1999), 13-15.

황승룡 박사의 성령론에서 찾아지는 몇 가지 신학적 강조점을 살펴본다면, 첫째, 그는 개혁신학의 전통에 따라 성령 은사운동(Charismatic Movement)보다도 '거듭남'으로서의 성령의 역사와 열매를 강조하였다. 둘째, 말씀과 함께 역사하시는 성령을 강조하였다. 물론 말씀이 효력이 있게 되는 것은 우리의 마음속에 믿음을 일으키시는 성령의 내적 증거에 의한 것이지만, 동시에 "성령의 내적증거는 하나님의 말씀이 성령에 의해서 기록되었다는 성경의 외적 권위를 떠나서는 이루어질 수 없다."[6] 이러한 말씀과 성령의 밀접한 상관관계에 대한 바른 이해는 성령을 망각한 말씀주의(Verbalism)와, 오순절운동에서 나타나곤 하는 말씀을 망각한 성령주의(Spiritualism)의 폐단을 극복하게 한다. 마지막으로, 그리스도교 성령운동은 인격적 존재이신 성령을 본받아 인격적 변화운동 즉, 삶의 변화운동에 힘써야 함을 역설하였다.[7]

그리스도론은 복음적, 통전적으로 이해되어야 한다

2001년 황승룡 박사는 『성령론: 신학의 새 패러다임』에 이어 『통전적 관점으로 본 그리스도론』을 출판하였다. 그는 이 책을 저술하면서 복음적, 통전적 접근방법을 사용하고 있는데 즉, "복음적이란 성경의 가르침을 따른다는 뜻이요, 통전적이란 고대에서 현대에 이르기까지의 그리스도론을 역사적으로 고찰함과 더불어 다양한 신학적 해석을 살펴 성경, 역사, 신학이라는 세 틀 속에서 그리스도론을 세워"[8] 한편에 치우

5 황승룡 박사가 출판한 여섯 권의 저 · 역서는 『성령론: 신학의 새 패러다임』을 비롯하여, 『개혁교회와 성령』 (서울: 성광문화사, 1984), Hendrikus Berkhof, 『성령론』 (서울: 성광문화사, 1985), 『신학적 성령론』 (서울: 한국장로교출판사, 1989), George S. Hendry, 『기독교 신학과 성령』 (서울: 기독교문사, 1991), 『성령과 기독교 신학』 (은퇴기념 문집) (서울: 대한기독교서회, 2010)이다.

6 황승룡, 『성령론: 신학의 새 패러다임』 (1999), 317.

7 앞의 책, 364.

8 황승룡, 『통전적 관점으로 본 그리스도론』 (서울: 한국장로교출판사, 2001), 4.

치지 않는 그리스도론을 정립하려 한 것이다. 다시 말하여, 황승룡 박사는 성경에 나타난 그리스도에 대한 증언을 토대로 하여 객관적 역사 해석의 근거를 결합하며, 더 나아가 이를 신학적 해석과 의미의 체계를 통해 비판적으로 바라볼 때야 비로소 바른 신앙과 실존적 결단이 가능하다고 본 것이다.[9]

황승룡 박사의 그리스도론에서 찾아지는 몇 가지 중요한 점들을 살펴보자면, 첫째, 예수 그리스도를 삼위일체의 성자 하나님으로 동시에 완전한 인간이시라 고백하는 고대교회의 에큐메니컬 신조를 충실하게 따르며, 이를 통전적(성서적, 역사적, 신학적) 관점에서 변증하고자 하였다. 둘째, 그리스도론을 바르게 이해하기 위해서는 성령과의 관계에서 출발해야 함을 주장하였다. 즉, 그리스도의 활동과 사역을 성령과의 상호관계성 가운데 이해하려 한 성령론적 그리스도론을 부분적으로 수용한 것이다. 그러나 동시에 그는 그리스도론에서 성령론적 진술이 절대화되어서는 안 된다는 것을 분명히 하였다. 왜냐하면, 그리스도께서는 하나님과 동일하시면서도 다른 위격을 가지신 하나님의 아들이시기 때문이다.[10] 셋째, 그리스도론을 우리 교회의 토양에 토착화하고 현실화 하는 노력이 필요하다고 주장하였다.[11] 서양의 사고와 문화의 틀에서 정립된 기존의 그리스도론은 우리에게 한계성을 드러낼 수 밖에 없기에, 예수 그리스도의 본질성을 저버리지 않는 범위에서 그리스도론을 우리의 사고와 문화에 따라 재정립하는 것이 필요하다고 본 것이다.

교회는 항상 개혁되어야 한다

황승룡 박사는 그의 저서 『21세기 한국교회와 신학』에서 교회는 그

9 앞의 책, 32-33.
10 앞의 책, 636-637.
11 앞의 책, 638-639.

자체로 완성된 교회가 아닌 노상(路上, on the way)에 있는 교회이며 따라서 항상 새롭게 개혁하는 교회가 되어야 함을 역설하였다. "개혁정신의 발견, 이것이 종교개혁의 가장 큰 공헌 중의 하나이다."[12] 그러나 현대교회의 비극은 "개혁된 교회는 항상 개혁하는 교회(*ecclesia reformata sed semper reformanda*)"라는 종교개혁자들의 가르침과는 다르게 종교개혁 이후 마치 개혁이 모두 끝난 것처럼 자족해 버린 것이다. 진정한 교회는 머물러 있는 교회가 아니다. 늘 본질의 빛에서 시대적 상황에 따라 새롭게 개혁하는 교회여야 한다.

황승룡 박사는 개혁과 변화의 과정에서 교회가 반드시 붙들어야 할 몇 가지 중요한 본질을 아래와 같이 말한다. 첫째, 교회는 하나님 주권의 신앙을 굳게 견지해야 한다. 오직 하나님만이 주권자이시며, 예수 그리스도만이 우리의 주님이 되신다. 이는 삼위일체 하나님 외에 그 어떤 것도 우리의 충성과 신앙의 대상이 될 수 없다는 것을 의미한다. 둘째, 틸리히가 '프로테스탄트 원리(the Protestant principle)'의 개념을 통해 역설했던 것처럼 교회는 언제나 상대적인 것이 절대적인 것이 될 수 없다는 비판의식을 가져야 한다. 인간의 제도, 교리, 이데올로기 등 그 어떤 것도 절대적이 될 수 없으며, 스스로 신적인 것이 되려고 할 때 교회는 비판적으로 '아니요'라고 말할 수 있어야 한다. 셋째, 교회는 언제나 복음의 빛에서 개방적이어야 한다. 교회는 자신의 존재를 보존하고 보호하기 위해 패쇄적이어서는 안 된다. 개혁 없이 고착된 개념에만 집착하는 교회는 하나님의 교회로서 생명력을 상실한 것이다. "교회는 교회로 하여금 모든 시대에 새로운 삶으로 인도하시는 개혁의 영이신 성령에게 개방적이어야 한다."[13] 마지막으로 교회는 자신의 본질에 충

12 황승룡, 『21세기 한국교회와 신학』 (서울: 한국장로교출판사, 2007), 141.
13 앞의 책, 142.

실해야 한다. 교회는 특별히 자신의 실존목적인 하나님의 나라에 대한 선포에 충실한 "케리그마(kerygma)"의 교회, 지배가 아닌 겸손한 섬김의 공동체인 "디아코니아(diakonia)"의 교회, 그리고 그리스도의 사랑을 실천하는 사귐의 공동체인 "코이노니아(koinonia)"의 교회가 되기 위해 힘써야 한다.

오늘날 많은 이들은 한국교회가 위기상황에 직면하고 있다고들 말한다. 그러나 만일 한국교회가 성장지향 일변도의 지난날의 모습을 반성하고 거듭나서 개혁될 수 있다면, 또한 성령의 역사하심을 더욱 의지하게 된다면, 이 위기는 분명 또 다른 기회가 될 수 있을 것이다.

신학은 거룩한 삶으로 나타나야 한다

황승룡 박사는 바른 신앙과 신학은 실제 거룩한 삶으로 나타나야 함을 강조한다. 개혁교회의 신학은 이론적이거나 사변적인 것이 아니라 언제나 실천적이고 구체적이어야 한다. "칼뱅은 그리스도인들이 거룩한 삶을 통하여 자신들의 기독교를 증거해야 한다고 주장하였다…. 칼뱅에 의하면 그리스도인의 삶의 목적은 하나님의 뜻에 일치된 삶이다. 그러므로 덕을 함양하지 못하는 신학이나 예배는 재검토되어야만 한다."[14] 이러한 점에서 칼뱅은 칭의와 함께 성화의 삶을 강조하였다.

황승룡 박사는 칼뱅에게 있어서 칭의와 성화 곧, 자비로운 하나님의 사죄 선고와 신앙의 새로운 복종은 근본적으로 하나의 통일체였음을 말하며, 그리스도인이라면 누구나 새로운 복종의 표시로 선한 행위를 필수적으로 동반해야 한다고 주장한다. 칭의와 성화는 서로 구분될 수 있다고 할지라도 분리될 수 없는 상호 연결된 실체이다. 따라서 그리스도인의 삶은 실제 거룩한 삶으로 나타나야 한다.

14 존 H. 리스, 황승룡, 이용원 역, 『개혁교회와 신학』 (서울: 대한예수교장로회총회출판국, 1989), 76.

황승룡 박사는 삶으로 나타나는 그리스도인의 생활 특징을 두 가지로 말한다. 첫째, 그리스도인의 삶은 자기부정(self-negation)의 삶으로 나타난다. 자기부정이란 "우리가 우리 자신의 모든 이기적인 것을 버려 주의 뜻에 합당하고 그의 영광이 되는 것을 행하여 우리의 주의를 하나님과 그의 명령에 따라 복종하며 이웃을 사랑하는 삶으로 향하게 하는 것"이다. 둘째, 그리스도인의 삶은 자기 십자가를 지는 것이다. 자기 십자가를 지는 것은 "우리가 그리스도 제자의 삶을 사는 것으로 그리스도께서 십자가에서 죽으신 그 삶의 방법을 따르는 것이다. 여기에 십자가의 훈련과 인내와 복종"이 뒤따른다.[15]

신학은 삶의 상황에 적용되기 위해서 재해석되어야 한다

황승룡 박사는 신앙의 대상과 신앙의 행위가 불가분적이기에 신학은 이론과 실천을 상호 연관적으로 다루어야 한다고 주장한다. 그러므로 신학은 신학 활동 중에 포함되는 모든 인간의 삶 즉, 실존적 상황을 고려해야 한다. 이러한 점에서 그는 신학의 변증적 기능을 강조한다.

황승룡 박사는 변증이 신학의 고유한 본질적 기능임을 분명하게 밝힌다. 일반계시와 부활을 통해 예수께서 유대인만의 메시아만이 아니시라 온 세상의 구주가 되신다고 증언한 바울의 신학, 예수를 은혜와 진리가 충만한 로고스의 육화로 선포했던 요한의 신학, 이후 교부시대의 저스틴(Justin), 아우구스티누스(Augustinus)는 물론 중세의 스콜라주의 신학자들과 개혁신학자들 역시 변증의 기능을 등한시하지 않았다. 그러나 이후 근·현대의 복음주의 변증신학은 '무지의 논증'(*Argumentum ex ignorantis*)을 통해 시대적 도전에 소극적이고 부정적인 궁색한 태도를 취해왔다. 이러한 태도는 결코 바람직한 방식이 아

15 황승룡, 『21세기 한국교회와 신학』 (2007), 245.

니다. 그리스도교 신학은 기독교 진리를 옹호하기 위해, 시대정신의 물음에 응답하기 위해, 그리고 불신자들의 질문과 반대에 응답하기 위해 스스로 고립되기보다 세상에 귀 기울여야 하며, 가장 설득력 있는 방식으로 우리가 소망하는 것을 세상에 힘있게 선포해야 한다.[16]

황승룡 박사는 이러한 점에서 질문과 응답을 통해 상황과 계시를 연결하고자 한 틸리히의 상관관계 방법(the Method of Correlation)이 의미가 있다고 말한다. 그러나 그는 틸리히의 방법론 역시 두 가지 분명한 한계를 보임을 지적한다. 하나는 질문과 응답의 과정은 일회적인 것이 아니라 전 생애에 계속되는 것인데 틸리히는 이 점을 간과하여 자신의 논리구조의 틀에서 실존에서 제기된 질문을 너무 쉽게 응답하고 있다는 점이고, 다른 하나는 질문과 대답의 상관관계는 언제든지 어느 한쪽에 치중하여 기울어질 수 있다는 점이다.[17] 우리는 황승룡 박사의 신학적 입장을 그가 말하는 변증의 정의에서 분명하게 찾아볼 수 있다.

> 신학은 그리스도교가 선포하는 메시지가 무엇인지를 밝혀 영원한 진리를 선포할 뿐 아니라 그 시대의 사상과 정신이 무엇인가를 파악하고, 이에 대하여 기독교 진리의 타당성 내지 의미를 제시해야 한다…. 이것을 위해서 신학은 그리스도교의 메시지가 모든 상황에서 영원한 진리가 될 수 있도록 그 메시지의 참됨을 해석하는 작업에 성실해야 한다. 이것이 바로 그리스도교의 진리에 대한 진정한 증언과 변증의 의미라 할 수 있다.[18]

분명 그는 틸리히처럼 계시와 상황 양자를 상호관계시키기 위해 노력하지만, 오직 계시(복음)만이 유일하고 영원한 진리임을 분명하게 고

16 황승룡, 『신학서론』 (2003), 35–37.
17 앞의 책, 70–71.
18 앞의 책, 32.

백하고 있다. 다시 말하여, 황승룡 박사는 틸리히의 실존분석과 종교적 상징을 통한 계시적 응답에도 자의적 요소가 있음을 지적하며, 우리가 더욱 철저하게 복음적 관점을 고수할 것을, 그리고 그리스도교 진리에 대한 종교적 신실성을 가져야 함을 강조하는 것이다. 물론 상황에서 대두되는 실존적 질문에 대답하기 위해서 신학은 재해석되어야 한다. 그러나 신학은 결코 본질을 버리지 않는 범위 내에서 곧, 복음의 빛에서 재해석되어야만 하는 것이다.

황승룡 박사의 신학적 공헌

우리는 황승룡 박사의 신학적 공헌을 크게 다섯 가지로 말할 수 있다.

첫째, 황승룡 박사는 한국적 신학의 필요성과 중요성을 역설하였다. 그는 국내신학대학교에서 최초로 신학박사(Th. D) 학위를 받은 제1호 신학박사이다. 그는 당시 외국에서 공부하고 귀국한 신학자들과는 다르게 순수하게 한국적 토양에서 신학을 배우고, 고민하고, 연구한 신학자이다. 따라서 그는 서양신학이 한국적 상황에서 가지는 한계를 분명하게 바라보고 있었으며, 단순히 서양의 이론을 반복하기보다 한국적 토양에서 재해석이 필요하다는 것을 분명하게 인식하고 주장했던 신학자였다. 이러한 그의 신학적 고뇌는 2007년 출판한 『21세기 한국교회와 신학』에서 분명하게 드러난다. 그는 이 책에서 한국신학의 지난 발자취를 회고하며, 앞으로 21세기 한국신학이 어떠한 방향으로 나아가야 하며, 무엇이 미래 한국교회의 모델이 될 수 있는지 깊게 고민하여 그 방향을 제시하고 있다.

둘째, 황승룡 박사는 신학에서 성령론의 중요성을 재발견하였다. 개혁신학자 칼뱅은 '성령의 신학자'라고 명명될 만큼 성령의 중요성을 강조한 신학자였으나, 이후 칼뱅주의로 명명되는 개혁신학은 성령론을 구원론의 부록처럼 경시하여 다룬 것이 사실이다. 30여 년 전만 하더라도 대한예수교장로회(통합)의 대표신학교인 장로회신학대학교 역시 성령론을 별도 과목으로 강의하지 않은 것을 한 예로 들 수 있겠다. 그러나 황승룡 박사는 자신이 근무하던 호남신학대학교에서 최초로 성령론을 독립된 과목으로 개설하여 강의하였고 이를 위하여 『개혁교회와 성령』을 저술하였다. 이후 지속적인 연구를 통해 『성령론: 신학의 새 패러다임』을 저술하였고, 해외 여러 신학대학에서도 교과서로 쓰이게 되었다. 그는 이 책에서 21세기 신학의 새 패러다임이 성령론이 되어야 함을 주장하였다. 이는 그가 성령론이야말로 오늘의 시대적 상황에서 교회를 참으로 교회 되게 하고, 그리스도인을 참 그리스도인이 되게 하는 동력이 됨을 믿고 확신하였기 때문이다.

셋째, 황승룡 박사는 개혁신학 전통에 따라 바른 신학 체계를 세우는 것에 힘썼다. 그는 한국교회의 신학적 상황을 이렇게 진단한다. "[한국교회는] 신학적 기반이 약하기 때문에 여기에서 야기되는 여러 가지 부정적 요소로 인하여 교회가 혼란할 뿐 아니라 교회의 순수한 신앙이 위협받고 있다. 이러한 시점에서 중요한 일은 바른 신학 정립을 통하여 바른 신앙의 뿌리를 내리는 일이다."[19] 그는 이 같은 자각과 사명을 가지고 조직신학 개론 교과서로 사용하기 위하여 1992년과 93년에 걸쳐 『조직신학』 상, 하 2권을 출판하였다. 앞서 언급한 것처럼, 황승룡 박사는 이 책에서 전통적인 조직신학의 분류에 따라 서론 외에 일곱 가지 교리들(신론, 인간론, 그리스도론, 성령론, 교회론, 구원론, 종말론)을 체계적으로 기술하였다. 또한, 바른 신학은 시대적 상황에 따라 현대의식을 충분히 인식하고 응답하여야 하며, 필요할 때는 활용할 수도 있어야

19 황승룡, 『조직신학』 상 (서울: 대한예수교장로회총회출판국, 1992), 11.

한다는 그의 신념에 따라 시대 정신에 따른 현대 신학자들의 비판적 견해 역시 다양하게 소개하고 있다. 그러나 그는 언제나 자신이 개혁신학의 전통 아래 서 있다는 것을 잊지 않았다. "본서는 장로교의 신학 정통을 이어 우리의 전통으로 되새김과 동시에 단순히 거기에 머무르지 않고 한 걸음 더 나아가 오늘의 상황에 응용, 적용하도록 노력하였다."[20] 그는 이 책에서 현대신학이 제시한 비판점들을 논의하면서 복음과 개혁신학 전통의 관점에서 응답하고 있으며, 더 나아가 한국교회와 신학이 힘써 나아가야 할 방향에 관해서도 충실하게 논의하였다.

넷째, 황승룡 박사는 한국교회에 만연한 이단·사이비들로부터 교회와 성도들을 보호하고 지키기 위하여 힘썼다. 그는 이러한 목적의식을 가지고 『교리교육지침서』 집필위원으로 참가하여 지도자(목회자)용과 평신도용을 저술하였다. 특히 평신도용의 경우 어렵게 느껴질 수 있는 개혁신학 교리를 쉽게 이해할 수 있도록 요리문답식으로 묻고 대답하도록 저술하였다. 이 외에도 총회 이단·사이비대책위원장으로 섬기는 등 이단·사이비 문제에 지속적인 관심을 가지고 교회와 성도들을 보호하기 위해 힘썼다.

마지막으로 황승룡 박사는 변화하는 시대적 상황에서 한국교회가 바른 정체성을 갖게 하도록 힘썼다. 그는 대한예수교장로회(통합) 총회가 21세기 상황에 적절히 대응하고 응답하기 위해 또한 수많은 가치관과 이데올로기가 병립한 세상에서 개혁신학과 신앙을 바르게 표명하고 고백하기 위해 준비한 "21세기 대한예수교장로회 신앙고백서"의 교리분과 위원으로 참가하여 신조를 작성하였다. 이 신앙고백서는 선교 2세기에 돌입한 총회가 복음을 기초로 한 자신의 정체성을 분명히 함과 동시에 타 장로교회들은 물론 다른 교회들과의 에큐메니컬 일치운동에 대한 신

20 앞의 책.

념을 표방하고 있는 즉, 오늘날 교회가 무엇보다도 복음전도와 하나님의 선교에 정진해야 한다는 의지를 담고 있는 고백서라 평가받고 있다.

나가는 글

우리는 이처럼 황승룡 박사의 생애, 신학의 특징, 그리고 그가 한국교회에 남긴 공헌에 관하여 살펴보았다. 황승룡 박사의 신앙과 신학은 "하나님만이 오직 하나님 되신다"는 하나님의 전적인 주권, 오직 하나님의 영광을 위한 인간의 창조목적, 그리고 하나님의 말씀으로서의 성경의 권위를 강조하는 칼뱅주의 정신에 입각한 정통 개혁신학에 근거하고 있다. 이러한 까닭에 그의 신학은 웨스트민스터신앙고백과 대·소요리문답 등 개혁교회가 고백해 온 정통 신조와 신앙고백을 중시하고 있으며, 이것의 근거가 되는 성경에 철저히 의존하는 복음주의 신학자의 길을 성실하게 걸어왔다.

그러나 황승룡 박사는 정통 개혁신학의 범주에만 머무는 편협한 태도를 보이지 않았다. 그는 참된 개혁신학은 계속해서 개혁하는 신학이 되어야 함을 주장하며, 시대 정신의 도전에 소극적으로 대응하기보다 그들의 비판에 귀 기울이며, 그리스도교의 참된 본질과 정체성을 회복하기 위해 노력해왔으며, 또한 세상에 그리스도교의 영원한 진리를 변증하기 위해 힘쓰는 복음주의 변증신학자의 길을 묵묵히 걸어왔다. 그는 『신학서론』의 머리말에서 자신의 지난 신학의 여정을 이렇게 회고한다. "필자는 그동안 오늘 우리 시대에 그리스도교 진리의 본질성과 정체성 즉, 그리스도교 진리의 정체성(identity)과 통전성(integrity)을 회복하고, 그리스도교의 진리를 변증하려는 목적으로 저술해왔다."[21)]

오늘날 한국교회와 신학이 위기 가운데 있다는 것은 그 누구도 부인

할 수 없을 것이다. 우리는 무신론적 진화론, 과학적 세계관, 포스트휴먼과 AI의 세계에 살고 있으며, 이미 상대주의와 다원주의로 대변되는 탈근대주의 세계관, 그리고 공리주의적 세계관은 세상을 지배하는 가치관이 되어버렸다. 세상은 과거 크리스텐돔 시대처럼 그리스도교 진리만이 절대적 진리라는 주장을 더는 용인하지 않는다. 그러나 어떠한 상황에서도 우리 그리스도교인들은 우리가 서 있는 그 진리만이 유일하고 참된 진리임을, 생명의 진리라는 종교적 신념을 잃어서는 안 된다. 따라서 신에 대한 의심과 무관심이 지배하는 세상에서 그리스도교의 진리를 변증하기 위한 그리스도교 변증학은 그 어느 때보다도 절실하게 요청된다. 이러한 점에서 평생을 성서적, 복음적 관점에서 세상과 소통하면서 그리스도교의 영원한 진리를 변증하기 위해 힘쓴 황승룡 박사의 삶과 신학은 많은 후배 신학자들에게 큰 귀감과 도전이 될 것으로 생각한다.

21 황승룡, 『신학서론』 (2003), 4.

교회에서의 설교

호남신학대학교 퇴임식 모습

아세아연합신학대학교

황승룡 박사의 가족

저서『40일간의 신학여행』

경력

광주수피아여자고등학교 교목 (1972~1973)
장로회 호남신학교 제6대 교장 (1982~1990)
호남신학대학 초대 학장 (1990. 3~1992. 2)
호남신학대학교 초대~3대 총장 (1992. 3~2004. 4)
San Francisco Theological Seminary 객원교수 (1993)
세계교회목회연구원(World Church Ministry Institute) 교수 (1993)
모스크바 장로회신학대학교 객원교수 (1994)
총회교리지침서 집필위원 (1991~1997)
전국신학대학협의회(KAATS) 이사 (1992~2004. 5)
한국교회 협의회(N.C.C) 신학위원 (1992~1993)
광주경제정의실천시민연합 공동대표 (1992~1993)
광주·전남지역 총장협의회 총무 (1992~2002. 8)
전국신학대학협의회(KATTS) 회장 (1998. 2~1999. 2)
광주숭일고등학교 개교 90주년 모교를 빛낸 동문 선정 (1998. 11)
광주경제정의실천시민연합 고문 (1999)
한국조직신학회 회장 (1999. 10~2000. 10)
한국대학교육협의회 신학대학협의회 회장 (2000. 2~2004. 5)
광주여학사회 대륜상 수상 (2000. 5)
장로회신학대학 100주년 신학부문 장한 동문상 수상 (2001. 5)
여성신문사 부부평등상본상 수상 (2002. 1)
광주·전남지역 4년제 대학교 총장협의회 회장 (2002. 9~2003. 9)
한국대학법인협의회 부회장 (2003. 7)
총회신학대학협의회 회장 (2003. 8~2004. 3)
호남신학대학교 교수 및 명예총장 (2004. 6)

대한예수교장로회총회(제89회) 총회장 공로패 수상 (2004. 9. 13)
제90회 총회 이단사이비대책위원회 위원장 (2005. 9)
제93회 총회 주제선정연구위원회 위원장 (2008 1)
제94회 총회 주제선정 연구위원회 위원장 (2009. 5)
한국 교원단체 총연합회 교육 공로상 수상 (2009. 5. 15)
장로회신학대학교 총동문회 장한동문상(신학부문) (2010. 1. 2)
청조근정훈장 수여 (2010. 2. 28)
아세아연합신학대학교 총장직무대행 (2010. 7~2011. 2)
김대중 대통령 노벨평화상 기념관 건립 추진위원회 위원 (2010. 8)
대한예수교장로회 총회 WCC 제10차 총회 준비위원회 전문위원 (2010. 12)
제10차 세계교회협의회(W.C.C) 상임위원 (2012. 11~2013. 10)
제99회 총회주제선정연구위원회 위원장 (2013. 9)
학교법인 우암학원 이사장(남부대학교, 전남과학대학교, 옥과고등학교) (2016. 5. 9~현재)

연구 목록

저서

개혁교회와 성령, 성광문화사, 1985
폴 틸리히의 그리스도론, 대한기독교출판사, 1988
신학적 성령론, 대한예수교장로회총회출판국, 1989
조직신학(상), 한국장로교출판사, 1992
조직신학(하), 한국장로교출판사, 1993
교리교육지침서(평신도용), 이수영·이형기·황승룡, 한국장로교출판사, 1993
교리교육지침서(지도자용), 이수영·이형기·황승룡, 한국장로교출판사, 1994
신학이란 무엇인가?, 한국장로교출판사, 1997
민주정신과 교회, 한들출판사, 1997
성령론, 한국장로교출판사, 1999
21세기 한국장로교의 신앙과 신학, 한국장로교출판사, 1999
교회란 무엇인가?, 한국장로교출판사, 1999
그리스도론, 한국장로교출판사, 2000
신앙이란 무엇인가?, 한국장로교출판사, 2001
신학서론, 한국장로교출판사, 2002
구원이란 무엇인가?, 한국장로교출판사, 2002
예배란 무엇인가?, 한국장로교출판사, 2003
성서란 무엇인가?, 한국장로교출판사, 2005
21세기 한국교회와 신학, 한국장로교출판사, 2007
칼빈과 성경, 도서출판 시온, 2009
성령과 기독교신학, 대한기독교서회, 2010

40일간의 신학여행, 황승룡·황민효, 쿰란출판사, 2015
희망은 고통과 함께 온다, 나남출판사, 2020

● 역서

기독교 신학과 성령(Holy Spirit in the Christian Theology), George S. Hendry, 복음문화사, 1984
기독교 신학(Christian Theology), Peter C. Hodgeson & Robert King, 성광문화사, 1986
성령론(The Holy Spirit), Hendrikus Berkhof, 성광문화사, 대한예수교장로회총회출판국, 1989
개혁교회와 신학(Introduction to the Reformed Tradition), John H. Leith, 대한예수교장로회총회출판국, 1989
치유하시는 하나님(God's Psychiatry), Charles L. Allen, 대한예수교장로회총회출판국, 1990

황민효 교수

샌프란시스코 신학대학원(San Francisco Theological Seminary)
목회학 석사 (M. Div)
유니온 신학대학원(Union-PSCE) 철학 박사(Ph. D. 조직신학)
로뎀교회의 담임목사 역임
현재 호남신학대학교 조직신학 교수

저서_『폴 틸리히의 신학』 I, II (한국장로교출판사, 2008),
『신앙의 첫걸음』 (쿰란출판사, 2008),
『근대신학담론』 (대한기독교서회, 2009),
『인물을 보면 성경이 보인다』 I, II (한국장로교출판사, 2010, 2012)
『40일간의 신학여행』 (쿰란출판사, 2015)
그 외 다수

제2부

Korean Theologians

한국의 신학자들

강용원 강창희 고광필
김광열 김영선 김응조
김재성 김정훈 박명수
박해경 서창원 소기천
신현수 윤철호 이복수
이상규 이종전 정준기
주도홍 최윤배 최홍석

강용원 박사

강용원 박사의 생애와 신학[1)]

조성국_고신대학교 기독교교육과 교수

서울대학교 사범대학 과학(물리)교육과 (B. S.)
장로회신학대학교 대학원 기독교교육학과 (M. A.)
고신대학교 신학대학원 목회학 (M. Div.)
고신대학교 대학원 신학과(구약학) (Th. M.)
스위스 취리히(Zürich)대학교 대학원(실천신학, 종교교육학) (Dr. theol.)

독일 튀빙겐 대학교 객원교수 (Gastdozent)
고신대학교 교목실장, 신학대학장, 기독교상담대학원장, 명예교수
한국기독교교육학회 회장 (2000~2001)
한국복음주의기독교교육학회 회장 (2006~2008)
한국복음주의상담학회 회장 (2015~2017)
한국기독교교육실천학회 회장 (2015~현재)
대한예수교장로회(고신) 총회교육원장, 총회교사대학 학장
부산광역시 바른선거시민모임 회장 (2012~2014)
부산시 영도구의회 의원의정비심의위원회 위원장
부산시 영도구 지방보조금심의위원회 위원장
스위스 쮜리히 중앙교회 담임목사 (1985~1988)

서 론

강용원 박사는 1982년부터 정년퇴임한 2015년까지 고신대학교 기독교교육과의 학부 및 대학원에서 약 34년간 교수로, 그리고 이후 현재까지 명예교수로 기독교교육학과 기독교(목회)상담학을 가르치고 연구해 온 개혁주의 교육신학자이며 실천신학자이다. 그는 고신대학교 신학대학에서 신학교육과 연구로, 고신교단의 교회교육활동으로, 그리고 우리나라 기독교교육학회와 복음주의상담학회를 통한 연구활동으로 특별한 기여를 남긴 선구적인 개혁주의 교육신학자이다.

일찍이 고려신학교는 1960년 말 합동교단과 통합 직후인 1961년 총회신학교와 함께 종교교육과를 신설하여 학생들을 가르쳤고 첫 번째의 졸업생을 배출한 일이 있었다. 그러나 고신교단 환원과 더불어 신학교가 분리된 이후 학과가 지속되지 못했다. 고신대학교는 1976년에야 문교부 인준에 의한 기독교교육과를 재개설하여 이듬해에 첫 번째 신입생을 받아 본격적으로 전공교육을 발전시킬 수 있었다. 그러나 당시의 시점에서도 기독교교육학은 새로 독립한 학문이어서 기독교교육학 전공으로 학위를 가진 교수를 충원하기 어려웠다. 전공교육의 시급한 필요에 부응하여 임용된 교수들은 대개 일반 교육학에서 학위를 갖고 임용된 후 신학을 공부하면서 기독교교육학 전공 교육과 연구에 접근했던 사람들이었다.

고신대학교에서 강용원 박사는 기독교교육학의 학위를 가지고 교육에 참여한 첫 번째 학자였다. 그는 1978년부터 기독교교육과에서 전공

1 이 글은 "강용원 교수의 교육신학과 목회상담신학 이해를 위한 주요 개념과 구조"라는 제목으로 2015년 「고신신학」 제17호, 57-77에 개제한 필자의 논문을, 이 저서의 목적과 형식에 맞게 많은 부분 개작, 보충, 조정한 것이다.

과목을 강의하기 시작하였고, 1982년 이후는 전임교수로서 기독교교육학의 학문적 정체성과 전공교육과정, 연구방법을 확립하는 과제를 적극적으로 수행하였다. 강용원 박사는 개혁신학의 기초에 서서, 자유주의 종교교육학과, 신정통주의 기독교교육학을 구별해 내고, 동시에 복음주의기독교교육학과도 부분적으로 차별화하면서 개혁주의기독교교육학의 확립과 해명을 시도해왔다. 특히 강용원 박사는 유럽에서 기독교교육학 전공으로 신학박사 학위를 취득한 실천신학자로서, 미국전통의 교회교육 중심의 경향 때문에 주목받지 못했던, 유럽의 학교종교교육을 처음 소개하여 기독교교육학의 학문적 탐구영역을 확장하였다.

우리나라 기독교교육학계에서 강용원 박사는 줄곧 고신교단을 대표하는 기독교교육학자로 인정받아 왔다. 그는 고신대학교에서는 전국규모 학회인 한국기독교교육학회(한국기독교신학회) 활동에 적극적으로 참여하기 시작한 첫 번째 학자였다. 강용원 박사는 한국기독교교육학회 기획의 교과서 내지 연구서 출판에 참여하여 모두 5권의 학술연구저서를 출간하였고, 학회의 회장(2000~2001)을 역임하였다. 그는 한국복음주의기독교교육학회(한국복음주의신학회)의 창립에도 참여하였고, 해당 학회의 회장(2006~2008)을 역임하였다. 신학의 보수와 진보를 모두 망라한 기독교신학 및 기독교교육학계에서, 그리고 복음주의신학 및 기독교교육학계에서 그 동안 그는 고신교단을 대표하는 기독교교육학자로 인정받아 온 셈이다. 강용원 박사는 한국복음주의기독교상담학회와 한국기독교교육실천학회 회장도 역임하였다.

이 글에서 필자는 강용원 박사의 생애와 신학사상에 초점 맞추어 그의 교육 및 연구 활동의 결과와 의의를 해명함으로써 우리나라 기독교교육학과 기독교(목회)상담학, 그리고 더 큰 범주인 실천신학 연구의 역사적 이해를 돕고, 발전적 연구를 독려하고자 한다.

생 애

강용원은 1950년 7월 8일 서울에서 부모의 일곱 자녀(3남 4녀) 중 6번째로 태어났다. 그의 부모는 6.25전쟁 중에 출생한 용원과 다른 자녀들을 모두 데리고 대구로 피난하였으므로 용원은 대구에서 어린 시절을 보냈다. 대구에서 어머니가 처음 전도를 받아 대구서문로교회에 출석하기 시작하면서 어린 용원의 교회생활이 시작되었다.[2] 당시 서문로교회는 고려신학교의 한국교회 정화운동을 적극 지지하면서 서문교회로부터 분리된 첫 번째 고신교회로 큰 영적 부흥을 경험하였고, 이후에도 대구경북지역 고신교회의 중심이 되었다.

전쟁이 끝나고 사회가 안정을 찾아가면서 부모는 다시 서울로 이주하여 독립문 근처 영천동에 정착하였다. 집 가까운 곳에 있었던 영천교회는 용원이 아동기와 청소년기와 청년기의 16년 동안 신앙적 정체성 확립과 교회봉사 활동의 터전이 되었다. 학교와 교회생활이 모두였던 용원은 고등학생 시절부터 주일학교 교사, 성가대 지휘자로 봉사하였다. 용원은 대학생 시절 과학교육을 전공하면서 학생신앙운동단체(SFC)에서 전국위원장이 되어 주도적인 역할을 하였고, 교회에서는 주일학교 교사교육과, 여름성경학교의 주도적인 기획자이고 운영자였다. 교회의 많은 어른들은 용원에게 '목사가 되라'고 권했고, 용원도 당연히 그러해야 한다고 생각했다.[3]

용원은 안산국민학교와 금화국민학교에서 아동기를, 중앙중학교와 중동고등학교에서 청소년기를 보냈다. 청소년기에 중앙학원에 속한 학

2 강용원, "자기소개서(고신대학교 총장선거 제출자료)" (2013.10.04), 1
3 강용원, "자기소개서", 1.

교에서 민족정신교육에 깊은 감화를 받았고, 고등학교시절 학보사 편집국장, 합창반 반장에 이어, 중학생과 고등학생 모두의 직접선거로 총학생회장이 되어 학생활동을 할 정도로 적극적이었다. 용원은 형의 권면으로 과학을 전공하기로 하고 서울대학교 사범대학 과학(물리)교육과에 진학했다. 대학에서 그는 물리학보다 교육학에 깊이 빠져들었다. 교육학 교수들로부터 교직과목을 배우면서 교육학의 기초를 확립하였다.[4)]

용원을 기독교교육학으로 이끈 사람은 장로회신학대학교의 기독교교육학자 주선애 교수였다. 대학시절 교단 교육대회에서 만났던 주선애 교수의 강의와 이후 진로에 대한 조언으로 용원은 장로회신학대학교 대학원에서 기독교교육학과 석사과정을 마치고 "칼빈의 종교개혁과 교육활동"의 논문으로 석사학위를 받았고, 잠시 강사로 가르쳤다. 기독교교육학자가 된 강용원은 이후 고신대학교 신학대학원과 대학원에서 신학을 공부하면서 일관되게 신학으로부터 기독교교육의 기초와 의미를 해명하는 일에 몰두하였다. 신학대학원 학위논문은 "유아세례와 기독교교육"이었고, 대학원 구약학 전공에서는 "신명기 신학에 나타난 계약의 문제" 논문으로 석사학위를 받았다. 스위스 취리히대학교 유학은 손봉호 교수의 추천과 횃불장학회의 유학장학금 지원으로 이루어졌다. 취리히대학교에서 교육신학자인 베르너 크라머(Werner Kramer)의 지도로 실천신학을 공부한 후 유럽과 한국의 학교 종교교육 주제의 논문으로 신학박사 학위를 취득했다.

강용원 박사는 1978년부터 고신대학교 기독교교육과에서 강의를 시작하였고, 1982년부터는 전임교수로 일했으며, 2015년 정년퇴임한 후 명예교수로 가르쳤다. 그 동안 기획실장, 교무처장, 학생처장, 교목실장, 신학대학장과 기독교상담대학원장 등 학내 거의 모든 주요보직을

4 강용원, "자기소개서", 1-2.

역임했다. 그리고 학회활동에 두각을 나타내어 한국기독교교육학회장, 한국복음주의기독교교육학회장, 한국복음주의상담학회장, 한국기독교교육실천학회장을 역임하면서 학회활동의 발전에 기여하였다. 고신총회에서는 교단 내 최고의 교육전문가로서 총회교육원장과 총회교사대학장을 역임하며 교회교육과정과 교과서개발, 교회교육의 체계화와 전문화, 효율적인 운영에 기여하였다. 부산광역시 바른선거모임 공동대표, 그리고 회장으로 지역사회에서 공정한 선거를 위한 시민운동에 참여하여 주요한 역할을 했고, 부산광역시 영도구 및 지방의회의 의정비 및 보조금 심의위원회 위원장으로 지역사회에 봉사하였다.

이상의 간단한 생애와 관련된 기본적인 기술을 기초로 교육과 상담의 실천신학자 강용원 박사의 생애, 교육, 연구사에 나타나는 특징을 좀 더 부각하여, 그가 강조하는 주요한 개념과 구조로 해명해보자.

강용원 박사의 생애와 교육, 그리고 학문 활동을 검토하면 의도적이건 아니건 그가 줄곧 관심을 집중해 온 몇 가지의 주요 주제가 드러나는데, 그 주제들은 그의 기독교교육신학의 주요 개념과 사상의 틀이 된다. 그의 교육신학을 이해하기 위한 첫 번째 주제는, 그의 교육신학의 출발점이면서 연구방법이 되어 온, 개혁주의신학, 특히 칼빈과 성경이고, 두 번째 주제는 그의 교육 연구의 관심범위가 되어 온 교회 교육과 목회신학이며, 세 번째 주제는 그의 연구의 실제적 초점이 되어왔던 교회교육방법이고, 네 번째 주제는 기독교(목회)상담신학과 교육의 대상인 인간에 대한 깊은 공감을 반영하는 죽음과 사랑이다.

동시에 강용원 박사의 생애와 교육, 그리고 학문 활동을 검토하면 위의 주제를 포함하여 그가 관심을 기울였던 개념들의 범주 안에서 의도적이건 아니건 언제나 출발점으로부터 지속적으로 경계를 넘어 영역을 확장해 가려는 일관성 있는 형식이 드러난다.

첫 번째로 신앙과 신학의 이해에 있어, 그는 고신교단이 고백하는 개혁신앙으로부터 출발하여 그 신앙을 언제나 잘 견지하면서도 그 신학 이해의 범위 안에 머물지 않고 그 범위를 넘어 신학적 이해의 지평을 확장해 나갔다. 그는 개혁주의신학에서 출발하여 개혁주의 입장을 잘 견지하면서도 신정통신학의 이해, 그리고 현대신학의 이해로 신학연구의 지평을 넓혀나갔다. 그는 연구의 범위를 다 이해해보고 싶어 하였다. 그가 신학교육을 위해 선택한 고신대학교, 장로회신학대학교, 그리고 취리히대학교는 그 확장의 순서이며, 그가 고신대학교에서 일 해왔다는 공간적 위치는 그의 머문 신학입장과 동일하다.

두 번째로 인간교육연구에 대한 관심에 있어, 그는 교육학으로부터 출발하여 줄곧 교육에 집중하면서도 교육학의 범위에 머물지 않고 교육 이해를 더 확장하기 위해 기독교교육학, 실천신학, 기독교(목회)상담심리학으로 이해와 실천의 지평을 지속적으로 넓혀나갔다. 그는 서울대학교 사범대학에서 물리학보다 교육학에 더 깊은 관심을 가진 후, 국내 신학대학에서는 줄곧 신학의 기초에서 기독교교육학에 집중하였고, 취리히대학교에서는 범위를 넓혀 실천신학으로, 그리고 1990년대 중반이래로는 기독교(목회)상담심리학으로 교육 및 연구의 범위를 지속적으로 넓혀 나갔다. 그는 인간교육관련 학문인 교육학, 신학, 심리학을 다 이해해보고 싶어 하였다.

세 번째로 연구의 기초적 관심에 있어서, 그는 기초적인 것에서부터 실천적인 것으로 관심을 확장하였다. 그는 고등학교시절 이과로 진로를 정한 후 대학에서는 자연과학의 기초학인 물리학으로 나아갔으나 실천학인 교육학으로 넘어왔고, 신학을 기초한 실천신학자인 교육신학자로 자신의 길을 걸었다. 그는 신학 안에서도 신학을 개괄적으로 공부하는 목회학석사과정 이후 신학석사에서는 기초신학인 구약학을, 신학박사에서는 기초신학인 신약학을 부전공으로 공부하였고, 신학석사논문 주제는 실천학인 기독교교육학으로, 그리고 박사과정의 주전공은 실천신학을 선택했고, 실천신학에서 박사 논문은 유럽 학교의 종교교육을 연구했다. 신학박사학위를 마친 이후에는 신학의 학문 범주를 넘어 또 다른 실천학문인 기독교(목회)상담심리학으로 관심을 넓혔고, 더불어 일본 문화를 연구하여 교양과정에서 가르치기도 했다. 그는 신학의 기초에서 실천까지 모든 전공을, 그리고 학문에 있어서는 자연과학에서 인문학까지 다 이해하고 싶어 했다.

네 번째로 그의 활동의 지역 범위도 확장하는 형식이다. 그는 서울에서 출생한 후 6.25 동란으로 대구에서 어린 시절을 보냈다. 초등학교이래로 서울에서 대학을 마친 후 부산에서 본격적인 신학수업을 시작하였다. 연구년을 이용하여 스위스와 독일에서 연구하였고, 줄곧 부산에서 교육 및 연구 활동을 해왔다. 부산에서 그는 일본어와 일본을 연구하여 일본기독교교육학자들과 교류하였고, 두 딸을 미국으로 유학 보내고, 미국인 사위를 보았다. 부산에 거주하며 해외선교활동에 참여하여 아시아 여러 국가만 아니라 동유럽 루마니아에서 설교하고 가르쳤고, 강의와 설교와 교단교류를 위해서 유럽 여러 나라와 북미와 오세아니아를 두루 다녔다. 연구 및 활동 범위 확장을 위해 그는 평생 언어학습에 열심이었다. 고전어로는 히브리어와 그리스어를 신학전공에서 공부했고, 현대어로는 영어와 독일어와 일본어와 중국어를 공부하여 원자료들을 통해 연구할 뿐만 아니라 의사소통도 해 온 세계인이었다. 그는 자신의 시대에 모든 지역에 다 가서 일하고 싶어 했다.

다섯 번째로 그의 활동영역도 지속적으로 확장하는 형식이다. 그는 대학에서 연구하는 상아탑 내 학자이면서도 활동영역을 교회와 사회로 확장해 온 실천적 사역자였다. 그는 신학대학의 범위를 넘어, 대학 차원에서 기독교대학의 정체성 확립과 발전의 청사진 작성에 참여하는 기초적 작업으로부터, 고신대학교의 학교행정에 직접 참여한 교무위원으로서 행정부처 거의 모든 분야, 그리고 단과대학장과 특수대학원장 등 주요 보직을 지속적으로 맡아 일했던 유능한 교육행정가였다. 그는 스위스 유학중 한인교회를 세워 목회하였다. 교수와 학교행정의 일을 하면서도 설교하는 일에 마음을 다한 실천적 설교자로서 수많은 교회를 순회 방문하며 혹은 일정기간 담당하여 설교한 명설교자였다. 더 나아가 그는 자신의 활동을 교회와 학교 영역에 한정하지 않고, 부산광역시와 영도구 등 지역사회 시정과 선거관리에 감시자로 참여하였고, 시민운동을 통해 민주시민사회의 성숙에 기여한 시민사회운동가였다. 그는 정년퇴임을 앞두고 고신교단의 교육정책과 실천을 관장하는 총회교육원장으로 일했다. 되돌아보면 그는 대학과 교회와 교단과 사회, 모든 곳에서 다 일하고 싶어 하였다.

강용원 교수의 생애, 교육, 연구 및 실천이 보여주는 위의 실제 면모들은 (1) 그의 관심분야 연구와 실천의 내면에서 작동해 온, SFC 휘장의 칼빈의 그림처럼, 주님께 드려진 유별나게 열정적인 심장, (2) 똑 같이 주어진 시간의 한계 내에도 몇 사람의 몫을 해내는 영리함과 부지런함, (3) 새로운 분야, 그리고 관심 있는 문제에서 끝까지 달려가 보고 싶어 하는 강렬한 호기심, (4) 비록 표정과 말투는 유약한 듯 부드럽지만 영역 밖을 두려워하지 않는 여유 있는 자신감이 반영되어 있다.

그래서 한 마디로 정리하면 강용원 교수는, 고신대학교와 고신교단의 사람이면서도 신학, 학문, 한국교회와 한국사회에 대하여, '비신학적 의미'로, 오이쿠메니코스(oikoumenikos)를 지향하였다.[5]

5 고대교회에서는 원래 긍정적인 의미였으나 20세기에는 정통신앙을 유보한 채 신학적 다양성을 인정하는 포괄주의를 뜻하는 부정적인 의미가 되어버린 '에큐메니컬(ecumenical)'과 구별하기 위해 영어식 표현을 피하여, 여기서는 '세계'와 '우주'를 뜻하는 그리스어 오이쿠메네(oikoumene)가 가진 원래의 긍정적인 의미를 지칭하는 의도에서, 그리스어 그대로 오이쿠메니코스(oikoumenikos)라고 바꾸어 썼다.

신학연구의 주제와 특징

개혁주의신학

강용원은 기독교교육학을 전공하는 학자로 출발하는 첫 번째 논문 주제를 칼빈의 교육으로 정했다. 장로회신학대학교 대학원에서 받았던 그의 첫 번째 석사학위 논문은「칼빈의 교육활동과 그 의의에 관한 연구」(1977)[6]였다. 우리나라에 미국 기독교교육학을 소개하는 일에 있어 주도적이었던 장로회신학대학교에서, 기독교교육학이 형성되던 초기에, 기독교교육의 기초적인 개론서인「기독교교육의 기초」(1973)를 펴내었던 김형태 교수의 지도로, 그리고 어린이발달, 여성교육, 교회주일학교와 가정교육에 깊은 관심을 가졌던 주선애 교수의 따뜻한 멘토링을 받으면서도, 강용원은 칼빈을 연구주제로 선택하여 칼빈의 교육활동을 역사적 맥락에서 검토하는, 신학적이고 역사적인 기초적 연구를 시도하였다.

칼빈을 첫 연구의 주제로 삼았던 배경에 대하여 청소년시절 SFC 임원활동과 한명동 목사의 영향을 추론할 수도 있고, 비록 장로회신학대학교 대학원에서 공부하지만 신학적 입장에서는 그가 고신교단의 신학도라는 정체성 인식, 그리고 고신교단 교회교육학 개척자로서의 기초적인 과제 인식, 그리고 과정을 마친 후 고신교단으로 돌아가야 한다는 복합적인 필요도 작용했을 것이다.

개혁주의는 역사적인 순서에서, 그리고 신학적 원천에서 볼 때 칼빈

6 강용원, "칼빈의 교육활동과 그 의의에 관한 연구," (문학석사학위, 장로회신학대학교대학원, 1977).

으로부터 출발해야 한다. 칼빈이 당시대에 교육관련 저술들로 가장 탁월한 인정을 받은 교육학자가 아니었고, 특히 현대기독교교육 이론가가 아니었음에도 불구하고 칼빈의 교육에 대하여 연구한 이유는, 칼빈이 개혁주의신학의 아버지이기 때문이며, 그의 활동과 통찰은 개혁교회를 지향하는 고신교단의 기독교교육학 형성에 꼭 필요한 출발점이었기 때문이다. 이로써 강용원 교수는 자신의 교육신학의 기초를 칼빈에 두려했다고 볼 수 있다.

비록 퍼즐 맞추기처럼 보이지만, 학자로서 칼빈과의 첫 만남은, 간접적이기는 해도 나중에 그가 박사학위 취득을 위해 스위스로 유학한 이유 중의 하나이기도 했을 것이다. 스위스의 취리히대학교 신학대학이 현대신학을 대표하는 신학대학으로 잘 알려져 있었음에도 스위스 유학을 시도했던 것은, 현대신학에 대한 관심보다, 비록 부차적이기는 해도, 스위스에서 역사적이고 현상적인 칼빈도 만날 수 있을 것을 기대했기 때문일 것이다.

강용원은 개혁주의 교육신학자로 자신의 정체성을 세워갔다. 그래서 일반교육학의 패러다임에서 기독교교육학을 연구하는 접근이 아니라, 개혁주의신학의 패러다임으로 교회교육을 연구하는 방법을 선택했다. 그래서 그는 기독교교육학 석사를 마친 이후에 다시 일반대학교 대학원에서 교육학으로 되돌아가 연구한 이후 고신대학교로 돌아온 것이 아니라, 곧 바로 고신대학교로 돌아와 연이어 두 개의 신학석사 학위과정(목회학, 구약신학)을 더 마쳤다. 강용원은 신학전공에서 신학적 기초로부터 교육문제를 해명하는 방법으로 사실상 기독교교육학을 연구했다. 주된 목적이 교육문제의 신학적 해명에 있었으므로 그는 그 의미를 풍부하게 이해하기 위해 다양한 신학분과의 접근 방법들을 모두 활용하고 싶어 했다. 그래서 교의신학, 구약신학, 신약신학, 역사신학 모두에 관심을 가졌고, 이후 그의 연구들은 이 모든 영역으로부터 기독교교육의 원의미를 해명하고 그 함의를 풀어내고 있다. 그의 연구를 검토하면 신학의 기초 영역에서 교육의 의미를 해석하고 추론하여 확장하는 것이 많다.

물론 위의 4가지 신학의 연구분야 중 강용원이 특별히 더 천착했던 분야는 구약신학과 신약신학이었다. 그래서 그는 이 두 전공의 연구물들과 연구방법을 교육연구에 전문적으로 활용할 수 있을 정도로 높은 수준의 능력을 구비하려는 의도에서 이 전공들을 위한 별도의 학위과정을 마쳤다. 구약신학을 신학석사과정에서, 그리고 신약신학을 박사과정의 부전공으로 마쳤다. 그는 히브리어와 그리스어를 잘 활용하려는 목적에서 이 과정을 선택하여 이수했다고 판단된다.

강용원에게 개혁주의신학은 성경으로부터의 이해를 뜻했다. 그는 기독교교육의 신학적 기초가 되는 언약(계약)과 교육명령을 신명기로부터 해석하여 그 함의를 끌어내었고,[7] 교회와 교육 직분의 역할과 기능을 에베소서 4장으로부터 해석하여 끌어내었으며,[8] 상담 과정의 함의를 요한복음 4장을 해석하여 끌어내었고,[9] 기독교(목회)상담과 사랑의 의미를 고린도전서 13장의 주석으로부터 끌어내는 방법으로,[10] 교회교육과 기독교(목회)상담의 핵심 개념과 그 의미를 성경으로부터 설명하고, 교육과 상담의 성경적인 구조를 세워보려고 시도하였다.

성경을 해석하는 작업에서 강용원 박사가 사용한 방법은 자유주의신학, 신정통주의신학과 현대신학이 취한 바, 성경에 대한 비평학적 혹은 실존심리학적인, 혹은 특정 문학적, 혹은 수사학적 해석방법이 아니라, 개혁주의 신학자들이 일반적으로 채택하는 방법, 곧 문법적-역사적 해

7 강용원, "신명기신학에 나타난 계약의 문제," (신학석사학위, 고신대학교, 1981).
8 강용원, "교회교육의 성경적 기초에 관한 연구: 엡 4:1-16," 「기독교교육정보」20 (2008): 147-197.
9 강용원, "복음주의 기독교상담의 전개: 사마리아 여인과의 대화를 중심으로," 「성경과 신학」 65 (2013.4): 37-73.
10 강용원, "목회상담과 사랑," 「성경과 신학」73 (2015.4): 35-82.

석으로부터 그 신학적 의미를 추론하는, 정통적인 주석 방법이었다. 그는 더 나아가 그 해석을 기초로 교회교육과 기독교(목회)상담의 원리들도 끌어내고 싶어 하였다. 그는 성경이 기독교(교회)교육의 기초이고, 풍부한 함의를 제공하는 원천이며, 참된 기독교교육을 위한 원리와 법칙들을 제공한다고 보았다.

성경해석방법의 도구를 활용하는 능력은 강용원 박사로 하여금 설교하는 일을 좋아하는 목회실천가가 되게 했다. 그는 학자로서 학교에서 일했지만 단기 시무의 목회자처럼 교회의 변동기에 고정적으로 설교하였고, 많은 교회를 순회하면서 설교하였다. 그의 설교는 특정주제에 한정된 것이 아니라 목회에서 다루어야 할 전범위에 걸쳐 있었다.

요약하면 강용원 박사는 칼빈으로부터 출발하여, 개혁신학을 토대로, 더 나아가 성경해석을 주된 방법으로 삼아 기독교(교회)교육의 이론적 작업을 시도했다는 점에서 그는 개혁주의 교육신학자였다.

교회교육과 교육목회

강용원 박사는 관심 있는 연구영역을 탐구하기 시작할 때, 먼저 기초적인 개념과 전체 구성의 틀을 정리하는 작업을 시도한 후, 후속적인 연구를 통해 지속적으로 심화, 확장하는 방식을 따른다. 기독교교육학과 관련하여 이러한 기초적인 작업은, 먼저 연구논문으로 발표되었고, 이후 교육자료로 활용하기 위해 기독교교육연구시리즈 소책자 1번으로 재출간되기도 했던, "기독교교육학의 성격과 구조"였다.[11]

그는 기독교교육은 교회의 본질적인 활동이고, 교육을 기독교신앙을 통해 하나님 형상의 회복으로 하나님을 섬기는 인간이 되게 하는 구속

11 강용원, "기독교교육학의 성격과 구조", 「고신대학 논문집」12 (1984): 29-69.

적인 활동으로 간주하였다. 그래서 그는 “기독교교육은 예수 그리스도를 통한 인간 구원역사에 참여하며, 그리스도를 닮은(Christlikeness) 인격을 형성하며, 계시의 빛 아래서 하나님과의 올바른 관계를 유지하면서 살도록 돕는 교회를 기초로 한 신앙공동체의 노력이라고 할 수 있을 것이다”고 정의하였다.[12]

기독교교육학에 대하여는, 비록 실천신학의 한 부분이었으나 교육학적 전문성의 특성에 맞게 독립적인 학문으로 정립되어야 할 과제를 가지고 있다고 보았다. 그가 이해하는 기독교교육학은 언제나 신학과의 관계성 안에 있는 교회의 학문이었다. 그래서 그는 “기독교교육학은 기독교공동체가 본질적으로 소유하고 있는 교육적 행위를 탐구하는 학문이다. 즉 하나님의 계시의 말씀에 의해 이루어지는 교회의 행위를 탐구하는 ‘교회를 위한 학문’이며, 기독교의 ‘실천에로의 이론’이다”고 진술하기도 했다.[13] 이에 미루어 그에게 있어 기독교교육(학)은 우선적으로 교회교육(학)을 의미했다.

기독교교육학이 신학과 절대적인 관계에 있고, 교회를 위한 실천학문으로 간주되었으므로 기독교교육학은 실천신학 혹은 목회학과 중첩된다. 기독교교육학, 실천신학, 목회학의 세 가지 표현은 이 표현의 용법과 맥락을 고려할 때, 실천은 이론 외의 부분 혹은 이론의 적용을, 목회는 교회에서 목사의 사역과 역할과 기능을 표현하는 것이라면, 기독교교육학은 그리스도인의 성숙에 초점을 맞춘 형성적 노력이다. 교육신학자로서 강용원 박사는 이 세 가지 표현을 모두 고려하면서도 신학의 실천, 곧 교회의 목회를 교육의 패러다임과 원리로 재편하는 것이 목회의 본질에 일치하는 것이며, 그것이 담보적인 목회와 실천의 전문성과 효율성을 제고하는 길이라고 확신하였고, 이에 교육목회를 제안하였다.

12 강용원, “기독교교육학의 성격과 구조,” 42.
13 강용원, “기독교교육학의 성격과 구조,” 50.

그는 교육목회를 "목회의 참된 본질을 추구하는 노력으로, 목회의 본질 속에 이미 내재되어 있는 교육적 의미를 인식, 수용, 적용, 개발, 확대해나가는 탐구와 실천적인 태도를 의미한다. 교육목회는 교회 전체의 기능으로서의 교육적 사역을 개발하고, 교육적 원리를 교회 사역의 전 분야와 목회의 다양한 분야에 적용해 나가는 총체적 목회사역으로, 개별 신자와 전체 교회의 신앙적 성숙을 추구하는 일이다"라고 정의하였다.[14]

그는 21세기 한국교회는 교육목회라는 패러다임 재구성으로 목사가 주도하는 교육활동을 통해 신앙공동체를 활성화하고, 교회사역인 예배와 선포와 교제와 봉사의 결실을 더하고, 목회의 영역인 예배, 설교, 심방, 상담, 의식을 효율적으로 집행해야 한다고 제안하였다.

강용원 박사는 기독교교육학의 학문적 기초 및 교육활동 분야에 대한 개관을 제공하는 여러 개론서들을 출간하였다. 「교회교육의 새로운 전망」(1993)에서는 교회교육의 기초와 구성과 방법에 대한 논의와 함께, 영아, 유아 및 청소년, 그리고 성인교육에 대한 개관을 제공하였다.[15] 10여년 이후에 출간된「기독교교육의 과제와 전망」(2004)에서는 한국기독교교육의 역사, 교육신학, 현황과 과제, 교육목회, 학교종교수업을 다루었다.[16] 그가 편집한 「기독교교육학개론」(2007)에서는 기독교교육의 기초, 과정, 현장, 실천을 고루 다 다루었다. 한국교회교육 연구자로서 우리나라 기독교교육과 교단교육의 역사(1999, 2004)를 정리하기도 했다.

교육신학자로서 그는 유아구원과 세례(1993), 견신례(1990), 입교교육, 예배(1992, 1995, 2000, 2012)의 교육신학적 의미를 분석하는

14 「21세기 한국교회의 '교육목회'적 대응」 (부산: 고신대학교부설 기독교교육연구소, 2003), 6-7.
15 「교회교육의 새로운 전망」(서울: 대한예수교장로회총회교육위원회, 1993).
16 「기독교교육의 과제와 전망」(서울: 도서출판 기독한교, 2004).

논문들을 꾸준히 발표하였다. 교육전문잡지인 「교회교육」에서는 회심(1996)을 다루기도 했다. 예배와 성례가 갖는 교육적 함의는 교육신학의 주요한 연구과제였다.

강용원 박사는 교회교육실천의 전문성을 지원하기 위해 만들어진 교사전문잡지 「교회교육」에서 어린이, 청소년, 성인, 노인교육에 대한 글들을 많이 남겼다. 자세히 검토해보면, 비교적 청소년에 대한 관심은 적었고, 주일학교교육의 요구에 부응하여 어린이에게 많은 관심을 보였다. 흥미롭게도 강용원 박사는 성인과 장년과 노인교육에 각별한 관심을 기울였다. 이 분야는 특별히 교육신학자가 교회교육 담당자들에게 전문적인 도움을 주어야 할 분야였기 때문이다. 그리고 그가 연구했던 교육대상은 성인교육(1991, 2014), 다문화(2012), 세계화(2011), 북한이탈주민과 통일(1992, 2010) 등 새롭게 등장한 교육 대상들이었다.

강용원 박사는 교육신학자여서, 그의 주된 관심 영역이 기독교신앙과 교회에 있었으므로, 기독교교육의 또 다른 영역인 가정교육과 기독교학교에 대한 연구에는 비교적 소극적이었다. 기독교학교에 대한 연구는 학교 자체에 대한 이론적 검토보다 기독교학교의 종교수업(1989, 1994, 1995, 1996)에 집중되었고, 그 외에는 고신대학교의 필요에서 천착한 기독교대학교의 신학적 기초(1996), 기독교적 학문(1992) 등이 주제였다. 가정교육을 표면적인 주제로 다룬 글들이 교사교육전문잡지 「교회교육」에는 발견되지만 논문과 저서를 통해 심도 있게 다루지는 않았다.

이상에서 살펴본 것처럼, 강용원 박사는 교회교육 및 교육목회의 주제에 대한 기초적 토대확립 이후에, 해당 분야의 주요 주제들을 폭넓게 다루면서 개관하였고, 일상적 경계를 넘어서 새로운 문제들을 더 포함하는 방법으로 전체를 교과서화 하는 패턴을 보였다. 그의 저서들은 전체를 포괄하는 교과서와 같다.

교회교육방법

강용원 박사는 실천신학자로서 교회교육과 교육목회를 연구한 학자였으므로 기독교교육학에서도 실천에 깊은 관심을 두었다. 교육과 관련된 기초 신학적 연구들도 교의학이나 철학적인 주제나 연구방법보다 성경신학과 역사신학의 주제나 연구방법을 더 선호했다. 교육학 내에서도 실천에 부합되는 부분은 단연 교육방법이라고 할 수 있다. 교육학이 실천의 학문이라고 할 때 가장 중심에는 교육방법이 있다고 말할 수 있다. 그는 주로 교사교육(2010, 2014)과 교육방법에 대한 관심을 심화, 확장하는데 깊은 관심을 가졌다. 그것은 교육의 과정과 실천을 실제적인 방법으로 도와야 할 필요에 대한 응답이었을 것이다.

교육방법에 대한 그의 관심은 일찍이 시작되었다. 기독교교육학의 첫 번째 석사논문 주제도 칼빈의 신학보다 그의 교육활동이라는, 실천적이고 방법적인 역사적 현상에 주목하였다. 교수직을 시작하면서 이미 자신의 연구방향을 교육방법으로 삼았다는 것을 보여 주려는 듯, 학자로서 연구 활동을 시작하여 학술지에 게재한 거의 첫 번째 논문이 교육방법이론의 기초인 '커뮤니케이션 원리'를 연구한 것이었다.[17] 그가 박사논문 주제를 학교의 종교수업에 맞춘 것도 교육방법 분야에 대한 관심의 연장선에 있다고 볼 수 있다.

후리츠 오서와 파울 그뮌더의 종교판단 발달단계에 대한 그의 선구적인 연구도 교육방법의 기초적 이해를 위한 것이라고도 할 수 있다. 그가 유아, 아동과 청소년, 성인과 노인을 위한 교육에 대하여 종종 글을 쓴 것은 해당 연령대에 효과적인 교육방법을 제안하기 위한 의도였다.

17 강용원, "커뮤니케이션 원리와 신앙교육," 「고신대 논문집」10 (1982): 153-169.

그는 고신교단 총회교육원의 요구에 부응하여 글과 강의를 통해 교사교육에서 효과적인 교육방법을 가르치는 일에 있어서 언제나 대표적인 전문 학자였다.

강용원 박사는 신학적 접근을 시도하는 교육신학자로서 성경에서 추출되는 교육방법으로 예수님의 교육방법(1999)에 주목하였다. 그가 교육방법 적용에서 집중한 것은 성경교수법이었다. 성경공부, 성경교육, 성경교수 등의 주제로 다양한 방법들을 개발하고 제안하는 글들을 발표하였고, 교회교사를 위한 성경교수법 교과서를 출간하였다.[18]

뿐만 아니라 그는 1980년대에 새로운 교육방법으로 주목받았던 리더십, 소그룹, 그리고 1990년대 이후에는 멀티미디어(1996), 시뮬레이션 게임(2006)에 이르기까지 다양한 방법들을 주목하고 그 교육방법의 이해와 적용을 시도하였다.

교육방법에 대한 이론 및 방법의 집대성은 한국기독교교육학회가 교과서로 개발한, 그의 저서 「기독교교육 방법론」(2008)이다. 강용원 박사는 일반적인 커뮤니케이션 이론, 교육학의 교수-학습과정, 그리고 예수님의 교수법을 종합적으로 고려하는 접근 방법을 시도하였고, 그 세 가지를 기독교교육방법이 고려해야 할 기초로 간주하였다. 그는 교육방법을 교육의 수단과 도구로 간주하였으므로[19] 방법절대주의 혹은 특정방법 절대화에 기울지 않고 가능한 한 다양한 방법들을 소개하려고 노력하였다.

강용원 박사는 그 저서에서 전통적인 방법인 강의법, 이야기법, 질문법, 사례연구법, 성경공부방법을 정리하였고, 집단교육방법으로 그룹방법, 협동학습, 공유적 삶의 접근법, 팀티칭을 소개하였다. 창조적 표현활동으로 마임과 극화, 쓰기, 놀이, 미술, 음악을, 그리고 참여와 탐

18 강용원, 「유능한 교사의 성경교수법」 (서울: 생명의 양식, 2008).
19 강용원, 「유능한 교사의 성경교수법」, 19-20.

구 교육방법으로 역할극, 학습센터, 간세대적 학습, 가치 명확화 교육, 시뮬레이션 게임을 소개하였다. 매체와 정보화와 관련된 매체와 인터넷 활용방법도 소개했다. 이 저서는 전통적 방법으로부터 오늘날의 교육공학에 이르기까지 이론화된 교육방법을 정리하고, 교회교육 장면에서 구체적인 적용사례들을 구체적으로 보여줌으로써 교회교사가 필요에 맞추어 그 새로운 교육방법들을 실험해볼 수 있는 지침서가 되게 하였다.

이상에서 확인할 수 있듯이, 교육방법 연구에서도 강용원 박사는 이론적 기초에서 출발하여 칼빈과 성경교육방법으로, 그리고 신학의 경계를 넘어 일반교육방법과 최근의 다양한 교육방법에 이르기까지 확장하여, 그 모두를 정리함으로써 교과서화 하는 패턴을 따랐다.

기독교(목회)상담신학

강용원 박사가 고신대학교에서 기독교(목회)상담신학을 본격적으로 연구하고 가르치기 시작한 것은 그 분야를 담당했던 한기태교수의 소천이후이다. 그러나 강용원 박사가 기독교(목회)상담신학에 관심을 가지기 시작한 것은 그 보다 더 이른 시점, 곧 스위스 취리히대학교 유학과 관련 있어 보인다. 그는 자신이 수학한 취리히대학교에 대하여 말할 때, 그 대학교에서 물리학자 아인슈타인, 분석심리학자 융이 박사학위를 받았으므로 그 두 사람과 자신이 동문이라는 우스개를 언급했지만,[20] 그것은 그들과 관심의 공유라는 부분이 있어 마냥 우스개만은 아닌 듯하다. 강용원 박사는 대학 학부에서 물리학을 공부했고, 박사학위를 마친 이후부터 기독교(목회)상담신학을 새롭게 연구하며 교수해왔기

20 강용원, "자기소개서(고신대학교총장선거 제출문서)," 2013.10.04.

때문이다. 물론 그는 대학을 졸업한 이후 물리학을 지속적으로 연구하지 않았고, 기독교(목회)상담을 연구하는 동안에도 융의 분석심리학에 대한 연구논문을 발표하지는 않았다. 융에 대한 연구는 먼 미래의 과제로 남겨두었는지도 모른다. 그 대신 그는 실천신학자로서 기독교(목회)상담신학을 개척하려했다.

기독교(목회)상담신학의 기초적 개관의 연구물은 그의 글 "기독교상담의 성격과 구성"이다.[21] 이 논문에서 그는 기독교상담의 독특성은 성경과 신학적 기초에 있고, 영성은 상담을 기독교적으로 만들어주는 원천이라고 했다. 기독교상담은 인간의 문제에 대한 하나님의 해답을 찾아가는 과정이며, 특히 사죄의 선포는 그 핵심이라고 보았다. 기독교상담은 상담자와 내담자만 아니라 삼위 하나님의 존재를 인정하는 독특성, 특히 성령님의 개입을 인정하고, 임상적 방법만 아니라 기독교공동체의 자원인 기도, 성경, 찬양과 예배 등을 사용하는 특징이 있다고 보았다.

기독교(목회)상담신학을 위해 그는 심리학과 신학의 관련성 안에서 성경적이면서 심리치료적인 모델을 형성하는 것이 필요하다고 보았고, 이론적 통합론에 무게를 두었다. 그는 특히 기독교(목회)상담에서 영적자원인 성경과 기도를 적절하게 활용하는 방법에 관심을 보였다. 상담과정에 대한 모델에서는 다양한 모델을 제안하여 논의하면서도 요한복음 4장에 나타나는 사마리아여인과의 대화를 모범으로 제시했다.

기독교(목회)상담신학의 논의에서도 강용원 박사는 전체를 개관하면서 개혁신학의 기초를 확인한 이후 목회상담과 기독교상담의 다양한 모델들을 공정하게 논의하였고, 일반상담과의 관계 안에서 체계화하는 패턴을 따랐다.

21 강용원, 「기독교교육의 과제와 전망」, 371-445.

기독교(목회)상담신학과 관련하여 그는 죽음, 사랑, 치유(2013), 소망(2014)이라는 주제에 특별한 관심을 가졌다. 이 네 주제들 중, 죽음과 사랑이 그 중심성에 있어서 단연 주목받았고, 치유는 상담과 관련하여, 소망은 사랑 이후의 주제로 확장된 것이라고 볼 수 있을 것이다. 기독교(목회)상담신학에서 강용원 박사는 많은 주제들로 관심을 확장하기보다 죽음과 사랑을 중심으로 심화하는 경향성을 보였다. 물론 확장이 그의 패턴이라면 이후의 연구들은 확장으로 나아갈 것이다. 간단하게 강용원 박사가 말하는 죽음과 사랑에 대하여 좀 더 살펴보자.

기독교(목회)상담신학과 관련된 주제의 논문이 처음 등장한 것은 그가 스위스에서 박사과정 중에 발표했던 "죽음에 관한 목회"였다.[22] 죽음이라는 주제는 오랫동안, 그의 사고구조의 확장 패턴에서 볼 때 미완의 상태로, 그의 먼 미래 과제로 남겨져 있었다. 그는 20년이 더 지난 이후 죽음에 대한 기독교상담의 논문을 발표하였다.[23] 죽음관련 의례는 목회의 주요한 사역이어서 목회상담학적 접근이 절실한 문제이나 우리나라에게서는 그 동안 전문적으로 다루어지지 못했다. 강용원 박사는 기독교(목회)상담신학이 다루어야 할 모든 문제들은 궁극적으로 죽음의 문제와 관련되어 있다고 봄으로써 죽음을 기독교(목회)상담의 핵심주제로 삼았다.[24] 그는 예수 그리스도에게 속한 사람에게는 참된 위로가 있으므로 기독교(목회)상담자는 죽음의 고통과 슬픔을 겪는 사람들과 함께 하면서 소망을 드러내고, 전인적이고 관계적이고 시간적인 통전적 시각으로, 죽음으로 슬퍼하는 사람들의 과제와 요구를 감안하는, 과정적, 과제 중심적 상담으로 다가가야 한다고 제안하였다.[25]

22 강용원, "죽음에 관한 목회," 「교회문제연구」1 (1987): 124-151.
23 강용원, "통전적 기독교죽음상담을 위한 시론," 「복음과 상담」12(2009.5): 9-39.
24 강용원, 「통전적 기독교교육과 상담사역」 (서울: 도서출판 기독한교, 2014), 288.
25 강용원, 「통전적 기독교교육과 상담사역」, 318-319.

강용원 박사가 교육신학과 기독교(목회)상담신학에서 집착을 보였던 또 다른 주제는 사랑이었다. 그는 "교육적 사랑의 개념과 실천"이라는 논문에서 진정한 교육은 사랑으로 이루어지는 교육이라고 규정하고 교육적 사랑을 구체화하였다.[26] 교육적 사랑은 교육에 대한 사랑, 교육대상에 대한 사랑을 포함하는 사랑이며, 교육에 대한 사랑은 소명과 열정이고, 교육대상에 대한 사랑은 목적의식을 갖는 분별력 있는 사랑, 미래와 가능성에 대한 사랑, 상호적이고 적응적인 사랑, 필요에 응답하는 사랑, 인격적이고 용납적인 사랑, 구원에 이르게 하는 전인적인 사랑이라고 구체적인 특성을 규명하였다.

사랑은 기독교(목회)상담신학의 핵심주제이기도 했다. 강용원 박사는 "목회상담과 사랑"이라는 논문에서, 그리고 이 논문을 일부 조정한 "기독교상담과 사랑"이라는 제목의, 고신대학교 기독교상담대학원 정년퇴임 특강에서, 고린도전서 13장을 주석하여 성경적 사랑의 개념을 밝히고, 그 의미로 기독교(목회)상담신학을 재구성하려 했다.

강용원 박사에 따르면 고린도전서 13장의 본문은, 사랑의 필요성, 속성, 영원성, 우월성을 잘 논증하고 있다고 보았고, 사랑은 은사보다 필수적이고, 은사 수행의 바탕이 된다고 해석했다. 개인과 교회를 세우는 것이 기독교(목회)상담이라고 할 때 사랑에 기초한 기독교(목회)상담은 사랑의 속성인 진리, 포용, 신뢰, 소망, 동반을 통해 수행되어야 한다고 했다. 특히 사랑은 치유의 능력이며, 하나님이 우리를 아시고 지금도 우리가 그분으로부터 사랑받고 있다는 것을 아는, 인격적이고 선취적인 앎이 용기와 믿음과 소망의 근거가 된다고 했다.[27]

26 강용원, 「기독교교육의 과제와 전망」, 347-369.
27 강용원, "목회상담과 사랑," 「성경과 신학」73 (2015.4): 35-82.

신학적 공헌

이상의 논의를 기초로 강용원 박사의 교육과 연구를 평가하고, 실천신학으로서의 기독교교육학과 기독교(목회)상담학 연구에서 그가 기여한 신학적 공헌을 간단하게 아래와 같이 정리해보려 한다.

첫째, 강용원 박사는 기독교교육학의 학문적 기초와 구조를 확립하는 과제수행에서 교육학 및 기독교교육학의 앞선 연구결과들을 명료하게 정리하되, 고유한 자신의 기여를 개혁신학적 의미에 대한 해명에 두었고, 기초 신학적 탐구 작업을 많이 시도했다. 역사신학에서 칼빈의 교육활동을, 구약신학에서 언약(계약)의 의미를, 신약신학에서 예수님의 교육방법과 바울의 교회론과 교육적 인간론을 심도 깊게 연구하여 결과물을 발표하였다. 그는 대학원에서 구약학과 신약학을 전공 혹은 부전공으로 공부했는데, 그 의도는 기독교교육학의 기초 신학적 의미를 풍부하게 드러내는 방법으로 기독교교육학의 기초와 구조를 확립하는데 있었다. 실천학문인 현대기독교교육학은 현대사회의 요구, 현대교육과학의 발전, 현대교회의 사역과제에 주된 관심을 가지면서도, 기독교교육학의 가장 주요한 원천에 대한 기초 신학적 의미 탐구에 종종 비전문성을 보였다. 이에 강용원 박사는 기독교교육학에서 새로운 주제에 접근할 때, 항상 신학적 기초가 무엇인지 드러내는 원천적 연구를 시도했다.

둘째, 강용원 박사는 교육신학자로서 실천신학자이다. 그가 교육을 통해 실천신학을 해명하는 접근방법은, 그가 체계적으로 해명하고자 한 '교육목회학'이다. 그는 교육과 신학, 교육과 목회, 교육과 선교의 관계 해명을 통하여, 비록 기독교교육학이 신학으로부터 학문으로는 독립적일 수 있으나 실제에 있어서는 통합적이고, 그리스도인 개인과 목회자와 교회를 성경적인 방향과 이상적 수준에 이르게 하는 효과적인 활동 혹은 기능임을 강조하였고, 그 효과적인 방법을 교육으로 해명하였다. 강용원 박사는 다른 기독교교육학자들의 경우와 달리, 스스로를 교회교육에 한정하는 것이 아니라 실천신학자로서의 교육신학자로서, 예배, 설교, 선교, 교제, 봉사 등 교회와 목회의 전체 활동에서 교육의 의미와 방법을 제안하였다. 이러한 접근에서 이루어진 그의 연구결과들은 많은 기독교교육학자들과 차별화된 그의 기여라고 할 수 있다.

셋째, 강용원 박사는 기독교교육학에서 학교종교수업에 대한 깊은 학문적 연구를 시도한 첫 번째 교육신학자였다. 기독교교육은 기독교공동체의 가정, 교회, 학교에서 특성과 방법을 달리하면서도 일관성 있게 이루어져야 하는 활동이다. 근대이후 학교가 권위적인 정부에 귀속되면서 기독교교육은 교회에 한정되는 경향을 보였다. 일찍이 미션스쿨에서 종교교육이 있어왔으나 신학에서는 이 학교들을 학원선교활동의 맥락으로만 이해하였고, 학교종교교육 연구의 대상으로 각성하지 못했다. 강용원 교수는 유럽 공립학교의 종교교육에 대한 학위 논문 및 이후 연구논문들로 학교에서의 종교교육에 주목하게 했다. 중등학교에 종교교과가 있고, 종교교사가 있으나, 실제로 종교교육학에 대한 연구는 제대로 이루어지지 않았고, 학교종교교육은 지역교회 목사의 관심사가 되고 있지 못하다. 최근 많은 교회와 목회자들이 기독교대안학교의 종교교육에 관심을 갖고 있는 새로운 변화가 있다. 강용원 박사는 우리나라에서 이 분야 연구의 개척자라고 할 수 있다.

넷째, 강용원 박사는 실천신학자로서 기독교(목회)상담학 영역에도 관심을 가졌다. 그는 선행연구들을 통해 기독교(목회)상담을 자신의 관점에서 명료하게 구조화하면서도, 상담과 상담과정 및 방법의 주요개념과 구조에 대한 성경신학적 해명을 시도하는 연구물을 발표해왔다. 현대 상담심리학이 일반적으로 심리학적 전통에 의존되어 있어 미국의 기독교(목회)상담학에서 기독교 혹은 목회의 의미는 단지 그리스도인과 교회라는 대상을 의미하는 말로 간주되는 경우가 많다. 이러한 대세를 우려하면서 강용원 박사는 성경의 주석작업을 통해 기독교(목회)상담이 가져야 할 성경적 의미와 방법을 지속적으로 제안하였고, 성경신학적 연구를 격려하는 방법으로 특별한 기여를 했다.

결 론

강용원 박사는 탁월한 개혁주의 교육신학자, 기독교(목회)상담신학자, 실천신학자이다. 그가 연구를 통하여 집착했던 주요 주제는, 칼빈과 성경에 기초를 두고 성경적 방법을 따르는 개혁신학, 교회교육과 교육목회, 교회교육방법, 기독교(목회)상담신학이다. 이 각각의 주제 혹은 영역에서 강용원 박사는 항상, 출발점에서 개혁주의적 기초를 확인한 이후 지속적으로 관심을 확장하여 영역의 경계를 넘어가는 확장 패턴을 보였고, 전체를 이해한 후에는 교과서처럼 종합 정리해내는 방식을 따랐다.

강용원 박사는 교육신학자로서 기독교교육학 주제 연구에서 성경신학적 기초에 대한 심도 있는 연구물들을 많이 남겼고, 실천신학자로서는 교육이 교회목회사역 전체를 어떤 방법으로 효율화해줄 수 있는지 구체적으로 해명하는 연구물들을 남겼으며, 그 동안 각성되지 못했던 학교종교교육에 대한 학문적인 연구물들을 남겼고, 기독교(목회)상담학자로서 성경주석을 통해 상담의 신학적 의미와 상담과정을 해명하는 기초적 연구물들을 남겼다. 이러한 독특한 관점과 연구로 강용원 박사는 기독교교육학과 기독교(목회)상담학, 그리고 실천신학 연구에서 자신만의 특별한 위치와 기여를 확보했다.

형제자매와 가족

한국기독교교육학회 역대 회장들

한국기독교상담협회
학술세미나 기조강연

수상 실적

민주평통위원 지역발전기여공로 대통령 표창 2226호 (1994)
한국복음주의기독교교육학회 기독교교육자상 (2012)
한국교원단체총연합회 교육공로상 122035호 (2013)
옥조근정훈장 71950 (2015)

연구 목록

● 박사학위 논문

Probleme der Begründung eines christlichen Religionsunterrichts an der öffentlichen Schule im deutschsprachigen Europa und die Möglichkeit des Religionsunterrichts in Korea (1990)

● 저서

『교회교육의 새로운 전망』, 서울: 총회교육위원회, 1993.
『새생명의 탄생에서 성장까지』, 서울: 도서출판 영문, 1998 (공저).
『열린예배 무엇이 문제인가』, 부산: 고신대학교출판부, 2000 (공저).
『기독교교육의 과제와 전망』, 서울: 기독한교, 2004.
『기독교교육학 개론』, 서울: 기독한교, 2004 (공저).
『기독교교육학개론』, 서울: 생명의양식, 2007 (공저).
『유능한 교사의 성경교수법』, 서울: 생명의 양식, 2008.
『교회교육방법론』, 서울: 기독한교, 2008.
『기독교교육사』, 서울: 기독한교, 2008 (공저).
『통전적 기독교교육과 상담사역』, 서울: 기독한교, 2014.

● 논문

"칼빈의 교육활동과 그 의의에 관한 연구." 문학석사학위, 장로회신학대학교, 1977.

"아동교육에 관한 신학적 접근." 목회학석사학위, 고신대학교, 1979.

"신명기 신학에 나타난 계약의 문제." 신학석사학위, 고신대학교, 1981.

"쉐마의 교육론." 「미스바」7 (1982): 109-122.

"커뮤니케이션 원리와 신앙교육." 「고신대학 논문집」10 (1982): 153-169.

"기독교교육학의 성격과 구조", 「고신대학 논문집」12 (1984): 29-69.

"죽음에 관한 목회", 「교회문제연구」1 (1987): 124-151.

"견신례의 역사적 발전과 그 모티브에 관한 연구." 「고신대논문집」18 (1990): 175-184.

"기독교성인교육에 관한 한 고찰." 「고신대논문집」19 (1991): 81-94.

"부산, 경남지역 기독교 실태분석의 사회학적 연구." 「고신대논문집」19 (1991) 5-21. (공동연구).

"기독교적 학문의 본질: 개혁주의적 관점에서 본 학문." 「기독교사상연구」창간호 (1992): 125-141.

"통일 후의 교육적 문제점과 기독교적 대응방안." 「미스바」18 (1992): 86-92.

"슐라이에르마허의 실천신학에 관한 연구." 「고신대논문집」20 (1993): 135-148.

"유아구원에 관한 한 접근." 「기독교교육연구」1 (1993): 71-82.

"공립학교에서의 종교수업의 근거에 관한 연구." 「통합연구」21 (1994): 57-101.

"학교 종교수업의 유형에 관한 연구: 독일을 중심으로." 「고신대논문집」21 (1994): 133-149.

"예배를 통한 교회교육: 중고등부를 중심으로." 「기독교교육연구」 6(1) (1995): 53-78.

"종교수업과 관련된 법적 근거들에 대한 논의: 스위스, 독일의 경우를 중심으로." 「고신대논문집」22 (1995): 91-105.

"학교종교수업의 유형 및 근거에 관한 논의." 「성경과 신학」20 (1996): 521-589.

"교목목회의 개념과 전략에 관한 일고찰."「고신대논문집」23 (1996): 71-89.
"기독교대학의 신학적 기초: 신명기 계약사상을중심으로."『기독교대학과 학문에 대한 성경적 조망』(고신대학교설립50주년기념논문집) (1996): 47-66.
"21세기 한국교회의 교육목회적 대응."「한국기독교신학논총」15(1998): 217-285.
"대한예수교장로회(고신)의 교회교육사."「기독교교육논총」5 (1999): 201-239.
"기독교교육학 교육의 현황과 과제에 관한 연구: 커리큘럼 분석을 중심으로."「성경과 신학」34 (2003): 310-362. (공동연구)
"교육적 사랑의 개념과 실천."『믿음의 길, 각성의 길』(장종철교수 은퇴기념논문집) (2003): 189-209.
"한국에서의 기독교교육의 역사와 과제."「기독교교육논총」10 (2004): 135-176.
"기독교교육과 신학."「기독교교육연구」14(1) (2004): 68-112.
"시뮬레이션게임의 성경학습에의 적용."『김병원박사 고희기념논문집』(2006): 268-292.
"교회교육의 성경적 기초에 관한 연구: 엡4:1-16."「기독교교육정보」20 (2008): 147-197.
"통전적 기독교죽음상담을 위한 시론."「복음과 상담」12 (2009): 9-39.
"교회학교 내 사회적 자본의 의미와 활용가능성 탐색."「고신신학」11 (2009): 399-426. (공동연구).
"교회학교 교사의 전문성 향상을 위한 질적 연구: 전문성 저해요인 분석을 중심으로."「성경과 신학」54 (2010): 93-119. (공동연구)
"한국사회 내 북한이탈주민의 삶: 기독교적 접근."「기독교교육논총」24 (2010): 459-490. (공동연구).
"기독교교육 연구를 위한 질적 연구의 필요성과 활용."「고신신학」12 (2010): 223-251. (공동연구).
"세계화와 기독교교육의 과제."「기독교교육논총」26 (2011): 21-55.
"다문화 기독교교육의 현황과 과제."「성경과 신학」62 (2012): 37-65.

“목회적 과제로서의 통전적 예배에 관한 구상: 예배와 목회상담의 접점.” 「복음과 상담」 18 (2012): 76–105.
“복음주의 기독교상담의 전개: 사마리아 여인과의 대화를 중심으로.” 「성경과 신학」65 (2013): 37–73.
“기독교교육과 치유의 접점.” 「복음과 교육」13 (2013): 13–42.
“주일학교운동의 역사적 발전과 과제.” 「고신신학」15 (2013): 193–227.
“성인됨을 위한 교회의 교육과 돌봄.” 「복음과 교육」16 (2014): 149–192.
“교육과 목회의 접점.” 「고신신학」16 (2014): 283–335.
“목회상담과 사랑.” 「성경과 신학」73 (2015): 35–82.
“애통에서 기쁨으로: 기독교교육의 한 시도.” 「복음과 교육」22 (2019): 11–42.

조성국 교수

고신대학교 기독교교육과 (B. A.)
고신대학교 신학대학원 (M. Div.)
고신대학교 대학원 (M. A.)
남아공화국 Potchefstroomse Universiteit vir Christelike Hoër Onderwys (Ph. D.)

네덜란드 Vrije Universiteit Amsterdam, 객원교수(Gastonderzoeker)
고신대학교 부총장 역임
한국복음주의기독교교육학회 회장(2014~2015) 역임
고신대학교 기독교교육과 교수

저서_『기독교세계관과 교육이론』(생명의양식, 2021)
『기독교세계관형성을 위한 기독교학교교육의 역사와 철학』(생명의양식, 2019)
『종교개혁과 교육』(2016, SFC)
『기독교교육학의 길』(2010, 기독교사상연구소)

강창희 박사

강창희 박사의 생애와 신학

임덕환_올리브교회 담임목사

연세대학교 신학과 (Th. B., 1970)
미국 Fuller Theological Seminary (M. Div., 1979)
미국 Fuller Theological Seminary (Ph. D., 신약신학, 1987)

라성한인연합장로교회 부목사 (1980~84)
Norwalk 신일장로교회 목사 (1984~86)
서울 동신교회 교육지도 목사 (1989~현재)
Fuller Theological Seminar, 객원교수 (1994)
Jerusalem Tantur Eccumenical Institute 객원교수 (1994~95)
한국복음주의신학회 총무 (1997~99)
아세아연합신학대학교 교수 (1988~2012; 학감/대학원장 [1998~2005])
아세아연합신학대학교 명예교수 (2012~현재)
한국기독교학술원 회원 (2012~현재)

서 론

필자는 그동안 30년 넘게 신학을 하는 동안 많은 교수님들의 지도를 받고, 영향을 받았습니다. 그 중에 가장 큰 영향을 주신 분은 강창희 박사님이십니다. 그렇기 때문에 강 박사님은 필자에게 있어 은사 중의 은사이시오, 하나님의 크신 선물이며, 아버지와 같으신 분이십니다.

강 박사님의 강의시간에 받은 인상은 지금도 강하게 기억에 남습니다. 한 마디로 '강직함', '원칙', '정확'이라는 단어가 어울리시는 분이라고 느꼈습니다. 옳지 않음과는 타협이나 용납을 조금도 허락하지 않으실 분이라고 느꼈습니다. 그렇기 때문에 정말 투명하신 분으로 여겨졌습니다. 반면, 어떤 학우들은 학업에 힘들어하는 모습을 보이기도 했으며, 심지어는 교수님과 거리를 두는 학우들이 있었습니다. 하지만, 필자의 눈에는 오히려 확실한 무엇이 있으신 분으로 여겼고, 그런 모습에서 더 많은 것을 배울 수 있다는 확신을 갖게 되었습니다.

그리고 강 박사님의 내면의 따뜻한 모습을 볼 수도 있었습니다. 1990년대 초반 어느 방학 때였습니다. 학교 도서관에서 공부하고 있었는데 교수님께서 다가오셔서 저녁을 사 주시겠다고 하셨습니다. 이미 저녁을 먹은 상태였지만 교수님과 함께 식사를 할 수 있다는 사실에 너무 감사해서 저녁을 '한 번 더' 먹었던 적이 있었습니다. 교수님들 중에 강 박사님께서 유일하게 저에게 식사를 대접하셨기 때문에 저는 그 날을 잊을 수 없었고, 언젠가는 식사를 대접할 날을 가져야겠다고 다짐하게 되었습니다.

강 박사님 자택 앞 | 2018년

드디어 2001년 석사과정을 강 박사님 지도

로 마친 후 매 해 '스승의 날'을 맞이하여 교수님을 찾아 뵙고 식사를 대접하게 되었습니다. 뵐 때 마다 강 박사님과의 만남은 저에게 감사와 기쁨의 시간들이었습니다.

그러던 2010년 경에는 저희 막내 아이가 많이 아프게 태어났는데, 이 사실을 접하신 강 박사님께서 간절한 마음으로 기도해주셨으며, "지금 치료받고 있는 병원도 좋지만 다른 병원에도 가보는 것이 좋을 것"이라고 하셨습니다. 아이의 치료를 위해 안타깝게 여기던 중 그 말씀을 듣고 다른 병원에 가게 되었는데, 그것이 저희 아이의 질병을 치료할 수 있는 결정적인 조언이 되었습니다. 제자의 아이가 아픈 것을 같이 아파하시며, 기도해 주시고, 따뜻한 조언의 말씀은 저희 아이의 치료에 큰 도움이 되었으며, 10년이 지난 지금 저희 아이는 학교 생활이나 일상생활에 전혀 문제가 되지 않는 아이로 자라게 되었습니다. 강 박사님은 '정확하면서 온화함을 소유하신 분'이십니다.

필자가 감히 강 박사님의 생애과 신학사상을 언급한다는 것이 강 박사님의 참 모습을 드러내지 못하고 오히려 가리지 않을까 하는 죄송한 생각이 드는 것은 사실입니다. 하지만, 필자가 조금이나마 강 박사님께 도움이 되었으면 하는 마음으로 감히 글을 남기길 원합니다. 강 박사님의 생애와 신학사상은 강 박사님과의 대화와 저서들 통해 살펴보려고 합니다. 신학자로서, 또한 목회자로서 전하신 가르침은 필자를 비롯 많은 신학생들뿐만 아니라 목회자, 또는 성도들에게 큰 울림이 될 것이라 여깁니다.

생 애

강 박사님께서는 자신의 생애 전반에 걸쳐 자신의 『정년퇴임기념 논문집』에서 다음과 같이 밝히고 있습니다.

"저는 19세 될 때까지 엄한 장로교 신앙교육을 받으며 자랐고, 19세 때 집을 떠나서는 자유주의 신학의 도전을 받았으나, 27세부터 다시 복음주의 신학을 하게 되었습니다. 처음 신학을 하게 된 동기는 그 당시 다니던 교회 목사님께서 자주 예정론을 가르치셨는데, 하나님의 예정과 인간의 자유의지와 책임의 문제에 대해 고민하게 되었고, 그 문제에 대한 해답을 얻기 위해서 이런 저런 책들을 보다가 만족하지 못하고, 결국 신학교에 들어가 이 문제를 집중적으로 연구해야겠다고 생각하였습니다. 목사가 될 것을 결단했습니다. 목회자의 길이 어렵다는 부모님과 주위 어른들의 만류를 무릅쓰고 홀로 상경하여 신학을 시작하였습니다. 대학교 2학년 1학기 말에 일시적으로나마 신학 하는 것에 회의를 느끼고 법학과로 전과하려고 법대 학장님으로부터 전과 허락까지 받았으나, 역시 신학을 하는 것이 하나님의 뜻이라고 믿고서 신학을 계속하였습니다. 모두 17년 간 신학 공부만 하였습니다. 27세 되던 1974년에 미국 가서 1987년까지 공부를 마치고 1988년에 ACTS에 와서 24년을 가르쳐왔습니다."[1)]

강 박사님의 성격의 '강직함'은 엄한 장로교의 신앙교육뿐만 아니라 강직하신 아버님의 영향이라고 합니다.[2)] 특히 중고등학교 재학 중 김석준(金錫俊) 목사님의 열심 있는 신앙으로부터 지대한 영향을 받으셨다고 합니다.[3)] 그리고 유학시절에는 "Fuller 신학교에 가서 신약학을 가르치신 마틴 교수님(Ralph P. Martin), 해그너 교수님(Donald A. Hagner), 그리고 구약학을 가르치신 왓츠 교수님(John D. W. Watts), 조직신학을 가르치신 쥬엘 교수님(Paul K. Jewett), 교회사를

1 "은퇴와 회고,"『ACTS 신학과 선교』v. 12 (2011): 16–17.

2 "은퇴와 회고," 17; 한상화 교수도 강창희 교수에 대해 "원리 원칙대로 철저히 하시면서도 세심한 인간적인 배려도 잊지 않으셨다"고 한다(한상화, "회고의 글: 강창희 박사의 강직한 충성 봉사의 정신을 기리며,"『ACTS 신학과 선교』v. 12 [2011]: 42.

3 "은퇴와 회고," 17.

가르치시던 브로밀리 교수님(Geoffrey W. Bromiley), 총장님이시던 허바드 박사님(David A. Hubbard)의 강의와 감화력도 컸습니다. 특히 제 맨토이신 마틴 교수님은 신약학의 거장으로서 영국 풍의 엄격하심이 넘치신 분이셨고, 해그너 교수님은 매우 인정이 많으셨으나 논문 지도에 관한한 매우 치밀하셨습니다."고 합니다.[4)]

그 외에도 강 박사님께서는 신학적으로 영향을 주신 분들을 떠올리며, "연세대학을 다니면서 여러 훌륭하신 교수님들 가운데 신약을 가르치셨던 문상희 교수님, 그리고 교회사를 가르치셨던 민경배 교수님의 사랑과 격려를 받았습니다. 백락준 명예총장님의 설교와 그의 인격적 감화력도 상당했다고 생각합니다."고 합니다.[5)]

또한 강 박사님께서는 어렸을 때 읽은 책들을 통해 여러 인물들의 글을 통해 감성에도 큰 영향을 받았다고 합니다.

> "제게 특별히 감동을 준 책으로는, 어릴 때 읽었던 워싱톤의 전기, 링컨의 전기, 앙드레 지드의 좁은문, 빅토 유고의 레미제라블, 좀 커서 읽었던 카네기의 처세술, 어거스틴의 참회록, 아우렐리우스의 명상록, 파스칼의 빵세 등이 있습니다. 타골(Tagore, 1861-1941)의 "The Baby, My Lord"라는 자연주의적이면서도 인간애를 그린 글도 가끔 기억납니다. 또 안창호 선생님의 전기도 기억합니다. 고등학교 때 읽은 김소월, 김영랑, 두보, 안톤 슈낙, 알퐁스 도어데 등의 아름다운 글귀도 제 감성에 영향을 미쳤습니다. 이외에 여기저기서 읽은 제목과 작가들의 더 이상 기억할 수 없는 글들의 영향도 무시할 수 없다고 봅니다. 사실 대중적인 책들과 만화, 신문, 영화 등 대중 매체의 영향도 컸다는 생각이 듭니다."[6)]

4 "은퇴와 회고," 17-18.
5 "은퇴와 회고," 17.
6 "은퇴와 회고," 18.

이상과 같이 강 박사님께서는 성장과정에서 신앙생활과 신학과정에서 '엄격함'과 '온화함'이 자연스럽게 형성되었다고 여겨집니다. 강 박사님의 '엄격함'은 필자의 입장에서는 든든한 학문적 기초를 다지게 했으며, 강 박사님의 '온화함'은 감동을 느끼기에 충분했습니다. 그런 의미에서 이 글을 읽는 독자들에게도 강 박사님 안에 담겨진 귀한 보배가 선물로 다가가길 소망합니다.

신학 사상

강 박사님의 신학의 특징은 최근의 저서에서 밝히고 있듯이 "여러 가지 다양한 가치관들과 이단 사상이 난무하는 이 혼란한 세상에서 진정한 가치와 구원의 길을 찾아 결단하고 그것을 믿고 따르는 것"이라고 할 수 있습니다.[7] 다시 말해, 진리를 깨닫고 진리를 따르는 삶이라 할 것입니다. 평생 성경신학자로서 성경의 의미를 찾고자 힘썼을 뿐만 아니라, 특히 학내사태[8]로 인해 긴 고통과 힘든 시간 가운데 받은 하나님의 은혜를 열정적으로 전하고자 한 목회자(전도자)의 모습도 겸한 특징을 갖고 있다고 할 것입니다.

신학적 사상

강 박사님의 신학적 사상은 그의 은사이며 세계성경주석(WBC) 시리

7 『믿음이란 무엇인가』(경기: 아세아연합신학대학교 출판부, 2020), 4.
8 아세아연합신학대학은 2006년부터 2011년까지 소위 '학내사태 기간'을 겪게 되며, 900명이 넘는 학생들이 총장퇴진을 주장하며 등록을 거부했고, 이에 대해 총장은 780여 명의 학생들을 일 년간 직권휴학시켰을 뿐만 아니라, 수십 명에 대한 징계와 끝없는 법적 소송까지 이어졌다(『ACTS 40년사』[경기: 아세아연합신학대학교 출판부, 2015], 193).

즈의 신약부분 주필이신 마틴(Ralph P. Martin) 박사와의 만남을 빼놓을 수 없고,[9] 아세아연합신학대학교 전 총장이셨던 고(故) 한철하 박사님과의 만남도 빼놓을 수 없습니다.[10] 이들 교수님들과의 만남은 강 박사님의 신학에 구분점을 제공한다고 할 것입니다. 따라서 강 박사님의 신학을 전반기와 후반기로 나누어 볼 때 후반기의 사상이 전반기와 분리된다는 것이 아니고, 구분된다고 할 것입니다. 후반기의 사상이 전반기 사상 위에 쌓아 올려진 좀 더 구체적으로 강조된 약간의 구분만 있을 뿐입니다.

전반기: '질서의 신학'

강 박사님께서는 자신의 전반기의 신학적 특징으로 '질서의 신학'이라고 합니다.[11] 성경의 율법, 예언, 지혜 등이 '하나님의 질서'라는 주제로 연결되어 있다고 보았으며, 성경의 구원도 '하나님의 질서의 회복'이라고 보았던 것입니다.[12] 전반기의 신학적 특징들은 다음과 같습니다.

첫째, 신본주의. 강 박사님께서는 "신본주의는 창조주이시고 구속주되신 전지전능하신 하나님께서 모든 세상 일을 주관하시고 구원 역사의 중심에 계시므로, 인간은 하나님의 말씀에 순종하고 그의 영광을 위해 살아야 한다는 신학사상"이라고 합니다.[13] 다시 말해 "신본주의란 성경이 가르치는 하나님의 존재와 주권의 우선성과 절대성, 그리고 이에 대

9 『고린도후서』(서울: 도서출판 횃불, 2007), 62.
10 "은퇴와 회고," 22-23.
11 "은퇴와 회고," 20.
12 "은퇴와 회고," 20.
13 "ACTS의 정체성과 신학교육,"『ACTS 신학과 선교』v. 12 (2011): 50; 한철하 교수는 신본주의에 대해 "신본주의라 함은 하나님의 존재를 모든 것에 우선하는 것으로 보는 우주관, 인생관을 말한다...이와 같은 세계관은, 인생관에서는 만물이 하나님을 위하여 있는 것으로 본다"고 한다(한철하, "신학교육과 신본주의,"『성경과 신학』v. 2 [1984]: 7).

한 인간이나 세계의 존재와 운명에 대한 포괄적인 '하나님 중심적 사고'(God-centered thought)이다", "거룩하신 하나님 앞에서 내가 부끄러운 죄인임을 의식하면서, 나를 최대로 낮추고, 하나님을 최대로 높이며, 만사에 나타나는 하나님의 지혜와 능력과 영광에 대해 감사하고 찬양하는 신학사상이다."라고 합니다.[14] 하나님 중심의 신본주의는 하나님의 인간 구원을 위한 독자적으로 계획하셨다고 하는 '예정'으로 자연스럽게 이어집니다.[15] 하나님 중심은 성경 대소요리문답 1번에 있는 "사람의 제일 되는 목적은 하나님을 영화롭게 하는 것과 영원토록 그를 즐거워하는 것이다"는 것과 같습니다.[16]

강 박사님의 신앙 에세이 집인 『깊은 곳에서』에도 예정론에 대한 글들이 반복적으로 나타납니다. 강 박사님 자신도 평생 모든 것이 하나님의 예정이라는 믿음을 가지고 일단 섬기기로 작정한 교회나 학교를 하나님께서 예정해주신 사역지로 믿고 되도록 떠나지 않고 꾸준히 섬겼다고 합니다.

둘째, 복음주의. 강 박사님의 두 번째 신학적 특징으로 복음주의라 할 것입니다. '복음주의 신학'(Evangelicalism)이란 말은 '복음'(εὐαγγέλιον)이란 말에서 왔습니다. 구약에 그 근거가 있으나(삼하 18:27; 사 52:7), 마가복음 1장 1절이 예수의 사역 전체를 복음이란 말로 요약한 사실에 근거합니다.[17] 강 박사님께서는 "복음주의는 하나님의 자비하심과 그리스도의 구원 사역에 집중하고 있다"고 하며,[18] "복음주의란 죄인 인간 구원을 위한 하나님의 아들 예수 그리스도의 신적 신분과 생

14 『깊은 곳에서』VI, 240.
15 『깊은 곳에서』VI, 577.
16 대한예수교장로회 총회 헌법(2015), 29, 59.
17 "ACTS의 정체성과 신학교육," 69.
18 "ACTS의 정체성과 신학교육," 50.

애와 사역, 즉 탄생, 죽으심, 부활, 재림을 성경의 핵심적 주제로 가르치는 신학사상이다"라고 합니다.[19] 강 박사님은 복음주의를 신본주의와 상호보완적이라고 하면서, 신본주의에서 복음의 계시적 근거와 일치를 갖게 된다고 합니다.[20] 따라서 강 박사님의 복음주의 신학은 신본주의에 근거를 둔 예수 중심의 바른 질서를 세우려는 것을 보여줍니다.

셋째, 복음서의 역사성. 강 박사님께서는 복음의 역사성을 중요시 했습니다. '복음서의 역사성'에 대한 관심은 1994년 첫 안식년 때 역사주의의 중심이라고 할 수 있는 튀빙겐 대학에서 2달 동안 스툴마허(Peter Stuhlmacher) 교수, 리즈너(Rainer Riesner) 교수와 성경의 역사성에 대해서 논의하기도 했습니다. 이는 장해경 교수님도 그의 회고의 글에서도 밝히고 있습니다.[21] 강 박사님의 복음서의 역사성에 대한 관심은 쉬미트(K. L. Schmidt)와 불트만(R. Bultmann)을 비롯한 많은 현대 성경신학자들이 복음서를 역사적 기록으로 보지 않고 저자들의 신앙적 작품으로 보기 때문입니다.[22] 강 박사님은 1994년 안식년에 예루살렘에서 쓴 『복음서의 지명과 복음서의 역사성』에서 복음서에 나타나는 지명들이 저자들의 역사성에 대한 관심을 나타내는 것임을 밝혔습니다. 이러한 관심에서 실제로 예루살렘에서 6개월 간 연구년을 갖기도 했으며, 그 후 수차례 예루살렘을 방문하면서 복음서의 역사적 사실을 더욱 살펴보고자 했음을 통해서 알 수 있습니다.

넷째, 성경의 일치. 강 박사님께서는 평소에 성경의 일치(unity of

19 『깊은 곳에서』 VI, 240.
20 『깊은 곳에서』 VI, 241.
21 장해경, "회고의 글: 맏형을 보내는 마음으로,"『ACTS 신학과 선교』 v. 12 (2011): 38.
22 Schmidt와 Bultmann은 복음서의 대부분의 지명들을 편집된 것으로 여기고 그 진정성을 종종 거부했다(강창희,『복음서의 지명과 복음서의 역사성』 성기문 역 [서울: 도서출판 횃불, 2007], 11, 16).

the Bible)라는 주제에 관심을 가지셨으며, 그 증거로 성경의 '예언과 성취,' 그리고 상호 관련된 성경 구절들을 제시하셨습니다. 성경의 주제와 관련하여 여러 성경 구절들을 열거함으로 성경의 어떤 모호한 의미나 표현들이 좀 더 분명하게 드러나게 하기 때문이라는 것입니다. 이로써 "성경은 스스로 해석한다"(*sacra scriptura sui ipsus interpres*)는 개혁신학적 성경 해석학의 원칙을 우리 스스로 확증하게 된다는 것입니다.[23] 그리고 여러 성경 전체의 말씀을 교차적으로 읽음으로써 성경 말씀을 오해하고, 잘못 해석하는 것을 피할 수 있다는 것입니다.[24] 모든 신약 저자들은 성경은 한 분 하나님의 말씀과 구원 역사이기 때문에 구약의 예언이나 구원 사건들은 최종적이고 완전한 구원의 도리인 신약의 복음과 예수님의 사역을 위한 예비적이고 예시적인 것으로 보았습니다. 강 박사님의 성경의 역사성이나 일치성에 대한 관심은 결국 다원주의 시대에서 복음의 절대성을 확증하기 위함입니다.

다섯째, 성령의 사역. 불트만은 고린도후서 5장 16절의 '우리가 그리스도를 더 이상 육체를 따라 알지 아니한다'는 말씀을 '바울을 반대하는 거짓 사도들이 자신들의 역사적 예수에 대한 지식과 경험을 자랑하면서 예수를 직접 보지 못한 바울을 비하하고 반대하는 것을 바울이 경계하는 말'이라고 했습니다. 이에 대해, 강 박사님께서는 이는 그리스도인이 인본주의적 인식 능력과 기능을 따라 인위적으로 예수를 이해하지 않고, '성령을 따라' 하나님의 오랜 구원 역사의 완성자로서 예수를 알아야 한다는 것이라고 합니다(롬 3:21; 10:4; 히 11:2).[25] 강 박사님께서는 성령의 돌발적 은혜, 성령의 주권을 강조하시며 "성령은 곧 세

23 Inst., I .13.21.
24 "들어가는 말씀,"『깊은 곳에서』Ⅷ.
25 『깊은 곳에서』Ⅵ, 216; 강창희,『고린도후서』(서울: 도서출판 횃불, 2007), 586–608.

상과 사망 권세를 이기신 그리스도의 영이므로, 우리에게 세상의 악한 권세를 이기는 능력을 준다(요 20:22). 성령은 마치 심장 기능이 멎은 상태의 환자의 심장을 다시 뛰게 하는 전기충격기와도 같은 것이다(요 14:26; 16:7,8; 20:22; 행 7:55; 20:22; 롬 8:26)"라고 하셨습니다."[26] "그리스도의 교회가 말씀 중심을 강조하더라도 실제로 성령이 주시는 말씀을 사모하지 않고 죽은 형식이나 제도를 따르게 되면 성령의 역사가 나타나지 않기 때문에 성령을 간절히 사모해야 성령이 충만한 진정한 의미의 말씀 중심의 교회가 된다"고 하셨습니다.[27]

여섯째, 자연주의와 혼합주의 경계. 강 박사님께서는 자연주의(naturalism) 의 한계와 위험을 언급하면서, "자연주의는 인본주의와 함께 거의 모든 인간 사상의 원조사상이다. 자연주의는 과거에 운명론, 순환론, 우연론, 자연숭배 사상으로 나타났지만, 현대에는 물질주의, 과학주의, 상대주의, 보편주의, 혼합주의 등 매우 광범위한 형태로 나타난다"고 하셨습니다.[28] 계속해서 "자연주의 사고는 자주 종교적 상대주의나 종교다원주의 같은 혼합주의적 신앙으로 흐르게 된다"고 하셨습니다.[29] 이러한 '혼합'과 '해체'로 나아가고 있는 위기의 시기에 진리 위에 바른 질서를 세우는 것은 더욱 절실하다고 여기셨다고 할 것입니다.

이상과 같이 강 박사님의 전반기 신학사상은 신본주의, 복음주의로 성경 중심적 사상을 강조했으며, 또한 성령의 사역을 강조하는 등 삼위일체 하나님의 인격과 사역에 중점을 두었을 뿐만 아니라, 현대 인본주의적 혼합주의를 경계한 모든 것이 창조의 원리에 맞게 질서를 강조한

26 『깊은 곳에서』VI, 173.
27 『깊은 곳에서』VI, 173-74.
28 『깊은 곳에서』VI, 9-10.
29 『깊은 곳에서』VI, 10.

'질서의 신학'이라고 할 수 있습니다. 다시 말해, 하나님의 말씀에 기초한 하나님의 초월성과 구원을 강조함에 있어 엄격하고, 철저하게 신학적 내용을 담고 있습니다.

후반기: '사랑의 신학'

강 박사님께서는 전반기에는 '질서의 신학'에 중심을 두셨습니다. 그러면서도 '질서의 신학'에서 주어지는 기계적 의미보다는 역시 '하나님의 사랑'이 본질적인 성경의 가르침이라고 생각하며 '사랑의 신학'을 생각하게 되셨습니다.[30] 강 박사님께서는 '질서의 신학'보다 '하나님의 사랑'이 더 본질적인 가르침이라는 생각을 갖고 있던 중 큰 자극제가 되었던 것은 한철하 교수님과의 만남이었습니다. 한철하 교수님의 칼빈과 웨슬리의 신학이 그리스도로 말미암은 '은혜의 신학'이라는 것에 근거한 사랑의 실천을 강조했기 때문입니다.[31] 그런 의미에서 '사랑의 신학'은 '질서의 신학'을 '질서 있는 신앙인으로 이끄는 것'이라 할 것입니다.

첫째, 그리스도를 본받는 삶. 강 박사님께서는 신앙인의 삶, 곧 예수님의 마음을 품고 삶을 본받을 것을 강조하셨습니다(마 11:29; 빌 2:5). 하지만 그리스도를 믿고 따르는 것은 결코 쉬운 일이 아니기 때문에 주님께서 제자들에게 사생결단(死生決斷)하고 자신을 따라야 할 것을 가르치셨던 것처럼(마 16:24), 모든 장애와 고난을 믿음으로 이기고 그리스도를 본받는 삶을 더욱 적극적으로, 열정적으로 행해야 할 것을 강조하셨습니다.

30 "은퇴와 회고," 20.

31 『칼빈과 웨슬리의 생애와 신학』(경기: 아세아연합신학대학교 출판부, 2013), 6; 한철하 교수는 칼빈과 웨슬리가 '중심진리'(칭의와 성화)에서 일치한다고 함(한철하,『21세기 인류의 살 길』[서울: 기독교문서선교회, 2011], 126–27, 130, 208–261. 강창희, "ACTS의 정체성과 신학교육," 57 재인용).

둘째, 사랑의 삶의 강조. 강 박사님께서는 성경이 처음부터 끝까지 '하나님의 인간 사랑의 역사'라고 하면서 사랑의 삶을 강조하셨습니다. 사랑의 삶에 대해 다음과 같이 말하셨습니다.

> "어거스틴은 우리가 천국에서 영원한 안식을 누릴 때 서로 마주 보고, 서로 사랑하며, 찬양하게 될 것이라고 말했습니다(The City of God, BK 12.30). 조나단 에드워즈는 사랑이 삼위일체 하나님의 존재 모드로서 삼위 하나님께서는 서로 사랑하신다고 하였습니다. 하나님이 계시는 천국에서는 성도들이 서로 영원히 온전히 사랑할 것이라고 하였습니다(《사랑과 그 열매》411, 443). 칼빈은 믿음이란 우리가 하나님의 사랑과 선하심을 인식하는 것이라고 했습니다(《기독교 강요》III.2.7). 또한, 사람이 하나님의 형상이란 사실을 알 때, 우리는 사람의 외적 가치를 따지지 말고 진지한 마음으로 모든 사람을 사랑해야 한다고 가르칩니다(III.7.6-7). 웨슬리는 우리는 자주 아담의 타락을 원망하지만 사실 아담의 타락으로 우리는 그리스도를 통한 하나님의 진정한 사랑을 맛보게 되었고, 또한 그로 인해서 매우 고상한 사랑을 배우고 실천할 수 있게 되었다고 했습니다(The Works of John Wesley, LIX, "God's Love to Fallen Man," 231-235). 계속해서 웨슬리는 그리스도인의 온전함이란 단순히 죄 없는 상태나, 규범적 준수가 아니라, 마음과 몸이 그리스도의 사랑으로 충만한 상태라고 하였습니다. 또 온전함이란 하나님께서 그의 형상을 우리의 마음에 찍어주시는 것이라고도 했습니다(WW, XI, 378-381)."[32]

강 박사님께서는 사랑을 강조하면서도 "사랑은 희생과 고난을 자초하는 일"이라고 하셨습니다.[33] 따라서 "신학이 진정한 신학이 되기 위해

32 "은퇴와 회고," 28.
33 "은퇴와 회고," 29.

서는 말로만이 아닌 하나님의 사랑을 실천하는 신학이 되어야 한다"고 하셨습니다.[34)]

셋째, 성령의 삶. 강 박사님께서는 '성령을 따르는 것'은 복음으로 말미암은 새로운 존재와 복음 신앙적 가치관을 따라 사는 것을 가리킨다고 하셨습니다.[35)] 우리가 멍에를 매는 것도 나의 능력이 아닌 성령의 능력으로(갈 5:16), '영'과 '육'의 갈등 관계에서 언제나 '성령을 따라' 결단해야 할 것을 강조하셨습니다. 사람은 본능적으로 '육'을 따르는데, 성령으로 새 사람이 된 우리는 옛 사람의 사고와 행동의 패러다임을 버리고 새 사람의 사고와 행동의 패러다임, 즉 '성령 안에서', '성령을 통해서' 생각하고 행동해야 한다는 것입니다.[36)]

따라서 강 박사님의 후반기 신학적 사상은 그리스도인들이 적극적으로 그리스도를 본받는 삶이라 할 것입니다. 구체적으로 사랑을 실천하는 삶을 살아야 한다는 것입니다(약 2:17). 사랑의 실천을 향하지 않는 그 어떤 지식도 울리는 꽹과리가 되고, 아무 것도 아닌 것이 될 것입니다(고전 13:1-13). 이러한 삶은 성령의 은혜로, 성령을 따를 때 가능하다고 하셨습니다.

결론적으로, 강 박사님의 전 · 후반기의 신학사상은 한 마디로, '바른 질서 있는 신학'과 '바른 질서 있는 삶'이라 할 것입니다. 하나님과의 바른 관계가 사람들과의 바른 관계를 형성할 수 있다는 것입니다. 바른 관계는 사랑으로 나타나야 합니다. "사랑하는 자여 네 영혼이 잘됨 같

34 "은퇴와 회고," 29.
35 『깊은 곳에서』VI, 198.
36 『깊은 곳에서』VI, 197-98.

이 네가 범사에 잘되고 강건하기를 내가 간구하노라”(요삼 1:2).

목회적 사상

강 박사님께서는 목회적 관심이 늘 있었습니다. 미국 라성한인연합장로교회에서의 4년 반 정도의 부목사, 그리고 Norwalk 신일장로교회 담임목사 2년의 기간이 이를 말해준다고 할 것입니다. 그리고 미국 Fuller 신학교의 학자들이 성경 저자들의 신학적, 문학적 관심 외에 목회적 관심을 자주 지적했다는 것도 큰 요인이라고 합니다. 강 박사님의 목회적 관심은 그 이전인 1990년부터 담당한 Fuller-Acts의 목회학 박사 과정에서 원종천 교수님, 안영권 교수님과 함께 통역과 논문지도를 맡았던 데서 기인한 바도 크다고 봅니다. 한국 목사님들 가운데 300여 명이 이 과정을 이수하면서 그들과의 교제를 통해서도 자연스럽게 형성되었다고 할 것입니다.

강 박사님께서는 고린도후서를 주석하는 목적을 한국교회 목회자와 믿는 자들을 염두에 두며 “고린도교회의 분쟁에 대한 바울의 자세와 교훈이 오늘날 한국교회 목회자들과 믿는 사람들이 처한 온갖 분쟁의 해결에 대해 성경적인 지침이 된다는 생각을 하고 부족하나마 고린도후서 주석을 써서 그들에게 도움을 주는 것이 좋겠다는 생각”이라고 하며 목회적 관심을 주석을 통해시도 나타내셨습니다.[37]

특히 목회적인 마음을 더욱 더 갖게 된 것으로, 인생의 ‘깊은 곳에서’ 하나님의 깊으신 뜻을 찾게 하고, 절망과 위기에서 나아갈 길을 밝히 보여주시는 하나님을 전하고자 성경·신앙에세이『깊은 곳에서』(1권~8권)을 계속해서 저술한 것에서 잘 나타난다고 할 것입니다. 성도 한 사

37 『고린도후서』, 62.

람 한 사람을 향한 간절함이 담겨져 있다고 할 것입니다.

첫째, 하나님 중심. 강 박사님께서는 보이지 않으시는 "하나님이 모든 실재(實在)의 근원"이라고 합니다.[38] 한편 보이는 육체를 가진 우리는 본능적으로 '보이는 것'에 집중하며 '보이지 않는 하나님'을 무시하는 경향이 있다고 합니다. 그렇기 때문에 하나님 중심 신앙은 마치 결승점을 바라보고 달려가는 운동선수와 같다고 합니다. 하나님 중심 신앙은 '외식과 위선 없는 것'이라고 합니다.[39] 그런 의미에서 강 박사님께서는 바울이 갈라디아교회를 향해 외식과 위선이 없는 삶을 강조한 것처럼 한국교회를 향해서도 동일한 강조를 했음을 알 수 있습니다 (갈 6:3).

둘째, 말씀 중심. 강 박사님께서는 "사람에게 가장 필요한 것은 창조주 되시고 구속주 되신 하나님의 말씀이다"고 합니다.[40] 강 박사님의 말씀 중심 사상은 칼빈과 웨슬리에게서도 찾아볼 수 있습니다. 그들에 대해 "말씀 중심의 신학과 산 신앙을 통해 이 두 가지 즐거움을 모두 주는 분들"이라고 소개하고 있습니다.[41] 칼빈은 "하나님께서 실제적으로 자신을 알리신 것은 성경에서 뿐이다."고 합니다.[42] 강 박사님께서는 필자와의 인터뷰에서 자신이 가장 좋아하는 성경구절이 로마서 8장이라고 하셨습니다. 로마서 8장이 그리스도인의 존재 이유와 목적을 분명히 제시하기 때문이라고 하셨습니다. 죄로부터 자유하게 된 그리스

38 『깊은 곳에서』V (서울: 샬롬출판사, 2014), 11.
39 『깊은 곳에서』VI, 241.
40 『깊은 곳에서』I (서울: 샬롬출판사, 2010), 4; 칼 바르트의 신학을 '말씀의 사역'(ministerium veribi divini)의 신학이라 할 수 있다. 그러나 그는 '말씀 사건'을 목표로 하지 우리의 '믿음'을 세우는데 목표가 있는 것이 아니다(칼빈,『기독교강요 상』김종흡 외 3인 역, [서울: 생명의 말씀사, 2018], 4).
41 『칼빈과 웨슬리의 생애와 신학』, 5.
42 Inst., I .6.1.

도인이 자신의 육을 죽이고 성령을 따라 살 것(8:4-16), 장래에 나타날 영광을 소망할 것(8:17-24), 그리고 성부 성자, 성령의 도우심을 믿을 것(8:26-39) 등 그리스도인의 존재와 삶을 잘 요약하여 가르치기 때문이라고 하셨습니다.[43] 따라서 하나님의 말씀 중심 신학은 하나님과의 바른 관계뿐만 아니라 바른 신앙생활을 위해 매우 중요하다고 할 것입니다.

한편, 강 박사님의 말씀 중심적 자세는 통상적인 교리적, 신학적 자세라기보다 강 박사님의 신앙고백과 경험에서 비롯된 것입니다. 강 박사님은 1974년 10월, 풀러신학교 재학시 특별한 경험으로 성경 말씀의 권위와 능력을 확신하게 되었음을 술회하고 있습니다.[44]

셋째, 믿음 중심. 강 박사님께서는 믿음을 정의하면서 믿음을 쉽게 다룰 수 없는 이유로 "인간의 감성이나, 종교성에 근거한 종교적 지식은 결국 천박한 미신사상과 같게 되고, 이성이나 논리를 중시하는 종교적 지식은 자주 진부한 도덕주의로 그치게 마련이다."고 말했습니다.[45] 그러면서 기독교 신앙의 특징으로 '이해하는 믿음'(*fides quaerens intellectum*)을 지향해야 할 것을 강조했습니다. 이해 없는 지식은 참 지식이 아니고, 이해 없는 선행은 진정한 선행으로 인정받을 수 없고, 이해하지 못하는 믿음은 흔들리고, 약해질 수밖에 없기 때문이라는 것입니다.[46] 바른 믿음이 옛 사람의 존재 의식과 존재 방식의 근본적인 변화를 요구하기 때문에 새 사람의 삶을 위해 중요한 요소가 아닐 수 없습니다. 성경이 가르치는 믿음이란 세상과 인간을 지으신 창조주 하

43 『깊은 곳에서』VI, 26, 85, 173.
44 "김석준 목사를 추모하며," 『깊은 곳에서』 VIII.
45 『깊은 곳에서』VI, 4.
46 『깊은 곳에서』V, 8.

나님의 인간 구원을 위한 계시의 말씀을 유일한 절대적 진리로 믿고, 만사를 세상이나 인간이 아닌 창조주 하나님 중심으로 결단하는 마음 자세로서 우리의 옛 사람의 존재 의식과 존재 방식의 근본적인 변화를 요구합니다.[47]

강 박사님께서는 계속해서 믿음의 삶을 살기 위해서는 우리 마음속에 일어나는 작은 '불신적 질문들'도 방치하면 결국 큰 시험에 빠지게 되며, 불신적 반론은 우리 속에 탐심과 죄와 연합하여 우리의 믿음을 공략하면서 우리의 머리와 마음속에 하나님의 말씀에 대한 의심과 반론을 일으키기에 하나님의 말씀에 대한 도전적 반론은 역시 하나님의 말씀으로 이겨야 한다고 했습니다.[48]

넷째, 제자도. 강 박사님께서는 고린도후서의 '고난 받는 사도'인 바울의 사역이 예수님의 제자도와 일치한다고 합니다(마 16:24). 그런데 이런 십자가의 능력이 인간에게 있는 것이 아니라 하나님 자신의 능력임을 분명히 밝힙니다(고후 1:9; 12:9; 13:4).[49] 제자들은 "자신의 권능이 아닌 하나님이 주시는 권능과, 자신의 메시지나 선전이 아닌 주님이 주신 메시지를 가지고, 하나님 중심의 삶의 자세를 가지고 사역해야 할 것" 입니다.[50] 제자들은 "물질에 대해 초연해야 하고(두벌 옷 금지), 사람들을 두려워하지 말고 초연하고("생명을 위협하는 사람들을 두려워 말고 몸과 영혼을 다 멸하시는 하나님을 두려워하라."), 자신을 의지하지 말고 오직 하나님을 두려워하고 그를 의지하라("자기 십자가를 져라")는 '초월적 제자도'를 실천해야 한다는 것입니다.[51]

47 『깊은 곳에서』VI, 5.
48 『깊은 곳에서』VI, 8.
49 『고린도후서』, 63.
50 『깊은 곳에서』I, 134.
51 『깊은 곳에서』I, 134-35.

다섯째, 이단을 경계함. 강 박사님께서는 신약신학자로서 독특하게도 "한국교회와 이단-김기동 목사의 귀신론 소고"를 저술하기도 하셨습니다.[52] 강 박사님께서는 "사이비 이단을 이끄는 악한 영은 초월적 능력을 나타낼 수는 있으나 그리스도의 마음과 가르침을 왜곡하여 거짓으로 이끈다(딤전 4:1-5; 빌 2:5-18; 요일 4:1-21)"고 했습니다.[53] 그리고 최근에는 우리나라 '코로나19 바이러스'의 근원지로 대구의 신천지 이단 교회를 언급하며, 이런 불행이 그들에 대한 '하나님의 심판'이라고 믿으며, 나아가, 하나님의 뜻을 무시하고 인본주의적 가치를 절대적으로 추구하는 현대사회 전체에 대한 하나님의 심판으로 생각한다고 했습니다.[54] 이와 같이 한국교회 성도들이 이단에 빠지지 않도록 경계해야 할 뿐만 아니라 잘못된 이단사상으로부터 교회와 성도들 보호하고 지켜야 할 것을 강조하셨습니다.

이상과 같이 강 박사님께서는 바른 신학에 의한 바른 신앙에 관심을 가지셨습니다. 그것은 곧 한국교회와 목회자, 성도들을 위한 마음을 담고 있음을 보여줍니다. 성도들이 신앙생활하는 가운데 주어지는 다양한 문제들과 난관들을 어떻게 하면 잘 극복할 수 있는지를 알리고자 진정한 목자의 마음을 보여준다고 할 것입니다. 강 박사님께서 믿음의 선배들인 칼빈, 랄프 마틴, 한철하 박사, 김홍태 목사, 김석준 목사 등으로부터 받은 신학과 신앙을 이제는 강 박사님의 제자들, 그리고 한국교회 목회자와 성도들이 계속 이어나갈 때 한국교회를 더욱 건강하게 될 것이라 여깁니다.

52 "한국교회와 이단-김기동 목사의 귀신론 "마귀론" 소고," 『성경과 신학』 v. 12 (1992): 66~113/『현대종교』 (1992.12): 86~117.
53 『깊은 곳에서』Ⅷ (서울: CLC, 2020), 464.
54 『깊은 곳에서』Ⅷ, 507.

신학적 공헌

강 박사님께서는 칼빈주의에 대해 '엄격한 절제와 쾌락을 억제하는 금욕주의의 대명사처럼 알려져 있다'고 합니다.[55] 실제로 칼빈에 따르면, 육체는 '감옥'이며, 이 세상은 주의 소환 명령이 있을 때까지 지켜야 하는 '초소'라고 했습니다.[56] 따라서 강 박사님의 엄격함은 그의 성품일 뿐만 아니라 칼빈의 가르침을 철저하게 따르는 데서도 기인한다고 봅니다. 강 박사님의 신학적 공헌도 대부분 칼빈의 가르침을 계승하는데 있다고 할 것입니다.

첫째, 복음주의 신학을 지지함. 강 박사님은 1942년에 결성된 미국의 복음주의를 지지합니다. 곧 성경을 무오한 하나님의 말씀으로 믿고, 예수님의 신성, 동정녀 탄생, 육체적 부활, 재림을 믿는 모든 사람들과 모든 교회를 망라하는 복음주의적 신학 노선을 따릅니다. 실제로 강 박사님은 평생 강의와 저술로 복음의 역사성을 강조해 오셨습니다. 무엇보다 강 박사님이 공부하셨던 풀러신학교와 가르치신 ACTS의 신학적 노선이 바로 복음주의입니다. 한편, 강 박사님께서는 한국복음주의신학회에서 총무로도 활동하셨습니다(1997~99).

둘째, 개혁주의 신학을 전수함. 전체적으로는 복음주의를 따르면서도 강 박사님께서는 특별히 칼빈이 개혁운동의 신학적 신앙적 타당성을 성경에 둔 것을 중시하여, 성경에 기초한 바른 신학과 신앙을 추구한 개혁주의 신학을 따르셨습니다. 칼빈의 하나님 주권사상이나 예정론이 웨슬리의 만인구원설이나 완전주의적 성화론과 부분적 차이가 있으나,

55 『칼빈과 웨슬리의 생애와 신학』, 33.
56 Inst., Ⅲ.9.4.

그들 모두 '이신득의'를 가르치는 개혁신학 전통에 충실하다고 하며 개혁주의 신학을 전수하셨습니다.[57]

셋째, 바른 신앙운동을 전수함. 강 박사님께서는 칼빈과 웨슬리 모두 말씀 중심의 신학과 산 신앙을 소유했다고 하셨습니다. 진정한 칼빈주의자는 신학뿐만 아니라 신앙에도 철저함을 나타내야 한다. 이런 모범적인 신앙인들로 프랑스의 초기 칼빈의 제자들인 위그노(Huguenots)들을 생각할 수 있다.[58] 그들의 신앙은 '머리에만 머무는 것이 아니라 손발로도 표현되어야 한다'는 것이다.[59] 그들은 오랜 박해의 세월을 지내면서 '고난도 삶의 일부로 받아들이는 법'을 습득하게 되었으며, 그들의 고난의 삶을 이끌어가는 힘은 역시 믿음이었다.[60] 그런 면에서 강 박사님께서는 『깊은 곳에서』(1~8권)을 저술하면서 고난을 삶의 일부로 여겼던 위그노의 모습을 보여준다고 할 것이다. 이는 최근에 집필한 『믿음이란 무엇인가』라는 책을 통해서도 알 수 있습니다.

이렇게 강 박사님의 신학적 공헌은 신학을 "믿음을 증진시키는 신학"이 되게 하고, "교회를 위한 신학'이 되게 하셨습니다. 신학 연구 과정에서 분석과 논쟁이 필수적이지만, 과연 그것이 신앙 증진과 교회의 성장을 위해 어떠한 유익이 있는 것인가는 매우 중요한 문제입니다. 그런 의미에서 강 박사님은 신학이 믿음과 교회를 위해 유익하게 되도록 노력하심으로써 한국신학과 교회의 성장에 기여하셨습니다.

57 『칼빈과 웨슬리의 생애와 신학』, 33.
58 '위그노'는 프랑스 신교 신자들을 말한다. 넓게는 16세기 종교개혁의 테두리 안에 들어있는 프랑스 신교를, 좁게는 장 깔뱅의 신학과 사상을 대폭 수요한 개역파교회라고 정의한다. 나중에 그들은 유럽을 비롯하여 신대륙 미국과 남미, 그리고 남아프리카까지 이주하여 광범위한 개혁파 신앙세계를 이룩하였다(조병수,『위그노, 그들은 어떻게 신앙을 지켰는가』[수원: 합동신학대학원출판부, 2018], 7-8).
59 조병수,『위그노, 그들은 어떻게 신앙을 지켰는가』, 132.
60 조병수,『위그노, 그들은 어떻게 신앙을 지켰는가』, 133.

결 론

강창희 박사님께서는 17년간의 신학 공부와 30여 년의 교수 사역을 통해 하나님 중심의 신본주의, 복음의 역사적 사실에 근거한 복음주의, 그러면서도 성령의 사역을 강조한 삼위일체 하나님의 사역을 강조하셨으며, 삼위일체 하나님께서 질서 있게 사역하셨듯이 질서 있는 신학을 강조하셨습니다. 그것은 현 시대에 큰 물줄기로 흐르고 있는 종교다원주의, 혼합주의, 해체주의를 경계하며, 인본주의, 자연주의 신학과 싸워 진리를 수호하고자 한 야전사령관 같은 신학자라 할 것입니다. 그러면서도 더 본질적인 하나님의 사랑의 실천을 강조하며 신앙운동에도 힘쓴 목회자라 할 것입니다. 따라서 강 박사님께서는 신학과 신앙의 두 기둥을 강조하며 균형을 간직한 신학자이며 목회자이며, 칼빈의 제자라고 할 것입니다.

오늘날 포스트모더니즘(postmodernism) 시대에, 절대적 진리를 인정하지 않고 상대적 진리를 추구하는 시대에, 바른 신학과 바른 신앙을 강조하신 교수님의 가르침은 한국교회와 목회자들과 성도들에게 귀한 가르침을 제공한다고 할 것입니다. 따라서 강 박사님께서는 우리 모두의 스승으로 여기며 한국교회에 귀한 박사님을 허락하신 하나님께 감사드립니다.

장해경, 정성국 교수님과 함께

아내와 갈릴리 호수에서 | 2020년 2월

성지순례 | 2020년 2월

사데교회 | 2020년 2월

은퇴 후 가족과 함께 | 2012년 7월

연구 목록

● 박사학위 논문

The Literary Affinities of the Sermon on the Mount. Ph.D. Dissertation. Michigan: U.M.I., 1987.

● 저서

『산상수훈』, 성기문 역, 서울: 솔로몬, 1995.

The Place References in the Gospels and the Historicity of the Gospels. Seoul: ACTS, 2002.

『복음서의 지명과 복음서의 역사성』, 성기문 역, 서울: 솔로몬, 1995.

『성경공부문답집』, 서울: CLC, 1999.

『복음주의적 신약성서 이해』, 서울: 도서출판 경건, 2002.

『고린도후서』(주석), 서울: 도서출판 횃불, 2007.

『깊은 곳에서』Ⅰ-Ⅵ권. 서울: 샬롬출판사, 2010-2016/Ⅶ-Ⅷ권 서울: CLC 2017, 2020.

『칼빈과 웨슬리의 생애와 신학』, 양평: 아세아연합신학대학교 출판부, 2013.

『믿음이란 무엇인가?』, 양평: 아세아연합신학대학교 출판부, 2020.

● 논문

"마가복음에 나타난 선교적 주제들(Missionary Motifs in Mark)", 『성경과 신학』 v. 6 (1988): 205~229.

"교파의 역사적 뿌리", 『아신』 4집(1988): 129-146.

"복음주의 성경관의 재조명-박형용 교수의 "신약성경의 영감과 난제들"을 읽고", 『성경과 신학』 9(1990): 127~129.

"신약성경의 승리자 그리스도의 주제와 군선교", 『군선교 신학』 (1990):

271~310.
"Anti-Paulinism in the Sermon on the Mount", 『ACTS Theological Journal』 v. 4 (1991): 194-206.
"바울의 구원론", 『목회와 신학』 (1991.12): 66~77.
"한국교회와 이단-김기동 목사의 귀신론 "마귀론" 소고", 『성경과 신학』 v. 12 (1992): 66~113/『현대종교』 (1992.12): 86~117.
"Righteousness in Paul's Gospel", 『ACTS Theological Journal』 v. 5 (1994): 221~239
"현대 성령론 평가 권두언", 『성경과 신학』 vol. 20 (1996): 4~5.
"The Use of the Old Testament in the New", 『ACTS Theological Journal』 v. 6 (1996): 87~106
"신약의 구약해석 방법과 원리는 무엇인가", 『목회와 신학』 (1996.3): 74~84.
"신약에서의 노동", 『성서마당』 24호 (1997.4): 7~11.
"바울과 예수의 전승-elachistos('가장 작은 자')를 중심으로", 『ACTS 신학과 선교』 1호 (1997): 91~132.
"야고보서의 주제와 적용문제", 『ACTS 신학과 선교』 2호 (1998): 1~30.
"Justification by Faith in the Synoptic Gospels", 『ACTS Theological Journal』 v. 7 (1998): 1~53.
"Justification by Faith in the Gospel of John", 『ACTS Theological Journal』 v. 8 (1999): 20~47.
"요한복음의 말씀의 의미", 『ACTS 신학과 선교』 3호 (1999): 1~28.
"ACTS 신학회의 목적과 과제", 『ACTS Theological Journal』 (1999): 4~5.
"공관복음서의 구원", 『ACTS 신학과 선교』 4호 (2000): 5~40.
"Jesus and Jeremiah in the Synoptic Gospels", 『ACTS Theological Journal』 v. 9 (2000): 5~31.
"성지순례-아, 이스라엘 축복 받은 땅이여", 『아신』 16호(2000 겨울):

98~101.
"존 웨슬리의 성화와 복음서", 『ACTS 신학과 선교』 5호 (2001): 65~90.
"Justification by Faith in the Synoptic Gospels", 『ACTS Theological Journal』 v. 7 (1998): 1~53.
"Theological Motifs in the Use of the Old Testament in the Gospel of John", 『ACTS Theological Journal』 v. 11 (2002): 68~99.
"고린도후서5:1-10 주석", 『ACTS 신학과 선교』 7호 (2003): 109~158.
"21세기 신학교육과 목회 논평-요한의 교회론과 교회 갱신에 대한 논평", 『성경과 신학』 34 (2003): 154~159.
"고린도후서에서의 바울의 사도직 이해", 『ACTS 신학과 선교』 8호 (2004): 97~130.
"Jesus' Prayer as the Source of Heb 5:7-8", 『ACTS Theological Journal』 v. 13 (2004): 53~78.
"복음서의 비유와 설교", 『개혁주의 신학 연구논문집(신약신학)』 (2004): 7~53.
"The Creation Motif in the Gospel of John", 『ACTS Theological Journal』 v. 15 (2006-2010): 39~99.
"고린도후서의 화해", 『ACTS 신학과 선교』 11호 (2008-2010): 9~52.
"본문 중심의 성경읽기-고린도후서의 통일성 문제를 중심으로", 『제3회 성서학 학술마당』 (2009): 121~159.
"예수의 비유 해석 소고: 비유의 대조법을 중심으로", 『바른 신학과 교회갱신』 이종윤 목사 은퇴기념 논문집 (2010): 220~260.
"An Exegesis on John 3:5", 『ACTS 신학과 선교』 (2011).
"히브리서9:15, 26-28 본문해설", 『예배와 강단』 (2000): 215~220.
"요한복음17:1-8 본문해설", 『예배와 강단』 (2001): 204~215.
"베드로후서3:3-13 본문해설", 『예배와 강단』 (2002): 781~793.
"마태복음17:14-20 본문해설", 『예배와 강단』 (2004): 489~511.

"요한복음20:1-18 본문해설", 『예배와 강단』 (2005): 345~354.
"마가복음8:27-38 본문해설", 『예배와 강단』 (2006): 705~712.
"요한복음14:8-17 본문해설", 『예배와 강단』 (2007): 483~491.
"마태복음20:1-16 본문해설", 『예배와 강단』 (2008): 711~718.
"마가복음4:35-44 본문해설", 『예배와 강단』 (2009): 577~584.
"마태복음2:1-12 본문해설", 『예배와 강단』 (2010): 193~199.
"마태복음13:1-9, 18-23 본문해설", 『예배와 강단』 (2011): 660~670.
"십자가에 나타난 하나님의 참된 영광(고린도후서4:3-6) 본문해설", 『예배와 강단』 (2012): 242~252. (총45편)

임덕환 박사

아세아연합신학대학교 신학과 (Th.B.)
총신대학교신학대학원 (M.Div. equi.)
아세아연합신학대학원 (Th.M.)
총신대학교대학원 (Ph.D., 신약신학))

총신대학교 외래교수 역임
올리브교회 담임목사

고광필 박사

고광필 박사의 생애와 신학

김재흥_UBF 광주선교교회 담임목사

전남대 수의학과
미국 Princeton 신학대학 (M. Div)
Yale 대학 (S. T. M)
Drew 대학 (Ph. D)

미국 Calvain 신학대학에서 연구
광신대학교 조식신학교수 역임

생 애

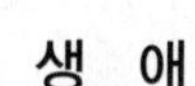

출생과 중고시절

고광필은 1947년 5월 29일에 전남 광산군 하남면에서 태어났다. 부친은 공무원이었고 그는 5남매 중에 둘째 아들이었다. 부친은 공무원이었지만 가난한 삶을 살았고, 조부는 일생 증조부를 명당에 모시는 것이 소원이었다. 조부는 겨울이면 삼국지를 꼭 한 번씩 읽었으며 고광필은 조부와 함께 먹고 잤기 때문에 삼국지 이야기를 많이 들었다. 조부는 식사 때마다 항상 조상들에게 감사를 표현하였다. 조부는 가난했지만 시골에서 부자가 되고자 허리띠를 졸라 매고 농사를 지었다. 결국 죽을 먹으면서도 논과 밭을 사서 시골 부자가 되었다. 조부의 간절한 소원은 고광필을 교육시켜서 어떻게 해서든지 양반이 되도록 하는 것이었다. 고광필은 할아버지의 사상적인 영향을 많이 받았다. 고광필은 전남 광산구 비아동 국민학교를 나왔으며 중 고등학교는 조선대학교 부속 중학교와 고등학교를 졸업했다. 중고시절 부친은 한 달에 한 번씩 광주에 오셔서 일기를 검사했다. 매일 일기 쓰기가 지겨워서 안 쓰다가 부친이 오시기 전에 몰아쓰기도 했는데 일기쓰기가 후에 글 쓰는 학자로서의 소양을 길러주는 계기가 되었다.

고광필이 있기까지는 어머님의 간절한 기도가 뒷받침 되었다. 그의 모친 이사순 권사는 한이 맺힌 자신의 인생을 하나님 편에서 바라보면서 천국을 소망하면서 신자의 일생을 사신 분이다. 그 분이 좋아하시던 찬송은 "내 평생소원 이것 뿐"이다. 그 가사는 다음과 같다. "내 평생소원은 이것뿐 주의 일하다가 이 세상 이별하는 날 주 앞에 가리라. 꿈같이 헛된 세상일 취할 것 무어냐. 이 수고 암만 하여도 헛된 것뿐일세. 불같은 시험 많으나 겁내지 맙시다. 구주의 권능 크시니 이기고 남겠네. 금보다 귀한 믿음은 참 보배 되도다. 이 진리 믿는 사람들 다 복을 받겠네. 살같이 빠른 광음은 주 온몸과 맘을 바치고 힘써 일하세"(찬송가450장) 그는 모친과 함께 뜨거운 눈물을 흘리면서 이 찬송을 부르던 기억이 생생하다. 그의 모친은 평생 주의 일하다가 주님께 가고자하는 소원과 목적을 위해서 사셨다. 결국 그의 모친은 주일 오전 예배드리고 저녁에 교회에 가서 기도하다가 주님의 부르심을 받았다. 참으로 아름다운 신자의 일생이었다.

대학시절

대학은 전남대학교 수의과를 졸업했다. 그가 수의과를 진학한 것은 농촌에 대한 동경 때문이었다. 그는 본래 동물을 좋아하지 않았기 때문에 수의사가 되려고 하는 것은 잘못된 것이었다. 하지만 하나님은 이를 꼬투리로 대학생성경읽기선교회(UBF)를 알게 하시고, 그 곳에서 예수님을 그리스도로 영접하게 하셨다. 그의 부모는 그를 낳아 교육을 시켜 주었고, UBF는 소감쓰기를 통해 성경을 올바로 읽도록 하였다. 대학시절 UBF를 다니며 귀납적으로 성경을 공부하고 배운 것에 기초해서 소감을 썼다. 그런데 이것은 고광필로 하여금 삶을 변화시키는 좋은 훈련이 되었다. 이것은 그가 후에 서사신학을 깊이 연구하는 계기가 되어 주었다.

그는 1966년부터 UBF에서 신앙생활을 시작했는데 졸업 후에 약대를 졸업한 한 자매와 사랑하여 약혼까지 했다. 그는 수의사로, 아내는 약사로 농촌에 들어가서 살고 싶은 소박한 꿈이 있었다. 그런데 고광필의 가정 형편으로 인해 그녀의 가족들이 반대하였다. 결국 그녀도 가족의 충고를 따라 결혼 날짜까지 받았음에도 파혼에 이르게 되었다. 그는 사랑하는 사람으로부터 배신당하고 그녀의 부모로부터 배척 받았다는 모멸감 때문에 여러 날 밤을 지새우게 된다. 소박한 꿈은 산산조각이 나고 절망과 복수심으로 얼룩진 그는 아픈 가슴을 부여안고 28세이라는 늦은 나이에 군대에 들어갔다. 3년이라는 짧지 않은 세월 동안 어떻게 하면 복수를 할까? 라는 생각과 동시에 용서라는 언어가 그의 마음을 사로잡았다. 그가 복수하는 길은 성공하는 것이라고 생각했다. 그래서 그는 어려움을 무릅쓰고 공부에 전념했다.

신학공부와 교수생활

1979년 프린스톤 신학대학(Princeton Theological Seminary)에 들어가서 M. Div를 마쳤다. 그리고 예일(Yale University, S.T.M.)에서 공부하고, 드루(Drew University)에서 박사학위(Ph.D.)를 1990년에 받았다. 1990년에 광신대학교에 부임해서 2012년까지 조직신학 교수를 역임했다. 2012년 광신대학교를 정년퇴임한 후에는 광신대학교에서 명예교수로, 호서대학교에서 초빙교수로 봉직하였다.

그는 여러 신학교에서 다양한 신학의 지평을 넓혔다. 그러나 한편으로는 보수신학을 깊이 배우지 못한 단점도 있었다. 그런데 보수신학의 요람인 광신대학에서 가르치게 된 것은 하나님의 은혜요, 섭리요, 예정이었다. 더욱이 한국의 칼빈으로 불리는 정규오 박사가 총장으로 있던 광신대학에서 가르치며 그분의 개혁주의신학을 배우게 된 것은 그야 말로 하나님의 은혜요, 하나님의 섭리였다. 정총장은 매번 새학기가 시작되면 한 학기 동안은 개혁주의 교리를 설교하였다. 일주일에 한 번씩 교수회의를 통해서도 개혁주의신학을 가르쳤다. 정총장은 학문으로 개혁주의를 가르쳤고 생활로도 가르쳤다. 그분 밑에서 교수 생활하게 된 것을 고광필은 대단한 영광이요 기쁨으로 생각했는데, 이는 보수신학의 뿌리를 깊이 내릴 수 있었기 때문이다. 그는 비트겐쉬타인과 키에르케고르 등을 연구하는 현대신학으로 박사학위 논문을 썼지만 광신대학에서 가르치면서는 칼빈에 대해서 깊이 매료되었고 나중에는 칼빈에 대한 책을 두 권이나 저술하였다. 그가 2007년에 출판한 「현대신학으로의 초대」라는 책은 많은 현대신학자들을 소개한다. 그러나 그는 이 책에서 현대신학자들의 사상을 그대로 소개한 것이 아니라 개혁주의 입장에서 그들의 신학을 평가함으로써 개혁주의의 정체성을 확립하는데 힘을 썼다.[1)]

간 이식 수술을 통해 체험한 하나님

고광필에게는 간염이라는 지병이 있었다. 1980년 중반 미국에 있는 두류 대학(Drew University)에서 박사학위과정을 하고 있을 때 건강이 좋지 않아서 뉴저지에 있는 오버룩이라는 병원에 가서 검진을 받았다. 그 때 간에 무엇인가 끼어가고 있으니 간의 세포를 떼어내어 검사하자는 의사의 권고를 받았다. 그러나 그는 귀국해야 했고 1990년 가을학기부터 광신대학에서 교수직을 시작했다. 그는 의료보험 공단에서 정기적으로 신체검사를 했는데 지방간이라는 판정을 받았다. 그리고 나중에 초음파와 CT를 통해서 간경화가 심각하게 진행된 상황임을 알게 되었다. 또 간에 암이 자라고 있다는 사실을 알게 되었다. 의사는 간 이식밖에 길이 없다고 했다. 간이식수술을 하려면 두 가지 중요했다. 첫째, 간을 줄 사람이 있어야 했고, 둘째, 막대한 수술비가 문제가 되었다. 그는 중국에 있는 제자 목사를 통해 중국천진 제일병원을 소개받게 되었

| 1 고광필, 「현대신학으로의 초대」 (광주: 복음문화사, 2007) 3-5.

다. 수술을 앞둔 그는 죽고 사는 문제가 누구도 대신할 수 없고 예수님 앞에서 자신이 결정해야 할 문제임을 깊이 깨닫게 되었다. 그는 베드로 전서 5:7 말씀을 기초로 모든 염려를 주님께 맡기기로 결단한다.

수술비 문제도 심각했다. 수술비만 9000만원 정도 들어간다고 했다. 이때 친구 정준기 박사가 후원회를 조직하여 모금에 앞장서 주었다. 광신대 이사장 김정중 목사님, 정규남 총장, 정준기 교수, 정명자 교수, 양회정 총무처장으로 구성되었으며 하나님의 은혜로 수술비가 마련 되었다. 하나님은 불가능을 가능한 것으로 바꾸시는 능력의 하나님이시다. 그는 중국으로 수술 하러 가기 전에 광신대 예배실에서 "믿음의 발자취를 따르라(롬4:13)"는 제목의 고별설교를 했다. 믿음의 조상 아브라함이 우리에게 신앙의 발자취를 남긴 것처럼 신자는 믿음의 발자취를 남기고 천국에 가야 하는 것이 진정 신자의 삶임을 강조했다. 에녹은 죽었으나 믿음으로 말한다고 기록하고 있다(히11:4). 그는 죽어도 삶을 통해서 좋은 신앙의 유산을 남기고 싶었다.

그는 난생 처음 유서를 작성했다. 유서를 작성하면서 많은 것을 배웠다. 하나님께 감사하며 고마운 분들에게 감사했다. 지나온 삶을 돌이켜 볼 때 참으로 파란만장한 삶이었다. 그 가운데서 하나님의 깊은 사랑과 섭리를 배우게 되어서 하나님께 감사를 드렸다. 그는 가족에게 이제 죽어도 여한이 없다고 했다. 그가 만났던 하나님은 참 좋으신 하나님이시다. 공의로운 하나님이시다. 모든 자에게 해를 비추시고 비를 내리시는 참으로 좋으신 하나님이시다(마5:45). 그는 자녀들에게 신명기 6:5절에 나오는 말씀인 "하나님을 사랑하라"는 말씀을 남겼다.

그는 2005년 6월 20일 중국천진으로 떠났다. 수술은 한 달 정도 있어야 가능하다고 했다. 그런데 갑자기 소식이 왔다. 다른 사람이 그날 수술하기로 했는데 뭔가 잘 맞지 않아서 그가 대타로 들어가서 수술하게 된 것이었다. 참으로 알 수 없는 하나님의 섭리였다. 그는 14시간의 수술이 끝난 후 새벽에 깨어났다. 그는 병원에 있는 동안 수술이 잘못되어 죽어서 가족들의 슬픔 가운데 떠나가는 사람도 보았다. 그 사람에게서 자신의 죽음을 봤기 때문이다. 수술 경과가 아주 좋아 수술한지 17일 만에 퇴원하고 한국으로 돌아오게 되었다. 모든 것이 놀라울 뿐이었다. 하나님이 은혜를 베푸셔서 지금까지 간에 문제가 없이 건강하게 잘 살고 있다. 그는 이제 남은 생명을 주님께 맡겼다. 그는 항상 사도 바울의 고백을 생각한다. "나의 달려갈 길과 주 예수께 받은 사명 곧 하나님의 은혜의 복음 증거 하는 일을 마치려 함에는 나의 생명을 조금도 귀한 것으로 여기지 아니 하노라(행24:24)" 그에게 한 가지 소망이 있다면 하나님이 맡겨주신 사명, 즉 가르치고, 설교하고, 저술 일을 위해서 자신의 생명을 모두 소진하다가 하나님이 부르실 때 감사하고 찬송하며 주님의 나라에 가는 것이다. 이를 위해 지금도 기도하며 살고 있다.

신학적 특징

서사신학

고광필은 대학에 다닐 때부터 가장 큰 고민이 "나는 누구인가?"라는 질문이었다. 그에게는 세 사람의 멘토가 있었다. 키르케고르, 비트겐슈타인, 그리고 칼빈이다. 모두 다 자아에 대한 깊은 고민 속에서 사상을 펼친 자들이다. 키르케고르로부터 그는 관계성의 자아개념을 배웠다. 비트겐슈타인으로부터는 언어게임으로서 자아개념을, 칼빈으로부터는 하나님의 형상으로서 자아개념을 배웠다. 그러나 세 사람의 자아개념이 아무리 심오하다 할지라도 말씀 안에서 하나님과 내가 하나로 연합되지 않는다면 완전한 자아개념이라고 할 수가 없음을 알게 된다. 인간이 하나님에 의해 창조되었지만 내 안에서 하나님과 내가 하나로 체험되지 않으면 하나님은 나와 아무런 관계가 없다. 또 하나님과 나 사이의 사랑의 관계형성도 어렵다. 고광필은 여기서 사변적인 신학의 한계를 느끼고 이를 뛰어넘고자 몸부림치게 된다. "어떻게 하면 살아계신 하나님을 내가 체험하고 느낄 수 있는가?" "어떤 신학적인 방법에 의해서 하나님과 내가 하나로 연합될 수 있는가?" 이것이 그의 고뇌의 핵심이었다. 사도 바울은 히브리서 4:12절에서 이렇게 말했다. "하나님의 말씀은 살아 있고 활력이 있어 좌우에 날선 어떤 검보다도 예리하여 혼과 영과 및 관절과 골수를 찔러 쪼개기까지 하며 또 마음의 생각과 뜻을 판단하나니" 그러나 살아 있고 골수를 찔러 쪼개는 하나님의 능력의 말씀이라도 우리가 삶의 현장에서 하나님의 말씀을 나의 것으로 체험하지 못한다면 그림의 떡 일 수밖에 없다.[2]

고광필은 현대신학이 그림의 떡으로 변질되어가는 것을 느끼게 된다. 먹고 맛을 알 수 있는 생명의 떡을 만들어 주는 신학과 노하우는 무엇일까? 하나님도 살아계시고 나도 살아있는 사실을 체험케 하는 살아있는 신학에 대한 깊은 갈구가 그에게는 있었다. 그는 이 문제로 오랫동안 고민하게 된다. 27년의 세월동안 그의 잠재의식 속에는 이 고민의 주제가 떠나지 않았다. 그러던 중에 서사신학에서 길을 찾게 된다. 살아계신 하나님과 나를 하나로 연합시킬 수 있는 길은 서사신학(이야기신학)에 있다는 사실에 그는 확신을 갖게 되었다.[3]

2 고광필, 「이야기로서 하나님과 나」 (서울: 꿈과 비젼, 2018) 10.
3 Ibid. 11.

성경의 서사는 추상적이거나 형이상학적인 하나님과 나의 이해가 아니라 살아계셔서 나를 살게 하시고 변화시키는 이야기이다. 즉 살아계시는 하나님과 나는 바로 하나님의 말씀을 통해서 다시 해석되어지는 재현(representation)이다. 이 하나님의 재현이 나의 이야기 속에 존재한다는 사실을 그는 깨닫게 되었다. 이야기는 하나님과 나를 하나로 연합시켜서 하나님과 내가 친밀감을 갖도록 한다. 그는 서사신학에서 이야기의 새로운 발견 내지는 재발견(re-discovery)을 체험하게 된다.

인간은 살아가면서 수많은 우여곡절을 만난다. 그 경험과 만남 자체는 큰 의미가 없게 느껴질 수도 있다. 그러나 하나님의 말씀에 의해서 나의 인생이 적용되고 변화되어질 때 우리 인생은 재해석되고 아름다운 스토리가 된다. 이야기를 통해서 하나님과 나는 하나로 연합되고 그 이야기 속에 하나님과 나는 살아 있게 된다.[4)]

야고보는 아는 것(knowing)과 믿는 것(believing)이 하나로 통합되는 것은 행함을 통해서 가능하다고 했다(약 2:22). 그 행함이 바로 서사요, 이야기이다. 우리는 말씀을 대할 때 머리로 인식하고 마음으로 받아들여 믿는다. 그리고 그것을 행함으로 연결시키고자 몸부림친다. 이 과정이 바로 이야기이다. 그 이야기 속에 하나님이 등장하고 나의 고뇌가 농축되고 갈등이 버무려진다. 그 과정에 아픔이 있고, 눈물이 있고, 치유가 있고, 승리가 있다. 그래서 이야기는 살아 있고 감동적인 힘을 갖게 된다. 고광필은 아우구스티누스의 〈고백록〉, 존 번연의 〈천로역정〉, 도스토엡프스키의 〈카라마조프가의 형제들〉, 빅터 프랭클의 〈죽음의 수용소〉라는 작품에 주목한다. 이것은 저자들이 실제 삶에서 체험

4 Ibid. 12.

한 처절한 경험의 이야기들이기 때문이다.[5)]

그는 대학시절 UBF를 통해서 하나님을 깊이 만났고, UBF소속 선교사로 미국에서 활동하였기 때문에 UBF에서 하는 소감쓰기에 익숙했다. 소감쓰기는 성경을 공부하고 나서 그 본문의 가르침을 자신에게 적용시켜 적어 보는 것이다. 솔직하게 가감 없이 적고 함께 읽으며 동료들과 나눈다. 이것은 UBF의 60년 역사를 있게 한 가장 큰 본질이기도 하다. 그는 서사신학과의 만남을 통해서 UBF의 소감쓰기를 신학적으로 정립하게 되었다. UBF의 소감(Sogam as narrative reading the Bible)은 서사적인 성경읽기(Sogam as narrative reading of the Bible)의 전형이다. 소감은 말씀이신 하나님이 나와 만나주신 이야기의 결정체이기 때문이다.

고광필은 연구생활 후반기에 서사신학에 깊이 매료되었다. 2018년에 발간한 〈이야기로서 하나님과 나〉는 그의 서사신학의 결실이라고 할 수 있다. 그는 조직신학자이지만 성경이 서사적 이야기(narrative life-testimony)로 구성된 것에 주목했다. 성경의 많은 부분이 이야기로 되어 있으며, 특히 구속사건은 다 이야기 형식으로 묘사되고 있다. 그 일례로 이스라엘의 구속사건(출애굽기 사건)이나 신약의 예수 그리스도의 탄생, 생애, 십자가와 부활이 다 이야기 형식을 가지고 묘사되어 있다. 하나님은 성경을 명제적으로 주시지 않았다. 교리로 주시지 않고 이야기를 통해서 당신의 마음을 표현하셨다. 이스라엘의 구속사건이나 예수 그리스도의 구속사건은 실제로 일어난 사건이요, 역사적인 사실이다.

이야기는 인간의 사건이나 행동을 재현하는 것이지만, 이야기는 자연

| 5 Ibid. 13.

적으로 그냥 생기는 것이 아니라 인간의 결단을 통해서 이야기가 생겨나게 된다. 성경에 수많은 이야기들에는 주인공의 삶이 묘사되어 있다. 베드로에 의하면 인생사는 온갖 근심 걱정으로 점철된 것으로 말 할 수 있다. 파란만장한 인생을 산 하나님의 사람, 모세도 인생이란 수고와 슬픔이라고 고백했다. 덧없고 바람처럼 날아가는 것이 인생이라고 했다(시90:10). 그러나 비록 인생이 근심, 걱정, 염려로 점철된 것이라고 할지라도, 하나님의 말씀을 통하여 그것이 극복되어질 때 의미 있는 이야기, 즉 서사적 이야기(narrative life-testimony)가 된다.

고광필은 성경의 이야기를 다른 사람의 이야기로만 보지 않았다. 성경 인물의 이야기를 통해서 자신의 이야기를 재구성했다. 그들의 이야기를 통해서 자신이 살아온 삶을 조명했고, 적용했다. 또 결단하고 소망을 갖게 되었다. 사도 베드로가 베드로전서 5:7에서 고백한 말씀, 그리고 사도 바울이 빌립보서 4:6-7에서 고백한 말씀을 통해서 자신에게 말씀하시는 하나님의 음성을 들었다. 특히 간이식수술이라는 급박한 상황속에서 그는 사도 베드로가 만난 하나님, 사도 바울이 만난 하나님을 인격적으로 만났다. 그들의 고백이 고광필의 고백이 되었다.

신학을 위한 신학은 자칫 사변적으로 흐리기 쉽다. 논쟁적이 될 수 있다. 그러나 하나님은 성경속에 이야기와 그 이야기 속에서 고백되어 나오는 말씀들이 독자의 마음에 깊은 감동과 동의를 이끌어 낸다. 누가는 하나님을 잃은 자를 찾아서 구원하러 오신 말씀(예수 그리스도)으로 말하고 있다(눅19:10). 간암으로 죽어가는 자신 같은 죄인을 찾아서 구원하러 오신 말씀임을 그는 깊이 깨닫게 되었다. 내가 하나님을 찾아가는 것이 아니라 하나님이 나를 찾아오신 말씀임을 깨닫게 된 것이다. 우리는 하나님을 찾아갈 수 없다. 하나님은 영이시기 때문에 우리의 지식과 연구를 통해서 그 분을 알 수 없다. 다만 우리를 찾아서 구원하러 오신 말씀을 듣고, 그분의 말씀을 삶의 현장에서 만남으로써 하나님을 살아계신 인격체로서 뵈올 수가 있다. 나를 찾아오신 말씀은 예수 그리스도이시다. 동시에 성경은 예수 그리스도의 말씀이다. 나를 사랑하사 찾아서 구원하러 오신 하나님의 말씀을 다시 한 번 나의 마음으로 암송하고 싶어한다. "여러분의 온갖 근심 걱정을 송두리째 하나님께 맡기십시오. 하나님께서는 언제나 여러분을 돌보십니다(벧전 5:7)." "아무 걱정도 하지 마십시오. 언제나 감사하는 마음으로 기도하고 간구하며 여러분의 소원을 아뢰십시오. 그러면 사람으로서는 감히 생각할 수도 없는 하나님의 평화가 그리스도 예수를 믿는 여러분의 마음과 생각을 지켜주실 것입니다."(빌 4:6-7).

그는 2005년에 간암이라는 판정을 받고 죽음에 대한 두려움이 있었다. 죽음에 대한 두려움이란 죽음 자체가 두렵게 하는 것이 아니라 죽음에 대한 두려움 혹은 불안이 사람을 못살게 하는 것이다. 사실 우리는 죽음 자체를 체험할 수 없다. 죽을 때 경험하겠지만 우리는 그것을 언어로 표현할 수는 없다. 그래서 죽음 자체에 대한 두려움이 아니라 다가오는 죽음에 대한 불안(anxiety about death)이다.

그는 요한복음 11장 말씀을 통해서 죽음의 문제를 깊이 묵상했다. 마르다와 마리아의 오라비 나사로가 죽었다. 마르다는 예수님이 오셨을 때 예수님이 여기 계셨다면 나사로가 죽지 아니했을 거라고 말하자 예수님은 나사로가 다시 살 것이라고 말했다. 마르다도 마지막 날에는 나사로가 살 것을 안다고 했다. 이때 예수님은 마지막 날 부활할 것을 안다고 말한 마르다 에게 이렇게 질문하셨다. "나는 부활이요 생명이니 나를 믿는 자는 죽어도 살겠고 무릇 살아서 나를 믿는 자는 영원히 죽지 아니하리니 네가 이를 믿느냐?"(요 11:25-26) 참으로 놀라운 그리고 혁명적인 주님의 말씀이다. 누가 이렇게 말할 수 있는가? 죽은 나사로를 살리셨으며 동시에 자신도 죽었다가 하나님의 능력으로 다시 살아나신 예수 그리스도 외엔 아무도 이렇게 담대하게 말할 수 없다. 죽어도 다시 산다. 그래서 우리는 죽음을 두려워하지 않는다. 죽으면 못 살기 때문에 죽음이 두려운 것이지 다시 산다면 죽음은 우리를 두렵게 하는 것이 아니다. 그래서 죽은 나사로에게 예수님은 잔다고 말하셨다. 예수님을 믿는 자에겐 죽음은 잠자는 것과도 같다.

그는 간암을 통해서 죽음을 선고 받았었다. 또 간암 수술을 통해서 죽음의 터널을 빠져 나왔다. 그 과정에서 부활이요 생명이신 예수님을 깊이 만난 것이다. 인간에게 죽음이란 피할 수 없는 사실이라고 한다면 죽음에 대한 새로운 이해가 필요한 것이다. 우리가 아무렇게나 살면 아무렇게나 죽는다. 그러나 하나님의 말씀을 먹고 살면 진실하게 살다가 아름다운 삶으로 인생을 마감할 수 있다. 성경에 나오는 믿음의 사람들은 아름다운 삶을 살다가 다 하나님께로 돌아갔다.

죽음은 인간에게 피할 수 없는 것이지만 죽음을 극복할 수는 있다. 죽음의 극복은 죽음에 대한 두려움을 해결했다는 의미이다. 죽음에 대한 두려움 때문에 절절매고 있는 우리에게 주님은 이렇게 말하신다. " 나는 부활이요 생명이니 나를 믿는 자는 죽어도 살겠고 무릇 살아서 나를 믿는 자는 결코 죽지 아니하리니 네가 이것을 믿느냐?"(요 11:25-26) 세익스피어의 비극 중의 하나인 햄릿에 나오는 주인공처럼 우리의 문제는 죽느냐 사느냐가 문제가 아니라(to be or not, that is the question.) 예수님이 부활이요 생명인 것을 믿느냐 안 믿느냐가 우리의 진정한 문제이다. 예수님이 부활이요 생명인 것을 믿는 자에게 죽음은 사실 의미가 없다. 죽어도 다시 살기 때문이다. 오직 예수 그리스도를 믿음으로만 우리는 죽음에 대한 두려움으로부터 벗어날 수 있다. 두려움을 해결할 수 있을 뿐만 아니라 이미 영생을 맛보며 사는 것이다. 부활을 믿을 때 우리는 영생 가운데서 사는 것이다. 이처럼 고광필은 성경 속에 나오는 많은 이야기들을 자신의 이야기로 변환하여 살아있는 메시지로 승화시켰다. 이 과정에서 자신이 경험한 이야기들을 매우 진솔하게 고백한다. 때론 가슴 아픈 이야기, 속이 아려오는 이야기이다. 죽음 앞에서 조마조마했던 이야기들이다. 그러나 이야기의 중심부에 하나님이 계셨다. 예수님은 나사로만 찾아오신 것이 아니다. 고광필에게 찾아 오셨고 죽어가던 그를 살려 주셨다.

그는 칼빈주의자요, 조직신학자이다. 그는 하나님의 섭리와 예정, 그리고 전적인 주님의 은혜를 강조하는 신학자이다. 그런데 그의 이런 신학사상은 이론에만 머물러 있지 않았다. 그의 삶에서 생생하게 체험한 서사신학을 통해서 구체화되고 실증이 되었다. 그는 「이야기로서 하나님과 나」라는 저서에서 이렇게 말한다.

"하나님은 나를 지극히 사랑하셨다. 얼마나? 남의 간을 떼어내어 나에게 이식하도록 하시기까지. 이것이 값없는 하나님의 놀라운 은혜가 아닌가? 이것이 나에 대한 하나님의 사랑이 아니고 무엇이겠는가? 디트리히 본회퍼가 말한 것처럼 하나님의 은혜는 값싼 은혜가 아니라 값비싼 은혜이다. 나는 돈이 없어서 모든 것을 후원금을 통해서 수술비를 감당했다. 지금까지 인도해 오신 것도 다 하나님의 은혜이다. 이 은혜가 헛되지 않게 하기 위하여 양초가 자기 몸을 불태워 사라지는 것처럼 나의 남은 생애를 가르치고 설교하고 저술하는 일에 소진시키고 싶다. 성령의 감동을 받아 강의함으로 하나님께는 영광이요 듣는 자에겐 은혜로운 강의가 되도록 기도하고 있다. 이렇게 사는 것이 하나님의 은혜를 값싼 것으로 여기지 않고 비싸게 여기는 삶의 한 면이라고 생각한다. 세상의 권력도, 부도, 사랑도 나를 나 되게 만들 수 없다. 인간은 자기 스스로 자기를 인간답게 만들 수 없기 때문이다. 하나님의 은혜만이 나를 인간답게, 그리고 신자답게 만드신다. 하나님의 은혜만이 남을 위해서 살도록 하신다. 하나님의 은혜가 일을 열심히 하게 한다. 은혜가 없이 일하면 지쳐버린다. 신앙생활을 지속하게 하는 것이 은혜이다. 이 점에서 볼 때 하나님의 은혜는 설명하는 개념이 아니라 우리의 삶을 통해서 보여주어야 하는 개념이라고 볼 수 있다. 우리도 하나님의 은혜를 말과 혀로 하지 말자. 믿음의 생활로 보여 주자. 신자가 된다고 하는 것은 말쟁이가 되는 것이 아니라 행하는 자가 되어야 하기 때문이다. 행함이 없을 때 그 믿음은 죽은 믿음이라는 하나님의 경고의 말을 주의깊이 들어야 할 것이다.(약 2:17) 행함이 없는 믿음은 죽은 믿음이요 영향력을 행사할 수 없다. 그런 믿음은 죽은 믿음이다. 죽은 믿음에 생명을 부어주는 것은 행함이다. 믿음과 행함은 함께 일하며 행함으로 믿음이 성숙해 가는 것이다(약 2:22-23)"[6]

그래서 고광필의 신학은 이론적이고 지성적인 한계에 머물지 않는다. 삶의 생생한 체험에서 나온 그의 신학은 조직신학과 실천신학이 함께 버무려져 있다. 오늘날 많은 경우에 신학이 대중들에게 깊은 호소력을 주지 못하는 이유가 무엇인가? 그것은 너무 사변적이고 이론적이기 때문일 것이다. 특히 지금으로부터 500년 전에 있었던 종교개혁시대의 신학논쟁을 기계적으로 오늘날에도 그대로 주장하려고 하는 경향이 있다. 그러나 신학은 시대적 산물임을 부인할 수 없다. 시대적 context를

| 6 Ibid. 392-393.

제거한 신학은 공허한 외침에 불과하다. 또한 개인적 삶의 적용이 무시된 신학은 호소력이 없다. 한마디로 가슴을 뭉클하게 하고 영혼에 울림이 있는 사상이 되지 못한다. 칼빈의 신학이 지금도 그만큼 영향력이 있는 이유는 무엇인가? 그것은 칼빈의 신학이 그저 이론이나 교리가 아니기 때문이다. 칼빈은 그가 주장한 신학을 살아내고자 몸부림 쳤던 신학자였다. 현실적으로 목회 현장에서 그 교리와 신학을 적용해서 열매를 맺었던 사람이다. 이처럼 모든 인간이 고민하는 보편적인 문제에 대해서 신학이 답하고, 그것을 자신의 삶으로 살아낼 때 그 신학은 호소력이 있다.

고광필의 서사신학은 그가 책 몇 권 읽고 감동받아서 주장한 신학이 아니다. 그의 전 생애를 돌아보면서, 그리고 진솔하게 자신의 삶을 고백하고 이야기식으로 풀어내면서 거기서 만난 하나님을 신학화 하였다. 때문에 감동이 있고, 호소력이 있는 것이다. 오늘날 현대인들은 갈수록 실제적으로 개인적인 필요에 답하는 신학을 필요로 하고 있다. 신학과 나의 삶이 연관성을 잃어버리면 대중들에게 외면당한다. 그런 점에서 고광필의 서사신학은 더 많은 연구과 발전의 길을 터주고 있다고 할 것이다.

칭의와 성화의 신학

고광필은 필연적으로 죄인된 인간이 부딪히는 구원의 문제에 깊이 고민하고 연구하였다. 개혁주의 신앙에 있어서 칭의와 성화의 문제는 뗄 수 없는 관계가 있다. 이는 신학적으로 뿐만 아니라 성도의 삶에 있어서 실제로 고민하게 되는 중요한 주제이다. 성화를 칭의와 분리해서 사고하는 데서 칭의론이 왜곡되기 시작하였다.[7]

7 김세윤, 「칭의와 성화」 (서울: 두란노출판사, 2013) 10.

칭의와 성화는 타락한 인간 때문에 절대적으로 필요하다. 성 아우구스티누스는 인간은 자력으로 선행을 할 수 있는가? 라는 것에 대해서 이론적으로는 가능하지만 이 세상에서는 예수님을 제외하고는 불가능하다고 했다. 왜냐하면 인간에게는 선을 행할 능력이 없기 때문이다. 사도 바울은 인간이 죄의 노예라고 했다. 노예는 자유의지가 없다. 칼빈은 전적으로 부패(악으로 가는 성향)된 존재가 인간이라고 했다. 루터에 의하면 죄의 뿌리는 하나님께 대한 불신앙이다. 성 아우구스티누스는 죄의 뿌리는 교만이라고 했다.

가톨릭교회에서는 칭의와 성화를 구분하지 않고 분리시키지만 칼빈은 구분은 하지만 분리시키지 않는다. 칭의와 성화는 동시적이며 단계적이 아니다. 동시적으로 보지 않을 때 혼동이 온다. 칭의에는 인간의 노력이나 어떤 것도 개입되지 않는다. 순수한 하나님의 은혜로 우리는 구원받는다. 누가 되었든지 예수를 믿으면 구원을 받는다. 그러나 가톨릭교회에서는 은혜를 강조하지만 주입된 은혜로 인한 선행은 구원에 일조를 한다고 본다.

우리가 의롭다함을 받기 위해서는 예수님과 우리가 하나가 되어야 한다. 성령의 역사를 통해서 신비적으로 우리는 그리스도와 연합된다. 성령의 역사에 의해서 예수 그리스도와 신자가 하나로 연합되어서 그리스도의 하나님의 '의'를 받는다. 신비적인 연합으로 말미암아 칭의와 성화를 가능케 한다. 다시 말하면 신비적인 연합을 통해서 하나님의 '의'가 우리에게 전가되어 우리는 의롭게 되고 동시에 우리를 거룩케 한다. 그런 점에서 칭의와 성화는 분리되지 않는다. 칭의도 하나님의 은혜요 성화도 하나님의 은혜이다. 이것을 칼빈은 이중은혜(duplex gratia)라고 한다.

로마서 1:17절은 칭의를 이해하는데 핵심적인 말씀이라고 말한다. 복음에 하나님의 의가 나타나서 믿음으로 믿음에 이르게 하나니 기록된바 오직 의인은 믿음으로 살리라 함과 같으니라 (For in the gospel a righteousness from God is revealed, a righteousness that is by faith from first to last, just as it is written, 'the righteous will live by faith.') 하나님의 '의'는 구원하는 의이다. 사도 바울은 자신을 죄의 노예에서 주님의 노예로 만드신 복음을 전하는 것이 그의 사명이라고 했다. 이 복음을 은혜의 복음이라고 했다(행 20:24). 그리스도의 의는 능동적인 의가 아닌 수동적인 의이다. (not active righteousness, but passive righteousness). 그러나 중세 로마 가톨릭에서는 수동적인 의를 가르친 것이 아니라 능동적인 의를 가르쳤다. 다시 말하면 무엇을 함으로써 하나님을 기쁘게 하려는 시도이다.

루터에게 하나님은 처벌하시는 하나님이시요 진노하시는 하나님으로 보였다. 그래서 수도원에서 무엇을 함으로 하나님의 진노를 무마시키려고 몸부림쳤다. 기도, 금식, 죄의 고백, 명상, 성지순례, 그러나 마음의 평안을 얻을 수 없어서 성경을 공부했다. 결국 신학박사학위를 획득했다. 그 후 시편, 갈라디아서, 히브리서, 로마서, 특히 롬1:17을 주야로 묵상하며 기도했다. 그러는 가운데 하나님의 의는 무엇을 함으로 획득하는 것이 아니라 믿음으로 수납한다는 사실을 깨달았다. 천국 문이 열리고 모든 성경을 칭의에 의해서 해석했다. 이것이 그의 유명한 흙탑 수도원에서의 체험이다. 루터는 그의 일생의 질문이 '어떻게 은혜스러운 하나님을 발견할 수 있는가'였다. 그는 그리스도의 십자가에서 은혜스러운 하나님을 찾았다. 그래서 그는 십자가에 못 박이신 예수 외에 아무것도 알고 싶지 않았다. 십자가의 신학을 주장했다. 사도 바울도 그랬다(고전 2:2).

루터는 성화가 칭의를 받은 자의 삶에 당연히 뒤따르는 것이라고 하였다. 믿음으로 의롭다함을 받은 그리스도인들은 자발적으로 기꺼이 선행을 하고 하나님을 섬기려 한다. 그리스도의 의를 가져 온 믿음이 성령을 동반하기 때문에 성령에 의해서 그리스도인은 변화되고 새롭게 된다. 루터는 계속적으로 좋은 행위가 좋은 사람을 만드는 것이 아니고 좋은 사람이 좋은 행위를 하게 한다고 주장한다. 루터에게 있어서 칭의와 성화의 관계는 믿음으로 결합되어 있다. 사람이 하나님 앞에서 의롭게 되는 것은 오직 믿음으로만 되며 인간의 행위는 거기에 전혀 관계하지 못한다. 루터가 이렇게 믿음을 강조한 것은 당시의 환경으로 말미암은 것이다. 즉 로마교회가 행위의 공로로 말미암은 칭의를 주장하였기 때문이다. 그러나 루터가 '오직 믿음으로'를 강조한 결과 로마 가톨릭교회의 심한 비판을 받았다. 또 개혁주의 진영에서도 율법 폐기론과 같은 오해가 발생하게 되었다. 이에 대해서 칼빈은 성령에 의한 신비적 연합을 강조하고 그리스도와 연합된 성도에게 칭의와 성화가 함께 주어진다는 것을 강조했다.[8]

사도 바울은 칭의와 성화를 다음과 같이 감동적으로 고백했다. "내가 그리스도와 함께 십자가에 못 박혔나니 그런즉 이제는 내가 사는 것이 아니요 오직 내 안에 그리스도께서 사시는 것이라 이제 내가 육체 가운데 사는 것은 나를 사랑하사 나를 위하여 자기 자신을 버리신(대신해서) 하나님의 아들을 믿는 믿음 안에서 사는 것이라."(갈 2:20) 참으로 놀라운 말씀이다. 여기에 칭의와 성화가 있다. 칭의는 우리는 그리스도와 함께 십자가에 죽었다는 것을 말한다. 나의 죄를 위해서 죽으신 주님의 은혜가 너무 크고 감동적이다. 나를 위한 예수님의 죽으심과 살으심이 칭의와 성화다. 칭의는 죄사함을 의미하며 성화는 죽으신 분의 은

8 이순홍, 「구원의 두 기둥 칭의와 성화」(서울: CLC) 211.

혜에 보답하는 삶이다. 따라서 이젠 나의 과거의 죄도, 과거도 죽었다. 이제 새로운 사람이 되어 그리스도를 전하며 사는 사람으로 만드셨다. 그리스도가 나를 대신해서 죽으심이 아니면 누가 그렇게 만들겠는가? 그렇다면 누가 우리를 송사하리요? 그래서 예수님 안에 있는 자를 아무도 정죄할 수 없다.

그렇다면 이제는 그리스도가 내 안에서 살아 계시는 삶을 사는 것이 성화가 아니겠는가? 그리스도의 십자가의 은혜가 이제 나로 하여금 과거를 잊어버리게 하고 성령을 통해서 죄를 극복하며 살게 하시는 삶을 사는 것이 성화가 아닌가? 다시 말하면 나를 사랑하사 대신 죽으신 주님의 은혜를 기억하는 것이 칭의요, 그 은혜를 기억하는 삶이 성화이다. 그래서 칭의는 성화를 가능케 하고 성화는 칭의을 확증한다. 따라서 이제는 더 이상 율법이 우리의 죄를 파내어 저주를 받게 하는 것이 아니라 죄를 깨닫게 해서 성령을 의지하여 죄를 극복케 한다. "예수의 사람은 육체와 함께 그 정욕과 탐심을 십자가에 못박았느니라."(갈 5:24) 따라서 우리는 정과 욕을 극복할 수 있다.

요약하면 칭의란 예수 그리스도의 의의 전가, 죄 용서, 성령에 의해서 하나님의 아들로 양자됨이다. 칭의란 하나님이 단번에(once for all) 우리의 죄를 사면했다. 혹은 단번에 영원토록 의롭다고 선언했다.(히 6:4, 9:26, 28) 우리는 이것을 믿음으로 받아들인다. 복음은 예수 그리스도를 말한다(롬 1:1-4). 복음 안에 인간을 구원하는 하나님의 의가 계시되었고(롬 1:17), 하나님은 이 의를 우리에게 전가해서 죄를 용서하시고, 우리를 의롭다고 선언하셨다. 이것이 구원이다(엡 1:7). 우리는 이것을 믿음으로 수납한다(엡 2:8). 로마서 8:1-5에 보면 하나님이 예수 그리스도를 통해서 율법의 요구를 만족시키도록 하셨다. 말하자면 예수 그리스도가 율법의 저주 기능을 제거하셨다. 따라서 이제 율법은 더이상 우리를 저주하지 못한다. 율법의 정죄 기능이 없어지고 율법은 이제 순기능만을 하게 하셨다(갈 3:13). 다시 말하면 하나님의 율법이 내 발에 등이요 내 길에 빛이 되었다(시 119:106). 이점에서 예수님이 율법을 완성했다. 출애굽기 20:1-17에 나오는 십계명을 보라! 원래 하나님은 이스라엘 백성에게 율법을 먼저 주신 것이 아니라 출애굽의 은혜에 기초해서 주신 것이다. 따라서 십계명은 하나님의 은혜를 기억하며 하나님을 닮은 신자로 살도록 주신 것이다.

칭의와 성화는 구분은 되지만 서로 분리되어 있는 것이 아니다. 성화는 칭의의 은혜를 기억하는 것이다. 주의 은혜로 내가 의롭게 되었다. 이것은 불변의 진리이다. 이것을 기억하게 하려면 하나님을 닮은 하나님의 형상 회복이 필수적이다. 거룩함이 없다면 신자는 하나님의 자녀가 아니라 사생아다. 그래서 성화는 하나님의 은혜, 그리스도의 은혜를 기억하는 사람이 성화되는 삶을 살 수 있다.

성화된 삶은 성령의 역사이다. 성령은 거룩한 영이기 때문이다. 거룩한 영이신 성령이 말씀을 통해서 우리로 하여금 주님의 은혜를 기억하도록 해서 거룩한 삶을 사모하고 닮아가게 한다. 성화는 우리의 거룩한 삶을 통해서 은혜로 구원받은 신자라는 것을 확증한다. 칭의도 성화도 하나님의 은혜이다. 다만 성화는 성령에 의하여 하나님의 사랑이 우리 마음에 부어지게 함으로써 율법이 우리의 죄를 깨닫게 할 뿐만 아니라 우리의 인생길에 등불이 되어 하나님의 거룩성을 회복하게 한다. 거룩성의 회복은 칭의에 기인한 은혜를 기억하는 삶의 표현이다.

바울은 은혜로 의인이 되어 의인의 삶을 살아가는 우리가 성령의 은혜의 인도하심을 따라 살아야지, 육신의 요구를 좇아 살아서는 안된다고 강조한다(롬 8장). 육신의 요구를 따라 사는 것은 사탄의 죄와 죽음의 통치를 받는 삶이다. 그런데 그러한 삶으로부터 구속을 받아 칭의된 우리는 하나님의 통치를 받는 사람이므로 하나님의 영의 깨우쳐 주심과 힘 주심을 받아 하나님의 통치에 순종하며 살아야 하는 것이다. 그러므로 우리는 실존적으로 윤리적 선택의 갈림길에 설 때마다 사탄의 죄와 죽음의 통치에 순종하라는 육신의 요구를 물리치고 하나님의 계명을 지킴으로써 하나님의 통치에 순종해야만 한다. 이렇게 함으로써 칭의된 하나님의 자녀들은 의의 열매를 맺어가는 의인들이 될 수 있다.[9]

많은 신학자들이 칭의와 성화의 신학을 고민하고 각 주장을 피력한다. 고광필에게 있어서도 칭의와 성화는 조직신학자로서 오랫동안 연구해온 주제이다. 그런데 후반기에 그에게 깊은 깨달음을 준 것은 칭의가 한량없는 하나님의 자비(헤세드)를 통해서 이루어졌다는 것이다. 죄 때문에 도저히 의롭다 하심을 받을 수 없는 죄인이 의롭게 되는 것은 하나님의 일방적이고 불가항력적인 자비와 긍휼 때문이다. 하나님의 자비와 은혜에 기초한 칭의는 성화의 과정에서도 철저하게 하나님의 은혜를 바탕으로 하게 한다. 인간은 나약하기 때문에 성화에 이르는 과정에서도 허물과 실수가 있을 수밖에 없다. 그러나 하나님의 한량없는 은혜와 자비(헤세드)를 생각할 때 성화를 위한 거룩한 몸부림을 해 나갈 수 있는 것이다. 그는 이 사상을 다윗의 용서받음이 잘 묘사된 사무엘하 7장의 본문을 통해서 풀어가고 설명하였다.[10]

사무엘하 7장에 나오는 감동적인 다윗의 이야기는 하나님의 은혜사

9 김세윤, 「칭의와 성화」 (서울: 두란노출판사, 2013) 288.
10 UBF 목자수련회 특강 자료집 (2019. 10.15) 7.

상의 결정체이다. 하나님이 선지자 나단을 통해서 다윗에게 하나님의 놀라운 약속을 전한다. 하나님은 다윗을 목동에서 이스라엘의 지도자요, 왕으로 삼으셨다. 그리고 그와 그의 자손을 통해서 영원한 왕국을 건설할 것을 약속하셨다. 만약 다윗의 자손들이 죄를 지으면 인생의 막대기와 채찍으로 징계할 것이라고 하셨다. 그러면서도 다윗과 그 자손들에게는 사울 왕조처럼 나의 은총(헤세드)을 거두지 아니할 것이라고 약속하셨다. 이것이 놀라운 구원의 은혜이다.(삼하 7:15) 이 은혜가 다윗 왕조에게는 있었지만 사울 왕조에게는 없었다. 왜 사울 왕조는 망했는데 다윗 왕조는 영원했는가? 사울도 죄를 지었고 다윗도 죄를 지었다. 사울도 하나님이 택했고 다윗도 택했다. 그런데 왜 다윗의 등불은 꺼지지 아니했는데 사울 왕조는 멸망했는가? 다윗을 보면 그는 사악한 사람이었다. 밧세바와 불륜을 숨기기 위해서 충성스러운 우리야를 요압을 시켜서 격렬하게 싸우는 전쟁터에서 돌아 맞아 죽게 했다. 그럼에도 불구하고 다윗과 그 왕조의 자손들이 죄를 지으면 인생의 채찍으로 징계는 하셨지만 멸망시키지 않고 영원하게 하셨다. 하나님의 헤세드를 거두시지 않았다. 하나님의 한결같은 사랑은 우리가 부족하고 넘어지더라도 다시 일으켜 세우시고 키우시는 주님의 사랑이다. 주님은 우리를 사랑하사 대신하여 십자가에 죽으셔서 우리의 죄를 용서하시고 의롭다고 선언하셨다. 우리는 이것을 믿음으로 수납한다. 그리고 성령을 통해서 그리스도가 우리 안에 사시면서 그의 삶을 살게 하신다. 이것이 칭의요, 성화이다. 이 관계는 분리될 수 없지만 구분은 된다.

고광필에게 있어서 칭의와 성화는 함께 가는 두 기둥이다. 칭의의 주체도 하나님이요, 성화의 주체도 하나님이시다. 어디에도 인간의 의를 주장할 교만의 자리는 없다. 단지 인간은 죄많은 우리를 의롭다하신 하나님께 감사해야 한다. 예수 그리스도의 십자가 보혈로 의롭다함을 덧

입었지만 인간은 연약하여 또 죄에 넘어진다. 그런데도 하나님은 칭의를 취소하지 않으신다. 다시 일으켜 세워주시고 성화의 길에서 끊임없이 전진하도록 도우신다. 우리는 조금씩 조금씩 예수님을 닮아가며 배울 것이다. 그 바탕은 온전한 헤세드의 사상이다.

칼빈의 성경해석 논리

고광필은 조직신학자이지만 성경해석학에 깊은 관심을 갖고 연구하였다. 특히 칼빈의 신학을 연구하면서 칼빈이 성경주석에 관한 책자를 많이 발간하였음을 주목하였다. 칼빈의 공헌은 기독교강요를 통해서 기독교 조직신학의 기초를 놓은 것이다. 그러나 칼빈은 결국 성경(텍스트)을 가지고 목회현장에서 설교에 힘을 썼다. 성경을 해석하고 이를 기초해서 설교하는 활동은 개혁신앙의 가장 중요한 핵심작업이다.

칼빈은 일생 말씀의 종으로 살았다. 그는 요한계시록과 요한이서, 요한삼서를 빼놓고는 성경 전체를 주석했다. 칼빈이 고백한 대로 하나님의 말씀을 의도적으로 한번도 그릇되게 해석한 적이 없다고 했다. 칼빈은 모든 것을 하나님의 절대 무오한 말씀인 성경에 의해서 교회를 개혁하고, 성경이 가는 데까지 가고 멈추는 데서 멈추는 원리에 의해서 그의 신학을 형성했으며 성경대로 살도록 가르쳤다. 그는 성경만이 믿음과 종교의 규범(Scripture alone as the rule of faith and religion)이라고 고백하고, 그렇게 가르쳤고, 그렇게 살았던 하나님의 말씀의 종이다.[11]

성령의 역사는 하나님의 말씀, 즉 성경을 깨닫게 한다. 우리는 성경을 어떻게 바로 이해할 수 있는가? 누가복음 24:45절을 기초로 볼 때

11 고광필, 정준기 공저, 「고전과 인물을 통해서 본 기독교 사상1」(서울: UBF 출판사, 1996) 276.

주님께서 성령을 통해 마음을 열어서 성경을 깨닫게 해주셔야 한다. 마음을 열어 주시는 분도 성령님이요, 말씀을 깨닫게 하시는 분도 성령님의 역사이다. 그렇기 때문에 우리 안에 내주하시는 성령께서 우리 마음문을 열어서 깨닫게 해 주시라고 기도해야 한다. 누가복음 24:25절에 보면 주님이 성경을 풀어 주실 때 우리 마음이 뜨거워진다고 하였다. 결국 성령은 우리 마음을 뜨겁게 하신다. 성령께서 우리 마음을 뜨겁게 하실 때 마음에 기쁨이 있고, 감동이 있고, 하나님께 헌신하고자 하는 마음이 생긴다. 또 예수님께서 성경을 통해 우리에게 많은 교훈을 주시는데 그 교훈을 기억나게 하시는 분도 성령님이시다. 그러므로 우리는 성령께서 매일 매일 우리 삶 가운데 역사하셔서 하나님의 능력을 받게 하시고, 또 주님께서 주시는 성경의 많은 교훈을 필요할 때마다 깨닫게 해 주시고, 기억나게 하시며, 우리가 위로받고 고난과 역경을 이길 수 있도록 기도해야만 한다.[12]

칼빈에 의하면 성령의 조명 없이는 올바로 성경을 해석할 수 없다. 칼빈은 “문자 자체의 말씀은 성령의 조명이 없이는 아무런 효과도 유익도 줄 수 없다(the bare word has no effect or profit without the illumination of the Holy Spirit)”고 말했다. 또 “성령 없이는 말씀은 죽은 문자이다. 말씀이 없이는 성령은 환상처럼 떠다닌다(Without Spirit, the word is a dead letter; without the Word, the Spirit flutters as an illusion)”성령은 성경의 기자를 감동시켜서 성경을 기록하게 하셨다. 동일한 성령은 오늘날에도 우리를 조명하사 하나님의 말씀의 자연스럽고 분명한 의미를 깨닫게 한다. 성령님은 하나님의 말씀을 우리 마음에 확신케 한다. 칼빈은 1451년 그의 강요에서 하나님

12 고광필, 「기독교 강요로의 초대」(광주: 복음문화사, 2009)) 234.

의 말씀은 태양과 같아서 모든 것에 비추지만 소경에게는 영향을 미치지 못한다고 했다. 우리 인간은 타락으로 말미암아 성경을 이해하는데 소경이며 그래서 우리 내적인 선생님이신 성령의 조명을 통해서 하나님의 말씀을 이해하게 된다(The Word of God cannot enter into our spirit unless the Spirit of God, who is the inner master, gives us access to it by his illumination). 칼빈은 성경이 성령의 학교이기 때문에 성령의 도우심을 통해서만이 성경의 깊은 뜻을 배우고 깨달을 수 있다고 말했다.[13)]

칼빈의 성경해석 논리는 성령의 조명을 통해서 성경의 자연스럽고 분명한 의미를 드러내는 것이다. 또한 성경의 의미를 깨닫기 위해서 성경을 역사적 문법적인 방법으로 해석한다. 즉 성령의 조명을 통해서 성경의 언어의 사용을 보는 것이다. 결국 칼빈은 성령이 성경의 해석자임을 강조한다. 칼빈의 성경해석논리는 오늘날처럼 혼탁하고 자유주의 해석학이 난무하는 사회에서 목회자들이 성경의 제자가 되고 성령의 학교에서 배워 성경의 자연스럽고 분명한 의미를 드러내는 삶 속에서 보여 주어야 할 목회자의 자세요, 성경해석 논리라고 생각한다.[14)]

칼빈은 탁월하고 경건한 목사였다. 학문적으로 말하면 그는 탁월한 신학자였다. 많은 학자들은 지적인 사랑으로 하나님을 알려고 했다. 그러나 칼빈은 경건한 믿음으로 하나님을 알려고 했다. 교회사에서 칼빈만큼 경건하게 하나님을 알려고 한 사람도 없을 것이다. 그는 자신의 심장을 제물로 하나님께 드리고자 일생을 산 사람이다. 그는 하나님의 말씀인 성경을 해석함에 있어서 자신의 인간적인 이성과 학문으로만 접

13 고광필, 「칼빈신학의 논리」(서울: UBF출판사, 2004) 286-7.
14 Ibid. 299-300.

근하지 않았다. 그는 성령이 성경의 해석자임을 깊이 인정했다. 성경은 성령에 의해서 영감된 것이다. 이 전제하에서 칼빈의 성경해석학은 시작되고 끝이 난다. 성령이 진정한 성경의 해석자라는 말은 성경을 올바르게 해석하게 하는 분이 성령이시라는 것이다. 오늘날 현대해석학에서는 콘텍스트가 텍스트를 해석하는 입장을 선호한다. 그러나 성령의 조명이 없는 성경해석, 설교, 성경공부는 문제가 있다. 이것은 궁극적으로 예수님께로 인도하지 못하기 때문이다. 예수님에 대한 배고픔을 갖게 하고 목말라하게 하는 설교, 성경해석, 성경공부는 반드시 성령의 조명을 받아야 한다. 성령이 진정한 성경의 해석자이기 때문이다. 성령은 해석자가 성경에 대한 올바른 지평을 갖도록 경건과 학문을 통해서 조절한다. 학문과 경건은 서로 다른 것이지만 칼빈에게 있어서 구분은 되지만 분리되지 않는다. 그래서 성령이 경건한 학문을 쓰셔서 해석자의 관점을 조절하고 올바르게 성경해석을 하도록 도와준다. 성경의 가르침이란 성경이라는 성령의 학교에서 성경의 제자로서 성경을 배움으로서 해석자의 올바른 지평이 형성되어진다. 이 지평을 형성하는 삶이 경건한 생활이요, 경건한 학문이다. 따라서 경건한 학문과 경건한 생활이 없는 성경해석은 청중이나 독자에게 감화력을 줄 수 없고 성경의 깊은 이해에 도달하게 할 수 없다. 성령은 우리에게 말씀을 깨달을 수 있는 눈과 귀를 주신다. 또 마음에 확신을 주셔서 단순하고 자연스러운 의미를 찾고 그 말씀에 순종하도록 한다.[15]

신학은 근본적으로 성경관과 성경해석의 원리에 의해서 좌우된다. 고광필의 신학은 철저하게 칼빈신학에 기초한다. 특히 칼빈의 성경관과 성경해석논리를 중시하였다. 성령의 영감으로 기록된 성경은 성령이

15 고광필, 김재흥 공저 「칼빈의 성경해석학, 성경해석자로서 성령」 (서울: UBF출판사, 2011) 272-275.

해석자이므로 성령의존적 성경해석이 이루어져야 한다는 것이다. 오늘날 독자반응비평 등, 독자나 콘텍스트를 중요시 하는 성경해석학이 난무한 가운데 있다. 이는 신학계 내에서도 흘러나오는 우려이기도 하다. 고광필은 성경의 원저자인 성령의 권위를 깊이 인정하고 성령의 도우심을 받아서 성경을 연구하고, 가르치고, 설교하도록 학생들을 권면하였고, 본인도 그런 자세로 성경을 대하고자 힘을 썼다.

결 론

많은 신학자들은 비교적 안정된 환경에서 학문을 통해서 하나님을 만나고 성경을 해석하며 후학들을 길러내는데 진력해 왔다. 그러나 고광필은 그 삶 자체가 치열했고 고난의 연속이었다. 삶이 그렇게 파란만장했을지라도 학자들은 자신이 연구하는 학문과 자신의 삶을 연결시키는 것을 꺼려한다. 학자의 자존심일수도 있고 고상한 체면을 유지하고 싶기 때문일 것이다. 그러나 고광필은 끊임없이 “나는 누구인가? 하나님은 어떤 분이신가?” 고민하며 그 해답을 찾는 과정으로의 신학을 발전시켜 왔다. 때문에 그는 인간의 실존을 깊이 다루는 현대신학도 자신의 실존적인 삶과 연결시켰다. 칭의와 성화라는 주제도 자신의 내적 갈등 속에서 깨닫고 정리한 신학이다. 무엇보다 그의 인생 후반기에 발견하게 된 서사신학은 그의 신학을 대표하는 신학의 되었다. 그의 신학은 「이야기로서 하나님과 나」라는 책에 잘 농축되어 있다. 이 책에서 그는 자신의 과거의 아픔과 한과 쓰라림을 여과없이 고백한다. 왜냐하면 자신의 이야기 속에서 하나님을 만났고, 하나님은 그의 인생 이야기 속에서 역사하셨기 때문이다. 서사신학은 단지 신학의 문학성을 말하는 것이 아니다. 어쩌면 성경이 이야기로 되어 있고 역사의 실제 이야기를 통해서 하나님의 손길을 보여 주셨기 때문에 가장 성경적이라고 할 수 있을 것이다. 칼빈도 그의 인생 자체가 건강문제와 사람들과의 갈등이 많았기 때문에 그 과정에서 하나님을 깊이 만나고 성령께서 순간순간 말씀으로 그 자신을 치유해 주셨을 것이다. 성령께서 말씀을 통해 자신을 만나주시고 치유해 주시는 깊은 의미를 성경 각권의 주석으로 집필하였다. 그런 점에서 보면 칼빈의 작품들도 지극히 서사적이다.

인생에 있어서 중요한 것은 무엇을 했느냐가 아니라 어떻게 살았느냐가 중요하다. 엘리자베스 퀴블러 로스(Elisabeth Kubler-Ross)가 말했던 것처럼 죽음에 임박해 있는 사람에겐 무엇을 했느냐가 그렇게 중요한 것이 아니라 어떻게 살았느냐가 중요하다는 것을 수많은 말기 암 환자를 돌보면서 깨달은 진리라고 했다.[16] 결국은 어떻게 사느냐(how to live)가 어떻게 죽느냐(how to die)를 결정한다. 성경도 심는 대로 거둔다고 했다. "사람이 무엇으로 심든지 그대로 거두리라(갈 6:7)" 고광필은 간이식 수술을 통해서 예수님이 경험한 십자가의 죽음을 부분적으로나마 경험했다. 또 수술 후 회복을 통해서 부활의 감격을 경험했다. 이런 과정을 통해서 성경말씀은 단지 이론이 아니라 그의 삶을 실제로 강하게 하시고 섭리해 나가시는 교과서가 되었다. 그러므로 그는 범사에 감사하고자 애를 썼다. 이미 하나님께 바쳐진 삶을 덤으로 살기 때문에 헤세드(은혜)의 사상이 그 마음에 깊이 새겨졌다. 그 자비와 은혜의 깊이만큼 그의 신학과 저작들도 사람들의 마음에 감동과 울림을 전해준다.

16 Elisabeth Kubler-Ross는 전 세계를 감동시킨 20세기 최고의 정신의학자이며 호스피스 운동의 선구자로서 우리 한국에 많이 알려진 정신과 의사이다.

미국 칼빈신학교 헨리미터 연구소에서 연구

저서
『기독교 강요 산책』

정년퇴임

한국복음주의 조직신학 논문 발표

『이야기로서 하나님과 나』 출판기념회

칼빈의 저작 전시회

고광필 박사 가족

연구 목록

● 박사학위 논문

"The Gramar of self; Soren Kierkegaard"

● 저서

『이야기로서 하나님과 나』, (서울: 꿈과 비젼, 2018)

「기독교 강요로의 초대」, (광주: 복음문화사, 2009)

「칼빈신학의 논리」, (서울: UBF출판사, 2004)

「현대신학으로의 초대」, (광주: 복음문화사, 2007)

「신앙생활과 자아확립」, (광주: 복음문화사, 1998)

「자아의 탐색」, (서울: UBF 출판사, 2000)

「기독교강요 산책」, (서울: UBF 출판사, 2002)

「고전 속에 비친 하나님과 나」, (광주: 복음문화사, 1998)

「칼빈의 성경해석과 설교, 그리고 묵상」, 김재홍과 공저 (서울: UBF출판사, 2007)

「칼빈의 성경해석학, 성경해석자로서의 성령」, 김재홍과 공저 (서울: UBF출판사, 2011)

「칼빈과 정규오에 있어서 Sola Scriptura」, 박은식과 공저 (광주: 광신대출판부, 2012)

「고전과 인물을 통해서 본 기독교 사상1」, 정준기와 공저, (서울: UBF 출판사, 1996)

김재흥 목사

고려대학교 영문과 (B. A)
웨스트민스터신학대학원대학교 (M. Div)
광신대학교대학원 (조직신학, Th. M 및 Ph. D)

UBF 광주선교교회 담임목사

저서_『성경의 숲』

김광열 박사

김광열 박사의 생애와 신학

이병일_대신대학교 조직신학 교수

총신대학교 (B. A.)
Westminster Theological Seminary (M. A. R.)
Westminster Theological Seminary (M. Div)
Westminster Theological Seminary (Ph. D.)

총신대학교 총장직무대행 역임
총신대학교 개혁신학연구센터원장 역임
개혁신학회 상임총무이사 역임
총신대학교 신학대학원 교수
총체적 복음사역연구소장
강남교회 협동목사

시작하는 말

현재성과 미래성, 칭의와 성화, 초월성과 내재성, 복음전도와 사회적 책임, 문화명령과 전도명령, 이 같은 주제들은 가르침과 이해에 있어서 '균형'을 필요로 한다. 하지만 실제로 균형을 잃지 않고 가르치고 배운다는 것이 말처럼 쉽지 않다. 어느 한쪽을 강조하거나 간과하기 쉽다. 역사적으로 한국교회는 이런 균형 있는 이해가 없었기에 많은 어려움을 겪었다. 보수적인 교회들은 복음전도에 집중하다가 교회의 사회적 책임을 간과하였고, 반대로 진보적인 교회들은 민중신학에 근거한 사회적 사역에 집중하다가 복음전도를 뒷전으로 밀어버렸다. 물론 복음전도와 사회적 책임, 이 둘 중에 어느 것이 중요하냐고 질문할 수 있다. 그러나 그 질문은 옳지 않다. 어느 한쪽을 버리고, 어느 한쪽을 택할 수 있는 것이 아니기 때문이다. 그러나 교회는 죄와 사망으로부터 구원 받은 사람들의 모임이란 점에서 복음전도가 우선해야 한다는 것은 두말할 나위가 없다. 그렇다고 사회적 책임이 교회의 사명에서 제외되는 것이 아니다.

김 박사는 복음전도와 사회적 책임, 칭의와 성화의 균형 있는 이해와 가르침에 관심을 가졌다. 성경이 말하는 복음의 빛은 영적인 영역, 복음전도의 영역, 영혼 구원의 영역만을 비추는 것이 아니라 우리가 살아가는 삶의 모든 영역을 비춘다는 것을 말하고자 했다. 이를 위해 서 김 박사는 '총체적 복음'의 신학적 체계를 확고히 하고, 총체적 복음사역을 통해 한국교회에 복음사역의 균형성을 제시하게 되었다.

김 박사의 신학을 언급하기 전에 그가 주장하는 총체적 복음, 총체적 복음사역은 철저히 '개혁신학'에 근거함을 분명히 하고 싶다. 교회의 사회적 책임으로 복음전도를 대치하거나, 영혼 구원을 도외시한 채 사회적 약자에 대한 책임만을 강조한다든지, 성경의 원리를 무시하고 이웃 사랑을 강조하는 것이 아니라는 것이다. 그가 영혼 구원과 사회적 책임을 말하면서도 우선순위와 균형을 잃지 않았던 것은 그의 건전한 신학 때문이다. 물론 그의 책이나 논문이나 강의를 읽고 듣는다면 이런 염려가 기우(杞憂)임을 쉽게 알 수 있을 것이다.

김광열 박사의 삶과 사역

한 사람의 생애를 말함에 있어 그에게 영향을 준 부모를 언급하지 않을 수는 없다. 김 박사의 경우는 더욱 그렇다. 김 박사의 신학 전체를 아우르는 총체적 복음사역은 그의 부친의 삶과 무관하지 않기 때문이다.

김 박사의 부친 도봉(島峰) 김재술 목사는 원래 외과 의사였다. 일제 시대에는 독립운동군을 치료해주던 의사였다. 38선이 갈리면서 신앙을 이유로 월남해서 거제도 UN 병원에서 의사로 지내다가 소명을 받고 의사로서 누릴 수 있었던 부유한 삶을 버리고 목사가 되었다. 1954년 16명의 피난민과 함께 전쟁의 상흔과 폐허가 된 노량진 산동네에서 교회(강남교회)를 개척하였다. 한 손에는 복음을 들고 빈민촌을 다녔고, 다른 한 손으로는 굶주림 속에 있는 주민들에게 무료 진료를 통해 사랑을 실천하였다. 세월이 흐른 후 교회는 영적으로 숫자적으로 크게 부흥하였다. 김재술 목사는 1989년 원로목사로 추대되었고, 2001년 하나님의 부르심을 받았다. 한 마디로 김재술 목사는 일생을 통해 '바른목회'가 무엇인지를 보여주었다. 아마도 김광열 박사가 추구했던 '총체적 복음사상'은 이때부터 시작되었다고 해야 할 것이다.

김 박사는 자신이 목사가 된 것에 대해 이렇게 말한다. "나는 부친의 모습에서 주의 제자의 삶이 얼마나 고귀한 것인지 배웠고, 복음과 사랑으로 성도를 섬기는 목사의 삶이 얼마나 위대한지를 느꼈다. 그래서 나도 주의 종으로 살 것을 다짐하게 되었다.” 결국 김 박사는 목사가 되었고, 총신대학교와 미국 Westminster Theological Seminary에서 공부하였고, 귀국하여 1991년부터 모교 총신대학교에서 현재까지 가르치고 있다.

교수로서의 김 박사는 총신대 강사로 시작하여 지금까지 근무하고 있다. 무엇보다 먼저 김 박사는 선생으로서의 반듯함을 가진 사람이다. 필자는 김 박사로부터 배운 학생이다. 그의 강의는 명료하면서도 폭넓었다. 그는 수업시간에 충실한 교수이다. 매주 주어지는 과제는 학생으로 하여금 연구를 게을리 할 수 없게 만들었다.

그의 학교를 위한 헌신도 기억해야 한다. 김 박사는 여러 보직을 맡아 학교를 섬겼다. 교내적으로 교수 연구 및 학사 업무의 효율성을 증대시켰고, 교외적으로는 총신대학교의 교육경쟁력을 강화시키는 데에 역할을 감당하였다. 특히 총신대가 가장 어려웠던 시절 ‘총장대행’ 업무를 맡아 학교의 대내외적인 상처를 치유하고 화합을 이루고자 노력하였다.

김광열 박사는 학자이지만 그에 앞서 목사이다. 교육전도사로 시작해서, 필라델피아 새한교회, 시카고 갈보리 교회, 귀국하여서는 은천교회를 섬겼다. 1995년부터 현재까지 부친이 개척한 강남교회에서 협동목사로 사역하고 있다. 오늘날 목회세습이 교회적으로, 사회적으로 문제가 되고 있다. 강남교회는 1993년에서 1994년까지 1년 동안 담임목사가 없었다. 이런 상황이라면 김재술 목사는 얼마든지 아들 김광열 목사를 후임으로 생각할 수도 있었을 것이다. 뿐만 아니라 아들은 인격적으로, 성경적으로 실력을 갖춘 목사이기에 아마도 후임으로 세운다 한들 교회도 수용하지 않았을까 생각한다. 하지만 김재술 목사는 그렇게 하지 않았다. 그리고 1994년 8월 송태근 목사가 강남교회 담임목사로 부임하였다. 김광열 목사는 강남교회의 담임목사가 부임한 후 1995년 9월부터 강남교회 협동목사로 일하기 시작했다. 이러한 처사는 목회자로서 김광열이 어떤 목회윤리 의식을 갖고 있는지를 한눈에 보여준다.

김광열 박사는 목사인 동시에 학자이다. 신학자로서의 김 박사는 연구실적도 많고, 대외적 학술활동에도 적극적이었다. 이후 언급하겠지만 김 박사의 주 관심사는 '구원과 성화'(특히 성화)이며, 이를 바탕으로한 '총체적 복음'신학이다. 그동안 김 박사는 12권의 책을 썼으며, 8권의 책을 번역했고(조직신학 관련 도서로 많은 신학도에게 읽히는 책들), 5권의 공저서가 있으며, 11권의 편저가 있다. 여러 학술지에 40편의 논문을 게재했고, 30회의 논문 발표 활동이 있었다. 많은 강의와 보직교수로서 역할이 있었음에도 그는 충실하게 학술 활동을 해왔다.

김광열 박사의 신학(1): 총체적 복음

총체적 복음의 이해

김광열 박사는 '총체적 복음(Holistic Gospel)'에 헌신한 조직신학자이다. 따라서 총체적 복음에 대한 이해가 그의 신학 이해의 기본이 된다. 김 박사가 말하는 총체적 복음은 개혁신학의 기초에서 시작한다. 그리스도인이 받은 구원의 의미와 그리스도인에게 주어진 복음전도의 사명을 성경 전체를 통해 포괄적으로 이해하는 것이다. 즉 중생, 회심, 칭의, 성화와 같은 구원의 복을 영혼 구원 차원에서만 이해하지 않고, 신자의 삶의 모든 영역에서 하나님의 통치가 임하게 하는 총체적 구원의 사건들로 이해한다. 또한 복음전도의 사명 역시 영혼 구원의 차원에서만 이해하지 않고 하나님 나라의 관점과 주되심(Lordship)의 관점에서 이해한다.[1)]

| 1 김광열, 『총체적 복음』 (서울: 부흥과 개혁사, 2010), 22-26.

첫째, 총체적 복음사역은 복음전도를 '하나님 나라' 관점에서 이해한다. 복음이란 구약에 약속하셨던 메시아 왕국의 성취에 관한 복된 소식, 즉 하나님 나라의 복음이다. 또한 그 나라의 통치 아래서 주어지는 '포괄적인 회복'에 대한 메시지이다. 따라서 하나님 나라의 관점에서 볼 때, 구원은 메시아적 통치 안에 들어와 총체적인 회복의 역사를 경험하는 사건인 것이다.

둘째, 총체적 복음사역은 '주되심'의 관점에서 이해한다. 성경은 구원받아 하나님 나라에 들어온 백성에게 예수 그리스도를 '주(Lord)'로 섬길 것을 명령하신다. 따라서 그리스도인은 예수 그리스도를 '구원자(Savior)'로 고백할 뿐만 아니라 그 분을 자기 삶의 모든 영역에서 '주'로 인정해야 한다. 또한 그분의 '주되심'을 교회 안은 물론이고 교회 밖의 모든 영역에서 인정해야 한다. 따라서 하나님 나라의 가치와 원리에 어긋나는 일들(예, 불신앙, 불의, 불법, 불공평, 압제, 왜곡, 타락 등)이 발생 되었을 때, 그리스도인은 그리스도의 의와 사랑의 통치가 이루어지도록 노력해야 할 책임이 있다. 왜냐하면 예수 그리스도는 주님이시기 때문이다.

'총체적 복음'이란 용어가 생소할 수도 있지만 김 박사에 따르면, 복음은 원래부터 '총체적'이다. 죄인이 구원을 받을 때, 영혼만 건짐을 받는 것이 아니다. 구원의 영역은 영혼만이 아닌 삶의 전 영역을 대상으로 한다. 또 구원을 받아 하나님의 통치를 받는 백성이 되었을 때, 통치의 영역은 중생자의 영혼으로 한정되지 않고, 육체 차원, 삶의 차원, 사회적 차원까지 확대 된다. 새로운 가치관과 인생의 새로운 방향성을 갖고 살아가게 만든다. 이런 차원에서 성경의 구원은 '총체적 구원'이며, 성경의 복음은 '총체적 복음'이라고 김 박사는 강조한다.[2]

2 김광열, 『총체적 복음』, 22-23.

총체적 복음의 신학적 근거

김광열 박사는 총체적 복음의 성경적, 교리적 근거를 제시한다. 더불어 '복음전도와 사회적 책임의 불가분적 관계성을 성경-교리적으로 설명한다. 대략적 내용은 다음과 같다.[3)]

신론에서의 총체적 복음은 창조주와 섭리주로서의 하나님에 초점을 맞춘다. 하나님이 만든 모든 것이 선(good)하다(딤전 4:4). 이러한 창조 원리에 따르면 교회생활만 거룩하고, 나머지 영역(사회, 정치, 경제, 문화 등)은 속되다고 생각하는 이원론은 배격되어야 한다. 영적 영역뿐만 아니라 삶의 모든 영역도 하나님이 만드신 선한 피조계에 속한다는 사실을 인정해야 한다. 그렇다면 우리는 복음의 성격이 인간의 영혼 구원을 받게 할 뿐만 아니라 신자로 하여금 삶의 모든 영역에서 하나님의 주(Lord)되심을 인정하게 하고, 하나님 나라를 이루는 일을 위한 백성으로서의 변화를 목표로 한다는 것을 알 수 있다. 즉 창조 원리의 관점에서 복음전도와 사회적 책임은 함께 실천되어야 한다.

하나님의 섭리와 하나님의 속성에서도 복음의 총체적 성격이 드러난다. 섭리주로서의 하나님의 통치 범위는 영적 차원뿐만 아니라 우주의 모든 영역이다. 그래서 하나님은 전도명령과 문화명령을 동시에 주셨다. 또 인간을 향한 하나님의 관심이 총체적임은 '하나님의 도덕적 속성'에서도 발견된다. 그 분은 가난한 자와 소외된 자를 사랑하시고, 그들의 보호를 위해 율법을 주시는 사랑의 하나님이시고, 공의와 공평을 실현할 수 있는 제도를 주시는 공의의 하나님이시다. 이처럼 하나님의

3 '총체적 복음의 신학적 근거'의 내용은 '김광열, 『총체적 복음』, 41-71; 『이웃을 품에 안고 거듭나는 한국교회』 (서울: 대한예수교장로회총회, 2002), 141-66.'의 내용을 필자가 요약정리(要約整理)한 것이며, 별도로 각주를 붙이지는 않았다.

섭리와 속성 교리를 통해서 복음의 총체성을 알 수 있다.

인간론에서의 총체적 복음은 인간이 전인(全人)으로서의 하나님의 형상(Imago Dei)이란 점에 초점을 맞춘다. 인간은 하나님의 형상이고, 죄로 인해 부패되고 오염된 상태임에도 인간은 여전히 하나님의 형상(창9:6; 약 3:9)이다. 따라서 하나님의 형상으로써의 인간은 기본권을 보장받아야 한다. 율법에 인간의 기본권을 위한 계명이 있다는 점도 이를 지지한다. 따라서 인간의 기본권 회복을 위한 노력은 성경적 인간론의 관점에서 중요성을 가지며, 총체적 복음사역의 또 하나의 교리적 근거이다. 또한 영혼만 하나님 형상이 아니라 전인(全人)으로서의 인간이 하나님의 형상임을 안다면, 복음전도 사역도 인간 영혼만이 아닌 전인을 대상으로 해야 한다. 이처럼 성경적 인간론에 근거하면 복음전도와 사회적 책임을 함께 행할 이유가 분명해 진다.

기독론에서의 총체적 복음은 '성육신'과 '하나님 나라', 그리고 '주되심'의 교리에서 시작한다. 하나님 나라와 주되심(Lordship)의 관점에서의 근거는 이미(Ⅲ-1) 언급했으므로, 총체적 복음사역의 성육신적 원리에 대해서만 언급한다.

성자 하나님은 성육신하심으로 사람이 되셨다(빌 2:6-8). 이 땅에서 그리스도는 하나님 나라 복음을 전하셨고, 동시에 병자들을 고치시며, 가난한 자와 소외된 자를 돌보시며 선한 일을 하셨다(마 9:35, 행 10:38). 그 주님은 당신이 이 땅에서 행하셨던 사역을 우리에게 사명으로 남기셨다(요20:21). 따라서 신자에게는 그리스도를 본 받아 '성육신적 복음사역'을 행할 책임이 생긴다. 하나님께서 인간이 되셨기에 우리도 교회 밖의 사람에게 다가가야 한다. 예수께서 죄인을 긍휼이 여기셨기에(마 14:14) 총체적 복음사역의 동기는 영혼 사랑이어야 한다. 그리스도께서 복음을 전하셨기에 우리도 복음을 전해야 한다. 그리스도께서 병자를 고치시며 약한 자를 돌보셨듯이 우리도 세상을 향해 그렇게 해야 한다. 그러나 잊지 않아야 할 것은, 예수께서 이 땅에서 사역하실 때 그는 여전히 하나님이셨고 신성을 포기한 것이 아니듯, 교회의 복음사역에도 하나님의 자녀로서의 정체성을 망각해서는 안 된다. 이처럼 성육신 사역은 총체적 복음사역의 성격을 규정해 준다.

구원론에서의 총체적 복음은 '죄의 총체성'에서 시작한다. 인간의 첫 범죄는 하나님과의 영적 차원 뿐 아니라 모든 영역에서 문제를 가져왔다. 인간에게 죄의식, 수치심, 두려움을 가져왔고, 대인관계의 손상(창 3:12-13; 4:8)을 가져왔으며, 불의, 인종차별, 전쟁 등과 같은 사회적 문제, 나아가 자연과의 관계에도 문제를 가져왔다(창 3:14-19). 즉 죄는 일차적으로 하나님과의 수직적 차원에서 시작해서 수평적 차원으로써의 인간의 삶과 우주에까지 악한 영향을 가져왔다. 이렇듯 죄의 영향력이 총체적이기에 죄로부터의 회복인 구원 역시 총제적이고 포괄적인 성격을 띨 수밖에 없다. 그래서 바울은 구원이란 죄인이 건짐을 받는 사건(엡 2:8-9)이고, 나아가 피조물들이 기다리는 우주적 '회복 사건'임을 말한다(롬 8:19-23). 따라서 복음사역은 죄인의 구원을 우선적으로 하되, 그와 더불어 구원과 사랑의 대상인 인간의 삶, 그가 속한 사회, 나아가 온 우주 만물을 회복하며 새롭게 하는 사명에까지 나아가야 한다.

칭의와 성화 교리 역시 총체적 복음의 근거이다. 칭의의 도구적 수단으로써의 믿음은 필연적으로 행함의 변화를 동반한다. 로마서 6장에서 말하는 복음은 하나님과의 관계 회복(칭의)만을 위한 것이 아니라 성화의 삶을 살도록 하기 위한 복음이다. 즉 신자가 받는 구원(중생, 회심, 신앙, 칭의, 양자됨, 성화, 견인, 영화)은 영적 차원으로만 끝나는 것이 아니다. 근본적으로 삶 전체를 변화시켜, 하나님의 통치 아래 서게 하는(God-centered) '총체적 구원'이다. 예를 들어 회심은 자신과 하나님과의 수직적 관계 속에서의 돌이킴만을 말하지 않는다(물론 이것이 핵심이며, 이것 없이 다른 변화는 불가능). 자신의 가정과 사회와 삶의 모든 영역에서의 '돌이킴'을 의미한다. 즉 회개는 영적 차원의 변화를 넘어 총체적 성격을 갖는다. 삭개오의 회심이 이를 보여준다. 그의 회개에는 사회적, 경제적 관계 속에서의 변화가 포함된다(눅 19:8-9). 이렇듯 성경이 말하는 구원은 포괄적이고 총체적이다.

총체적 복음으로서의 교회론은 교회의 초월성과 세상성(사회성)의 균형 잡힌 이해에서 출발한다.[4] 교회는 세상으로부터 부름을 받은 하나님 백성의 공동체이다. 동시에 '빛과 소금'으로서 세상으로 보냄을 받은 하나님 백성이다. 그러므로 교회는 세상을 향한 복음전도와 동시에 사회적 책임을 갖는다. 즉 교회의 사회성에 근거해서 그리스도인은 선행을 하며, 사랑을 실천해야할 책임을 갖는다. 복음주의자들의 역사적 문서인 로잔대회(1974)의 보고서와 그랜드래피즈 보고서(1982)에서도 이 둘을 교회의 사명으로 언급한다.[5]

또한 교회는 '예배공동체'인데, 성경은 신자의 삶 자체가 예배가 되어야 하며(롬 12:1), 이를 위한 참된 경건을 요구한다. 즉 신자의 경건은 일차적으로 하나님 앞에서의 경건이어야 한다. 동시에 고아와 과부와 같이 사회적 약자를 돌보는 것이 동반되어야 한다(약 1:27, 사 58:6-7). 따라서 하나님 사랑과 이웃 사랑이 함께 가야만 한다.

종말론에서 총체적 복음의 근거는 하나님 나라의 현재성, 미래성에서 찾는다. 하나님 나라의 현재성과 미래성은 균형 있게 이해해야 한다. 즉 하나님 나라의 '이미'와 '아직'으로의 이해이다. 그런데 하나님 나라

4 김 박사는 복음전도와 사회적 책임의 불가분성에 있어서 후자의 강조로 인한 교회 거룩성의 상실은 없어야 함을 강조한다.

5 두 보고서 복음전도와 사회적 책임이 함께 가야 한다는 점에서 일치한다. 그러나 우선순위에 있어서 차이를 보인다. 로잔보고서는 복음전도가 최우선적임을 말하고, 그랜드래피즈 보고서는 사회적 책임에 대한 복음전도의 '논리적 우선성'을 주장한다. 김광열, 『이웃을 품에 안고 거듭나는 한국교회』, 281-82; 291-92, 김광열, 『총체적복음』, 66.

의 현재성은 총체적 복음사역에 성경적 기초를 제공한다. 그리스도의 죽음과 부활은 세상을 지배하던 죄와 사망의 통치를 무너뜨리고 새로운 하나님 나라의 통치 원리가 원칙적으로 이 땅에 세워지도록 만든 사건이다. 따라서 하나님 나라의 현재성에 대한 실제적 이해는 그리스도인들로 하여금 '현재' 이 땅에서부터 죄와 사망의 세력에 대항하여 하나님의 사랑과 의의 통치를 신자의 삶의 모든 영역 속에서 추구하도록 동기를 제공한다.

하나님 나라의 미래성도 중요한 근거이다. 역사의 종말을 알고 있는 그리스도인은 하나님께서 지금도 계속하고 계시는 만물을 새롭게 하시는 총체적 구원역사의 영광스러운 대열에 동참하지 않을 수 없게 된다. 구원의 완성의 날이 은혜로 주어질 때까지는 인간 죄성의 잔재와 사회적 부패의 왜곡이 완전히 제거되지 못할 것임을 인식하면서도 이미 주어진 성령의 능력으로 하나님 나라의 삶의 원리를 선포하고, 사회, 국가, 세계 속에서 죄악과 죽음의 통치를 이끄는 사탄의 세력들을 쳐부수는 영적 전사들로서 총체적 복음사역을 감당해야 한다.

총체적 복음의 적용

김 박사는 총체적 복음을 신학적, 사회적 문제들의 해답으로 제시하였다. 몇 가지만 소개한다.

첫째, 다문화가정 이해에 있어 총체적 복음의 관점 제시이다. 이제 한국에서의 다문화가정의 존재는 당연한 현상이다. 그러나 아직도 다문화가정에 대한 편견과 이로 인한 상처가 존재한다. 김 박사는 이 문제를 총체적 복음의 관점으로 접근한다. 즉 구약 성경은 이스라엘을 향해 "너희가 애굽에서 종으로 있었던 것을 기억하고 이방인을 돌볼 것"을 명령한다는 점에서. 이방인들이 복음을 받아들이지 않는다 할지라도 그들은 하나님의 보편적 사랑의 대상이며 우리의 이웃이란 점에서, 선교적 차원에서 다문화가정을 향해 복음을 전하며 동시에 섬김과 나눔을 아끼지 말 것을 권면한다. 그러나 소외된 외국인의 인권문제나 경제적, 사회적 문제에만 관심하고 그들의 영적 삶을 돕지 못하거나 그 반대의 경우도 신자가 주의해야 할 불균형한 태도임을 지적한다.[6]

둘째, 총체적 복음 관점에서의 W.C.C. 비판이다. 19세기 후반 복음주의자들은 '종말론'의 견해 차이와 '신학의 양극화'의 이유로 복음의 의미를 영적 영역에서만 찾고, 복음의 대 사회적 의의를 간과해 버렸다. 이와 반대로 20세기 세계선교운동에서 일어난 W.C.C.는 교회연합을 위해 교파 간의 상이한 교리에 대해서는 깊은 토론을 배제하자는 원칙을 내세웠다. 이러한 무교리주의적(또는 최소교리적) 입장은 종교다원주의적 태도에까지 이르게 되었다. 전자(복음주의자들)의 문제는 다행스럽게 지난 세기 중반부터 해결되었다. 총체적 복음의 관점에서 균형잡힌 복음이해를 회복하게 된 것이다. 따라서 이제는 W.C.C.가 왜곡된 복음이해 즉 사회적 책임이라는 명분 아래 사도적 복음의 순수성을 왜곡시켰던 것을 반성하고 성경이 제시하는 총체적 복음의 균형 잡힌 관점으로 돌아와야 할 차례가 되었다고 권면한다.[7]

셋째, 청소년 사역에 총체적 복음의 적용이다. 어떤 청소년 사역자는 오늘날 교회 중고등부 사역은 "좌초하기 일보 전"이라고 지적했다. 학교를 자퇴하는 학생이 계속 증가하고 있지만 교회는 준비하지 않았다고 말한다. 그들에게 문제가 생겼을 때 과연 교회를 찾고 있는가? 교회는 영적 구원의 문제만 이야기하는 곳이지 삶의 고민을 들어주는 곳이라고 생각하지 않기 때문이다. 따라서 교회는 이제 학교생활에 적응하지 못

6 "다문화가정(이방인)에 대한 성경적, 교리적 이해와 접근: 총체적 복음의 관점에서," 『개혁논총』 제26권(2013년 6월); 101.

7 "W.C.C. 운동 평가: 총체적 복음의 관점에서," 『개혁논총』 제16권(2010); 193–94.

하는 비행청소년, 결손가정 학생들, 혹은 소년소녀가장들을 향해 손을 내밀어야 한다. 즉 총체적 청소년 복음화 사역을 시작해야한다.[8)]

실천신학으로서의 총체적 복음

김 박사는 총체적 복음사역의 신학적 이론을 세우는 것에 멈추지 않고 그것의 실천에 노력하였다. 그가 설비한 '총체적 복음사역연구소'는 총체적 복음사역의 이론과 실천사역을 함께 감당하고 있다. 연구소를 통해 실천 현장이 소개되었고, 실천이 활성화되고 있다. 물론 김 박사는 초대교회부터 현대에 이르기까지 교회가 행했던 총체적 복음사역을 그의 책에서 소개했다.[9)] 그러나 총체적 복음사역은 현재성을 가질 때에만 의미가 있다. 그래서 현재도 총체적 복음사역의 현장을 계속해서 찾아내어 한국교회에 총체적 복음사역의 동기를 부여하고 있다.[10)] 이 글에서 실천 현장들을 소개하는 데에는 제한이 있어 간략한 소개 정도로 그침이 아쉽다.

김광열 박사의 신학(2): 구원과 성화

'그리스도와의 연합' 관점에서의 구원

김 박사의 '총체적 복음'은 그의 관심사였던 '성화론'에서 출발했다. 박사학위 논문 역시 '믿음과 성화'가 주제였으며, 발표한 다수의 논문

8 "이 땅의 청소년 어떻게 살릴 것인가?," 『총체적 복음사역의 신학과 실천』 제5호(2008); 4–5.
9 총체적 복음의 역사적 고찰은 『총체적복음』, 225–91을 참조하라.
10 총체적 복음사역 현장들의 소개는 연구소 홈페이지(www.hgm.or.kr)에서 확인할 수 있다.

주제도 성화였다. 김 박사의 성화를 포함한 구원론 사상은 그의 책 『그리스도 안에 있는 구원과 성화』에 잘 드러나 있다.[11)]

첫째, 구원론에 있어서 김 박사의 강조점은 '그리스도와의 연합'이며, 이 연합이 '성령의 역사'로 이루어진다는 것이다. 김 박사는 전통적인 '구원의 서정/순서(Ordo salutis)'가 가질 수 있는 문제점을 파악하고, 그 대안으로 '그리스도와의 연합'이란 관점으로 구원의 서정을 이해할 것을 권한다. 전통적인 구원의 서정은 직선 방식으로 이해되었는데, 이를 그리스도 중심의 원형적 접근방식으로의 변화를 촉구한다. 그래야만 구원의 서정을 시간적 또는 단계적으로 오해하는 것을 방지할 수 있다는 것이다.[12)] 이는 중생, 회심, 칭의, 양자, 성화, 견인 등과 복들이 '그리스도 안에서만', 그리고 '그리스도와의 연합'을 통해서만 우리에게 주어지기 때문임을 강조한다.[13)] 이렇게 할 때, 신자는 "구원이란 성령께서 그리스도의 구속사역을, 선택된 죄인에게 적용시키는 역사이며, 이 성령의 역사를 통해 신자는 그리스도와 연합하고, 그리스도 안에 있는 구원의 복들을 받게 된다"는 이해를 갖게 된다는 김 박사의 주장이다.

둘째, 중생과 회심에 대해 김 박사는 ① 중생과 회심은 성령께서 그리스도의 객관적 구속사역을 선택된 죄인에게 적용시키는 구원적용의 첫 단계에 속하는 사건으로 구별될 수 있으나 분리될 수 없는 성령의 사역이며, ② 논리적으로는 중생이 회심에 앞서지만 둘의 시간적 격차를 말하기보다는 두 사건의 내용이 구별되는 성격임을 말해야 하며 ③ 중생은 죽은 영혼을 살리는 하나님의 주권적이고 단독적인 사역이며, 회심(회개와 믿음)은 중생이 주어진 사람의 반응이며 ④ 회심에서는 하

11 김광열, 『그리스도 안에 있는 구원과 성화』 (서울: 총신대학교 출판부, 2004).
12 김광열, 『구원과 성화』, 15-27; "'구원의 서정' 논의와 '그리스도와의 연합' 교리," 『조직신학연구』 제2권(2003); 255-60.
13 김광열, 『구원과 성화』, 37-38.

나님의 주권과 인간 행동(반응)의 양면성의 균형을 잃지 않고 이해해야 하며 ⑤ 믿음과 회개 모두 하나님의 선물이며 ⑥ 회심 시의 회개가 단회적 돌이킴이라면 그 이후의 성화 차원의 회개는 지속돼야 함을 말한다. 그리고 성화 차원의 회개는 '기독교 교육'과 연결할 수 있음을 추가했다.[14] 이처럼 중생과 회심 교리에 대해 김 박사는 전통적인 개혁신학 입장에 서 있다.

셋째, 칭의와 선행/성화에 대해 김 박사는 ① 칭의와 양자(養子)됨은 시간적 차이를 말할 수 없으나 논리적으로 양자됨이 칭의의 복보다 한 단계 위에 있으며 ② 칭의에서 전가되는 '의'는 '어떤 존재가 되느냐'하는 도덕적인 면이 아니라 '어떤 사람으로 선언되느냐'하는 법적인 면이며 ③ 칭의의 근거는 언약적 대표로써의 그리스도의 인격과 구속사역(능동적 순종과 수동적 순종)이며 ④ 칭의의 복을 받아 누릴 수 있는 수단은 비공로적 수단인 '믿음'이며 ⑤ 칭의에서의 '의'는 종말론적 성격, 즉 그리스도의 구속사역으로 이미 의롭게 되었고, 종말에 변함없이 의인으로 선언될 것이며 ⑥ '영원으로부터의 칭의' 이론은 비성경적이기에 거부되어야 하며 ⑦ 선행은 결코 칭의의 근거나 수단이 될 수 없고 칭의의 증거로써 필수적으로 나타난다고 설명했으며, ⑧ 이어서 김 박사는 퍼거슨(S. B. Ferguson) 박사의 해석을 빌려 칭의와 성화의 관계를 설명했다. 즉 "신자는 그리스도를 통해 죄사함을 받았다(롬5장). 즉 신자가 받음 죄사함은 그리스도와의 연합을 통해 주어진 것이다. 그런데 신자들과 연합한 그리스도는 죄에 대해서 죽었으므로 그와 연합한 신자들 역시 죄에 대해 죽은 것이다. 신자(우리)가 죄에 대해 죽었으면 죄에 거하는 삶을 계속 살 수 없다(성화). 따라서 칭의와 성화는 그리스도와의 연합 속에서 불가분의 관계를 이루고 있다."[15] 이처럼 김 박사

14 김광열, 『구원과 성화』, 43–45; 55–57; 67–69.
15 김광열, 『구원과 성화』, 71–78; 80; 82–83.

의 구원론의 핵심 사상은 '그리스도와 연합'이며, 그리스도와의 연합이란 개념을 통해 칭의와 성화를 연결한다.

넷째, 김 박사는 성도의 견인교리에 대해, ① 성경은 성도의 견인과 신자의 삶에 죄의 도전을 동시에 말하고 있으며 ② 칭의에서의 '의'가 종말론적이라면 자연스럽게 성도의 견인이 보장되는 것이어야 하며 ③ 하나님의 선택이란 점에서 성도의 견인을 의심할 수 없으며 ④ 그리스도의 중보사역의 유효성 면에서도 성도의 견인은 분명하며 ④ 성령의 내주하심 때문에 ⑤ 그리스도와의 연합이 '영원한 연합'이란 점을 생각할 때, 성경적인 교리라고 설명한다.[16]

'그리스도 안에서'의 성화

성화론에 대한 김 박사의 관심은 특별하다. 그는 성경적인 성화론을 세우기 위해서는 성화에 대한 대화의 필요성을 언급하고, 개신교 안의 대표적인 세 가지 성화론(루터파의 성화관, 웨슬리파 또는 오순절파의 성화관, 개혁주의 성화관)의 강점과 약점을 잘 드러내어 설명한다.

첫째, 김 박사에 의하면 루터파는 '무조건적인 은총의 결과로써의 성화'를 강조한다. 성화란 칭의와 구별되는 어떠한 것이 아니라 칭의와 같은 범주에 속하는 것으로 '무조건적인 칭의'의 원리에 익숙해지는 것뿐이다. 왜냐하면 선행을 위한 중생자의 노력은 율법의 요구를 충족시키려는 옛사람의 노력이며 이는 칭의 교리에 손상이 된다고 보기 때문이다.[17]

이 같은 루터파의 성화론에 대해 김 박사는, 'Sola Fide'의 원리를 칭의에서만이 아니라 성화의 영역에서도 유효한 것으로 보았다는 점에서, 성화의 영역에서도 인간 행위의 공로주의를 제거하려 했다는 점에

16 김광열, 『구원과 성화』, 84-89.
17 김광열, "결정적 성화 교리의 신학적 의의," 『신학지남』 64권(겨울호, 1997); 226-65.

서, 칭의와 성화를 모두 은총의 결과로 이해했다는 것에서 강점을 가진다고 평가했다. 그러나 칭의와 성화 사이의 구별을 없애버렸다는 점에서, 성화를 위한 신자의 노력이 무조건 은총의 원리를 파괴하는 것으로 이해했다는 점에서, 은총의 원리와 타협하는 '조건성'과 복음에서 제시하는 복음적 '조건성'의 개념을 구별하지 못했다는 점에서, 율법의 기능에 대한 이해의 부족에서 약점을 가진다고 평가했다.[18)]

둘째, 요한 웨슬리의 성화론에 대해서 김 박사는 웨슬리의 생애 이해에서 출발했다. 웨슬리는 신자의 삶을 3단계로 설명하였고, 이에 따른 성화교리를 제시했다. 중생 사건과 함께 출발하는 성화, 중생 이후에 순간적으로 임하는 '하나님의 직접적인 축복/선물'로써의 성화(지상에서의 완전성화), 그리고 성도의 죽음으로 성취되는 성화(온전한 완전한 성화)로 구분했다. 완전성화는 중생 때 얻는 죄책과 죄 의식의 제거를 넘어 죄의 세력으로부터도 해방되는 성화이며, 신자 안에 있는 죄의 세력이 완전히 파괴되는 사건이다. 이것은 믿음으로써 그리스도에게 자신을 완전히 맡기고 드리는 순간 하나님이 신자의 영혼에 성취하시는 축복의 사건이다.[19)] 결국 웨슬리가 말하는 '그리스도인의 완전'은 절대적인 완전은 아니며 부족함이 있지만 '죄를 범하지 않는 정도', '죄 없는(sinless)' 완전인 것이다. 그러나 이때 웨슬리가 말하는 '죄'의 개념은 다른 의미의 개념일 수 있음을 김 박사는 지적한다.[20)]

김 박사는 웨슬리의 성화론이 비도덕적이고 비윤리적인 상황에 대한 강한 반응이며, 중생 이후에도 신자가 거룩한 삶을 위해 노력하고 달려가야 한다는 것을 강조한다는 점에서, 믿음과 하나님과 이웃에 대한 사

18 김광열, 『구원과 성화』, 100-106.
19 김광열, "J. Wesley의 생애와 그의 완전성화 교리(II)," 『신학지남』 통권243호(62권 2집, 1995); 258-59. 김광열, 『구원과 성화』, 135-36; 139; 145.
20 김광열, 『구원과 성화』, 145.

랑에 초점을 맞추고 있다는 점에서 좋은 평가를 내릴 수 있다고 한다. 그러나 성경은 신자가 중생 때 이미 죄의 세력으로부터 자유를 얻었다고 가르친다는 점과 영적인 축복을 중생 때로부터 분리시킬 수 있다는 점에서 웨슬리의 성화론은 성경의 지지를 받기 어렵다고 평가했다. 또한 오순절 운동, 은사운동, 제3의 물결에서 발견되는 '제2의 축복' 교리가 웨슬리의 성화 교리에서 시작되었다는 점에서도 문제점을 갖는다고 말한다.[21]

마지막으로, 김 박사는 복음주의 안에 있는 성화론들이 갖는 약점을 지적하고 그 대안으로 존 머리(J. Murray)의 '결정적 성화론 & 점진적 성화론'을 제시했다. 존 머리에 의하면, 구원에 있어 소명, 중생, 양자, 칭의와 같은 축복들은 단번에 주어지고, 성화는 신자의 삶에서 점진적으로 진행된다고 보는 것으로는 성화를 제대로 파악하지 못한다. 그리스도의 죽음과 부활이 칭의 영역에만 적용되는 것이 아니라 성화 영역에도 적용된다. 따라서 한 사람이 그리스도인이 되는 순간에 결정적 성화의 역사가 있다.[22] 중생 시 죄의 세력과의 결정적인 단절(죄에 대한 죽음)이 있으며, "몸의 사욕을 순종치 않는 삶을 살라"는 '점진적 성화'가 있다.

이러한 존 머리의 성화론에 대해 김 박사는, 그의 성화론이 인간 행위의 공로성에 대한 우려로 '오직 믿음으로만의 성화론(위축된 성화론)'을 말하는 루터파의 약점을 극복하고, 또한 '결정적 성화'가 '점진적 성화'를 불필요하게 하는 성격이 아니라, 오히려 후자를 격려하며 후자를 가능케 하는 원동력으로서 불가분의 관계에 있음을 제시함으로써 웨슬리의 '완전성화' 교리의 한계를 극복케 하는 이론이라고 평가했다.[23] 또

21 김광열, 『구원과 성화』, 149–51.

22 이는 웨슬리의 '완전성화'에 대한 개혁주의적 반응이라고도 할 수 있다.

23 김광열, "결정적 성화 교리의 신학적 의의," 『신학지남』 64권(겨울호, 1997); 263.

한 결정적 성화론이 웨슬리가 말한 '제2의 성화론'의 문제점을 성경 분석을 통해 바로 잡아주었다는 점 역시 높이 평가했다.[24)]

이상에서 살폈듯이 김 박사의 구원관, 성화관은 개혁신학 입장에 있다. 그런데 이 글에 담지 못한 김 박사만의 해설적 특징이 있는데, 독자가 오해하지 않도록 많은 노력을 한다는 점이다. 정통교리를 설명하는 것으로 그치지 않고, 자칫 발생할 수 있는 독자의 오해가 없도록 해설을 덧붙인다. 이는 김 박사만이 갖고 있는 '안전장치'이다.

김광열 박사의 신학적 공헌과 교훈

먼저, 김광열 박사가 복음의 총체성과 총체적 복음사역의 신학적 체계를 세워 한국교회에 제공했다는 점에서 그의 신학적 노력을 높이 평가한다. 사실 성숙한 그리스도인들이라면, 칭의와 성화가 조화를 이루어야 하고, 복음전도와 사회적 책임이 함께 가야 한다는 것을 알고 있다. 또한 복음이 총체적이라면, 복음사역 역시 총체적이어야 한다는 사실도 알 것이다. 그러나 특정 주제별로의 이해는 있었지만 전체를 이해함에는 부족함이 있었다. 즉 '총체적 복음'을 '총체적'으로 이해하고 제시함에는 부족하였다. 그런데 김 박사가 신학적 작업을 통해 성경적으로, 조직신학적으로, 역사적으로, 실천적으로 총체적 복음과 사역을 설명하였다. 이것이 한국교회를 위한 그의 신학적 공헌일 것이다.

둘째, 김 박사가 총체적 복음사역의 실천을 보여주었기에 박수를 보낸다. 총체적 복음, 총체적 복음사역이 이론에서만 끝났다면, 이는 '진

24 웨슬리는 중생의 축복과 완전성화를 위한 제2의 축복을 구분한다. 이에 대해 존 머리는, 성경은 그 두 개의 축복을 하나로 묶고 있다는 사실을 증명하였다. "J. Murray의 결정적 성화교리 연구". 『신학지남』 61권(4집, 1994); 413.

정한 의미'에서 총체적일 수 없다. 총체적이란 '실천'의 포함을 필수로 하기 때문이다. 그런데 앞서 살폈듯이 김 박사와 그의 동역자들과 연구소는 실천을 위해 많은 노력을 했고, 지속적인 헌신을 하고 있으며, 필자는 이러한 사실을 목도(目睹)했다. 총체적 복음사역의 실천이란 면에서 어쩌면 김 박사는 실천 신학자이다.

셋째, 김 박사는 '구원과 성화'에 있어서 중요한 관점을 우리에게 제공했다. 신학교에서 공식처럼 사용되고 있던 '구원의 서정'을 '그리스도와의 연합'이란 관점에서 이해할 것을 강조한다. 또한 중생과 회심, 칭의와 성화, 역시 그리스도와의 연합의 관점에서의 이해가 필요함을 촉구한다. 성화론에 대한 그의 공로는 단순히 개혁신학의 성화론을 주장하지 않고, 다른 성화론을 연구하여 그 강점과 약점을 알린 후, 개혁신학이 갖는 성화론이 왜 성경적인지를 증명했다는 점이다. 이러한 김 박사의 해석은 그의 책 『구원과 성화』를 통해 상세히 알 수 있다. 신학을 공부 중인 신학생이나 구원/성화에 대한 개혁신학 입장을 견고히 하고자 하는 사람들에게 이 책은 좋은 지침(指針)이 될 것이다.

마치는 글

죽산(竹山) 박형룡 박사는 한국의 제1세대 조직신학자로서 그의 신학은 지금도 후학들에게 '교과서'처럼 남아 있다. 이제 김광열 박사는 제2세대의 조직신학자로서 그의 신학을 후배들에게 남길 책임이 있고, 후학들은 그의 신학을 배우고 더 발전시킬 의무를 갖는다. 김 박사는 구원과 성화에 대해, 총체적 복음과 총체적 복음사역에 대해 귀한 신학적 체계와 데이터를 남겼다. 이제 이를 기반으로 개혁신학을 더 잘 반영하여 발전적인 작업을 해야 하는 것은 후학들의 몫이다. 그러나 김 박사의 역할이 끝난 것은 아니다. 김 박사는 총신대학교가 어려울 때 '총장 직무대행'으로 학교를 섬긴바 있다. 앞으로도 김 박사는 학교를 위해 많은 일들을 감당해야 할 것으로 생각한다. 그럼에도 시간을 내서 후학들에게 더 많은 신학적 유산을 남겨야 할 것이다. 제자로서 스승에게 정중히 부탁드린다.

김광열 박사

김광열 박사 가족

저서 『총체적복음』

발표, 총신대학교

총신대학교 총장 직무대행

사회보는 총체적복음사역연구소 소장 김광열 박사

김길성 박사와 함께 발표

연구 목록

박사학위 논문

A Tension between Desire to follow the Example of Jesus' Life and the Desire to Trust in His Redemptive Work: Theology of J. Wesley reflected in his *Christian Library* (Westminster Theological Seminary Ph.D.)

저서

『그리스도 안에 있는 구원과 성화』. 서울: 총신대학교출판부, 2000(2014년 개정판).

『이웃을 품에 안고 거듭나는 한국교회』. 서울: 총신대학교출판부, 2002 (2014년 개정판).

『총체적 복음: 한국교회, 이웃과 함께 거듭나라』. 서울: 부흥과개혁사, 2010.

『장로교 기본교리』. 서울: 대한예수교장로회총회, 1998.

『여름성경학교 고등부 교재(교사용, 학생용)』. 서울: 대한예수교장로회총회 교육부, 1998.

『예수꾼, 세상으로 들어가라』. 서울: 솔로몬, 2009.

『강남교회 50년사』. 서울: 강남교회 50년사 편찬위원회, 2004.

『교회를 위한 개혁신학 서론』. 서울: 소망플러스, 2014.

『오직 은혜만으로(종교개혁신학 시리즈)』. 킹덤북서, 2015.

『하나님 나라의 선한 이웃』. 서울: 총체적 복음사역연구소, 2013.

『교회와 한국사회 속에서의 개혁신학연구; 총체적 복음의 관점으로』. 서울: HGM, 2017.

『한 손엔 복음을 한 손엔 사랑을』. 서울: HGM, 2017.

● 번역서

Erickson, M. J.『구원론』. 서울: 기독교문서선교회, 1985.

Erickson, M. J.『M. J. Erickson의 서론』. 서울: 기독교문서선교회, 1993.

Boettner, L.『개혁주의 신학연구』. 서울: 기독교문서선교회, 1994.

Erickson, M. J.『M. J. Erickson의 신론』, 서울: 기독교문서선교회, 1995.

Frame, John M.『신령과 진정으로 드리는 예배』. 서울: 총신대학교출판부, 2000.

Grenz, Stanley. J.『우리는 무엇을 믿는가?』. 서울: 한국장로교출판부, 2002.

Grudem, Wayne.『성경핵심교리』. 서울: 기독교문서선교회, 2004.

● 논문

"역사상에 나타난 죄의 전이 교리에 대한 오해들".「교회와 신앙」통권4호(1994).

"Christian Library에 나타난 Saints' Everlasting Rest에 관한 연구".「신학지남」통권239호(61권 1집, 1994).

"J. Wesley의 생애와 그의 완전성화교리 I".「신학지남」통권240호(61권 2집, 1994).

"J. Murray의 결정적 성화교리 연구".「신학지남」통권241호(61권 3집, 1994).

"기독교 윤리의 기초".「총신대논총」. 제13집(1995).

"J.Wesley의 생애와 그의 완전성화 교리II".「신학지남」통권243호(62권 2집, 1995).

"성경적 인간 이해".「신앙과 학문」. 창간호(1996).

"The Concept of Definitive Sanctification in John Calvin's Thought". Chongshin Review. Vol. 2, No, 1997.

"The Supposed Tensions in Romans 6: and their Inseparable Unity".

Chongshin Review. Vol. 3, No1, 1998.
"The Theological Significance of the Doctrine of Definitive Sanctification(결정적 성화교리의 신학적 의의)". 「성경과 신학」 제23권 (1998)
"안식의 시각으로 본 예배에 대한 논평". 「성경과 신학」 제24권(1998).
"교육을 통화 성화". 「기독교교육연구」 제2집(1999).
"개혁신학적 예배원리에 기초한 한국교회의 예배갱신". 「총신대논총」 제18집 (2000).
"19C 미국의 성결운동과 케직교훈의 성화론에 대한 개혁신학적 평가". 「신학지남」 통권263호(2000).
"A Discussion of the Doctrine of Sanctification in the chongshin tradition". Chongshin review. Vo. 6, No 1. 2001.
"구원의 서정 논의에 있어서 그리스도와의 연합교리의 중요성". 「조직신학연구」 제2호(2003).
"그리스도인의 사회적 책임-성경의 교리적 근거 모색". 「조직신학연구」 제3호(2003).
"워필드의 삼위일체론". 「총신대논총」 22집(2003).
"교회론 연구 : 교회의 순결성과 연합성". 「총신대논총」 제24집(특별호, 2004).
"한국교회 회복의 대안을 찾아서". 「조직신학연구」 제5권(2004).
"총체적 복음과 구원, 그리고 총체적 회심". 「신학지남」 통권284호(2005).
"중생과 회심 어떻게 교육할 것인가?" 「개혁논총」 제5권(2006).
"교회부흥과 총체적 회개". 「개혁논총」 제7권(2007).
"총체적 복음사역의 성경적 원리에 관한 연구 - 그리스도인의 자비사역을 중심으로". 「총신논총」 제27집(신성자교수 정년퇴임 기념 특별호, 2007).
"A Theological Significance of "death and resurrection of Christ" in the Reformed Teachings on Sanctification- in search of a

Foundation for Holistic Sanctification". 「개혁논총」 제9권(2008).
"개혁신학 정체성 확립에 관한 연구". 「교회를 위한 신학」 제7권(2010).
"W.C.C. 운동 평가 – 총체적 복음의 관점에서". 「개혁논총」 제16권(2010).
"21세기 성령운동 연구: "제3물결'에 대한 개혁신학의 평가". 「개혁논총」 제17권(2011).
"총체적 복음의 관점에서 바라본 성화론". 「조직신학연구」 제16호(2012).
"A Discussion on Unification from the Perspective of Holistic Gospel". Chongshin theological journal. Vol. 18, No.1, 2013.
"다문화가정 (이방인)에 대한 성경적, 교리적 이해와 접근: 총체적 복음의 관점에서". 「개혁논총」 제26권(2013).
"총신에서의 조직신학 논의 –회고와 전망 I". 「신학지남」 통권317호(80권 4집, 2013).
"총신에서의 조직신학 논의 –회고와 전망 II". 「신학지남」 통권318호(2014).
"개혁주의 종말론의 목회적 적용". 「총신논총」 제34집(2015).
"Regeneration and Conversion, How Can We Teach Them in the Context of Church Education?". Chongshin Review. Vol. 21(2016).
"죽산 박형룡의 구원론 연구– 성령론과 성화론을 중심으로". 「조직신학연구」 제25호(2016).
"The Relationship between Church Education and Sanctification from Reformed perspective". Chongshin theological journal. 25권(2018).
"개혁신학 성찬론의 특징과 그 구원론적 함의". 「신학지남」 85권 1집(2018).
"개혁주의 인간론에 관한 연구–총체적 복음의 관점에서" 「신학지남」 86권 4집(2019).

이병일 교수

한국항공대학교
총신대학교 신대원
총신대학교 대학원 (Ph. D.)
대신대학교 (조직신학)

논문_"구 프린스턴 신학 성경관 연구"

김영선 박사

김영선 박사의 생애와 신학

전기환_덕두원중앙교회

목원대학교 신학과 (신학학사)
감리교신학대학교 신학대학원 (신학석사)
영국 King's College, University of London (M.Th.)
영국 King's College, University of London (Ph.D)

협성대학교 신학대학장 역임
협성대학교 신학대학원장 역임
협성대학교 대학원장 역임
한국조직신학회 회장 역임
한국개혁신학회 회장 역임
협성대학교 명예교수
웨슬리신학연구소 소장

들어가는 말

지구촌(global village)이 되어 버린 오늘의 세계는 수많은 정보와 관계망 속에 얽혀 있다. 어느 누구도 타자와의 관계없이 존재할 수 없다. 어느 것 하나도 다른 것과 관계없이 생산되거나 작동될 수 없다. 생태학, 과학, 의학, 공학, 정치학, 경제학, 신학 등등 거의 모든 영역이 관계를 떠나서는 존재하거나 발전할 수 없다. 왜냐하면 상호간에 또는 다자간에 도움이 요구되고, 도움이 필요하기 때문이다. 그래서 지구촌에서 '관계'는 삶과 생존을 위해 중요한 아이템(item)이 되었다. 신학 역시 교회와 그리스도인, 그리고 사회를 위한 진리를 탐구하고 제공하기 위하여 다양한 장르의 신학과 관계한다. 주지되고 있듯이 성서신학, 역사신학, 조직신학, 실천신학 등등은 그 자체로서 기능하기보다는 다양한 신학의 상호적 연구에 기대어 그 신학의 기능을 확충하고 강화한다. 이러한 시대의 특성을 예민하게 파악하고 '관계신학'이란 장르를 오늘의 신학계에 제시한 김영선 교수의 생애와 신학을 소개한다.

김 교수는 서울에서 담임목회 사역을 하다가 영국으로 유학하여 박사학위 취득 후 곧바로 기독교대한감리회에 속한 협성대학교 신학과 조직신학 교수로 임용되어 27년 동안 재임한 후 은퇴한 신학자로 현재 명예교수로 활동하고 있다. 그는 신학교에서 생의 가장 중요한 시기를 학생을 가르치고 지도하는 일에 헌신하였고, 신학의 길을 가면서 파급력 있는 수많은 논문과 저서를 남겼다. 또한 다수의 학회의 회장을 역임하면서 한국 신학계의 개혁과 발전을 위해 지도력을 발휘하였다.

이 글은 김 교수가 살아온 삶의 역사를 간략하게 살피고, 그의 신학 여정에서 나타난 중요한 신학사상을 서술하는데 목적을 두고 있다. 주로 김 교수의 강의와 저서에 나타난 신학적 특징을 기술할 것이다. 이러한 작업을 통해 그가 얼마나 시대의 교회와 그리스도인의 구원과 성화, 그리고 사회개혁을 위해 신학적 고민과 더불어 신학적 응답을 찾기 위해 씨름했는지를 살펴볼 것이다. 신앙과 이성, 생명과 죽음, 삼위일체론, 관계신학, 경건주의, 교회론, 웨슬리신학 등을 다루면서 그가 이 시대에 던지고 있는 신학적 메시지들이 오늘의 그리스도인들이 단지 '믿는 사람'(believer)에 그치지 않고 만드는 사람(builder)으로 살아가게 하는데 지침을 줄 수 있을 것으로 믿는다.

김영선 교수의 삶의 역사

출생에서 대학시절까지

김영선은 1954년 6월 20일(음력) 경기도 이천에서 김노길과 신옥례의 4남매 중 장남으로 태어났다. 그의 부모는 일제강점기와 6.25전쟁을 겪으며 그 시대의 대부분의 사람들과 같이 많은 고생을 하셨다. 그러나 그런 와중에도 그의 부모님은 같은 교회에 출석하면서 신앙생활을 시작하였다. 특히 그의 부친은 6.25전쟁 시절 19세의 나이에 남다른 신앙체험을 한다. 내무서원과 인민군의 총살형 집행으로 매장되었으나 극적으로 살아났지만, 이후 다시 발견되어 죽음에 이르는 순간이 다가오자 아주 간절히 하나님께 기도를 드렸고, 그 순간 사다리가 하늘 꼭대기까지 닿았는데 할아버지 같으신 하나님이라고 하시는 분이 환상 중에 보였고, 그분에게 "하나님 이제 나의 생명은 하나님께 달렸습니다." 라고 기도드리고 있는데 내무서원이 그를 발견하지 못하고 그의 사진만 가지고 가버려 죽음을 면했다. 당시 교회에서는 그를 "작은 예수"라고 부르기도 하였다. '그가 무덤에서 부활했다'는 생각에서 그렇게 부른 것이다. 그는 그때부터 용서하면서 살겠다고 다짐했고 "사랑할 수 없는 터에 사랑하리라."를 삶의 모토(motto)로 삼았다. 이후 그의 부친은 시대적 어려운 상황에서도 감리교신학대학을 졸업하여 목회자의 길을 갔다. 신학교에 재학하면서 교회를 개척하기도 하여 이후 감독까지 배출하는 교회로 성장하는데 기초를 놓았다. 그의 아버지는 교회법에 따라 4년마다 목회임지를 옮기면서 목회사역에 매진하였다. 따라서 김영선은 4년마다 학교를 옮겨 다니면서 공부를 해야 했고, 초등학교 경우는 3번이나 전학을 해야 했다. 그는 목사의 아들로서 독실한 신앙의 가문에서 성장하며 교회에서 중고등부 학생회장 시절을 보내면서 성경 읽기에 몰두하였고, 여름성경학교와 학생수련회 활동에 적극참여 하는 등 교회생활에 힘썼다. 이런 삶의 여정은 그로 하여금 신학교에 가도록 인도하였다.

그는 1975년 목원대학교 신학과에 입학하여 신학의 길을 걷게 되었다. 입학 첫 학기에 군복무를 마치고 복학한 고향 선배의 권유를 받아 대학축제의 한 행사인 연극활동에 뛰어들어 졸업할 때까지 연극활동에 많은 시간을 보냈다. 주로 '욥', '부랑아'와 같은 성극활동에 매진하였으나 점차 '산토끼', '토끼와 포수', '악인의 집'과 같은 일반연극으로까지 활동반경이 확대되면서, 최불암, 현석 같은 당시의 탤런트(talent)들을 초대하여 '산불'을 함께 '공연하기도 하였다. 이런 열정은 그로 하여금 ' 목원극회'를 창립하여 초대 회장을 지내게 하였다. 그러나 그는 군대를 다녀 온 후 연극활동보다 신학수업에 전념하게 되었다. 학위취득을 하고 귀국한 지 얼마 안 된 김득중 교수의 강의에 매력을 느끼고 그의 지도를 받아 "성령과 그 은사에 대한 이해"를 학사학위 논문으로 제출하고 신학교를 졸업하였다.

목회와 유학시절

김 교수는 신학교 졸업 후 서울에서 담임목회를 하면서 감신대 신학대학원에 입학하여 당시 많은 학생들의 존경을 한 몸에 받고 있는 변선환교수를 만나면서 신학의 맛과 멋을 느끼게 되었다. 담임하는 교회에 변교수를 종종 초대하여 설교를 통해, 그리고 사제지간의 교제를 통해 '교회의 본질과 기능'에 대한 이해를 새롭게 조명하면서 신학에 있어서 교회론의 중대성을 의식하게 되었다. 변교수와 함께 1학기에 한 번씩 대학원 동기들과 3~4일의 수련회를 통해 교회론의 중대 요소 가운데 하나인 친교와 교제, 그리고 소통을 통해 '관계'의 중요함을 배우게 되었다. 마침내 변선환 교수의 지도를 받아 "한스큉(Hans Küng)의 교회론 연구"로 신학석사 학위를 받게 되었다.

신학대학원 졸업 후 목회사역을 접고 영국으로 유학을 떠나 런던대학교(University of London) 킹스 칼라지(King's College)에서 신학석사과정을 시작했다. 당시 영국 조직신학계를 선도하는 옥스퍼드 대학 출신 콜린 건튼(Colin Gunton) 교수의 계시론 강의와 킹스 칼리지 내의 교수들 간의 신학 토론의 장인 One Day Conference를 이끌어 가며 실력을 공인받고 있는 하이델베르크대학 출신 크리스토프 슈뵈벨(Christoph Schwöbel) 교수의 기독론 강의를 통해 그 동안의 신학공부의 체계를 정립했다. 특히 김 교수는 슈뵈벨 교수를 통해 신학자 판넨베르크(Wolfhart Pannenberg)를 소개받았다. 신학을 역사적으로, 이성적으로, 그리고 과학적으로 숙고하려는 판넨베르크 신학의 매력에 빠져 슈뵈벨 교수에게 판넨베르크 신학에 크게 공감하고 있다는 고백을 하였다. 그는 한 달에 한 번씩 교내 교수들과 때로는 타 대학 교수들을 초대하여 자체 세미나(One Day Conference)를 개최하는데 참석하여 그들 간에 치열한 학문적 공방, 즉 날카롭게, 예리하게, 매정하게 공격과 비판을 가하는 현장을 목격하면서 학문의 엄정함을 체험했다. 학문은 빈틈이 없도록 살펴야 하지만 그 빈틈이 드러났을 때 어떻게 처신해야 하는지 다양한 사례들을 보면서 자신의 신학을 점검하게 되었다. 이 컨퍼런스에 참석한 학생들(대부분 박사과정 대학원생과 몇몇의 외부인)은 동시대의 학문적 동향과 자신의 전공에 부합하는 정보와 지식을 얻고, 또한 교수들의 학문하는 방법을 배우기도 한다. 이들의 격렬한 토론은 민망할 정도로 치열하여 컨퍼런스가 끝나면 서로 얼굴도 보지 않고 나가버릴 것 같지만 막상 컨퍼런스가 끝나면 다과와 음료수를 나누면서 화기애애한 그들의 모습을 보며 학문적 이견에는 매몰차게 반론을 제기하지만 인간적인 교제에서는 전혀 다른 모습을 보이는 그들의 삶에 김 교수는 많은 도전을 받았다. 건튼 교수의 지도로 “The Nature of ‘Knowing’ in Karl Barth’s Theology”(칼 바르트 신학에 나타난 인식론)을 완성하여 신학석사학위를 받았다.

석사학위 과정이 끝나갈 무렵 슈뵈벨 교수로부터 박사과정을 권유받게 된다. 김 교수는 석사학위만 마치고 귀국하여 목회하려고 하였으나 가족과 상의한 결과 박사과정의 길을 걸었다. 슈뵈벨의 지도로 박사학위 과정을 시작했다. 김 교수의 지인들은 해방신학을 전공하고 들어와야 일하기 쉽다고 하면서(당시 한국에서는 해방신학의 열기가 뜨거웠다) 전공에 대한 관심을 보였으나 당시 1980년대 중반의 킹스 칼리지의 학풍은 해방신학보다는 삼위일체론에 관심을 두고 있었다. 김 교수는 이런 학풍의 분위기에 편승하여 연구 방향을 ‘판넨베르크의 삼위일체론’에 두게 된다. 그는 킹스 칼리지의 자유분방하고 진보적이며 에큐메니칼적인 학문적 분위기 속에서도 교회개혁과 복음의 본질을 중시하며 슈뵈벨 교수의 지도를 받아 “Jesus and the Triune God: A Study of the Relationship between Christology and the Doctrine of Trinity in Wolfhart Pannenberg's Theology"(예수와 삼위일체 하나님: 볼프하르트 판넨베르크 신학에 나타난 기독론과 삼위일체론의 관계성 연구)를 완성하여 박사학위를 취득하였다. 이 논문은 번역되어 '신학박사 논문시리즈'의 일환으로 기독교문서선교회에서 1996년에 출판되었다.

당시 신학부에서 동양인으로는 유일하게 김영선과 현재 홍콩 중문대학(The Chinese University of Hon Kong) 교수로 있는 홍콩 출신 판 치우 라이(Pan chiu Lai)가 거의 같은 시기에 박사학위를 받는다. 김영선은 킹스 칼리지 신학부에서 한국인으로는 최초로 신학박사학위를 받은 것으로 파악되고 있다.

박사학위를 받기까지 지도교수 슈뵈벨의 자상함과 격려가 큰 힘이 되었다. 그는 자신의 집에 김영선 부부를 초청하여 그의 가족과 함께 식사를 준비하며, 학교에서 체험할 수 없는 거장 신학자의 일상을 같이 할 수 있는 귀중한 시간을 갖도록 배려하였다. 이런 경험은 그가 귀국하여 교수가 되었을 때 학생들을 자신의 집으로 초대하기도 하였는데 이러한 초대를 받은 학생들은(지금은 모두 목사가 되었지만) 종종 그때 추억을 말하며 아주 좋은 시간을 보냈다고 말한다.

교수사역과 학회활동

박사학위를 받고 귀국한 그는 1993년 9월부터 2019년 8월까지 협성대학교 조직신학교수로 신학자의 길을 걸었다. 대학교수 사역이 어느 정도 익숙해지고 존재감이 나타남에 따라 여기저기서 강연과 설교부탁을 받게 되자, 그 동안 학위과정에 기댄 연구행태를 떠나 새롭게 연구하고 강의를 하게 된다. 숭실대학의 김영한 교수의 권유로 1996년 한국개혁신학회 창립 발기인으로 참여하게 된다. 이후 한국조직신학회 회장, 한국개혁신학회 회장으로 선임되어 학회를 학진 등재후보지로 나갈 수 있는 발판을 만들었다. 일본에서 개최되는 '한일신학포럼'을 성공리에 수행하는 일을 통해 탁월한 리더십을 발휘하였다. 특히 한국조직신학회의 기획시리즈로 '교회론'을 창간하여 후속적으로 '그리스도론', '신론', '종말론', '구원론', '성령론' 등이 발간되게 하는데 기초를 놓았다. 협성대학교 신학대학장, 신학대학원장, 대학원장 등의 보직을 수행하면서 동료와 후배 학자들, 그리고 학교 동문들과의 탁월한 교류와 협력을 이끌어 냈다. 교내적으로 학생들의 특화된 수업을 위해 해외탐방 수업, 성지순례 프로그램, 제자훈련 영성프로그램(Tres Dias) 등을 선도적으로 이끌었다. 2009년 웨슬리신학연구소를 개소하여 소장으로 일하면서 웨슬리 연구는 물론, 삼위일체, 죽음 등에 관한 연구를 이끌어 출판하였고 부활에 관한 연구도 마무리 단계에 있다. 2019년 8월 31일 협성대학교에서 정년퇴직하고 현재 명예교수와 웨슬리신학연구소장으로 있으면서 강의와 연구를 이어가고 있다. 특히 웨슬리신학연구소 사업의 일환으로 웨슬리 저널 번역을 기획하고 주도하여 2020년 7월에 출판함으로 한국신학계에 기념비적인 공헌을 하였다. 그는 하나님의 은혜가 따라다닌다고 농담할 정도로 그의 생의 모든 것이 다 "하나님의 은혜"였다고 고백한다. 그리고 이 같은 은혜는 부모님의 기도 덕분이라고 늘 덧붙인다.

김영선 교수의 신학세계

신학의 성향과 방향

김 교수는 조직신학자로서 기독교 복음의 교리적 체계를 세우고 설명하는데 머물지 않고 '삶의 적용'(삶의 신학)에 큰 비중을 두었다. 기독교의 수많은 교리들이 이론과 추상과 논리에 머물러 허공을 치는 경향도 적지 않다. 김 교수는 신학이 상상의 나래를 펴는 모습으로 지향하는 것을 배제하고 하늘의 신학이 아니라 땅의 신학을 추구했다. 신학은 하나님이 하는 것이 아니라 인간이 하는 작업이다. 그러기에 신학은 인간과 하나님의 관계에서 비롯된 계시, 신앙, 복음, 진리, 하나님, 인간, 세계에 등등에 대한 이해를 추구한다. 그는 신학은 삶으로 입증되고 실천되는데 그 의의가 있다고 믿고 '살아가는 신학', '삶 속에서 체험하는 신학'을 강조한다. 이런 방향의 그의 신학 저변에는 볼프하르트 판넨베르크와 존 웨슬리의 신학이 중심에 서 있다. 그가 박사과정을 통해 연구한 판넨베르크 신학이 그의 신학적 방향을 좌우했다고 본다. 왜냐하면 그의 초기 신학은 판넨베르크 신학으로 점철되었고 그의 주된 강의 역시 판넨베르크 신학이었다. 당시 그가 신학생들로부터 종종 '김 판넨베르크'로 호칭된 것은 그의 신학의 중심이 어디에 있었는지를 표명해 준다.

김 교수는 "판넨베르크는 신학이 과학의 도전을 완전히 수용하기보다는 거부함으로써 그 보편성을 포기하는 현실을 직시하고, 신학을 역사적으로, 그리고 과학적으로 숙고될 수 있는 바탕위에 세우고자 한다."[1]고 파악하고, 판넨베르크 신학에 기대서 신학의 방향을 언표한다. "신학의 목적은 신앙의 진리에 대한 이성적 설명을 제공하는 것이다. 신학은 신앙을 현실화하는 이성적인 노력이며, 신학의 작업은 보편성의 사역에 참여해야 하고, 인간 경험의 모든 차원에 대한 인식력이 있는 의의를 제공해야만 한다."[2] 그러나 그의 신학은 '자유주의신학' 또는 '신자유주의신학'의 매력에 매여 있지 않고 개혁복음주의를 지향하여 웨슬리 신학에 천착한다.

합리주의적이고 개인주의적인 자유주의사상에 기초한 자유주의신학

1 김영선, 『예수와 삼위일체 하나님』(서울: 기독교문서선교회, 1996), 4.
2 위의 책, 4.

은 그리스도의 인간성과 하나님의 내재성, 그리고 기독교의 윤리적, 사회적 의미를 강조하고, 성경과 그리스도와 신앙에 대해 비판정신과 과학적인 역사연구 및 종교적 경험과 신앙의 실존적인 파악을 중시한다. 신자유주의신학은 '사신신학', '세속화신학', '과정신학'과 같이 '급진성'이란 특성을 지닌다. 급진주의신학은 현세주의적, 합리주의적, 경험주의적, 낙관주의적 인본주의 정신을 우선시한다. 자유주의신학이 그리스도 없는 하나님의 신학을 다룬다면, 신자유주의 신학은 하나님 없는 그리스도의 신학을 논한다. 김 교수는 이러한 자유주의신학과 신자유주의신학의 매력을 놓치지 않는다. 그러나 '자유주의신학'과 '신자유주의신학'에 매력에 머무르거나 빠져 있지 않고 보편성의 자리에서 복음의 계시성과 신비성이 와해되거나 왜곡되는 것을 극복하고자 한다. 즉 자유주의신학과 신자유주의신학의 매력을 존중하나 그 매력으로 인해 사장될 수 있는 복음을 회복하고자 한다. 따라서 그의 신학은 이성적, 복음적, 실존적 성향을 따른다. 이러한 그의 신학적 방향은 점차 메소디즘(methodism)과 연결되어 '웨슬리 신학'에 안착한다. 그는 웨슬리 신학의 방법론적 특징인, 성서, 전통, 이성, 경험이라는 4대 원리, 또는 규범(sources or norms)을 따라 신학 방법론을 세우고 '삶의 신학'을 추구하고 그 기저에 '삼위일체론'을 두었다.

신학의 특징과 신학적 공헌

김 교수는 조직신학의 전반적인 주제들에 대해 연구하고 가르쳤다. 그러나 이 글에서는 그가 중시하고 강조하였던 신학적 주제들, 즉 신앙과 이성, 생명과 죽음, 삼위일체, 관계신학, 경건주의, 교회론, 웨슬리 신학 등을 살피면서 그의 신학의 특징과 신학적 공헌에 대해서 고찰해 보고자 한다. 먼저 김 교수가 신앙과 이성의 문제를 어떻게 이해하고 있는지에 대해서 살펴보고자 한다.

신앙과 이성

김 교수는 신학이 현대 과학과의 도전을 받거나, 또는 그것과의 충돌이 야기될 때 세속과학에 마음을 두게 되는 현대인을 의식하여[3] 신앙은 경신(輕信)이나 맹신(盲信), 그리고 미신(迷信)이 되어서는 안 된다고 생각하고 신학의 작업은 보편성과 과학적 영역에 참여할 것을 주문한다. 신앙이 주관적 경건성에만 천착하게 되면 신앙의 진리 이해에 파편성이 야기되어 신학의 신뢰성을 잃을 우려가 있기 때문에 그는 신학을 이성적으로 숙고될 수 있는 바탕 위에서 건설하기를 시도한다. 그는 기독교의 이성화 작업이 지적되지 않는다면 신앙의 출발은 아주 어렵게 될 것임을 지적한다. 그러므로 그의 신학세계는 이성적인 세계로서, 신학을 다른 어떤 지적인 작업으로부터 축소시키는 것을 거부한다. 따라서 그는 '이성의 신학'에 열중하고 전념한다. 이러한 신학을 견지함에 있어서 판넨베르크 신학은 토대를 이룬다. 왜냐하면 판넨베르크 신학은 합리성의 토대 위에서 새로운 신학적 종합을 지향하고 있기 때문이다.

이성의 신학에 토대를 둔 김 교수의 신학의 한 영역은 기독론에서 가장 두드러지게 나타난다. 예컨대 예수가 하나님의 아들이라는 이해를 '믿음'에서 출발하지 않고 '이성'에서 출발한다. '아래로부터의 신학방법론'을 시도하는 것이다. 하나님과 일치하는 예수, 하나님의 아들로서의 예수의 정체성을 땅 위에 있는 예수가 아버지라고 부르는 하나님과의 관계 속에서 나타나는 헌신과 순종을 통해 파악하는 것이다. 이는 예수의 정체성을 하나님의 아들로 전제하고 시작하는 것이 아니라 역사 속에 거하는 인간으로서의 예수를 탐구함으로써, 즉 이성화 작업을 통해

3 Cf. Don H. Olive, *Wolfhart Pannenberg* (Texas: Word Incorporated, 1973), 35.

예수가 하나님과 '일치'하는 분이며, 그의 신분은 '아들'로 규명된다는 신학적 이해를 추구한다.[4] 또한 부활하기 전에 예수가 주장한 언명과 지상의 역사적 사건으로서의 예수의 빈무덤과 부활 후에 다시 제자들에게 나타난 사건 추적을 통해 부활의 역사성을 논리적으로 입증한다.[5] 이러한 신학적 이해의 시도는 그가 천착하고 있는 이성의 신학에 의해 추출된 한 단면이라 할 수 있다.

주지되고 있듯이 신앙과 이성의 문제는 계몽주의 이후 오늘에 이르기까지 신학자들 사이에 존재하는 치열한 논쟁 가운데 하나이다. 여기서 문제는 신앙과 이성 가운데 어느 한쪽의 우위성을 강조하거나 아니면 양자를 통합하느냐로 구분될 수 있지만, 구체적인 논점은 양자 사이의 논리적 우위성에 관한 것, 즉 이성이 먼저냐 신앙이 먼저야 하는 것이다. 김 교수는 신학은 주관적으로는 신앙에서 출발하지만 개관적으로 이성에서 출발한다고 본다. 이러한 김 교수의 시각은 '신앙의 이성 추구에 근거하고 있다. 이것은 신앙이 이성보다 앞서 있다는 것을 의미한다. 이성이 신앙보다 앞서는 종교학과는 달리 신학은 신앙을 전제한다. 이러한 정황에서 이성은 인식의 수단으로써 신앙에 종속된다. 이런 과정에서 김 교수는 이성의 과제는 이미 신앙을 통하여 확실하게 알려진 것을 탐구하고 발전시키고, 궁극적으로 진리의 통일성을 추구하는 것으로 본다.

김 교수는 신앙은 지식의 수단이 아니라고 본다. 그러나 신앙은 지식에로 개방되어 있기 때문에 신학은 이성의 신학이 되어야 한다고 본다. 물론 이성은 하나님의 진리나 계시의 신비 등등을 온전하게 해석할 수 없는 한계를 가지고 있다. 그러나 신학은 인식을 위한 이성의 영역으로 들어와야 한다는 것이 김 교수의 신학적 사고이다. 그는 신학은 신앙

4 Cf. 위의 책, 131–150.
5 위의 책, 87–93, 119–121.

에 대한 이성적인 숙고이기 때문에 신학은 이성의 지원을 필요로 하며, 기독교의 합리성이 입증되지 않는다면 신앙의 출발은 어려워진다고 본다. 그는 신학이 이성의 신학이 되기 위해서는 계시 역시 이성에 개방되어야 한다고 본다. 따라서 그는 합리적인 토론과 조사를 통해서 신학을 이성에로 개방하고자 한다. 그러나 그는 신앙의 이성화 작업에 한계를 놓치지 않는다. 하나님이 현미경 밑에 놓여질 수 없는 것처럼, 신앙 또한 이성의 영역에 모두 자리할 수 없기 때문이다.

그가 이성의 신학을 지향하지만, 그는 우리의 구원은 이성에 근거한 지식이 아니라 하나님에 대한 신앙의 결과이며 오직 하나님의 계시만이 우리의 신앙의 기반이 될 수 있음을 명백히 한다.

생명과 죽음

신학에서 생명과 죽음의 문제는 일시적으로 유행하는 신학적인 문제가 아니라 인간의 근본 문제에 해당된다는 점에서 아주 중요하다. 김 교수는 1997년 스코틀랜드에 있는 로슬린연구소의 윌머트 박사팀이 복제 양 '돌리'를 탄생시킨 이후 복제인간의 출현이 현실화 될 수 있다는 전망과 2001년 미국 뉴욕에 있던 세계무역센타 쌍둥이 빌딩이 테러로 무너지면서 수천 명의 생명이 죽음 속으로 사라지는 사건을 통해 생명과 죽음은 기독교의 핵심적이고 중대한 신학적 주제라고 생각하고 생명과 죽음의 올바른 이해는 그리스도인들로 하여금 이 세상에서 생명을 의롭게 영위할 수 있도록 자극하고, 죽음의 공포에서 벗어나 죽음 이후의 생명에 대한 희망을 얻게 한다고 판단한다. 그는 죽음의 세력이 생명을 옥죄어 올 때 생명을 지키려고 안간힘을 쓰는 수많은 사람에게서 죽음의 공포를 본다. 죽음이 생명을 옥죄어 올 때 생명은 살고자 하는 강렬한 의지를 내보인다.

김 교수는 생명권이 침해되고, 생명이 조작되고 상품화되고 있는 시대성을 내다보며 시대에 부응하는 생명과 죽음 신학의 확립의 필요성을 느꼈다. 그리고 생명파괴의 현실과 위협을 직시하면서 생명을 궁극적으로 보장한다는 기독교의 원초적 신앙고백을 신학적 안목에서 탁월하게 읽어내었다.

그의 생명론은 기독교의 생명에 대한 정의를 '살아 있음'으로 규정하는 것으로 시작된다. 그에 의하면 생명은 '살아 있음'에 근거한다. 살아 있음의 성격을 추상해 낸 개념이 '생명'이라는 것이다. 그리고 '살아 있음'은 하나님으로부터 기인한다고 본다. 하나님이 '살아 있음'을 창조하시고 관리하시고 돌보시기 때문이다. 그런 까닭에 기독교의 생명 논의는 '살아 있음'을 대상으로 삼는다. 김 교수의 생명론 논의에서 가장 중요한 것은 생명, 즉 '살아 있음'을 '관계'라는 개념을 통해 신학적 이해를 시도하는 것이다. 그는 '살아 있음'을 하나님과의 관계 안에서 읽어낸다. '살아 있음'은 하나님과의 관계 안에서만 탄생되고 존재한다. 이 '살아 있음'은 생물학적 생명인 '비오스', 목숨을 말하는 '프쉬케'를 넘어서 신성하고 영원한 생명인 '조에'로 귀착된다. '조에'는 본래적인 '살아 있음'이고, 이것은 창조와 구속을 통해 주어진다.[6] 여기서 '비오스' '푸쉬케' '조에'는 모두 관계 안에서 설정되고 존재한다. 김 교수는 "기독교 신학의 생명원리는 모든 생명은 하나님의 창조로부터 나온 것이고, 모든 창조물의 주인은 하나님이며, 모든 창조물의 생명을 존중하고 자연을 인간의 보조생명(co-life)으로 생각하며, 자연을 사랑하는 마음을 가지고 자연과 공존공생하는 것"[7]으로 이해하면서, 생명에 대한 비전은 하나님과의 '관계' 안에서 설정되어야 한다고 본다. 관계에 의한 그 생명은 인간과 생명공간(자연을 포함한)과의 관계 안에서, 그리고 하나님 나라와의 관계 안에서 유의미성을 찾는다. 그의 생명신학은 기독교 공동

6 김영선, 『생명과 죽음』 (서울: 다산글방, 202), 32.
7 위의 책, 50.

체로 하여금 위험 수위를 넘고 있는 생명파괴 현상에 제동을 걸고, 기독교적 생명운동과 생명교육에 몸과 마음을 다해 동참할 것을 촉구한다.

생명론에 또 다른 짝은 죽음론이다. 생명과 죽음은 분리될 수 없는 개념이기 때문이다. 따라서 김 교수의 생명신학은 죽음에 대한 기독교적 이해, 즉 죽음의 신학으로 확장된다. 그의 죽음의 신학은 그의 저서, 『생명과 죽음』, 『삶을 위한 죽음이해』에서 논의되었다. 삶과 생명을 말하면서 삶과 생명의 현상인 죽음을 말하지 않는 것은 삶, 생명에 대한 이야기를 완전하게 말하지 않는 것이 된다. 삶과 죽음의 문제는 서로 다른 문제처럼 보이지만 실상은 같은 문제이다. 노발리스(Novalis)의 지적처럼 "삶이란 죽음 때문에 있는 것"이고,[8] 우리의 삶은 죽음의 자리에서 비로소 다듬어지고 가꾸어 질 수 있기 때문이다.[9]

김 교수는 모든 존재는 종말에 가서야 그 정체성이 확정되는 것처럼, 인간도 죽음을 통해 그의 정체성을 드러낸다고 한다. 그는 죽음에는 다양한 죽음이 있음을 읽어낸다. 부끄럽고 수치스러운 죽음, 불행한 죽음, 비참한 죽음, 억울한 죽음, 위엄과 품위가 있는 죽음, 행복한 죽음, 훌륭한 죽음, 영광스러운 죽음 등이 그것들이다. 이러한 죽음은 그 사람의 삶의 과정에서 비롯된다고 김 교수는 언표한다.[10] 그의 죽음학의 핵심 사상은 지금 이 순간을 최대한으로 살라는 것이다. 죽음에 이르러 간절히 원하게 될 것을 지금 하라는 것이다. 좋은 죽음은 좋은 삶에서 기인된다는 것이다. '메멘토 모리'(Memento Mori: 죽음을 기억하라)와 일란성 쌍둥이가 된, '카르페 디엠'(Carpe Doem: 현재의 삶에 충실하라)은 그의 죽음의 신학에서 중요한 자리를 차지한다.[11] 그는 우리의 삶

8 오토 F. 볼노, 백승균 역 『삶의 철학』 (서울: 경문사, 1987), 165.
9 정진홍, 『죽음과의 만남』 (서울: 우진출판사, 1995), 38.
10 위의 책, 198.
11 김영선, 『삶을 위한 죽음 이해』 (서울: 대한기독교서회, 2018), 10.

의 현실 속에 나타나는 죽음의식과 죽음현상, 죽음문화를 고찰하고 우리나라의 빈약한 죽음교육의 실태를 파악하고 존엄한 삶과 존엄함 죽음을 위해 죽음교육의 필요성을 제기하여 기독교 신학에서 '죽음'의 이해가 삶과 생명을 위해 필수적으로 요청된다는 것이 그의 지론이다. 이것은 "평화를 원하거든 전쟁을 준비하라"(si vis pacem, para belum)는 말처럼, 우리가 구원의 삶을 원한다면 죽음을 준비하라는 것이다. 그는 현실 속에서 죽음을 배제하고 터부시하고 상품화하고 일상화하는 문화를 생명의 문화로 전환할 것을 요청하면서 죽음교육의 필요성과[12] 죽음에 대한 신학적 통찰을 통해 삶을 새롭게 바라볼 것을 주문한다. 그는 죽음의 신학에 중대함을 인식하여 웨슬리신학연구소를 통해 『기독교신학의 죽음이해』[13] 출간을 주도하였다.

삼위일체론

김 교수가 한국 신학계에 기여한 가장 큰 신학적 기여는 삼위일체론에 대한 반향을 불러일으킨 것이라 할 수 있다. 그는 자신의 신학의 중심을 삼위일체론에 두고 삼위일체론에 대한 전통적인 이해와 해석을 새롭게 시도하여 한국 신학계에 신선한 충격을 주었다. 그는 삼위일체론은 기독교 신앙을 바르게 이해하기 위한 필수적인 교리라고 본다. 왜냐하면 삼위일체론은 기독교의 정체성과 기독교의 신론의 핵심을 잘 드러내는 교리라고 보기 때문이다. 그는 토마스 토렌스(Thomas F. Torrence)가 언급한 바와 같이 삼위일체론은 "하나님 지식의 근본적 문법"[14]이라는데 크게 동의하고 있다. 또한 고대의 교부 아타나시

12 위의 책, 19–37.

13 웨슬리신학연구소 엮음, 『기독교신학의 죽음이해』 (서울: 신앙과지성사, 2018).

14 Thomas F. Torrence, *The Christian Doctrine of God, One Being Three Persons* (Edinburgh: T & T Clark, 1996), 2.

우스(Athanasius)가 언급한 대로, 삼위일체 교리로 기독교가 서고 쓰러질 수 있다는 것을 인식하고 삼위일체 교리를 대단히 중시한다. 사실 김 교수가 지적한바와 같이, 우리에게 삼위일체론이 없으면 하나님을 바르게 이해하거나 표현할 수 없고, 또한 기독교 진리를 바르게 정립할 수도 없다. 왜냐하면 삼위일체론으로 인해 우리는 예수를 구세주로 받아들일 수 있고, 성령을 하나님으로 고백할 수 있으며, 성부, 성자, 성령을 한 분 하나님으로 설명할 수 있기 때문이다.[15)]

김 교수는 삼위일체 교리를 초대 기독교 공동체의 구원 경험에 대한 신학적 산물로 간주한다. 왜냐하면 초대 기독교인들은 하나님 경험과 구원 경험을 통해 한 분이신 하나님은 성부, 성자, 성령의 세 위격으로 역사하신다는 삼위일체 믿음을 갖게 되었고, 이것을 그들의 신앙에 중심을 두었기 때문이다, 이런 까닭에 삼위일체론은 성부, 성자, 성령 하나님의 구원사건을 설명해 주는 기독교 신앙의 핵심교리가 된 것이다.

김 교수는 삼위일체론은 이처럼 기독교 신앙의 핵심교리로서의 가치와 중요성을 가지고 있음에도 불구하고 점차적으로 신학의 역사에서 변방으로 밀려나게 되었다고 판단한다. 왜냐하면 그동안 삼위일체론은 기독교인의 구원 경험에 대한 신학적 진술이 아니라 어떻게 한 분 하나님이 성부, 성자, 성령의 세 인격으로 존재하느냐 하는 사변적이고 추상적인 문제를 다루는 것으로 취급되었기 때문이라는 것이다. 즉 삼위일체론은 어렵고 추상적이고 난해한 교리, 또는 교회에 별 도움을 주지 못하는 무의미한 사변으로 인식되었다는 것이다. 특히 이러한 인식은 삼위일체론을 기독교 신앙과 무관한 부차적이고 이차적인 교리, 실제적 가치가 없는 교리로 간주되기에 이르렀다는 것이다.

그러나 김 교수는 지금까지의 삼위일체론에 대한 이런 신학적 경향에

15 웨슬리신학연구소 편, 『관계 속에 계신 삼위일체 하나님』 (서울: 아바서원, 2015), 60.

반하여, 삼위일체론은 오히려 하나님에 대한 사변적, 추상적, 형이상학적, 비실제적 교리가 아니라, 기독교의 핵심을 말하는 매우 실제적, 실천적 가치를 지닌 '삶의 교리'로 재해석하여 한국 신학계에 주목할 만한 반향을 불러 일으켰다. 1970~1980년대 한국의 신학계는 해방신학과 민중신학에 관심을 가지고 이에 대한 연구의 열기가 뜨거웠지만 삼위일체론에 대한 관심과 연구에 대해서는 거의 둔감하였다. 김 교수는 이러한 시기에 삼위일체론에 대한 신학적 풍조가 만연해 있는 영국 런던대학교에서 삼위일체론을 전공하고 귀국하여, 삼위일체론에 대한 연구와 강의를 통해 한국 신학계의 관심을 삼위일체로 돌려놓는데 기여하였다. 이러한 노력은 결실을 맺어 2000년대 이르러서 한국 신학계도 삼위일체론에 대한 논의가 활발하게 전개되고 있어 삼위일체 신학의 르네상스(The Renaissance of Trinitarian Theology)를 맞이하게 되었다.

김 교수는 삼위일체론 연구를 통해 "관계적 삼위일체론"을 개척하여 『관계 속에 계신 삼위일체 하나님』(서울: 아바서원, 2015)을 출간하여[16] 한국 신학계에 주목을 받고 있다. 관계적 삼위일체론은 하나님을 관계(relation) 또는 관계성(relationality)의 관점에서 해석하고 이해하는 삼위일체의 한 분야이다. 그는 관계적 삼위일체론이 인간의 이상적 삶과 바람직한 사회, 그리고 공동체 형성을 위한 신학적 근거를 제공해 줄 수 있다고 주장한다. 그는 페리코레시스(perichoresis) 개념을 심층적으로 해명하여 하나님을 관계, 공동체, 사회 등으로 이해함으로써 인간의 사회와 삶에 새로운 갱신을 이끌어 내려고 노력했다. 특히 그는 하나님을 관계적 존재로 이해하여 자유와 평등, 그리고 상호 존중에 근거한 세계 공동체 형성을 위한 원리와 모델을 제시해 준다. "우리가 하나님의 삼위일체로 믿는다는 것은 우리가 관계적 존재로서 공동체의 삶

16 웨슬리신학연구소 편, 『관계 속에 계신 삼위일체 하나님』(서울: 아바서원, 2015).

을 사는 것을 의미한다."것이 그의 삼위일체론의 핵심이다.

관계신학

김 교수는 삶의 원리로써 '관계'를 중시하고 이를 기독교인의 구체적인 삶과 긴밀하게 연결하여 삼위일체를 우리의 친숙한 교리로 삼기 위하여, '관계신학'이란 장르를 한국 신학계에 내어 놓았다.[17] 김 교수의 관계신학은 삼위일체론의 본질 가운데 하나인 '관계'를 신학적 관점에서 심층적으로 읽어낸 것이다. 그에 의하면 삼위일체 하나님은 관계성을 본질로 하고 있기 때문에 하나님에 대한 고찰인 신학은 관계에 대해 고찰하는 것이 당연하다는 것이다. 그는 하나님의 본질과 속성을 고찰하는 가운데 삼위일체론을 통한 진리 파악으로 관계신학의 중대성을 간파하였다. 그의 관계 신학적 사고는 하나님을 향한 관계, 인간을 향한 관계, 자연을 향한 관계 연구로 확대된다.

그는 오늘날 우리의 시대적 문제가 된 생태계의 파괴와 환경 보존, 인간성의 파괴와 고독의 심화, 그리고 전문분야간의 상호적 협력과 융합 등과 같은 삶의 현실들에 대한 신학적 해석을 시도한다. 관계신학의 신학적 토대로 삼위일체론의 페리코레시스와 그리스도의 두 본성과 성육신의 논리, 그리고 마르틴 부버의 관계철학 에밀 브룬너의 만남의 신학, 루이스 쉐릴의 하나님 만남의 신학, 오토 볼노브의 만남의 교육학, 폴 틸리히의 상관관계 신학, 마조리 수하키의 관계론적 신학이 동원된다. 이를 통해 믿음, 전도, 설교, 예배, 기도, 찬송, 죄, 회개, 영성, 목회 등을 관계의 성공이냐 실패의 문제로 접근한다.

관계적 실체로서 하나님을 이해하는 김 교수는 관계하시는 하나님의 속성과 사역을 탐구한다. 이러한 탐구는 곧 관계적 존재로서의 인간에

17 김영선, 『관계신학』 (서울: 대한기독교서회, 2012).

관심한다. 여기서 인간론은 관계적 존재로 창조된 인간, 관계를 상실한 인간, 관계를 회복한 새로운 인간으로 탐구되고 인간관계의 회복의 요소로 용서와 화해를 제안하고 그것의 좋은 모델로 요셉을 제시한다. 그는 하나님과 인간의 관계에 머물지 않고 세계와의 관계로 나아가 세계를 관계 공동체로 이해한다. 세계는 살아있는 유기체요 하나님의 성례전으로 파악하고 세계 공동체의 삶의 원리는 관계성에 있다고 주장한다. 그리하여 우리의 삶의 구조가 생태학적 삶의 구조로 전환되어야 한다고 강조한다. 이러한 그의 신학적 강조는 그로 하여금 은거하는 신학이 아니라 개방하는 신학, 이론에 거하는 신학이 아니라 실천의 신학으로 나아가게 한다. 김 교수의 관계신학은 그리스도인의 공동체적 삶의 향상은 물론 우리 사회와 세계의 구원을 위해 귀한 지침을 주고 있다.

경건주의

김 교수의 삶의 신학, 살아가는 신학에서 또 다른 중요한 신학적 주제는 '경건'에 대한 것이다. 그는 교리나 가르침보다 그리스도인의 삶을 중시한다. 교리나 가르침이 삶으로써 검증되지 않으면 그것들은 모두 사변적인 것이 되어버린다고 생각한다. 경건주의는 말보다 실천을, 그리스도교적 존재가 아니라 그리스도인의 삶을 우선시하고 강조한다. 따라서 김 교수는 성화의 삶을 통한 교회와 사회의 개혁과 갱신을 본질로 하는 '경건주의 신학'에 천착한다. 경건의 모양보다 살아있는 믿음(lived faith)을 강조하면서 그는 한국교회의 위기로 경건의 모양은 있으나 경건의 능력 부재를 말한다. 경건의 삶이란 세상 풍속을 따라 사는 것이 아니라 하나님의 말씀에 따라 자신과 사회를 변화시키는 삶이다. 그는 오늘날 그리스도인이 경건한 삶을 살지 않고, 교회 또한 개혁의 길을 가지 않는 사태를 직시하며 무엇이 참된 그리스도인이며 무엇이 참된 그리스도교인지 그 길을 보여주기 위해 '경건주의' 연구로 『경

건주의 이해』를 출간하였다.[18)]

김 교수는 경건주의는 머리에 있는 신앙심을 삶으로 가져오는 것으로, 지적인 신앙운동을 삶으로 가져오자는 그리스도교 신앙갱신운동으로 이해한다. 따라서 경건주의자는 하나님의 말씀을 연구하며 그 말씀대로 거룩한 삶을 사는 사람으로 파악한다. 이들은 살아 있는 믿음의 열매들을 강조하고 그리스도의 사랑을 실천하고자 한다. 이들은 끊임없는 갱신과 성화를 강조한다. 사람을 변화시킴으로써 세상을 변화시키자는 것이다. 그에 의하면 사람이 변화되지 않고는 갱신에 참여할 수 없고 갱신을 위해 먼저 사람이 거듭나야 하며, 이러한 갱신의 과정은 성화의 삶으로 나아가게 한다. 김 교수는 한국교회가 경건주의 유산을 가지고 있음에도 불구하고 경건주의에 큰 관심을 기울이지 못하고 교리와 삶의 분리, 즉 신앙과 삶의 이원화 현상에 놓여 있는 것을 오늘날 한국교회의 약점으로 간주하고 있다.

그는 한국교회의 경건주의적 신앙유형을 제대로 마련하기 위하여, 타락한 교회와 사회갱신을 위하여, 그리고 칭의에 근거한 구체적인 삶의 변화를 위하여 경건주의에 대한 연구에 헌신하였다. 그는 그의 저서 『경건주의 이해』를 통해, 요한 아르트, 야콥 스페너, 헤르만 프랑케, 진젠도르프, 존 웨슬리의 경건주의를 소개하였다. 이러한 경건주의 연구를 통해 그가 추구하는 신학사상은 머리의 신학이 삶의 신학으로 전환되는 것이다. 그래서 삶의 갱신이 삶 속에서 구현되는 것이다. 이런 맥락에서 그의 경건주의 연구는 많은 그리스도인의 심금을 울리고 있다.

교회론

김 교수의 삶의 신학에서 교회론 역시 큰 자리를 차지하고 있다. 그

18 김영선, 『경건주의 이해』 (서울: 대한기독교서회, 2013).

는 교회론은 신학의 여러 주제들 가운데 하나의 주제가 아니라 신학 전체의 중추가 된다고 생각하여 교회론 연구에 열정을 다하여 『참된 교회』[19]를 출간하였다. 그는 교회는 급속하게 변화하는 세계 속에서 교회의 정체성과 본질, 그리고 사명을 이루기 위해 자신을 끊임없이 변화시켜야 한다고 본다. 그리고 오늘날의 교회 가운데 건강한 교회, 참된 교회가 있는가 하면 병든 교회, 거짓된 교회가 있다고 본다. 교회의 형태는 변화할 수 있으나 교회의 본질은 변할 수 없다는 것이 김 교수의 교회론에 대한 지론이다. 그는 오늘날 변절된 교회의 모습과 교회의 위기를 말하고 있다. 교회의 무엇이 변질되었으며, 그 위기가 구체적으로 무엇인지 찾고자 하였다.

그는 무엇보다도 교회가 세속화되고 있음을 지적한다. 교회가 세속적인 영광과 호사를 누리고, 세속적인 명예와 훈장을 수여하는 것, 그리고 필요 이상의 재물을 축적하는 것, 세속적인 권력과 결탁해 그 어떤 세속적인 단체나 정당, 그리고 사회 경제적 권력 집단으로 전락하는 것과 계급적, 경제적 차별을 하고 있음을 지적한다. 또한 교회는 교회 자체의 성장만을 추구하는 이기적인 공동체, 성장을 위한 경쟁의 부작용으로 인한 새신자 부재와 수평적 교인 이동, 밀실 교회재정 운영, 교권 쟁취 등에 물들어 있으며, 교회 구성원들의 필요를 만족시키는데 급급하고, 주변 세계의 끔찍한 고통이나 사회문제들보다는 교회자체의 문제에 관심하고 있음도 지적한다. 교회가 자기보존과 성장에만 치우쳐 함께 살아가는 이웃의 고난을 외면하고 그 고난에 동참하기를 회피한다면, 결국 교회는 생명력을 잃고 세상으로부터 외면당하게 된다. 교회가 자신의 길을 가지 못할 때 세상의 지탄과 비난을 받게 된다.

이러한 지적을 통해 김 교수는 과연 교회란 무엇인가? 교회는 무엇을

19 김영선, 『참된 교회』 (서울: 대한기독교서회, 2011).

해야 하는가? 교회가 존재하는 목적은 무엇인가? 교회의 주인은 누구인가? 목회자와 평신도는 어떤 관계가 있는가? 교회와 타종교, 교회와 국가는 어떤 관계에 있는가? 하는 등의 물음을 지속적으로 물으면서 무엇이 참된 교회인가를 제시한다.

생물들에게 오염되지 않은 맑은 물이 필수적인 것과 같이, 그리스도인에게 참된 교회는 필수적인 존재다. 교회가 오염되어 있거나 병들어 있게 되면 그리스도인은 급기야 병들어 죽음에 이르게 된다. 우리에게 건강한 교회, 참된 교회가 필요하다. 우리에게 참된 교회는 어디에 있는가? 우리 교회는 참된 교회인가? 오늘날의 교회는 진정 그리스도의 몸, 하나님의 백성, 성령의 전이라고 할 수 있는가? 김 교수는 교회가 다음과 같은 직무를 태만히 하거나 거부할 때 그 교회는 병든 교회요, 거짓된 교회가 된다고 본다. 즉 사랑으로 하나가 되어야 한다. 말씀을 바르게 선포하고 세례와 성만찬을 바르게 집행해야 한다. 성령의 은사가 역동적으로 역사해야 한다, 교회 본연의 직무를 해야 한다. 날마다 자신을 회개하고 수정하고 개혁해야 한다. 그리스도가 그곳에 계셔야 한다. 맘몬니즘(mammonism)에 사로잡히지 말아야 한다. 공동체성을 유지해야 한다.

오늘날 우리들은 부자유한 교회와 자유한 교회, 흩어지는 교회와 모이는 교회, 자신을 의존하는 교회와 하나님을 의지하는 교회, 무너지는 교회와 세워지는 교회, 병든 교회와 건강한 교회, 거짓된 교회와 참된 교회들을 체험하고 있다. 오늘날 참된 교회는 과연 존재하는가? 우리 교회는 참된 교회인가? 김 교수는 이런 문제들을 의식하고 거짓되고 잘못된 교회로부터 참된 교회로의 갱신을 요청하는데 헌신하였다. 이런 그의 헌신은 그의 그리스도인의 삶의 터전인 교회의 정체성 연구서『참된 교회』에서 찾아볼 수 있다.

웨슬리신학

김 교수는 감리교 목사로서 웨슬리 신학 연구에 많은 실적을 남겼다. 『존 웨슬리와 감리교 신학』[20]을 출간하여 웨슬리 신학의 기본적인 핵심을 파악하고 해석하였으며, 『사진으로 따라가는 존 웨슬리』[21]를 출간하여 웨슬리의 삶의 자리를 추적하였다. 또한 『웨슬리 설교전집』에 번역에 참여하였고, 『존 웨슬리 설교선집』[22]을 번역 출간하였다. 특히 김 교수의 지대한 공헌은 『존 웨슬리 저널』[23]을 출간하여 한국교회와 신학계에 내놓은 것이다. 웨슬리의 '설교'와 '저널'은 웨슬리 연구의 큰 양대 산맥을 이루고 있었지만 저널이 출간되지 못하여 웨슬리 연구에 미흡함이 많았는데 '저널' 발간으로 이를 해소한 것이다.

그는 웨슬리로부터 시작되고 형성된 감리교의 기본적인 교리와 신학적 전통이해를 통하여 감리교의 정체성을 새롭게 이해하고 실천하는데 관심을 두었다. 그리고 웨슬리 신학의 핵심을 성령의 역사에 의한 성화에 두고 있으며, 그리스도인의 완전을 통한 사랑의 공동체를 실현하는데 큰 의의를 두고 있다. 또한 웨슬리의 신학은 사색과 연구의 결과라기보다는 웨슬리 자신의 신앙체험의 소산임을 밝혀낸다. 그는 웨슬리 연구에서 가장 명심해야 할 사항은 그의 과거에 집착하거나 그를 단순히 교파 창시자로 여기기보다는 그의 실제적인 중요성을 인정하고 그가 지금도 여전히 우리의 지도자임을 읽어내야 한다는 것이다.

5년간에 걸쳐 23명의 신학자들이 참여하여 『웨슬리 저널』을 출간하였는데 김 교수는 이 출간 작업을 기획하고 번역하고 감수하고 발간에 이르기까지 모든 과정을 주도하여 웨슬리 신학 연구의 중요한 자료를

20 김영선, 『존 웨슬리와 감리교 신학』 (서울: 대한기독교서회, 2002).
21 김영선, 『사진으로 따라가는 존 웨슬리』 (서울: KMC, 2006).
22 김영선 역, 『존 웨슬리 설교선집』 (서울: 열린출판사, 2005).
23 웨슬리신학연구소 편역, 『존 웨슬리 저널』 Ⅰ-Ⅴ, (서울: 신앙과 지성사, 2020).

제공하였다. 이는 그의 탁월한 리더십과 웨슬리 연구에 남다른 열정의 결과라고 할 수 있다. 한국교회와 신학계는 이 저널을 통해 웨슬리의 새로운 면면들을 찾아 볼 수 있을 것이다.

나가는 말

지금까지 신앙과 이성, 생명과 죽음, 삼위일체론, 관계신학, 경건주의, 교회론, 웨슬리신학 등을 다루면서 김영선 교수의 신학세계를 살펴보았다. 그가 관심을 가지고 연구한 주제들은 이론과 추상, 그리고 논리적인 귀결로 끝나지 않고 항상 삶의 신학적 적용을 생각하면서 삶 속에서 체험하는 '삶의 신학'을 지향하였다. 그러기 때문에 신앙의 진리에 대한 이성적 설명을 제공하기 위해 신학의 보편성 사역, 즉 '이성의 신학'에 기반을 둔 신학을 시도하였다. 그리고 이런 시도에 의해 만나게 되는 자유주의신학, 신자유주의신학의 강을 건너 복음이 실존적 자리에 안착하도록 노력하였다. 김영선 교수는 건강한 신학을 세우기 위해 웨슬리와 같이 성서, 전통, 이성, 경험을 신학방법론으로 세우고 급변하는 세계 속에서 복음의 메시지를 읽어내고자 노력하였다. 또한 그가 새롭게 제시한 관계신학은 우리 시대가 소중히 여기고 발전시켜야 할 것으로 사료된다. 우리가 관계적 존재로서 공동체적 삶을 살아야 한다는 그의 신학적 메시지는 동시대인들의 심금을 울린다. 그의 아호(雅號)는 민산(旻山)이다. 높고 맑고 아름다운 기운이 있는 가을하늘에 열매가 풍성한 산을 의미한다. 민(旻)이 날일(日)에 글월 문(文)으로 구성되었듯이 김 교수가 날마다 대하는 글들이 결실을 맺어 산(山)을 이루었다고 여겨진다. 그의 수고와 가르침에 감사드린다.

은퇴식

판넨베르크와 함께

은퇴예배, 중앙에 사모님

파주에 있는 웨슬리신학연구소

웨슬리전집 편찬위원 모임

책임 편집한 『존 웨슬리 저널』

저서 『참된 교회』

연구 목록

● 박사학위 논문

"*Jesus and the Triune God: A Study of the Relationship between Christology and the Doctrine of Trinity in Wolfhart Pannenberg's Theology*"(University of London, Ph.D)

● 저서

『예수와 삼위일체 하나님』. 서울: 기독교문서선교회, 1996.
『생명과 죽음』. 서울: 다산글방, 2002.
『존 웨슬리와 감리교신학』. 서울: 대한기독교서회 2002.
『사진으로 따라가는 존 웨슬리』. 서울: KMC, 2006.

『참된 교회』. 서울: 대한기독교서회, 2011.
『관계신학』. 서울: 대한기독교서회, 2012.
『경건주의 이해』. 서울: 대한기독교서회, 2013.
『조직신학 이해』. 서울: KMC, 2014.
『삶을 위한 죽음이해』. 서울: 대한기독교서회, 2018.
『세계종교 이야기』. 서울: 신앙과지성사, 2019.

● 역서

Cuthrie, Shirley C. 『기독교신학 입문』. 서울: 은성, 1998.
Wesley, John. 『존 웨슬리 설교선집』. 서울: 열린출판사, 2005.

● 논문

"판넨베르크의 삼위일체론". 「협성논총」 4 (1994):33-56.
"판넨베르크의 기독론적 개념에서 본 부활의 의미". 「기독교사상」 431 (1994): 58-77.
"The Ontological Basis of Pannenberg's Trinitarian Theology". 「Korea Journal of Theology」 Vol.1 (1995): 235-256.
"The Problem of the Historical Jesus in Rudolf Bultmann's Christology". 「협성논총」 5 (1995): 23-40.
"칼 바르트 인식론 연구". 「조직신학논총」 2 (1996): 81-123.
"영성의 본질에 대한 조직신학적 고찰". 「협성논총」 6 (1996): 51-74.
"판넨베르크의 기독론 연구". 「한국개혁신학」 1 (1997): 280-308.
"웨슬리의 성령론 고찰". 「협성신학연구소 논총」 2 (1997):108-138
"Gustavo Gutierrez의 영성고찰". 「협성논총」 7 (1997): 1-28.
"칼 바르트의 삼위일체론". 「조직신학논총」 3 (1998):245-273.
"W. Pannenberg의 인간본성론 연구". 「협성논총」 10 (1998): 29-54.
"본 회퍼의 교회와 정치사상에 대한 고찰". 「한국개혁신학회」 5 (1999):

233-260.
"삶의 원형으로서의 관계성". 「협성신학연구소 논총」 3 (1999): 91-116.
"21세기를 대비하는 영성". 「협성신학논단」 2 (1999): 205-233.
"웨슬리 성화신학과 한국교회 갱신". 「한국개혁신학회 논문집」 6 (1999): 173-211.
"생명에 대한 신학적 담론. 「협성신학연구소 논총」 4 (2000): 82-122.
"생명복제와 인간복제에 대한 조직신학적 고찰". 「한국개혁신학」 7 (2000): 87-132.
"존 웨슬리의 인간 이해". 「협성논총」 12 (2000): 1-32.
"존 웨슬리의 하나님 이해. 「한국개혁신학」 8 (2000): 289-313.
"존 웨슬리의 기독론 고찰". 「신학과 교회」 (2000): 150-185.
"인간복제와 영혼". 「기독교사상」 506 (2001): 116-130.
"인간복제와 영혼에 대한 신학적 담론". 「협성신학연구논총」 5 (2001): 50-75.
"칼바르트의 해석학적 신학". 「협성신학논단」 3 (2001): 151-182.
"죽음과 그 이후의 삶". 「협성신학연구논총」 6 (2002): 135-178.
"영혼불멸과 부활을 통해서 본 죽음 이해". 「한국개혁신학」 11 (2002): 200-232.
"웨슬리 신학과 영성". 「조직신학논총」 7 (2002): 53-74.
"존 웨슬리의 영성". 「협성신학논단」 4 (2002): 205-233.
"기독교인의 정치문화에 대한 신학적 고찰". 「한국개혁신학」 13 (2003): 225-247.
"한국감리교회와 신학의 정체성". 「협성신학논단」 5 (2003): 100-130.
"생명의 개념과 본질에 대한 신학적 고찰". 「한국기독교신학논총」 30 (2003): 237-262.
"기독교영성의 본질과 21세기 영성의 과제". 「협성신학논단」 6 (2004): 72-112.
"고령화 사회에서의 교회의 역할". 「한국개혁신학」 16 (2004): 189-221.

"종교다원주의와 종교 간의 대화". 「협성신학논단」 7 (2005): 97-143.
"존 웨슬리의 사회복지 목회". 「한국개혁신학」 19 (2006): 81-102.
"The Significance of Resurrection For Wolfhart Pannenberg's Christological Conception". 「협성신학논단」 8 (2006): 222-244.
"삼위일체 하나님의 본질과 속성". 「한국기독교신학논총」 48 (2006): 161-184.
"방언의 은사에 대한 이해". 「한국조직신학논총」 22 (2008): 41-68.
"은사에 대한 오해와 바람직한 은사의 사용". 「한국기독교신학논총」 64 (2009): 165-187.
"예언과 신유은사에 대한 신학적 이해. 「한국조직신학논총」 25 (2009): 187-215.
"성령 은사의 본질과 속성에 대한 관한 연구". 「한국조직신학논총」 26 (2010): 227-255.
"생태학적 관점에서의 죄 이해". 「한국개혁신학」 36 (2012): 207-235.
"독일 경건주의의 근원에 대한 고찰. 「한국개혁신학」 41 (2014): 94-118.
"레오나르도 보프의 관계적 삼위일체론 연구". 「한국개혁신학」 46 (2015): 105-129.
"영혼불멸사상과 부활신앙의 대립과 융합에 대한 소고". 「장신논단」 51-1 (2019): 177-201.

전기환 박사

강원대학교 공과대학 공학 학사 (B. E.)
아주대학교 대학원 경영학 석사 (M. B. A.)
협성대학교 대학원 신학석사 (Th. M.)
협성대학교 대학원 신학박사 (Ph. D.)

덕두원 중앙교회 담임목사

논문_"블룸하르트 부자의 하나님 나라 운동에 대한 연구"

김응조 목사

김응조 목사의 생애와 신학

유진열_성결대학교 조직신학 교수, 신학대학원장

한문서당 입학 (1902)
계동학교 졸업
대구 계성고등학교 졸업
경성 성서학원 졸업 (1920)
미국 Faith Theological Seminary 명예 신학박사

3.1 운동에 학생대표(경성성서학원)로 참여
경성 독립문교회 담임목사
신사참배 거부
잡지 "생명지광" 창간
서울신학교(서울신학대학교) 교수
기독교대한성결교회 11대 총회장
성결교신학교(성결대학교) 설립 및 학장

독립유공자 대통령 표창
교육공로자 대한민국 국민포장

생 애

김응조는 1896년 12월 3일, 경북 영덕군 지품면의 산촌마을에서 부친 김원섭과 모친 함영국 사이에서 둘째 아들로 태어났다. 당시 대부분의 사람들과 같이 그는 유교적 분위기 속에서 성장했다. 7세가 되던 해에, 김응조는 한문서당에 들어갔다. 그 서당은 애국지사인 최봉희의 부친이 스승으로서 아이들에게 한문(천자문과 동몽선습)과 중국, 한국의 역사를 가르치고 있었다. 19세기 말의 조선은 대원군의 집정, 명성황후와의 갈등, 외세 침략, 쇄국정책, 천주교 박해, 선교사의 유입 등으로 혼란스러웠으며, 백성들의 삶은 피폐해진 상황이었다.

김응조는 1909년 3월에 전라도 해남에서 돌아온 최봉희의 애국적 설교에 감동받게 된다. 그는 해남에서 서양 선교사를 만나 기독교 복음을 듣고 신자가 된 후에 고향에 와서 그 복음을 전파하게 된 것이다. 당시 그가 강조한 것은 복음 자체보다는, 신앙을 통해 점증하던 일본의 침략에 맞서자는 내용이었다. 그 동네 사람들은 기독교를 통해 힘을 키워 일본을 극복할 수 있다는 말에 힘을 얻었다. 결국 백여 호되는 마을의 주민들 대부분이 복음을 받아들이게 되었다. 그들은 대구에 있는 선교사와 의논하고 협력하여 그 마을의 김태두씨의 집에서 교회를 시작했다.

이 과정에서 이원섭도 그들과 함께 입신하게 되었다. 그는 가족 5명과 같이 교회에 다니면서 복음을 믿고 공동체 의식을 강화했다. 얼마 지나지 않아 주민들은 교회가 어떤 신비하고 영적인 힘이 있다는 사실을 확인하게 되었다. 의병을 소탕하기 위해 그 동네에 들이닥친 일본 군인들이 십자가를 보고 두려워하여 교회에 침입하지 않았던 것이다.

이를 본 사람들은 기독교의 힘을 느꼈다. 이 일이 그들을 더욱 열심히 교회에 모이고 예배를 드리며 신앙활동을 하도록 만들었다. 온 교인들이 한 마음으로, 교회를 중심으로 사는 신앙공동체를 만들어 가게 되었다. 그들이 처음에는 애국적, 정치적 발로에서 교회에 발을 들여 놓았지만, 점차 복음에 대한 확신이 커져갔다.

1915년 4월 15일에, 김응조는 대구 계성학교에 다니면서 선교사 피득(유대인이지만 개신교로 개종)으로부터 세례를 받았다. 그는 세례를 받는 순간에 심령이 뜨거워지는 경험을 했다. 그때부터 그는 자신이 이제는 이 세상 사람이 아니라 하나님의 아들이라는 믿음, 주님이 자신을 선택했다는 신념을 갖게 되었다. 1년 후에 그는 경성성서학원을 찾아갔다. 해외로 진출하기 위해 선교사를 만나려고 간 것이다. 거기서 그는 벚꽃을 보고 천사 같은 학생들을 만난다. 풍금소리도 듣고 기도하면서 그들과 같이 공부하면 좋겠다는 꿈을 품게 된다. 그런데 만 23세가 되어야 입학할 수 있다는 말을 듣고 잠시 실망하였지만, 기쁜 마음과 희망이 더욱 컸다.

소망과 확신 가운데 1년을 준비기간으로 보낸 김응조는 다음 해(1917) 4월 1일에 다른 17명과 함께 입학하게 되었다. 그리고 한 달쯤 지나 일본 동양선교회(Oriental Mission Society)의 요청에 따라 전도대원으로 선발되어 모두 7명이 현해탄을 건너 카우만(C. E. Cowman)의 환영을 받으며 동경에 도착했다. 그 후 1년간 선교사, 일본 전도자들과 같이 일본 전역을 다니며 호별전도, 노방전도, 천막전도를 시행했다. 그들은 신도교와 불교 신자들이 대부분인 상황에서 복음을 전하였기 때문에 종종 돌을 맞거나 문전박대를 당하는 경험을 했다. 마을 주민들에 의해 쫓겨나기도 했다. 이런 일들이 있는 가운데서도 한국 대원들은 더 머물며 전도하기를 원했지만 원래 계획에 따라서 1918년 4월에 귀국하게 되었다.

일본 전도의 감동과 여운이 지속된 가운데, 김응조는 학업을 계속했다. 당시 성서학원의 수업은 크게 두 가지로 분류할 수 있는데 강의와 실습이 그것이다. 학생들은 학교에서 수업을 들을 뿐 아니라 복음을 전하는 일에 참여해야만 했다. 그들은 일주일에 두 번씩 노방전도를 실시하고, 매일 밤마다 무교동 전도관에서 구령집회에 참석했다. 그냥 출석하는 것이 아니라 지나가는 사람들을 인도하여 함께 모임에 가는 것이다. 매일 같은 시간에 그렇게 하였기에, 새로운 복음에 관심이 없거나 거부감을 가진 사람들은 그 전도관을 회피하게 되었다. 그래서 그런 식으로 사람들을 인도하는 일이 부적절하고 힘들다는 생각도 있었지만, 학생의 의무로서 감당해야만 했다.

그 즈음에 일본 제국주의자들은 무단통치를 통해 한국 백성들을 더욱 억압했다. 이에 반응하여 백성들 사이에서는 독립에 대한 열망이 커지고 있었다. 그 열망은 3.1독립만세운동으로 표출되었다. 그때 서울에 소재한 전문학교 대표들은 독립운동 지도자들과 연락하여 3월 1일에 남대문에 모여 파고다공원까지 행진하며 '대한독립'을 외치기로 했다. 김응조는 성서학원의 대표 중의 한 사람으로 그 운동에 참여했다. 그때 200여 명이 처음으로 만세운동을 하였는데, 대부분 연희전문, 보성전문, 이화전문, 경성성서학원, 감신대의 학생들이었다. 데모하는 도중에 그는 일본 경찰의 추격을 간신히 피했지만, 그렇게 하지 못한 이들은 붙잡혀 투옥되었다. 그러나 투옥을 면한 학생들은 다시 프랑스 영사관 앞에 모여 한국의 독립의지를 세계에 알려줄 것을 요구했다. 김응조를 포함한 그들은 그 영사가 알았으니 돌아가라는 말을 듣고 해산하여 학교로 복귀했다.

3월 5일에 김응조는 독립선언서를 여러 장 가지고 고향으로 갔다. 하지만 이미 그의 귀향을 인지한 그곳의 경찰에 의해 선동자로 지목되어 대구형무소에 투옥되었다. 거기에는 '독립만세'를 외치다가 잡혀온 많은 이들이 있었다. 당시 그 감옥의 환경은 차라리 죽는 것이 행복할 것이라는 느낌을 자아내는 것이었다. 허송세월하고 싶지 않았던 그는 성경을 읽고 외우면서 더위, 배고픔, 괴로움을 극복해야 했다. 그러면서 그는 '사람이 떡으로만 사는 것이 아니라 하나님의 말씀으로 산다'는 구절의 의미를 절감했다. 더 나아가 그는 동료들에게 성경을 말하고 복음을 전파하며 기도해주어 감방목사라고 불리기도 했다. 이렇게 성서와 전도에 몰입했기에, 나중에 그는 성서학원보다 감옥에서 성서를 더 많이 배웠다고 고백한다.

1년 반 동안의 감옥생활로 허약해진 김응조는 그 해(1920) 여름을 휴양하면서 보냈다. 그리고 9월에 서울로 와서 10월1일에 졸업장을 받았다. 3년의 성서학원 학생 기간 동안 1년은 일본, 1년 반은 감옥에서 생활하여, 그가 실제로 수학한 시간은 1년 정도였다. 하지만 그의 고난과 선교의 경험을 들은 원장은 다른 졸업생과 다르지 않은 자격이 있다고 하며 기꺼이 그 증서를 수여했다. 그 간증에 감동한 원장이 주는 졸업장을 받고 김응조는 '죽도록 충성하겠습니다'라는 말을 남겼다. 집으로 돌아온 그는 한국지도에 십자가를 그리고 '조선은 나의 교구다'라는 글을 써놓고 바라보고 기도하면서 용기백배하였다. 그 후 그는 강원도, 경기도, 서울 등지의 교회에 파송 받아 가는 교회마다 부흥을 일으켰다.

30세에 목사로 안수 받은 김응조는 북부지방(함경도, 북간도, 강원도 일부)의 감독으로 임명되었다. 처음에 그 지방의 교회들을 순회하였는데, 대부분이 농촌과 산촌에 있었다. 그는 도시지역의 중요성을 깨닫고 각 지역의 주요 도시와 마을에서 교회를 개척했다. 그 결과 5년 동안 30여 개의 교회가 생겼다. 이렇게 전도와 교회 설립에 몰두하던 그는 병약해지기 시작했다. 폐렴2기에 걸린 것이다. 의사는 그에게 따듯하고 공기가 맑으며 생선이 많은 목포에 가서 쉴 것을 조언했다. 그 말에 따라 목포에 갔지만 생활환경이 심히 열악(물, 재정, 주택, 질병 때문에)하였다. 점점 더 쇠약해진 그는 하루라도 빨리 죽는 것은 축복이요 하루 더 사는 것은 저주라고 생각할 정도로 절망했다.

이런 엄혹한 시련에 처한 김응조는 일사각오의 심정으로 기도하기로 결정했다. 유달산의 넓은 바위에서 아침 5시부터 7시까지 백일 간 그리하기로 하고 실행했다. 그러던 중에 그는 잠든 상태에서 갈라진 바위 밑에서 생수가 올라오는 환상을 본다(1930. 9. 10). 이 꿈에서 깨어난 후에 그의 몸과 마음은 변화를 느낀다. 마음에는 기쁨, 사랑, 능력, 소망이 넘치고, 몸은 날아갈 듯 가벼워졌다. 심신이 뜨거워지는 경험을 한 것이다. 그는 한참 동안 감사의 기도를 드리고 기쁨의 찬송을 부르며, 하나님이 자신의 심령과 육체를 새롭게 하셨다고 확신했다. 이후에 그는 새로운 각오와 건강한 몸으로 사역에 임하게 되었다. 이를 계기로 자신의 호를 영암(靈岩)이라고 정하고 전진했다.

영암은 호남지방 감리목사로 일하게 되었다. 도시에서 먼저 복음을 전하고 교회를 개척했다. 5년간 재임하면서 교회 숫자는 20개에서 51개로 증가하고 교인은 천 여 명에서 3천 여 명으로 늘어났으며, 38개 교회가 예배당을 신축하게 되었다. 그는 이 부흥의 역사가 유달산에서의 불과 같은 체험 때문이라고 고백한다. 1937년에 그는 독립문교회의 담임목사로 부임하였으며, 동시에 중부지방(서울, 경기, 강원) 순회 목사의 직무도 감당하게 되었다. 그런데 지방에 있을 때보다 일본 경찰의 감시가 심해졌고, 일제의 행사에 참석하라는 공문을 종종 받았다. 신사참배를 거부한 그는 결국 교회를 사임했다. 그렇게 한 이유는 두 가지인데, 그가 담임목사로 있으면 참배를 피하기 어렵다는 것을 인식했고, 성결교회 총회가 참배는 국가의식이지 우상숭배가 아니라고 공표한 것이 비성서적이라고 생각했기 때문이다.

교회를 떠난 김응조는 하숙을 치며 생계를 유지하는 한편, 복음전파를 위해 월간지 '생명지광'(生命之光)을 창간했다. 일제의 검열 때문에 출판이 쉽지 않은 상황에서 탄생한 그 잡지는 설교, 성경강해, 신학, 전기, 신앙간증, 설교방법, 예화 등으로 꾸며졌다. 그는 여러 지역의 교회에서 부흥회를 인도하면서 매월 3천부를 발행하여 일일이 주소를 적어 발송했다. 그가 이렇게 문서전도에 열정을 가지고 일했지만, 그 월간지는 1943년에 강제로 폐간되었다. 일제가 '기독공보'를 제외한 모든 언론매체를 폐쇄했기 때문이다. 하지만 '생명지광'이 5년 여 동안 한반도뿐아니라 만주에 있는 신자들의 신앙을 공고히 하고 목회자의 사역을 풍요롭게 하는데 도움을 준 것은 분명하다.

영암은 해방 이후에 전국 지방을 돌며 초교파적으로 부흥회를 인도하였는데, 특히 서울의 동대문 감리교회에서 한 부흥회는 해방 후 처음으로 열린 집회로 알려져 있다. 1946년에 그는 '활천'에 기고하기로 약속하면서 성결교회로 돌아오고, 경성신학교의 교수로 초빙 받아 봉직했다. 6.25전쟁 때에는 부산으로 옮긴 신학교에서 계속 강의를 했다. 학교가 서울로 복귀한 후에는 가르치는 일과 저술활동에 전념하게 되었다. 1956년에는 한국성결교회의 총회장이 되어 교단의 성장을 위해 노력했으며, 1957년 10월부터 6개월 간 미국에서 간증과 설교로 주의 은혜와 진리를 전하였다.

1961년 4월에 개최된 기독교대한성결교회 총회에서 교회협의회(NCC)와 복음주의협회(NAE)에 가입하고 대표를 파송하는 문제 때문에 대의원들 사이에 갈등이 생겼다. 양 기관에 대표를 보내자는 측과 탈퇴하자는 측이 맞서게 된다. 이때 김응조는 이명직, 이성봉, 황성택 목사와 같이 탈퇴를 주장했다. 그러나 그들의 주장이 관철되지 않자, 그들은 '복음진리수호동지회'를 조직하게 되었다. 이 동지회는 나중에 예수교대한성결교회로 개편했다. 이들 가운데 끝까지 그 성결교회에 남아 헌신한 인물이 김응조이다. 그래서 그를 보통 예수교대한성결교회의 설립자로 부른다.

분열된 성결교회 총회의 결의에 따라 새로운 신학교(성결대학교의 전신)가 설립되었는데(1962. 9. 20) 초대 교장에 김응조가, 명예교장에는 이명직이 선임되었다. 최초의 학생들은 50명이었으며, 건물이 없어 교장의 집에서 시작하였다. 그 후 홍대실권사의 도움으로 행촌동에 3층짜리 건물을 신축하여 학교로 사용하고, 1974년에는 그녀가 기증한 안양의 부지 위에 6층 건물을 지어 학교를 옮기게 되었다. 김응조는 이 학교가 기독교 종합대학교로 발전하는데 중추적인 역할을 담당했다. 이렇게 한국교회, 예성교단, 성결대학교를 위해 일생을 바친 그는 예수님의 재림을 갈망하며 여생을 보내던 중 96세인 1991년 4월 17일에 소천했다.

신학 사상

재림사상

영암에게 종말론, 특히 예수의 재림은 가장 중요한 신학적 주제이다. 그 재림이 보수적 복음주의에서 핵심적 교리이듯이 그에게도 중심적인 것으로 작용했다. 그는 예언서인 다니엘과 요한계시록을 집중적으로 연구하였으며, 설교에서 재림을 강조하였다. 암울하던 식민지시대에 방황하고 절망하던 사람들은 그의 설교에 귀를 기울였다. 이런 그의 관심과 주제는 "말세와 그리스도의 재림"에 잘 드러나 있다. 물론 그의 종말사상은 자신의 창작은 아니다. 묵시록에 대한 자신의 연구와 다른 보수적 교리들을 종합한 것이다. 그는 자신이 탐구하여 습득한 것을 자신의 언어와 논리로 재구성하여 제시했다. 그리고 그가 처음으로 그런 사상을 전한 것도 아니다. 이미 성서가 그것을 강조하고 있으며, 기독교 자체가 종말과 재림을 강조하는 교리를 갖고 있다. 더하여 한국에 복음을 전한 초기 대부분의 선교사들과 한국성결교회의 설립 당시 지도자들은 일본 동경성서학원(도양선교회)에서 수학하였는데, 이 학원의 선생들이 모두 재림을 중요하게 생각하고 있었다.

영암의 종말론을 풀어서 말한다면, 세대주의적 요소를 가미한 전천년설(pre-millennialism)이라고 할 수 있다. 인류의 역사가 진전하여 천년왕국이 실현된 후에 재림이 있다는 낙관적 후천년설(post-millennialism)과 다르게, 세대주의적 전천년설은 사회가 점점 타락하여 말세가 되고나서 그리스도가 재림하여 천년왕국이 시작된다고 말한다. 후자는 성서에 대한 문자적 해석에 기초하고 있으며 영국의 다비

(John N. Darby)가 주창한 것이다. 이 교리는 이스라엘의 회복, 도덕적 타락, 공중 재림, 휴거, 7년 대환란, 지상 재림, 부활, 심판을 포함하고 있다. 김응조는 이 사상을 도입하여 암울한 시대상황에 맞게 창조적으로 복구하여 전파했다.

그의 종말론은 어떤 과정으로 형성되었는가? 김응조는 일본에 가서 전도할 때 재림의 환상을 보았다. 그 환상은 재림사상에 대한 관심을 고조시켰으며 성결한 삶에 대한 열망을 품게 만들었다: "주를 향하여 소망을 가진 자마다 그의 깨끗하심과 같이 자기를 깨끗하게 하느니라"(요일 3:3). 그가 이 경험에 대해 일본교회에서 간증할 때 많은 이들이 감동하게 되었는데, 이 감동의 물결은 한국 신자들의 마음도 움직이게 했다. 재림에 관한 그의 메시지는 어둠 가운데 희망의 빛이 되어 청중들의 심령에 생기를 불어 넣었다.

주의 재림에 대한 영암의 강조는 해방 이후에도 계속되었다. 그는 여전히 부흥회에서 그것을 주제로 하여 설교했다. 신학교에서 종말론을 강의했으며, '생명지광,' '활천,' '성별'과 같은 잡지는 물론이요, 여러 저술에서 그것을 표현했다. 그런 설교는 혼란스럽고 약한 구한말, 강압적인 일본 통치시대, 한국전쟁의 참극을 경험하며 고통당하는 민중들의 필요에 부응하는 것이었다. 그것은 한국인들이 천지개벽이나 정감록과 같은 종말사상을 갖고 있는 상황에서 예수 중심의 구체적인 내용을 곁들인 희망의 등불이 되었다. 또한 그 사상은 사중복음을 전도표제요 신학적 주제로 내세우는 성결교회의 교리적 정체성을 보여주는 것이기도 하다.

영암의 종말사상은 해석의 열쇠와 같은 역할을 하며 실천의 근거를 제공했다. 그 재림론은 성서와 세상을 이해하는 창문의 기능을 갖고 있으며, 성서를 해석하고 교리를 체계적으로 풀어내는 열쇠와 유사하다. 어떤 의미에서, 몰트만이 종말론을 기독교의 핵심으로 부각시키는 것처럼, 그는 재림론을 통해 만사를 조명하고 탐구하는 자세를 갖고 있다. 특히 그는 그 사상을 성결론과 연결시켰다. 거룩한 삶의 당위성을 재림에서 찾는 것이다. 또한 그것은 선교의 근거를 분명히 하고 열정을 일으키는 기폭제가 된다. 이와 같이 그의 종말론은 이론적, 교리적, 미래적인 것에 머물지 않고 실천적이고 현세적인 교회생활과 연관된 것이다.

보수주의

김응조의 보수적 신학사상은 성서에 대한 입장에서 분명히 드러난다. 그는 한국에서 활동한 초기의 선교사들의 영향을 받았다. 그들은 대부분 복음주의나 성서적 보수주의를 표방하는 교회에 소속되어 복음을 전했다. 그들이 전파한 복음은 성서에 대한 문자적 해석에 기초하고 있다. 자연스럽게 전도자들은 성경에 근거한 성서영감설과 성서무오설을 강조하였고, 한국의 신자들도 그것을 수용하게 되었다. 김응조 역시 성서를 때로는 영적으로 해석(영해)하였지만, 문자적 해석과 그에 따른 실천을 주장한 것도 사실이다. 그의 목회론, 성결론, 종말론, 교회론 등이 바로 그런 해석을 보여주는 대목이다.

영암의 보수적 성향은 WCC나 NCC에 대한 태도에서도 분명해진다. 그는 현대의 여러 교회들이 자유주의에 영향을 받았으며, 그 영향으로 창설된 것이 세계교회협의회라는 생각을 갖고 있다. 그 자유주의는 현대사상이나 시대정신에 기울어 교회의 본질에서 멀어진 흐름이다. 그 사상을 옹호하는 이들은 과도하게 시대적 연관성(relevance)을 추구하다가 기독교의 정체성(identity)을 상실하는 경향을 갖는다. 따라서 이런 사상과 결별하고 정통신앙을 견지하는 것이 기독교의 순수함을 이어가는 길이다. 결국 그는 WCC에 대항하기 위해 생긴 ICCC에 관심을 가지고 그 창설자인 칼 매킨타이어(Carl McIntire)를 만났다. 매킨타이어는 복음주의가 자유주의와 타협한다고 평가하면서 미국복음주의협회와 빌리 그래함과도 결별한 인물이다. 김응조는 그를 학교에 초청하여 설교와 특강을 하도록 했다. 그와 같은 근본주의적 지도자와 연대감을 느꼈다는 사실이 그의 신학사상적 특성을 엿볼 수 있는 부분이다.

윤리적인 면에서도, 김응조는 전통적인 방식을 고수하는 편이다. 그는 성서 고등비평을 거부하듯이, 이 시대의 정신인 문화와 종교 다원주의를 배격한다. 그것은 그가 유교적 분위기에서 자라고 근본주의적 선교사들의 영향을 받았기 때문이다. 그에게 다양성을 수용하는 것은 타협이며 변질을 의미한다. 인간의 삶에는 하나님이 인정하는 하나의 도덕이 있을 뿐이다. 교리적인 측면에서처럼 행위적인 부분에서 하나의 규범이 존재하고, 그것을 따르는 것이 옳은 일이다. 타락한 세상에서 배울 것은 많지 않기 때문에, 교회는 문화적으로 분리되어야 할 뿐 아니라, 자유주의신학이 범람하기에 교파적으로도 분리정책을 취해야 하는 것이다.

사중복음

사중복음(중생, 성결, 신유, 재림)은 성결교회의 전도표제요 자부심이며, 교리적 정체성을 보여주는 것이다. 이 복음은 “평강의 하나님이 친히 너희를 온전히 거룩하게 하시고 또 너희의 온 영과 혼과 몸이 우리 주 예수 그리스도께서 강림하실 때에 흠 없게 보전되기를 원하노라”

(살전 5:23)는 바울의 기도에 근거하고 있다. 이 기도를 사람의 세 가지 구성요소인 영, 혼, 몸이 모두 구원의 은혜를 누리는 가운데 주의 재림을 기다려야 한다고 해석하는데 기초를 둔다. 또한 그것은 예수께서 전파한 천국 복음의 주요 내용이며 구원의 문제에 있어서 핵심을 이루는 주제이다.

물론 사중복음은 한국 성결교회의 창작이 아니다. 영암의 고유한 사상도 아니다. 그것은 깊은 의미에서 성서적 복음의 재발견이며 창조적 복구라고 할 수 있다. 역사적으로 사중복음의 뿌리는 심슨(Albert B. Simpson, 1843~1919)의 "사중복음"이라는 책에 있다. 그리고 그로부터 영향을 받은 만국성결교회 소속의 선교사인 찰스 카우만(Cowman), 마틴 냅(Knapp), 길보른(Kilbourne) 등에 의해 일본과 한국에 전파된 것이다. 그 복음은 초기 한국성결교회의 정빈과 김상준이 동경성서학원에서 배운 것이며, 그들이 귀국하여 전도의 표제로 삼은 것이다. 영암은 그것을 강조하며 자신의 경험과 사상에 비추어 새롭게 제시하게 된다.

김응조에게 중생은 신학의 최대 관심이며 기독교 진리의 핵심이다. 그는 요한복음 3:1-8과 베드로전서 1:23 등을 근거로 중생의 필요성을 내세운다. 영적 거듭남은 회개, 세례, 용서를 포함하며 성령의 임재와 활동으로 진행하는 은혜의 첫 단계이다. 회개는 방향전환, 죄와의 단절, 과거의 청산을 의미한다. 진정한 회개의 징표로 받는 세례는 마음의 전환을 뜻한다. 그리고 그렇게 전환한 자를 용서하는 것이 하나님이 죄인을 대하는 태도이다. 그 후에 정결한 마음에 성령이 임하여 내주하시는 것이다. 이렇게 해서 구원의 과정에 들어선 성도가 성령세례를 받거나 성령으로 충만해지면 성결의 단계에 진입하게 된다.

초기에 영암은 성결을 성령세례와 동일시하였지만 점차 성화(sanctification)를 강조하게 된다. 다시 말해, 성령의 거룩하게 하는 역사를 통해 신자가 도덕적으로 성숙하고 성품이 변하는 것에 관심을 가진 것이다. 웨슬리와 유사하게 영암도 순간적인 변화보다는 점진적인 성화에 무게를 둔다. 이런 사실은 그가 후에 성령의 은사나 신유보다 성령의 열매를 강조하는 데서 더욱 뚜렷해진다. 물론 영암이 초월적 은사인 신유를 경시한 것은 아니다. 그것 또한 성경적 순복음이기 때문이다. 예수의 주요 사역 중의 하나이기 때문이다. 그러나 그가 신유와 같은 은사보다 그 열매를 더 강조한 것은 그리스도의 사역과 웨슬리의 경험에 영향을 받은 것이 아닌가하는 생각이 든다. 은사보다는 그 열매가 복음전파의 실효성을 증진하고 교회의 신뢰성을 고양한다는 의미에서 적절한 방향으로 평가할 수 있다.

성서론

웨슬리가 신학의 통로로서 성경, 이성, 전통, 경험을 이야기 한다면, 김응조는 자연과 성서와 경험을 제시했다. 그에게 자연은 일반계시의 통로이며, 성경은 특별계시의 수단이다. 그리고 경험은 이미 확립된 성서적 진리를 보충하거나 확인하는 기능을 한다. 어떤 이는 그가 성서나 전통보다는 자신의 경험에 의존하여 주관적인 사상을 전개한다는 평가를 내린다. 그러나 그는 낭만주의에 영향을 받아 종교를 경건한 마음이나 절대 의존감정으로 정의한 슐라이에르마허의 견해를 주관적이라고 비평하고 있다. 그리고 신학의 형성에 있어 그의 경험이 중요한 역할을 하기는 하지만 거기에 성경만한 권위를 부여하지 않았다. 성서는 하나님의 뜻이 담긴 절대적 권위를 가진 것이다.

영암의 신학은 성서 중심적이라고 보는 것이 적절하다. 그의 사상은 서양의 합리주의적이고 관념론적인 신학에 영향을 받은 것이 아니라, 성서를 순수한 기초로 삼아 정립된다. 그는 신앙주의에 근거한 보수적 성경관을 보여준다. 성서는 신적 진리의 보고요 생명의 원천이 되기에 충분하다. 그것은 정확 무오한 하나님의 말씀이며 성령의 감동으로 기록된 거룩한 계시이다. 자유주의는 성서를 종교적 천재의 작품으로 이해하기 때문에 역사적 비평방식을 선호한다. 그런데 이런 방식으로 성서의 본질을 파악할 수는 없다. 그것이 하나님의 계시라는 믿음을 가지고 해석해야 그 진면목을 인식할 수 있다. 신앙 없이 접근하면 성경은 하나의 책으로 전락하며 어떤 창조적, 변형적 힘도 발휘하지 못한다.

그러나 성서는 신적 계시의 장으로서 능력을 나타낸다. 김응조는 "성서의 위력"이란 설교에서, 그 힘을 열거한다. 성서는 구원의 능력이 된다. 하나님은 예수 그리스도의 복음을 통해 사람을 구원하신다. 그런데 그 복음과 그리스도에 대하여 효과적으로 증언하는 것이 성서이다. 사람이 구원에 이르는 데 필요한 신적 지혜가 거기에 있다. 성경은 또한 교육을 위한 양서가 된다. 성서는 사랑, 정의, 도덕, 행복, 가치에 대하여 가르치고 있으며, 참된 해방을 위한 지식을 제공한다. 성서는 영혼의 검이며 등불과 같다. 그것은 유혹을 물리치며, 병든 자아를 수술하고, 바른 길로 안내한다. 고질적인 성품을 변화시키며, 오랜 악습을 타파하는 힘을 보여준다. 이런 역할이 성서의 능력이며 목적이다.

영암은 성서에 오류가 없다고 강조했지만, 극단적인 성서 영감설을 주장하지는 않는다. 저자가 성령의 계시를 그대로 받아 적었다거나, 성령이 성서의 내용뿐 아니라 글자 모두를 알려주었다는 주장에 반대한다. 그는 성령이 성서의 전체적인 주제와 구원사적 내용을 계시하였지만, 그 외의 역사적이고 과학적인 사실은 저자의 지식에 근거한 것이라고 생각한다. 그러니까 예수에게 신성과 인성이 있듯이 성서에도 그런 양면성이 있다는 것이다. 이렇게 성서를 전적인 인간의 작품으로 보거나 완전한 신의 역사라고 확신하는 양 극단 사이에서 김응조는 중도적이고 복음적인 입장을 보여주는 역동적 영감설을 가장 적합한 것으로 인정한다.

목회철학

김응조는 한국 목사로서 최초의 목회학을 저술했다(1937년). 그의 목회사상은 성서에 기초를 두고 있지만 자신의 경험에 많은 영향을 받았다. 성서와 경험을 두 기둥으로 삼아 정립된 것이다. 그가 경험을 중시한 배경에는 신학교육의 부족이 있다. 그 경험에서 중요한 것은 일본전도, 감옥생활, 유달산 체험이 포함된다. 그는 이 책에서 자신과 다른 목회자들의 경험에서 얻은 지혜를 간명하게 표현하는데 초점을 맞춘다. 그것은 논쟁적이기보다는 서술적이며, 이론적이기보다는 실제적이기 때문에 실용성이 크다고 할 수 있다. 물론 경험 외에도 일본서적, 유교와 같은 시대정신, 한학 등이 그의 목회철학을 형성하는 요소로 작용한다.

현대 목회자들 가운데 성공지향적인 풍토에 함몰되어 요령, 형식, 이벤트를 통하여 신속하게 교회의 성장을 도모하려는 이들이 있는데, 영암은 그들에게 'No'라고 한다. 목회의 기본에 충실하라는 것이 그의 조언이다. 이것은 목회자의 사명, 각오, 자격을 다룬 부분에서 분명히 드러난다. 그에게 목회는 성직이며 종신직이므로 목회적 성품과 사명감이 있어야 하며 고난을 각오해야 하는 일이다. 전도의 일은 곤란한 사업이요, 목회자로 하여금 병들게 하고 죽음을 앞당기는 원인이 된다.

이 일을 적절히 감당하기 위해서 목회자는 육체적, 영적, 도덕적, 개성적 자격을 갖추어야 한다. 목회자는 먼저 자신의 소명의식을 확고히 하고 자격을 확인한 후에 결심을 단단히 하여 사역에 임하라는 것이다.

우리는 김응조의 목회학에서 문맥화 또는 토착화를 위한 노력을 엿볼 수 있는데, 이는 누구나 견지해야 할 자세로서 높이 평가할 수 있다. 이 책은 암담한 식민지시대에 활동하는 목회자들을 위해 쓴 것이지, 만고불변의 진리를 말하고 있는 것은 아니다. 21세기 목회자가 어려움 없이 그대로 받아들일 수 없는 내용도 거기에 들어 있다. 그는 신학이 열매를 맺은 서구의 것을 그대로 답습하지 않고 한국의 상황에 맞게 개작하여 제시한다. 여기에 이 책의 실용성, 경험적 적합성, 시대적 연관성이 있는 것이다.

당시 한국적 목회론이 정립되지 않는 상황에서 그의 견해는 많은 목회자들에게 하나의 주요한 목회지침으로 또는 숙고의 대상으로서의 역할을 하게 된다. 목회자요 설교자로서 영암은 청교도적 신앙을 가지고 복음전파에 전력투구하였다. 청빈하고 강직한 그의 면모는 한국적 선비정신과 유럽의 청교도정신이 조화를 이룬 것이라고 할 수 있다. 사실, 그는 택시보다는 버스를, 버스보다는 걷기를 좋아했다. 강의와 저술 등으로 얻은 재물을 자신을 위해서는 최소한으로 사용하고 나머지는 선교를 위해 소비했다. 장학금을 내거나 개척교회의 자금으로 기부한 것이다. 이런 사실을 고려할 때, 그의 목회학은 프락시스(praxis)의 핵심을 보여준다고 평가할 수 있다. 거기에 신앙과 삶, 예배와 실천, 교리와 행위의 조화, 신행일치가 드러난다는 말이다.

공 헌

무엇보다 먼저, 김응조는 보수적 교리와 실천을 통해 기독교의 본질을 유지하려는 노력을 보여주었다. 그는 순수한 복음을 선포하고 구체화하는 일에 관심을 갖고 있었으며, 자유주의신학을 배격하는데 앞장섰다. 그의 교리가 성서적 보수주의를 그대로 드러내고 있고, 그의 삶은 그 교리에 근거한 것이다. 이런 그의 특성은 신사참배를 거부할 뿐 아니라, 그에 동조한 교단을 탈퇴한 사실에서 분명해진다. 영암은 교회가 신앙과 실천면에 있어서 세상과 분명히 구분되어야 한다는 것을 강조한다. 기독교인의 삶은 타락한 세상의 문화와 관습에 동화되어서는 안 된다. 내적으로나 외적으로 성결한 면모를 드러내야 할 것이다. 그것이 중생한 신자의 마땅한 생활이며 재림을 기다리는 성도의 특징이어야 한다. 이런 의미에서 그는 기독교적 정체성이 희미하여 목회에 도움이 되지 않는 자유주의사상의 유행을 잠재우는데 일조한 인물이다.

둘째로, 영암은 문서를 통한 선교에 힘썼다. 그는 자신이 창간한 '생명지광'을 국내외에 배포하여 복음을 전하는 노력을 기울였다. 일본 식민지시대의 어려운 상황에서 자신이 처한 답답한 환경에서 최선의 방식으로 문서선교를 택한 것이다. 그는 또한 여러 저술을 통해 성경적 보수주의, 복음주의를 확립하는데 이바지 하였다. 그 책들 가운데 역사적으로 조건화된 것이 있고 다른 학자들의 영향을 보여주는 것도 있지만, 그의 활발한 저술활동은 당시 한국의 보수신학을 공고히 하고 풍요롭게 하는데 공헌했다. 그의 저술의 특성 중의 하나는 실용성이다. 거기에는 설교자와 목회자들이 사역의 현장에서 활용할 수 있는 내용으로 가득하다. 어떤 의미에서 영암을 신학자라고 분류한다면, 그는 이론적 신학자라기보다는 실용적 신학자라고 할 수 있다.

셋째로, 김응조는 성서중심의 신학을 전개하여 종교개혁의 전통을 이어가고 있다. 그 개혁자들이 성서를 신앙과 실천을 위한 최고의 권위로 인정하였는데, 영암도 그 전통을 계승했다. 이는 그가 성서영감설과 무오설을 인정하는 데서 분명해진다. 그는 또한 성서를 문자적으로, 영적으로 해석하면서 신학적 주제를 풀어가고 있다. 특별히 그의 사중복음, 재림사상, 신사참배 거부, 경험의 해석, 복음전파는 성서를 굳건한 기초로 삼아 형성된 것이다. 현대에 와서 일부 교회 지도자들이 자유주의 신학으로 기울어 성서를 인간적 산물로 격하시키는 경향이 뚜렷한 상황이 전개되고 있다. 성서에는 과장, 신화, 시대적 편견, 조작이 담겨 있으므로 시대에 뒤떨어진 과학 이전 시대의 산물로서 취급되어야 한다고 주장하는 이들도 있다. 그들은 성경이 인간의 작품이기 때문에 다른 문헌과 같이 비평의 도마 위에 놓여야 한다고 주장한다. 이런 상황에서 성서의 고상한 가치와 권위를 선양하는 영암의 보수적 노력은 기독교 정체성 유지에 공헌하는 행위이다.

넷째로, 김응조는 성서를 영해(비유, 은유, 상징)하여 해석을 풍요롭게 했다. 그의 '성서대강해'를 보면 예외 없이 각 장의 마지막 부분에는 영적인 해석이 등장한다. 예를 들면, 그는 강물이라는 단어를 생명수, 에덴동산의 강과 연관시키고, 나무란 말이 나오면 그것을 십자가나 선악과 나무와 비교하며 설명하고 있다. 이런 방식은 원의나 저자의 의도와는 상관없는 견강부회(牽强附會)라는 논란이 있지만, 성서의 내용을 생동감 있게 창의적으로 풀어내는 기술이기도 하다. 먼저, 그 해석방법은 성서를 성서로 해석한다는 '신앙의 유비'(analogy of faith) 원리에 부합한다. 이는 어떤 통일된 주제가 성서 전체에 관통하고 있으며, 그 내용에는 일관성이 있어 모순이 없다는 개념을 전제로 하는 방식으로서 주요한 성서해석방법으로 자리 잡고 있다.

또한 그 영해는 구약과 신약의 연결고리를 강화하는데 도움을 준다. 인간적인 관점에서 구약성서는 유대민족의 역사와 신앙을 드러내며 정의의 칼을 냉혹하게 휘두르는 여호와를 묘사하기 때문에 복음이라고 할 수 있는 신약성서와 연관성이 적다고 볼 수도 있다. 사랑과 구원의 하나님을 강조하는 신약과 엄한 심판을 시행하는 하나님이 부각되는 구약이 조화를 이루기 어렵다고 하기도 한다. 이 상황에서 구약과 신약을 하나님의 일치된 하나의 계시로 인식하고, 그 전체성의 맥락에서 해석하는 일은 어렵기는 하지만 바람직한 시도라고 해야 할 것이다. 영해는 자칫하면 읽기 지루하고 내용이 무의미한 것 같은 구약성서를 살아있는 말씀으로 이해하도록 돕는다. 어떤 의미에서 그것은 고대의 유물을 창의적으로 복구하여 현대인에게 호소력 있는 진리로 제시하는 예술적 방식이다.

마지막으로, 영암은 프락시스(praxis)적 삶을 구현하려고 애쓴 인물이다. 신앙과 실천, 예배와 삶, 교리와 행위 사이를 왕래하는 순환적 개념인 프락시스를 보여주는 이들은 많지 않다. 그런데 그는 자신의 신념의 진위여부를 떠나서 자신이 믿고 선포한 대로 생활하려고 노력했다. 그가 어려서 들어 옳다고 생각한 '기독교가 애국의 길이다'라는 사상을 실현하기 위해 3.1독립만세운동에서 앞장서 참여한 일, 신사참배를 거부한 일 등이 좋은 예가 된다. 김응조는 또한 청빈한 삶을 살았다. 급해도 택시를 타지 않고 버스를 이용한다든지 자신이 얻은 수익금을 대부분 선교사나 개척교회에 지원하는 모습이 그의 검소한 삶을 보여준다. 그것이 곧 예수의 삶이요 충성스런 제자들의 모습이다. 목회를 물질, 명예, 권세, 인기와 같은 세속적 가치를 얻기 위한 수단으로 생각하는 이들과 다르게, 그는 복음전파 자체를 최고의 가치로 여기고 그 일에 매진하는 삶을 살았다.

결 론

한 사람의 생애와 사상에 영향을 주는 요소는 다양하며 복합적이다. 그 요소들 가운데는 결정적인 것이 있고 부차적인 것도 있다. 영암의 경우 전자는 자신의 종교적 경험, 경성성서학원, 성서해석, 보수적 전도자들과의 교류를 제기할 수 있다. 후자에 속하는 것은 유교적 배경, 일제강점기와 한국전쟁을 포함한 시대상황, 개인적 성품, 복음동지들, 교단의 정책과 실천, 감옥생활 등이다. 이런 요소들이 복합적으로 작용하여 그의 사상이 형성된 것이다. 이렇게 정립된 복음적 사상을 통해 그는 성결교회의 정체성을 명료하게 하는데 공헌하였으며, 한국교회가 자유주의의 흐름에 저항할 이유와 동력을 제공했다.

김응조 목사는 예수교대한성결교회와 성결대학교의 설립과 부흥에 있어서 모세와 같은 역할을 한 인물이다. 그는 신앙과 삶이 일치되는 본을 보여주었으며, 청교도적 생활을 통해 후배들에게 귀감이 되었다. 그가 추구한 것은 세속적 가치가 아니라 복음적 가치이다. 성서적 복음을 통해 교회와 사회를 선도하는데 앞장 선 영암은 또한 기독교 정체성(identity)과 복음의 시대적 연관성(relevance)을 위해 헌신했다. 깊은 기독교적 뿌리 위에 국가, 사회, 교회에 복음을 적용하려고 부단히 투쟁한 것이다. 현재 한국교회의 안타까운 상황에서, 우리가 그를 그리워하는 이유는 그의 불퇴전의 보수적 신앙, 신행일치적 삶, 헌신적 복음전파의 열정 때문일 것이다.

예수교성결교단 설립자

성결대학교 초대 교장

성결대학교를 설립한 신학자이자 교육자

가족들

성서대강해 전집

저서
『나는 심령이 살았다』

연구 목록

저서

실천신학 목회학 (1937)

모범 설교 500제 (1937)

성서부인설교집 (1939)

말세와 예수재림 (1954)

성서아동 설교집 (1937)

사막의 생수 (1954)

부흥의 불꽃 (1954)

다니엘서강의 (1953)

설교예제 5백 문제 (1955)

기독전 (1956)

바울전 (1956)

성서절기설교 (1959)

하늘의 만나 (1967)

하나님의 장막 (1968)

기독교 2천년사 (1968)

황야의 과객 (1968)

성서 난해구 해석 (1968)

신구약성서답안 (1968)

구약성서대강해 제3권 (1959, 1960)

신약성서대강해 제3권 (1961, 1962)

성서적 정통신학 (1969)

구약역사철학 (1970)

하늘의 매일 메시지 (1971)

나는 기도해서 얻었다 (1971)

성서대강해 제12권 (1980,1981)

은총 90 (1983)

생수를 주리라 (1988)

유진열 교수

성결대학교 신학과
고려대학교 상담심리학과 (석사)
Emory University (M. Div.)
Southern Baptist Theological Seminary (Ph. D, 조직신학)

성결대학교 조직신학 교수, 신학대학원장

저서_신과 진리를 찾는 인간
21세기 현대신학
위대한 실용적 신학자: 존 웨슬리의 생애와 사상
양심의 변증법(한국연구재단)
11계명
복음주의 조직신학 개론
이상적 교회, 현실적 교회
종교와 과학의 융화(한국연구재단, 출간 예정)

역서_기독교는 참되다(Gardner)
인간이란 무엇인가(Pannenberg)

김재성 박사

김재성 박사의 생애와 신학

이금석_십자가교회 담임목사

총신대학교 신학과 (B. A.), 동 신학대학원 수학
합동신학대학원 (M. Div.)
서울대학교 대학원 (M.A.)
아세아 연합신학대학원
미국 칼빈신학대학원 (Th. M.)
미국 웨스트민스터 신학대학원 (Ph. D.)

국제신학대학원 대학교 부총장, 조직신학
합동신학대학원대학교 조직신학 교수 역임
합동신학대학원 부설 칼빈사상연구소 소장
실천처장, 교무처장

들어가는 말

올해로 한국의 개신교는 136년을 맞이한다. 초기 한국개신교를 대표하는 신학사상은 무엇인가. 평양신학교 교수사역을 담당했던 선교사들이 가졌던 신학사상일 것이다. 곧 칼빈주의 전통을 가진 개혁청교도신학이다.[1] 평양신학교에서 가르친 선교사들의 출신 신학교는 미북장로교 소속의 프린스턴신학교와 맥코믹신학교이다. 이들 신학교의 신학사상은 구학파(Old School) 사상이었다. 그 사상이 바로 개혁청교도사상이다. 그들의 신학사상을 평양신학교에서 배운 이들이 우리나라 초기 개신교신학을 이끌어 가신 이들이며 그들을 대표하는 이가 바로 박형룡 박사와 박윤선 박사이다. 아마도 장로교 신자와 신학생들이라면 가장 먼저 생각나는 분들일 것이다.

그러면 20세기 후반기를 지나 21세기를 살고 있는 현대의 우리 개신교인들이 떠올릴 수 있는 정통개혁신학자는 누구일까? 데이비드 웰스가 쓴『윤리실종』,『신학실종』에서 말하는 것처럼 윤리가 실종되고 신학이 실종되는 세상 속에 우리는 살고 있다. 누가 우리를 살려주는 영혼의 의사인가? 누가 우리를 성경으로 인도해주는가? 생명(말씀)으로 인도해주는가? 또한 종교다원주의가 득세하는 세계에서 정통개혁신학을 유지하고 지키는 일은 생명을 구원하는 일과 같은 것이다. 구원이 우리의 생명인 것처럼 정통을 이어가는 신학도 우리의 생명처럼 고귀하고 고귀한 것이다. 그런 면에서 본다면 정통개혁신학자에게도 관심을 갖지 않을 수 없다. 필자는 고심하지 않고 박윤선 박사에게 최고의 제자로서 사사 받았고 뜻을 같이 했던 김재성 박사라고 생각한다. 김재성 박사는 수

1 이금석, "평양신학교에 끼친 미국 장로교의 신학적 유산연구" (국제신학대학원대학교 박사학위논문, 2015), 128.

많은 책과 논문을 통하여 한국뿐만 아니라 세계에서도 칼빈주의를 대표하는 신학자임을 나타냈고 한국의 개혁신학(칼빈주의)의 존재감을 세계 신학계에 알렸다. 세계를 대표하는 학자들과 교류하며 개혁주의신학을 발전시켰으며, 2009년에는 스위스 제네바에서 열린 칼빈탄생 500주년 기념학술대회에서 아시아를 대표하는 학자로서 강연을 했다.

김재성 박사는 그레샴 메이첸 박사[2]가 세운 웨스터민스터신학교에서 박사학위를 받았다. 웨스터민스터신학교는 프린스턴신학교 이사회가 자유주의 사상으로 변질되자 정통 개혁주의신학을 지키기 위해서 메이첸 박사가 프린스턴신학교를 떠나 세운 학교이다. 스승인 박윤선 박사가 나온 학교이기도 하다. 김재성 박사는 학생신분으로 박윤선 박사를 도와 합동신학대학원대학교를 세우는데도 일조했고, 동 학교를 졸업한다. 김재성 박사는 웨스트민스터신학교에 박사학위를 받은 후 모교인 합동신학대학원대학교에서 조직신학을 가르쳤다. 김재성 박사는 목회와 신학을 중요시 여긴다. 신학자로서 목회를 중요시한 예를 살펴본다면 오랫동안의 조직신학교수(합동신학대학원, 1993~2005)로서 대부분 그 길에서 신학으로만 가는 경우가 대부분인데, 평소 펼치던 신학적이며 목회적인 강조를 직접 실천했다. 그 대표적인 사례가 미국 필라델피아 한인교회연합교회에서 담임목사(2005. 3~2011. 3)로서 활동했다. 신학은 목회와 교회들을 위한 것이어야 한다는 그의 사상을 펼친 것이다. 그 이후 또 계속적인 개혁신학자로서의 길을 한국에 있는 개혁주의의 요람인 국제신학대학원에서 부총장으로서 학교를 빛내고, 신학자로서 조직신학을 가르치며 활동을 이어갔다.

그는 가정에서도 성공적인 가장으로서의 삶도 이어갔다. 목회자는 먼저 가정을 살펴보고, 가정을 다스릴 줄 알아야 교회의 목자로서 양육

2 Machen, J. Gresham. 『Christianity and Liberalism』, 김길성 역,(고양시: 크리스챤 출판사, 2004), 7.

할 수 있는 자격이 있다고 본다. 사모님과 1남 2녀를 두고 있는데, 그의 가정은 독실한 기독교 가정으로서 평화롭고 사랑이 많은 가정이라고 할 수 있다. 진실로 주님의 은혜를 풍성하게 받은 가정이다. 주님이 주시는 풍성한 은혜 속에서 사모님(조소양)은 미국과 한국에서 상담대학원에서 상담을 전공하였고, 큰 딸(선혜)은 미국명문 대학에서 교수로서 가르치며, 아들(선민)은 미국에서 명문인 버클리를 졸업하고, 또한 의과 대학원을 나와서 의사로서 군의관(월터리더 병원)이 되어 활동하고 있다. 막내딸은 미국 웨스트민스터신학교에서 신학을 전공(M. Div.)하다가 법과대학원(Low School)을 다니며 법조인을 꿈꾸고 있다.

김재성 박사의 출생과 성장, 신학입문

김재성 박사는 믿음의 가정에서 1955년 10월 26에 태어났다. 그는 외할머니, 부모님들이 열심히 교회에 헌신하는 것들을 보고 체험하면서 성장했다. 온 가족의 전폭적인 성원을 받으면서 어린 시절을 보냈다는 것은 행운 중에 행운이며, 은혜 중에 은혜일 것이다. 외할머니, 아버지와 어머니는 본인들의 모든 소원을 내려놓고, 오직 자식 교육에만 전념하셨던 것 같다. 그러한 은혜로 김재성 박사는 일생동안 목회자로, 신학교수로 한 단계씩 성장해 나아갔다. 그것은 온 가족들의 엄청난 희생과 수고가 아닐 수가 없었다. 믿음의 가정에서 항상 기대를 한 몸에 받고 성장하였기 때문에, 오직 한 길로 올 수 있었던 것이다. 유학과 결혼, 자녀들의 양육과 목회 전반의 모든 활동에서 온 가족들이 베풀었던 사랑의 수고에 항상 주님께 감사하고 있다.

그의 외할머니와 아버지, 어머니는 하루도 새벽기도를 거르지 않았던 분들이다. 김재성 박사는 충남 금산군 금산면 진산리에서 출생하여 어린 시절을 보내다가 중요한 청소년기의 성장과 입시를 준비하는 학업은 모두 전주에서 마쳤다. 공무원으로 재직하던 선친이 대전출신의 어머니를 만나서 추부면에서 생활하다가, 인삼의 고장으로 알려진 금산면으로 이주하였는데, 그곳에서 장남으로 태어났다. 아래로 남동생은 장로이다. 외조부는 옥천에서 일제치하에서 저항하던 학자였고, 그런 영향으로 외할머니의 사랑과 기대, 기도와 헌신적인 뒷바라지를 통해서 신앙을 물려받았다. 아버지의 고향인 전주에서 청소년기를 보내는 동안에 아주 훌륭한 선생님들에게서 교양과 기초지식을 쌓게 되었다고 한다. 특히 그 당시에 수재들이 다닌다는 전주고등학교를 졸업할 때에는 동아일보 광고금지 사건에 영향을 받아서, 날카로운 필봉을 휘날리는 기자, 문학적인 소질을 발휘해서 남다른 글을 남기는 기자가 되고자 했었다고 한다. 그러나 그는 교회에서 고등부 회장을 하면서 자주 생각해 온 질문이 있었는데, 즉 하나님을 아는 지식을 먼저 받아 보자라는 생각을 해 오던 중에 총신대학교 신학과에 진학했다. 이미 김재성 박사의 어머니는 어느 부흥회에서 큰 아들을 목사로, 하나님의 일꾼으로 바친다고 서약하였다고 한다.

그런데 어떻게 총신대학교에 진학하게 되었을까? 그 학교가 한국 장로교회의 명맥을 이어서 평양신학교의 학문을 가르친다는 말을 전해준 친구들 때문이었다. 사실도 그렇다. 1년 먼저 고등학교를 졸업하고 총신대학교에 재학중이었던 중학교 때의 친구들이었다. 친구도 잘 사귀어야 한다는 말이 참인 것 같다. 이때 대부분의 명문 고등학교 학생들은 출세를 위해 명문대학을 가는 것이 보편적인 일인데 쉽지 않은 결정이었을 것이다. 주님의 인도하심이 친구들을 통해 이루어진 것이다.

신학적 성숙과 발전의 단계

김재성 교수는 총신대와 합동신학대학원에서 한국장로교회의 진수를 전수받았다. 1970년에 총신대에서 영향을 끼친 신학자들은 박형룡 박사(조직신학), 박윤선 박사(성경신학), 김의환 박사(교회사), 이진태 박사(구약) 등이었다. 총신대학에서는 손봉호 교수가 철학의 전과목을 가르쳤고, 서양 역사와 문학을 종합적으로 습득하게 하여서 넓은 안목을 갖도록 했다. 특히 어학의 필요성을 강조해서 독일어, 라틴어, 헬라어를 습득할 수 있도록 교육을 받았다. 그러한 교육이 많은 신학자들을 배출하는데 결정적으로 기여를 했다고 볼 수 있다. 1980년대로 넘어가면서 총신대에서 가르치다가 합동신학대학원의 초기 교수들이 된 신복윤 박사(조직신학), 김명혁 박사(교회사), 박형용 박사(신약), 윤영탁 교수(구약), 최낙재 교수(신약) 등이 있다. 이런 분들의 가르침을 토대로 해서, 김재성 박사는 장로교회의 신학적인 근본과 뿌리에 해당하는 연구를 미국에서 습득하기로 마음을 먹고 칼빈 연구에 매진했다. 동시에 배움에 목마름을 채우기 위해서 서울대학교 대학원에 진학해서 윤리와 교육, 가치이론, 윤리학, 교육철학, 한국실학의 정신 등 폭넓은 시야를 넓히는 기회도 가졌다.

김재성 박사는 영향을 받은 은사들을 기념하는 책을 모두 세권 출간하고, 출판 감사예배를 드리는데 앞장을 섰다. 첫째는 박윤선 박사의 『개혁파 교의학』이다. 이 책은 유고집이다. 김재성 박사는 강의안 형태로 있던 박윤선 박사의 초기 노트를 모았다. 그런데 이것은 매우 귀중한 자료였다. 선교사들이 떠나고 난 후, 한국기독교의 정립에 앞장선 제1세대의 교수로서 박윤선 박사가 노력한 흔적들이기 때문에 그냥 버려둘 수 없음을 인식했다. 고려신학교 초기에 박윤선 박사는 성경신학과 조직신학을 모두 다 가르쳤었다. 그리하여 평양신학교 이후 한국장로교회가 세워지는 과정에 박윤선 박사의 공로를 그 누구도 부정할 수 없다는 것을 증명해낸 것이다. 주로 바빙크의『개혁교의학』에서 요약한 것이다. 박윤선 박사의 성경주석은 한국교회의 교과서였다고 할 수 있다. 그런데 많은 사람들 중 특히 진보적인 성경학자들은 박윤선 박사의 주석이 그저 헬라어와 히브리어 낱말 풀이에 지나지 않는다고 혹평을 해댔다.

박윤선 박사는 신약과 구약의 주석 책을 펴내는데 일생을 바친 유일한 분이시다. 그것만으로도 그 분의 경건과 인내를 배우지 않을 수 없다. 그런데, 그의 주석은 조직신학과 교리에 대한 해박한 지식과 정립이 있은 후에 전개되었다는 점을 잊어서는 안 된다. 박윤선 박사의『개혁파 교의학』[3]은 계시의존 사상을 남긴 성경학자의 설계도이다. 이것을 김재성 박사가 모아서 집대성한 것이다.

총신대학교 졸업생들은 그 당시에 그 누구라도 김의환 박사의 제자라고 할 수 있겠다. 특히 김재성 박사는 총신대학교의 은사로 만난 이후에, 김의환 박사가 개척한 서울 새한교회에서 전도사와 강도사로, 미국 나성한인교회에선 부목사로 섬겼다. 그래서 김의환 박사 고희기념논문집『교회와 역사』의 편집위원장으로서 스승의 학문적인 업적을 기리는 작업을 마무리했다. 김의환 박사의 번뜩이는 혜안들, 청중을 설복시키는 감화력, 기막힌 영어통역과 연설들이 이 책에 담겨있다. 김재성 박사는 신복윤 박사의 뒤를 이어서 합동신학대학원대학교 조직신학교수가 되었기 때문에, 2002년에『칼빈의 신학과 한국교회의 과제: 신복윤 명예총장 은퇴기념 논문집』출판을 기획하고 앞장섰다. 또한 연세신학 백년에 다시 신복윤 박사를 기리는 논문을 기고했다. 작고하기 직전에 찾아뵙고, 숨겨진 이야기들을 알게 해준 글이다.

3 김의환 박사 고희기념논집,『역사와 교회』(총신대출판부, 2004)

김재성 박사의 은사는 아니지만, 가장 가깝게 마음을 나누는 신학자가 있는데 바로 김의원 박사이다. 이 두 사람의 인연은 지극히 개인적이면서도, 신앙적인 동지애가 깊다. 총신대학교 구약학교수로 미국에서 돌아온 김의원 박사는 서울 새한교회에서 김재성 박사를 만났다. 김재성 박사는 당시에 강도사로서 서울대학교 대학원에 재학 중이었다. 그 후에 군에 입대한 김재성 박사를 김의원 박사는 세 차례나 찾아와서 굳이 자신의 중매를 받으라고 강권했다. 마지막으로 김의원 박사의 부모님과 형제들이 군부대에 찾아와서 면접을 보듯이 살펴보고 갔다. 결국 김의원 박사는 당시 미국에 있던 자신의 사촌동생을 중매해서 김재성 박사와 가정을 이루게 했다. 그 분이 바로 조소양 사모이다. 김의원 박사의 모친과 조소양 사모의 부친이 남매사이이다. 조소양 사모의 할아버지는 조승제 목사인데, 일제 시대에 평양신학교가 문을 닫자 일본 청산학원을 졸업했다. 조승제 목사의 마지막 유언으로 후손 10대를 이어서 목사의 집안이 되게 해 달라고 기도하였다. 조흥래 목사, 조헌정 목사 등으로 이어지고 있다. 이렇게 집안의 목회자들은 김재성 박사와 함께 한국교회와 신학을 걱정하면서 속마음을 나누고 있다. 오랫동안 중국신학교 운영과 세계 선교학교에서도 그들은 동역해 오고 있다. 김재성 교수는 김의원 박사의 은퇴기념 논문집 언약과 교회의 편집장을 맡아서, 성대한 논문집을 출판했다.

합동신학원의 태동과 개인적인 고통들

군사독재정권의 타도를 외치던 대학생들의 시위가 서울의 봄이라는 사태를 만들어 갈 무렵에, 이미 1979년 가을 학기부터 총신대에서는 여러 가지 문제로 학내사태가 터졌었는데, 신학생들이 학내문제에 대해 옳지 못함을 제기하고 정의로운 방향을 외쳤었다. 그러다 1980년대로 넘어오자, 학내의 문제로 수업을 전면 거부하면서 학교 측과 맞서다가, 1980년도 2학기에는 교권주의자들의 퇴진을 요구하던 5인 교수들과 함께 반포에 있던 남서울교회 지하교육관에서 새로운 학교를 시작하게 되었다. 김재성 박사는 정의감에 불타던 학생대표의 일원으로 활동하다가, 소수의 학생들과 함께 고난의 결단을 했다. 이 과정은 김재성 박사가 당시의 전체 상황을 집대성하여『합동신학원 20년사』에서 대표집필자로 소상하게 남겼다. 그러나 젊은 날의 풋풋한 의지와 충만한 정의감으로 다 되는 것은 아닌 모양이다. 이로 인해서 김재성 박사는 시련과 환난의 시간을 보내게 되었다.

총신대학교 1학년 때에 군종장교 시험에 합격해서, 훗날 중위로 군대에서 선교와 목회활동을 하게 되어있었다. 하지만 합동신학대학원 2학년부터 교단이 나뉘게 되었다. 신학대학원을 졸업하고 목사가 되었으나 장교로 임관하지 못하고, 만 28세에 사병으로 육군에 징집되었다. 이러한 시기를 김재성 박사는 요나의 시련이라고 생각하고, 가장 낮은 자리에서 맹호부대 교회당 청소를 하면서 눈물로 기도했다고 한다. "하나님께서 가장 낮은 자리에서 던져 넣으셨으니, 다시 지도자로 빚어주소서!" 날마다 내무반에서 나이 어린 병사들의 조롱과 학대를 당할 때마다, 이를 참아내며 인내해야만 했다. 그 당시 군대를 다녔던 사람이라면 이해하시리라. 힘든 군인들의 영육을 위하여 군목으로서 사명을 받았다면 어땠을까? 많은 사병과 장교를 막론하고 많은 군인들이 주님의 은혜를 김재성 목사를 통하여 받았을 것이라고 생각한다. 김재성 목사는 그 때마다 주님께 기도하며, 또한 2만 2천 단어장을 외우면서, 인내와 눈물로 노력한 끝에 군복무를 무사히 마쳤다. 고생 끝에 낙이 온다고 하던가. 그 후 하나님께서는 김재성 박사에게 미국유학의 문을 열어 주셨다.

칼빈과 개혁신학

김재성 박사는 합동신학대학원대학교와 국제신학대학원대학교에서 교수로서의 많은 활동과 학문적 업적을 남겼다. 제1기 교수사역은 합동신학대학원에서 12년 동안(1993~2005) 조직신학 교수로서 섬겼다. 제2기 교수사역은 미국에서 목회를 마치고 2011년 하반기에 다시 한국에 돌아와서 국제신학대학원에서 진행되고 있다.

칼빈연구자로서의 성취들

일관되게 중심을 이루는 김재성 교수의 신학사상은 "칼빈"과 "개혁신학"이다. 합동신학대학원 출판부에서 1997년에 나온 첫 저술에 담겨있다.[4] 그리고 모두 다섯 권으로 나온 칼빈의 저술들에서 더 확산되었다. 가장 중요한 공헌은 미국 웨스터민스터신학대학원에서 철학박사 학위 논문으로 쓴 "칼빈의 성령론"이다. 가장 오해되고 가장 연구가 부족한 부분을 찾아서 집대성한 것이다. 이러한 내용의 일부를 『성령의 신학자 요한 칼빈』[5]으로 한국에 소개했다. 생명의 말씀사에서 2002년에 출판했는데, 다시 일백페이지를 증보해서 2014년에 기독교문서선교회(CLC)에서 출판했다. 가장 심혈을 기울인 칼빈연구서는 『나의 심장을 드리나이다:칼빈의 생애와 사상』[6]이다. 이 책은 2001년도에 한국복음주의신학회 신학자 대상을 수상한 책이기도 하다. 칼빈에 관한 모든 것을 알려주고자 저술한 책인데, 그의 신학사상과 신앙은 "심장에 바칩니

4 김재성, 『칼빈과 개혁신학의 기초』 (수원: 합동신학대학원 출판부, 1997)
5 김재성, 『성령의 신학자 존 칼빈』 (생명의 말씀사, 2004); 수정증보판 (기독교문서선교회, 2014)
6 김재성, 『나의 심장을 드리나이다: 칼빈의 삶과 종교개혁』, (서울: 이레서원, 2001)

다"에 담겨 있음을 제시한 것이다. 이 책으로 인해서, 칼빈에 대한 오해와 무지가 벗겨진다. 프랑수아 방델의 칼빈연구 지침서를 번역해서 『칼빈: 그의 신학사상의 근원과 발전』[7] 을 소개했다. 다시 한국에 귀국해서 제2기 교수사역에서 칼빈연구를 더 깊이 제시했다. 『칼뱅읽기』[8]에서는 칼빈의 기독교 강요를 대학생들에게 강의하는 방식으로 풀이했다. 『루터와 칼뱅』[9]에서는 두 거장의 연결점에 유의했다. 종교개혁의 신학자들이 가졌던 더 깊은 뿌리에 대한 탐구이다. 한국 최초로 루터의 95개 조항을 번역해서 소개했다. 루터가 스콜라주의 신학에 반기를 들었던 내용을 추적하면, 그가 1517년 9월에 제시한 매우 중요한 논제들이 있었음을 알게 된다. 이것을 보아야만 제대로 된 개혁신학의 출발점을 이해할 수 있다. 어거스틴의 은총론이 어떻게 루터의 사상으로 뿌리를 내렸는가를 파악하게 된다.

김재성 박사는 2017년 가을, 한국개혁신학회 회장이면서, 한국에서 개최된 루터 종교개혁 500주년 학술대회 공동위원장으로 활동하였다. 2017년에 거의 모든 한국기독교 학술단체들이 참여하여, 개최된 연합학술대회에서 한국 신학자 선언서를 기초하였고, 직접 발표했다. 특히, 이 무렵 김재성 박사는 새롭게 루터의 95개조항을 번역하였다. 『종교개혁의 신학사상』[10]에 담겨있다. 1517년 10월 31일에 과연 어떤 일이 벌어졌는가를 소개하였고, 이어서 칼빈의 공헌과 강조점을 다시 재조명했다.

7 프랑수아 방델, 『칼빈: 그의 신학사상의 근원과 발전』, 김재성 옮김 (일산: 크리스챤 다이제스트, 1999)
8 김재성, 『칼뱅읽기』, (세창출판사, 2014)
9 김재성, 『루터와 칼뱅』, (세창출판사, 2018)
10 김재성, 『종교개혁의 신학사상』, (기독교문서선교회, 2017)

개혁주의 정통신학의 찬란한 금자탑

김재성 박사는 개혁신학의 광맥, 정수, 전망 등 3권의 집대성은 한국교회의 토대와 뿌리에 대한 학문적 근거이자, 세계와 교류하는 교회임을 증언하는 우수작이다. 종교개혁시대로부터 현대교회에 이르기까지 지난 약 오백년간의 발전되어온 찬란하고도 풍성한 개혁주의 전통과 역사적 유산들을 한국교회에 소개한 것이다.

첫 번째, 『개혁신학 광맥』은[11] 제1부에서 신앙고백적 칼빈주의의 태동과 특징을 통해서 개혁신학의 교리체계와 특징을 설명했다. 또한 개혁신학의 교리사적 배경, 종교개혁시대의 정립된 구원론과 칼빈신학의 구조와 특징에 대해서 말하고, 개혁신학의 정체성과 칭의론을, 제네바 정통신학의 승리와 쇠퇴, 프랑스 개혁신학사에 대해, 마지막으로 남부독일의 개혁신학과 하이델베르크 요리문답에 대해서 설명했다. 제2부에서는 개혁파 정통신학의 확립에 대해서 설명한다. 그 내용은 개혁파 스콜라주의 정통신학의 흐름, 도르트총회와 알미니안주의, 청교도신학, 웨스트민스터 신앙고백, 언약신학, 높은 칼빈주의, 낮은 칼빈주의: 아미랄디즘에 대한 내용이다.

두 번째 『개혁신학의 정수』에서는[12] 기독교 신앙이 무엇이 핵심인지, 신앙의 지침을 제공하는 신학은 과연 이 시대에 무엇을 제시할 수 있는지에 대해서 고민한다. 신학의 무용론이 기독교회에 널리 퍼져 있는 시대에 역사적, 신학적 답변과 증거들을 제시하고 싶었던 것 같다. 김재성 박사는 개혁신학은 영적인 좌표를 확실하게 해준다고 말한다. 개혁신학은 가장 순수한 기독교 신앙의 집약으로써, 그것을 터득한 사람에

11 김재성, 『개혁신학의 광맥』, (이레서원, 2001; 킹덤북스, 2012)
12 김재성, 『개혁신학의 정수』, (이레서원, 2003)

게 신학적 지도력을 갖추어 준다고 한다. "마틴 루터가 종교개혁자로서 신학적 확신이 있었기에 로마 가톨릭의 사제주의가 던진 파문장에 맞설 수 있었으며, 역사와 전통을 자랑해온 독신주의를 떨쳐 버리고 결혼을 함으로써 일거에 개신교회의 구체적 가정생활의 입장을 제시할 수 있었다"고 그는 말한다. 김재성 박사는 "칼빈은 그의 신학적 확신에서 교회와 당회제도를 복원하였고, 함께 나누는 성만찬의 중요성을 일깨워 주었으며, 제네바아카데미에서 성경해석의 금자탑을 남겼다"고 한다. "종교개혁신학은 중세시대가 상상할 수 없었던 법치주의 근대 국가를 세웠고, 모든 삶의 영역을 새롭게 바꾸어 놓았다"고 말한다. 16세기 17세기는 유럽대륙에서 위대한 칼빈주의 신학의 정립과 함께 역사상 개혁주의 교회가 가장 큰 영향력을 발휘했던 시대이다. 개혁신학의 정수는 찬란한 개혁주의 신학 사상사에 관한 지식을 확고히 세워서 한국교회를 성경적 토대 위에 견고하게 세우고자 시도한 책이다. 또한 이러한 시도는 김재성 박사가 글을 쓴 마음이며 그의 신학사상인 것이다. 이 책은 개혁신학의 유산 중에서도 후기 종교개혁과 근대 개혁신학의 정수를 살펴보고, 개혁신학자들이 일궈낸 근대 사상과 업적의 흐름을 추적한다. 제1장에서 개혁신학의 윤곽, 제네바 성경, 종교개혁의 살아 있는 전통에 대해서, 칼빈과 칼빈주의자들을 통한 그 신학적 연속성에 관한 논의들, 칼빈과 베자의 예정론: 그 평가의 오류와 비판자들의 함정, 언약 사상의 파노라마: 칼빈에서 윗시우스까지, 청교도사상의 정수: 윌리엄 퍼킨스와 삶의 신학, 청교도 사상의 정수:오웬과 백스터, 스코틀랜드 신학의 정수: 낙스에서 언약자들까지, 칼빈주의적 반율법주의와 신율법주의: 반율법주의자들이 주장한 칭의와 믿음에 대해서, 하이퍼 칼빈주의: 초기 하이퍼 칼빈주의자들과 침례교 하이퍼들, 신학의 정수 논쟁, 18세기 칼빈주의적 성공회와 독립교회들에 대해서 집필했다.

세 번째 『개혁신학의 전망』에서는[13] 21세기 신학의 전망과 근대철학과 과학, 그리고 개혁주의 철학, 개혁신앙과 인간의 존엄성 확립, 뉴잉글랜드 청교도신학, 조나단 에드워즈와 뉴잉글랜드 칼빈주의, 프린스톤 신학: 개혁신학의 모범적 확립, 게할더스 보스의 성경신학, 19세기 미국 남부 칼빈주의와 머셔부르그신학, 19세기 스코틀랜드 칼빈주의, 칼빈주의적 침례교회, 개혁주의 선교사상과 선교활동, 신 칼빈주의자들의 창조적 계승, 네덜란드계 미국 칼빈주의자들의 신학적 전망, 20세기 칼빈주의의 철학적 전망, 웨스트민스터신학, 현대 개혁신학의 전망, 개혁신학의 미래 전망에 이르기까지 개혁신학의 전 범위를 광범위하게 집필을 했다. 김재성 박사는 말한다.

> 초월자이신 하나님의 절대주권을 모든 사색의 핵심으로 삼고, 인간의 자율주의와 이성적 확신을 거부해온 개혁주의의 전망이 없었더라면 부패한 인간들의 교육과 사회, 민주주의적 인권 존중과 근면한 인생관 정립은 불가능했을 것이며, 따라서 빛나는 인류문화의 업적들은 여전히 어두움 가운데 있었을 것이다.

김재성 박사는 한국교회를 성경의 기초위에 세우고 싶은 열망이 가득하다. 그는 오백 년에 걸쳐서 세워진 개혁주의 신학의 유산을 활용하고 교훈을 얻어야 한다고 생각했다. 그래서 미국 유학 시절부터 틈틈이 자료를 수집하고, 정리하고, 세계 학자들과의 교류와 학회활동을 꾸준히 활발하게 했다. 그러한 준비와 결실로 이러한 책이 나오게 된 것이다. 그 중에서도 "인류의 구원을 총체적으로 제시한 개혁주의 전통의 출발점을 찾아보고자 오랫동안 기독교 신앙의 기본을 바로 정립하는데 헌신했던 신학자요 목회자였던 하나님의 사람, 요한 칼빈을 집중적으로 연구하여 왔다"고 말한다. 30여 년을 개혁신학의 여러 주제들과 흐름을

| 13 김재성, 『개혁신학의 전망』, (이레서원, 2004)

파악하고자 노력했고, 칼빈이라는 걸출한 인물이 하나님의 나라와 교회에 크게 기여했음을 알고, 그를 일생동안 연구할 대상으로 삼았다. 그 첫 관문을 미국 미시간의 칼빈신학교에서 "칼빈의 하나님 나라에 관한 교리"라는 석사학위 논문을 했다. 그리고 박사학위 과정 역시 칼빈의 신학사상 중에서 구원론의 핵심 주제인 그리스도와의 연합으로 정하였고, 이를 "칼빈의 신학에 나타난 성령의 사역"이란 학위 논문을 쓰게 된다.

김재성 박사는 칼빈주의 신학자들의 연구 업적들을 체계적으로 살펴보았고, 오늘날 개신교가 역사적인 안목에서 신학전반과 조직신학을 망라하여 개혁주의 오백년 간의 탐구를 소홀히 하는 것을 안타까워하고, 또한 개혁주의 신학 사상사에 대해서 총체적으로 다룬 저술이 없음을 확인하고 이러한 개혁주의 신학 책을 쓰게 된 것이다. 김재성 박사는 개혁신학 사상사를 제시함으로써 한국교회 성도들이 신앙적 뿌리에 대한 확신을 갖도록 도움을 주고자 하는 마음이 간절했다. 우리나라에 처음 들어온 신학사상이 평양신학교에서 가르쳤던 선교사들의 신학인 개혁청교도사상이었다는 것을 알고 있었고, 그 사상을 전파한 신학교가 미국의 매코믹신학대학원과 프린스톤신학대학원인데, 이 학교들은 그 당시 미국에서 가장 견고한 칼빈주의 신학을 강조했고 가르쳤다. 또한 그 학교들의 신학도 거슬러 올라가면 유럽에서 온 청교도들과 16세기 유럽 종교개혁자들로 이어지는 광맥이 있음을 알게 됨으로, 이러한 신학유산에 대한 연구를 계속 했던 것이다. 그러한 연구가 책과 강의를 통하여 결실을 맺게 되었다. 더구나 현대에 와서 신학의 자유주의 사상과 종교다원주의 등 갖가지 이단 사상이 쓰나미처럼 밀려들 때, 고전적인 신앙 전통을 보수하고 유지한다는 것은 참으로 중요한 일이 아닐 수 없다. 하나님의 말씀을 지키고 하나님의 교회를 지키는 일에 최전선에 서있는 것이다.

성령의 신학자 칼빈 & 김재성 박사

"하나님을 경외하는 것이 지혜와 지식의 근본일진대, 이를 가장 먼저 체계화한 사람이 존 칼빈(1509~1564)이다. 그가 얻은 지혜는 경건한 삶으로 나타났고, 하나님을 아는 참된 지식으로 묶어져서 마침내 복음을 총체적으로 소개하는 종교개혁의 종합체계로 정립되었다"[14]고 김재성 박사는 말한다.

칼빈의 신학적 특성은 단순히 말씀과 그 선포에 전 생애의 초점을 맞추고, 교회를 통한 지속적인 갱신에 최선을 다했다는 점이라고 말한다. 그는 "우리가 한국 사람이면서도 프랑스 출신인 칼빈을 연구하는 이유는 객관적이면서 보편적인 기독교 진리를 얻고자 하기 때문이다"라고 한다. 종합적인 성령론을 무시하고, 특별한 초자연적 체험에만 치우치는 불건전한 성령론이 소위 부흥회라는 각종 집회에서 기독교인을 잘못된 방향으로 인도하여 왔다면서 그에 대한 시정을 강하게 선언한다.

2009년, 칼빈 탄생 5백주년을 맞이하여 엄청나게 많은 칼빈 연구서적들이 전 세계적으로 나왔서 칼빈이 조명되고 있다. 칼빈의 생애와 신학과 사회적 공헌에 대한 연구서들은 한결같이 지금 이 시대가 경건하고 순수한 그의 신앙과 사상이 필요함을 역설한다고 김재성 박사는 생각한다. 그러나 칼빈의 성령론은 아직도 세계인들의 주목을 받지 못한다. 그래서 더욱더 칼빈을 알리기 위해서 칼빈 연구에 열정을 다하는 것이다. 김재성 박사 역시 성령의 신학자이라고 생각하지 않을 수 없다. 저서인『개혁주의 성령론』[15]에서 칼빈은 성령의 신학자임을 증거한다. 그는 "성령은 존귀하시고 영광스러운 분이라고 하며, 성령은 삼위

14 김재성,『존 칼빈, 성령의 신학자』(기독교문서선교회, 2014), 11.
15 김재성,『개혁주의 성령론』(기독교문서선교회, 2013)

일체 되신 하나님의 한 위격이시다"고 한다. 또 요한복음 3장에, 예수님은 성령으로 인해서 다시 태어나는 사람만이 들어가는 하나님 나라를 소개하였다. 성령을 통하여 새사람으로 변화하며, 성령으로 말미암아 예수님의 크고도 놀라운 은혜를 누리는 것이라고 말한다.

김재성 박사는 이단적인 직통계시파가 등장해서 성령의 사역을 가장한 예언을 퍼트리고 있는 것에 대해 안타까워하고 분노한다. 신사도운동과 유사 예언운동들을 경계하고 있으며, 오늘날 한국교회에서 성령을 가장한 예언집회와 부흥회 등을 보고 성경적이지 않은 것에 대한 분별을 촉구하고 있다. 이에 대해서는 저서인 『교회를 허무는 두 대적』[16]을 통해서 설명한다. 성령은 우리의 위로와 교통하심이고, 진리와 생명되신 예수 그리스도에게 연합시켜서 모든 믿는 자들이 참된 행복을 얻고 살아가게 해주시는 것이다.

김재성 박사는 칼빈을 성령의 주권을 회복시킨 종교개혁자라고 칭한다. 이처럼 위대한 종교개혁시대의 탁월한 신학자 칼빈을 일컬어서 '성령의 신학자'라고 부르는 것은 일부 기독교인들에게는 다소 생소하게 들리겠지만, 이미 칼빈을 깊이 연구한 신학자들 사이에서는 무려 백여년이 넘게 이 칭호가 사용되어 왔다고 한다. 김재성 박사는 굳이 '성령의 신학자'라는 명칭을 사용한 연유는 "그의 신학 체계에서 항상 성령의 인격과 사역이 성경적으로 강조되었으며, 중세 말기 로마 가톨릭 교리에서 왜곡되어 왔던 성령의 역할에 대한 설명이 제 위치로 회복되었기에 붙이게 된 말이다"라고 한다.[17]

칼빈이 성령의 신학자이듯이 김재성 박사도 성령의 신학자로서 개혁주의 성령론을 발전시키고 있다. 김재성 박사는 오늘날 많은 교회와 교단들이 현장에서 성령의 권위를 빙자한 사탄의 허구적인 사역을 방치

16 김재성, 『교회를 허무는 두 대적』 (킹덤북스, 2013)
17 김재성, 『성령의 신학자, 존 칼빈』, 25.

하고, 그러한 사역이 난무하고 있다고 본다. 그러나 그는 "성령의 사역은 메시아이신 예수 그리스도이시다"라고 말한다. 성령은 자신을 감추고 그리스도만 영광을 받도록 하신다. 예수님은 성령사역의 초점을 분명하게 제시하신 것이다. "성령사역의 가장 두드러진 초점은 예수 그리스도를 갈릴리와 나사렛에서 살았던 인간으로 생각하게 하는 것이 아니라, 하나님의 아들이자 만인의 왕으로 높이고 우리 인간과 구원을 위해서 오신 자로 믿게 하는 것이다"라고 말한다.[18]

김재성 박사는 성령은 진리를 가르치는 영이라고 강조한다. 예수님은 진리가 무엇이냐는 헤롯의 질문에 아무런 대답도 하지 않으셨다. 거룩한 진주를 돼지에게 주지 않으신 것이다. 그 뜻은 우리는 말씀을 통해서 성령의 역사를 통해서 거룩해져야 한다. 말씀과 성령을 통해서 거듭나야 한다. 예수님을 떠나서는 성령이 역사하지 않는다. 그는 말한다. "예수 그리스도에 대해서 강조하지 않는 극단적인 은사 운동가들은 성경을 떠나있다. 그들은 성령을 제 마음대로 좌우하려 한다."[19] 곧 성령론에 대한 왜곡이 심하거나 성경에 대해 무지하다는 것을 간파한 것이다. 그는 "성령은 진리를 증거하고 입증하는 사역을 하고, 성령은 하나님에 관한 진리를 증거한다"고 말한다.[20] 또한 성령은 사람에 대해서 증거한다고 한다. "사람은 자기 자신에 대해서나, 장래 일과 과거 일에 대해서나, 알지 못한다. 오류의 어두움을 벗어날 길이 없는 것이다. 그러나 예수 그리스도만이 생명의 수수께끼에 대한 해답을 알려주셨다."[21]

김재성 박사는 오늘날 오류에 빠진 교회와 성도들에게 칼빈과 같이 정확한 그리스도 중심의 성령론, 성경에 입각한 성령론을 강조한 것이

18 김재성, 『개혁주의 성령론』, 25.
19 김재성, 『개혁주의 성령론』, 361.
20 김재성, 『개혁주의 성령론』, 362-363.
21 김재성, 『개혁주의 성령론』, 364.

다. 그 길만이 교회가 바로 서는 길이라는 강조한다.

김재성 박사는 시대를 초월하여 성경에서 이야기하는 성령의 역사를 가장 잘 해석한 성령의 신학자이다. 성령을 통하여 한국교회가 낡고 오래된 관행과 구습을 털고 일어서도록 새바람이 불어야 한다고 한다. 변화와 갱신의 능력을 회복하고 영적으로 죽은 자들이 성령을 통하여 살아나야 한다고 생각한다. 그는 성령은 오직 말씀을 통해서 역사하신다. 오직 예수님의 능력만이 새 생명의 원천이시다. 성령은 그리스도의 영이라고 말한다. 성령의 새바람이 우리를 인도하여 예수 그리스도 안에서 승리와 영광의 감동을 누리게 된다고 한다.

김재성 박사는 칼빈 연구를 통하여 한국교회 안에 퍼진 기복신앙을 통한 잘못된 성령이해와 자신만의 소원을 품고 산으로 들로 신통한 응답과 처방만을 쫓아다니는 신앙인들에게 성경적인 분별력을 가르치고자 하는 간절한 마음이 있다. 예수 그리스도의 말씀을 붙잡고 성경과 멀어진 잘못된 복음을 반성하고 회개하는 개혁이 지속적으로 진행되어야 한다는 생각을 피력한다. 또한 그는 영성신학이라고 하는 이단적인 신학이 예큐메니즘 운동가들에 의해서 급조되고, 성경적인 체계 없이 애매모호한 주장들이 범람한다고 말한다. 교파도, 교단도, 신학도 구분되지 않는 세상이 펼쳐지고 있다는 것이다. 그러나 성경은 복음의 핵심인 예수 그리스도를 아는 지식에서 자라가야 구원을 얻는 것이다. 성경은 예수 그리스도를 믿고 증거하라고 가르치고 있고, 오직 성령만이 예수 그리스도를 믿고 고백하도록 영적인 지혜와 믿음을 공급하여 주는 것이다.

세계 칼빈학자로서의 활약

김재성 박사는 2002년에 “Calvin’Controversies with Anti-

Trinitarianism" The 8th Asia Calvin Studies, (2002년 1월 26일 서울, 장로회신학대학교), 1-23 pp. 2004년에 미국 프린스턴신학대학원에서 개최된 세계칼빈학회에서 "Prayer in Calvin's Soteriology," in The 8th International Calvin Congress, Princeton Theological Seminary, New Jersey(2004) 발표하였다. 이 논문은 칼빈의 기도에 관한 신학적 탐구를 집약한 것으로, 우리가 어떻게 기도하여야 하는가를 다룬다. 또한 김재성 박사는 기도하지 않는 칼빈신학자들을 통렬히 비판했다. 한국교회는 기도를 통해서 성령의 은혜를 받아 살아오고 있다고 말한다. 그는 실천적 칼빈연구자답게 명쾌한 주제를 제시하여 교훈을 주는 것이다. 그러한 국내외에서의 활동이 인정을 받아서, 마침내 2009년 스위스 제네바에서 개최된 칼빈탄생 500주년 위원회의 초청을 받았다. 아시아 학자로서는 유일하게 "Calvinism in Asia"라는 논문을 칼빈이 설교하던 제네바 강단에 올라가서 발표했다. 그 내용들은 영어로는 "Tributes to John Calvin: A Celebration of His Quincentenary" ed. David W. Hall (P&R, 2010), 487-503에 담겨있다. 한국어로는 『Happy Birthday, 요한 칼빈』(킹덤북스)에 소개되어 있다.

김재성 박사는 세계 복음주의 연맹, WEA(World Evangelical Alliance)에서 신학위원으로 활동하고 있다. 2003년에 한국복음주의 신학회 총무로 선출된 후, 세계 복음주의 연맹에 나가서 지도자들과 교류했다. 이러한 노력으로 한국복음주의 신학회가 여러차례 세계학회와 공동으로 국제학술대회를 개최할 수 있었다. 또한 칼빈 탄생 500주년 대회에 초청을 받았을 때는, 세계 곳곳에 칼빈의 영향력이 생생하게 살아 역사하고 있음을 목격했다. 전통적으로 개신교의 영향을 받았던 서구 유럽은 물론이고, 동유럽 국가, 아프리카의 각 나라들, 호주 등에서 목회자들과 성도들이 순수한 기독교의 새로운 약진을 기도하는 것을 보았다.

그는 아시아를 대표하는 칼빈신학자로서 칼빈같은 성령의 신학자로서 이 시대에 개혁신학을 알리는 전달자다. 한국의 개신교인들에게 칼빈 신학자로서, 개혁주의 신학자로서 순수한 열정과 깨끗한 경건이 회복되는 기쁨을 누리고자 한다.

칼빈은 탄생 500주년을 맞이하여 그가 남긴 공헌과 영향력을 평가하는 신학자들과 역사학자들을 통해서 지난 2천년 간의 기독교 신학과 교회사에서 가장 큰 영향력을 발휘한 5대 인물의 반열에 올랐다. 서방 라틴 교부들, 암브로스, 제롬, 어거스틴, 그레고리 등과 같이, 다섯 번째 교부의 진위에 올려놓아야 한다는 평가를 받았다. 그러나 김재성 박사는 칼빈은 이들 초대 교부들을 능가하는 업적을 남겼다고 말한다. 그 어느 누구보다도 훨씬 더 정확한 기독교 신학을 제시하였기 때문이다. 그를 따르는 무리들을 칼빈주의자라고 하는데, 차츰 세계로 퍼져나간 칼빈주의는 영국에서는 장로교회, 유럽대륙과 다른 지역에서는 개혁교회라는 이름으로, 17세기에는 청교도 신앙인들이 계승하였고, 한국에서는 미국 북장로교회 선교사들이 세운 평양신학교를 중심으로 소개되고 정착되었다. 기독교 신앙사에서 칼빈은 스콜라주의에 빠졌던 중세 신학자들을 뛰어넘어 기독교 신앙의 기본을 다시 세웠다고 김재성 박사는 말했다. 그 대표적인 저서가 『기독교 강요』이다. 이러한 신학을 계승하고 한국에 알린 일들은 김재성 박사의 업적이 아닐 수 없다. 타고난 칼빈 신학자로서 그의 수많은 칼빈에 관한 저서로써도 알 수 있다. 그는 『기독교 강요』를 말한다.

> 칼빈의 『기독교 강요』는 어거스틴을 비롯한 초대 교회 교부들의 신학사상과 동시대 종교개혁자들의 새로운 연구를 절묘하게 조화시킨 걸작이다. 칼빈은 성경적인 기독교 진리의 회복을 염원하면서 어거스틴과 칼케돈 신조(451년)를 계승하고, 정확한 신학의 개념들을 정리

하여 새로운 기독교 신앙인의 모습, 즉 칼빈주의 혹은 개혁주의 교회를 성공적으로 정착시켜서 창조적인 기념비를 세웠다. 칼빈은 민주주의 국가건설과 근면한 노동과 직업윤리를 정착시켰으며, 제네바 사회의 개혁을 일궈내어 사회 공동체의 조직적 건설에도 엄청난 업적을 남겼다.[22)]

21세기의 종교개혁신학자 김재성 박사

김재성 박사는 21세기의 종교개혁신학자라고 말하고 싶다. 이미『개혁신학의 광맥』,『개혁신학의 정수』,『개혁신학의 전망』을 통한 놀라운 저서로 종교개혁의 역사를 신학적으로 소개하는데 큰 공헌을 했다. 그러한 열정과 탁월한 학문적 실력은 500년 전의 종교개혁자들인 루터와 칼빈의 전통을 잇는다고 할 수 있다. 그러한 공로를 인정받아 2016년-2018년 한국개혁신학회회장으로 선출되어 역할을 수행한다. 그 시기는 곧 종교개혁 500주년 기념해(2017)와 겹친다. 이때에 쓴 책이『종교개혁의 신학사상』이다.[23)]

종교개혁자 루터와 개혁신학자 김재성

그는 이 책에서 루터의 95개 조항을 새롭게 한국어로 번역하고, 최근 학자들의 연구 자료를 통해서 종교개혁에 대해 어느 누구보다도 사실적이고 입체적으로 접근을 시도한다. 이 당시 루터가 개혁을 부르짖었던 것은 당시의 교회의 사악하고, 부패하고 잘못된 행동들을 질타한 것인

22 김재성,『성령의 신학자, 존 칼빈』, 20.
23 김재성,『종교개혁의 신학사상』(기독교문서선교회, 2017)

데, 오늘날 교회의 잘못된 부분과 반 성경적이고, 반 정통신학적인 것을 예리하고 섬세하며, 놀라울 정도로 질타하고 대안을 제시하는 것은 곧, 종교개혁자인 루터와 칼빈을 보는 것 같다. 또한 평생이라고 할 만큼 많은 시간을 학문연구와 후학들을 가르치는데 매진했다. 신학의 모든 분야를 섭렵할 만큼(조직신학 전공), 마치 오케스트라의 지휘자 같은 역할을 통해서 20~21세기 개혁신학을 책임지고 있다. 루터가 그의 가슴에서 불타오르는 믿음으로 말미암은 칭의 사상을 가졌듯이, 오늘날의 종교개혁의 살아있는 정신을 그의 가슴에 뜨거운 불타오름에서, 강의와 책을 통하여 우리에게 전달하고 있다. 루터가 로마가톨릭의 개혁을 주장하듯이, 오늘날의 개신교의 개혁을 주장하고 있는 것이다.

김재성 박사는 『종교개혁의 신학사상』에서 루터의 주요사상과 종교개혁자들의 핵심사상을 재구성했다. 그는 루터의 율법과 복음, 죄인인 동시에 의인사상, 그리스도의 직분과 만인제사장설, 십자가의 두 신학, 두 왕국, 교회와 국가의 관계를 해석한다. 그는 종교개혁사상의 끊임없는 연구를 통하여 오늘날 살아있는 종교개혁정신을 이어가고 있다. 그 내용으로는 저서에서 공로주의와 선행의 오류와 모순, 어거스틴의 은총론 등을 말한다.

김재성 박사의 루터 사상 해석은 칭의사상에 입각한 역사적 개혁교회의 입장을 풍성하고 해박하게 정통개혁신학의 입장에서 하고 있다. 오늘날 오류가 있고, 정통에서 빗나간 신학자들에게 올바른 성경과 신학을 변증하고 있는 것이다.

종교개혁자 칼빈과 개혁신학자 김재성

루터가 종교개혁의 선구자로서 활약하던 시기에 수많은 젊은 신학자들이 있었는데, 그 중에서도 최고로 꼽히는 학자는 칼빈(1509~1564)

이었다. 칼빈은 종교개혁이 유럽 전 지역에서 활발하게 전개되어 나가는 시기에 프랑스에서 태어난 제2세대 종교개혁자이다. 멜랑히톤, 츠빙글리, 불링거, 무스쿨루스, 부써, 버밍글리, 기롬파렐, 외콜람파디우스, 우르시누스, 잔키우스, 올레비아누스, 아레티우스 등 기라성 같은 종교개혁자들 중에서 최고의 신학자로 평가받았다. 김재성 박사도 오늘날 수많은 개혁신학자들 중에서 현시대를 대표하는 신학자라고 말할 수 있다. 칼빈의 신학은 경건이 핵심인데, 김재성 박사의 신학도 학문적 경건이다. 확실한 실력과 역동적이며 세계의 주류 개혁신학계를 살피고 연구하며, 필요할 때마다 직접 찾아다니고, 신학적인 교류와 논쟁과 토론을 과감하게 하며, 그 신학사상을 책과 논문을 통해 발표하며 알리는 활동은 가히 탁월하다. 그 저작과 논문을 보아도, 물론 그 질도 최고의 수준이다. 현시대에 최고라고 뽑을 수 있을 것이다.

칼빈은 하나님께 복종하고 헌신하면서 자신의 심장을 바친 목회자로서 유산을 남겼는데, 김재성 박사도 모든 역량을 신학과 목회에 집중한다. 신학자로서, 목회자로서의 경력이 이를 반증한다. 칼빈은 성경주석과 기독교강요를 통하여, 또는 많은 논문을 통하여 개혁주의 신학자로서의 일관성 있는 성경해석의 면모를 보였는데, 김재성 박사도 일관되고 연속적인 정통개혁신학의 저서들을 남기고 있다. 그 위대한 작업은 아직도 진행형이다. 칼빈과 같이 온전한 삼위일체신학을 확고히 세우고, 언약신학을 세우며, 초대교회부터 전해오는 정통신학을 확고히 지키고 있는 것이다. 칼빈은 믿음을 받아서 그리스도와 연합됨의 결과로서 성도에게 칭의와 성화라는 그리스도의 혜택이 동시적으로 분리할 수 없이 주어진다고 강조하는데, 김재성 박사도 항상 강조하는 점이 그리스도와의 연합이다.

칼빈은 예수 그리스도와의 연합으로 인하여 주어지는 혜택이 칭의와 성화라고 말한다. 김재성 박사도 오직 그리스도와의 연합을 통하여 이와 같은 은혜를 받는다고 한다.

21세기 종교개혁정신을 말하는 김재성 박사

김재성 박사는 모든 기독교 신자들은 십자가 위에서 죽임을 당하신 그리스도와 연합되어 있고, 날마다 십자가를 지고서 그 자취를 따라가야 한다고 말한다. 그는 종교개혁자들과 칼빈의 삶속에서 고난을 이겨내고, 인내하면서 믿음의 경주를 달려갔던 신앙의 유산을 되새겨 보고자한다.[24)]

그는 종교개혁자들이 공통적으로 가졌던 핵심사상은 곧 성경말씀의 권위를 최고로 삼아서 기독교 신앙에 생명력을 불어넣었다는 점을 말하고 있다. 부패하고 썩어버린 사람의 선행으로는 안 되고, 하나님이 주신 믿음으로 주 예수 그리스도와 연합되어지는 것을 강조한다. 종교개혁의 본질은 최종 권위를 하나님의 말씀에 두었고, 하나님의 음성을 들으려 하는 중심을 갖고 있는데 있다고 한다. 곧 종교개혁자인 루터와 칼빈이 세우고자 했던 신학의 근간이 바로 성경의 밝은 빛에 인간의 부패함을 비춰서 드러낸 것이기에 가능했음을 말하고 있다. 이것은 오늘날에도 이 땅위에 살아가는 사람들에게 적용되는 영원한 진리임을 강조하고 있다.[25)]

나가는 말

바울 사도는 갈라디아서 1장 8, 9절에서, 다른 복음을 전하는 자들에

24 김재성, 『종교개혁의 신학사상』 (기독교문서선교회, 2017), 314.
25 김재성, 『종교개혁의 신학사상』, 348.

게 저주를 받으라고 엄중한 경고를 발표했다. 김재성 박사는 종교개혁 자들은 로마 가톨릭이 혼돈스럽게 왜곡시킨 가르침을 거부하였다고 한다. 곧, 다른 복음을 전하는 자들은 주님의 몸 된 교회에 속한 자들이 아니라고 하는 것이다.

하나님의 말씀은 중세 말기의 타락한 교회를 정화했을 뿐만 아니라, 세상의 구원이신 것이다. 김재성 박사는 종교개혁을 잇는 개혁신학자이자 목회자이다. 이 시대를 대표하는 성경과 신학을 통해 하나님의 뜻을 알고, 그러한 말씀을 가르치고 설교하며 행동하는 분이다. 종교개혁이 사람들의 사상을 가지고 인간의 지위를 회복시킨 것이 아니라, 하나님이 주신 말씀에 근거하여 교회를 회복시키고, 국가의 질서를 회복하는데 앞장선 것처럼 김재성 박사도 하나님의 말씀에 근거하여 신학을 펼치고 교회들이 갱신되는 것을 바라고, 결국 사람이 구원에 이르기를 바라는 마음을 가지고 있다. 주님이 맡기신 직무를 수행하고 있는 이 시대의 하나님의 일꾼이며 종이며, 신학자이며. 목회자인 것이다. 앞으로 주님의 부르시는 그 날까지도 그러한 사명을 계속 감당하고자 하는 마음과 소망을 가지고 있는 분이다. 평생을 주님의 말씀을 연구해서 올바른 신학을 알리기를 바라고, 교회가 바로 서기를 바라는 분이다. 김재성 박사는 앞으로 개혁신학의 핵심을 집약해서 다섯 권으로 출간하고자 준비하고 있다. 『그리스도와의 연합』, 『하나님의 나라』, 『언약사상』, 『한국 신앙의 탐구』, 『기독교 개론』 등이다. 그는 하루도 연구하지 않으면, 잠을 이룰 수 없다는 정신으로 치열하게 신학적 탐구를 계속하고 있다. 한국교회는 지나온 날보다 앞으로의 내일이 중요하기 때문이라고 생각하면서 정진하고 있는 것이다. 앞으로도 세계교회와 한국교회, 세계의 신학회와 한국의 신학회, 세계 그리스도인들과 한국 그리스도인들에게 김재성 박사를 통해 주시는 역사가 계속 되기를 기도하고 소망하며 글을 맺는다.

종교개혁 500주년 기념 학술대회
주제토론 장면 | 소망수양관, 2017년

한국개혁신학회 세미나

김재성 교수와 이금석 박사

뉴욕 교회연합집회 주일설교

기독론 강의 모습

새롭게 소개된
칼빈 연구서

경력

국제신학대학원대학교 부총장, 조직신학 (2011, 9~현재)

합동신학대학원대학교 조직신학 교수 역임 (1993. 9~2005. 2)

합동신학대학원 부설 칼빈사상연구소 소장 (1999 .3~2005. 2), 실천처장 (1999. 9~2003. 2), 교무처장 (2003. 3~2005. 2)

종교개혁오백주년 공동대표 (2015~2017), 한국7개 신학회 공동학술대회 개최 (2017. 10)

한국복음주의신학회 회장 역임(2016. 5~2018. 6)

개혁신학회 창립발기인 및 초대 총무 (2002. 11~2004. 11)

한국복음주의신학회 총무(2004. 4~2005. 2), 협동총무, 서기, 감사 역임

한국 칼빈학회 임원 (1995. 1~2005. 1)

미국 Calvin Studies Society (1992~현재)

International Calvin Congress (1998~현재)

World Evangelical Alliance, Theological Commission, 한국대표 (2003. 8~ 현재); 세계복음주의연맹, 신학위원회 아시아 대표위원, 한국복음주의신학회" (Korea Evangelical Theological Society) 대표.

"신학자 대상 수상" 한국복음주의신학회 (회장 김영한 박사), 저서 「칼빈의 삶과 종교개혁」으로 제5회 신학자 대상수상 (2001. 10. 27)

세계 칼빈학회 주최, 제8차 국제 칼빈학회, 미국 프린스턴신학대학원, 논문 발표.

세계 칼빈주의연맹, 칼빈 탄생 500주년기념학술대회에 아시아 학자로 유일하게 논문발표. (www.calvin500.org 참조. 2009년 7월, 스위스 제네바, 쌩 삐에르교회, 제네바 아카데미).

한국복음주의신학회, 2009년 연례 가을학회, 주제 강연- "칼빈과 한국교회의 갱신"

연구 목록

● 박사학위 논문

"*Unio cum Christo*: The Work of the Holy Spirit in Calvin's Theology" (Ph. D. Westminster Theological Seminary, Advisor: Dr. Sinclair Ferguson, Dr. William S. Barker, 1997년)

● 저서

『칼빈과 개혁신학의 기초』(수원: 합동신학대학원 출판부, 1997).
『인간의 좌표』(서울: 도서출판 하나, 1999)
『합동신학대학원 20년사』(수원: 합동신학대학원 출판부, 2000).
『나의 심장을 드리나이다: 칼빈의 삶과 종교개혁』(서울: 이레서원, 2001).
『개혁신학의 광맥』(이레서원, 2001; 킹덤북스, 2012)
『개혁신학의 정수』(이레서원, 2003)
『개혁신학의 전망』(이레서원, 2004)
『기독교 신학, 어떻게 세워야 하나』(합동신학대학원, 2004)
『성령의 신학자, 존 칼빈』(생명의 말씀사, 2004); 수정증보판 (기독교문서선교회, 2014)
『교회를 허무는 두 대적』(킹덤북스, 2011)
『Happy Birthday, 칼빈』(킹덤북스, 2012)
『개혁주의 성령론』(기독교문서선교회, 2013)
『오 놀라운 전도자, 무디』(킹덤북스, 2013)
『존 칼빈, 성령의 신학자』(기독교문서선교회, 2014)
『구원의 길』(킹덤북스, 2014)
『칼뱅 읽기』(세창출판사, 2014)
『하나님의 위로와 힐링』(킹덤북스, 2015)
『종교개혁의 신학사상』(기독교문서선교회, 2017)

『루터 V 칼뱅』(세창, 2018)
『청교도, 사상과 경건의 역사』(세움북스, 2020)
『그리스도의 능동적 순종』(언약, 2021)

● 번역서

프랑스와 방델, 「칼빈, 그의 신학사상의 근원과 발전」(일산: 크리스챤 다이제스트, 1999)
싱클레어 퍼거슨, 「성령」(서울: 한국기독학생회, 1999)
디모데 래니악, 「양을 돌보는 참목사」(킹덤북스, 2013)
존 프레임, 「신론」(기독교문서선교회, 2014)

● 편저 및 공저

박윤선 박사 유고집, 「개혁파 교의학」(2003)
김재성 외 공저, 「한국교회는 어디로」(대영사, 2008).
김의환 박사 고희기념은총집, 「역사와 교회」(총신대출판부, 2014)
신복윤 박사 은퇴기념논총집, 「칼빈의 신학과 한국교회의 과제」(합동신학대학원 출판부, 2002)
김의원 박사 은퇴기념논총집, 「언약과 교회」(킹덤북스, 2014)

● 학술 논문과 주요 저술

▶ 1992년~1997년

"요한 칼빈의 회심" 「신학정론」 10권 1호 (1992): 171-218.
"칼빈신학의 구조적 특성(1)" 「신학정론」 11권 2호 (1993): 419-439.
"칼빈신학의 구조적 특성(2)" 「신학정론」 12권 2호 (1994): 379-415.
"칼빈의 칭의론과 트렌트 종교회의" 「신학정론」 13권 1호 (1995): 203-233.
"칼빈과 청교도의 주일성수" 「개혁신앙」 95년 11월
"죄에 대한 교리사적 고찰" 「그말씀」 95년 4월

“목회사역과 성령의 역할에 대한 칼빈의 목회적 교훈들,”「신학정론」13권 2호 (1995): 339-357.
“영성신학의 혼돈과 문제점”「개혁신앙」20호 (1995): 57-74.
“영성이란 무엇인가”「목회와 신학」78호 (1995년 12월호): 100-111.
“칼빈과 청교도의 주일성수”「신학정론」14권 1호 (1996): 174-191.
“칼빈의 설교와 개혁신학의 기초”「신학정론 15권 2호 (1997): 583-608.
“개혁신학과 한국교회의 과제”「신학정론」15권 1호 (1997) 46-75.
“한국복음주의 신학교육의 과제”「성경과 신학」22권 2호 (1997): 57-95.
칼빈의 설교에 나타난 신학적 강조점「그말씀」(1997. 10월호, 두란노 서원) : 66-75.

▶ **1998년**

“기독교강요의 두 지평”「칼빈신학해설」, 한국칼빈학회편 (대한기독교서회 1998), 39-68.
“기도의 원리와 그 언약적 특성,”「신학정론」16권 2호 (1998년 11월): 381-423.

▶ **1999년**

“기도론과 교회의 회복”「칼빈의 신학과 목회」, 한국칼빈학회편 (대한기독교서회, 1999): 161-194.
“개혁주의 예배 원리와 갱신”「신학정론」17권 1호 (1999년 5월): 175-206.
“설교에 있어서 성령의 사역”「신학정론」17권 2호 (1999년 11월): 557-578.
번역서. 프랑수아 방델,「칼빈, 그의 신학사상의 근원과 발전」(일산: 크리스챤 다이제스트, 1999)
번역서. 싱클레어 퍼거슨,「성령」(서울: 한국기독학생회, 1999)

▶ **2000년**

“경건의 신학자, 요한 칼빈,” 개혁주의 신학연구논문집 1 (2000): 29-74.
“현대 칭의론 논쟁과 개혁신학의 위기,” 2000년 10월 7일, 제9차 국제개혁신학 논문발표회. 「21세기 문화와 개혁신앙」 (서울: 한국개혁신학회 편, 2001), 140-168.

"최근 칼빈 연구의 동향과 과제" 「신학정론」 18 (2000년 5월): 153-202.

"살아있는 전통: 종교개혁사 연구의 회고와 과제," 「종교개혁과 개혁신학」 홍치모 교수 은퇴기념논총집, (서울: 성광문화사, 2000): 31-49.

▶ 2001년

"생애: 칼빈의 전설? 그의 추적자들의 연구과제" 「최근의 칼빈연구」, 한국칼빈학회편 (대한기독교서회, 2001), 9-30.

"현대 영성신학의 흐름과 문제점" 현대종교 창간 30주년 기념 포럼, "21세기와 영성," 현대종교 제 326호 (2001년 10월호): 46-67.

"개혁신학의 교리체계와 특징" 신학정론 19권 1호 (2001년 5월): 171-210.

"개혁신학의 광맥" (서울: 이레서원, 2001)

"칼빈의 삶과 종교개혁" (서울: 이레서원, 2001)

▶ 2002년

"Calvin's Controversies with Anti-Trinitarianism" The 8th Asia Calvin Studies, (2002년 1월 26일 서울, 장로회신학대학교), 1-23.

편저, 「칼빈의 신학과 한국교회의 과제」 '신복윤 박사 은퇴기념 논문집' (수원:합동신학대학원 대학교, 2002):

"신복윤 박사의 조직신학과 한국교회사적 의의," 칼빈의 신학과 한국교회의 과제, 신복윤 박사 은퇴기념논문집, (수원: 합동신학대학원 대학교 출판부, 2002): 49-63.

"*Review of Introducing Reformed Faith,* Donald McKim (John Knox/Westminster Press, 2001)" The Evangelical Review of Theology 2002년 봄호 게재.

"칼빈의 삼위일체론" 「신학정론」 20 (2002년 5월): 118-168.

"장로교회의 신학적 정체성과 과제" 「신학정론」 21 (2002년 11월): 283-366.

▶ 2003년

"칼빈과 칼빈주의: 신학적 연속성에 관한 논의들"「신학정론」22 (2003년 5월): 135–173

개혁신학의 정수 (서울: 이레서원, 2003)

박윤선 박사 유고집,「개혁주의 교리학 (서울: 영음사, 2003). 편집.

"개혁신학의 윤곽"「현대종교」9월호~10월호

"21세기 개혁신학의 전망: 포스트모더니즘의 도전과 개혁신학의 대응방안" 개혁신학논총

"프린스턴 신학의 유산과 독특성"「신학정론」23 (2003년 11월):

"칼빈의 개혁정신과 한국교회의 갱신" 김의환 박사 고희기념 논총집 (서울: 총신대 출판부, 2003)

▶ 2004년

"개혁신학에서 본 선교" 김명혁 박사 은퇴기념 논문집, 합동신학대학원 출판부.

"율법과 복음: 칼빈의 '제3용법'과 해석학적 공헌,"「신학정론」24 (2004년 5월):151–182.

"칼빈의 교회론과 오늘의 개혁교회" 장신대 신대원 특강.

「개혁신학의 전망」(이레서원, 2004)

「기독교 신학을 어떻게 세울 것인가」(합동신학대학원 출판부, 2004)

"Prayer in Calvin's Soteriology," in The 8th International Calvin Congress, Princeton Theological Seminary, New Jersey (2004)

"교회의 속성과 특징"「신학정론」25 (2004년 12월):

「성령의 신학자, 존 칼빈」(생명의 말씀사, 2004)

▶ 2005년

"교회의 갱신과 한국교회의 과제," 윤영탁 교수 은퇴기념 논문집, 합동신학대학원 출판부.

▶ 2006년

"현대교회론과 현대 목회론의 조화" 미국 수도노회 목회자 포럼.

▶ 2008년

"현대 제자훈련과 하나님 나라" 제6차 시카고 세계 한인 선교대회 강의안.

"하나님 나라와 칼빈의 신학"「칼빈신학해설」(서울: 칼빈연구회)

"영성신학, 그 흐름과 대책,"「월간 목회」6월호, 52-61쪽.

"Kingdom Blessing" World Vision 본부, 미국 시애틀, 4월 채플.

편저,「한국교회는 어디로」(대영사, 2008).

▶ 2009년

"현대 칭의론과 칼빈의 신학" 박형용 박사 은퇴기념 논문집. 합동신학대학원 출판부.

"칼빈과 한국교회의 갱신: 칼빈신학의 역동성과 그의 탄생 500주년의 의미" 한국복음주의신학회 주제발표 논문. 서울.

"Calvinism in Asia," 칼빈탄생 500주년 기념 학술대회, 스위스 제네바, 세계 칼빈연구학회.

▶ 2010년

"기독교 신학의 기본체계" 필라한인성서 연구원 교재.

"한국장로교회의 나아갈 길" 한국개혁신보.

"제자훈련으로 이루어지는 교회", "현대 교회론" 수도노회 목회자 수련회 강좌.

▶ 2011년

「교회를 허무는 두 대적」(킹덤북스, 2011)

"마이클 비클의 국제기도의 집 (IHOP)과 신사도 운동의 문제점" 미주 동부 지역 이단대책 위원회 공동 주최, 2011년 1월 13일, 뉴욕.

▶ 2012년

"칼빈의 개혁사상과 교훈" 「국제신학」 14권 (2012):45~96.

「Happy Birthday, 칼빈」 (킹덤북스, 2012)

증보판. 「나의 심장을 드리나이다: 칼빈의 생애와 신학」 (킹덤북스)

증보판. 「개혁신학의 전통과 유산, 개혁신학의 광맥」 (킹덤북스)

▶ 2013년

하이델베르그 교리문답에 담긴 언약사상

"하이델베르그 교리문답과 웨스트민스터 신앙고백서의 언약사상" 「한국개혁신학」 40 (2013): 40-82.

"교회의 네가지 속성들-연재" 「목회와 신학」 8월호~12월호.

번역. 디모데 래니악, 「양을 돌보는 참목사」 (킹덤북스, 2013)

「개혁주의 성령론」 (기독교문서선교회, 2013)

「오 놀라운 전도자, 무디」 (킹덤북스, 2013)

"Reformed Theology in Korea, Its Origin and Transplantation,"

in *Revival and Unity of Reformed Churches*. International Congress of Reformed and Presbyterian Churches. Chongshin University, 186-219.

"한국의 개혁신학, 그 근원과 초기정착" 「월간목회」

▶ 2014년

「구원의 길」 (킹덤북스, 2014)

「칼뱅 읽기」 (세명출판사, 2014)

"칼빈의 언약사상" 「언약과 교회」, 김의원 박사 정년퇴임 논총집 (용인: 킹덤북스, 2014), .

"초기 한국 개신교 선교의 역사적 의의: 알렌의 의료 선교활동을 중심으로," 「국제신학」 16권 (2014):49-72.

"1884년, 미국 북장로회 한국선교와 그 역사적 의미" 「개혁주의 선교신학」 8

호 (2014): 400-430.

번역서. 존 프레임, 「신론」 (기독교문서선교회, 2014)

증보판. 「존 칼빈, 성령의 신학자」 (기독교문서선교회, 2014)

증보판. 「개혁주의 성령론」 (기독교문서선교회, 2014)

"21세기 교회연합과 한국교회의 실천방안 연구" 『하나님의 영광을 위한 신학과 복음활동』 (수원: 합동신학대학원 출판부, 2014), 427-458.

▶ **2015년**

"신복윤, 개혁신학의 정립과 칼빈 연구를 정초하다" 『인물로 보는 연세신학 100년』 연세대학교 신과대학 동문회 편저 (서울: 동연, 2015), 632-659.

『하나님의 위로와 힐링』 (용인: 킹덤북스, 2015).

"한국 개혁주의 신앙의 형성과 본질탐구" 『국제신학』 17권 (2015): 9-44.

▶ **2016년**

"예수 그리스도의 지옥강하 교리연구" 『한국개혁신학의 진로』 (서울: 한국개혁신학회, 2016), 456-479.

"하나님의 음성이 선포되고 있는가? 종교개혁의 비전과 신학사상의 재발견" 『국제신학』 18권 (2016): 51-96.

▶ **2017년**

"교회와 국가와의 관계" 『신학과 교회』 제8호 (2017, 겨울호) (서울: 혜암신학연구소): 185-216.

"루터의 스콜라주의에 대한 논박" 『국제신학』 19권, 61-106.

『종교개혁의 신학사상』 (서울: 기독교문서선교회, 2017).

▶ **2018년**

"종교개혁의 은총교리와 그 창조적 변혁" 『종교개혁 신학의 전통과 그 영향』 종교개혁오백주년기념 학술대회 논총집 제5권 (서울: 나눔사, 2018), 10-46.

“청교도 신학과 유산”「월간목회」2018년도 1-12월호.
『루터와 칼뱅』(서울: 세창출판사, 2018)
“아담 안에서 사망과 그리스도 안에서 생명,”『국제신학』20권 (2018): 77-106.

▶ 2019년

“츠빙글리의 성경관과 스위스 종교개혁의 특성들”『한권으로 읽는 츠빙글리 신학』(서울: 세움북스, 2019), 169-192.

이금석 목사

국제신학대학원대학교 (M. Div.)
국제신학대학원대학교 (Th. M.)
국제신학대학원대학교 (Th. D.)

십자가교회 담임목사

김정훈 박사

김정훈 박사의 생애와 신학

이숙영_정언교회 담임목사

총신대학교 (B. A.)
합동신학교 (M. Div.)
영국, 더람대학교(University of Durham) 신학대학원 (M. A.)
영국, 글라스고대학교(University of Glasgow) 신학대학원 (Ph. D.)

광신대학교 전임교수(조교수)
백석대학교 조교수, 부교수, 교수
백석대학교 정년퇴임
BnC Mission Center 대표

충현교회 교육전도사
강변교회 전도사, 강도사, 부목사
Durham Presbyterian Church 협동목사
광주중앙교회 협동목사
하늘문교회 설교목사

머리말

사람이 태어나서 세상을 살아갈 때 닮고 싶은 스승이 있다는 것만큼 복된 일도 없을 것이다. 필자가 어인(魚仁) 김정훈 박사를 처음 만난 것은 2010년에 늦깎이로 백석대 신학원에 입학하여 바울신학을 수강하게 되면서부터다. 나는 오랜 신앙생활을 하는 가운데 성경통독을 여러 번 했지만 성경은 늘 이해하기 어렵고 어려운 단어들로 가득한 책이라는 느낌을 주었다. 구약의 하나님은 엄위한 심판주이신데, 신약의 예수님은 사회적 약자 편에 서서 하나님의 사랑과 긍휼을 전해 주는 분으로 인식되니 구약과 신약이 동떨어진 느낌이었다. 신앙생활은 계속되고 있었지만 성경에 대한 나의 목마름은 여전히 해결되지 않았다. 결국 나는 성경과 신학에 대해 알고자 하는 열망으로 신학교의 문을 두드렸다.

김정훈 박사는 성경을 이해할 수 있도록 눈을 뜨게 해주신 분이다. 나는 그의 바울신학 강의에 점점 빠져들었고, 바울서신 각 권 연구 시간에는 바울의 심정이 내게 고스란히 전달되는 느낌이었다. 강의시간은 황무지 같던 나의 영혼에 은혜의 단비가 내리는 순간들이었다. 나는 그분의 강의를 들으며 그동안 풀 수 없었던 많은 문제들을 해결 받을 수 있었다. 나는 김 박사님을 만난 지 11년째다. 내가 이 글을 작성하게 된 것도 가장 오랜 기간 함께 해 온 제자가 필자가 되는 것이 가장 좋겠다는 그분의 추천 때문이다. 나는 신학원부터 시작하여 신학대학원, 그리고 지금의 신학전문대학원 박사과정에 이르기까지 그의 강의를 경청했던 제자로서 그의 실제 강의들과 강의교재, 저서, 논문, 인터뷰, 그리고 부친의 회고록[1]과 사초(史草), 훈장증 등을 자료로 삼아 기쁜 마음으

1 김철수, 『내 삶의 역정, 하늘에서 드리운 손 잡고 넘고 또 넘었다』 (서울: 도서출판 PE, 2004).

로 이 글을 쓴다.

김정훈 박사의 생애

증조부 때부터 내려온 신앙의 유산

신앙의 초석을 놓은 증조부 김추현 선생

김정훈 박사는 4대째 신앙 가문의 후손이다. 그의 가문의 신앙계보는 증조부 고(故) 김추현 선생에게로 거슬러 올라간다. 선생은 1877년(丁丑年[정축년], 고종 14년) 2월 18일 충남 서천군 한산면 고촌리에서 출생하였다. 선생은 1896년에 지현리 김차옥 여사와 결혼하여 슬하에 2남 3녀를 두었다.[2] 자녀들 중 장남이자 맏이로 태어난 인두(印斗)는 후일에 대한민국 독립을 위하여 헌신한 인물이다. 김추현 선생은 1912년에 군산시 구암(龜岩)으로 이사하여 전가족이 기독교에 입신(入信)하였다.[3] 이는 김정훈 박사의 가문에 믿음의 초석을 놓는 일이었다. 선생은 본시 철저한 유교제도 하에서 한학을 공부한 분이라 매사에 아주 엄격하였다. 그런 분이 기독교 복음을 받아들인 일은 하나님의 특별한 은총이었다. 당시는 대원군의 쇄국정책의 여파로 기독교에 대한 탄압이 아직 가시지 않은 시기였고, 불신자들은 기독교를 조상에 대한 제사를 무시하는 오랑캐라고 하여 기독교인들을 백안시하는 때였다. 그러나 선생은 주위의 따가운 눈총을 아랑곳하지 않고 기독교 신앙을 받아들였다.[4] 선생은 전북 옥구군 개정면 구암리에 거주하면서 1898년에 전킨

2 "김차옥 여사의 약사"(장례식 낭독문, 1952년); 『光山金氏 惕若齋公派世譜 三』, 102.
3 "김차옥 여사의 약사"(장례식 낭독문).
4 김철수, 『내 삶의 역정』, 10.

(William McCleary Junkin. 한국명: 전위렴) 선교사가 자기 집에서 설립한 구암교회(龜岩敎會)에 출석하였다.[5] 아마도 선생은 전킨 선교사에 의해 세례를 받았을 것으로 추정된다. 선생은 전가족을 기독교 신앙으로 이끈 장본인이기 때문이다. 그의 아내 장례식에서 낭독된 "김차옥 여사의 약사"는 그녀가 1913년에 구암교회 선교사(전킨)에게 세례를 받았다고 기록하고 있다.[6] 또한 선생은 전킨 선교사가 자기 집에서 설립한 군산 영명학교에서 한문 선생으로 재직하였다. 선생은 안타깝게도 1917년에 유족들을 남겨둔 채 구암리 병원에서 하늘나라로 떠났다.

조부 김인두 애국지사의 교육활동과 독립운동

김정훈 박사의 조부 김인두 지사는 1897년 11월 25일에 출생하였다.[7] "지사" 칭호는 그의 3.1 애국운동의 공로를 추념하기 위해 국가가 그의 사후(死後)에 건국훈장 애족장[8]을 수여한 데서 연유한다. 지사는 군산 구암교회에서 기독교 신앙을 배우며 성장하였다. 지사는 1912년 16세에 군산영명학교 고등과를 졸업하고 금산군(錦山郡) 소재 금산보통학교로 교직을 발령받아 재직하였다. 지사는 1923년 이도희 여사와 결혼하여 김 박사의 부친 철수를 낳았다. 김인두 지사는 자기 외종숙(外宗叔) 되시는 김인전 목사로부터도 큰 영향을 받았다. 김인전 목사는 평양신학교를 졸업하고 전주 서문교회 2대 목사로 시무하면서 (1914~1919) 애국운동을 하신 분이다. 이분은 김구, 이시영, 이승만, 김규식, 여운영, 조소앙 등과 함께 상해임시정부 수립에 참여하여 임정 학무총장 등 여러 직책을 거친 후에, 1922년 임시의정원 전원위원회위

5 김철수, 『내 삶의 역정』, 9.
6 "김차옥 여사의 약사"(장례식 낭독문).
7 『光山金氏 惕若齊公派世譜 三』, 102; 김철수, 『내 삶의 역정』, 12.
8 1977년 12월 13일 독립유공 대통령 표창장, 1990년 12월 26일 건국훈장 애족장.

원장을 역임하시고 제4대 의정원의장에 선출된 분이다. 지사의 어머니 김차옥 여사는 김인전 목사와 김가전 전북지사 형제와 사촌지간이었고, 신학박사 김홍전 목사[9]와 김원전 사장(군산 구암에서 북선제지 경영) 형제와는 육촌지간이었다. 김인전 목사는 일제의 극심한 탄압으로 인해 전주 서문교회를 사면하고 고향인 충남 서천군 화양면 와초리로 귀향하여 군산 영명학교 고등과와 동등한 한영(韓英)학교를 설립하고 애국운동을 지속하였다. 얼마 후에 그는 상해로 망명하였는데(1920), 떠나면서 김정훈 박사의 조부에게 한영학교 운영을 부탁하였다고 한다.

이미 언급한 대로 김정훈 박사의 조부는 교육활동뿐 아니라 독립운동에 투신한 애국지사다. 지사는 충남 서천군 3.1독립만세운동 주역의 한 분이다. 지사는 1919년 3월 29일 마산면 신장리 장날 동지들과 밤새 만든 태극기를 장에 나온 사람들에게 나누어 주며 만세시위를 주도하였다.[10] 지사는 신고를 받고 출동한 일경(日警)에 체포되어 재판에 넘겨져 3년 징역형(懲役刑)을 언도 받고[11] 공주 감옥에서 옥고를 치렀다.[12] 지사는 출감(出監) 후에도 사람들에게 애국심을 고취하기 위해 구동교회에서 성인들을 대상으로 육영(育英) 활동을 전개하였다. 이때 날마다 얼굴이 다른 일본 형사들이 엿장수로 변장하고 나타나 지사를 9번이나 서천 경찰서로 연행해 가서, 어느 날은 지사를 거꾸로 매달고 물주전자

9 호는 허암(虛菴)으로 1964년 서울에서 성약교회를 개척하여 목회활동에 전념하였고, 개혁신학자로서 수많은 신학서적들과 교회음악에 관한 책들을 저술하였으며, 설교와 신학 강의를 통해 후진 양성을 위해 힘쓰다가 2003.7.3 소천하였다. 그의 설교와 신학 강의는 지금도 계속 발간되고 있으며, 특히 신학도들 사이에 많은 존경과 사랑을 받는 분이다. 화란의 일부 교단에서는 그가 작사 작곡한 찬송가집을 예배용으로 사용한다고 한다.

10 김철수, 『내 삶의 역정』, 12.

11 大正 八年(1919년, 己未年) 5월 19일 공주지방법원 조선총독부 판사 판결문(부산지방검청 소관): 0384-94(86).

12 大正 八年(1919년, 己未年) 5월 19일 공주지방법원 조선총독부 판사 판결문(부산지방검찰청 소관): 0384-94(85).

로 고춧가루 물을 코에 부으며 고문하였다고 한다. 그러나 지사께서 대쪽 같은 기개로 결의를 굽히지 않으니 마지막에는 전기고문으로 위해(危害)하였다고 한다. 그 후 지사는 고문의 후유증으로 거의 폐인이 되다시피 하여 이곳저곳을 떠돌아다녔는데, 그래도 당신의 부친이 한때 살았던 한산면 죽촌리 마을회관을 주 거처로 삼고, 정신이 들 때면 인근 건지산이나 기린봉[13]에 올라가 성경을 탐독하였다고 한다. 지사는 1946년 7월 12일 험악한 세월을 마감하고 하늘나라로 떠났다.[14] 지사의 모친은 집안 살림의 파탄으로 생계를 위해 염색물감을 머리에 이고 다니며 행상을 하였는데, 쪽복음도 함께 들고 다니며 가가호호 방문하면서 전도하였다고 한다.[15]

부친 고 김철수 장로의 자녀교육과 교회개척 사역

김정훈 박사의 부친 고(故) 김철수 장로는 1925년 8월 25일에 출생하였다. 조부의 독립운동으로 인한 감옥생활과 고문의 여파로 가족의 생계가 어려워지자 부친은 외가로 보내져 16세 때까지 외가에서 성장하였다. 부친의 외조모는 동네에서 이름난 덕인(德人)으로 부친을 친자식처럼 정성껏 키워주셨다. 부친은 기산면 소재 화산교회 주일학교를 다녔는데, 때로는 외할머니를 따라 구역예배에 참석하기도 하였다. 부친은 10세 때 기산 공립보통학교에 입학하게 되었는데, 그때 심정은 천하를 다 얻은 것 같았다고 한다. 이후 부친은 군산상업학교(야간) 1년, 충남노회 성경학교 3년 수학 과정을 거친 후, 목회자의 길을 가고자 부산에 있던 한국신학교에 입학하였다. 그러나 생활고와 혼란한 정국으로 인해 전체 3년 과정 중 2년간의 수학으로 멈춰야 했다. 하지만 부친은

13 고려 말 충신 목은 이색의 묘역이 조성된 곳.
14 『光山金氏 惕若齋公派世譜 三』, 102.
15 김철수, 『내 삶의 역정』, 12-14.

교회 개척을 시작하기 전 시음교회와 종지교회(월남 이상재 선생이 개척한 교회)의 전도사로 시무하기도 하였다. 부친은 일제강점기와 6.25 사변, 공산당들의 준동 등 한국 근대사의 가장 암울했던 시대를 살면서 오로지 자녀교육과 교회개척 사역에 전념하였다. 부친은 1949년 김정하 여사와 결혼하여 슬하에 6남매[16]를 두었다. 부친은 이들에게 조상적부터 물려받은 신앙의 유산을 전승하고 신앙교육을 시키는 일을 가장 중요시 여겼다. 부친은 가족의 생계를 위해 고된 농사일과 목수일을 번갈아 하면서도 새벽기도를 쉬지 않았고, 개척교회(한산제일교회, 한산성광교회) 두 곳을 하면서 전심으로 섬겼다. 김정훈 박사는 부친에 대한 기억 중에 가장 생생하게 떠오르는 것은 매일 새벽기도를 마치고 돌아와 책상 앞에 앉아 성경을 읽으시던 모습이라고 회상한다.

필자는 그분의 자서전을 읽으며 말할 수 없는 가슴의 울림과 감동을 받았다. 그분은 자신의 회고록에서 자신이 자의적으로 선택해서 할 수 있은 일은 없었다고 회고한다. 그분의 회고록은 한국 근대사의 처참했던 시대상을 적나라하게 보여줄 뿐 아니라 한 사람의 신앙가문의 후손이 그러한 상황을 어떻게 이겨내며 살았는지 보여주기에 21세기를 살아가는 젊은이들에게 유익한 교훈을 줄 수 있는 훌륭한 시나리오 소재가 될 수 있으리라는 생각에, 기회가 된다면 극작가나 시나리오 작가에게 적극 추천해 보고 싶을 정도다. 평생을 주님이 인도하시는 대로 그의 뜻에 순종하며 사시던 김철수 장로는 2014년 소천하였다. 필자는 그 당시 신대원 1학년이었는데 야간수업이 끝난 후 밤 11시경 도운수 전도사를 비롯한 몇몇 동료들과 함께 장례식장을 찾아 조문한 일이 있다. 지금 돌이켜보니 소천하시기 전에 그 회고록을 읽을 수 있었더라면 하는 아쉬움이 남는다. 그랬더라면 내 마음가짐은 하나님의 뜻과 한 신앙

16 용숙(사위: 신태섭), 정훈(자부: 유희섭), 정선(사위: 홍준식), 윤순(사위: 최환지), 상훈(자부: 노승희), 충훈(자부: 권주은).

인의 생의 가치에 대해 더 깊이 생각해 볼 수 있는 기회가 되었을 것 같다. 하지만 지금 간접적으로나마 그분의 회고록을 통해 그분의 삶을 접하고, 그분으로부터 신앙의 유산을 물려받은 김정훈 박사에게서 성경을 배우고, 지금 김 박사의 생애와 신학에 대한 글을 쓰게 되었으니, 믿는 모든 사람이 그리스도 안에서 아브라함의 후손이 된 것처럼, 그가 받은 신앙의 유산을 공유하게 된 것만으로도 자부심을 갖게 된다.

김정훈 박사의 어린 시절, 서울 유학, 중고등학생 시절

어린 시절

김정훈 박사는 1953년 11월 10일[17] 충남 서천군 한산면 동산리 339번지에서 우정(又井) 김철수 장로와 김정하 권사 슬하에 6남매 중 둘째이자 맏아들로 출생하였다. 김 박사의 어린 시절 추억 중 가장 인상 깊게 남아 있는 것들 가운데 하나는 1958년 부친의 한산제일교회 개척 시절에 설립 멤버들이 온 힘을 합쳐 교회당 건물을 지을 때였다고 한다. 설립 멤버들이 수시로 모여서 손수 교회당 건물을 지을 때, 기둥 사이에 일정한 크기로 자른 대나무들을 나란히 세워 고정시키고 그것들을 새끼로 촘촘히 엮은 다음, 짚을 섞어 반죽한 찰흙을 벽체에 바를 때 6살 어린아이의 눈에 그분들이 모두 천사들처럼 보였다고 한다. 또 김 박사는 개척교회 초기에 있었던 부흥집회를 잊지 못한다. 당시에 서울 평안교회의 황금천 목사님이 첫 부흥사로 오셔서 일주일 간 집회를 인도하셨는데, 너무 어린 터라 기억 나는 내용은 없으나 목사님의 설교에 감동이 넘쳐났고, 운집한 사람이 너무도 많아 교회당 입구에 친 커다란 천막까지 가득 메운 인파에 가슴이 뿌듯했고, 천막 기둥이 넘어질까 온

17 호적에는 1955. 1. 15로 되어 있는데 담당자의 오기(誤記)로 인한 것이라고 한다.

몸으로 붙잡고 있으면서 자신이 뭔가 큰 일을 하는 것처럼 느꼈다고 한다. 수년 후 다시 서울 대길교회 박용묵 목사님이 부흥강사로 오셨는데 그때에도 말씀 충만의 역사는 비슷하였고, 자신도 목사님의 설교에 흠뻑 젖었었다고 한다. 김 박사는 집회 기간에 천국을 비상하는 것 같은 느낌이었다고 회상한다.

서울 유학

김정훈 박사는 1964년, 초등학교 5학년 때(만 11세) 서울로 유학을 떠났다. 부친은 서울 후암동 소재 삼광국민학교(당시 명칭)로 전학을 시켰다. 어린 아들을 멀리 서울로 보낸 것은 당신의 조부로부터 자신에 이르기까지 가문에 하나님이 주신 숭고한 뜻을 이루는 길이라고 믿었기 때문이다. 당시 김 박사의 거처는 서부 이촌동이었는데, 어린 나이에 가족 생각이 날 때면 한강 백사장에 나가 한참 동안 울곤 했다고 한다. 그는 마음이 울적해질 때면 거의 일주일에 한 번 부친에게 편지를 쓰며 그리움을 달랬고, 특히 구약의 시편, 잠언, 전도서와 신약의 요한복음을 반복해서 읽으며 마음의 고통을 참아냈다고 한다.

중고등학생 시절

김 박사는 중학교 2학년 때부터 스스로 학비를 해결하겠다고 하며 신문 배달을 하기도 하고, 고등학교 시절에는 우유배달을 하기도 하였다. 고등학교 시절에는 한때 과외교습을 하기도 하였다. 그는 개화기 증조부의 스승 이미지, 조부의 독립운동가 이미지, 부친의 교회 개척자의 이미지를 가슴에 그리며 학습에 매진하였고, 고등학교 2학년 때는 학생회장에 당선되었다. 고등학교 1학년 때는 담임 선생님이 공부가 부진한 같은 반 친구를 연결시켜 주셔서 친구 집에 들어가 숙식을 하며 함께 공부를 하면서 그 친구의 학업을 도와주게 되었는데, 등록금이 해결되니 걱정하지 말라는 편지를 부친께 보낸 일이 있다고 한다. 그러나 두 달 뒤 그 친구 집을 나왔다는 편지를 또 보냈는데, 그 이유는, 친구의 아버지가 미국에 계시다고 하여 그런 줄 알았는데, 그건 사실이 아니었고, 친구의 집에 낯선 남자 어른이 자주 드나들고 친구 엄마도 자주 집에 들어오지 않는 것을 보고 이상히 여겨, 계속 그곳에 있으면 본받을 것이 없을 것 같아 나오게 되었다는 내용이었다. 김 박사의 강직한 성품을 엿볼 수 있는 일화다. 부친은 그 편지를 읽고 사춘기에 있는 아들이 그만한 판단력으로 자신을 단속하며 처신하는 것을 대견스럽게 생각했다고 회고한다. 그리고 이 아들이 장차 자기의 미래를 개척해 나갈 때 수없이 많은 판단과 선택을 해야 할 것인데 그만하면 믿고 안심해도 되겠구나라고 생각하였다고 한다.

부친은 김 박사가 학비를 벌기 위해 우유배달을 하겠다고 해서 구입해 준 2,700원짜리 낡은 자전거를 수하물로 부쳐 기차에 싣고 고향으로 가져갔는데, 수리비가 살 때보다 여러 배 더 들었다고 한다. 부친은 동네 사람들이 만날 때마다 "김 장로님, 자전거 좀 바꾸세요"라고 하면, 부자간의 특별한 추억과 염원이 담긴 자전거였기에 속으로 "내 마음도 모르면서"라고 하며 못 들은 척하였다고 한다. 부친은 그 자전거를 김 박사가 총신대학교를 졸업한 후까지도 농작물을 운반하는 일에 요긴하게 사용하다가, 아들이 며느리와 3살짜리 큰 손자와 함께 영국으로 유학을 떠난 뒤 2년이 지난 다음에야 "이젠 때가 됐다"라는 생각으로 폐기하셨다고 한다. 또한 부친은, 김 박사와 그의 누나가 성년이 된 후에는 경제 문제를 스스로 해결했기 때문에 그들의 생활 정황을 속속들이 알 수 없었으나, 이 두 남매가 공부할 때 한동안 벽돌집 주방 위 2층 나무 바닥 난간 방에 살면서 겨울에는 유리창에 성애가 돋고 유리컵의 물이 얼어붙는 추위를 견디며 겨우살이를 하였다는 말을 듣고 아버지로서 매우 가슴이 아팠다고 한다.

김정훈 박사의 결혼과 교역자 훈련

김정훈 박사는 총신대학 2학년 시절부터 교육전도사로 사역을 시작하였다. 첫 번째로 섬겼던 교회가 충현교회였는데, 그는 초등부 학생들과 청소년기에 있는 중등부, 고등부 학생들에게 설교할 때마다 큰 영적 기쁨을 경험하곤 했다고 한다. 그는 고등부 교육전도사 시절 총신대학교와 합동신학대학원 동문인 유희섭[18] 사모를 충현교회에서 동료 교역자로 만나 함께 일하는 중에 결혼을 약속하고 김창인 목사의 주례로 충현교회당에서 결혼식을 올렸다. 김 박사는 유희섭 사모의 독실한 신앙과 부드러운 성품, 지혜로움, 지적 매력에 반하여 청혼하였다고 한다. 사모님은 합동신학대학원 제4회 졸업생으로 수석으로 졸업하셨다고 한다. 김 박사님의 대부분의 글은 항상 사모님의 손을 거쳐서 나온다고 한다. 두 분은 결혼식 날 사진촬영 교섭도 못한 채 예식을 올리게 되었는데, 예식이 시작되기 전 사진관을 경영하시던 집사님 한 분이 이 사실을 알고 부랴부랴 사진기를 챙겨와 결혼식 사진을 찍어 주셨다고 한다. 자녀로는 서중(자부: 이아일라)과 영중 두 아들이 있다. 총신대학교 신대원에서 합동신학대학원으로 옮긴 김정훈 박사는 부득이 충현교회를 떠나야 했고, 합동신학대학원 김명혁 교수께서 시무하시던 강변교회로 옮겨 전도사, 강도사로서 중고등부, 청년부를 맡아 사역하였고, 강도사 시절에는 성경공부 인도 및 교회 부교역자로서 행정일도 겸하였으며, 목사 안수를 받은 후에는 임춘신 전도사와 함께 심방도 하였고, 교회 형편에 따라 어떤 때는 장례식을 집례하기도 하였다. 특히 온종일 심방을 하고 귀가한 날은 성도들이 겪는 삶의 고통이 감정이입이 되어

18 1953년 8월 5일생.

마음을 추스르기가 힘들었다고 한다. 그는 교회 일을 하는 중에도 계속 기도하며 유학 준비를 하고 있었는데, 심방한 날에는 전혀 책을 읽을 수가 없었다고 한다. 그는 성도가 재벌 회장이든, 명문대 출신의 CEO든, 한국 광학계 최초로 첨단 광학 장비를 도입한 뛰어난 사업가든, 사법고시 패스를 하고 법률사무소를 운영하는 변호사든, 고급 공무원이든, 국회의원이든 누구를 막론하고 부부문제, 자녀문제, 부모자식 간의 문제, 직장내 갈등문제, 노사문제, 고부간 문제, 질병문제, 인간관계 문제, 경제문제 등 인간이 생의 현장에서 겪는 고뇌는 예외가 없다는 사실을 확인하면서, 교회의 존재의의와 역할에 대해 수많은 생각을 하게 되었다고 한다. 이때의 경험들이 교회론에 대해 더 깊은 관심을 갖게 된 계기가 되었다고 한다.

김정훈 박사의 국내 신학수업

부친은 장남 김정훈 박사가 선조로부터 물려받은 적성을 고려하여 교수나 교육행정관이 되기를 기대하였다고 한다. 김 박사 자신도 처음에는 세상으로 나아가 선친들처럼 뭔가 뜻 있는 일을 하고 싶었다고 한다. 그러나 하나님은 그의 꿈을 허락하지 않으셨다. 김 박사는 합동 교단 배경을 가진 사람으로서 목사의 길을 가기 위해 총신대학교로 진학하였다. 이때 모친 김정하 권사는 “내가 정훈이를 품에 안고 젖을 먹일 때, 장차 커서 목사가 되게 해주시라고 기도하였다”고 실토하셨다고 한다. 김 박사가 대학을 마치고 총신대 신대원에 진학한 때는 합동측 교단이 심각한 갈등기류에 휩싸여 있는 때였다. 그는 신대원 첫해 가을 박윤선 박사를 비롯한 다수의 교수진이 교단과 학교를 떠나게 되었을 때, 그는 그분들을 따라 총신대 신대원을 떠났다. 학교를 떠나는 교수진이 발표한 성명서의 핵심은 지방색과 교권주의 하에서는 더 이상 교수 활동을 할 수 없다고 하는 것이었다. 김정훈 박사는 합동신학교로 적을 옮겨 공부를 계속하였다. 그는 합동신학교에 다니는 동안 특히 박윤선 박사의 다양한 강의들을 들으며 많은 영향을 받았는데, 그분의 개혁주의 신학사상과 계시의존사색, 신학과 신앙의 일치, 목사로서의 모본된 삶에 대한 강조가 가장 기억에 남는다고 한다. 또한 박윤선 박사는 "믿는 자가 인생의 길을 개척해 나아갈 때 세 가지 중요한 요소가 있는데, 그것은 첫째, '은사가 있는가?' 둘째, '목표를 이루기 위해 끊임없이 기도하는가?' 셋째, '하나님이 길을 열어주시는가?'이다"라고 가르치셨다고 한다. 이 세 가지는 김 박사에게 평생의 지침이 되었다고 한다. 특히 김 박사는 박윤선 박사의 『성경신학』(서울: 영음사, 1979)을 읽고 신약성경신학 분야에 깊은 관심을 갖게 되었다고 한다. 그는 이후에 우연히 Edmund P. Clowney, *Preaching and Biblical Theology*(New Jersey: Presbyterian and Reformed Publishing Co., 1979)을 접하게 되었는데, 이 책에서 성경해석에 대한 큰 통찰을 얻고 직접 번역하여 『설교와 성경신학』(서울: 한국기독교교육연구원, 1982)을 출판하였다고 한다. 박윤선 박사의 만년(晩年) 어느 해인가 강변교회 교역자들이 신년 인사를 드리려고 댁을 방문한 적이 있는데, 합동 세배를 하려고 몸을 굽히려고 하자 박윤선 박사님이 먼저 소파에서 내려 앉으며 절하는 자세를 취하셔서 맞절하는 모양새가 되었다고 한다.

김정훈 박사의 해외 유학생활

김정훈 박사는 대학교 1학년 때부터 총신대학교 뒷동산 기도굴을 드나들며 기도하는 가운데 성경 진리를 알고자 하는 강한 열망을 갖게 되었다고 한다. 그는 전문적 신학연구를 위해 해외 유학의 기회를 가질 수 있도록 길을 열어주시기를 오랫동안 간절히 기도하였다고 한다. 1989년

이 기도가 응답되어 그는 영국으로 유학길에 올랐다. 한국을 떠나며 마음에 품고 간 연구주제는 성경의 교회론 즉, 성경이 가르치는 교회의 이상(The Church Ideal)이 무엇이냐 하는 것이었다. 이는 그 자신이 "교회"를 알아야 평생 바른 믿음생활을 할 수 있고, 자신의 가르침을 받는 사람들이 바르고 행복한 교회생활을 할 수 있을 것이라는 기대 때문이었다. 김 박사는 일찍이 교육전도사에서부터 시작하여 다양한 교회 사역의 경험을 쌓는 가운데 조직교회의 내면에까지 깊이 들여다볼 수 있는 기회들을 가질 수 있었다. 그는 성경이 가르치는 교회란 어떤 것이며, 교회 구성원들 간의 바람직한 관계는 무엇이며, 세상을 향한 교회의 사명이 무엇인지에 대해 스스로에게 끊임없이 질문하였다고 한다. 또 교회 정규 예배나 프로그램 외에 행정 시스템과 리더십 체계, 재정 운영체계 등을 관찰하면서 현실적으로 성경적 교회의 이상과 충돌하는 경우들을 접할 때면 마음에 고통을 느끼곤 하였다고 한다. 하지만 그는 교회의 난제에 직면하면 할수록 교회를 멀리하게 되는 것이 아니라 교회를 더욱 사랑하게 되었다고 한다. 그 이유는 교회는 하나님의 소유이며, 교회의 머리는 그리스도이시며, 세상의 교회는 최종적으로 완성된 하나님 나라가 아니라 궁극적 성취를 향해 나아가는 역동적 공동체라는 확신 때문이었다.

김 박사는 유학을 준비하는 가운데 James D. G. Dunn[19]의 *Unity and Diversity in the New Testament*(London: SCM, 1977)를 읽고 그의 폭넓은 신학적 통찰에 매력을 느껴 이런 분을 지도교수로 모시고 사사를 받으면 좋겠다는 생각을 갖게 되었다고 한다. 마침 합동신학대학원에서 던 교수의 제자로 신약학을 가르치던 유영기 박사의 추천서와 함께 논문계획서를 제출한 결과 던 교수의 편지와 함께 더람대학

19 2020년 6월 26일 80세를 일기로 소천하였다.

(the University of Durham)으로부터 입학허가서를 받았다. 김 박사는 유희섭 사모와 함께 28개월 된 아들을 품에 안고 유학의 장도에 올랐다. 하지만 김 박사는 런던공항에 처음 도착한 때부터 언어적·문화적 차이와 거액의 학비, 비싼 생활비, 높은 학문의 장벽 등, 온갖 헤쳐나가야 할 무거운 짐들로 인해 불안, 초조, 공포에서 벗어날 수 없었다고 한다. 당시에 더람대학과 독일 튀빙겐대학 간에 신학전공의 교수들이 해마다 상호 교대로 방문하며 학문적 교류를 나누고 있었는데, 김 박사가 영국에 도착한 해에는 마침 더람대학교 신학대학원에서 학회가 열려, 던 교수의 추천으로 이 학회에 참석하게 되었다고 한다. 김 박사는 더람에 도착한 뒤 겨우 두 주밖에 안 된 시점이라 모든 것이 생소하고, 영어가 귀에 익지 않아 속도감 있게 진행되는 석학들의 발표와 토론을 경청하는 일이 설렘보다는 고역이었다고 한다. 어떤 논문은 독일어로 발표되기도 하고, 토론과 질의 응답 시간에는 튀빙겐 교수들이 때로 독일어로 속사포를 쏘듯 말하므로 도무지 알아들을 수 없었다고 한다. 독일학자들 중에는 쉬툴막허(P. Stuhlmacher) 교수도 참석하고 있었는데, 이러한 신학의 거장들을 학회에서 얼굴을 대하며 유럽의 신학적 분위기를 접할 수 있었던 것은 큰 복이었다고 한다.

이뿐 아니라 김 박사는 더람대학교 신학대학원에서 매주 열리는 세미나에 참석하였는데, 신학대학원 교수들과 리서치 학생들이 정한 시간에 함께 모여 돌아가며 논문 발표와 토론 시간을 가졌다고 한다. 이때 은퇴 교수이신 크란필드(C.E.B. Cranfield)와 씨 케이 바렛(C.K. Barrett)이 본 세미나에 참석하여 학생들과 교제를 나누었다고 한다. 또 톰 라이트(N.T. Wright) 교수가 당시에 시니어 렉처러(Lecturer)로서 참석하고 있었는데, 그때 그는 이미 영국 신학계에서 주목을 받는 학자였다고 한다. 이외에도 김 박사는 더람에서 뿐 아니라 글래스고에서도 리서치를 하는 동안 영국신약신학회와 틴델하우스신학회를 비롯한 여러 신학회에 정규적으로 참석하면서 수많은 신학의 거장들을 만날 수 있었는데, 그분들과의 짧은 대화 속에서도 많은 통찰을 얻을 수 있었다고 한다. 그중에 그가 가장 기억하는 학자는 앤드류 링컨(A.T. Lincomn), 하워드 마샬(Howard Marshall), 랄프 마틴(Ralph P. Martin) 같은 분들이다.

다시 본론으로 돌아와, 더람에서 처음 접했던 더람-튀빙겐 신학회가 끝난 후 바로 가을학기가 시작되었으므로 김 박사는, 대학원 학생에게 의무사항은 아니었지만 자청하여 던 교수의 학부 강의에 들어가게 되었는데, 던 교수의 카랑카랑한 목소리와 명쾌하고 활력이 넘치는 강의, 학생들의 진지한 태도에 깊은 인상을 받았다고 한다. 강의시간이 되어 던 교수가 강의실로 다가올 때면 과대표는 출입문 앞에 대기하고 있다가 큰 소리로 “프로페서”(professor)라고 외쳤는데, 이때에는 시끌벅적 자유분방하게 떠들던 학생들이 일제히 자리에서 일어나 교수를 영접하였고, 교수가 강의단으로 올라가 교탁 앞에 서서 “Please, be sitted”라고 하면 학생들은 절도 있게 자리에 앉아 강의를 경청할 자세를 갖추었다고 한다. 김 박사는 이렇게 던 교수의 직강을 듣는 것과 동시에 그와 일대일 대면 리서치(research)를 본격적으로 시작하였다고 한다. 던 교수는 그의 연구실에서 처음으로 대면한 자리에서 “어떤 책을 읽고 있느냐?”고 물었다고 한다. 김 박사가 H. Ridderbos, *Paul: An Outline of His Theology*(Grand Rapids: Eerdmans, 1975)를 읽고 있다고 하니, 그럼 그 책을 리뷰해 오라고 첫 과제를 주었다고 한다. 이렇게 시작된 던 교수의 수퍼비전은 일주일에 책 한 권씩 리뷰해 올 것을 주문하는 것으로 이어졌다고 한다. 도저히 불가능한 일이었지만 김 박사는 잠을 4시간 이내로 줄여가며 신학서적들을 정독하고 그것을 비평하는 일에 몰두하였다고 한다.

사실 이 일은 고(故) 브라이언 노튼(Brian Norton) 목사 부부의 도움이 아니었다면 불가능했을 것이라고 한다. 고(故) 노튼 목사는 더람장로교회(Durham Presbyterian Church)의 담임목사로서 당시 김정훈 목사를 교인들의 투표를 통해 교회의 협동목사로 받아들여 주고, 종종 주일 아침예배의 설교와 성찬예배 집례를 부탁했을 뿐 아니라 당회원으로서의 역할도 해 줄 것을 요청하였다고 한다. 김 박사는 영문 신학서적들을 읽고, 한국말로 정리하고, 다시 영작한 후 노튼 목사에게로 가져가면, 꼼꼼히 체크하여 돌려주고, 수정을 본 후에 이것을 다시 가지고 가면, 뉴캐슬대학에서 커뮤니케이션 과목을 가르쳤던 그의 부인 브렌다(Brenda Norton)가 최종 손질을 해주고, 그것을 다시 가져와 전자 타이프라이터에 입력하여 출력한 후, 던 교수와의 약속 시간에 맞추어 부랴부랴 그의 연구실로 달려가곤 했다고 한다. 이런 힘든 과정에서도 버텨낼 수 있었던 것은 대학시절에 여러 외국어 과목들과 라틴어, 헬라어를 수강한 것이 큰 도움이 되었다고 한다. 김 박사는 평생 고(故) 브라이언 노튼 목사 부부의 사랑과 도움을 잊을 수 없다고 한다. 2015년 김 박사가 장훈태 박사의 주선으로 강의차 프랑스에 갔다가 영국으로 건너가 더람을 방문했던 것은 고(故) 브라이언 노튼 목사의 사랑을 추억하며 묘소를 찾아 추모하기 위한 것이었다고 한다.

이미 언급한 대로 김정훈 박사의 논문연구 초기단계는 인간으로서 도저히 감당하기 힘든 과정이었다. 리서치를 시작한지 1년쯤 되어 갈 무렵, 그는 불면증과 두통, 스트레스로 인해 더 이상 연구를 진행할 수 없을 정도가 되었다. 그는 누웠다가 스스로 일어날 수 없을 만큼 몸이 쇠약해져 있었다. 당시에 그는 거의 생사를 넘나드는 단계까지 내려갔었다고 한다. 그는 몸져누운 채 베개에 눈물을 적시면서 “내가 죽어 아내가 저 어린 아들과 함께 내 주검을 끌고 한국으로 되돌아가는 일이 발생하면 어떻게 하지?”라고 생각했다고 한다. 그는 이런 참담한 상태에서 “하나님, 살려 주세요. 한 번만 살려주시면 하나님 실망시켜 드리지 않겠습니다"라고 반복해서 기도하며 마음에 다짐하였다고 한다. 한 달쯤 지나서 그는 기적처럼 자리에서 일어나 몇 걸음씩 걸을 수 있게 되었다. 그는 몇 십 미터까지 걸을 수 있게 되었을 때, 어린 아들의 손을 잡고 거주하던 대학원 기숙사에서 멀지 않은 시냇가로 살얼음판 걷듯 조심조심 골목길을 내려가 벤치에 앉아 따스한 햇볕을 쬐고 있었다. 그때 어린 아들이 힘없이 앉아 있는 아빠 곁으로 다가와 귓가에 "아빠, 괜찮아. 괜찮지?"를 반복했는데 천사의 말처럼 들렸다고 한다. 이 아들은 유학을 떠나기 전 돌이 갓 지났을 무렵에도 어느 날 아빠가 낙담한 얼굴로 누워 있을 때 머리를 쓰다듬으며 위로하는 듯한 동작을 보였다고 한다.

이런 과정을 거쳐 김 박사는 *The Church as the Body of Christ: Ecclesiology in Ephesians in the Light of Eph 1:22-23*라는 제목의 석사(M.A.) 논문을 완성하였다. 당시 김 박사는 카운슬 하우스에 살고 있었는데, 논문 완성이 막바지에 부슬부슬 비가 내리는 어느 날 던 교수가 갑자기 전화를 걸어 직접 집으로 찾아오겠다고 연락을 하였다고 한다. 30분 쯤 뒤 집에 도착한 던 교수는 거실에 앉아 몇 마디 대화를 나눈 후에 참고문헌의 줄 바꾸기 하나가 잘못되었으니 교정하라고 지시하고서는 "이것이 마지막 수퍼비전이오. 고친 후 제출하시오"라고 말하고 떠났다고 한다. 김 박사는 논문 완성본을 제출한 후 대학 행정처로부터 Viva(논문심사) 날자가 오기를 초조하게 기다리고 있었다. 그러던 중 담당자로부터 서신 하나를 받았는데, 심사위원들(외부 1인, 내부 1인. 지도교수는 제외)이 별도의 심사가 필요 없다고 하니 사무실로 와서 학위증을 수령해 가라는 내용이었다고 한다. 이 일로 김 박사는 그동안의 심적 고통과 부담감, 질병, 설움, 스트레스를 일거에 날려버릴 수 있었다고 한다.

그 후 김 박사는 다음 단계로 박사학위 논문 주제를 무엇으로 정할 것이지 던 교수와 의논하던 중 던 교수가 글래스고대학의 존 바클레이 교수(John Barclay)를 소개하면서 추천서를 써주겠다고 하였다고 한다.

김 박사는 스코트랜드의 글래스고대학으로 가서 바클레이 교수를 만났을 때 그분에게서 친절, 사려심, 학문적 치밀성 같은 것을 느꼈다고 한다. 얼마 후 바클레이 교수는 "연구주제가 조엘 마커스(J. Marcus) 교수의 도움이 필요할 것 같으니, 자기와 마커스 두 사람의 수퍼비전을 받는 것이 좋겠다"고 하여, 결과적으로 김 박사는 두 분 교수에게서 논문지도를 받는 의외의 행운을 누리게 되었다고 한다. 박사학위 논문연구는 순조롭게 진행되어 김 박사는 수년 후 논문을 완성하고 논문심사를 거쳐 무수정 통과라는 최고의 결과를 얻게 되었다고 한다. 그는 박사 논문연구를 하는 동안 자신을 도와준 존 하딩 목사 부부(Rev. John Harding and Mrs. Sue Harding)의 도움을 잊을 수가 없다고 한다. 하딩 목사는 끊임없이 기도로 지원해 주었고, 교회사를 전공한 그의 아내 수(Sue)는 김 박사가 쓴 글을 꼼꼼히 읽으며 교정해 주었다고 한다. 과거에 총신대학에서 영어를 가르치다가 한국외국어대학교로 적을 옮겨 영문학 교수로서 부총장을 역임한 고(故) 최종수 교수는 제자 김정훈 박사의 논문을 읽고 영문학적으로 매우 수려한 글이라며 극찬하였다고 한다. 이에 대해 김 박사는 뛰어난 학문성을 갖춘 현지인 조력자들의 도움이 아니었더라면 불가능했을 것이라고 한다. 김 박사의 논문은 출판사의 요청을 따라 약간의 수정을 거친 후에 *The Significance of Clothing Imagery in the Pauline Corpus,* JSNTS 268(London/New York: T & T Clark International)라는 단행본 시리즈 중 하나로 출판되었다.

김정훈 박사의 귀국 후의 사역과 기타 활동

김정훈 박사는 귀국 후에 광신대학교 신약학 조교수로 부임하였다. 그가 이와 같이 교수로서 생활을 시작하게 된 것은 광신대학 신은균 교수가 김 박사의 학위논문이 마지막 단계에 있다는 것을 인지하고 학교에 소개함으로써 이루어진 일이었다. 신 교수는 김 박사가 유럽개혁신학회에 참석차 독일에 갔다가 유학지에서 만난 총신대학 후배였다. 김 박사는, 아직 글래스고에 머물고 있을 때 광신대학으로부터 걸려온 교수초빙 전화에, 모교인 합동신학대학원의 장학금 지원을 받은 사람으로서 빚진 심정에 처음에는 두 차례나 초빙 수락 요청을 정중히 거절하였다고 한다. 하지만 세 번째 요청이 왔을 때 하나님의 명령으로 알고 수락하였다고 한다. 하나님께서는 이와 같이 주변 사람들을 통해 당신의 뜻을 이루어가신다. 광신대학교에 재직하는 동안 김 박사는 신약개론, 바울서신, 공동서신 등을 강의하였다. 하지만 1년 6개월 뒤에 그는 천안대학교(백석대학교 전신)로 이적하였다. 학교를 옮기는 것은 참으로 어려운 일이었지만 많은 기도와 고심 끝에 마음에 결단을 내리고 정규남 총장께 자신의 계획을 말씀드릴 때, 한편으로는 강하게 만류하시면서도 다른 한편으로는 젊은 학자의 장래를 위하는 마음으로 긴 숙고 끝에 어렵게 허락해 주셨다고 한다. 이 일에 대해 김 박사는 광신대학과 정 총장님께 감사의 마음과 송구한 마음을 동시에 가지고 있다고 한다.

한 가지 에피소드는, 김 박사가 스코틀랜드에서 박사학위 논문을 마쳐갈 무렵 한국의 지인에게서 걸려온 전화를 받고 서로 통화하는 중에 얼떨결에 "나는 천안대학교에 가서 일할지도 몰라"라고 말했다고 한다. 당시 김 박사는 천안대학교가 있다는 것만 알고 자세한 것은 거의 모르는 상태였다고 한다. 그때 천안대학교는 도약하는 시기였다. 아무튼 김 박사는 자기도 예상치 못하게 천안대학으로 옮겨 교수활동을 하게 되었는데, 이 모든 과정의 신비는 하나님만 아시는 일이라고 고백한다. 때로는 사람이 미래를 예견하며 자기도 알지 못하는 말을 하기도 한다. 이러한 일은 성경에서도 사례를 찾아볼 수 있다. 김 박사는 천안대학교 후신인 백석대학교에서 학부, 신학원, 신대원, 전대원 학생들을 대상으로 신약개관, 바울서신, 옥중서신, 사복음서와 사도행전, 공관복음 해석, 사도들의 설교와 신학, 목회서신, 성경해석학, 신약의 중심메시지: 하나님 나라, 바울의 종말론, 에베소서 세미나, 히브리서 세미나 등 수많은 과목을 강의하였다. 그는 자택이 천안에 있었으므로 천안캠퍼스와 방배동 소재의 서울캠퍼스를 오가며 강의를 하였다. 그의 강의는 천안에서 하루, 그리고 나머지는 모두 서울에서 이루어졌다. 김 박사는 양 캠퍼스를 오가며 교수생활을 하는 동안 수많은 교통사고를 목격하였고, 자신도 여러 차례 심각한 위기에 처하기도 하였다고 한다. 하지만 하나님께서 그때마다 보호해 주시고 살려주신 일에 무한 감사한다고 고백한다. 서울 캠퍼스에서 야간강의가 있는 날에는 마지막 수업이 밤 10시 이후에 끝나므로 천안까지 운전하는 일이 매우 피곤하였다고 한다. 그리하여 그는 건강 유지를 위해 7~8년 동안 주중 이틀씩은 연구실에서 접이식 침대를 펴고 잠을 청하였다고 한다.

김 박사는 강의실에 들어가 하나님의 말씀을 가르치며 학생들과 교제를 나눌 때 가장 기쁨과 보람이 있었고, 자신의 강의를 경청하는 학생들의 모습을 볼 때면 강의실 공간이 기적의 현장처럼 느껴졌다고 한다. 그는 이런 학습의 장을 개설하기 위해 학교 설립 초기부터 수고한 모든 운영진과 교수진, 행정직원들에게 감사의 마음을 갖고 있다고 한다. 이는 자신이 처했던 모든 상황 배후에 하나님의 뜻과 섭리가 있었음을 확신하기 때문이라고 한다.

김 박사는 신학자와 목사로서 경기도 여주 소재의 한 교회(여천하늘문교회)를 위해 약 8년 정도 섬기기도 하였다. 그는 백석대학교 교수 목사들이 주 구성원인 경안노회의 허락을 받아 그 교회를 위해 설교목사로서 봉사하였다. 처음에 설교 요청이 왔을 때 그는 만성피로와 불면증, 심방세동, 관절염, 족저근막염, 두통 등으로 인해 교수 일 외의 추가적인 일을 감당하기엔 자신의 육체가 너무도 허약한 상태에 있다고 판단하여 교회의 요청을 거절하였다. 그러나 교회의 요청이 너무도 간곡하여 김 박사는 몇 차례 설교에 응하기로 하였으나 교회의 상황은 쉽게 그만둘 수 있는 형편이 아니었다. 교회는 재산권 문제와 이단성 문제, 윤리문제 등으로 인해 매우 피폐한 가운데 있었다. 결국 설교 기간이 한 달, 두 달 연장되었고, 교회의 문제는 단기간 내에 해결될 수 있는 성질의 것이 아니었다. 그러한 형편인데 김 박사가 사역을 접으면 그것은 곧 하나님의 뜻을 외면하는 것이며 교회를 버리는 것 같은 마음의 울림이 있어 그 교회를 계속 섬기게 되었다고 한다. 그는 꾸준히 본문 중심의 설교를 하는 동안 말씀 자체의 능력을 체험할 수 있었다고 한다. 그는 주일 오전·오후 설교 외에도 수요일 설교 및 심야기도회, 주말 새벽기도(한 기간), 하계·동계 심방, 특별행사, 복지시설 방문, 교회당 부지 매입 및 건축 등 수많은 일들을 감당해야 했다고 한다. 지금은 목양의 은사가 남다른 제자가 그 교회를 담임하고 있는데, 성도들이 행복한 신앙생활을 하고 있다는 소식은 그에게 큰 기쁨이라고 한다.

김정훈 박사의 생애에 빼놓을 수 없는 사역 하나가 더 있다. 그는 신학은 항상 교회를 위해 구체적으로 봉사할 수 있어야 한다는 취지(趣旨) 하에 뜻을 같이하는 총신대학교 출신 신학자 · 목회자들을 중심으로 2001년 Pro Ecclesia(교회를 위하여) 신학회를 결성하여 2013년 학회 활동을 마감할 때까지 교수부 운영위원장으로 봉사하였다. 본 신학회를 위해 고(故) 홍치모 교수와 최종수 교수 조신권 교수 이형국 교수가 고문으로, 새벽별신성교회 공로목사 양서규 박사가 사무총장으로, 총신대 총장을 역임한 정일웅 교수 백승교회 담임목사 박세환 박사가 자문위원으로, 의정부광명교회 담임목사 겸 현 아세아연합신학대학교 이사장인 최남수 목사 새벽별신성교회 공로목사 양서규 박사 외 2인이 후원이사로, 백석대학교 조직신학 교수와 성경신학대학원대학교 총장을 역임한 권호덕 박사 외 다양한 배경을 가진 교수들과 목회자들이 운영이사로 수고하였다. 본 신학회는 신구약을 번갈아 가며 주요 본문을 발췌하여 각 본문 당 두 사람이 발표하는 형식을 취하였다. 즉, 각 본문에 대해 먼저 신학 교수가 본문해석을 제시하고, 이어서 그것을 근거로 목회자가 설교문을 발표하는 형식이었다. 또 본 신학회는 “찾아가는 신학회”를 표방하고 지방에 있는 목회자들과 신학도들을 위해 직접 현지로 가서 학회를 개최하기도 하였다. 학회에서 발표된 본문연구와 설교문은 학회지로 발간되었는데, 12년 동안 신구약성경 총 24권의 책을 다루었고, 통권 23권의 책을 발간하였다. 본 신학회는 시종일관 신학자의 본문 연구가 교회의 강단에 적용 가능한 것이 되어야 한다는 입장을 견지하였다.

필자는 김 박사의 교수 사역이 마지막 단계에 이르렀다는 것을 인지하고 있었지만 정작 시간이 닥치니 아쉬움과 충격이 너무도 컸다. 필자는 신학전문대학원 그의 마지막 수강생들이 조촐한 석별의 정을 나누는 시간을 갖는다는 것을 알고 있었지만 참석할 수가 없었다. 김 박사의 퇴임 후 얼마 지나지 않아 평소에 그를 존경하던 제자들이 모여 그가 평생 일궈놓은 신학사상과 신앙을 계승하고 참된 신자, 목회자, 전도자, 신학자가 되기 위해 한 단체를 결성하기로 뜻을 모았다. 그 결과 세워진 것이 B&C Mission Center(이하 B&C로 약칭함)다. “B”는 김 박사님이 늘 강조했던 “the Bible”에서, “C”는 그가 항상 하나님 나라의 대리 기관이라고 가르쳤던 “the Church”에서 따온 것이다. 현재는 B&C가 성경연구와 신학연구에 집중하고 있다. 이는 정확한 성경이해와 바른 신학이 확립될 때 선교도 바로 할 수 있고, 교회도 바로 세울 수 있다는 확신 때문이다. B & C는 김정훈 박사를 대표로 추대하고 그분의 폭넓은 지도를 받고 있다. 김 박사님은 B&C의 대표직 요청에 극구 사양하였으나, 고심 끝에 수락해 주셨다. 앞으로도 김 박사께서 청년과 같은 젊음과 건강을 유지하면서, 엘리야가 갑절의 능력을 구하는 엘리사에게 축복하며 자신의 예언 사역을 승계하게 했던 것처럼, 자기가 받은 모든 것을 후학들에게 전승할 수 있기를 소망한다. 김정훈 박사는 현재 〈교회와 신앙〉의 요청으로 매주 주옥같은 성경해설 한 편씩을 기부하고 있고, 신약 각권 주해서 저술 작업에 전념하고 있다.

김정훈 박사의 신학

김정훈 박사의 다양한 강의 과목이 암시하듯 그의 신학세계는 범위가 넓다. 그의 전문분야는 바울신학이지만, 앞에서 언급한 대로 그는 신약 전반을 두루 강의하였다. 그는 무엇보다도 신약 각 권을 치밀하게 분석하고 주해하는 일에 깊은 관심을 가지고 있다. 또한 그는 사도행전의 중요성을 강조하는데, 이는 이 책이 1세기 신약교회의 모습을 적나라하게 보여줄 뿐 아니라 그 안에 수록된 사도들의 설교는 복음 진리의 원형을 엿볼 수 있게 해 주기 때문이다. 그가 최우선적으로 관심을 기울이는 신학적 주제는 하나님 나라와 교회론이다, 그는 그리스도의 재림과 더불어 최종적으로 완성될 하나님 나라를 강조하며, 동시에 교회를 통한 하나님 나라의 현재적 실현을 강조한다. 이것은 필자가 김정훈 박사에게서 10여 년 동안 감명 깊게 들었던 강의 내용 중의 하나다. 하나님 나라의 미래만 강조하거나 현재만 강조하는 것은 성경의 가르침과 일치하지 않을 뿐 아니라, 하나님 나라와 교회가 무관하다면 교회의 존재의의를 찾을 수 없을 것이라고 생각했기 때문이다. 필자는 아래에 김정훈 박사가 평소에 역점을 두어 가르쳤던 내용들을 간략하게 정리해 보고자 한다.

교회를 위한 신학의 강조

김정훈 박사의 성경연구와 교회의 강단은 상호 불가분의 관계에 있다. 그의 본문 연구는 항상 교회를 지향한다. 이는 교회론이 다른 모든 신학적 주제들보다 뛰어나다는 생각 때문이 아니라 신학은 교회에 실질적인 유익을 주는 학문이 되어야 한다는 지론 때문이다. 실제 사례로, 그는 에베소서 본문들에 내포된 교회론적 의미를 드러내기 위해 각 단락마다 다음과 같은 제목을 제시한다. 엡 1:3-6 선택공동체로서의 교회, 엡 1:7-10 만물통일의 구심점으로서의 교회, 엡 1:11-14 상속공동체로서의 교회, 엡 1:15-23 우주의 중심과 그리스도의 몸으로서의 교회, 엡 2:1-10 실현된 종말론적 실재로서의 교회, 엡 2:11-18 연합체적 "한 새사람"으로서의 교회, 엡 2:19-22 건축술적 통합체로서의 교회, 엡 3:1-21 "그리스도의 비밀" 공동체로서의 교회, 엡 4:1-7 유기적 통일체로서의 교회(i): 7중의 통일화 요소들, 엡 4:8-16 유기적 통일체로서의 교회(ii): 은사의 다양성, 엡 5:22-33 4중의 관계적 실재로서의 교회, 엡 6:10-20 영적 전사(戰士)공동체로서의 교회.[20] 이와 같이 김정훈 박사가 에베소서 본문에 붙이는 제목들은 그가 에베소서를 교회론의 보물창고라고 주장하는 이유를 대변해 준다. 제목들은 교회의 정체성과 역할에 대해 의미심장한 통찰을 제공해 준다.

또한 김정훈 박사는 신학과 목회의 접목을 위해 심혈을 기울인다. 그는 특히 목회현장에서 모든 구성원들의 인격과 행실의 변화가 중요하다고 강조한다. 그는 오늘날 한국교회가 시대적 위기에서 벗어나기 위해서는 성경에서 목회의 원리를 찾아야 한다고 역설한다. 그는 바울의 유언과도 같은 디모데후서가 좋은 예가 될 수 있다고 추천한다. 그는 이 서신서의 발췌본문들을 근거로 다음과 같은 개념들을 제시한다. 목회직의 출처와 은사에 대한 인식(1:1, 6-7), 복음 이해와 그 수호(1:9-10 & 2:14-19; 3:14-17; 4:1-5) 및 전승(2:2), 목회자의 모범과 헌신

20 김정훈, 『에베소서세미나』(서울: 백석대학교 기독전문대학원, 2018), 7-10.

(2:20-26; 4:6-8), 말세 인간의 특성 이해(3:1-9), 고난의 극복(1:8; 12; 2:3; 8-10; 11-13; 3:10-12; 4:5).[21] 이 주제어들이 암시하듯 김정훈 박사는 한국교회가 수많은 난제들을 해결하고 극복하기 위해서는 교회의 모든 영역의 리더들과 구성원들이 문제의 심각성을 인식하고 하나님의 말씀으로 돌아가야 한다고 주장한다. 그는 목회자가 선두에 서서 복음을 바로 이해하고 실천에 옮길 때 교회는 음부의 권세가 이기지 못할 천국의 기관으로서 세상에 존재하며 자신의 역할을 감당하게 될 것이라고 역설한다.

종교개혁자들의 사상 중시

김정훈 박사는 역사적 신앙의 중요성을 강조한다. 교회란 구약에 뿌리를 두고 출현한, 새로운 하나님의 백성 공동체로서 사도시대, 속사도 교부시대, 중세시대, 종교개혁시대를 거치면서 역사의 토양 위에서 비바람을 이겨내며 존속해 온 역사적 실재이기 때문이다. 개혁교회는 루터, 칼빈, 쯔빙글리 같은 종교개혁자들의 정신을 경시해서는 안 된다. 물론 그들의 신학과 신앙이 완벽했던 것은 아니다. 하지만 현대 그리스도인들은 종교개혁시대에 하나님이 그들을 어떻게 사용하셨는지의 관점에서 그들의 신학과 신앙을 이해하고 계승해야 한다. 역사적 신앙을 부인하는 것은 허리를 잘라버리는 것과 같고, 역사적 신앙을 왜곡하는 것은 독약을 살포하는 것과 같다. 소위 새 관점주의의 선두주자라고 할 수 있는 톰 라이트는 종교개혁자들의 이신칭의 교리를 오류라고 지적하면서 그들의 그릇된 가르침이 믿는 자들로 하여금 윤리적 행위를 등한시하도록 만들었다고 주장한다. 하지만 이것은 사실과 다르다. 예를 들

21 김정훈, 『디모데후서에 나타난 바른 목회』(서울: 한국복음주의신학회 제72회 정기논문발표회, 2018), 71-90.

어, 존 칼빈은 그의 기독교 강요 3권 16장 1절에서 "선행이 없는 믿음이나 선행 없이 유지되는 칭의는 꿈도 꾸지 않는다. 믿음과 선행은 단단히 결속되어 있다"라고 말한다. 오늘날 많은 사람들은 칼빈을 성경 곡해자로 낙인찍어 놓고 신학의 이름으로 그에게 화살을 쏘아댄다. 그는 성경을 곡해하고 행위를 부정하는 자라는 이유 때문이다. 하지만 김정훈 박사는 이것은 매우 부당한 처사라고 말한다. 왜냐하면 칼빈은 결코 "믿음"을 "행위"로부터 분리시키고 행위 없는 믿음만이 구원에 이르게 한다고 주장하는 것이 아니기 때문이라는 것이다. 칼빈은 오히려 참 믿음만이 인간을 의와 구원에 이르게 하며, 참 믿음은 행위를 동반한다고 진술한다. 결론적으로 김정훈 박사는 종교개혁자들이 바울서신 특히 교리서신을 근거로 이신칭의를 가르친 것은 정당한 일이었다고 주장한다. 그는 개혁교회가 종교개혁자들의 신학사상을 계승하고, 그것을 보전하며, 후대에 전승하는 일은 교회의 책무라고 말한다.

하나님 나라의 교회론적 실현 강조

김정훈 박사는 신구약 성경 전체를 관통하는 가장 큰 주제는 "하나님 나라"이며, 이 나라를 구현하는 것이 교회의 임무라고 주장한다. 그는 성경 연구자에게 신학적 관점은 해석학적 틀을 제공해 주기 때문에, 연구자가 신학적 관점을 갖는 것이 우선적으로 중요하다고 말한다. 그가 주목하는 신학적 관점은 아담-기독론적 관점, 예언과 성취의 관점, 언약과 성취의 관점 등이다. 중요한 것은 이 모든 관점의 중심에는 그리스도가 계시다. 이 사실은 신약성경에 대한 정확한 이해를 위해서는 그리스도를 입구로 삼고 성경 계시 안으로 들어가야 한다는 뜻이다. 특히 "언약"은 인간의 구원을 위한 하나님과 인간의 관계 설정 방식이며 개념이다. 하나님은 언약과 그 성취과정을 통해 끊임없이 인간과 소통하시며 그들을 구원의 길로 인도하신다. 언약과 성취라는 범주 안에는 율법/복음, 옛 언약/새 언약, 그림자(모형)/실체(원형), 옛 창조/새 창조, 성전/교회 등의 대조 개념들이 자리를 잡고 있다. 성경의 독자들은 이런 성경해석학적 틀을 통해 인류의 구원을 목표로 하는 하나님 나라가 현재와 미래에 있어 어떻게 실현되는 것인지 깨달아야 한다. 김정훈 박사는 교회의 가장 중요한 임무 중의 하나는 하나님 나라를 구현하는 것이라고 말한다.

그의 이러한 주장은 성경의 가르침에 근거를 두고 있다. 그는 공관복음이 예언과 성취의 전망 안에서 하나님 나라를 새 시대의 새로운 질서(세계)로 부각시키고 있다고 본다. 새로운 질서의 본질적 요소들은 중생과 영광, 생명, 안식, 구원이다. 바울서신은 하나님 나라를 그리스도인들이 상속받을 상속물로 제시한다. 그것은 실체가 없는 하나의 개념이 아니라 영적으로 실재하는 세계라는 것을 암시한다. 세상에 존재하는 교회는 하나님 나라의 역사적 양상이라고 할 수 있다. 가시적 교회는 역사 속에 물리적으로 존재하지만 그 본질은 영적이다. 그러므로 교회는 세상에서 영적 덕목들의 실천을 통해 하나님 나라를 실현해 가야 한다. 하나님 나라는 기독교적 유토피아(utopia)가 아니다. 그것은 넓은 의미에서 하나님의 통치 아래 존재하는 모든 것들의 세계이며, 구체적으로 "교회"라고 불리는 가시적 또는 불가시적인 하나님의 백성 공동체의 세계다. 이것은 현재적 국면과 미래적 국면을 동시에 보유하고 있는 실현된 종말론적 실재다. 따라서 교회는 세상에 존재하는 동안 자신이 하나님 나라의 역사적 양상인 것을 증명해 보이며 살아야 한다. 이것은 다른 말로 믿는 자들이 교회 안에서 하나님 나라를 최대한 실현하며 살아야 한다는 것이다.

성경 계시의 증언으로서의 설교 강조

김정훈 박사는 설교는 성경을 강론하는 것, 즉 성경 본문 해설을 통해 그리스도의 죽으심과 부활을 증언하고(행 17:2-3), 이 사건의 의미를 드러냄으로써 믿는 자들로 성경 말씀이 주시는 인내와 위로 가운데 소망을 품고 살도록 권면하는 것이라고 말한다(참조. 롬 15:4). 그는 사도행전을 신약 설교의 원형을 살필 수 있는 가장 가치 있는 자료로 본다. 그는 자신의 책, 『사도들의 설교와 신학』(수정증보판; 서울: 그리심, 2019)에서 사도행전에 나타난 베드로와 스데반, 바울의 설교를 분석, 종합하면서, 사도들은 예언/언약과 성취라는 구원사적 안목을 가지고 예수 그리스도 중심의 종말론적 메시지를 선포하였다고 결론짓는다. 김정훈 박사가 파악하는 사도들의 설교의 핵심 내용은 다음과 같은 것들이다.[22] 첫째, 그리스도는 구약의 모든 예언/언약의 성취자로서 메시야시대를 도래케 하셨다. 둘째, 그리스도는 메시야 왕국의 왕적 신분을 가진 다윗의 후손으로서 오셨다. 셋째, 그리스도는 능력들과 기적들과 표적들로 자신의 메시야 되심을 확증해 보이셨다. 넷째, 그리스도는 이 악한 세대로부터 죄인들을 구원하시려고 하나님의 정하신 계획과 미리 아심을 따라 성경대로 십자가에 달려 죽으셨다. 다섯째, 십자가에 달려 죽으신 그리스도는 하나님께서 그의 사망의 고통을 풀어주심으로 성경대로 3일 만에 부활하셨다. 여섯째, 부활하신 그리스도는 승천하시어 하나님 우편에 앉힘을 받으심으로 산 자와 죽은 자의 주가 되셨고, 또한 새 이스라엘(곧 교회)의 머리와 만유의 주권자가 되셨다. 일곱째, 승귀의 그리스도는 당신의 능력과 영광의 표적으로 교회에 "약속의 성

22 비교. C.H. Dodd, The Apostolic Preaching and Its Developments, 『초기 기독교의 설교원형』, 세계 기독교대사상 1, 채위 역(서울: 교육출판공사, 2007), 303, 308-10.

령"을 보내셨다. 여덟째, 승귀의 그리스도는 심판자와 만민의 구세주로 재림하심으로써 메시야 왕국(하나님 나라)을 완성하실 것이다.

그리스도 중심의 사도적 메시지는 청중에게 회개와 결단을 촉구함으로 삶의 변화를 유발시키고, 인내과 위로를 주어 소망을 품고 살도록 독려한다. 이것이 바로 설교의 핵심 기능 중의 하나다. 그리스도의 십자가의 의미를 깨닫는다면 청중은 자연히 자신을 성찰해 보게 된다. 말씀의 빛 아래 자신의 부패성을 인식하는 자는 자신의 죄를 고백하지 않을 수 없다. 바울이 믿는 사람들을 체포하기 위해 다메섹을 향해 가다가 경험한 것과 같은 인생의 전환점은 회심의 과정이 아니고서는 만날 수 없다. 성경 진리는 회심한 자에게 인내할 수 있는 견고한 마음과 위로를 주며, 하나님의 언약 안에서 소망을 발견하고 그것을 마음에 품고 살아갈 수 있게 해준다. 김 박사는 설교자가 이러한 확신을 갖고 인간의 말이 아닌 하나님의 말씀으로서의 성경을 증언하는 자가 되어야 한다고 강조한다. 그는 청중의 정황에 대한 이해, 섬김의 자세, 설교 스킬 모두가 중요하지만, 설교자에게는 무엇보다도 설교가 무엇인지에 대한 정확한 인식이 필요하다고 역설한다. 또한 그는 설교자에게 개인주의와 도덕적 해이가 극에 달한 현대사회에서 말씀과 함께 역사하시는 하나님의 능력으로 사람들을 혼란케 하는 모든 이론과 하나님을 대적하여 높아진 모든 것을 무너뜨리고, 모든 생각을 사로잡아 그리스도께로 복종하게 해야 할 사명이 설교자에게 있다고 말한다(고후 10:5).

성경해석 방법론의 중요성 강조

김정훈 박사는 신학을 "설교를 담아내는 그릇"[23]이라고 묘사한다. 이

23 『사도들의 설교와 신학』 (수정증보판 / 서울: 그리심, 2019), 341.

는 신학이 얼마나 정확하고 치밀하게 연구된 것이어야 하는지에 대한 표현이라고 할 수 있다. 그릇이 불결하면 아무리 좋은 음식이라도 담을 수가 없다. 신학에서 결정적으로 중요한 분야 중의 하나는 성경해석학이다. 널리 인정받을 수 있는 "성경해석방법론"은 고도로 설득력을 갖춘 "신학"의 토대 위에서만 세워질 수 있다. 이는 성경해석방법론이 바로 되어야 좋은 "설교"가 나올 수 있다는 뜻이다. 이런 의미에서 설교는 성경해석의 토양 위에 피어나는 꽃이라고 할 수 있다. 김정훈 박사의 해석학에 관한 견해는 그의 강의교재, 『성경석의 방법론』에 상술되어 있고, 그의 논문 여러 편을 포함하고 있는 그의 책, 『약속, 성취 그리고 하나님 나라』(서울: 도서출판 Th. & E., 2012)에서도 그 일단을 엿볼 수 있다. 그는 성경해석을 위한 기초준비로서 성경과 해석자의 관계에 대한 기본이해가 필요하고, 장르이해와 기록목적에 대한 이해, 주요 특징들과 테마 파악, 정밀한 구조분석이 필요하다고 본다.

그는 주요 성경해석 방법론으로 문법적 해석과 역사적 해석, 문학적 해석, 신학적 해석을 제시한다. 첫째, 문법적 해석은 해당 본문의 문맥에 대한 이해와 언어나 어법, 문장 구조에 대한 기본적인 이해를 시도하는 것을 가리킨다. 둘째, 역사적 해석이란 해당 본문에 대한 문법적 이해의 토대 위에서 당시의 정치적, 사회적, 문화적, 종교적 배경 등에 대한 역사적 연구를 통해 그것이 원독자에게 무슨 의미였는지를 탐구하는 것을 의미한다. 성경은 역사적 연구를 필요로 하는 본문들을 다수 포함하고 있다. 성경 저자들은 당시의 주변 종교, 철학, 문학, 스포츠, 음악 등에 대해 직간접으로 언급하고 있으며, 그것들이 교회에 미치는 영향에 대해서도 상당히 많은 생각을 하고 있었다. 셋째, 문학적 해석이란 해당 본문을 해석할 때 그 안에 내포된 문학적 요소들을 주의 깊게 고려하는 것을 뜻한다. 성경의 독자는 구약의 시편과 선지서의 많은 부분들, 그리고 많은 다른 텍스트들이 시형(詩形)으로 되어 있다는 사실을 기억해야 한다. 신약의 경우, 서신서 이해를 위해서는 1세기 편지 문학에 대한 지식이 필요하고, 요한계시록 이해를 위해서는 유대교의 묵시문학에 대한 지식을 필요로 한다. 넷째, 신학적 해석은 성경신학적-조직신학적 안목을 갖고 본문이 내포하고 있는 영적 의미를 밝히는 것을 의미한다. 이 작업은 영적 감각과 상상에 의존한 영해(靈解)의 시도를 뜻하는 것이 아니라 입증 가능한 방식으로 기록자의 신학적 의도에 초점을 맞추고 해석하는 것을 의미한다. 이러한 시도는 기록자의 신학적 관점과 해당 본문의 구약과의 관계, 본문에 포함된 중요한 신학적 개념, 본문을 지배하는 신학적 통찰 등에 주목한다. 이러한 접근은 자연스럽게 하나님, 그리스도, 성령, 인간, 교회, 종말, 윤리, 우주 등의 조직신학적 테마에 초점이 모아진다.

결 론

김정훈 박사는 2020년 2월 28일부로 정년퇴임하였다. 그는 초등학교 시절 서울 유학에서부터 시작하여 영국 유학을 마치기까지 수많은 세월을 삼위 하나님과 성경과 교회를 알고자 하는 일에 투자하였다. 또한 그는 총신대학교 학부시절 교육전도사에서부터 시작하여 합동신학대학원 졸업 후 목사 안수를 받고 여러 교회에서 교역자로서 섬기기까지 오랜 시간을 "교회"를 알고자 하는 일에 바쳤다. 이는 인간의 현실과 교회의 실제 현장을 알기 위한 투쟁의 시간들이었다. 더 나아가 김박사는 글래스고대학교에서 박사학위를 취득한 후 한국으로 돌아와 광신대학교와 백석대학교에서 강의하는 일을 위해 인생의 후반기를 바쳤다. 이렇게 열정적 인생을 살아온 김 박사에게서 한국교회 선교 초기에 전킨 선교사를 통해 기독교 진리를 접하고 전가족을 복음화한 그의 증조부의 모습과 나라의 독립을 위해 투신한 그의 조부의 모습, 교회개척을 위해 혼신을 다한 그의 부친의 모습이 겹쳐져 보이는 듯하다. 김 박사의 교회론적 하나님 나라의 강조와 믿는 자의 실천적 삶의 중요성에 대한 강조와 종말론적 그리스도의 재림 신앙 – 그리스도의 재림과 함께 그 나라가 최종 완성을 보게 될 것이라고 하는 – 에 대한 강조는 그의 신학체계의 근본 틀이 무엇인지 엿볼 수 있게 해준다. 김 박사의 신학의 특징은 한마디로 성경적이고, 융복합적(融複合的)이고, 입체적이며, 또한 실천적이라고 할 수 있다. 그가 교회와 세상을 위해 일평생 기도하며 쌓아온 신학적 결정체들이 후학들과 주를 사랑하는 모든 사람에게 지속적 영향을 끼칠 수 있기를 기도한다. 오직 주께 영광을 돌리며!

백석대학교 개혁주의생명신학 학술대회

저서『사도들의 설교와 신학』, 사도행전에 나타난 사도들의 설교를 분석한 책

바울의 “옷 입음” 메타포를 연구한 박사학위 논문, JSNTS 268로 발간

이숙영(필자), 이미라, 김금성, 김정훈 교수님, 김진호, 최지효, 도운수

좌로부터 장남 서중, 사모 유희섭, 김정훈 박사, 차남 영중

연구 목록

● 학위 논문

The Church As the Body of Christ: Ecclesiology in Ephesians in the Light of Eph. 1:22-23. (M.A.)

The Significance of Clothing Imagery in the Pauline Corpus. (Ph.D)

● 저서

Kim, Jung Hoon. *The Significance of Clothing Imagery in the Pauline Corpus*, JSNTS 268, ed. Mark Goodacre(London/New York: T. & T. Clark International, 2004).

『작은 구름 한 조각』(서울: Th. & E., 2008).

『약속, 성취, 그리고 하나님 나라』(서울: Th. & E., 2012).

『바울서신연구』(서울: Th. & E., 2014).

『사도들의 설교와 신학』(수정증보판; 서울: 도서출판 그리심, 2019).

『서천의 독립운동사』, 유승광외 6인,서천군 충청남도 역사문화연구원 엮음 (공주: 충청남도 역사문화연구원 2020).

● 역서

Kistemaker, S. *Calvinism*, 『칼빈주의』, 김정훈 역(서울: 성광문화사, 1982).

Clowney, E. P. *Preaching and Biblical Theology*, 『설교와 성경신학』, 김정훈 역(서울: 한국기독교교육연구원, 1982).

Ridderbos, H. *Studies in Scripture and Its Authority*, 『성경의 권위』, 김정훈 역(서울: 한국기독교교육연구원, 1982).

Ironside, H. A. *Hosea*, 『호세아』, 김정훈 · 이상원 공역(서울: 복자서원,

1990).

Milne, B. *Know the Truth*, 『복음주의 조직신학 개론』, 김정훈 역(서울: 크리스찬다이제스트, 1999).

Best, E. *Ephesians*, New Testament Guide, 『에베소서』, 신약성경가이드(서울: 이레서원, 2003).

Nestle-Aland, *Greek New Testament*, 『우리말성경』, 박철현·강정주·이성훈·유윤종·최순진·허주·김정훈 공역(서울:두란노, 2005).

● 논문

"칼빈의 인간관," 『칼빈과 개혁신학』, 정규오 목사 퇴임논총(광주: 광신대학교출판부, 1999): 137-68.

"칼빈의 예정론," 『광신논단』(광주: 광신대학교출판부, 2000)

"유기적 통일체로서의 교회: 에베소서 4:1-16에 대한 연구," 『종교개혁과 개혁신학』, 홍치모 교수 은퇴기념논문집(서울: 성광문화사, 2000): 925-48.

"사도행전도 '하나님 나라'의 관점에서?" 『성서사랑방』 제14호(서울: 한국신학정보연구원, 2000): 70-81.

"하나님을 찬미할 세 가지 이유," 『성서마당』 제42호(서울: 한국성서학연구소, 2000)

"바울서신에 나타난 '옷 입음' 은유를 이해하기 위한 종교사적 배경연구," 『신약신학저널』, Vol. 1 (서울: 이레서원, 2000, 창간호): 33-56.

"바울서신에 나타난 '옷 입음' 은유의 의미," 『신약신학저널』 Vol. 3(서울: 이레서원, 2000, 제1권 3호): 227-45.

"우주의 머리되시는 그리스도와 교회", 『신학정론』, 제18권 2호(수원: 합동신학대학원대학교출판부, 2000): 399-424.

"에베소서의 플레로마에 대한 종교사적 배경연구," 『신약신학저널』, Vol. 5(서울: 이레서원, 2001, 제2권 2호): 126-45.

"'그리스도의 몸'으로서의 교회(엡 1:23a): 문맥과 어구 자체에 대한 고찰," 『신약신학저널』, Vol. 9(서울: 이레서원, 2001, 제3권 2호): 176-89.

"박영선 목사의 설교와 성경해석," 『박영선 목사와 그의 설교』, 한국교회 설교자와 설교 세미나 제1회(서울: 개혁신학연구소, 2001): 121-37.

"그리스도의 충만으로서의 교회: 엡 1:23bc연구," 『신학정론』 제19권 2호(수원: 합동신학대학원대학교출판부, 2001): 429-52.

"에베소서에 나타난 케팔레의 종교사적 배경연구," 『칼빈의 신학과 한국교회의 과제』, 신복윤 명예총장 은퇴 기념논문집(수원: 합동신학대학원출판부, 2002).

"스데반의 설교와 신학: 성경적 급진주의(?)," 『기독신학저널』, Vol. 2(서울: 천안대학교기독신학대학원, 2002): 29-62.

"재난과 극복," 『성서마당』 제57호(서울: 한국성서학연구소, 2002).

"에베소서의 배경과 신학적 의의," 『에베소서·빌립보서·골로새서 어떻게 설교할 것인가』, 두란노 HOW주석, Vol. 10, 목회와신학 편집부 엮음(서울: 두란노, 2003): 27-37.

"에베소서 5:22-33에 내포된 '그리스도의 몸'의 의미," 『기독신학저널』, Vol. 4(서울: 천안대학교 기독신학대학원, 2003): 105-29

"본문연구: 엡 1:22b를 보다 정확히 읽기 위하여," 『기독신학저널』, Vol. 5(서울: 천안대학교기독신학대학원, 2003): 227-35.

"로마서에 나타난 하나님의 의(義)," 『로마서와 하나님의 의(義)』, 프로에클레시아, Vol. 5(서울: 도서출판그리심, 2004)

"이웃 사랑을 통한 칭의의 실현," 『로마서와 하나님의 의(義)』, 프로에클레시아, Vol. 5(서울: 도서출판그리심, 2004)

"서평: 이필찬 저, 『요한계시록 어떻게 읽을 것인가?』," 『기독신학저널』, Vol. 7(서울: 천안대학교 기독신학대학원, 2004): 313-21.

"미리 본 새 하늘과 새 땅(사 65:17-25)," 『이사야서와 세상의 구원』, 프로에클레시아, Vol. 6(서울: 도서출판 Th. & E., 2004): 98-126.

"신약성경에 나타난 해석학적 단초들," 『교회와 문화: 오늘날의 성경해석과 설교』, 제15호(서울: 도서출판 토라, 2005): 9-37.
"하나님 나라의 관점에서 본 가나의 이적(요 2:1-11)," 『요한복음과 영원한 생명』, 프로에클레시아, Vol. 7(서울: 도서출판 Th. & E., 2005)
"에베소서에 나타난 '소마' 개념의 종교사적 배경연구," 『그 아들에게 입맞추라』, 윤영탁 박사 은퇴기념논총(수원: 합동신학대학원출판부, 2005): 323-45.
"국가에 대한 교회의 정치적 책임에 대하여: 신약을 중심으로," 장로회신학회 발표 논문(미출판, 2005).
"본문주석: 히브리서 11:1-3을 보다 깊이 이해하기 위하여," 『기독신학저널』, Vol. 8(서울: 천안대학교 기독신학대학원, 2005): 257-61.
"새 세대에 요구된 할례의 징표(수 5:2-9)," 『여호수아서와 약속의 땅』, 프로에클레시아, Vol. 9(서울: 도서출판 Th. & E., 2005): 50-75.
"번역: 데이빗 힐본, '인권의 보편성과 기독교 윤리: 한 복음주의적 관점," 『기독신학저널』, Vol. 9(서울: 천안대학교 기독신학대학원, 2005): 269-303.
"Edmund P, Clowney의 설교와 성경신학의 관계에 대한 이해," 『교회와 문화: 에드문드 클라우니의 신학과 설교』, 제17호(서울: 도서출판 토라, 2006): 5-38.
"신약 주석을 통해 본 깔뱅의 성경관," 『한국교회의 신학인식과 실천』, 유강 김영재 박사 은퇴기념논총(수원: 합동신학대학원출판부, 2006): 98-131.
"사도바울과 영성," 『기독신학저널』, Vol. 10(서울: 백석대학교 기독신학대학원, 2006): 61-96.
"예레미야 31:31-34, '새 언약'," 『말씀의 창: 본문주석에서 설교 착상까지』, Vol. 1(서울: 도서출판 Th. & E., 2006): 59-69.
"히브리서의 배경, 특징, 구조, 내용 그리고 신학," 『히브리서와 대제사장 예수 그리스도』, 프로에클레시아, Vol. 9(서울: 도서출판 Th. & E., 2006): 12-49.

"레갑 족속을 통한 실물교육(렘 35:1-19)," 『예레미야서와 선지자적 눈물』, 프로에클레시아, Vol. 10(서울: 도서출판 Th. & E., 2006): 31-50.
"베드로전서 3;19을 어떻게 읽을 것인가?" 『기독신학저널』, Vol. 12(서울: 백석대학교 기독신학대학원, 2005): 229-37.
"방언이냐? 예언이냐? (고전 14:1-25)," 『고린도전서와 하나님의 지혜』, 프로에클레시아, Vol. 11(서울: 도서출판 Th. & E., 2007): 60-81.
"'말'의 중요성과 질서에 관하여," 『고린도전서를 어떻게 설교할 것인가』, 두란노 HOW주석, Vol. 40(서울: 두란노아카데미, 2007): 193-203.
"서평: 조석민, *Jesus as Prophet in the Fourth Gospel*," 『기독신학저널』, Vol. 13(서울: 백석대학교 기독신학대학원, 2007): 329-37.
"제사장의 옷," 『출애굽기와 하나님의 백성』, 프로에클레시아, Vol. 12(서울: 도서출판 Th. & E., 2007): 217-30.
"천국이 침노를 당하다(마 11:7-15)," 『마태복음과 예언의 성취』, 프로에클레시아, Vol. 13(서울: 도서출판 Th. & E., 2008): 67-86.
"마태복음 11:12에 나타난 비아조마이의 의미," 『기독신학저널』, Vol. 15(서울: 백석대학교 기독신학대학원, 2008): 271-75.
"에베소서 개관: 평가, 배경, 구조, 그리고 신학," 『에베소서와 '그리스도의 몸'으로서의 교회』, 프로에클레시아, Vol. 15(서울: 도서출판 Th. & E., 2009): 12-35.
"그리스도의 지옥강하: 벧전 3:18b-20 연구," 『교회와 문화: 베드로전서 주해와 신학』, 제24호(서울: 도서출판 토라, 2010): 67-103.
"The Armament Metaphor in 1 Thessalonians 5:4-8," 『교회와 문화: N.T. 라이트 신학에 대한 성경신학적 입장』, 제25호(서울: 도서출판 나눔과 섬김, 2010): 155-71.
"누가복음의 기독론," 『누가복음과 치유자 예수 그리스도』, 프로에클레시아, Vol. 17(서울: 도서출판 Th. & E., 2010): 191-209.
"에베소서 1:1-23 이해," 『백석신학저널』, Vol. 19(서울: 백석대학교 신학대학원, 2010): 211-20.
"에베소서에 나타난 '그리스도의 몸의 의미': 에베소서 2:14-18 주해를 중심으로," 『백석신학저널』, Vol. 21(서울: 백석대학교 신학대학원, 2010): 107-34.
"Clothing with Spiritual Armour in Pauline Letters: Focusing on Rom 13:12 and Eph 6:11-17," 『민수기와 성도의 법도』, 프로에클레시아, Vol. 20(서울: 도서출판 Th. & E., 2011): 113-50.
"개혁주의생명신학 관점에서 본 신약성경을 어떻게 강의할 것인가?" 『백석신학저널』, Vol. 23(서울: 백석대학교 신학대학원, 2012): 137-60.
"빌립보서 개관: 배경, 내용 분해, 특징, 그리고 신학," 『빌립보서와 성도의 기쁨』, 프로에클레시아, Vol. 21(서울: 도서출판 Th. & E., 2012): 12-31.
"에베소서 4:1-16에 내포된 '그리스도의 몸'의 의미," 『백석신학저널』, Vol. 24(서울: 백석대학교 신학대학원, 2013): 129-50.
"에베소서 2:11-22 주해," 『백석신학저널』, Vol. 25(서울: 백석대학교 신학대학원, 2013): 197-209.
"헌금과 축복(고후 9:1-10)," 『고린도후서와 새 언약의 일꾼』, 프로에클레시아, Vol. 23(서울: 도서출판 Th. & E., 2013): 61-80.
"칼빈의 칭의론과 새관점주의에 대한 비판적 고찰," 『백석신학저널』, Vol. 27(서울: 백석대학교 신학대학원, 2014): 133-70.
"그리스도의 '몸' 곧 '충만'으로서의 교회," 『백석신학저널』, Vol. 29(서울: 백석대학교 신학대학원, 2015): 263-72.
"'새 관점'의 근본 틀, '칭의' 이해, 그리고 신자의 '행위' 이해에 대한 비판적 연구," 『한국개혁신학』, 제52호(2016): 88-147.
"교회 연합운동의 신학적 토대로서의 개혁주의 생명신학," 『백석신학저널』, Vol. 30(서울: 백석대학교 신학대학원, 2016): 27-62.
"보편적 은혜 구원으로서의 하나님 나라," 『백석신학저널』, Vol. 33(서울: 백석대학교 신학대학원, 2017): 211-22.

"디모데전서 4:6-16에 나타난 참 목자상: 강해와 설교를 위한 주해적 연구," 『백석신학저널』, Vol. 35(서울: 백석대학교 신학대학원, 2018): 89-113.

이숙영 목사

백석신학교
백석대학교 신학대학원 (M. Div.)
백석대학교 기독교전문대학원 (Ph. D. Cand.)

정언교회 담임목사

박명수 박사

박명수 박사의 생애와 신학

허명섭_시흥제일교회

성결교신학교(현 성결대학교) 신학과 졸업 (1976)
서울신학대학 대학원 졸업(신학석사, 조직신학 전공) (1979)
서울신학대학 대학원 수료(신학박사과정, 웨슬리신학 전공) (1986)
미국 보스턴대학교 신학대학원 (STM, 교회사 전공) (1992)
미국 보스턴대학교 대학원 (Ph. D., 교회사 전공) (1992)
미국 하버드대학교 신학대학원 연구(Visiting Scholar) (1992)
미국 Overseas Missionary Study Center(Visiting Scholar) (2005~2006)
미국 예일대학교 신학대학원 연구(Visiting Scholar) (2006)

서울신학대학교 교역처장, 학생처장, 신학대학원장 역임
서울신학대학교 교무처장 (2016~2017)
한국연구재단 대학중점연구소 지원사업 연구책임자(과제명: 해방 이후 한국사회의 변화와 기독교의 역할 연구) (2016~현재)
서울신학대학교 명예교수 (2020~현재)

시작하는 글

박명수는 자신을 '한국교회의 변호자'로 규정한다.[1] 교회사학자로서 그가 걸어온 학문적 여정을 대변하는 호칭인 것 같다. 그는 한국교회에 대해 각별한 애정을 갖고 있다. 대체로 학계에는 검사의 역할을 자임하는 자는 많지만 변호사의 역할을 맡고자 하는 자는 많지 않은 것 같다. 한국교회를 비판적으로 보아야만 지성적인 것으로 보는 흐름이 강한 한국의 신학계에서 한국교회에 대한 긍정적 읽기는 매력이 없는 길임에 틀림없다. 하지만 박명수는 기꺼이 그 길을 걷고자 했고 걸어왔다. 왜냐하면, 한국교회에는 부정적인 측면이 있지만 동시에 수많은 장점도 있기 때문이다. 그래서 박명수는 한국교회의 장단점을 다 같이 보고자 했다. 하지만 부정적인 측면만 부각되는 현실에서 한국교회의 긍정적인 측면을 역설하는 박명수의 입장을 곱지 않은 시선으로 바라보는 자들도 있을 것이다. 하지만 그럼에도 불구하고 박명수는 교회사학자로서의 양심과 사료(史料)가 보여주는 사실을 덮어버릴 수는 없었다. 이것이 그가 학문적 여정 동안 보여주었던 큰 틀이었다.

그가 이러한 여정을 보여줄 수 있었던 배경에는 "징검다리의 하나님"이 함께 하신다는 확신이 자리했다. 그는 학자였을 뿐 아니라 경건한 신앙인이었고, 성결의 길을 걷는 목회자였다. 대다수의 인생 여정이 그러하듯이 그도 많은 인생의 장벽을 만났다. 그때마다 방황했고 절망했다. 하지만 그 후에는 항상 하나님이 새로운 길을 열어주셨다. 물론 대로(大路)를 열어주신 것은 아니었다. 그는 자신의 인생여정에 대해 이렇게 고백한다. "나는 큰 꿈도 꾸었지만 현실적으로는 눈앞에 있는 징

1 박명수, "한국교회를 변호한다: 박명수 교수의 삶과 사역," 한국기독교성령역사연구원, 『한국기독교성령백년인물사 I 』 (서울: 쿰란출판사, 2017), 538-554 참조.

검다리를 찾는 일에 몰두했다. 때로 하나님은 징검다리 하나를 건너게 하시고는 그 다음 징검다리를 보여주지를 않으셨다. 한동안은 안개였다. 주저앉아 울기도 했고 원망도 했다. 하지만 얼마 지나지 않으면 하나님은 새로운 징검다리를 보여주셨고, 그 징검다리를 건너다보니 여기까지 왔다. 내가 하나님 앞에 설 때까지 하나님께서는 내가 가야할 징검다리를 하나씩 하나씩 보여줄 것이라고 생각한다."[2]

이 글에서는 박명수의 생애와 학문적 여정 그리고 주요 신학 및 사상적 특징에 대해 살펴보려고 한다. 이를 위해 먼저 그가 남긴 자전적 기록과 인터뷰를 통해 얻은 자료 등을 활용하여 간략하게 그의 생애를 서술할 것이다. 이어 교회사학자로서의 그의 학문적 방법론에 대하여 고찰한 후, 그가 학문적 여정에서 길러낸 핵심적인 사상을 살핀 후 마무리하려고 한다.

박명수 교수의 생애

어린 시절의 추억과 신학수업 과정

박명수는 1953년 음력 10월 9일[3] 아버지 박일봉(朴日峰)과 어머니 이점례 사이에서 맏이로 태어났다. 그 유래를 찾아보기 어려운 동족상잔(同族相殘)의 처참한 비극으로 우리의 민족사와 영토가 유린되었던 6.25사변의 참상과 혈흔이 채 마르기 전이었다. 그의 고향은 전북 완주군 동상면 사봉리로 30여 호가 모여 사는 두메산골이었다. 그런데 하나님의 감추어진 섭리라고나 할까 그 산골마을에 교회가 하나 있었다. 바

2 앞의 책, 554.
3 호적상의 나이는 1954년 10월 5일이다.

로 사봉장로교회였다. 그는 초등학교 때부터 이 교회에 다니기 시작했다. 이것이 그에게 축복의 근원이었고, 바로 "시냇가에 심은 나무였다."[4] 이후 그의 전도로 부모도 교회에 다니게 되었다.

1972년 봄, 그는 성결대학교에 진학했다. 신학교에 진학하게 된 것은 썬다싱의 전기를 읽은 것이 계기가 되었다. 썬다싱(Sadhu Sundarsingh, 1893~1929?)이 자신의 삶을 버리고 하나님을 위해 살겠다고 하는 위대한 결단이 그의 마음을 움직였던 것이다. 그래서 선교사나 목회자가 될 생각으로 신학교에 진학했다. 그런데 공부를 하는데 신학이 재미있어서 학문을 하게 되었고, 기왕이면 폭넓게 공부해야겠다고 마음을 먹게 되었다. 당시 보수적인 신학교에서 가르치는 것으로 만족하지 못했던 것이다. 그래서 1학년 때부터 종교학을 공부하게 되었고, 불교학개론과 유교학개론 등을 읽었다. 이후에도 계속하여 기독교 사상, 현대신학 등을 읽으며 보수적인 신학교에서 진보적인 신학을 독학했다. 4학년 때는 당시 조직신학의 교과서처럼 읽히던 하인리히 오토의 『신학해제』를 읽고 각 주제를 암기할 정도로 진보적인 신학에 흠뻑 젖어들었다. 이처럼 "스스로 공부하는 습관"은 이후 그가 학자로서 그 나름대로의 길을 개척하는데 도움을 주었다.[5] 1976년 3월, 박명수는 서울신학대학교 대학원에 입학하였다. 이곳에서 그는 신학을 새롭게 배웠다. 소위 "신학적 회심"을 경험하게 된 것이다. 이에 대하여 그는 이렇게 말한다. "성결교 신학교 시절에 학교에서 배웠던 보수신앙과 진보신학 사이에서 갈등했지만 서울신대 대학원에서 소위 건전한 복음주의를 배웠다. 나의 신앙 방향은 여기에서 정립되었다고 말할 수 있다."[6] 여기에는 웨슬리신학을 가르치던 조종남 교수의 영향이 컸다.

4 박명수, "한국교회를 변호한다," 540.
5 박명수 교수와의 인터뷰 내용 (2012년 1월 13일 오후 2:00, 박명수 교수 연구실).
6 박명수, "한국교회를 변호한다," 542.

서울신대에서 석사학위를 받은 후, 박명수는 박사과정에 입학했다. 장신대·감신대·한신대·서울신대가 함께 운영하는 공동박사과정이었다. 그러나 그는 서울신대에서 박사학위를 받지 않았다. 조직신학 전공으로 코스워크(coursework)와 종합시험을 마치자 주위에서 미국 유학을 권했고, 논문자료를 준비할 요량으로 미국 유학길에 올랐다. 보스턴대학교에서 교회사로 전공을 바꾸고 박사과정을 다시 시작했다. 당시 성결교회는 자신의 정체성과 관련해 웨슬리의 후예인가 자생교단인가 하는 문제로 논쟁하고 있었다. 그런데 미국에서 공부하는 중 그러한 논쟁이 19세기 성결운동을 제대로 모르기 때문이라는 생각이 들었다. 그래서 19세기 성결운동에 대해 본격적으로 연구하게 되었고, 1992년에 "19세기 미국 성결운동의 성결 개념에 대한 연구"로 박사학위(Ph. D.)를 취득했다. 그리고 그 해에 학교 측의 배려로 석사학위(Th. M.)도 받게 되었다. 이 과정에서 데이나 로버트 교수의 지도와 격려가 큰 힘이 되었다.

귀국 이후 학자로서의 여정

박명수는 1992년 여름 귀국했다. 그해 가을부터 서울신대에서 강의를 했지만 정식으로 교수가 된 것은 1994년 봄이었다. 그리고 그해에 장충단교회 민현경 권사가 남편이 남긴 유산의 일부를 기증하여 현대기독교역사연구소(성결교회역사연구소 후신)를 위한 기틀이 마련되었고, 1996년에 현대기독교역사연구소가 설립되었다. 본 연구소의 영익강좌는 재산 기증자의 남편인 고 김영익 집사를 기념하기 위해 마련된 것이었고, 이후 한국기독교에 있어서 매우 중요한 강좌로 발전하였다. 무엇보다 본 연구소는 박명수의 학문적 여정에 가장 중요한 동반자이자 터전이 되었다.

이후 박명수의 학자로서의 학문적 여정은 크게 세 단계로 나눌 수 있을 것이다. 제1기는 한국성결교회의 역사와 신학을 정립하기 위해 땀을 쏟았던 시기이다. 당시 성결교회의 정체성을 정립하는 것은 가장 중요한 과제였다. 이에 박명수는 한국성결교회의 배경이 되는 19세기 성결운동에 대해 연구하고 발표하였고, 이를 묶어『근대복음주의의 주요 흐름』(1998)라는 책으로 출판했다. 이후에 출판된『초기성결교회사』(2001),『한국성결교회의 역사와 신학』(2004),『한국성결교회 100년사』(2007),『이명직과 한국성결교회』(2008) 등도 성결교회의 역사와 신학을 확립하려는 과정에서 나온 결과물들이다.

제2기는 한국교회와 복음주의 신앙을 위해서 활동했던 시기이다. 박명수가 성결교회의 범위를 벗어나 한국교회 전체를 상대로 활동했다. 그 시발점은 여의도순복음교회 국제신학연구원의 초청으로 참여하게 된 오순절신학에 대한 연구였으며, 1907년 대부흥운동에 대한 연구는 그 지평을 한국교회의 주류 속에서 활동할 수 있도록 넓혀주었다. 전자의 결과는『급하고 강한 바람』(2012)이라는 책으로 출판되었고, 후자는『한국교회 부흥운동 연구』(2003)로 나타났다.『근대사회와 복음주의』(2008)도 한국교회에 복음주의를 전파하고자 애썼던 땀의 결실이다. 이외에도 2007년을 전후해 박명수는 한국교회를 대표하는 여러 단체들과 함께 일하며, 한국의 복음주의 기독교를 대변해서 활동하게 되었다. 한국기독교총연합회, 한국교회연합회, 한국순교자기념사업회, 한국미래목회포럼, 세계성령중앙협의회, 한국기독교복음단체총연합회, 한국직장선교연합회, 한국복음주의협의회 등에서 여러 차례 강연하며 복음주의 신학과 신앙의 확장에 기여하였다.[7)]

박명수가 불을 붙였던 한국교회역사바로세우기운동도 빼놓을 수 없는 성과이다. 이 운동은 그가 우연한 기회에 한국사 교과서에 서술된

7 앞의 책, 549.

기독교 관련 내용이 왜곡 축소 폄하되었다는 것을 발견하면서 비롯되었다. 당시 한국사 교과서에 '한국기독교가 지나치게 복음주의적이어서 제국주의와 일제 침략의 앞잡이가 되었다'고 서술되어 있었던 것이다. 한국사 교과서에 실린 기독교에 대한 서술이 잘못된 것임을 입증하고 한국사회에 끼친 한국교회의 역할을 규명하기 위하여 노력하였다. 그 와중에 그는 종교편향 문제, 즉 정부당국이 불교와 유교는 물론 무속까지 전통문화나 민속문화라는 이름으로 각종 혜택을 주고 있다는 사실을 지적하였다. 그리고 이러한 문제를 해결하기 위해 그는 기독교 공공정책 분야에 관심을 갖게 되었고 한국기독교공공정책협의회를 만들어 대통령선거와 국회의원 선거에 기독교의 현안을 제시하여 답변을 받아내기도 했다. 여러 저자가 함께 저술한 『역사 교과서와 기독교, 공정하게 서술되었는가?』(2010), 『한국근대화와 기독교의 역할』(2011), 『한국정치와 기독교 공공정책』(2012) 등은 그러한 비전과 노력들을 담고 있다.

제3기는 2010년도를 전후해서 시작되었다. 그동안의 연구 및 활동 영역을 넘어 한국기독교와 대한민국의 발전 과정을 연구하는 영역으로 그 지평을 확대하게 된 것이다. 이것은 한국사 교과서가 "기독교 역사만을 축소 왜곡하는 것이 아니라 대한민국 역사 자체를 공정하게 서술하지 못하고 있다"는 인식에서 시작되었다. 해방 후 한국사 연구는 남북 분단역사의 관점이 대한민국의 출현이라는 관점에서 이루어져야 한다는 것이다. 여기에는 한국기독교가 한국사회의 근대화와 일제하 민족운동뿐 아니라 대한민국 건국운동에도 결정적인 기여를 했다는 인식이 자리하고 있다. 따라서 해방 후의 한국사가 공정하게 평가를 받지 못한다면, 한국기독교 또한 왜곡 폄하될 수밖에 없다는 것이다.

조만식에 대한 연구는 그 시발점이 되었다. 조만식은 기독교인이면서 동시에 정치가였다. 조만식에게 기독교적인 부분이 따로 있는 것이 아니라 한국사와 깊이 어우러져 있었다. 해방 후 한국사회와 기독교의 관계를 연구하는데 조만식만한 인물이 많지 않다는 생각이었다. 그 결과가 『조만식과 해방 후 한국 정치』(2015)라는 책으로 발간되었다. 그런데 박명수는 조만식에 대해 연구하는 과정에서 해방 후 한국사가 너무 많이 왜곡되었고 잘못된 서술이 너무 많다는 것을 발견하게 되었다. 그래서 그는 이것을 규명하기 위해 연구하여 내놓은 『건국투쟁, 민주공화국인가, 인민공화국인가』(2015)는 박명수가 대한민국의 역사와 정체성을 바로 세우고자 뛰어들어 일구어낸 의미 있는 성과의 일부이다. 그 와중에 그는 해방 이후 한국사회의 변화와 기독교의 관계를 연구하는 일이 매우 중요하다는 생각을 품게 되었다. 이후 한국연구재단으로부터 현대기독교역사연구소가 중점 연구소로 선정되었고, 국고의 지원을 받아 '해방 이후 한국사회의 변화와 기독교의 역할'이라는 프로젝트를 수행하게 되었다. 그 결과는 『해방공간과 기독교』를 시작하여 '현대 한국사회와 기독교 연구총서' 시리즈로 출간되고 있다.

한편, 박명수의 여정에는 학자로서의 길뿐 아니라 목회자로서의 여정도 선명한 자국을 남기고 있다. 신학자 가운데서도 비교적 현장경험이 풍부했다. 첫 단독목회를 시작한 전주의 반암교회(1976), 성립교회, 그의 유학생활과 학문 활동에 많은 도움을 주었던 장춘단교회, 미국 유학 중에 담임으로 섬겼던 뉴잉글랜드한인교회, 그리고 강남구 개포동에서 개척 설립한 조은교회(1995)는 학자로서의 삶뿐 아니라 현장의 영성을 경험하며 목회자로서의 삶을 살도록 도와주었던 잊을 수 없는 터전들이었다.

박명수의 역사 인식과 연구방법

박명수의 역사 인식은 무엇보다 소중한 유산에 대한 관심에서 촉발되었다고 할 수 있다. 즉 한국 기독교 내의 냉소적 비판주의와 한국사회의 반기독교적인 정서에 대한 반동적 자각이 그의 역사 인식 저변에 흐르고 있다고 할 것이다. 많은 사람들이 건강한 역사와 전통을 가지고 있지만 정작 그런 것들을 제대로 자각하지 못하고 있다는 안타까움이 그 저변에 깊이 배어 있다는 것이다. 이것은 그가 계속하여 제기하는 문제이고, 그의 역사 연구는 그 문제를 해결하는 과정이라고 할 수 있다. 그가 성결교회의 정체성 확립과 전파에 애정을 기울이는 것도, 복음주의 신학과 신앙에 대하여 자긍심을 갖도록 격려하고 도전하는 것도, 한국기독교의 역할에 대하여 긍정적인 비전을 제시하는 것도, 나아가 대한민국의 왜곡된 정체성과 역사를 바로잡으려는 것도 이런 맥락에서 이해할 수 있을 것이다.

따라서 박명수의 역사 인식과 연구는 정당한 주체성의 자각과 그것을 고무하고자 하는데서 비롯되었다고 할 것이다. 일례로, 박명수가 한국기독교역사바로세우기운동에 뛰어든 이유도 여기서 찾을 수 있을 것이다. 한국기독교가 그 끼친 영향에 비해 한국의 역사 속에서 지나치게 과소평가되고 있다는 것이다. 이와 관련하여 박명수는 이렇게 주장한다. "한국기독교는 한국 근현대사에서 마땅히 받아야할 평가를 받지 못하고 있다. 한국기독교는 불교나 유교가 미친 영향만큼 한국사회에 지대한 영향을 미쳤음에도 불구하고, 현재 역사교과서의 이에 대한 평가는 지극히 인색하다. 뿐만 아니라 상당 부분은 왜곡되었으며, 많은 경우 과소평가되어 있다."[8] 따라서 부당하게 평가되어 있고, 왜곡된 역사를 바로 잡아야 한다는 인식이 그 저변에 자리하고 있는 것이다.

이런 맥락에서, 박명수는 역사 연구와 해석에 있어서 크게 세 가지를 강조한다. 첫째, 사실(fact)에 근거한 역사 서술이어야 한다는 것이다. 완전히 객관적인 역사 서술은 불가능하지만, 그래도 역사는 사료(史料)

8 박명수, "한국 근현대사 교과서의 기독교 관련 서술에 나타난 문제점," 『성결교회와 신학』 제19호 (2008 봄), 37.

가 알려주는 대로 가능한 객관적으로 서술되어야 한다는 것이다. "역사가의 일차적인 임무는 과거의 역사를 사실에 입각하여 서술하는 것"이기 때문이다. 그래서 박명수는 사관 중심의 역사 연구를 경계한다. "종종 사관을 강조한 나머지 역사를 사실과 다르게 해석하는 것을 볼 수 있다"는 것이다.[9] 곧 사관 중심의 역사 연구는 그리스신화에 나오는 '프로크루스테스의 침대' 오류에 빠지게 만든다는 것이다. 프로크루스테스는 지나가는 나그네를 집 안으로 불러들여 침대에 눕힌 후, 나그네의 키가 침대보다 길면 잘라서, 짧으면 몸을 늘여서 죽였다. 사관이 중요하지만 사관에 맞추어 역사를 연구하게 되면 역사를 왜곡할 여지가 크다는 것이다. 그래서 박명수는 자신의 역사 연구방법을 설명하면서 종종 '술이부작(述而不作)'이라는 사자성어를 사용한다. '서술하는 것이 창작보다 중요한 것'이란 의미로 공자가 사용한 말이다.

둘째, 역사 연구와 해석은 국제적인 관계도 고려해야 한다는 것이다. 외딴 섬처럼 완전히 고립되거나 독립된 역사는 없다. 거의 모든 역사는 교류를 통하여 영향을 주고받는다. 그러므로 모든 역사 연구와 해석은 국제적인 관계를 염두에 두고 이루어져야 한다. 예를 들어, 한국성결교회는 세계기독교의 흐름에 있고, 특별히 동양선교회로 대표되는 19세기 웨슬리안성결운동과 긴밀한 관계에서 발전되어 왔다. 실제로, 동양선교회는 한국성결교회의 역사에서 매우 중심적인 주제이다.

이것은 한국교회의 역사에도 별반 다르지 않다. 한국교회는 19세기 미국복음주의운동에 뿌리를 두고 있다. 한국교회가 크게 신학적 자유주의와 교리적 정통주의로 나눠져 있지만, 한국교회의 저변에 흐르고 있는 것은 체험적인 복음주의다. 이는 성결교회가 강조하는 사중복음이 성결교회만의 특색이 아니라 한국교회 전반의 특색인 것을 보아서도

9 서울신학대학교 현대기독교역사연구소, 『한국성결교회 100년사』 (서울: 기독교대한성결교회 출판부, 2007), XⅧ.

알 수 있다.[10] 이런 점에서 한국교회는 세계 기독교의 흐름과 긴밀히 연계되어 있으며, 한국성결교회는 한국교회사와 맥을 같이하고 있음을 알 수 있다. 박명수의 오순절운동에 대한 연구 또한 이런 맥락에서 이루어졌다.[11] 그는 고등학교 한국사교과서에 "기독교에 대한 제대로 된 서술이 없는 것은 한국사를 세계사적인 관점에서 보지 않기 때문이다." 이라고 역설한다.[12]

셋째, 교회사 연구와 해석에 있어서 일반사의 흐름도 고려해야 한다는 것이다. 사회와 종교는 사회적 환경에 따라 정도의 차이가 있지만 서로 밀접하게 연결되어 있다. 정교분리와 종교의 사사화(私事化) 현상 등으로 공적인 영역에서 종교의 영향력이 크게 약화되었지만, 그렇다고 종교의 영향력이 무시되어도 좋을 정도는 아니다. 구한말에서 일제강점기, 그리고 무엇보다 해방 후 대한민국의 건국에 이르기까지 한국교회는 한국사 속에 묵직한 비중으로 자리하고 있다. 따라서 일반사의 흐름을 고려하지 않으면, 한국교회의 역사를 제대로 이해하기 어려울 수 있다는 것이다.

박명수가 복음주의를 근대사회와의 관계 속에서 이해하고자 했던 것도 이런 시도라고 할 수 있다. 이런 연구를 통하여, 그는 근대의 중요한 사상가들이 근대사회가 어떻게 변화하고 있으며, 여기에 기독교가 어떻게 적응해야 하는지를 설명하고 있음을 발견하게 되었다. 전통신학에 익숙한 기독교신학자들은 변화하는 사회를 제대로 이해하지 못한 반면, 근대 사상가들 중에는 변화하는 사회를 잘 이해하였고, 따라서 기독교가 어떻게 변화되어야 하는가에 대해 분명하게 인식하고 있었다는 것이다. 로크(John Locke, 1632~1704), 스미스(Adam Smith,

10 박명수, 『한국성결교회의 역사와 신학』 (부천: 서울신학대학교 출판부, 2004), 402.
11 박명수, 『급하고 강한 바람』 (서울: 서울말씀사, 2012), 참조.
12 박명수, "역사교과서와 한국기독교," 『성결교회와 신학』 제34호 (2015 가을), 4.

1723~1790), 토크빌(Alexis de Tocqueville, 1805~1859)에 대한 그의 연구는 이런 측면을 보여준다고 하겠다.[13]

박명수의 주요 신학과 사상

박명수와 웨슬리안성결운동

박명수가 먼저 심혈을 기울였던 학문적 연구는 한국성결교회의 정체성을 정립하고 보급하는 일이었다. 초기 한국성결교회는 동양선교회(OMS)를 모체로 하는 웨슬리안(Wesleyan) 성결운동이라는 분명한 정체성을 갖고 있었다. 그러나 1960년대 말부터 1990년대 초까지 한국성결교회는 그 정체성을 존 웨슬리나, 혹은 자생교단으로 이해하려는 경향으로 혼선을 빚었다. 그 이유는 새로운 신학적 환경의 대두와 밀접하게 연결되어 있다.

이런 상황에서 박명수는 자신의 연구를 토대로 한국성결교회의 직접적인 뿌리가 19세기 웨슬리안성결운동에 있다고 주장하였다. 한국성결교회가 18세기 웨슬리의 사상에 영향을 받은 것은 사실이지만, 그렇다고 그것만으로는 한국성결교회가 주창해 온 사중복음을 온전히 설명할 수 없다는 것이다. 또한 자생교단이라는 주장 역시 민족교회라는 자긍심의 고양에는 도움이 될지 모르지만 세계교회사적인 맥락과 사료(史料)가 말하고자 하는 바를 지나치게 간과하고 있다는 것이다. 한국성결교회의 배경과 관련하여 박명수는 이렇게 주장한다.

13 박명수, 『근대사회의 변화와 기독교: 존 로크, 아담 스미스, 알렉시스 토크빌』 (서울: 킹덤북스, 2013), 머리말 II.

> 한국성결교회의 직접적인 배경이 되는 것은 19세기 말과 20세기 초의 급진적인 성결운동이다. 이들은 중생, 성결의 기존 메시지에 신유와 재림이라는 19세기 복음주의의 메시지를 결합하여 온전한 복음 곧 사중복음을 강조하였다. 성결은 오랫동안 부흥운동의 중심주제였지만 19세기 동안에 신유와 재림도 부흥운동의 중심주제가 되었다. 전통적인 성결파에서는 이 급진파가 곁길에 들어섰다고 비판하였지만 이들은 신유와 재림은 신약성서의 중심 메시지라고 주장하며 양보하지 않았다.[14]

요약하면, 사중복음은 19세기 말과 20세기 초에 형성된 급진적 성결운동의 산물이며, 이것이 동양선교회를 통해 한국성결교회에 들어오게 되었다는 것이다. 웨슬리안성결운동 가운데서도 급진적인 노선이 한국성결교회의 직접적인 뿌리가 된다는 것이다.

이는 웨슬리안의 성결 이해를 염두에 두면 더욱 선명하게 드러난다. 성결교회를 웨슬리안파라고 부르는 이유는 사실 웨슬리가 주장했던 성결에 있다. 웨슬리는 종교개혁의 칭의교리를 받아들였지만, 동시 종교개혁이 간과한 또 다른 중요한 성서적인 진리인 성결을 강조했다. 웨슬리는 성결을 감리교운동의 본질적인 정체성으로 인식했다. 그는 자신이 세운 감리교회의 존재 목적이 성결의 전파에 있다고 했으며, 혹시 성결을 전파하지 않는 감리교회가 생길까봐 염려된다고 했다. 역사적으로 보면, 성결교회는 기존의 감리교회가 성결을 제대로 강조하지 못하고, 웨슬리의 정신에서 벗어났다는 자각에서 비롯되었다. 그래서 이명직 목사는 성결교회는 초기 감리교회의 정신으로 돌아가려고 시작되었다고 강조했다.[15] 이러한 맥락에서 한국성결교회는 웨슬리의 정신과

14 박명수, 『한국성결교회의 역사와 신학』, 204.
15 이명직, 『조선야소교 동양선교회성결교회약사』 (경성: 동양선교회성결교회이사회, 1929), 2–3.

맞닿아 있다고 하겠다.

그러나 한국성결교회는 웨슬리의 정신에서 더 나아간다. 이것은 19세기 복음주의 성결운동의 주된 두 흐름을 비교해보면 더욱 선명하게 드러난다. 박명수에 의하면, 19세기 복음주의 성결운동은 크게 웨슬리안성결운동과 칼뱅의 개혁주의에 뿌리를 두고 있는 케직(Keswick) 성결운동으로 구분된다. 이 두 운동은 다 같이 예수 믿고 구원받는 것에서 더 나아가서 신자들은 성결, 곧 차원 높은 경건한 생활을 해야 한다고 생각했다. 하지만 이 두 운동 간에는 중요한 차이점이 있다. 케직운동은 인간의 내면에 부패성이 있다고 생각하지 않았다. 따라서 그들은 단지 성령 충만을 강조했다. 반면, 웨슬리안 성결운동은 부패성이야말로 인간이 거룩하게 되는 것을 방해하는 근본적인 세력이며, 성령세례를 통해서 부패성이 제거될 때 진정으로 온전한 성결이 가능하다고 보았다. 이것은 동양선교회가 주장했던 급진적인 성결(radical holiness work)이었다. 즉, 19세기 웨슬리안성결운동이 주창하는 성결은 "내면적인 부패성에서의 해방이며, 이것은 성령세례로써 가능하고, 이 성령세례는 우리에게 능력을 주어 하나님의 사역을 감당하도록 만든다"고 생각했던 것이다.[16] 그러나 웨슬리에게서는 "성령세례를 통한 성결"이라는 개념이나 가능성이 선명하게 드러나지 않는다. 따라서 한국성결교회는 웨슬리의 전통을 이어받고, 19세기 성결운동을 거치면서 형성된 성결을 주장한다고 할 것이다.

박명수에 의하면, 이러한 웨슬리안성결운동은 기독교 사상에 중요한 공헌을 하였다. 웨슬리안성결운동은 다수의 개신교파가 루터의 칭의 교리를 일방적으로 수용하면서 잃어버렸던 성서와 기독교신학의 중심주제인 성결을 다시 강조하였으며, 신비주의나 도덕폐기론이라는 양

16 박명수, 『한국성결교회의 역사와 신학』, 373.

극단에 빠지지 않고 건전한 성서적인 성결론을 형성하였다는 것이다. 그리고 웨슬리안성결운동은 성결이 성령세례라고 규정함으로써 성결의 윤리와 성령세례의 체험을 하나로 결합시켰으며, 기독교인이 되는 것에서 그치지 않고, 온전한 기독교인이 되는 것을 강조함으로써 목회의 지평을 넓혔다는 것이다.[17)]

박명수와 체험적 복음주의

박명수의 신학적 노선은 복음주의라고 할 수 있다. 그러나 박명수가 처음부터 복음주의 기독교를 지향했던 것은 아니다. 오히려 보수주의 신학 전통에서 공부하면서도 진보주의신학 노선으로 기울어져 있었다고 할 수 있다. 그런데 박명수가 "신학적 회심"을 경험하게 된다. 그 중요한 계기는 서울신대 대학원에서 조종남 교수와의 만남이었다. 조종남 교수와 함께 존 웨슬리를 연구하면서 자신의 신학적인 자리가 복음주의 노선과 잘 어울린다는 것을 깨닫게 되었던 것이다. 그리고 이러한 입장은 미국에서 19세기 미국의 성결운동을 연구하면서 더욱 확고해지고, 깊어졌다고 할 수 있다.

무엇보다 박명수가 강조하는 것은 체험적 복음주의(혹은 대중적 복음주의)이다. 복음주의는 다양성을 갖고 있다. 그래서 많은 학자들은 복음주의를 하나의 단일운동으로 이해하기 보다는 여러 다양한 모습을 가진 운동으로 이해하려고 한다. 하지만 이러한 다양성에도 불구하고 복음주의 기독교는 성경을 신앙의 유일한 권위로 받아들이고, 중생을 신자의 참된 표시라고 믿으며, 선교를 신자의 가장 중요한 사명으로 생각하는 점에서 공통점을 갖고 있다.[18)] 이는 박명수가 한국교회에 소개했

| 17 앞의 책, 373–74.

던 복음주의 기독교의 주요한 특징이기도 했다. 그리고 한국교회가 성서를 사랑하며 체험적인 신앙을 강조하는 복음주의 전통 속에 있다고 주장하는 이유이기도 하다.[19] 또한 이는 당시 보수와 진보 양진영으로부터 부정적 평가를 받던 여의도순복음교회를 비롯해 오순절운동 연구에 각별한 애정을 보인 한 이유이기도 하다.[20]

박명수는 복음주의 기독교가 18세기 이후 근대사회의 출현과 밀접한 관계가 있다고 주장한다. 18세기 이후 근대사회는 급변하였는데, "종교선택의 자유가 주어지고, 국교회가 붕괴되며, 교파교회가 출현하고, 사회는 종교에 새로운 역할을 기대"하게 되었다는 것이다. 그런데 기존의 유명한 전통적인 신학자들은 이러한 시대의 변화에 대해 명쾌한 대답을 줄 수 없었고, 따라서 복음주의 기독교가 등장하게 되었다는 것이다.[21]

또한 박명수는 복음주의가 대중종교운동의 일환이라고 주장한다. 복음주의 기독교는 "국가의 힘에 의존하기 보다는 대중에게 호소하였고, 복잡한 교리를 주장하기 보다는 성서의 단순한 진리를 강조하였고, 어려운 현학적인 설교보다는 재미있는 간증을 선호하였고, 위엄 있는 건물보다는 쉽게 접근할 수 있는 야외를 택하였다"는 것이다. 그리고 무엇보다도 열심히 복음을 전하여 한 사람, 한 사람이 예수 그리스도를 구주로 영접하게 하였다는 것이다.[22]

이러한 복음주의의 대중성은 보수주의나 자유주의가 갖지 못한 차별성과 장점을 갖고 있다. 무엇보다 시대의 변화에 잘 적응한다는 것이

18 박명수, "현대 복음주의운동의 현황," 『성결교회와 신학』 제3호 (1999), 37. ; Timothy L. Smith, *Whitefield and Wesley on the New Birth* (Grand Rapids, Michigan: Zondervan Publishing House, 1986), 13–14.
19 박명수, 『근대사회와 복음주의』 (서울: 한들출판사, 2008), 366.
20 박명수, 『급하고 강한 바람』, 참조.
21 박명수, 『근대사회의 변화와 기독교』 (서울: 킹덤북스, 2013), 7.
22 앞의 책.

다. 복음주의 기독교가 근대사회와 함께 등장하고 종교의 쇠퇴를 예견했던 현대사회의 기대를 여지없이 무너뜨리며 놀라운 성장을 보이게 된 이유도 여기에 있다.

복음주의는 신학적으로 보수적이지만 단순한 신학운동이 아니라 보다 폭 넓은 대중에 뿌리를 두고 있다. 즉, 복음주의는 근본주의가 갖고 있는 기독교 진리의 절대성에 대한 열정을 그대로 유지하면서, 동시에 새로운 시대에 적응하기 위하여 자신을 새롭게 변화시킬 수 있었다는 것이다.[23] “죄에 빠진 인간은 하나님의 구원을 필요로 한다는 복음의 내용은 시대를 뛰어넘는 적응성을 가지고 있다.” 복음주의와 보수주의는 여기에 기독교가 서 있다고 주장한다. 하지만 보수주의가 복음의 내용을 지켜내기 위해 ‘세상 밖으로’를 추구하는 경향이 강하다면, 복음주의는 복음을 들고 ‘세상 속으로’를 추구하는 경향이 보다 크다고 할 수 있다. 즉 복음주의 기독교는 ‘변할 수 없는 복음’을 ‘변화하는 세상’에 전하기 위하여 그 과정에 탈선의 위험성이 있다는 것도 알지만 자신을 부단히 변화시켜왔다는 것이다.

한편, 진보주의(자유주의 혹은 현대주의)가 소수의 지적인 엘리트의 취향에 부합하는 반면, 복음주의는 대중의 취향에 맞는 신앙형태를 개발하였다.[24] 진보주의가 소수의 지성인들을 대상으로 한 반면에 복음주의는 풀뿌리 대중들에 기반을 내렸다는 것이다. 현대사회는 소수의 엘리트가 아니라 대중이 중심이 되는 사회이다. 특히 교육의 대중화와 라디오와 TV와 같은 현대매체의 등장이 이러한 현상에 크게 공헌했다. 따라서 대중성을 이해하지 못하면 현대사회를 제대로 이해할 수 없다. 복음주의는 이러한 사회적 성향을 알았고, 대중들에게 맞는 접근방법을 개발했다. 복음을 전하기 위해 노래·춤·스포츠·연극 등 수많은 새

23 박명수, “현대 복음주의운동의 현황,” 37–38.
24 앞의 글, 37.

로운 접근법을 수용했다. 나아가 복음주의는 거의 신성화된 현대문화의 과학적 합리주의를 비판하고 초자연적인 진리를 선포함으로써 탈출구가 없어보였던 대중들의 마음을 사로잡을 수 있었다.[25]

한편, 박명수는 한국 신학계에서 변두리로 여겨지던 복음주의 신학을 토론의 장으로 끌어들이는데 기여했다. 당시 한국의 복음주의 기독교는 '신앙은 있어도 신학이 없다'는 말을 듣기도 했다. 이러한 상황에서 박명수는 "훌륭한 신앙이 있으면 훌륭한 신학도 있어야 한다."고 주장하며, 한국의 신학계와 교회에 복음주의의 정체성 확립과 전파에 노력을 기울였다.

한국교회사와 한국사 바로 세우기[26]

박명수는 2000년 말부터 한국사 교과서에 서술된 기독교 관련 내용에 관심을 갖고 그 문제점을 지적하고, 정계 및 학계와 연대하여 그 시정을 요구해 왔다. 이는 마침내 역사바로세우기운동으로 이어졌고, 2015년 가을 한국사회를 뜨겁게 달구었던 한국사 교과서의 국정화 논쟁으로 비화되었다. 그동안 역사전쟁으로 불릴 정도로 좌파와 우파 간에 첨예하게 대립되었던 역사학계의 문제가 전면전으로 불거졌던 것이다.

박명수는 우연한 기회에 당시 한국사 교과서가 '한국기독교를 제국주의의 앞잡이'로 기술하는 등 매우 부당하게 왜곡 폄하하고 있으며, 과거 국정교과서에 비해서 지나치게 분량이 축소되어 있다는 것을 발견하게 되었다. 그러면 왜 이러한 문제가 일어났는가? 박명수에 의하면, 이런 문제가 발생한 원인은 크게 세 가지이다. "첫째, 한국 근현대사가 봉

25 앞의 글, 64.

26 허명섭, "현대기독교역사연구소와 한국교회 및 사회," 『성결교회와 신학』 제35호 (2016 봄), 94–115.

건적 전통 위에 세워졌던 과거 역사의 계승에만 관심을 가진 나머지 오늘의 한국 사회의 뿌리를 추구하는데 게을렀기 때문이다. 따라서 근대 이후 한국을 형성하는데 중요한 기여를 했던 한국기독교의 역할이 왜곡 축소 폄하 되었다. 둘째, 한국 근현대사가 지나치게 폐쇄적인 민족주의적인 입장에서 쓰여졌기 때문이다. 그래서 서구문화를 침입으로 규정하고, 민족주의와 대립되는 것으로 이해하게 되었다. 셋째, 한국 근현대사가 지나치게 정치 중심적으로 쓰여졌기 때문이다. 정치가 사회의 중심을 차지하는 것은 사실이지만, 그에 못지않게 종교도 중요한 위치를 갖고 있다는 것을 지나치게 간과하고 있는 것이다."[27] 따라서 박명수는 당시 한국사 교과서에 내재된 역사서술의 문제점을 다음과 같이 지적하며 시정의 필요성을 역설했다.

> 첫째, 전근대사에서 종교는 매우 중요하게 설명하는 반면에 근현대사에서는 종교를 거의 무시하고 있다는 점이다. 한국사회에서 종교는 전근대에서 중요한 것처럼, 개항이후 근대사회에서도 중요한 역할을 담당하였다. 둘째, 불교와 유교가 대륙의 문화를 한반도에 전달한 것처럼 기독교는 서양의 문화를 한국에 전달하였다. 기독교에 대한 제대로 된 서술이 없는 것은 한국사를 세계사적인 관점에서 보지 않기 때문이다. 셋째, 개항 이후의 기독교에 대해서 제대로 설명하지 않은 것은 특정종교를 무시하는 종교편향이다. 학생들이 역사교과서를 통해서 불교와 유교를 배운다면 동시에 기독교를 배울 수 있어야 할 것이다.[28]

간단히 말하면, 역사 왜곡과 폄하, 그리고 축소는 종교편향의 문제와

27 박명수, "한국 근현대사 교과서의 기독교관련 서술에 나타난 문제점," 『성결교회와 신학』 제19호 (2008 봄), 36.
28 박명수, "역사교과서와 한국기독교," 『성결교회와 신학』 제34호 (2015 가을), 4-5.

도 긴밀하게 연결되어 있다는 것이다. 따라서 그러한 문제들은 시정되어야만 한다는 것이다.

이러한 인식과 함께 박명수가 역사바로세우기운동에 뛰어든 것은 당시 한국사회에 들불처럼 번져있던 반(反)기독교적 정서 때문이었다. 그는 이것이 역사 왜곡과 종교편향에 내재된 문제의 본질이라고 생각했다. 당시 한국사회의 반기독교 정서에 대하여 그는 이렇게 주장한다. "과거 기독교는 공산주의를 반대하고 대한민국을 수립한 건국세력으로 이해되었지만, 요즘은 반공을 강조한 기독교는 통일을 반대하는 분단세력으로 이해되고, 과거 기독교는 근대화를 통하여 한국을 개화시킨 세력으로 이해했지만, 이제는 기독교는 민족을 배신하고 전통문화를 무시한 서구세력으로 이해되고, 과거 기독교는 선진문명을 받아들이는 통로로 이해되어 왔지만, 지금은 기독교는 미국 제국주의의 앞잡이로 공격받고 있다."[29] 이것이 한국사회의 일반적인 정서가 아니었는지 모르지만, 한국기독교를 기득권 세력과 동일시하는 상당수의 사람들에 의해 지지받고 있었다. 특히 이는 좌파들 대다수가 한국기독교에 대해 견지하고 있던 입장이기도 했다. 따라서 한국기독교에 대한 평가가 부정적으로 드러날 수밖에 없는 것이다.

이러한 상황에서, 박명수는 한국교회가 한국사회에 기여했던 역할에 대해 주목하기 시작했다. 그리고 한국교회사학회를 비롯해 관련 단체 및 학자들과 연계하여 한국교회가 한국사회에 끼친 영향과 역할에 대하여 연구 발표하며, 왜곡 폄하되거나 축소된 역사를 바로세우는 일에 심혈을 기울였다. 그리고 그동안 교회사학계에서 상대적으로 간과되어왔던 한국교회의 긍정적 역할에 대해 설파하기 시작했다. 요약하면, 한국의 "기독교는 구한말에는 근대 문물의 소개자로서, 일제 강점기에는 민

29 박명수, "위기에 처한 한국교회," 『성결교회와 신학』 제26호 (2011 가을), 편집인의 글.

족운동의 근거지로서, 해방 후에는 자유 대한민국의 수호자로서 그 역할을 했다."는 것이었다.[30)]

박명수는 한국교회의 역할을 시대별로 구체화하였다. 그에 의하면, 구한말과 일제하의 한국교회는 서구문명을 전달해 주는 통로였으며, 항일투쟁과 독립운동을 할 수 있는 공간을 제공해 주었다. 일본은 조선 침략을 정당화하며 자신들이 조선을 근대화해 줄 수 있다고 선전했지만, 한국교회는 미국과 직접 연결하여 한국사회에 서구문명을 전달해 주었다는 것이다. 이뿐 아니라 한국교회는 일제의 잘못된 정책에 대해 항거하였으며, 따라서 반일적인 요주의 단체로 인식되었다. 한국교회는 1919년 3월 1일에 독립만세를 불렀을 뿐 아니라 일제 말에는 일본의 신사참배에 반대했던 거의 유일한 집단이었다. 그리고 기독교는 친미 단체로 인식되었으며, 이 때문에 많은 기독교 지도자들이 일제에 의해 고통을 받았다. 이처럼 한국교회는 우리민족운동사와도 긴밀하게 연결되어 있다.

박명수는 해방 후에도 한국교회가 한국사회에 끼친 영향력이 지대했다고 주장한다. 무엇보다 한국교회는 대한민국 건국의 주역이었다는 것이다. 그 이유는 한국교회가 대한민국 건국의 걸림돌이었던 공산주의에 대한 반대를 분명하게 했으며, 구한말부터 민주주의를 훈련하고 경험한 유일한 집단이었기 때문이다. 그리고 한국교회는 미국과 협력하여 대한민국의 건국을 주도할 수 있는 인력을 제공해 주었다는 것이다.[31)]

박명수의 한국교회 역사바로세우기운동은 2015년을 전후하여 한국사에 대한 관심으로 이어졌다. 이는 교회사학자에게는 무척 부담이 되는 새로운 도전이었다. 이는 한국사 교과서가 기독교의 역사만 아니라

30 박명수, "한국 근대화와 기독교," 『한국 근대화와 기독교의 역할』, 현대기독교역사연구소 기획/이은선 엮음 (서울: 두란노 아카데미, 2011), 5.
31 박명수, "광복 70년과 한국교회," 『성결교회와 신학』 제33호 (2015 봄), 4-5.

대한민국 역사 자체를 공정하게 서술하지 못하고 있다는 인식에서 비롯되었다. 그는 해방 직후의 한국사는 대한민국이 어떻게 출현했는가라는 관점에서 보아야 한다고 생각한다. "해방 이후 한반도의 남쪽은 바른 선택을 했고, 그래서 오늘의 대한민국이 되었다는 것이다."[32] 하지만 현재 해방 후 한국사 연구는 '해방에서 분단에 이르는 과정'을 설명하는 구조이다. 그 결과, 대한민국의 탄생은 한민족 통일의 장애물로 인식되고, 대한민국을 세운 이승만과 한국교회는 분단세력으로 평가되고 있다. 그리고 이러한 역사 인식은 현재 대한민국 안에 살면서 그 수고의 열매를 향유하면서도 대한민국을 부정하는 이중적인 태도를 갖게 만들어 정체성 혼란을 일으키게 만들었다.[33] 따라서 대한민국의 역사를 바로 정립하는 일이 무엇보다 중요하다는 것이다.

맺는 글을 대신하여

이상에서 박명수의 생애와 주요 신학과 사상적 특징에 대해서 살펴보았다. 여기서는 그가 한국교회와 한국사회 등에 끼친 영향으로 몇 가지로 정리하며 결론을 대신하고자 한다.

첫째, 박명수는 한국성결교회의 역사와 신학적 정체성을 정립하는데 지대한 역할을 하였다. 한국성결교회가 19세기 웨슬리안성결운동에 뿌리를 두고 있다는 것을 역사적 자료를 바탕으로 연구하여 밝혀낸 것이다. 이로써 1990년을 전후해 한국성결교회의 가장 중요한 논쟁거리였던 정체성 문제를 규명할 수 있었다.

둘째, 박명수는 한국기독교의 복음주의적 정체성을 확립하는데도 기

32 박명수, "한국교회를 변호한다," 553.
33 앞의 글, 551.

여하였다. 한국기독교의 신학적 특징은 복음주의이며, 한국교회의 저변에 체험적 복음주의가 자리하고 있음을 밝혀낸 것이다. 그리고 그동안 신학계에서 상대적으로 주목받지 못하고 있던 복음주의 신앙과 신학에 대한 논의를 전면으로 부각시켰다는 점도 빼놓을 수 없는 공헌이다.

셋째, 박명수는 한국교회의 역사를 바로 세우는데도 기여하였다. 한국사 교과서에 기술된 기독교 관련 내용이 왜곡 · 축소 · 폄하되어 있다는 것을 인식하고 문제를 제기함으로써, 한국교회로 하여금 올바른 역사 인식의 중요성을 갖게 하였다. 그 결과, 이것은 한국기독교역사바로세우기운동으로 이어졌으며, 더 나아가 한국사 교과서의 국정화 논쟁을 불러일으켰다. 그러한 시도는 계란으로 바위를 치는 격이었지만 소기의 성과를 거두기도 했다.

넷째, 박명수는 해방 이후의 한국사 연구와 관련해 새로운 관점을 제시하였다. 기존의 남북분단사 중심의 역사이해가 아니라, 대한민국 형성사 중심의 역사 이해가 필요하다는 것이다. 그래야 대한민국과 한국기독교의 정체성을 제대로 이해할 수 있다는 것이다.

끝으로, 박명수는 한국기독교에 대해 비판적 읽기로 경도(傾倒) 되었던 학계에 한국사회에 끼친 한국교회의 역할에 대한 긍정적 읽기라는 새로운 통찰을 제시했다. 이러한 입장은 비판적인 사고에 익숙한 학계에 조금은 거친 파문을 일으켰지만, 한국교회의 유산과 전통에 대해 부끄러움 일변도의 자세가 아니라 자긍심도 겸하여 가질 수 있도록 격려 했다.

덧붙여, 박명수는 21세기 들어와 기독교계는 물론 일반 언론 매체에 가장 많이 그 이름이 회자되었던 신학자 가운데 한 사람일 것이다. 이것은 박명수가 21세기 첫 20여 년 동안 한국성결교회와 한국기독교의 역사에서 그만큼 비중 있게 역할을 감당했다는 반증일 것이다. 이러한 여정을 걸어왔던 박명수의 학문적 성과와 통찰들이 후학들을 통해 계승되어 더욱 풍성하고 깊은 모습으로 드러나기를 소망한다.

서울신학대학교 발전기금 증정

한경직목사 기념강연회 | 2019년

한국복음주의신학회 제73차 정기논문발표회

3.1절 100주년
기념 세미나

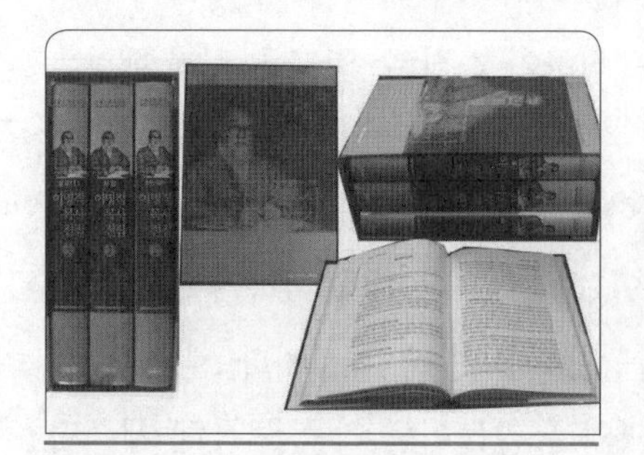

이명직 목사 전집

월드뷰 표지인물 |
2019년 3월호

경력

● 학내 보직

교회사 전임강사, 조교수, 부교수, 정교수 (1994~2020)

학보사 주간 (1995~1996)

대학종합평가 사무국장 (1996~1999)

교역처장 (2001~2002)

학생처장 (2002~2004)

신학대학원장 (2004~2005, 2008~2010)

교무처장 (2016~2017)

현대기독교역사연구소 소장 (1996~현재)

한국연구재단 대학중점연구소 지원사업 연구책임자(과제명: 해방 이후 한국 사회의 변화와 기독교의 역할 연구) (2016~현재)

서울신학대학교 명예교수 (2020~현재)

● 외부 경력

한국복음주의신학회 부서기 (1997)

미국 드류대학교 대학원 강사(Visiting Lecturer) (2002)

미국 교회사학회지 Church History 편집위원 (2002~2006)

한국대학교육협의회 대학종합평가 위원 (2004)

한국기독교학회 서기 (2005)

한국교회 대부흥 100주년 기념사업회 신학선언문 제정위원 (2007)

전국 신학생기도모임(Korea Revival) 대표 (2009~2009)

한국교회사학회 회장 (2012)

한국기독교총연합회 한국교회 바로 알리기운동본부 전문위원장 (2010~2014)

한국기독교공공정책위원회 정책위원장 (2012~2016)

한국교회연합 기독교역사정립위원장 (2014~2017)
미래목회포럼 전문위원 (2010~현재)
세계성령운동연합회 전문위원, 역사위원장 (2010~현재)
한국순교자기념사업회 전문위원 (2010~현재)
사회복지법인 한국중앙사회복지개발원 이사 (2010~현재)
Supervisor, Oxford Center for Mission Studies in London (2013~현재)
복지법인 한국대륙복지회 이사 (2015~현재)
신학과 교회(신학전문학술지) 편집위원 (2017~현재)
미래한국(격 주간 시사저널) 편집위원 (2018~현재)
한국정치외교사학회 부회장 (2018, 2020~현재)
신앙세계(월간 기독교잡지) 편집위원장 (2019~현재)
기독교와 근대화 연구모임 대표 (2019~현재)
자유역사포럼 지도목사 (2019~현재)
한국복음주의협의회 교회갱신분과위원장 (2020~현재)

● 목회사역

전주반암교회 주임교역자(초대교역자) (1976~1979)
기독교대학성결교회 전도사 시취(전북지방회) (1977)
서울장충단교회 전도사 및 교육목사 (1982~1986)
기독교대한성결교회 목사안수(서울중앙지방회) (1984)
미국 뉴잉글랜드 한인교회 담임목사 (1988~1992)
서울 장충단교회 협동목사 (1992~1994)
서울 조은교회 개척 및 설교목사, 협동목사 (1994~현재)

● 수상

우수교원 표창(부총리겸 교육인적자원부 장관) (2007)
한국성결교회 100년사 집필 공로패 (2007)

교수업적평가 우수교원 표창 (서울신대 총장) (2008)
The Holy Spirit's Man Medallion 교육자상 수상(세계 성령운동연합회 수상) (2011)
대학발전기금 모금 우수교원 표창(서울신대 총장) (2013)
자랑스러운 지도자상(신학자 부분) (한국기독교총연합회) (2015)
한국교회 특별공로패(한국교회 연합) (2015)
시장경제대상(저술부분, 건국투쟁)(전국경제인연합회) (2015)
수페리어 선교대상(한국수페리어 재단) (2019)
교수업적평가(연구영역) 우수교원 표창 (2019)
서울신대 근속 25주년 표창(서울신대 총장) (2019)
국무총리상(정년퇴임) (2020)

연구 목록

● 박사학위 논문

“Concepts Of Holiness In American Evangelicalism: 1835~1915.”
Ph. D. diss., Boston University, 1992.

● 저서

『장충단성결교회 50년사』 (1996)
『근대복음주의의 성결론』 (대한기독교서회, 1997)
『교회사에서 찾아낸 예화 소프트』 (예본, 1998)
『근대복음주의의 주요흐름』 (대한기독교서회, 1998)
『초기 한국성결교회사』 (대한기독교서회, 2011)
『한국교회 부흥운동연구』 (한국기독교역사연구소, 2003)
『한국성결교회의 역사와 신학』 (서울신대 출판부, 2004)
『한국교회의 감동적인 이야기』 (국민일보, 2007)
『이명직과 한국성결교회』 (서울신학대학교출판부, 2008)
『근대사회와 복음주의』 (한들출판사, 2008)
『근대사회의 변화와 기독교』 (킹덤북스, 2013)
『건국투쟁: 인민공화국인가?, 민주공화국인가?』 (백년동안, 2015)
『조만식과 해방 후 한국정치』 (북 코리아, 2015)

● 논문

웨슬레안 성결론과 그 의의.” 『교수논총』 5 (1994)
“존 노리스가 웨슬리에게 미친 영향.” 『기독교사상』 40 (1996)
“동양선교회의 창립자들에 관한 연구.” 『신학과 선교』 22 (1997)
“근대복음주의와 한국성결교회.” 『한국교회사학회지』 6 (1998)

"한국성결교회의 신학적인 배경에 대한 연구." 『교수논총』 9 (1998)
"웨슬레안성결운동의 역사: 개인의 성결과 사회의 개혁." 『한국교회사학회지』 7 (1999)
"해방 이후 한국성결교회의 사회인식." 『한국기독교와 역사』 15 (2001)
"성령, 성결, 여성: 푀비 팔머(Mrs. Phoebe Palmer)의 사역과 신학." 『한국교회사학회지』 10 (2001)
"해방 이전의 한국성결교파들과 세계성결운동." 『역사신학 논총』 4 (2002)
"해방 이전의 한국성결교파들과 세계성결운동." 『신학과 선교』 28 (2003)
"이명직 목사와 1920년대 한국성결교회: 〈活泉〉을 중심으로." 『한국교회사학회지』 14 (2004)
"세계성결운동과 한국성결교파들: 제2차 세계대전 이후." 『신학과 선교』 30 (2004)
"환태평양 종교체험으로써의 성결." 『신학과 선교』 31 (2005)
"조선야소교동양선교회복음전도관의 성격에 관한 연구." 『신학과 선교』 33 (2007)
"웨슬리안 복음주의 성결전통: 한국성결교회의 동근성(同根性)." 『신학과 선교』 34 (2008)
"해방 후 한국정치의 변화와 다종교사회 속의 기독교." 『한국교회사학회지』 29 (2011)
"평안남도 건국준비위원회와 조만식." 『한국기독교와 역사』 41 (2014)
"1946년 3·1절: 해방 후 첫 번째 역사논쟁." 『한국정치외교사논총』 38 (2016)
"건국동맹과 좌익 민족통일전선." 『숭실사학』 37 (2016)
"엘마 길보른과 전후 한국교회의 재건." 『길보른 연구 논총: 서울신학대학교 개교 100주년 기념』. 부천: 서울신학대학교출판부, 2016
"한국 최초의 순교자, 로버트 토마스," 『순교신학과 목회』 1 (2016)
"'중앙집권화 된 행정부'와 한반도의 분단." 『역사와 실학』 62 (2017)
"제2의 반탁운동과 1947년 초 국내 정치세력 동향." 『숭실사학』 39 (2017)

"이윤영 목사와 해방공간의 반탁 · 통일운동." 『한국기독교와 역사』 48 (2018)
"1946년 미군정의 여론조사에 나타난 한국인의 사회인식." 『한국정치외교사논총』 40 (2018)
"태평양전쟁 시기의 이승만의 대미 외교활동에 미친 제랄딘 피치(Geraldine T. Fitch)의 역할." 『한국교회사학회지』 51 (2018)
"3.1운동, 기독교 그리고 대한민국: 대한민국의 기독교적 기원에 대한 소고." 『신학과 교회』 11 (2019)
"해방 직후 신의주 기독교인들과 공산주의자들의 건국투쟁." 『숭실사학』 43 (2019)
"윌슨의 민족자결주의가 대한민국 임시헌장에 미친 영향: 기독교적 민주주의 국가 건설." 『성경과 신학』 91 (2019)
"해방 직후 우익 민족주의자들의 38선 철폐운동과 한반도 분단에 대한 좌익의 입장." 『한국정치외교사논총』 41 (2019)
"태평양전쟁 시기 기독교인친한회(基督教人親韓會)의 대한민국 임시정부 승인운동." 『한국독립운동사연구』 65 (2019)

● English Articles

"'The Korea Pentecost': A Study of the Great Revival Of 1903-1910 in Relationship to Contemporary Worldwide Holiness Revival Movements." *The Global Impact of the Wesleyan Traditions*. ed. by Charles Yrigoyen, Jr. (Lanham: Scarecrow Press, 2002)
"Mission, Independence, and New Cooperation(?): The Change of Relationship Between OMS International and Korea Evangelical Holiness." *Wesleyan Theological Journal* 40, no. 1 (2005)
"The Formation and Characteristics of Oriental Missionary Society: 1901~1905." Wesleyan Theological Society Paper. Seattle Pacific University, Washington. March 4~5, (2006)

"The Twentieth Century Holiness Movement and Korean Holiness Groups." *Asbury Theological Journal* 62, no. 2 (2007).
"Rhee Syngman's Diplomacy with America and the American Christian Involvement during the Pacific War." American Society of Missiology Annual Conference. Notre Dame University, Indiana. June 2018.

허명섭 목사

대구대학교 졸업
서울신대 신학대학원 (M. Div.)
서울신대 대학원 (Ph. D.)

시흥제일교회 담임목사
서울신대 강사
현대기독교역사연구소 선임연구위원

저서_『해방 이후 한국교회의 재형성 1945~1960』
공저_『한국성결교회 100년사』
기타 역서 및 다수의 논문

박해경 박사

박해경 박사의 생애와 신학

조덕영_창조신학연구소장, 평택대학교

안양대학교 (대신)
성결대학교 (Th. B.)
서울신학대학교 신학대학원 (M. Div.)
아세아연합신학대학교 대학원 (Th. M.)
아세아연합신학대학교 대학원 (Ph. D.)

한국칼빈학회 회장 (2017년)
한국복음신앙학회 회장 (2012~2020)
한국복음주의목회연구원 원장 (2015~현재)
숭림교회 담임목사 (1979. 11. 11~1986. 2. 28)
신한교회 담임목사 (1986. 3. 23~2001. 5. 30)
문형장로교회 담임목사 (2001. 6. 23.~현재)

전국신학대학협의회에서 1993년도 조직신학분야 최우수 석사학위논문으로 선정(논문제목: 칼빈과 바르트의 신앙론 비교연구) (1994. 3. 22)

박해경 박사, 하나님이 쓰신 사람

'한국의 신학자들'을 준비하면서 필자는 먼저 구조적이며 건조한 신학의 현학적 논증으로 신학자를 평하고 싶은 마음이 추호도 없다. 그 깊은 신학과 사상의 편린을 타인이 어떻게 이 작은 지면에 다 표현할 수 있겠는가. 더구나 그 신학자가 박해경 박사이기에 하는 말이다.

2009년 요한 칼빈 탄생 500주년 기념으로 선정된 한국의 위대한 칼빈 신학자 6인 가운데 최고 연장자였던 한철하 박사(전 ACTS 명예총장)는 생전에 제자요, 교수였던 박해경 박사에 대해 "만 명에 한 명 나올까 말까 한 학자"요, "100년에 한 번 나올까 말까 한 학자 중 학자"라고 1등을 한 박 박사에 대해 극찬한 적이 있다. 한철하 박사는 한국이 낳은 위대한 신학자이면서도 살아생전 제자들에게는 냉정하고 까다롭기가 타의 추종을 불허하는 학문적 엄격함을 지닌 학자로 정평이 난 분이었다. 그런 한철하 박사가 박해경 박사를 얼마나 탁월한 학자로 여겼는지 알 수 있는 대목이다.

더욱 놀라운 사실은 박해경 박사가 국내파 신학자라는 점이다. 한국인들은 무조건 해외 유학을 선망하고 일종의 "유학 사대주의" 경향이 강한 편이다. 그러면서 유학파가 많아지면서 우리나라도 노벨 과학상 수상자가 배출될 날이 멀지 않았다고 예측한다. 유학의 여건이 되고 견문의 지평을 넓히는 것은 바람직하다. 하지만 순수 자국어가 아닌 외국어로 공부하고, 사색하고, 학문과 사상의 내공을 닦는 일이 생각보다 녹록한 일은 아니다. 그런 점에서 박해경 박사는 국내파로서 창조주 하나님께서 베푸신 타고난 바탕에 해외파 못지않은 엄청난 독서량과 탁월한 어학의 내공을 쌓아 견고하고 심오한 신학을 전개한 학자이다.

독일에서 공부하는 필자의 장녀가 어느 날 필자에게 어느 서울 명문대 독일어 교수에 대해 "아빠, 그 교수님 독일어 실력이 많이 부족한 거 같아"라고 내게 조용히 말하는 것을 듣고 충격을 받은 적이 있다. 외국어로 사색하고 학문을 한다는 것이 그리 간단한 일이 아님을 보여준다. 놀라지 말라. 노벨상을 수상한 일본의 과학자들 절반 이상이 외국어를 구사하지 못하며 대부분이 일본 국내대학을 나온 학자들이라는 사실이다. 심지어 수년 전에는 낙제 경험까지 있는 일본의 지방 국립대 학부 출신이 노벨화학상을 수상하여 국내 학자들의 자존심에 큰 충격을 준 적이 있다. 이 다나까 게이이치(田中耕一)라는 중소기업 과장의 노벨상 수상 일성도 "큰일 났다. 영어로 어떻게 소감발표를 해야 할 지 걱정이다"였다. 이제 신학에 있어서도 정보 확보와 글로벌화된 디지털 소통이 가능해지면서 국내파 학자들도 충분히 그 역량을 세계에 알릴 때가 성숙되었다고 본다. 다독과 모국어 사색을 통해 심오한 신학사상 연구가 가능한 시대가 열렸다. 박해경 박사는 그것을 몸소 보여준 탁월한 신학자이다.

박해경 박사는 이미 십수 년 전부터 스터디 그룹을 조직하여 라틴어, 독일어, 영어로 철학과 신학원서들을 연구해 왔다. 이러한 작업은 처음에 유광웅 박사, 유정우 박사, 조덕영 박사 등을 시작으로 하여 매주 모였는데, 여기저기 장소를 옮겨 다니고 참석인원도 수차 바뀌기는 했으나 지금까지도 박해경 박사가 시무하는 교회 목양실에서 계속하고 있다. 박 박사의 소신은 예수님이 재림하시는 그 날까지 공부한다는 말을 이 모임의 표어로 삼자는 말에서 잘 나타난다. 어떤 이득을 위해서가 아니라 공부를 좋아하고 학문을 사랑하여 진리탐구에 열정을 쏟아 붓는 자세로 살자는 학자적인 삶의 모습을 알 수 있는 것이다.

박해경 박사의 호가 학개(學開)인데, 구약선지자 학개(Haggai)에서 빌려온 말이기는 하지만, 그 뜻은 복음진리를 배워서 천국문을 여는 신학을 한다, 혹은 복음진리의 문을 여는 신학을 한다는 의미라고 한다. 박 박사는 경기도 광주시 목동(나뭇골)에 교회당을 건축할 때 학개서 1:8의 말씀을 의지하였다고 한다. "너희는 산에 올라가서 나무를 가져다가 성전을 건축하라 그리하면 내가 그것으로 말미암아 기뻐하고 또 영광을 얻으리라 여호와가 말하였느니라." 즉 그가 자기의 호를 학개라고 한 것은 그의 스승이신 한철하 박사의 신학을 요약한 한 마디 "예수천당"의 신학에 기초하고, 또 교회당 건축에 영감을 받은 학개서를 통해 그렇게 지었다고 한다. 한철하 박사는 신학이 천국문을 여는 신학인가? 아니면 천국문을 닫는 신학인가를 중시한다는 것이다. 다시 말해서 믿음을 세우는 신학이냐? 믿음을 떨어뜨리는 신학이냐를 바른 신학의 척도로 삼는다는 것이다. 서기관들이 자기도 천국에 들어가지 않고 남도 들어가지 못하게 한다고 하는데, 오늘의 신학자들이 과연 천국에 들어가는 신학을 하는지 묻고, 서기관의 신학을 해서는 안 된다는 것이 한 박사의 교육철학이라고 하므로 박 박사도 동일한 노선에서 자기의 호를 그렇게 정한 것이다.

박 박사의 조부님(박찬)은 원래 의학 공부를 하시다가 법학으로 전과하여 판사로 재직하셨는데, 후에는 주로 경찰계통에서 고위직으로 봉직하신 분이시다. 그리고 조모님(김부진)은 사범학교를 나와 교사로 봉직하시다가 전국 우수교사 시찰단에 선발되실 정도로 탁월한 교육가이셨는데, 그런 영향으로 박 박사의 가족들 중에는 교육계에서 일하신 분이 많다고 하니 조모님의 영향이 큰 것 같다. 그리고 외조부님(이기문)은 한학자 출신이시고, 외조모님(유인순)은 신실한 신자로서 교회와 목사님을 정성을 다하여 섬기기로 유명한 분이셨다. 박 박사의 아버님(박호)께서는 대단히 성실하고 근면한 분이셨고, 공무원으로 계시다가 건강이 안 좋아서 일찍 돌아가셨다. 아버님은 역사에 높은 식견이 있어서 조선시대의 왕비열전에서 세세한 부분까지 알 정도로 박식하였으나 일찍 소천하여(48세) 아쉬움을 남기셨다.

박 박사의 어머님(이정숙) 권사님께서는 깊은 신앙인으로서 새벽기도를 비롯해서 모든 예배를 단 한 번도 결석하지 않은 분으로 알려져 있으며, 박 박사의 신앙형성에 결정적인 영향을 준 분이시다. 그 분은 성경쓰기를 여러 번 완성하여 한자 성경을 가지고 수 차례 쓰기를 완성하셨고, 마지막 말년에 쓰신 것은 모아서 책으로 만들어서 박 박사가 보관하고 있다. 어머니께서는 박 박사를 잉태하였을 때, 내내 기도하시기를 주의 종이 되게 해 달라고 하셨다고 한다. 그런데 막상 출산을 하고 나서는 그 기도를 잠시 잊고 맏아들에 맏손자라는 자부심이 강하여 가문에 큰 영광이라고 생각하셨는데, 그것도 잠시였고, 이상한 병에 걸려서 종일 기침하고 먹지를 못하는 증세가 나타났다고 한다. 너무 기침을 심하게 해서 배꼽이 떨어질 지경으로 되었다고 한다. 약 6개월간 계속되는 질병으로 가족들은 이제 아이가 죽는가보다… 라고 생각하였다고 한다. 그런데 어느 날 전에 어머니께서 모시고 있던 이용선목사라는 분이 갑자기 나타나셔서 기도하여 주니 그 다음 날부터 차도가 있고, 점점 좋아지면서 결국은 깨끗이 나았다고 한다. 그 때 어머니는 임신 중에 주님의 종이 되게 해 달라는 기도를 한 것이 생각이 났다고 한다. 그로부터 어머니는 이 아이를 위하여 항상 주님의 참된 종이 되도록 해 달라는 것을 목표로 하여 날마다 기도하셨다고 한다. 박 박사가 교회를 개척하게 된 이후로 어머니는 가장 헌금을 많이 한 분이라고 한다. 어머니는 용돈이 생기면 무조건 목돈이 될 때까지 모아서 헌금을 하셨다. 한 번은 아파트를 분양받아서 부금을 붓고 계셨는데, 그 집을 처분하여 전액을 헌금하기도 하였다. 헌금 뿐 아니라 매일의 기도와 전도로 박 박사의 목회에 큰 힘이 된 것이 사실이다. 박 박사는 자기가 목회를 은혜 가운데 순탄하게 할 수 있었던 것은 어머니 덕분이라고 한다. 그리고 3명의 동생들도 교회를 위해서는 기쁜 마음으로 봉사하는 일에 동참하고, 돈만 생기면 헌금하는 습관이 있었는데, 어머니의 헌신을 본받은 것으로 보인다.

박해경 박사가 학문연마의 과정에서 이와 같은 열매를 거두게 된 것은 훌륭한 스승들을 만나고, 가족들의 협력도 중요한 요소라고 할 것인데, 특히 사모님(유미경)의 내조가 지대하다고 할 수 있다. 사모님께서는 남편 박 박사가 공부를 한다고 하는 데는 아무런 제재나 반대를 한 적이 없고, 오히려 항상 뒤에서 후원하고 협조하는 자세로 일관했다고 한다. 목회를 하는 입장에서 공부보다는 교회성장에 신경을 쓰라고 압박을 할 수도 있지만 사모님은 공부하는데 있어서는 어디를 가든지, 어떻게 하든지 관계없이 아무런 반대 없이 지지하였다고 한다. 언젠가는 박사과정 중에 등록금이 부족했던 경우가 있었는데, 그 참에 한 학기를 쉬고 다시 할 생각을 하던 중에 어떻게 구했는지 돈을 만들어서 제 때에 등록하게 해 주었고, 학교 공부는 때가 있으므로 하다가 중단하지 말고, 계속해서 해야 한다고 말했다는 것이다. 사모님은 남편이 신학을 연구한다는 데에는 이견을 달지 않고, 항상 후원자가 되셨으며, 남편이 훌륭한 신학자라는 자부심도 강하게 가지신 분이시다. 나중에는 박 박사도 사모님께서도 공부하는 일에 관심이 많은 것을 보고, 학부에서 상담학을 하게 하였으니 그 전공을 살려서 좀 더 전진할 수 있도록 정보도 주고, 재정후원도 하여 상담학 전공 석사와 박사학위를 마칠 수 있도록 외조도 하였다. 지금은 사모님께서 상담센터를 운영하며, 교회에서도 상담으로 봉사를 하고 계시다고 한다. 박 박사는 사모님의 전공인 게슈탈트 심리학에 대해 관심을 가지고 함께 연구하여 신학적 바탕이 든든한 기독교 상담학 방법론도 모색하고 있다. 서로 잘 맞는 부부라고 할 수 있다.

박해경 박사가 아세아연합신학대학교 교수로 가게 될 때 한철하 박사는 박해경 박사에게 어머니에 대해 묻고 어머니의 신앙에 대한 사연을 알고나서 반드시 그 내용을 자기 소개서에 쓰라고 하셨다고 한다. 어머니가 기도해서 낳았고, 주의 종이 되라고 기도한 것이 매우 중요하다는 말씀을 하시면서 신학대학의 교수에게는 어머니의 그러한 신앙관과 간증이 반드시 필요한 것이라고 말씀하였다는 것이다. 이러한 사실을 보면 한 박사께서도 신앙의 실제적 경험과 살아있는 증거를 중시한 것을 알 수 있다. 박해경 박사는 교수생활을 할 때 한 박사님이 교수진들에게 신앙을 무너뜨리는 일을 하지 말라는 훈계를 하는 것을 자주 들었다고 한다. 당시에는 그 말이 너무 당연한 것으로 생각했으나 나중에는 깨달아졌는데, 신학이란 신앙을 세우는 역할을 해야 한다는 한 박사님의 교육관을 보여주는 것이라고 하였다. 즉 한철하 박사가 자주 말하는 대로 신학에는 두 가지가 있는데, 하나는 신앙을 무너뜨리는 신학이요, 다른 하나는 신앙을 세우는 신학이라는 것이다. 이것은 헬무트 틸리케가 신학을 합리적과 비합리적으로 나누는 것보다 훨씬 더 실제적이고 복음적인 구별법이었다. 그 후로 박해경 박사는 강의를 하거나 글을 쓰거나 설교를 할 때 항상 신앙을 세우는 입장에서 하게 되었다고 한다.

박 박사는 원래 교회를 개척할 생각은 없었다고 한다. 평강교회 고기홍 목사님께서 당시 전도사였던 박해경 박사를 보고 다른 교회로 갈 생각을 말고, 나와 함께 여기서 같이 목회를 하자고 하시면서 박사학위를 취득할 때까지 후원을 할 터이니 다른 생각을 말라고 하였다는 것이다. 그리하여 우리 교회에 박해경 박사가 존재하는 것만으로도 영광이 되는 신학자가 되어서 같이 평생을 함께 하자고 했다는 것이다. 박 박사도 그 말에 감동이 되어서 그렇게 하기로 했다고 한다.

그러나 어느 날 박 박사의 어머니께서 서울시 마포구 망원동에 건물을 얻어서 교회를 개척할 준비를 다 해 놓으신 것이다. 약 50평되는 2층 건물과 반지하 약 20평을 얻어서 교회와 선교원(유치원)을 함께 하자는 것이었다. 게다가 교인도 어디서 모아 오셨는지 약 15명을 데리고 와서 박 박사에게는 설교만 하면 된다는 것이었다. 결국 박 박사는 이 사실을 고목사님에게 알릴 수밖에 없었는데, 고 목사님은 그 말을 듣고 매우 놀라시면서 크게 실망하셨다고 한다. 그러나 어머니께서 준비하신 일이니 거부할 수 없어서 허락을 하고 말았다는 것이다. 만약 그 때 교회를 개척하지 않고 원래 계획대로 하였다면 박해경 박사는 학문연구에만 집중하여 아마 대단한 학자로서의 길을 걸어갈 수 있었을 것으로 보인다. 반면에 단독목회의 경험이 부족하여 신앙을 일으키고 세우는 신학자로서의 길을 가지 못하고 이론신학자로서만 남아 있을 수도 있었을 것이니 하나님의 섭리를 누가 알겠는가?

결국 박해경 박사는 목회자와 신학자의 두 길을 걷게 되는 인생을 살게 되었다. 교회를 개척하기도 어려운데, 신학자로서 목회를 잘 감당하고 건축도 두 번이나 하여 2회의 헌당을 하였으니, 목회만 하는 목사님들도 당신은 무슨 복을 그렇게 많이 받느냐고 말하는 것도 이상한 일은 아니라고 본다.

그런데 박해경 박사 본인의 말로는 자기 자신이 공부체질인 것 같다고 한다. 책을 보고 있노라면 마음이 평안하여 지고, 놀고 있거나 다른 일을 할 때는 마음이 평안하지 않다는 것이다. 박 박사는 목회를 하는 사람이 신학교수를 하는 것이 신학교육에 더 적합하다고 주장한다. 왜냐하면 이론적인 강의만 하는 교수는 신학생들에게 실제적인 가르침을 주기가 어렵고, 기도와 영성이 부족하기 때문이라는 것이다. 어느 신학대학의 경우는 교수를 초빙할 때 2~3년간의 목회경력을 요구하기 때문에 할 수 없이 먼 지방의 작은 교회라도 맡아서 봉직하고 나서 임용을 한다고 한다. 그러나 주일만 가서 예배 인도하고 오는 경우가 다반사라서 목사로서 겪게 되는 여러 가지 난관들을 경험하기는 불가능하다. 그러나 대다수의 신학교가 교수에게 단독목회를 허락하지 않고 있는 것이 현실이라 안타까운 일이다.

박해경 박사는 안양대의 전신인 대한신학교에서 학부를 졸업하자마자 강의를 하는 특혜를 얻은 사람이다. 1981년부터 2018년까지 계속해서 강의를 하였으니 신학교 강의만 37년을 한 것이다. 그렇게 된 연유는 대한신학교의 교무처장으로 계시던 조석만 박사가 박해경 박사의 학문적 기질과 성실성을 보고 학부만 졸업했는데도 강의를 부탁한 것에서 출발한다. 그리고 백석대의 설립자이신 장종현 박사께서 장훈태 교수의 추천을 받아 들이셔서 당시 기독신학교의 조직신학 담당교수로 임용한데서 기원한다. 당시에 박 박사는 아직 신학석사(Th. M.) 과정 중이었는데도 교수가 된 것이다. 그리고 한철하 박사께서 아세아연합신학대학교 교수로 초빙한 것도 학자로서의 삶에 큰 의미를 부여할 수 있는 것으로 보아야 할 것이다. 그렇게 해서 박 박사의 교수 경력이 다양하게 형성되었다. 그러나 박 박사는 항상 말하기를 강의에 시간을 많이 빼앗겨서 내가 참으로 연구하고자 하는 교부전집을 볼 여유가 없다고 하였다. 그러다가 학교를 은퇴하더니 드디어 마음대로 연구할 기회가 왔다고 하면서 지금은 열심히 교부전집을 읽고 있다고 한다. 그러니까 신학원어 연구 모임에서는 라틴어와 독일어로 신학원서들을 읽고, 개인적으로는 교부들의 저서들을 연구하고 있으니, 자신의 소원이 이루어지고 있다는 것이다.

박해경 박사는 교회를 1979년과 1986년에 두 번 개척하였고, 지금까지 목회를 하고 있으므로 목회경력은 42년째이다. 그뿐 아니라 매주 하루는 원어로 신학원서들을 공부하고, 또 매주 한 번은 목회자를 위한 기독교강요 세미나를 하며, 한 달에 한 번씩은 교수선교회에서 외국의 신학교에 가서 강의할 선교사와 목사들에게 칼빈의 신학으로 훈련을 시키는 사역도 하고 있다.

특히 주목해야 할 점은 박해경 박사의 공부 팀에서는 다양한 입장의 여러 신학자들의 책들도 연구한다는 사실이다. 신학교에서 지나치게 보수신학자들 위주로 공부를 했으므로 이제는 우리와 입장과 다른 책들도 보자는 것이 박 박사의 생각이었다. 그리하여 독일어로 에밀 부르너의 "우리의 신앙"을 비롯하여 본훼퍼의 "신도의 공동생활," "성도의 교제," "윤리학" 등과 칼 라너와 바르트의 책들도 읽게 되었다고 한다. 최근에는 어거스틴의 고백록을 라틴어와 독일어 대조로 된 교재를 사용하여 공부하고 있다고 한다.

박 박사는 앞으로 한철하 박사의 신학방법론을 더 연구하여 그것을 학문적으로 정립할 계획을 가지고 있다고 한다. 칼빈의 신학방법론을 한철하 박사가 이해한 것을 점검하고, 잘 정리한 다음에 좀 더 구체적으로 발전시켜 보겠다는 계획이다. 그 과제를 안고, 최근에는 뜻을 같이 하는 최민호 목사, 한상화 박사 등과 함께 한철하신학공관연구원을 설립하여 바른 신학운동을 개진할 것이라고 한다. 박해경 박사는 이 과제를 위해 성경해석학의 방법론 연구들도 비교 조사하고 있으며, 신학 방법론에 관한 여러 저서들을 탐구하여 신학자들의 사상 속 근저에 깔려있는 그들의 숨겨진 논지와 의도를 비평하여 복음적으로 평가하면서 목회와 선교에 신앙적으로 유익을 주는 방향에서 신학을 할 수 있는 새로운 방법론을 모색하고 있다.

박해경 박사의 신학과 사상에 영향을 준 인물들

이 같은 박해경 박사의 신학과 사상에 영향을 준 학자들은 누구였을까? 다양한 신학 경험을 쌓은 박 박사는 정말 여러 학자들을 만났다. 그 중에서도 그의 칼빈 신학에 영향을 준 인물 중심으로 일부를 소개하려 한다.

박해경 박사는 1980년 대, 30대 초반의 나이에 일찌감치 교단 신학(예장 대신) 강사를 시작으로 학자의 면모를 보았다. 이 같은 행보는 기독신학교(현 백석대), 천안대(현 백석대) 겸임교수, ACTS 조직신학 교수, 백석대 연봉교수로 은퇴하기까지 이어진다. 실로 37년이 넘는 대장정이었다. 이 같은 신학의 여로에 박해경신학에 영향을 준 몇몇 신학자들이 있었다.

먼저 최순직 박사가 있다. 대한신학교에서 교수와 교무처장 등으로 시무하면서 실질적인 학교 운영자였던, 그는 철저한 칼빈주의자로 오직 칼빈주의만이 세계를 구할 수 있는 사상이라 굳게 믿은 신학자였다. 농담이나 허튼 소리를 일체 하지 않았던 최 박사에 대해 박 박사는 "자신이 알기로 한국의 신학자들 가운데 가장 경건한 학자의 한 분"으로 기억한다.

박 박사는 신학교 시절 최 박사의 강의가 너무 은혜스러워 "강의 뿐 아니라 그가 말하는 모든 내용들을 사사로운 것까지 노트에 다 받아 적었다"고 고백한다. 박해경 목사는 자신이 처음 신학 강의의 길로 들어서는데 최 박사가 은인이고 했다. 박해경 박사는 최 박사로부터 "칼빈주의 신학의 중요성과 경건의 필요성, 신중한 태도, 강의를 할 때 최선을 다해서 노력하는 점"을 배웠음을 고백하고 있다. 박 박사는 최 박사에게 신조학, 신학서론, 신론, 인간론, 기독론, 구원론, 교회론까지 배우고 종말론을 신복윤 박사에게 배웠다. 그리고 박윤선 박사에게 구약성경을 한 학기 배웠다. 결국 거의 모든 조직신학을 최 박사로부터 배운 것이다. 박해경 박사의 기본 신학 노선은 이미 이때 형성되었음을 알 수 있는 대목이다.

최순직 박사와 함께 대신의 교리학 분야를 세우는 데 큰 공헌을 한 김준삼 박사에게서는 옳다고 확신하는 사상에 대해 양보하지 않는 신학자로서의 소신을 배웠다. 김준삼 박사는 한철하 박사로부터 "자신이 알고 있는 신학자 중 가장 확실한 사람이요, 가장 훌륭한 면모를 갖추었다"는 칭찬을 받은 학자였다. 또한 지금의 백석학원(전 방배동 총신)이 어려울 때 자기의 재산을 처분하여 학교발전헌금을 할 정도로 희생정신과 신학교에 대한 사랑이 강한 신학자였다. 부드러운 성품의 박해경 박사가 때로 강한 신학적 소신을 표출하고, 매사에 헌신적인 것은 김준삼 박사의 자세에서 많은 것을 배웠을 것이다.

장로교의 대한신학(현 안양대) 출신인 박해경 박사가 성결교 신학을 경험한 데에는 박 박사의 모친께서 성결교인이라는 점과 박 박사가 성결교회에서 유아세례(헌아식)를 받은 이유도 있으나 실질적 이유는 당시 성결교신학교가 학력인정학교였기 때문이었다. 박 박사는 이곳에서 부흥사요, 전도자이며, 영성과 기도의 사람으로 탁월한 성경 강해학자였던 김응조 박사를 만났다. 박 박사는 김응조 박사의 "나는 기도해서 얻었다" 라는 책을 읽고 크게 감동을 받고, 교회에서 성도들과 함께 읽기도 했다고 고백하고 있다. 필자도 성결교 출신의 장로교 목사이기에 김응조 박사의 이 고백록 같은 작은 책자를 끝까지 읽고 감동을 받은 경험이 있다. 김 박사는 장수한 학자로 유대인 같은 절약정신과 헌신적 헌금, 그리고 교회를 46개 이상이나 개척하고, 온 동네를 다니며 전도한 그야말로 한국판 웨슬리 같은 분이었다. 박 박사는 김 박사에게서 "신학과 목회와 선교와 삶이 모순 없이 일치되게 사는 표본"을 배웠다. 특히 목사는 기도해야 산다는 단순한 진리를 깨달았다고 한다. 그 때부터 박 박사는 아모스 5:6의 말씀, "너희는 여호와를 찾으라 그리하면 살리라"라는 말씀을 목회철학으로 삼고 있다고 한다. 또한 이 말씀은 한철하 박사의 신본주의 목회관, 즉 모든 목회는 하나님의 목회여야 한다는 것과 맥락을 같이 한다.

박해경 박사는 여러 신학을 섭렵한 가운데 신사훈 박사를 만나면서 보다 학문의 지평을 넓히게 된다. 박 박사는 신사훈 박사에게서 종교철학, 조직신학, 변증학 등을 배웠다. 신사훈 박사는 자기 자랑을 잘하던 자칭 천재로 유명한 학자였다. 그럼에도 불구하고 박 박사는 학생 때 신사훈 박사처럼 되고 싶다는 생각을 품었다. 왜냐하면 그가 17개 언어를 해석할 수 있었던 언어 천재였기 때문이다. 박 박사는 신 박사가 일부 약점에도 불구하고 장점이 더 많았던 학자였다고 기억한다. 신사훈 박사의 늘 진지하게 기도하는 자세와 진리를 위해서라면 두려워하지 않고 자신의 소신을 따라 통일교에 대항해서 물러서지 않는 신앙과 신학의 싸움을 벌였던 것은 신사훈 박사가 어떤 인물이었는지를 보여준다. 박 박사는 이 같은 신사훈 박사에게서 "학문의 진지함과 꼼꼼함, 그리고 논리적 질서라는 학문적 태도"를 배웠다. 박 교수가 신학을 하며. 영어뿐 아니라 라틴어와 독일어 공부에 열정을 쏟은 것도 이때 시작되었다고 볼 수 있다.

유광웅 박사는 아세아연합신학대학에서 박해경 박사에게 아주 큰 영향을 준 신학자였다. 그리고 그 만남은 지금까지 현재 진행형이다. 박 박사는 그야말로 소신파이며, 불의를 용납하지 않는 유광웅 박사로부터 독일어도 배웠고, 학교뿐 아니라 스터디 그룹을 통해 오랫동안 매주 토요일에 독일어 원서공부를 할 수 있었다. 음악에도 조예가 깊은 유 박사에게서 박 박사는 "창조주 하나님의 일반은총의 은혜를 깨달았다"고 고백한다. 박 박사는 "신학은 보수정통을 견지하나 일상생활은 자유롭고자" 하며, "너무 율법적으로 살고 율법적으로 남을 비판하고, 힘들게 하고, 고압적인 자세로 살아가는 것은 바람직하지 않다"고 생각한다. 유 박사의 영향을 받아서인지 원래 스타일인지는 모르나 이렇게 견고한 정통 칼빈주의 신학자인 박 박사가 신학적으로 신정통주의 신학자인 브루너나 세속화신학자로 알려진 본 훼퍼와 같은 인물들에 대해서도, 비록 박 박사와 신학의 색깔은 달라도 그들의 신학을 좀 더 깊게 접근할 수 있었던 배경은 유광웅 교수와 함께 독일어 원서로 이들 신학을 접할 수 있었던 것이 계기였다.

한철하 박사는 박해경 박사에게 "칼빈의 신학의 정수와 기독교가 무엇인지, 복음이 무엇인지 그 본질적인 문제를 깊이 접근하게 해주고, 신학방법론을 정립하도록 영향을 준 학자"였다. 석사와 박사를 동시에 한 박사로부터 지도받으며 박 박사는 본의 아니게 자동적으로 수제자가 되었다. 한철하 박사가 박해경 박사를 지도하고 은퇴를 하였기에 더 이상 박사학위 받은 사람이 없었기 때문이다. 물론 공동학위인 목회학박사 학위를 받은 목사들은 있었으나 Ph. D. 학위를 한 박사에게 지도를 받아서 취득한 사람은 박 박사가 유일하였다. 그래서 농담으로 안명준 박사가 학회자리에서 소개하기를 박해경 박사는 한철하 박사의 독생하신 제자라고 하여 좌중을 웃긴 일도 있었다.

박 박사가 한 박사로부터 배운 것은 "신학의 위대함과 중요성, 신학하는 즐거움, 신학을 할 때 반드시 원어로 해야 한다는 것, 신학은 교회를 위하고, 신앙을 세우는 것이라야 한다"는 신학의 가장 본질적인 기능과 진리 수호의 자세였다. 박 박사는 한국교회가 복음주의로 나아가도록 선도한 세 분의 신학자들과 그들의 열매들을 언급하는데, 박형룡 박사의 교의신학, 박윤선 박사의 성경주석, 한철하 박사의 복음적 칼빈 해석이다. 박 박사는 한철하 박사로부터 칼빈을 올바로 해석하는 법을 배운 것이 신학방법론 확립에 결정적인 계기였다고 말한다.

박해경 박사의 신학과 사상

이렇게 박해경 박사는 평생 정통 칼빈주의의 길을 걸어온 장로교 신학자요 목회자였으나, 웨슬리안-알미니안 신학과 장로교 신학, 그리고 초교파 신학을 두루 섭렵한 학자였다. 필자는 90년대 중반 지금의 백석학원에서 함께 강의하며 박해경 박사를 만났다. 이후 자칭(?) 기독교고전연구회(지도 유광웅 전 ACTS 교수, 회장 유정우 전 평택대 부총장)를 함께 하며, 주말마다 박해경 박사를 만나 교제한 것은 하나님의 크신 은혜라 고백하지 않을 수 없다. 비록 연배로는 박 박사가 필자보다 4년 선배이나 15년 가까이 창조론 선교를 하다 뒤늦게 신학 공부와 목회의 길에 나선 필자는 박 박사를 통해 많은 것을 배우고 깨우칠 수 있었다. 특별히 칼빈처럼 박 박사는 그 난해하고도 정교한 신학을 단순하고 용이하면서도(brevitas et facilitas) 명쾌하고 심오하게 풀어냈다. 그래서 필자는 박해경 교수의 『기독교교리신학사』와 『챠트로 본 조직신학』등 조직신학 관련 서적들을 신학 교육의 최고 주교재로 택하여 즐겁게 사용하였다. 학부 전공이 자연과학 방면에서 시작하여 초교파 신학과 웨슬리안-알미니안 신학을 두루 섭렵한 국내파 칼빈주의 장로교 신학자요, 목회자라는 점까지 닮았다는 사실에 필자는 많은 동질감까지 느끼곤 한다.

기독교 역사상 하나님이 쓰신 다양한 인물들은 신앙과 신학의 수많은 저작들을 발간해왔다. 하지만 칼빈의 주저(主著)인 《기독교강요》를 능가하는 작품이나 《기독교강요》만큼 찬사를 받은 작품은 일찍이 없었다. 칼빈의 《기독교강요》를 그렇게 특별한 책으로 만든 이유는 무엇일까? 아마 가장 큰 이유는 칼빈은 성경이 목적한 것과 똑같은 목적으로 진리를 세상에 더욱 명료하게 밝히려 했던 목회자요, 신학자였기 때문일 것이다. 신학은 다른 학문과 달리 신앙의 학문이다. 따라서 신앙과 교회와 분리된 신학이란 무익하고 무의미할 뿐 아니라, 해롭기까지 하다. 칼빈은 자신의 작업을 통해 하나님이 친히 말하시는 것처럼 바른 신앙 아래, 바르게 성경을 강론하고, 바르게 교회를 섬기고, 바르게 세상에 적용하기를 원했던 참 목회자요, 대 신학자요, 탁월한 저술가였다.

이런 바탕 아래 한국기독교의 장로교회도 그동안 칼빈주의의 길을 따라가면서 탁월한 칼빈주의 목회자, 신학자들을 배출하고 수많은 저작들을 산출해 왔다. 그런데 정말 놀라운 일이 하나있다. 그렇게 수많은 칼빈주의 목회자, 신학자들이 배출되고 칼빈주의 저술이 출판되었음에도 불구하고 칼빈의 신학을 본격적으로 조직신학적 관점에서 종합적으로 다룬 책은 국내에 전혀 없었다. 이 일을 해낸 신학자가 바로 박해경 박사다. 즉 박해경 박사의 800쪽이 넘는『칼빈의 조직신학』은 칼빈의 《기독교강요》를 조직신학의 체계에 맞추어 집필한 한국 최초의 기념비적인 작품이었다.

하지만 이 책은 단순히 교의학적 의미에만 머무르지 않았다. 경건 함양과 신앙 강화와 목회사역에 유익과 도움이 되도록 이 책은 칼빈 신학에 대한 서론(바른 이해)으로부터 시작하여 기독교강요의 저술 목적과 내용 분석뿐 아니라 기독교강요(4권)를 조직신학의 신론(제1권)과 인간론(제2권), 기독론(제2권), 구원론(제3권), 교회론(제4권)에 이르기까지 꼼꼼하면서도 충실하게 다루고 있는 책이다. 또한 강요 요해와 더불어 신학강의, 설교자료, 신학용어 해설까지 풍성하게 곁들여 신학도들이나 목회자 뿐 아니라 일반 성도들까지 《기독교강요》를 자연스럽게 이해하고, 교의적(조직신학적) 접근을 할 수 있도록 세심한 배려를 하고 있는 칼빈 신학의 종합선물세트와 같은 저작이다. 국내 신학계에도 그동안 화려하고 현학적인 필체를 자랑하는 책들은 많았다. 하지만 그런 책들 가운데 꾸준히 신학도들과 대중들에게 읽혀지는 신학 저서를 필자는 거의 찾아보지 못했다. 아무에게도 읽히지 않는 신학 저서가 과연 무슨 소용이 있겠나. 하지만 박 박사의 『칼빈의 조직신학』처럼 신앙과 신학을 이처럼 명료하게 제공하는 책을 필자는 일찍이 국내에서 본 적이 없다.

기독교에는 우연이라는 말이 없다. 하나님의 섭리가 있을 뿐이다. 하나님께서 신학자요, 목회자인 박해경 박사를 통해 『칼빈의 조직신학』을 저술케 하신 것은 결코 우연이 아니라, 하나님의 지극히 선하신 섭리라 확신한다. 칼빈처럼 목회와 신학 양 부분에 있어 모범적인 목회자요, 탁월한 칼빈주의 대학자의 길을 걸어오신 박 목사의 이 책은 한국교회에 길이 남을 저작일 뿐 아니라, 앞으로도 목회와 신학연구와 지속적 저술을 통해 더욱 기념비적인 열매를 거두는 기반과 계기가 되기를 소망한다.

이 같은 자신만의 독특한 신학 영역을 개척한 박 박사의 또 다른 주요한 신학과 사상은 무엇이었을까?

먼저 박 박사는 정통 신학과 신앙에 정통하고 해박한 칼빈 신학자다. 박 박사는 학위 논문 서론에서 칼빈이 본 "기독교의 본질은 죄인이 예수 그리스도를 믿고 하나님께 죄 사함을 얻어 하늘나라의 유업을 얻는데 있다"는 점을 분명히 한다. 또한 박 박사는 "칼빈 신학에 있어 그의 모든 가르침이 '하나님 중심'적이며, 또한 '구원 중심'적"이라는 점도 분명히 한다. 그의 신학의 출발이 칼빈의 신학을 중심으로 대단히 정통적이며 보수적임을 천명한 것이라 할 수 있다. 박 박사는 자신의 저서 『기독교교리신학사』(이레서원, 2000, 21쪽)에서도 성경적 기독교를 논하면서 "그 해답은 역사적 신앙고백과 정통 신학자들의 저서에서 발견 된다고 하면서 니케아 신조와 아타나시안 신조, 칼케돈 신조를 비롯한 공동 신조와 개혁파의 웨스트민스터 신조와 하이델베르크 요리 문답을 따르고, 어거스틴, 루터, 칼빈, 웨슬리와 찰스 하지, 벌코프, 우리나라의 박형룡, 한철하 박사의 글들에서 정통 기독교를 만날 수 있다"고 했다. 그러면서 "특히 종교개혁을 신학적으로 완성하였다고 평가되는 요한 칼빈의 『기독교강요』에서 아주 명쾌하고 정확한 기독교의 본질에 대한 설명을 보게 된다"고 자신의 정체성을 명쾌하게 밝히고 있다. 박 박사의 저서들이 본질과 기본에 충실한 이유도 바로 여기에 있다.

둘째로 박해경 신학과 사상의 특징은 "진리 안에서의 자유함"에 있다. "자유주의 신학"이 그리스도교를 위협하고 "성경과 교리로부터의 자유"로 이탈해버린 반면 박해경 박사의 "자유함"은 유광웅 박사의 표현대로 칼빈이 말하는 "하나님을 섬기는 것이 곧 자유!"(Deo servire libertas!)라는 말씀 속에 있다. 그 자유함 속에서 박 박사는 진리는 심오하되 단순하다는 놀라운 진리를 깨닫는다. 박해경 박사가 학문의 여정이 결코 짧지 않고 학문적 심오함을 지녔음에도 불구하고 다시금 유광웅 박사의 말을 빌리면 "박해경의 신학적 논술이나 강의, 그리고 대언하는 설교가 단순하다는 것은 누구나 잘 알고 짐작"할 수 있으며, "말과 생각과 행동거지 모든 면에서 남달리 단순"하다는 진술은 박해경 신학을 규정하는 놀라운 혜안이다. 박 박사가 즐겨 되뇌는 구호 "O sancta simplicitas!"(오 거룩한 단순함이여!) 속에 칼빈 신학자 박해경 박사의 신앙과 신학이 담겨 있고, 심지어 박 박사의 성품까지 그대로 담겨있다고 할 수 있다. 심오하고 해박한 칼빈이 단순하고 용이한 신학을 전개했다는 것까지 박 박사는 그대로 닮았다. 박 박사는 한국 칼빈학회 회장까지 역임하였고, 심지어 박 박사를 아는 사람들은 누구든지 동양의 박 박사가 신기하게도 서양의 칼빈의 용모까지 닮은 신학자라는데 이의를 달지 않는다. 참 신기한 하나님 섭리다. 분명 박 박사는 신학의 정수를 명료하게 깨달은 흔치 않은 성령의 사람이다.

셋째로 박 박사의 신학은 "세우는 신학"이라 할 수 있다. 이것은 칼빈에게서 배운 신학방법으로 칼빈이 그의 주저 기독교강요를 저술한 목적 3 가지를 말한 것과 한철하 박사가 파악한 칼빈의 신학방법론에서 배운 바를 정리한 결과이다. 칼빈은 강요를 저술하는 목적으로 경건을 세우고, 교회를 유익하게 하며, 성경을 올바로 이해하는데 바른 길을 제시하려고 한다는 점을 들었다. 칼빈의 이러한 논점을 이해함에 있어서 한철하 박사는 신학이란 기독교 종교를 세우는 활동이라는 표현으로 여러 가지 논문을 통해 이러한 세우는 신학을 주장한 바가 있어 박 박사는 이 점에 더 천착하였다. 즉 박 박사는 올바른 성경적 신학은 먼저 복음적인 기독교를 세우는 신학이어야 한다는 것이다. 다시 말해서 기독교의 본질이 훼손되지 않고, 잘 보존되도록 하여 예수 믿고, 죄 사함받아 영생을 얻도록 하는 기독교의 본질적 구조가 항상 신학 작업의 바탕에 있어야 한다는 것이다. 이 바탕이 무너지거나 사라지면 아무리 훌륭한 구조를 가지고 신학적 논의를 한다 해도 그 결과는 교회를 해치게 되기 때문이다. 다음으로 신앙을 세운다는 것은 자유주의자들이 강의나 저술을 통해서 신앙을 무너뜨리는 행위를 하므로 참된 신학은 신앙을 무너뜨리지 않고 세워야 한다는 것이다. 이것은 기독교강요 4권 초두에 칼빈이 강하게 말한 바 있다. 목회란 신앙을 낳게 하고, 강화하며, 목표에 도달하도록 인도하는 일이라고 한 것이다. 신학자는 신앙을 일으키고, 세우고, 강화하는 사명을 가지고 신학을 해야 한다는 점을 박 박사는 항상 주장한다. 여기서 신앙을 세운다는 것은 미신이나 맹신이나 광신이 아닌 복음신앙(Faith in the Gospel)을 말한다. 잘못된 신앙을 세우면 이단이나 자유주의로 떨어지기 때문이다. 박 박사가 칼빈을 연구한 결론에 의하면 신학, 목회, 선교는 그 목적이 동일하다고 보았다. 그것은 신앙을 세우는 활동이라는 것이다. 그래서 신학자와 목회자와 선교사는 항상 성령충만한 사람이 되어야 한다고 한다. 특히 신학자의 강의가 마무리되면 듣는 사람들의 신앙이 강해지고, 은혜가 충만해 져야 한다는 것이다. 신학저술을 다 읽고 나면 그 책을 읽은 사람의 마음에 은혜가 충만해지고, 신앙이 확실해지며, 강화되어야 한다는 것이다. 그리고 교회를 세우는 신학이라는 것은 신학이 교회를 위하여 봉사하는 위치에 있어야 한다는 뜻이다. 이런 사상은 많은 신학자들이 언급하였으나 이론상으로만 말하면서 실제로는 아무 유익이 되지 않는 신학들이 많이 있다. 그러므로 박 박사는 실제적으로 목회에 유익을 주고, 복음 사역에 도움이 되는 신학이 되어야 참다운 신학으로 볼 수 있다는 것이다. 신학이 목회에 도움이 되려면, 신학자의 저술과 강의 등 모든 활동에서 신본주의 신앙을 가지고, 항상 살아계신 하나님을 의식하면서 성령의 역사로 죄인이 회개하고, 믿음이 발생하는 데에 관심을 두어야 한다고 하였다. 신학자부터 먼저 기도를 많이 하여 성령충만하고, 말씀으로 충만하며, 강력한 신앙으로 무장되어야 한다는 것이다. 신학자는 호기심을 일으켜서 사람들의 귀를 즐겁게 하기 보다는 하나님께서 기뻐하시는 "믿음"을 세워, 신자들이 교회를 잘 섬기고, 목사들이 목회 사역에서 승리하도록 돕는 신학을 해야 한다는 것이다.

마지막으로 박 박사의 심플함 속에는 박 박사의 학문과 신앙과 삶의 성실함이 그대로 담겨 있다. 늘 즐겁고 신나는 해박한 신학 담론을 나누다보니 박 박사와의 만남이 결코 짧지 않은 근 25년이라는 세월이 순식간에 지나갔다. 정말 새삼 놀랍다. 필자는 박 박사의 후배요, 친구요, 동료 목회자요, 신학자로서 조금도 지루하지 않은 25년이라는 황금기를 신앙과 삶과 신학 담론을 함께 한 여정이었다는 점에서 더욱 놀라지 않을 수 없다. 필자의 스승이신 평택대 유정우 전 부총장께서 박 박사에 대해 "하나님을 사랑하는 사람이요, 학문과 경건이 삶을 이루고 '아는 것이 적으면 사랑하는 것도 적다'라는 말처럼 박 박사는 아는 만큼 사랑하고 사랑하는 만큼 아는 사람"이라 평한 것처럼 필자도 그 성실함을 늘 배우고 함께 하고 싶다.

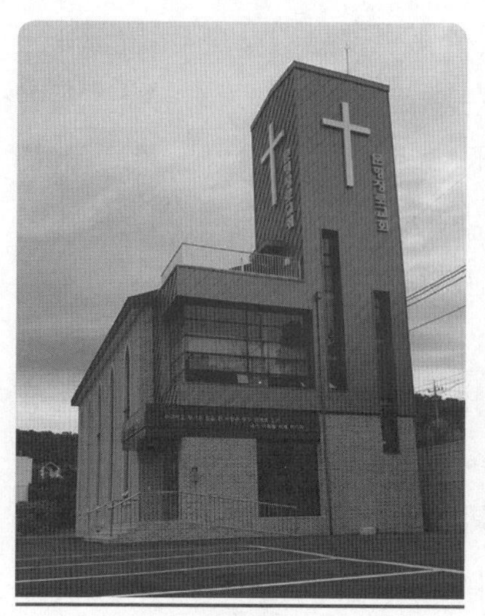

문형장로교회

박해경 박사와 사모

박해경 박사 가족

저서『칼빈의 조직신학』

한철하 박사(중앙)와 제자 박해경 박사(바로 뒤)

가까운 교수들

한국 칼빈학회 정례 학술발표회

경력

육군 만기 전역 (1977. 8. 30)
강도사 인허(예장 대신 남서울노회) (1979. 10. 16)
숭림교회(대신) 개척 및 시무 (1979~1986)
목사안수(상동노회) (1980. 9. 11)
신한교회 개척 및 시무(경기도 성남시 수정구 신흥 2동 30-2) (1986~2001)
합동정통 교단 성남노회로 이명 (1993. 3. 1)
경기도 광주시 목동 297-16으로 이전, 문형장로교회로 개명 (2001. 6. 23)
대한투신, 현대중공업 신우회 성경공부 인도 (1981~2000)
대한신학교 강사(칼빈전, 루터전, 교리사) (1981. 9. 3~1991. 12. 30)
대신대학 연구원 강사(기독교강요, 개혁자사상) (1989. 3. 9~1992. 12. 30)
기독신학교 강사(조직신학) (1992. 3. 12~1993. 12. 30)
기독신학교 겸임교수(기독교강요, 조직신학, 현대신학) (1994. 3. 1~2001. 8. 30)
아세아연합신학대학교 외래교수(기독교윤리, 현대신학) (1995~1998)
한국기독실업인회 성남지회 지도목사 (1994~1999)
안식년 연구(미국 고든-컨웰 신학교) (2001~2002)
아세아연합신학대학교 조직신학 교수 (2002~2009)
백석대학교 조직신학 연봉교수 (2011~2018)
한국칼빈학회 회장 (2017년)
한국복음신앙학회 회장 (2012~2020)
한국복음주의목회연구원 원장 (2015~현재)
숭림교회 담임목사 (1979. 11. 11~1986. 2. 28)
신한교회 담임목사 (1986. 3. 23~2001. 5. 30)
문형장로교회 담임목사 (2001. 6. 23~현재)

연구 목록

● 박사학위 논문

칼빈의 기독론에 있어서 승천교리의 중요성과 유익

The Significance and Benefits of Doctrine of the Ascension of Christ in Calvin's Christology

● 저서

크리스챤의 아는 것과 믿는 것 (서울: 아가페문화사, 1988)

챠트로 본 조직신학 (서울: 아가페문화사, 1991)

성경과 신조 (서울: 아가페문화사, 1991)

챠트로 본 철학〈공역〉 (서울: 아가페문화사,1991)

믿음이란 무엇인가? (서울: 기독교문서선교회, 1994)

복음이란 무엇인가? (서울: 도서출판 잠언, 1995)

칼빈의 기독교강요 요약 (서울: 아가페문화사, 1998)

칼빈의 신학과 복음주의 (서울: 아가페문화사, 1998)

기독교교리신학사 (서울: 이레서원, 2000)

위에서 본 세상 (서울: 아가페문화사, 2001)

복음주의와 신학선교 (서울: 아가페문화사, 2003)

칼빈의 기독론 (서울: 아가패문화사, 2004)

칼빈의 신론 (서울: 이컴비즈넷, 2005)

믿는 것, 아는 것 (서울: 아가페문화사, 2007)

칼빈의 조직신학 (서울: 아가페문화사, 2012)

● 논문

칼빈과 바르트의 신앙론 비교연구 (ACTS, Th. M.), 1993. 3. 23.

Calvin's Doctrine of Man (아세아 칼빈학회 발표 소논문, 수유리 아카데미

하우스), 1995. 8. 17.
칼빈의 승천교리의 중요성과 유익(ACTS, Ph. D.), 1999. 3. 23.
칼빈의 기독론, 1999. 12. 18.
칼빈의 기독론의 최근 경향(최근의 칼빈 연구, 한국칼빈학회), 2001. 3. 20.
An Introductory Study of Theological Synopsis (미국 Gordon-Conwell Theological Seminary 안식년 연구논문), 2002. 6. 20.
칼빈의 신앙론(한국칼빈학회), 2003. 7. 21.
그리스도의 사역론(복음주의 조직신학논문집, CLC), 2003. 7. 21.
칼빈의 목회신학(한기신협 목회자세미나) 2003. 8. 11.
칼 바르트의 예정론비판(조직신학연구), 2003. 9. 10.
루터의 신학적 해석학(신학적해석학, 이컴비즈넷), 2003. 9. 30.
종교개혁의 신학적 의의(안양대 신대원 특강 발표), 2003. 10. 28.
Calvin's Doctrine of the Imago Dei(ACTS Theological Journal, 12), 2004. 3. 15.
칼빈주의와 예배음악(제43차 한국복음주의신학회 발표논문) 2004, 4, 23.
칼빈과 벌콥의 신앙론 비교연구(ACTS와 21세기: 한철하 박사 팔순연 기념 학술 논문집), 2004. 10. 30.
Calvin's Doctrine of the Session of Christ(ACTS Theological Journal, 13), 2004. 12.
칼빈의 신학방법론 (ACTS 신학과 선교, 8), 2004. 12.
한국교회의 문제점과 극복방안(안명준 편, 논문집), 2005. 3. 10.
칼빈과 부르너의 기도론 비교(ACTS 신학과 선교, 9), 2005. 12.
Calvin's Teaching about Eternal Life(ACTS 연구논문), 2006. 2. 28.
Calvin and Piety(ACTS 연구논문), 2007. 2. 28.
칼빈의 창조론(창조론 오픈포럼제출 논문), 2008. 1. 28.
칼빈의 중생론(조직신학 연구), 2008. 5. 22.
김준삼박사의 신학노선(백석학술세미나, 백석신학연구소), 2008. 8. 31.
칼빈의 말씀론과 예배에서의 설교(미간행), 2009. 2. 17.

칼빈의 말씀론: 하나님과 계시와 신앙의 입체적 관계(칼빈의 성경해석과 신학: 칼빈탄생 500주년 기념사업회), 2011. 8. 30.

칼빈의 섭리론(창조론 오픈포럼, 6권 2호), 2012. 8. 6.

기독교대학의 진로와 복음신앙(개혁주의 생명신학과 선교, 백석선교문화원), 2012. 12. 17.

칼빈의 자연계시론(창조론 오픈포럼, 7권 1호), 2013. 2. 16.

그리스도의 승천교리와 성찬론의 관계(칼빈연구 제11집), 2014. 1. 20.

영혼창조설과 생명윤리(창조론 오픈포럼 8권 1호), 2014. 2. 15.

과학적 신학이란 무엇인가?(창조론 오픈포럼 9권 1호) 2015. 2. 7.

복음신앙과 기도(한국복음신앙학회 제1회 정기학술대회 주제강연), 2015. 3. 28.

장종현 박사의 신관(개혁주의생명신학과 선교 제5집), 2015. 12. 20.

장종현 박사의 신앙과 신학-조직신학의 관점에서-(생명과 말씀, 제13권), 2015. 12. 31.

조덕영 박사

충북대학교
숭실대학교 대학원 (M. E.)
성결대학교 신학대학원 (M. Div.)
평택대학교 피어선신학전문대학원(Th. M., Th. D.)

평택대학교 겸임교수
평택대학교 창조신학연구소 소장
현, 창조론포럼공동대표
전, 한국창조과학회 대표간사, 창조지 편집인

저서_『위대한 과학자들이 만난 하나님』, 『기독교와 과학』, 『외계 생명체 논쟁과 기독교』, 『이슈(Issue)』

서창원 박사

서창원 박사의 생애와 신학

황갑수_오병이어교회 담임목사

총신대학교 신학과 졸업 (Eqi. B. A)
총신대학교 신학대학원 목회학 석사
런던신학교
에든버러신학교(구 프리처치 성경대학) (Dip. Th)
에든버러대학교 신학대학원 (New College, M. Th)
웨스터민스터신학대학원대학교 (Ph. D)

총신대학교 신학대학원 강사 및 겸임교수
한국개혁주의 설교연구원 총무
한국개혁주의 설교연구원 원장
총신대학교 신학대학원 교수
왕십리교회 강도사, 천우교회 부목사)
주사랑교회(구 신장교회) 담임목사
삼양교회 담임목사
꽃동산교회 협동목사
고창성북교회 담임목사
격월간 『진리의 깃발』 편집장

들어가는 말

필자와 서창원 목사님과의 첫 만남은 1994년 9월 즈음으로 거슬러 올라간다. 당시 필자가 재학중이던 총신대학교 신학대학원의 역사신학 교수와 학생으로서의 만남은 지금도 기억에 남을 만큼 인상적이었다. 신대원 첫 해, 2학기 개강 후 처음 맞이한 중세교회사 시간에 등장하신 서창원 교수님은 천상 목회자였고, '말씀'에 대한 열정이 대단한 분이셨다. 중세교회사 오리엔테이션은 제쳐두고, 그는 교회의 본질이 무엇인지, 목사의 설교자로서의 정체성과 설교한다는 것의 참된 의미를 격정적으로 토로하셨다. 필자는 그 특별한 '설강'(설교와 강의가 혼합된 형식의 언사)을 듣고 있던 강의실 한 켠에서 "저분이 목회하는 교회에서 주일학교 반사라도 하면서 저분 설교를 들으며 교회 다닐 수 있으면 참 좋겠다"는 생각을 했던 것을 지금도 생생하게 기억한다.

중세교회사 첫 시간의 만남이 계기가 되어 필자는 그 해 말부터 만 3년 동안 담임목사와 교육전도사의 관계로 서 목사님과 함께 하게 되었다. 그때부터 지금까지 참 순수하고 투명한 인품을 가진 서창원 목사님은 하나님의 말씀으로서의 성경을 설교하는 목사로서, 그리고 하나님 앞에 한 사람의 예배자로서의 태도가 무엇인지를 몸으로 보여준 필자의 스승이다. 신대원 학생 신분의 교육전도사인 필자나 동료 부교역자들이 설교할 때마다, 그분의 듣는 자세는 정말 남달랐다. 그 누구보다 꼿꼿한 자세로 교회당 앞자리에 앉아서 설교를 경청하셨으며, 필자가 아는 한 대부분의 어린(?) 전도사의 보잘 것 없는 설교내용을 모조리 기억해주곤 하셨다. 각성된 자세로 주의 깊게 듣고 계셨다는 것이다. 그러면서도 부족한 제자들의 설교한 것에 대해 이러쿵 저러쿵 '잔소리'를 거의 하지 않는 것은 필자가 의아해 할 정도였다. 필자가 기억하는 한, 서

목사님은 단 한 차례 필자의 설교에 대해 언급하신 적이 있다. 난생 처음으로 주일 저녁예배 설교를 마치고 내려온 필자에게 그분은 조용히 조언해주셨다. "황 전도사님, 설교는 설교자의 개인적인 생각이나 의견을 전하는 것이 아닙니다." 그날 필자가 로마서 8장을 본문으로 설교하던 중에 "~라고 생각합니다"라는 표현이 적절치 않았음을 지적해주신 것이었다. 필자는, 지금도 그때의 가르침을 소중하게 간직하고 있다. 참으로 그렇다. 설교는 목사의 개인적인 생각을 설파하는 것이 아니다!

이처럼, 서창원 목사가 견지한 것은, 어린 학생 전도사의 설교를 대하면서도 그의 설교가 -"기록된 하나님의 말씀"(성경)을 강론하는- "선포된 하나님의 말씀"이라는 것을 인정하는 모습, 바로 그것이었다. 필자는 서목사님의 그런 모습 속에서 설교가 무엇인지, 설교를 한다는 것이 무엇을 의미하는지, 교회의 본질이 무엇인지를 깊이 있게 배울 수 있었다. 말이 아닌 삶으로 배운 것이기에, 지금도 그때의 살아있는 그 가르침이 목사로서의 필자의 정체성과 가치관을 형성하게 되었음을 감사하게 생각한다. 목사와 교사로, 설교자로 부름받은 서창원 목사는 언제나 단에 설 때마다 -단순히 설교를 하는 것이 아니라- 살아계셔서 지금도 말씀하시는 하나님의 말씀을 강론하고 있었다. 그리고 그것은 지금도 마찬가지이다. 목회자로서의 그의 사역과, 교수로서의 그의 모든 연구와 활동은 단언컨대, 그의 설교자로서의 자기정체성과 깊이 맞물려 있다.

신앙적 관점에서 본 서창원 목사의 삶 : 출생에서 유학 후 귀국 때까지

출생과 청소년기의 서창원

서창원은 -그 자신의 표현에 의하면- "일제강점기에 홋가이도로 끌려가서 광부로 10여년을 노역하다 구사일생으로 탈출한 경험을 가진 백제 출신의 부친과 명문가의 딸로 성장하였지만 학교 문턱조차 밟지 못하며 가난한 집안 살림에 가사를 돌보던 신라 출신의 모친 사이"에서 6남매 중 둘째(장남)로 1957년도 초엽에 전주에서 태어났다. 부모를 따라 1968년도에 서울로 이주한 그는 중학생 때 친구의 전도를 받아 처음으로 교회에 출석하면서 고등학교 1학년 때 회심을 경험하게 되었는데, 그 모태가 된 곳이 바로 모교회인 왕십리교회였다.

당시 미션 스쿨인 송곡고등학교에서 기독학생회 회장 및 서울시 기독교학생 연합회 임원으로도 활동하면서, 서창원은 학업만이 아니라 다양한 청소년 신앙운동에 직접적으로 참여하여 하나님의 은혜를 크게 경험했다. 심지어 그는 부모의 회심을 위해서 하루에 일곱 번씩 기도하는가 하면, 정기적인 새벽기도와 금요철야기도를 통해 경건의 훈련에도 열심이었다. 고등학교 재학 당시에는 전교에서 제일 먼저 등교하여 -수업이 시작되기 전- 교실에서 찬송하고 기도하며 성경 열 장씩을 읽는 것은 소년 서창원의 매일처럼 반복되는 일상의 경건이었다. 불신 집안의 장손으로 신앙생활을 시작한 터였기에 집안의 핍박이 극심했으나, 그것이 도리어 하나님의 은혜를 더 깊이 경험하는 계기가 되었다고 서창원은 그 시절을 회상한다. 십대 때부터 열렬한 전도자였던 그는 고등학생 신분으로서 찬양 전도단을 조직하여 매 주일 한양대병원의 전 층을 오르내리며 150여 곡의 찬송과 기도로 환자들에게 복음을 전하였다. 그러는 사이, 자신도 모르게 '꼬마목사'라는 별명을 얻게 된 그는 고교 3학년 때 기독학생 수련회에서 최초로 설교하는 특별한 경험을 하기도 했다.

이후 소년 서창원은 사관학교 입학을 위해 외가댁이 있는 대구에서 입시 준비를 하던 중에, 하나님의 섭리로 당시 모친의 사촌 동생인 박수덕 목사(주암교회)의 강력한 조언과 하나님의 인도하심을 따라 총신대학교 신학과에 입학하게 되었다. 장군이 되어 국가를 위해 봉사하겠다는 꿈을 접고 예수를 자랑하는 그리스도의 군사가 되라는 주님의 음성을 듣게 되자(고전 1:26-30), 그는 사관학교 입학시험 8일을 남겨두고 주님의 부르심에 응답할 결단을 내리게 된 것이다.

신학도 서창원

총신대학교에 입학한(1976년) 서창원은 신학수업과 함께 총신대 주변의 일반대 학생들과 함께 '해마루'라는 대학생 문학 클럽을 조직하여 4년 동안 활동하게 된다. 당시 그의 클럽은 당대 유명 문인들을 초대하여 문학 강연회와 독서발표회 등을 가지기도 했는데, 이때는 목사 후보생 서창원에게 목회자로서의 귀한 덕목이 될 지성과 감성을 계발하는 중요한 시기였다. 총신대학교가 주최한 제1회 소설문학 부문에서 입상까지 하는 등의 활동들은 그에게 언어적 달란트와 감각을 계발하는 좋은 발판이 되었다고 볼 수 있다.

음악적 재능도 겸비한 교육전도사 서창원은 노래를 좋아하고 찬양을 잘 부르던 젊은이였다. 좋은 목소리를 가진 그는 교회가 요구하는 찬양대 지휘까지 하면서 사역하였는데, 이러한 경험들은 훗날 시편찬송가를 편찬하고 한국교회에 소개하는데 있어서 든든한 발판이 되었음이 분명하다. 그래서일까? 예순의 나이가 지난 지금도 서창원 목사는 예배인도자로서 힘 있고 우렁차게 찬송하는 목사로 유명하다. 그는 단순히 찬송가를 노래하는 것이 아니라, 진심을 담아 하나님을 찬송한다. 그가 인도하는 예배에 참여하는 회중은 누구라도 그의 찬송에 격려를 받고 열심히 찬송하게 된다. 그리고 회중은 이어지는 그의 설교에 집중하게 되니, 주변의 많은 목사님들의 부러움을 사는 것도 당연한 일이다.

영국유학과 목회하는 신학자로의 준비

서창원 목사는 당시 경제적 여건이 충분치 않은 이유로 미국이 아닌 영국으로의 유학을 선택했다고 말한다. 그러나 그것은 말 그대로 하나님이 섭리하신 "신의 한 수"였다고 보여진다. 청교도신학을 깊이 있게 접할 수 있었던 '런던신학교'(로이드 존스 목사님이 목회자 양성을 위해 설립한 교육기관)에서 공부할 기회를 가지게 되었기 때문이다. 런던신학교는 설교사역의 중요성을 절감하고 설교자로서의 소명을 다시금 깨닫게 된 계기였다고 회상하는 서창원 목사는, 그 학교에 재학하면서 영국의 진리의 깃발사를 만나게 되고 학교 교수로 섬긴 필립 입슨, 하월 해리스, 하웰 존스, 데이빗 앤드류, 그리고 이안 머레이, 모리스 로버츠, 제프 토마스 및 아이피온 에반즈 박사와 같은 청교도적이고 개혁적인 목회자들과 친분을 갖게 된 것은 주님의 크신 은혜였다고 고백한다. 이후 그는 -모교회인 왕십리교회의 조언을 따라- 장로교 신학을 더 깊이 공부하기 위해 스코틀랜드로 건너가 에딘버러 쎄미나리(구舊 스코틀랜드 자유교회(Free Church) 신학대학교, Dip.Th, M.Div)를 거쳐 에딘버러대학교에서 "언약도 가정의 신앙생활"이라는 주제로 신학석사학위(M. Th.)를 취득한다. 이후, 서창원 목사는 여기까지가 하나님과의 약속이라 받아들이면서 -교수가 아닌 목회자로의 부르심을 자각하는 가운데- 박사학위를 위한 공부를 뒤로 하고 귀국하게 된다.

서창원의 신앙과 학업에 영향을 끼친 인물들

앞에서 소개한 다양한 삶의 여정 속에서 서창원은 여러 신앙의 선배들로부터 영향을 받게 된다. 우선, 16세에 불과한 소년의 회심을 낳은 영적 자궁 같은 역할을 했던 왕십리교회를 담임하고 있던 (고)서재신 목사로부터의 영향을 언급하지 않을 수 없다. 죄 용서와 영생을 선물로 받게 된 것을 확신하게 된 계기로서, –비록 꿈 속에서였지만– 강단에서부터 흘러나오는 강렬한 빛 가운데 새겨진 그 '말씀'(로마서 6장 23절) 때문이었다고 회상하는 서창원은 그래서였을까? 목사 서창원은 가장 존경하는 인물로 오직 성경 말씀만 강론하신 서재신 목사님을 꼽는다. 믿음의 아버지였던 그분을 통해 성경적 설교의 기본 틀을 자연스럽게 익히게 되었고, 특히 새벽기도회 때마다 드려졌던 그분의 –15분 가량의 상당히 길면서도 경건했던– 목회기도가 서창원 목사의 목회기도에 큰 영향을 주었다고 그는 담담히 고백한다.

또한, 총신대학교에서 학생과 교수의 관계로 만났던 박윤선 박사와 김희보 교수, 윤영탁, 김득룡, 김명혁, 최낙재 교수 등의 강의와 설교는 젊은 신학도 서창원에게 큰 울림과 감동이 있었다고 기억한다. 뿐만 아니라, 유학생활을 하면서 깊이 접하게 된 영적 거장들, –비록 활자를 통해서나마 만났고 교제했던 청교도들을 비롯하여 로이드 존스 목사와 같은 영적 거인들– 특히, 스코틀랜드 장로교의 창시자인 존 녹스와 언약도들의 사상과 삶은 목사이자 학자로서 서창원에게 가장 큰 영향을 준 믿음의 거장들이다. 그 중에서도 서창원 목사는 자신이 좋아하는 사람으로 –외국생활에 지치고 침체에 빠질 때마다 힘과 열정을 샘솟게 만들었던 18세기 신학 정수 논쟁의 주역인– 토마스 보스튼 목사를 비롯하여, 대각성 운동의 주역인 조지 휫필드 목사와 19세기 프리처치 교단 설립자인 토마스 찰머스 박사를 꼽는다. 유학생 서창원은 특별히 토마스 찰머스를 –개혁파 신학자나 목회자들이 늘 비판받는 바– 사회 문제에 대한 무관심을 극복하고, 그 누구보다도 개혁신학적 관점에서 사회문제 해결을 위해 몸으로 뛰었던 인물로 기억하고 존경한다. 그런 분을 한국교회에 소개하는 것을 앞으로의 과제라고 말하는 데서도 서창원 신학의 실천적 성향을 엿볼 수 있다.

서창원의 신앙 인격과 목회여정

필자가 경험해오는 서창원 목사는 천성이 참 밝은 사람이다. 꾸밈이 없는 그의 성격은 매사에 적극적이고 열정적이다. 정작 본인은 "그래서 차분하고 깊이 고민하고 사색하는 일은 뒤쳐진다"고 말하지만, 그것은 겸손한 자기 낮춤일 뿐, 그는 생각있는 목사이다. 그는 옳다고 믿고 이루고자 하는 목표가 정해지면 우직하게 앞으로 돌진하는 성격의 소유자인데, 그 밑바탕엔 언제나 하나님을 존귀히 여기며 높여드리는 그의 신앙이 자리잡고 있다. 한국개혁주의 설교연구원을 목사로 안수받기 전부터(1992년) 조직하여 지금까지 운영해온 것을 보면 알 수 있듯이, 서창원 목사는 강한 추진력과 진중한 인격의 소유자라 할 만하다. 때때로 화 낼 줄도 알지만, 마음은 여리고 부드럽다. 간혹 목소리는 높여도 뒤끝은 없다.

담백한 성품과 철저한 경건생활

개혁주의신학에 깊이 물들어 있으면서도 가슴이 타오르는 열정을 가진 열정적 개혁주의 설교자 서창원은 자신의 신앙인격에 대해 "B학점 정도"라고 자평한다. 다혈질적인 기질에 대해 스스로 조심하는 마음에서 우러나온 자기 반성적 평가이리라. 그러나 필자를 비롯해 주변 사람들이 생각하는 서창원 목사는 웬만해서 사람들과의 관계를 틀어지게 하는 법이 없다. 청소년 시기에는 군인이 되고 싶어 하기도 했던 그는 사람을 배신하는 일이 없는 의리남이다.(실제로 그의 꿈을 이어받은 장남

‘동윤’은 지금 영관급 장교로서 직업군인의 길을 걷고 있다.) 서창원 목사는 누구든지 먼저 다가오면 따뜻하게 맞이하고 친절하게 대해준다. 그는 사람에게 거리를 두지 않는 천상 목사이다. 타고난 성격도 있겠지만, 청소년기부터 매일 기도하기와 성경읽기를 멈춘 적이 없는 훈련된 경건에서 우러나오는 품성이다. 그는 지금도 하루에 10장씩 꼭꼭 채워 성경 읽기를 지켜간다. 교회와 집에서 매일 사모님과 함께 새벽에 기도하는 가운데 꾸준하게 읽고 쓰며, 번역하고 설교하는 일상 속에서 하나님과 동행하고 있다.

설교중심 사역에 집중하는 멘토 담임목사

서창원 목사의 목회는 언제나 설교에 집중하는 ‘말씀’ 중심의 사역이었다. 서창원 목사야말로 자신의 신학을 철저하게 목회에 적용한 인물이라 하기에 충분할 것이다. 이것은 그가 “설교는 그 자체가 살아계신 하나님의 말씀의 현재적 선포”로 믿는 그의 청교도적 신학에 기초한 헌신의 결과라고 하겠다. 그의 설교는 언제나 힘과 열정이 넘쳐난다는 특징을 가진다. 이는 단순히 그의 타고난 목소리와 기질에서 나오는 것 아니라, 그의 마음에서 우러나오는 바 “설교란 무엇인가”에 관한 확신에 기인한 설교자적 열정인 것이다. 바울 사도가 자신을 “그리스도의 대사”로 인식한 것과 같이, 서창원 목사 또한 자신을 하나님께서 교회에 보내신 대언자로 인식하는 그의 소명의식이 그의 설교의 능력이 된 것이다.

그의 설교가 가진 또 하나의 특징은 ‘성경적’이라는 말로 대변할 수 있을 듯하다. 그는 설교 중에 예화를 사용하는 것을 철저하게 절제하는 강해식 설교를 선호한다. 성경으로부터 나온 예화가 아닌 한, 그는 사람의 말과 의견을 설교와 혼동하지 않으려고 하는 설교자이다. 평소 서창원 목사는 자주 이런 말을 하곤 한다. “설교는 ‘일리’ 있는 소리가 아닌 ‘진리’를 전하는 것”이라고. 그렇다. 그래서 그는 설교자는 회중에게 작위적인 감동을 주려고 애쓰는 엔터테이너가 아니라고 종종 목소리 높여 말한다.

그렇기에 설교자 서창원은 하나님께서 자기 백성에게 말씀하시는 바를 충직하게 전달할 사명을 기억하려고 언제나 애를 쓴다. 그 일환으로, 그는 특별히 부교역자들이 기능적인 조력자로 사역하는 것에 만족하지 않고 차세대의 설교자로 훈련될 수 있도록 함께 한 달에 한 권씩의 책을 읽어가는 독서토론회를 주도한다. 매월 –사람과 사회에 대한 이해를 돕는– 소설과 –성경과 하나님에 대한 이해를 돕는– 신학서적을 번갈아 가며 읽게 함으로써 목회자로 준비되어가는 후배들을 위한 인격적 관심도 게을리하지 않는다. 이 역시 서창원 목사가 가진 목회사명에 대한 탁월한 애정과 소명의식에서 기인했다고 보아진다.

가정을 세워가는 목회자

그렇다고 해서 서창원 목사의 목회가 소위 ‘설교만능주의’인 것은 분명 아니다. 그는 목회현장에서 기독교적 삶을 구현해내고자 실질적인 액션을 취했던 목회자이다. 일례로, 서창원 목사는 교회 내 가정들이 자녀출산 문제에 있어서 그 누구보다 성경적이기를 원했고, 그 일환으로 다자녀를 출산하는 가정에 적지 않은 보조금을 교회적 차원에서 지원하는 프로그램을 실행에 옮겨왔다. 이런 일들은 생각보다 쉽지 않은 사안으로서, 목회자의 철학과 결단이 요구되는 문제인 것이다. 서창원 목사는 교회 안에서 믿음을 계승해나가기 위해서 ‘출산장려위원회’를 1990년 중반에 설립한 이후 출산비용과 초등학교 입학 전까지 매월 일정한 교육비를 지불하는 정책, 그리고 아이들을 하나님 방식으로 키워내는 일을 위하여 '아기학교' 운영 등에도 힘쓰고 있다. 청교도들이 그리했듯이, 그는 가정을 세우는 심방사역도 매우 중요하게 여겨 매주 목요일은 전일 심방하는 날로 사용하고 있다.

이러한 서창원 목사의 가치관은 교회 내에서만 아니라 그 자신의 가정에서 풍성하게 열매 맺었다는 사실이 주목받아야 하겠다. -필자가 중학생이나 초등학교 시절부터 보아온 귀여운 삼남매, 동윤, 지혜, 주은 - 1남 2녀를 둔 서창원 목사(유명자 사모)는 한 가정의 좋은 아빠, 엄마의 자격을 갖추었다고 자신있게 말할 만하다. 왜냐하면, 이 부부는 서로를 존중하며 세워주는 친밀한 관계 속에서 세 자녀를 성품 좋은 신자들로 잘 양육했으며, 그 세 자녀는 모두 경건한 신자인 배우자와 결혼하여 다복한 가정을 꾸리고 있기 때문이다. 장남 동윤은 지금 영관급 장교로서 세 아이의 아빠로, 장녀 지혜는 홈스쿨링으로 경건하게 양육받은 백인 청년 남편과 함께 네 자녀의 어머니로 캘리포니아에서 살고 있다. 또한 막내딸 주은은 목사와 결혼하여 현재 유학 중인 남편을 뒷바라지하며 어린 두 아이를 키우고 있다. 여기에서, 필자가 생각하는 성공적인 자녀양육의 비결은 한 그리스도인 아내로서 남편을 존경하고 사랑하는 유명자 사모의 헌신과 희생 때문이었다는 것이다. 필자가 젊은 총각 전도사 시절부터 기억하는 그분은 -유학하는 남편 못지않게 청교도의 나라에서 경건의 훈련을 잘 받은 열매이겠거니와- 교회에서 자기 역할에 충실하려고 애쓰면서도 언제나 남편의 기를 세워주고 자신은 스스로 낮추는 친절한 믿음의 여인이었다. 그녀는 교회에서나 가정에서 당신의 자녀들에게 화난 사람처럼 얼굴을 찌푸리거나 언성을 높이는 것을 필자는 단 한 번도 본 적이 없다. 아이들을 나무랄 때마다 필자가 본 유명자 사모의 모습에는 근엄하면서도 왠지 모를 따스함이 묻어 있었다. 이런 모습은 세 자녀들의 아버지에게도 보이는 모습이었는데, 그 슬하의 아들, 딸들이 잘 될 수밖에 없었던 이유가 아닐까 싶다.

찬송이 넘치는 교회를 세운 설교자

서창원 목사의 목회를 논하면서 마지막으로 빠뜨릴 수 없는 요소는 그가 찬송을 사랑하고 찬송하기를 좋아하는 목사라는 것이다. 그는 단지 미성의 목소리를 가진 찬송 잘 하는 목사가 아니라, 교회와 그리스도인의 삶에 찬송이 차지하는 위치를 제대로 인식하고 가르치는 목사이다. 예배 인도자로서 그는 언제나 최선을 다해 찬송한다. 현장에서 함께 예배하는 사람이라면 누구나 그것을 느낄 수 있을 만큼, 서창원 목사의 찬송은 –그의 설교와 더불어– 힘과 열정이 느껴진다. 그런 서창원 목사가 심혈을 기울여 자신이 목회하는 교회와 넓게는 전체 한국교회에 제공한 것이 바로 "시편찬송"이다. 이것은 16세기 칼빈의 시편 찬송가를 우리말로 옮겨 편찬한 것으로서, 그가 한국교회에 끼친 가장 중요한 공헌 가운데 하나로 평가됨이 마땅할 것이다. 그의 수고는 지금 이 시간 현재 많은 개혁교회들이 종교개혁자 칼빈의 "제네바 시편찬송가"(Genevan Psalter)를 부르게 된 귀한 열매로 나타나고 있다.

한국교회 전체를 가슴에 품은 목회자

장로교회의 뿌리와 종교개혁자 존 녹스에 대한 발자취를 경험하는 복된 시간이었던 스코틀랜드에서의 학업과 생활을 마무리하고, 1990년에 귀국한 서창원 목사는 처음부터 강의와 목회를 겸하는 '멀티' 사역자로서 목회 현장에 복귀했다. 그는 교수사역과 더불어 38세의 젊은 나이에 시작한 지역교회 담임목회와 더불어, 그는 (고)윤두혁 목사, (고)한제호 목사, 그리고 서문 강 목사와 더불어 한국개혁주의 설교연구원을 설립한다(1992년). 이후, 지금까지 한국교회가 성경중심의 강단으로 되돌아갈 수 있도록 돕기 위해 잊혀진 청교도들을 소개하며 장로회주의를 견고히 세워가는 일에 매진하고 있다. 더불어, 서창원 목사는 총신대학교 교수로서 28년째 목회자 후보생들에게 청교도신학을 전수하는 일에도 열정을 다하고 있다. 이 모든 것이 그가 소망하며 기도했던 기도의 응답으로 주어진 사역들임을 그는 잊지 않고 있다.

세계로의 지평을 넓혀가는 개혁주의자

마지막으로, 서창원 목사의 목회여정을 돌아보면서 빠뜨릴 수 없는 부분은 그가 가진 해외선교에 대한 깊은 관심이다. 그는 지역교회의 담임사역을 감당하는 가운데서도 개혁신학의 보급을 위해서 선교지에 신학교를 세우고 후학들을 지도하는 일들을 결코 소홀히 하지 않았다. 서창원 목사는 2001년에 "미얀마 개혁파 성경학교"(Myanmar Reformed Bible Instirute)를 설립하여 2008년까지 개혁파 목사들 양성에 힘을 기울였다. 이후, 그는 "미얀마 개혁장로교 신학교"(Myanmar Reformed Presbyterian Seminary)의 초대 학장으로서 섬기는 가운데(2008~2013년), 인도와 태국, 필리핀과 인도네시아 등에 위치한 여러 신학교의 방문교수로서 개혁신학을 전수하는 사역에 지금까지 매진하고 있다.

서창원 신학의 특징과 한국교회에 대한 공헌

서창원 신학의 특징

서창원 목사는 이상과 같은 다양한 사역과 활동을 멈추지 않는 교수이자 설교자로서, 개혁주의신학과 신앙에 걸맞는 목회와 성경만을 설교하는 그리스도 중심의 설교사역에 힘써온 대표적인 개혁주의자이다. 그러한 서창원 신학의 특징은 크게 세 가지로 살펴볼 수 있는데, 필자는 이것을 그의 저서들을 통해 검증된 자료를 가지고 제시하고자 한다. 첫째, 서창원 신학은 개혁주의적, 청교도적 '설교관'에서 찾아진다. 서창원 교수는 지난 해 출간한 자신의 저서(『한국의 교회 위기, 성경에서 답을 찾다』, 서울: 진리의깃발, 2019)을 통해, 작금의 한국교회가 가진 문제점 중에서 참된 복음과 성경의 강론이 사라진 강단문제를 가장 먼저 언급하면서 -그 해결책으로서- '설교자'로서의 목사의 정체성 회복을 제시하고 있다. 그는 한국교회 위기의 근본적 대안으로써 "성경으로 돌아가는 것"이라고 일갈하는데, 그것 역시 강단의 개혁을 의미하는 것에 다름 아니다. 그동안 1980년대를 지나 90년대 들면서 한국교회가 지향해온바 회중들의 감성을 자극하는 프로그램 중심의 사역을 지양하고, 대신에 청교도적 목회의 본질인 설교의 회복을 통한 한국교회의 재건을 그는 제안하는 것이다. 이러한 서창원 목사의 통찰은 오늘날 많은 교회들이 교세확장을 위해 다양한 프로그램과 감정주의에 치우친 행사중심의 목회를 꾀하는 현 상황에 시사하는 바가 크다고 하겠다.

둘째는, 서창원의 신학은 목회자로서 그가 가정중심의 신앙생활의 중요성을 실천적으로 강조한다는 것이다. 서창원 목사가 에딘버러대학교에서 학위논문으로 쓴 주제 역시 "스코틀랜드 언약도의 가정에 대한 연구"였다는 것을 생각하면, 성경이 강조하는 가정의 중요성을 그가 얼마나 철저하게 인식하고 있는지 가늠할 수 있다. 또한, -앞서 그의 목회여정을 소개하면서 밝힌 바와 같이- 목회현장에서 그가 한국에 살고 있는 그리스도인들의 가정을 성경적 모습으로 회복하고 개혁하기 위해 실천한 일련의 목회적 결정과 노력들을 통해서도 서창원 신학의 개혁성을 잘 알 수 있다. 서창원 목사는 성경적 가정에 관한 자신의 가치관을 사모님과 공동으로 집필한 저서(『진짜 결혼』, 고양: 우리시대, 2013)를 통해 구체적으로 개진한다. 그는 이 책에서 그리스도인의 성경적 이성 교제와 결혼, 성경적 자녀양육의 원리와 재정관리, 중년부부의 사랑과 노년기의 준비에 이르기까지 '말씀'이 제시하는 기독교 가정의 참 모습을 명료하게 그려주고 있다. 주옥같은 내용을 담고 있는 이 책에서 무엇보다 더 소중하게 와 닿는 부분은 중년을 지나고 있는 부부가 아름다운 성경적 노년의 삶을 밝혀주려고 했다는 점이다. 필자가 아는 한 기독교적 결혼관을 소개하는 책 중에서 노년의 삶에 대해 언급하는 책이 달리 있었던가 싶다. 중년을 지나 노년의 삶을 실제로 준비해갈 서창원/유명자 부부는 『진짜 결혼』 마지막 장에서, 나이가 들어갈수록 소홀하기 쉬운 부분을 잘 짚어낸 "노년의 깨끗한 자신감"이나 "죽음을 준비하는 지혜"에 대한 구체적인 언급은 특별히 인상적이다.

셋째로, 서창원 목사는 역사학자로서 16세기 개혁된 교회의 신학과 신앙이 오늘날 우리 세대 가운데도 여전히 적용되어야 한다고 믿는 '성경주의자'로서 한국교회의 회복과 재건을 꿈꾸는 사람이다. 그는 이미 십년 전에 쓴 저서(『개혁교회는 무엇을 믿는가』, 서울: 진리의깃발)에서 성경적 교회의 신앙고백이 무엇이어야 하는지를 밝혀준 바 있다. 이 책은 서창원 판 '조직신학'의 집대성이라 할 수 있겠는데, 그의 신학의 특징을 보여주는 특별한 내용을 담고 있다. 그 특별함이란 바로 "영적 성장의 길"이라는 마지막 장을 포함한다는 것인데, 여기서 서창원 교수는 신자의 영적 성장을 좌우하는 말씀 사역자(설교자)의 본질을 규명하면서 교회의 참된 표지(신실한 말씀선포, 올바른 성례시행, 정당한 권징시행)를 한국교회가 철저하게 실천할 것을 당부하고 있다.

한국교회에 대한 서창원의 기여

위에서 언급된 것처럼, 서창원의 청교도 신학은 –목사이자 학자로서 그의 내면에 체화된 청교도사상의 열매라는 측면에서- 한국교회가 주의 깊게 받아들여야 할 귀중한 영적 자산이라 할 것이다. 이같은 서창원 목사의 연구와 목회를 통한 기여는 한국교회를 향해 여전히 진행 중이다. 그는 '한국개혁주의설교연구원'을 이끌고 있는 목사이자 총신대학교 역사신학 교수로서 청교도사상 보급에 지금도 열심을 다하고 있다. 사실상 1990년대 들면서 청교도신앙과 신학이 한국교회에 소개된 데에는 서창원 목사의 기여가 절대적이었다 해도 과언이 아닐 것이다. 서창원 교수가 영국유학을 마치고 귀국하여 신학대학원과 설교연구원 사역 등을 통한 활동 이전까지는 한국교계에 청교도에 대한 관심이나 관련 서적이 전무할 정도였다는 것은 순전한 '팩트'이기 때문이다.

또한, 서창원 목사는 최근까지도 예배 찬송의 혁신을 위해 '시편찬송가' 개정 작업에도 심혈을 기울여 왔다. 이 작업은 앞으로도 지속적인 개선과 발전이 이루어질 것으로 기대되는 바로서, 성경을 사랑하는 모든 교회가 공예배에서 시편을 찬송하게 될 그때를 기대하는 서창원 목사이 열정이 사그라들지 않을 것으로 본다. 이와 더불어, 서창원 목사는 매 주일마다 강단에 서는 설교자로서 개혁신앙과 가정중심의 교회생활이 가진 가치를 신앙공동체 안에 확산시키기 위하여 지금 이 순간에도 연구실의 불을 밝힌 채 부지런히 읽고 쓰고 있을 것이 분명하다.

나가는 말

마음으로 존경하는 서창원 목사님의 삶과 신앙, 그의 신학과 사역에 대해 글을 쓰는 것은 필자에게는 참 기쁘고 보람 있는 일이 아닐 수 없다. 필자의 부족한 글을 통해 서창원 목사님이 그동안 성심을 다해 전파하고자 했던 청교도신학에 대한 관심이 한국교회와 성경을 사랑하는 그리스도인들 사이에서 더욱 확산될 수 있기를 기대해본다. 청교도를 사랑하는 역사신학자로서의 서창원 목사의 말과 글이 다소 완고하게 느껴졌던 이들도 있을지 모르겠다. 그러나 그의 설교와 저서 속에서 풍겨나온 강한 필체와 주장은 –단순히 자기 고집이 아니라 지난 2천 년 기독교 역사 속에서 하나님의 섭리 아래 그리스도의 '몸'인 교회에 귀한 믿음의 영향력을 행사해왔던– 영국 청교도와 스코틀랜드 언약도의 신학이 철저하게 '성경적'이라는 그분의 신념에서 기인했다는 사실을 우리 모두가 기억하면 좋겠다. 그리고 이 시대의 청교도 후예 서창원의 이러한 신념이 우리 모두의 더 나은 신앙과 개혁교회의 장래를 위해 소중하게 쓰임받기를 소망한다. 16~17세기 하나님의 영광을 찬란하게 드러내었던 청교도의 경건한 사상과 신학이 한국교회 안에서 더 구체적으로 경험되고 체화될 것이라 믿어마지 않는다.

아내와 함께

진리의 깃발

저서『개혁교회는 무엇을 믿는가?』

조셉 파이파 목사 강의 통역

필자와 함께

결혼 33주년 기념 가족사진 | 2014년

막내 딸 결혼식

연구 목록

저서

깨어 있는 예수의 공동체 (1992)
하나님 나라의 일, vol. 1, 2 (1997)
요나서 강해 (네게 명한 바를 선포하라, 1999)
장로교회의 역사와 신앙 (2001)
칼빈의 제네바 시편가 (2009)
개혁교회는 무엇을 믿는가? (2010)
진짜 결혼 (2012)
청교도 신학과 신앙 (지평서원, 2013)
당신은 참 그리스도인인가? (2015)
조지 휫필드의 생애와 사역 (킹덤북스, 2016)
부부가 함께 하는 경건생활 (2017)
개혁교회 예배찬송가 (2017)
한국의 교회 위기, 성경에서 답을 찾다 (진리의 깃발, 2019)
죽었으나 말하는 언약도들 (진리의 깃발, 2021)
외 다수

역서

마틴 로이드 존스의 십자가 (1990)
피터 루이스의 청교도 목회와 설교 (1991)
모리스 로버츠의 진리의 심곡에서 (1999)
이안 머레이의 성경적 부흥관 바로 알기 (2001)
제레마이어 버러스의 예배의 타켓을 복음에 맞추라 (2002)
조지 휫필드의 설교: 와서 최고의 신랑, 그리스도를 보라 (2003)

사무엘 루터포드의 생애와 요리문답 (2010)
아더 핑크의 성화론 (2014)
윌리엄 커닝함의 역사신학 1~4권 (2017~2020)

● **논문**

Puritanism in Presbyterian Church in Korea (2013년 5월 6일, 세계개혁교회대회, 총신대학교)
개혁주의 입장에서 본 시편찬송 (2014년 5월 13일, 잔국목사장로기도회, 사랑의 교회)
개혁주의 예배신학 (대한예수교장로회총회 개혁주의신학대회, 2014년 8월 21일, 삼일교회)
존 녹스와 그의 설교사역 (한국개혁주의설교연구원 정기 세미나, 2014년 8월 25일, 세곡교회)
청교도 신학지도 그리기와 한국교회 (워싱톤 트리니티연구원, 2014년 9월 22일)
17세기 언약도들의 생활윤리 (영남신학대학 디바인연구소, 2015년 7월 13일)
개혁주의 교회 역사와 본질 (한국개혁주의문화연구원, 2015년 8월 4일)
조지 휫필드의 경건생활과 사역 (한국개혁주의설교연구원, 2015년 8월 17일)
칼빈주의와 청교도 신앙 (웨스트민스터 신학대학원대학교, 2015년 9월 15일)
Roads to Reconciliation between John Wesley, His Societies(Later Methodists group) and George Whitefield, Calvinistic Methodists in 18th Century of England. 2017년 4월, Journal of Christian Education & Information Technology, vol. 31.
What should we learn from puritans of 17th Century of England (ATA International Assembly and Symposium, 2016년 7월 25일)
토마스 찰머스 박사의 생애와 사역 (한국개혁주의설교연구원, 2017년 2월 20일)

개혁교회의 현재와 미래 (대한예수교장로회 목사장로기도회, 2017년 5월 9일)
개혁교회의 성경적 성장원리 (한국개혁주의설교연구원, 2017년 8월 17일)
개혁교회 목회와 가정사역 (한국개혁주의 설교연구원, 2018년 2월 21일)
성경적인 교회성장과 공교회성 회복 (한국복음주의 신학회, 71차 논문발표회, 2018년 4월 28일)
성경의 권위와 바른 목회 (한국개혁신학회 132차 정기학술대회, 2018년 9월 8일)
한국의 교회 위기 청교도에게서 배운다 (한국복음주의 신학회 논문발표회, 2018년 10월 27일)
위그노 신앙과 그 유산 (개혁주의 신학 포럼, 2019년 4월 29일)
츠빙글리와 설교 (교회를 위한 신학 포럼, 2019년 5월 13일)
Credo in Sanctam Ecclesiam Catholica (한국개혁주의설교연구원, 2020년 2월 17일
정년제 성경적인가? (대한예수교장로회 총회 정년제 포럼, 2020년 4월 21일)
하나님의 아들 예수 그리스도 바르게 알기(예수 그리스도 바르게 알기 운동본부, 2020년 11월 16일)

황갑수 목사

중앙대학교 경제학과
총신대학교 신학대학원 (M. Div)
달라스 신학대학원 (Texas, U.S.A., 성경해석학, S.T.M 과정 수료)

총신대학교 신학대학원 교목

소기천 박사

소기천 박사의 생애와 신학

박영권_장로회신학대학교 객원교수

장로회신학대학교 신학과 (Th. B)
연세대학교 대학원 (Th. M)
장로회신학대학교 신학대학원 (M. Div)
클레어먼트 신학교 (M. A. T. S)
클레어먼트 대학교 (Ph. D)

한국신약학회 총무 역임
미국 CRC교회 담임목사 역임
송면교회 담임목사 역임
장로회신학대학교 신약학 교수
세계성서학회(SBL) 회원
국제Q학회(IQP) 연구위원 및 집필위원
한국개혁신학회 부회장

서 론

필자는 장로회신학대학교에서 소기천 교수(이하에서는 소기천으로 칭한다)로부터 신약성서학을 배우며 석사학위 논문과 박사학위 논문 지도를 받았다. 소기천의 애정어린 지도와 편달이 없었다면, 필자가 박사학위 논문을 완성하지 못했을 것이다. 그만큼 소기천은 제자를 사랑하고 제자에게 필요한 것을 알고 이끌어주는 분이다. 필자가 곁에서 바라본 소기천은 학문에 대한 열정 뿐 아니라, 인간적인 소탈함과 현실성을 지닌 분이다. 상아탑 속 학문의 세계에만 머물지 않고 교회와 현실세계의 문제를 몸으로 부딪치며 자신의 신학을 현실에서 구현하려 애쓰는 분이다. 때로는 비난의 화살을 맞으면서도 신학적인 소신과 하나님 중심의 신앙으로 꿋꿋하게 자신의 길을 걸어가는 모습은 필자의 삶의 모델이 되고 있다. 따라서 필자가 소기천의 생애와 신학을 서술하는 일은 무척이나 영광스런 일이다.

생애와 신학 여정

소기천은 1958년 6월 10일 경기도 용인에서 출생했다. 한 사람은 진공상태에서 뜻과 비전을 품지 않는다. 주변 환경에서 의식적이고 무의식적인 영향을 받으며 성장하게 되어있다. 소기천의 신학자와 목사로서의 열정적인 삶은 가문의 신앙적 전통과 교회로부터 영향받았다고 할 수 있다.

먼저 가문의 신앙적 전통을 살펴보려고 한다. 소기천의 생애를 기술하려면 조부이신 소요한 장로의 삶을 살펴보아야 한다.[1] 왜냐하면 소기천의 신앙과 삶에 조부 소요한 장로의 삶이 절대적으로 영향을 끼쳤기 때문이다.

조부인 소요한(蘇堯翰) 장로의 본래 이름은 소훈식(蘇勳植)이다. 1892년 경기도 용인군 보라리(현재 민속촌 자리)에서 소봉영의 삼남매 중 외아들이요, 삼대독자로 태어났다. 소훈식은 17세에 부흥강사 김익두 목사의 설교를 듣고 신앙을 갖게 된다. 소훈식은 매일 새벽기도를 다니며 열심히 신앙생활을 하던 중 예수학쟁이들이 많다는 아리실로 가게 된다. 그 곳에서 24세의 소훈식은 최익현 의병대장의 외손녀인 17세의 윤금성과 결혼하고 27세에 장로가 된다. 결혼 후 소요한으로 개명하며 한의사와 냉면 장사로 풍족한 삶을 이어갈 수 있었으나, 김양교회 영수의 권면으로 권서인(勸書人, Colporteur)의 길에 들어서서 20년 권서인의 사명을 완수하고 은퇴한다. 소요한 장로의 20년 권서인의 삶은 사랑의 사도 요한의 삶을 본받은 열정적인 전도의 삶 그 자체였다.

초기 한국교회의 권서인은 당시 성경을 번역, 출간하던 대영성서공회(The British and Foreign Bible Society, 지금의 대한성서공회) 소속 직원으로, 성경(단권 성경과 쪽복음)을 판매하던 매서인(賣書人)이었다. 그러나 아무도 권서인을 단순한 책장수로 보지 않았다. 교통편이 어려운 시절, 삼천리 방방곡곡을 두 다리로 누비며 가가호호를 직접 방문해 복음을 전했기 때문이다. 소요한 장로는 얼마나 복음을 위해 걸어 다녔던지 발바닥에는 거북이 등딱지 같은 굳은살이 박였고, 성경책과 쪽복음을 담은 궤짝을 그대로 등에 지고 다닌 탓에 등에는 기역자 모양의 굳은살이 박였고, 어깨에는 궤짝을 둘러맨 새끼줄 자국이 뱀 모양의 흉터로 남았다.

1 소요한 장로의 삶에 대한 자세한 서술은 “소기천. 『하나님의 사랑과 세계선교– 장로회신학대학교 100주년 기념총서』(서울: 장로회신학대학교출판부, 2001). 305–319”를 참고하라.

권서직에서 은퇴한 소요한 장로는 영등포교회의 시무 장로로 섬기다가, 1950년 한국전쟁이 발발하자 처가가 있던 아리실로 피난을 갔다. 그곳에서 한약방을 운영하며 몇 달 새, 쌀 네 가마를 모으게 되고, 다음 해 이른 봄 인근 마을인 이동면 어비리 수역이라는 마을에 있는 흉가를 사서 다시 이사를 한다. 8개월 동안 마을 주민에게 복음을 전한 소요한 장로는 비극적인 전쟁의 상황에서 1952년 1월 3일, 동네 주민 40여 명을 사랑방에 모아 수역교회(현재: 어진비전교회)를 창립했다. 6년 뒤인 1958년, 오직 복음전도의 사명을 붙들고 살아온 삶을 내려놓고 하나님의 부름을 받는다.

하나님 나라를 구현하는 신학의 길을 걸어가는 소기천의 마음 깊은 곳에 항상 조부 소요한의 삶이 자리잡고 있다. 소기천은 소요한 장로의 삶의 기록들과 자료들을 소장하고 있으며, 앞으로 소요한 장로 평전을 저술할 계획도 갖고 있다.

소요한 장로의 6남매 중 셋째 아들 소동욱 집사(영락교회 은퇴집사)는 장예 권사(영락교회 은퇴권사)와의 사이에 장남 소기천을 비롯하여 7남매를 두었다. 현재 소동욱 집사의 슬하에 7남매 가운데 아들 셋과 자부 둘이 목사로 섬기고 있다. 이는 소요한 장로의 신앙과 소동욱 집사와 장예 권사의 신앙과 교회를 향한 헌신이 빚어낸 결과라 할 수 있다.

소기천은 초등학교 2학년 때 가족들이 용인에서 서울로 이주함에 따라 영락교회에 출석하게 됐다. 어린 초등학생 소기천이 교회학교 예배를 드리러 영락교회 계단을 올라갈 때 계단 중턱에서 따스한 미소로 아이들을 맞아주시는 어르신이 계셨다. 소기천이 그 분의 두 팔에 매달리곤 했는데, 그 분이 바로 영락교회 원로목사인 한경직 목사였다. 어린 소기천의 모친 장예 권사는 7남매를 이끌고 영락교회 금야철야 예배를 드리러 가면 앞자리에 앉아서 예배를 드리곤 했다. 그럴 때면, 한경직 목사는 장예 권사와 7남매를 바라보며 “아이고 7남매가 오늘도 다 왔네요”라고 맞이하면서 기도해 주시곤 했다. 한번은 한경직 목사가 어린 소기천을 바라보면서 “기천이는 목사가 되었으면 좋겠네요“라고 말했는데, 그 때 이후로 소기천은 목사의 꿈을 품게 되었다. 자연스레 5대 신앙의 가문에서 자라오던 소기천에게 한경직 목사의 그 말씀은 잊혀지지 않는 내면의 메아리가 되었다.

이런 일화가 있다. 어린 소기천이 어느날 가정예배를 인도할 때 자신도 모르게 예배 말미에 그만 축도를 했던 적이 있다. 어린 자녀가 무심결에 한 행동이라 가족들은 약간 당황스러웠지만, 이 때부터 소기천은 목사의 정체성을 형성해가고 있었던 것이다. 소기천은 할아버지 소요한 장로의 헌신적인 신앙의 삶을 가슴에 품으면서, 영락교회에서 한경직 목사로부터 참된 목사가 되는 비전을 견고히 만들어가고 있었다. 한경직 목사의 신앙과 삶은 자연스레 소기천의 신학과 목회의 이정표가 되었다. 소기천은 영락교회의 유년부, 초등부, 중등부, 고등부, 대학부, 청년4부에서 신앙생활하면서 자연스럽게 목사와 신학의 길을 준비하고 있었다.

영락교회는 명실상부한 대한민국의 대표교회라 할 수 있을 것이다. 영락교회에서의 신앙생활은 소기천으로 하여금 한국교회와 사회를 통전적으로 바라보는 시각을 갖게 만들었을 것이다. 순수 신학에만 몰두하는 학자들과 달리, 소기천은 교회와 시대상황에 능동적으로 대처하고 있는데, 이러한 대처 능력은 영락교회에서 신앙생활하던 어린 시절부터 길러졌을 것이다.

소기천은 75대 1의 서울교대를 낙방하고 한 해 재수를 한 이듬해인

1978년에 장로회신학대학교 신학과에 입학하면서 본격적인 신학수업을 시작했다. 소기천은 군입대를 미루고, 연세대학교 대학원에 수석 입학하여 첫 학기부터 전액 장학생이되고 신학석사를 마친 후에 장로회신학대학교 신학대학원에 입학하여 최우수논문상을 수상하는 영예를 안고 78기로 졸업했다. 그 후에 군대에서 병장으로 제대를 앞둔 1987년 4월 27일에 서울북노회에서 강사문 교수와 함께 목사 안수를 받았다. 그는 독일 하이델베르크의 국비장학생으로 박사과정에 초청을 받지만 가족의 비자 발급 문제로 혼자 가야 하는 상황이 지속되자, 미국의 대학으로 방향을 선회했다. 1989년에 온 가족과 함께 미국으로 향하고, 1990년부터 1998년까지 알렌 무어(Allen Moor) 학장의 장학생이 되어 클레어먼트신학교(MATS)에서 3년 수학하고, 전액 장학생으로 클레어먼트대학원(Ph. D.)에서 공부하였다. 클레어먼트대학교에서 세계적인 석학 제임스 로빈슨(James M. Robinson) 교수로부터 가르침을 받게 된다. 미국에서 학업 중에도 미국 한 장로교회(CRC)에서 담임목회 사역을 병행한다. 1998년에 귀국한 소기천은 장로회신학대학에서 교수직을 감당하며, 충청도에서 3년간 송면교회를 담임하기도 했다. 그는 현재까지 장로회신학대학교 신약학 교수로서 후학들을 양성하는 일에 힘쓰고 있다.

신학과 공헌

신학자로서 소기천은 역사적 예수와 예수의 말씀에 대한 열정적인 연구를 통해 얻은 교훈들을 교회와 현실의 삶에 적용하려고 노력해왔다. 그는 보이지 않는 교훈들을 보이는 결과물로 만들어내는 탁월한 능력을 보여주었다. 그에게서 신학은 삶과 현실에서 분명히 보여주는 결과로 나타난다. 이러한 차원에서 그의 신학과 공헌을 보여주려 한다.

'예수말씀 복음서 Q 연구'를 선도하는 신학자

소기천은 장로회신학대학교 신약성서학 교수로서 방대한 연구결과물을 내놓았다. 그의 저술 목록에서 알 수 있듯이, 그는 신약성서의 신학의 모든 분야에 관심을 갖고 열정적으로 연구 결과를 만들었다. 그 중에서도 단연 Q 연구는 소기천의 주된 연구 분야이다.

소기천은 클레어먼트대학교에서 Q와 나그함마디 문서의 세계적인 권위자 로빈슨 교수의 지도를 받았다. Q는 독일어 Quelle의 약자로서, 마태복음과 누가복음에 공통적으로 보여지는 내용 중 마가복음 인용을 제외한 자료를 의미한다. 이미 19세기 초부터 유럽과 미국의 신약학계에서 중심적인 연구 주제로 자리잡은 Q 연구가 한국에서는 많이 알려지지 않은 상태였다. 과거에 Q를 단순한 예수 말씀의 수집물로 여기기도 했지만, 이제 이 Q는 서사성을 지닌 '예수말씀 복음서'로 인정받고 있다. 소기천은 Q 연구 결과를 한국에 소개한 공헌이 크다.

소기천은 박사학위 논문[2]에서 시작된 Q 연구 결과를 지속적으로 발전시켰고 여러 권의 책으로, 그리고 논문으로 발표하였다. 여전히 한국 신학계에 Q 문서 연구를 회의적으로 바라보는 시각이 많은 상태에서, 소기천은 자신의 학문적인 소신을 밀고 나갔다. 2017년에 그동안의 학문적 성과를 미국에서 영문 서적으로 출판하였다[3](*Jesus in Q: The*

2 So, Ky-Chun. "The Sabbath Controversy of Jesus: Between Jewish Law and the Gentile Mission." Ph.D. Dissertation. Claremont Graduate University, Claremont, 1998.

3 Ky-Chun So. *Jesus in Q: The Sabbath and Theology of the Bible and Extracanonical Texts*. Eugene, Oregon: Wipf & Stock, 2017

Sabbath and Theology of the Bible and Extracanonical Texts.). 이 책의 서문에서 Two Shipwrecked Gospels의 저자 Dennis R. Macdonald가 이 책을 기쁘게 추천하고 있다.

*Jesus in Q*가 보여주는 새로운 이론들은 다음과 같다. 흔히 공관복음서 학자들이 전승의 발전단계에서 구전전승이 지난 후에 문서전승의 시대가 온 것으로 간주하지만, 소기천은 이 책에서 예수말씀을 기억하기 전통 속에서 구전전승과 문서전승이 동시에 일어나고 있다고 주장한다. 그 결과 흔히 Q의 편집 연대를 50-70년경으로 추정하는 것과는 달리, 소기천은 Q의 연대를 예수께서 부활 승천하신 이후 얼마 지나지 않은 30년대 초반으로 추정한다.

Q 학자들 대부분이 복원된 Q 본문을 예수의 순수 어록이 아니라 예수말씀을 편집한 초기교회의 증거로 간주하는 반면에, 소기천은 마가복음에 보존된 예수말씀이 바울 이전의 전승으로 바울에게 영향을 미친 역사적 예수의 육성이라고 인정하면서 동시에 마가복음과는 다른 마태와 누가의 또 다른 공통자료인 Q 본문은 역사적 예수께서 말씀하신 육성이라고 간주한다.

Q 본문이 지닌 서사성에 관한 연구와 관련하여 Q가 예수의 단편적인 어록 수집물이라고 간주한 대부분의 Q 학자들과는 달리, 소기천은 Q 14:5이 전후 문맥인 Q 13장과 Q 14장의 연속성 속에서 이해해야 하고, 더 나아가서 비록 예수의 안식일 논쟁이 Q 14:5에 단 한번 등장함에도 불구하고 유대 율법과 이방인 선교라는 신학적 문맥에서 일관성 있게 연결되는 사실을 발견할 수 있다고 제안한다.

소기천이 본 연구를 발전시키면서 많은 구약성서, 외경, 위경, 신구약 중간기 문헌, 교부들의 증언, 나그함마디 문서, 랍비문헌 등에서 서로 직접 혹은 간접적으로 주고받은 예수말씀의 영향력을 확인하면서 전개하는 작업은 아주 방대하다. 이런 노력을 통하여 저자는 예수말씀을 근거로 초기 정통교회의 주요 흐름을 고증하려고 노력하고 있으며 저자의 이런 노력은 유대성과 상호본문성이란 방법론을 통하여 예수말씀을 심도있게 연구하기 때문에 향후 신약학계가 주목해야 할 새로운 신약성서 연구의 방법론을 제안하는 것이다.

소기천은 영지주의 교단의 결과물인 나그함마디 문서 가운데 유일하게 도마복음서만은 비영지주의적 문서라고 평가를 함으로써 기존의 도마복음서 연구 학계가 가지고 있던 편견을 시정하면서 오히려 도마복음서가 구약성서에 뿌리를 두고 있기 때문에 동부 시리아의 에데사에 근거를 둔 동방교회를 정통 그리스도교의 흐름 가운데 둘 수 있는 근거가 된다고 제안한다.

소기천은 영지주의를 불트만의 관점의 연속선상에서 종교적 사상 내지 세계관으로 이해하고, 로빈슨이 제안한 도마복음서에 관한 새로운 탐구의 방식, 즉 비영지주의적 관점으로 아담의 묵시록을 연구하였다. 이 점에서 나그함마디 문서에 관한 옛 탐구는 프랑스 콥트학자인 장 도레쓰(J. Doresse)로 대표되는 접근방법으로 나그함마디 문서를 오직 영지주의의 관점에서 보는 반면에, 소기천이 제안하는 나그함마디 문서의 새로운 탐구는 비영지주의적 관점에서 접근하는 것이다. 소기천은 아담의 묵시록의 정황이 그리스도교의 영향에서 독립된 유대적인 상황이었다고 주장한다. 그의 이러한 주장은 이른바 발렌티누스 영지주의의 문헌에서 구약을 인용하지 않고, 철저히 부정한다는 점에 주목한 것이다. 여기서 소기천은 아담의 묵시록에 나타난 전통적인 유대교의 영향을 논증하기 위해 정경 인용, 해석학, 역사적 재구성의 관점으로 새롭게 접근한다.

구약성서의 시편과 외경인 솔로몬의 지혜서와 달리, 소기천은 위경인 솔로몬의 시편을 누가복음과 긴밀하게 연결되는 문서로 본다. 누가가 보존하고 있는 예수말씀이 마태복음과 공통자료인 Q이기 때문에 위경인 솔로몬의 시편이 정경 복음서와 신학적으로 중요한 모티브를 공유하고 있다고 간주하여 Q의 신학과 연관되는 많은 내용들을 제안한다. 이러한 소기천의 노력은 정경만을 일반적으로 읽는 신약학자들의 관행에 제동을 걸면서 외경과 위경에까지 관심의 범위를 넓혀서 예수말씀이 지닌 신학적 배경을 폭넓게 연구할 것을 제안하는 시도이다

소기천은 Q 14:5의 안식일 논쟁을 중심으로 Q 공동체의 율법 이해와 이방인 선교 사이의 관계를 탐색한다. Q 공동체는 보수적인 율법 이해와 이방인 선교 사이에서 씨름하지만, 마침내 '하나님의 사랑의 실천'이라는 최고의 가치를 추구하면서 이방 선교를 호의적인 시각으로 바라보다가, 마태공동체와 병합되고 마태공동체는 이방인 선교를 힘있게 진행한다. 소기천은 유대적 전통 가운데 서 있는 Q 공동체가 동료 유대인들, 특히 바리새인들로부터 박해를 받지만 '하나님의 사랑의 실천'이라는 가치를 소중히 여기면서 정체성을 형성해갔다고 보았다. 소기천은 Q 연구를 통해 모든 장애물을 극복하고 세계선교를 가능케 하는 것은 하나님의 사랑임을 보여주면서 『하나님의 사랑과 세계선교』를 저술하였고, 그의 사역들을 전개해나갔다.

소기천은 초기의 예수말씀이 신약성서와 초기 기독교 문헌들 속에서

어떻게 전승되었는지 깊이있게 탐색하였다. 이러한 연구들을 통해, 소기천은 신앙의 그리스도는 역사적 예수에 근거함을 보여주었다. 소기천의 현실 참여 신학은 역사의 한 가운데서 하나님의 뜻을 보여주시고 실천하신 예수를 보여주는 Q의 신학에서 영향을 받은 것이리라 생각된다.

국제Q학회(IQP)의 연구위원 및 집필위원인 소기천은 IQP의 허락을 받아 한국 최초로 1998년에 예수말씀 복음서 Q 원문과 한글 번역문을 소개했다. 이는 한국 신학계에 역사적인 사건이 아닐 수 없다. 그리고 소기천은 예수말씀 연구소(광장동 소재)[4] 소장으로서 꾸준히 Q 연구와 소개에 힘쓰고 있다. 또한, 소기천은 국내 Q 연구의 선봉에 서 있다. 소기천은 2013년 6월 15일에 20명의 창립멤버와 함께 한국 Q학회를 창설하여 주도적으로 이끌어오고 있다. Q 학회는 매년 2회의 심포지엄을 가지면서 발표 논문들을 학회지에 실어오고 있다.

이렇듯 소기천은 Q 연구의 선봉으로서 한국 신학계에 지대한 공헌을 하였다. 뿐만 아니라, 신약학의 여러 분야에 대한 연구에 힘쓰면서 수많은 연구결과들을 내놓았다. 그리고 다른 학자들과 연계하며 연구를 위한 인프라를 구축하는 일에 헌신적이었다. 그는 하나님의 나라 구현을 위해 개인과 공동체의 연결성이 중요함을 몸소 보여주었다. 이렇게

4 예수말씀연구소에 관한 기사내용을 소개한다: 소기천 교수(장신대 신약학)가 Q 관련 자료 5천여 점을 공개했다. 그 동안 분산되어 있던 자료를 서울 광진구 광장동에 위치한 '예수말씀연구소'로 모아, 일반인 누구나 열람할 수 있도록 했다. 5천여 점에는 Q 캐논, Q 데이터베이스, 초기교회 자료 등이 포함되어 있으며, 자료 대부분은 미국 클레어몬트대학원 'Q 룸'에 있던 자료를 제임스 M. 로빈슨 교수를 통해 기증(2005년) 받은 것이다. 소기천 교수는 "흩어져 있던 자료들을 한 데 모아 모든 이들이 쉽게 볼 수 있는 날이 오기를 기도했다"며 "국내 Q 연구에 진일보를 가져오는 계기가 되기를 바란다"고 밝혔다. 자료 대출은 안 되며, 연구소 내에 마련된 스터디룸에서 열람할 수 있다. 베리타스(https://veritas.kr/news/5792?tag=redirect_sub_re), "소기천 교수, Q 관련자료 5천 점 공개" (2009).

그의 신학 활동은 개인의 차원을 넘어서 현실로 뻗어가는 통전성을 지니고 있다. 이런 다양한 활동 가운데서 피곤함을 모르는 듯한 그의 얼굴의 미소는 그가 성서학의 즐거움을 아는 신학자임을 잘 보여준다.

교회를 위한 신학자

소기천은 교회를 위한 신학자이다. 소기천은 교회와 사회에 깊은 관심을 가지고 행동하는 신학자이다. 그는 교회와 괴리되는 신학을 우려하는 신학자이다. 미국 유학 중에 목회와 공부를 병행하는 소기천을 만난 서정운 교수는 그를 격려하면서 목회와 학문을 두루 경험한 사람이 장신대에 와서 신학교수를 해야 후학들을 교회 현장에 올바르게 인도할 수 있다고 말씀하기도 했다. 10년간의 목회 경험은 소기천으로 하여금 목회와 교회 현장에 대한 감각을 갖게 했다.

소기천이 남달리 관심을 갖고 꾸준히 진력하는 분야가 '동성애 이슈'이다. 서구교회가 동성애 수용적인 흐름을 타는 가운데, 소기천은 동성애는 성경에서 말하는 우상숭배의 죄악임을 강력하게 선포하고 있다. 그는 통합교단 동성애 대책 자문위원과 한국교회연합에서 전문위원으로 활동하면서, 학교의 울타리에서만 머물지 않고, 교회와 노회, 총회를 오가며 동성애에 대한 성경적 가르침을 실현하기 위해 노력했다. 그는 총회 교육자원부 동성애교재개발위원회 위원장을 맡아 마침내 2020년에 교회학교 현장을 위한 교재 『왜 학교에서 배운 것과 다를까?』[5]를

5 총회(통합) 교육자원부 동성애교재개발위원회. 『왜 학교에서 배운 것과 다를까?』. 서울: 한국장로교출판사, 2020. 소기천은 추천사 중 이런 언급을 한다. "하나님께서 세우시는 가정과 교회는 하나님의 말씀인 성경의 가르침에 든든히 서 있어야 합니다. 서구의 신학교와 교회가 성경보다는 이념이나 사회적 가치를 따라가면서 동성애를 옹호한 결과, 가정과 교회가 무너지고 있습니다.

제작했다. 이 교재는 교회학교 학생들의 눈높이에 맞춘 만화와 이야기를 통해 동생애에 대한 성경적인 가르침을 잘 전달하고 있다. 이런 결과물이 나오기까지 수많은 난관과 역경을 몸소 겪으면서도 그는 흔들리지 않았다. 그는 이 일을 한국교회와 신학교를 위한 시대적 사명으로 알았기 때문이다.

소기천은 이슬람 대책에 대해서도 많은 관심을 기울이고 있다. 그는 지난 몇 년 동안 한국장로신문에 중동의 화약고인 성지의 다양한 사진을 곁들인 이슬람권 선교에 관한 연재는 많은 남선교회 회원과 장로들의 사랑을 받고 있다. 신학교에서 신약성서를 가르치는 교수가 이슬람 대책에 관심을 기울이는 이유가 무엇일까? 한 마디로 말해서, 그는 이슬람화되면 기독교나 교회는 그 자리에 설 수 없기 때문이라고 강조한다. 요한계시록 2~3장에 나오는 소아시아 7개 교회를 가보면, 다 무너져 주저앉고 돌무더기만 가득하다. 이것이 이슬람의 실체이다.

소기천은 한국교회가 직면한 동성애와 이슬람이 주는 위기와 사회 현실에 대한 막연한 우려에 머물지 않고, 2020년 10월 31일인 종교개혁 503주년 기념일에 "한국교회정론"이라는 여론 형성의 장을 만들었다. 이렇게 한국교회정론 창립 취지를 제시했다. "한국교회정론은 내적 세력이 공격하는 하부구조인 한국교회의 문제들에 집착하여 외적 세력이 공격하는 상부구조인 이슬람, 공산주의, 이단, 동성애 등의 문제에 대해서 옹호하는 일부 한국교회가 먼저 바로 서서 성경적 가르침을 중시

> 대한예수교장로회 제 103회 총회는 선도적이면서도 명료하게 '퀴어(동성애, 양성애, 성전환) 신학을 이단'으로 결의하였습니다. 이제 이런 결의가 실제적으로 교회에서 효력을 발생하도록 성경공부를 진행해야 합니다. 동성애 대책을 위한 교재를 위해 위원들이 힘을 합쳐 만화교재를 출간하게 되었습니다."

하고 잘못된 길에서 돌이켜 회개하고, 더 나아가서 다시 세계교회를 개혁하고 순수한 복음의 진리로 새롭게 견인할 수 있는지, 그 해결방안을 제시하고자 한다" 지금 태아 단계인 "한국교회정론"이 어떻게 자라서 한국교회와 사회에 기여할지 기대하게 된다.

소기천은 여러 지면과 단체를 통해, 지속적으로 한국교회의 가야할 길을 제시하고 있다. 전반적으로 그의 방향성은 성경과 복음 중심적이다. 무엇보다도 그의 주된 관심은 한국교회의 신학교의 지속적인 성장과 발전에 있다. 신학교와 신학교 밖에서 부지런히 움직이는 그의 모습에서 신학과 삶이 통합되어 있음을 본다.

이렇게 소기천은 사변적인 영역에만 머무르지 않고 지속적으로 현실 변혁을 위해 움직이는 신학자이다. 그의 입장에 대한 비판이 없지 않지만, 소기천은 자신의 신념을 따라 거칠고 험한 길을 마다하지 않고 걸어간다. 타인의 비판이 아닌 자신의 신념에 따른 그의 삶은 필자에게 항상 깊은 울림을 주고 있다.

소통하는 신학자

사람들은 어느 분야에서 이론가이거나 실행가이다. 이 두 가지 차원이 통합되기는 쉽지 않다. 필자가 보기에 소기천은 이론에 충실한 신학자이면서 현실의 문제를 변혁시켜 나가는 실행가이다. 그는 그 누구와도 스스럼없이 대화하며 소통하는 신학자요 실행가이다. 필자는 그가 소통하는 신학자라고 생각한다.

먼저, 소기천은 세계신학과 소통하는 신학자이다. 국제Q학회(IQP)

연구위원 및 집필위원인 소기천은 예수말씀연구소(Jesus Saying's Hub)의 소장으로서 세계적인 Q 연구의 중심에 서 있다. 2005년과 2008년에 로빈슨 교수가 클레어먼트대학교 종교학부의 "고대와 기독교 연구소"에 소장되어 있던 5000여종이 자료를 소기천 교수에게 보내줌으로써 예수말씀연구소가 태동하었다. 전세계의 학자들은 예수말씀연구소에 소장된 자료를 사용하면서 연구를 진행하고 있다. 명실상부하게 예수말씀연구소는 신약성서학의 세계적인 허브가 되고 있다.[6] 예수말씀연구소는 로빈슨 교수와 저명한 학자들을 초청해 세미나를 개최함으로써 한국 성서학 연구가 세계적인 학문과 연결되게 하였다. 소기천은 끊임없이 학문적인 소통의 매개체의 역할을 하고 있다.

소기천은 소통의 폭이 넓다. 그는 목사안수 33주년을 기념하는 날인 2020년 4월 27일에 Youtube 채널을 개설하여 신약성서와 세상을 연결하는 일을 활발하게 하고 있다.[7] 유튜브 채널을 통해 신학과 신약성서학을 알기 쉽게 소개하며, 동성애와 같은 중요한 주제들을 다룸으로써 건강한 기독교 사상을 전파하고 있다.

결 론

소기천의 삶 속에는 조부 소요한 장로의 복음전파의 열정과 한경직 목사의 교회를 향한 사랑과 부친과 모친의 삶의 자리에서의 헌신이 다 포함되어 있다. 소기천은 복음전파와 교회와 삶의 자리를 소중히 여기며 험난한 길을 걸어가고 있다. 때로 그는 신학교와 교회를 위해 비난받는

6 http://jesussayings.net/menu01/mu01_02.html
7 https://www.youtube.com/channel/UC5VxQuAA_EDih9HvQtEhk1g

자리에도 당당히 나아가고 있다. 다른 사람들의 눈치를 보며 다른 사람의 구미에 맞는 삶을 사는 우리에게 소기천의 삶은 큰 도전이 되고 있다.

소기천은 평생 신약성서학에 관한 연구를 진행하면서 단순히 성서 본문을 주석하는 기술적인 차원을 넘어서, 성서 본문이 지니고 있는 신학적 내용에 지대한 관심을 기울이고 있다. 이러한 소기천의 신학적 관심은 굳이 기독교 신앙을 견지하지 않고도 단지 학문적인 관점에서 성서 본문을 연구하고 있는 기존의 학문적 관행에 문제를 제기하면서, 동시에 교회를 위한 신학을 구축하기 위한 관점에서 성서 본문을 해석해야 할 것을 제안하고 있다. 따라서 소기천의 이런 노력은 신학적 방법론을 중시하는 성서 비평학을 새롭게 제안하는 것이라고 평가할 만하다.

신학이 없는 교회는 이단에 휩쓸리고 시대의 조류에 함몰되어 사라질 수밖에 없다. 이 점에서 소기천은 교회의 버팀목인 예수의 복음과 사도적 전승에 충실하게 정통개혁신앙의 뿌리를 성경 속에 든든히 내리고, 신학적 성찰을 통하여 이 시대의 문제를 해결하고 대안을 제시하려고 노력하는 학자이다. 그는 어떠한 장애도 극복하면서 한국교회와 하나님의 나라를 든든하게 지켜서 흔들리는 이 시대에 진정으로 하나님을 기쁘시게 하고, 예수 그리스도의 몸 되신 교회를 새롭게 하고, 세계선교와 목회현장에서 주역이 되는 신학생을 길러내는 비전의 사람이다.

소기천은 시대의 변화에 흔들리는 신학생들에게 진정성을 가지고 다가가기 위해 항상 변하지 않는 진리의 용광로인 성경의 가르침 중에서도 예수말씀을 최고의 우선 가치로 삼는 신약학자이다. 그래서 이슬람 대비와 동성애 대책에 대해서 복음서에서 발견하는 예수의 가르침으로 일관되게 이 시대가 필요로 하는 메시지를 던지고 있다.

박사논문 심사를 받은 뒤 | 좌로부터 이은우 교수,
소기천 교수, 필자, 윤철원 교수, 배정훈 교수, 김태섭 교수

영어 저서 『JESUS IN Q』

아들 결혼식

연구 목록

학위 논문

"아레오바고 설교 연구." 신학석사(Th.M.)학위 논문, 연세대학교 대학원, 1983.

"성서언어의 해석학적 이해: 푹스와 에벨링의 새로운 해석학을 중심으로." 교역학석사(M.Div.)학위 논문, 장로회신학대학원, 1984.

"A Comparative Study of the Psalms of Solomon and the Sayings Gospel Q in the Christological Insights." School of Theology at Claremont, M.A.T.S., Claremont, 1994.

"The Sabbath Controversy of Jesus: Between Jewish Law and the Gentile Mission." Ph.D. Dissertation. Claremont Graduate University, Claremont, 1998.

저서

『예수말씀의 전승궤도』. 서울: 대한기독교서회, 2000.

『하나님의 사랑과 세계선교- 장로회신학대학교 100주년 기념총서』. 서울: 장로회신학대학교출판부, 2001.

『로마서가 새롭게 보인다: 미리보기와 서사적 읽기』. 서울: 땅에 쓰신 글씨, 2003.

『예수말씀 복음서 Q개론: 잃어버린 지혜문학 장르의 전승자료』. 서울: 대한기독교서회, 2004.

『현대에 들려오는 예수 이야기』. 서울: 말씀과 만남, 2004.

『한국 최초의 신학자 남궁혁의 로마서 강해』. 서울: 장로회신학대학교 대학원 편집위원회, 2004(책임편집)

『마태복음의 사이버 세계』. 서울: 장로회신학대학교출판부, 2004

『현대에 들려오는 성경 이야기』. 서울: 말씀과 만남, 2005.
『흑스와 에벨링 : 해석학의 역사와 새로운 해석학』. 서울: 살림출판사, 2006
『깨끗한 영성으로 기도하고 실천하기: 기도학교와 내러티브 성경공부』. 서울: 예수말씀연구소, 2009.
『신학자와 떠나는 신약 여행』. 서울: 생명나무, 2014.

● **공저**

『신약성서개론: 한국인을 위한 최신연구』. 서울: 대한기독교서회, 2002.
『녹색의 눈으로 읽는 성서- 기독교환경운동연대 20주년 기념도서』. 서울: 대한기독교서회, 2002.
『성령의 능력으로 변화된 삶: 성령학교와 내러티브 성경공부』. 이레서원, 2010
『교회력에 따른 2011년 예배와 강단: 예수의 대제사장의 길』. 기독교문사, 2010
『마태복음』. 서울: 장로회신학대학교, 2011.
『마태복음: 인도자용』. 서울: 장로회신학대학교출판부, 2011.
『요한계시록: 인도자용』. 서울: 장로회신학대학교 출판부, 2013.
『요한계시록: 학습자용』. 서울: 장로회신학대학교 출판부, 2013.
『이슬람교 바로 알고 전도하기』. 서울: 대한예수교장로회총회 세계선교부 이슬람교대책위원회, 2013; 2014 증보판.
『중국선교 100년과 김영훈』. 서울: 도서출판치유시대, 2013.
『사도행전』. 구리: 사단법인 한국기독교교육연구원, 2014.
『기독교 입장에서 보는 이슬람 이해』. 서울: 대한예수교장로회총회 이슬람교대책위원회, 2017.
『왜 학교에서 배운 것과 다를까?: 하나님께서 창조하신 남자와 여자』. 서울: 한국장로교출판사, 2020.
『멘토로서의 교회지도자를 위한 말씀으로 기도하기』. 경기: 비전북, 2020.

Jesus in Q: The Sabbath and Theology of the Bible and Extracanonical Texts. Eugene, Oregon: Wipf & Stock, 2017.

● **논문 및 학술기고**

"예수와 Q공동체의 하나님(The God of Jesus and the Q Community)." 신학사상 (1999): 169-185.""

"예수의 성령이해와 Q공동체의 상황(Jesus' Understanding of Spirit and the Milieu of the Q Community)." 한국개혁신학회논문집 5. 서울: 한들, 1999, 335-359.

"이방인 선교와 안식일 논쟁(The Gentile Mission and the Sabbath Controversy)." 기독교사상 489(1999): 84-96.

"예수말씀 복음서 Q: 서론과 해설(The Sayings Gospel Q: An Introduction, the Korean Translation, and Notes)." 성경원문연구 5 (1999): 130-167.

"지혜문학 장르로 출발한 예수말씀 복음서 Q(The Sayings Gospel Q Started as LOGOI SOPHON)." 기독교사상논단 창간호 (1999): 11-37.

"'하나님의 나라가 너희에게 가까이 왔다'(Q 10:9): Q공동체의 종말론." 밀레니엄과 신약성서의 종말론. 신약논단 5 (1999): 244-264.

"예수말씀에 나타난 생명의 존엄성: 생명복제 논쟁의 신약성서적 근거를 위하여." 생명복제와 개혁신앙. 한국개혁신학회 학회지 7 (2000): 67-86.

"마가복음에 나타난 이방인 선교." 장신논단 16 (2000): 175-192; 장신논단 요약집 2 (2007): 201-204.

"마태복음 15:21-28에 나타난 화해의 복음에 대한 수사학적 연구." 신약논단 8, no. 2 (2001): 75-99.

"Q에 나타난 예수와 세례요한의 관계.(A Study of the Relationship of Jesus and the John the Baptist)" 신약신학저널 7 (2001): 347-367.

"초기 한국교회의 권서인 소요한 장로." 성경원문연구 10 (2002): 110-

123; 성서한국 53 (2007): 21-24.
"신약성서의 유대인 선교와 이방인 선교의 상관관계." 신약논단 10 (2003): 159-196.
"안디옥과 예수말씀의 전승." 장신논단 19 (2003): 91-112, 528-529.
"신약성서에 나타난 내재저자의 여성 경향성." 신약논단 13 (2006): 897-946.
"추양 한경직 목사의 성서적 복음주의 신앙과 영락교회의 과제: 그의 개혁신앙을 재조명하면서." 한국개혁신학 23 (2008): 41-79.
"1911년 『성경젼서』의 한국 문화사적 가치에 관한 연구." Canon & Culture (2010): 127-158.
"칼빈의 신약주석에 나타난 leitourgia에 관한 연구." 한국개혁신학 (2010): 101-128.
"마태복음의 이사야 인용구에 나타난 상호본문성(intertextuality)에 관한 연구." 한국개혁신학 (2012): 222-248.
"장공 김재준 박사의 성서적 개혁신학과 신앙." 한국개혁신학 39 (2013): 160-186.
"왕대일 박사의 구약성서 석의에 관한 연구." Canon & Culture (2019): 83-111.
"Between Jewish Law and Gentile Mission," AAR/SBL Regional Meeting (Pacific Coast, CA), March 15-17, 1998.
"The Gentiles in the Sayings Gospel Q." SBL International Meeting (Helsinki/Lahti, Finland; St. Petersburg, Russia), 16-21 July, 1999.
"Jesus' Understanding of Spirit and the Milieu of the Q Community." 2000 World Congress on Religion/SBL International Meeting(Cape Town, South Africa), 24-28 July 2000.
"The Eschatology of the Q Community." 2000 SBL Annual Meeting

(Nashville, U.S.A.), 18–21 November, 2000.

"Jesus and the God of the Q Community." 2002 SBL Annual Meetings. Toronto, Canada. Nov. 23–26, 2002.

"Jewish Gnosticism in the Apocalypse of Adam." International SBL, Cambridge, England. July 20–25, 2003.

"Predating Jesus' Inaugural Sermon Relating to the Q Community." International SBL, Cambridge, England. July 20–25, 2003.

"Study Outcomes of the Historical Jesus in Korean New Testament Scholarship." March 3, 2005. Ecumenical and Cultural Institute, St. John's University. Minnesota.

"What is Jesus' Attitude Toward Jewish Law?." April 5, 2005. Ecumenical and Cultural Institute, St. John's University. Minnesota.

박영권 박사

장로회신학대학교 학사 (Th. B)
장로회신학대학교 신학대학원 (M. Div)
장로회신학대학교 일반대학원 석사 (Th. M)
장로회신학대학교 일반대학원 박사 (Ph. D)

장로회신학대학교 객원교수

신현수 박사

신현수 박사의 생애와 신학[1]

전대경_평택대학교 피어선신학전문대학원 조직신학

연세대학교 철학과 (법학 부전공)(B. A.)
합동신학대학원 (M. Div., equiv.)
영국 Glasgow University 대학원 (Ph. D.)

평택대학교 부총장
평택대학교 피어선신학전문대학원장
대학교회 담임목사
평택샬롬나비 공동대표
샬롬을꿈꾸는나비행동 공동대표
대한예수교장로회(합신) 화평교회 협동목사
한국인문사회과학회 회장
한국복음주의조직신학회 회장

한결 신현수 박사의 생애

한결 신현수(申鉉秀)는 양력 1954년 9월 1일(음력 7월 23일)에 경상북도 예천군 풍양면 풍신동 380번지에서 아버지 신이출(申二出)과 어머니 구영희(具榮姬) 사이에 6남매(4남 2녀) 중 막내로 태어났다. 그는 모태신앙이다. 외가가 독실한 기독교 집안이었다. 외할아버지는 경북 의성군에 있는 한 유서 깊은 교회에서 영수(장로가 되기 전의 교회 직분)로 섬기면서 예배 때 목회자를 대신하여 설교하기도 하였다. 어릴 때부터 믿음의 가정에서 자란 어머니는 유교 가정에서 자라난 아버지와 결혼하였다. 한결이 자라날 때 집에 중국어 성경과 아래아 성경이 많아 성경책인 것을 모르고 각종 휴지로 쓰기도 했다.

한결은 고향에 있는 풍천초등학교 3학년 재학 중에 이웃마을의 교회에서 열렸던 여름어린이성경학교에 참여하여 예수 그리스도를 개인의 구주로 받아들였고, 그 후로 초등학교를 졸업할 때까지 비가 오나 눈이 오나 약 3킬로미터나 떨어져 있고 산을 넘어가야 하는 교회를 마을에 있는 한 여자 집사님과 함께 주일이면 거의 빠지지 않고 다녔다. 당시 아버지는 물론 어머니도 교회에 다니지 않았으나 주일마다 어린 아들이 이웃 마을에 있는 교회에 다니는 것을 말리지 않았다. 같은 면 소재지에 있는 풍양중학교에 다닐 적에는 교회에서 주일학교 반사로 섬기기도 했고, 행정으로 섬기기도 했으며, 어른들의 예배도 거의 빠지지 않고 참석했다.

한결은 사실 학창 시절에는 신학을 할 뜻이 크게 없었다. 원래는 정치를 하고 싶었고 그러기 위해서는 올바른 국가관을 갖아야겠다고 생

1 이 내용은 2019년 9월 5일에 신현수 박사의 연구실에서 진행한 인터뷰를 바탕으로 하였다.

각했다. 그래서 경북 김천에 있는 김천고등학교를 졸업한 후에, 1974년 3월 1일 연세대학교에 진학하여 철학을 전공하게 되었다. 나중에 정치를 하기 위해서는 지역 사람들과 인간관계를 잘 맺는 것이 좋겠다고 생각했고, 그래서 정치인 이전에 먼저 법관이 되는 것이 좋겠다고 생각하여, 법학을 부전공으로 택하여 공부하게 되었다.

한결은 연세대학교에 재학 중 개설된 법학 과목들을 전부 다 들었다. 그리고 당시에 연세대에서 개설되지 않은 과목들은 서대문에 있었던 국제대학교에서 형사소송법 등의 나머지 법학 과목들을 들었다. 거기에 가보니 연세대학교 법학과 교수님들 다수가 출강을 나오시는 것을 보았다. 그리고 대학 다닐 때는 과외도 많이 했고, 영어학원에서 강사도 하고, 그룹 지도도 하면서 혼자의 힘으로 돈을 벌어가며 학업을 했다. 그렇지만 이때까지도 신학을 공부해야겠다는 생각은 거의 갖지 않았다.

한결은 대학교 재학시절 중에 1년간 군에 다녀왔다. 사법고시를 준비하면서 79년 2월에 연세대를 졸업하자마자 사법고시 시험을 패스하는 것을 목표로 했지만, 너무 무리한 나머지 쓰러져서 세브란스병원에 입원을 하게 되었고, 그래서 시험을 못 치게 되었다. 그때 형님이 하시던 옷을 만드는 공장을 돕게 되었다. 특별히 판매망을 조직하는 일을 주로 맡았다. 당시는 석유파동도 났던 어려울 때였다. 그렇게 하면서 사법고시를 위한 공부도 계속했다. 그런데, 경영을 하다 보니 여기에도 적성이 맞나 싶었고, 마침 좋은 투자자를 만나 자신이 대표로 한 1년 반 동안 회사를 경영했다. 하지만 잘될 때나 그렇지 못할 때나 하루에 4시간씩 밖에 잠을 자지 않았던 당시 자신의 모습에 너무 회의를 느꼈다.

그런데, 당시 주위에 다니던 교회 목사님들이나 성도님들이 자신보고 신학을 하면 좋겠다는 말을 했다. 그러던 중에 사업을 접게 되었다. 당시 날씨가 갑자기 변하다 보니, 하청을 줘서 한꺼번에 물건을 많이 구매를 해 놓았었는데, 날씨로 인하여 팔리지 않게 되었고 자금이 회전하지 않게 되어, 그때 같이 동업하던 사람과도 헤어지게 되었다. 한결은 지난날 자신의 회사를 설립하고 경영한 것이 교인들을 이해하는 데에 큰 도움이 되었다고 말한다.

그러던 중 우연히 풀핏주석을 번역하는 번역위원을 뽑는다는 광고를 보게 되었다. 당시 김영삼 대통령이 농어촌 지도자들에게 무상으로 성경주석을 보급한다고 했는데, 대구의 분도 출판사가 그 풀핏주석을 번역하는 프로젝트를 가지고 있었다. 이 프로젝트는 왼쪽에 원문을 싣고 오른쪽에 번역문을 싣는 아주 큰 책을 번역하는 사업이었다. 거기에 약 6개월 동안 다른 번역위원들과 함께 합숙하면서 번역 작업을 했다. 그러면서, '말씀을 다루는 일이 얼마나 가치가 있는가', 그리고 '그것이 그 무엇보다도 참으로 가치가 있는 일이구나'라는 것을 주석을 번역하면서 은혜를 받고 신학을 하기로 결심했다.

한결은 당시 총신대학교에서 갈라져 나온 합동신학교(지금의 합동신학대학원대학교)에 1983년 3월에 M. Div. 과정에 제6회로 입학해서 학생회장을 하기도 했다. 당시 합동신학교는 홍정길 목사님이 목회하는(서울 강남구 반포에서 시작했던) 남서울교회 건물에 있었다. 합동신학교에서 신학을 하면서, 85년 5월 16일에 화평교회에서 실습전도사로 사역을 시작하게 되었고, 교육전도사, 강도사, 부목사, 교육목사, 영어예배 목사, 협동목사로 지금까지 계속 약 만 35년 넘게 한 교회를 섬기고 있다.

한결은 합동신학교를 졸업을 하고 바로 미국에 가려고 했는데 비자가 나오지 않아, ACTS(아세아연합신학대학교)의 Th. M.(영어 과정)에 들어가서 3년 동안 한철하 박사의 조교로 있으면서 학부생들도 가르쳤다. 당시 한결은 한국복음주의협의회 회원이었고 1987년 6월 싱가포르에서 1주일 동안 개최되었던 로잔 영 리더 컨퍼런스에 한국복음주의협의회 대표로 사랑교회 김중석 목사와 함께 참석하였다. 이 때 한철하 원장이 한결을 불러 동남아시아 여러 나라의 선교 현지들을 돌아보고 오라며 많은 돈을 지원하였다. 당시 ACTS에는 아시아 여러 나라와 아프리카에서 약 50명의 학생들이 영어로 하는 신학과정을 공부하고 있었다. 한결은 이들을 파송한 교회들과 ACTS 선배들이 선교사로 나가 있는 싱가포르, 대만, 인도네시아, 일본, 홍콩 등의 선교 현장을 약 1달 동안 여행하면서 돌아보았다.

1988년 10월 8일 섬기는 교회가 하는 88서울올림픽 선교활동을 끝내고 영국 스코틀랜드에 있는 글래스고우대학교의 트리니티대학원에 조직신학으로 신학석사(Th. M.) 과정에 입학했다. 이것은 당시 영국의 대학들 대부분이 다른 나라에서 받은 석사학위를 잘 인정하지 않았기 때문이다. 그는 처음에 Th. M.으로 들어갔으나 1년 후에 Ph. D. 과정으로 월반(transfer)하게 되었다. 한결은 본래 독일로 유학을 가려고 했었다. 그래서 합동신학교에서 목회학 석사과정을 공부할 때 당시 숭실대학교 독문학과에서 재직하던 박용삼 교수가 강의한 독일어 원강을 한 2년 동안 들으면서 독일로 유학하는 것을 준비했다.[2] 하지만 조직신학 담당인 신복윤 교수로부터 '독일로 가면 자유주의 신학에 물들기 쉽기 때문에 미국으로 가는 것을 준비하라'는 권면을 받고 미국으로 가는 것을 준비하였다. 그리고 미국 웨스트민스터신학교와 트리니티신학교로부터 Ph. D. 과정 입학허가를 받았다. 그런데 한결이 영국으로 유학을 가게 된 것은 미국 비자를 받지 못했기 때문이다.

한결이 글래스고우대학에서 공부할 때 한철하 원장이 한결의 지도교수에게 그가 ACTS의 교원으로 일할 사람이니 잘 지도해달라는 편지를 두 번이나 보내 주었다. 한결은 박사학위를 받지 못한 당시 이미 인사위원회에서 교수 임용이 통과되어 귀국하라는 통고를 받을 만큼 한철하

2 숙명여대를 은퇴하고 국사편찬위원회 위원장이었던 이만열 교수, 그리고 조병수 목사와 함께 독일어원강을 들었다.

원장으로부터 사랑을 받았다. 하지만 한결은 자신의 합동신학대학교와 ACTS의 선배 한 사람이 독일 튀빙겐대학교에서 박사공부를 하다가 1학기 남기고 마치지 않은 채로 ACTS에 왔으나 3년 이상 박사과정을 끝내지 못한 것을 알고 있었기에, 박사학위를 끝까지 다 마치고 귀국하겠다고 통보하였다.

한결의 박사과정의 논문 제목은 본래 '칼빈과 바르트의 화해론'이었다. 그는 한 3년간 연구를 한 끝에 논문을 제출했으나 논지가 이미 다른 학자가 주장한 것이라 독창성이 없다는 지도교수의 지적을 받고, 하나님의 구원의 역사 이해에서 중요한 사람인 칼빈과 바르트 및 판넨베르크의 사상을 화해론의 관점에서 비교하고 평가하는 논문을 썼다. 결국 그는 두 개의 논문을 쓴 것이나 다름이 없기에, 박사과정을 마칠 때까지 오랜 기간이 걸렸다. 이 기간이 심리적으로 그리고 재정적으로 무척 어려웠으나 혹독한 학문 훈련을 통해 학자로서 더욱 성장할 수 있는 잠재력을 키울 수 있게 되어 오히려 감사하고 있다.

한결은 영국에서 유학하는 동안 자신이 주도적으로 설립한 박사과정 학생들의 단체를 잊을 수 없다고 회고한다. 이 단체는 1년에 한 번씩 경치 좋은 곳에서 1박 2일 동안 서로 교제하면서 각자 공부한 것을 발표하고 토론하였다. 이 모임은 회원들이 서로 위로하고 격려하면서 학문의 열정을 불태우는데 큰 자극제가 되었다. 또한 독일 튀빙겐의 벵겔하우스에서 공부하던 장혜경 목사 가족과 뮌스터에서 신학공부를 하는 조병수 목사 가족을 만나 교제한 것도 큰 기쁨이었다.

한결은 영국에서 박사과정을 공부하는 동안, 영국교회에 오랜 기간 동안 출석하여 영국인 목사 및 교인들과 교제하였다. 영국 목회자와 함께 심방도 하였다. 그리고 출석하는 영국교회에서 여러 번 설교를 하였다. 한번은 잉글랜드 동남쪽에 있는 Hull이란 도시에서 감리교에 속한 여러 교회가 합동으로 개최한 선교대회에 이틀 동안 주강사로 강의와 설교를 하였다. 또한 런던에 있는 King's Cross 한인교회에서 협동목사로서 중등부와 청년부를 섬겼다. 이것은 이민교회를 경험할 수 있는 좋은 기회였다. 그리고 글래스고우 한인교회, 캠브리지 한인교회, 세필드 한인교회, 맨체스터 한인교회, 헝가리 부다페스트 한인교회 등에서 설교를 하였다.

한결은 영국에서 유학하는 동안 1년에 한 번씩 휴가철을 맞아 가족과 함께 텐트를 가지고 영국 전역은 물론 유럽 각지를 여행하였다. 스위스 제네바에 있는 WCC 본부가 주최한 '기독교 사역'이란 주제로 열린 학술대회에 글래스고우대학의 재정 지원을 받아 열흘 동안 가족과 함께 캠핑을 하면서 참가하였다.

한결은 논문을 97년 6월에 완성하였으나 심사과정에 시간이 많이 걸려서 98년 2월에 박사학위를 받고 2월 말에 한국에 들어왔다. 귀국하자마자 합동신학대학원에서 석사과정 과목을 강의하였고, 호서대학교에서 박사과정의 과목 및 숭실대학교 기독교대학원에서 석사과정 과목을 한 학기 동안 시간강사로 강의하였다. 그리고 그해 9월 1일에 평택대학교 피어선신학대학원에서 조직신학 교수로 임용되어 지금까지 대학원 주임교수, 교목실장, 신학전문대학원장, 교학부총장, 부총장을 역임했다. 교목실장을 할 때 3년 동안 평택대학교회 담임목사로 섬겼고, 그 이외에 교회사역은 모두 1985년 5월부터 지금까지 35년 이상 화평교회(합신)에서 하고 있다.

한결 신현수 박사의 '주되심'(Lordship)의 신학

한결의 '주되심의 신학'은 하나님의 나라 신학과 언약신학의 약점을 보완하여 통합하는 것이다. 구원에 이르는 믿음은 그리스도와 언약의 관계를 맺는 것뿐만 아니라 그의 통치를 받아가는 것이다. 곧 믿음은 예수 그리스도를 주(Lord)로 고백하는 것뿐만 아니라 사람이 이 땅에서 살아가는 모든 영역에서 자신의 주로서의 다스림을 받아가는 것이다. 또한 한결의 주되심의 신학은 창조와 구속을 통합하는 것이다. 구속질서를 창조질서와 분리하면 근본주의에 이를 위험이 있고, 구속질서와 관련 없이 창조질서만 강조하면 신학이 자유주의신학이나 인문에 그칠 가능성이 있기 때문이다. 구속은 창조질서를 새롭게 하는 것을 목표로 한다. 구속은 세계복음주의운동이 마닐라에서 채택한 '복음의 총체성'과 결을 같이한다. 그것은 복음의 사회성을 강조한다. 이러한 주되심의 신학은 인간의 삶과 인류의 역사 과정을 강조하는 헤브라이즘의 관점에서 재해석하는 것이고, 기본적으로 종교개혁신학 특히 요한 칼빈의 개혁신학의 전통에 바탕을 둔 것이다.

한결의 신학적 관심은 지난날의 신학을 되풀이하는 것에 그치는 것이 아니라 그것의 값진 전통을 오늘이라는 상황에 새롭게 적응하는 데에 있다. 신학의 주된 관심인 '하나님의 사람으로서 믿음의 공동체'는 살아가는 데에 있어서 자신이 속한 상황과 결코 떨어질 수 없기 때문이다. 하나님의 말씀은 계시이기 때문에 절대적이고 따라서 비판 받을 수 없다. 하지만 신학은 그 말씀에 대한 인간의 해석이다. 인간은 삶이라고 하는 상황에 발을 딛고 서 있다. 인간의 삶의 정황은 고정되어 있지 않고 변한다. 따라서 신학은 언제나 새로워져야 한다. 현대신학은 오늘이라는 삶의 상황에 대한 통찰력을 준다. 따라서 한결은 언제나 개혁신학의 전통을 오늘이라는 삶에서 발전시켜 가는 것을 주요 과제로 삼고 있다.

하지만 한결은 지난 23년간의 교수 생활을 돌아보면서 학교 형편상 어쩔 수 없이 맡아야 하는 보직을 너무 많이 맡다 보니 연구를 많이 못하게 되어 아쉽다고 술회한다. 그래서 은퇴하고 나서는 한국에 있든지 영국에 있든지 그동안 미처 다하지 못한 이러한 연구들에 매진하고 싶다고 다짐한다. 현재 그가 집필하고 있는 책도 Christ as the Lord로 그리스도의 주되심을 밝히 드러내는 기독론이다.

한결 신현수 박사의 공헌

한결은 평택대학교에서 23년 동안 조직신학 교수로 가르치면서 많은 학자를 배출하였다. 그의 지도로 박사학위를 받은 사람은 다음과 같다. 김남현 박사, 김동석 박사, 김문용 박사, 김종한 박사, 김학인 박사, 김현주 박사, 신선자 박사, 윤천석 박사, 이계자 박사, 이성범 박사, 이용숙 박사, 이정복 박사, 이형진 박사, 장영훈 박사, 전대경 박사, 조성희 박사, 조영린 박사, 영어과정으로 Obed Maru 박사, Timothy 박사, Wu Nun 박사 등 20명이 있다. 또한 그의 지도로 신학석사(Th. M.)와 문학석사(M .A.) 신학석사(M. T. S.) 및 목회학 석사(M. Div.)를 받은 사람은 일일이 이름을 말할 수 없을 정도로 많다. 이외에도 개인적으로 그의 지도로 조직신학분야에서 박사학위를 받은 사람은 강두형 박사, 안인선 박사, 박계숙 박사, 이우금 박사, 조덕영 박사 및 최정자 박사 등이 있다.

한결은 대학교에서 교육하는 일뿐만 아니라, 여러 학회 활동을 하였다. 1998년 그는 당시 연세대학교 사회학과 박영신 교수를 비롯한 일반 대학교 교수들과 함께 한국인문사회과학회를 창립하였다. 이 학회는 그것이 설립되기 이전부터 있었던 한국인문사회과학원에서 「현상과 인식」이라는 학술지를 펴냈는데 그것이 학회가 펴내는 학술지라야 기고자가 학교에서 논문 점수로 인정을 받는다고 하여 학회로 발전시켰다. 이 학회에서 초대 회장은 박영신 교수이고 한결은 초대 총무를 맡았다. 후에 한국인문사회과학회에서 한결은 이사, 부회장 및 회장을 역임했다. 또한 한결은 한국개혁신학회에서는 재무이사와 연구이사를 역임했고 지금까지 활동하고 있으며, 한국복음주의조직신학회의 회장을 역임했다.

또한 한결은 시민사회 활동도 적극적으로 했다. 그는 2010년에 기독교시민단체인 '샬롬을 꿈꾸는 나비행동'(약칭 샬롬나비)을 당시 숭실대학교 김영한 교수와 더불어 창립하였고 재무이사, 발전이사를 거쳐 지금은 공동대표로 활동하고 있다. 그리고 평택샬롬나비를 창립해서 공동대표를 거쳐 현재 대표로 있다. 한 걸음 나아가, 약 10년 동안 세계적인 네트워크가 있고 이명박 전 대통령이 회원으로 있었던 한국기독실업인회(CBMC) 평택지회 지도 목사로 섬기고 있다. 그리고 몇 년 전부터 평택미래전략포럼 상임고문으로도 활동하고 있다.

결 론

한결이 조직신학을 연구하게 된 것은 연세대학교 철학과에서 철학과 법학을 공부한 것이 계기가 되었다고 말한다. 그리고 조직신학자로서 그에게 가장 큰 영향을 준 학자는 은사인 합동신학대학원의 신복윤 교수와 ACTS의 한철하 교수 및 숭실대학교 기독교대학원의 김영한 교수였다고 술회한다. 그리고 신학자로서의 자세와 열정에서는 성경주석가 정암 박윤선 박사다. 한결이 영국에서 유학생활을 하는 동안 늘 마음에 새긴 말은 그가 유학을 떠나올 때 자신에게 해준 그의 말이다. "신학자에게 공부가 사역이니만큼 죽을 각오로 공부하라." 또한 박윤선 목사는 목회자의 덕성 면에서 한결에게 크게 영향을 끼쳤다. 화평교회는 박윤선 목사가 개척한 교회다. 한결은 합동신학교뿐만 아니라 이 교회에서 영국으로 유학을 가기 전까지 3년이 넘도록 박윤선 목사를 가까이 모시면서 큰 감명을 받았다고 회고한다.

한결은 지난날 자신의 생애에 하나님께서 구체적으로 간섭하셨다는 것을 절실히 믿고 있다. 어려운 과정에서도 합력하여 선을 이루어 오신 하나님의 사랑을 확신한다고 말한다. '아, 하나님께서 이렇게까지 내 삶을 이끌어 오셨구나!'라며 말이다. 특별히 놀라운 것은 하나님이 그를 통해 자신의 집뿐만 아니라 친척까지 복음화 하였다는 사실이다. 한결을 통해 어머니와 아버지가 예수님을 믿었고 형제들과 집안 그리고 철저한 불교신자라서 그가 오는 것을 달갑게 여기지 않았던 이모도 권사의 직분을 받고 여선교회 회장으로 섬기다가 하늘나라로 갔다. 한 마디로 시골 촌뜨기 어린 초등학생이 예수 그리스도를 주로 믿고 구원 얻었을 뿐만 아니라, 오늘에 이르기까지 숱한 어려운 과정을 견디게 하고, 나아가 남을 가르치고 섬기는 신학자와 목회자가 되게 한 것은 하나님의 놀라운 섭리가 아닐 수 없다.

한결은 기회 있을 때마다 이런 하나님의 사랑과 은혜를 사랑하는 아내와 두 자녀에게 말하곤 한다. 이러한 훌륭한 신앙교육을 받고 자란 딸 신은아는 영국의 명문 런던정경대학(LSE)의 법학과를 졸업한 후에 런던 법학전문대학원을 거쳐 영국 런던에서 Senior 국제 에너지 전문 변호사로 일하고 있고, 아들 신은철은 런던유니버스티대학(UCL) 컴퓨터학과를 졸업한 후에 세계적으로 유명한 미국 금융회사에서 Director로 기업합병 업무를 하고 있다.

앞으로 한결의 영적·학문적 제자들이 그에게 받은 영향을 다시 다른 하나님의 사람들에게 계속하여 나누어주기를 기대할 뿐이다.

신현수 박사 가족

부총장으로 학위수여식

샬롬나비 학술대회에서 좌장

한국복음주의 조직신학회 공로패 수여

샬롬을꿈꾸는나비행동 발표회

저서
『개혁신학과 현대 사회』

경력

● 교 육

평택대학교 신학대학원 전임강사 (1998. 09. 01~2000. 10. 03)

평택대학교 신학대학원 주임교수 (1999. 09. 01~2001. 08. 31)

평택대학교 피어선신학전문대학원 조교수 (2000. 10. 04~2005. 03. 31)

평택대학교 교목실장 (2005. 09. 01~2013. 02. 28)

평택대학교 피어선신학전문대학원 부교수 (2005. 04. 01~2011. 03. 31)

평택대학교 피어선신학전문대학원 정교수 (2011. 04. 01~2021. 02. 28)

평택대학교 교학부총장 (2013. 03. 01~2014. 02. 28)

평택대학교 부총장 (2014. 03. 01~2015. 06. 30)

평택대학교 피어선신학전문대학원장 (2015. 07. 01~2016. 12. 31)

◎ 평택대학교 피어선신학전문대학원에서 23년간 조직신학을 가르치면서 논문지도로 국내외학생(영어과정포함) 20명 이상의 철학박사와 수십 명의 신학석사/문학석사 배출

● 학 회

한국인문사회과학회(학술지: 현상과 인식) 총무이사 (1998. 10. 05~2000. 12. 31)

한국개혁신학회(학술지: 한국개혁신학) 재무이사 (1999. 01. 01~2000. 12. 31)

한국개혁신학회(학술지: 한국개혁신학) 연구이사 (2001. 01. 01~2002. 12. 31)

한국인문사회과학회(학술지: 현상과인식) 부회장 (2001. 01. 01~2014. 12. 31)

한국사회이론학회(학술지: 사회이론) 부회장 (2004. 01. 01~2020. 12. 31)

기독교학술원 회계 및 연구이사 (2008. 01. 01~2021. 02. 28)
한국복음주의조직신학회 회장 (2008. 12. 01~2010. 11. 06)
한국인문사회과학회(학술지: 현상과 인식) 회장 (2015. 01. 01~2016. 12. 31)
사단법인 한국인문사회과학원 이사 (2016. 05. 26~2018. 05. 26)

● 목 회

대한예수교 장로회(합신) 화평교회 교육전도사 (1985. 05. 16~1986. 04. 09)
대한예수교 장로회(합신) 화평교회 강도사 (1986. 04. 10~1987. 05. 09)
대한예수교 장로회(합신) 화평교회 부목사 (1987. 05. 10~1988. 10. 05)
영국 런던 소재 King's Cross 한인교회 협동목사 (1991. 09. 01~1994. 08. 31)
대한예수교장로회(합신) 화평교회 협동목사(청년부 2부지도 및 영어예배 담당) (1998. 03. 01~2009. 12. 31)
평택대학교회 담임목사 (2010. 01. 10~2013. 02. 28)
대한예수교 장로회(합신) 화평교회 협동목사 (2013. 03. 01~2021. 02. 28)
사단법인 한국기독실업인회 평택지회 지도목사 (2012. 01. 01~2020. 12. 31)

● 시민단체 활동

샬롬을꿈꾸는나비행동 재무이사 (2008. 05. 25~2009. 12. 31)
샬롬을꿈꾸는나비행동 발전이사 (2010. 01. 01~2010. 12. 31)
샬롬을꿈꾸는나비행동 공동대표 (2015. 01. 01~2020. 12. 31)
평택샬롬나비 공동대표 (2011. 06. 18~2020. 12. 31)
평택미래전략포럼 상임고문 (2018. 12. 14~2020. 12. 31)

연구 목록

● 박사학위 논문

The Reconciliation of the World in the Theology of W. Pannenberg (Ph. D. Diss., University of Glasgow), 1997

● 저 서

『칼뱅주의 논쟁』(공저), 서울: 북코리아, 2010
『개혁주의 영성의 기초』(공저), 기독교학술원출판부, 2010
『기독교알기』(공저), 서울: 이컴비즈넷, 2011
『개혁신학과 현대사회』, 서울: 기독교문서선교회, 2015
『관상기도, 성령의 은사, 방언』(공저), 서울: 기독교학술원출판부, 2019

● 번역서

아더 T. 피어선, 『케직운동』, 서울: 생명의말씀사, 2001
아더 T. 피어선, 『성서와 영적 삶』, 서울: 보이스사, 2007
아더 T. 피어선, 『거룩한 삶의 근본 진리』, 평택: 평택대학교출판부, 2012

● 연구 논문

"The Unity of the Church and the Unity of Humanity in W. Pannenberg," 『사회과학연구』 2/1 (평택대학교 사회과학연구소): 319-331. 1998.

"The Cross Event in W. Pannenberg," Theologia-Diakonia 32: 119-143. 1999.

"A Critical View of Pannenberg's Concept of Universal History," 『평택대학교 논문집』 11: 45-57. 1999.

"Pannenberg's Concept of Theology: A Critical View," 『복음과 신학』:

135-163. 1999.
"기독교 신학의 근거와 선한 사회," 『현상과 인식』 23; 1/2(한국인문사회과학회): 79-95. 1999.
"판넨베르크 기독론 형성에 미친 영향," 『평택대학교 논문집』 13: 3-16. 1999.
"복음의 신학," 『평택대학교 논문집』 12: 15-27. 1999.
"기독교 신학에 있어서 믿음과 행위 문제," 『복음과 신학』 4: 63-84. 2001.
"교회의 사회적 책임," 『한국개혁신학』 10 (한국개혁신학회): 118-133. 2002.
"구원론적 관점에서 본 한국강단의 위기와 그 극복," 『복음과 신학』 5: 31-46. 2002.
"르네상스 인문주의와 스위스 종교개혁," 『현상과 인식』 27/3(한국인문사회과학회): 120-143. 2003.
"복음과 사회적 책임," 『성경과 신학』 33 (한국복음주의신학회): 150-173. 2003.
"한국교회 신학의 새로운 지평: 그리스도의 주되심," 『역사신학논총』 5: 233-250. 2003.
"피어선 신학에 있어서 복음의 사회성," 『복음과 신학』 6: 33-52. 2003.
"기독교적 전망에서 본 세계 평화," 『한국개혁신학』 15: 91-119. 2004.
"'하나님의 형상'에 비추어 본 공자의 이상적 인간 개념," 『성경과 신학』 37: 511-536. 2005.
"참된 인간성 계발을 위한 기독교 교육," 『복음과 신학』 8: 135-148. 2005.
"공자의 교육개념," 『현상과 인식』 29; 1/2(한국인문사회과학회): 35-53. 2005.
"21세기 한국교회 사역의 방향," 『현상과 인식』 30/3 (한국인문사회과학회): 105-122. 2006.
"기독교적 관점에서 본 경제적 빈곤," 『사회이론』 29 (한국사회이론학회):

86-98. 2006.
"영산에 있어서 샬롬의 하나님," 『영산신학저널』 3/2 (한세대학교): 135-164. 2006.
"The Social Function of the Christian Faith," 『21세기 한국 신학의 방향』 (선학사): 834-846. 2006.
"기독교 관점에서 본 오늘날 한국사회의 문제점과 그 극복 방안," 『기독교사회연구』 4 (숭실대학교 기독교사회연구소): 45-70. 2006.
"봉경 이원영의 구원론 연구," 『복음과 신학』 10: 135-152. 2008.
"칼뱅의 신학과 16세기 프랑스 인문주의," 『현상과 인식』 33/3: 126-143. 2009.
"피어선 신학에 있어서 구원의 개념,", 『복음과 신학』 11: 213-228. 2009.
"기독교 대학의 바람직한 채플의 방향" 『한국신학논총』 8: 135-150. 2009.
"주되심의 영성," 『개혁주의 영성의 기초』: 144-162. 2010.
"피어선의 성서관," 『복음과 신학』 12 (2010): 141-156. 2010.
"피어선의 교회관," 『복음과 신학』 13 (2011): 75-90. 2011.
"피어선에 있어서 그리스도인의 사회적 책임," 『복음과 신학』 13 (2011): 229-246. 2011.
"한경직과 피어선에 있어서 사회봉사," 『피어선신학논단』 4권 2호(7집): 89-120. 2015.
"케직의 교사, 피어선의 영성," 『피어선신학논단』 8권 2호(15집): 67-95. 2019.

● 학술대회 발표

"공정사회의 신학적 이념과 실천 방안," 샬롬을꿈꾸는나비행동 정기학술대회. 2011.
"기독교의 눈으로 본 폭력," 한국사회이론학회 정기학술대회. 2012.
"리차드 도킨스 신관 비판," 기독교학술원. 2012.

“피어선의 성령론,” 피어선기념정기학술대회. 2013.
“권력과 우리 사회-독일 바르멘 선언을 중심으로,” 한국사회이론학회 정기학술대회. 2013.
“칼빈신학의 관점에서 본 사회봉사,” 칼빈 500주년기념학술대회. 2015.
“기독교와 무슬림의 대화,” 피어선기념정기학술대회. 2016.
“고령화 시대의 교회의 과제,” 샬롬을꿈꾸는나비행동 정기학술대회. 2016.
“케직의 교사, 피어선의 영성,” 기독교학술원. 2018.
“영국교육이 영국사회에 미친 영향력,” 평택미래전략포럼 정기학술대회. 2018.
“기독교의 관점에서 본 3.1운동 정신과 그 계승방향,” 한국사회이론학회 정기학술대회. 2019.
“샬롬을꿈꾸는나비행동이 나아갈 발향,” 샬롬을꿈꾸는나비행동. 2019.

● **신문사 기고**

“주되심의 영성,” 복음신문 연재칼럼 100회 이상. 2014~2016.
“한국교회 신뢰회복,” 기독교신문. 2019.
“영국사회의 특성,” 평택자치신문 8회. 2020.

전대경 교수

한양대학교 공과대학 지구환경공학과 공학사 (B. Sc.)
미국 Hyles-Anderson College 교육학과 교육학석사 (M. Ed.)
미국 Hyles-Anderson Seminary 신학과 목회신학석사 (M. P. Th.)
서울대학교 자연과학대학 과학사 및 과학철학 협동과정 과학철학 전공 이학석사과정
평택대학교 피어선신학전문대학원 조직신학 전공 철학박사 (Ph. D.)

한국외국어대학교 특임강의교수 역임
성서침례대학원대학교 강사 역임
서울대학교 평생교육원 강사
평택대학교 신학과 강사
성결대학교 신학부 강사

번역서_Grenz, Stanley J. Revisioning Evangelical Theology. 전대경 역. 『복음주의 재조명』. 서울: CLC, 2014. 1. 13.

윤철호 박사

윤철호 박사의 생애와 신학[1)]

최유진_호남신학대학교 조교수

장로회신학대학교 신학과
장로회신학대학교 신학대학원
Princeton Theological Seminary (Th. M.)
Northwestern University (Ph. D.)

낙원벧엘교회 담임목사
장로회신학대학교 조직신학 교수
온누리교회 석좌교수
한국조직신학회 회장
미래신학연구소 대표

이스라엘에서 시작된 기독교는 로마제국을 거쳐 구미에서 그 학문적 체계가 형성되어 각 나라에 전래되어 오늘에 이른다. 한국에 기독교의 전래가 1884년 4월 5일 아펜젤러 선교사 부부와 언더우드 선교사의 제물포항 도착부터라고 간주한다면 올해로 한국 개신교는 135주년이 되었다.

한국 기독교회사가 배출한 훌륭한 신학자들 속에 한 명인 윤철호 교수를 소개한다. 윤 교수는 1901년 개교한 평양장로회신학교 후신인 장로회신학대학교의 조직신학 교수로 30년간 재임한 후 은퇴한 신학자이다. 신학자 중에는 교수와 목회를 병행하는 사람들도 있으나 윤 교수는 오롯이 학생들을 가르치고, 다수의 질 높은 신학서와 논문을 저술했고, 동료들과 후배들과 함께 건강한 한국 신학의 생태계를 가꾸기 위해 다수의 학회를 일구는데 헌신했다.

이 글은 그가 신학에 첫 발을 내디딘 1980년부터 2020년 현재까지 한국사회와 한국교회의 시대적 아젠다를 씨름하고 창조적으로 전유한 그의 신학여정을 중심으로 기술할 것이다. 이를 위해 그의 생애를 간략하게 다룬 후 그의 신학적 특징인 "통전적 신학"에 대해서 다룰 것이다. 그 후 그가 통전적 신학 비전을 이루기 위해 신학의 여러 주제들, 즉 삼위일체론, 그리스도론, 해석학과 신학방법론, 인간론과 학제간 연구, 자연신학, 공적신학, 설교비평을 어떻게 통전적으로 정립해 나가는지를 설명할 것이다. 각 주제에서 씨름한 그의 치열하고 신실한 신학적 응답이 향후 시대적 과제를 직면하여 신학적 이론과 실천을 고민하는 한국 신학자들과 목회자들에게 도전과 본이 될 수 있을 것이라고 믿는다.

1 이 글은 윤철호 교수 정년 은퇴 기념 논문집, 『예루살렘과 아테네: 신학방법론』 (장로회신학대학교 출판부, 2020)에 실린 졸고, "윤철호 교수의 생애와 사상"을 수정, 보완한 글이다.

윤철호 교수의 생애

믿음: "예수 잘 믿다 오너라."

윤철호(尹哲昊)는 1955년 4월 1일 서울의 약수동(지금의 중구 신당동)에서 아버지 윤귀득(尹貴得) 장로와 어머니 정보비(鄭寶妣) 권사 슬하의 열 형제 중 막내로, 파평 윤씨(坡平尹氏) 대언공파(代言公派) 33대손으로 태어났다. 아내 강현숙(정신과 의사, 국제정신분석가)과의 사이에 아들 윤현철과 윤현호를 두었다. 부모님은 황해도 황주가 고향이며, 1.4 후퇴 때 남한으로 피난 내려온 독실한 기독교인이셨다. 형님들 중 여덟 명은 이북에서 태어났고, 그중 두 분은 다 성장해서 질병과 사고로 세상을 떠났다. 공산당원들이 조선민주당 당원이었던 아버지를 핍박하여 첫째와 둘째를 뺀 나머지 가족이 함께 월남하여 이산가족으로 남한에 정착하게 된다. 우리나라 현대사의 비극과 연결되어있는 가족사는 후에 그의 통일신학에 많은 영향을 준다.

그는 독실한 신앙의 가문에서 성장했으나 아버지의 연이은 사업 실패와 어머니의 오랜 투병과 이른 소천으로 정서적, 경제적으로 혹독한 사춘기 시절을 겪게 된다. 그러나 그가 신앙을 잃지 않고, 목사가 된 이유는 41세에 막내아들인 그를 낳고 지극히 사랑하다가, 그의 고등학교 졸업하던 해 61세의 나이로 소천하신 어머니께서 "예수 잘 믿다 오너라." 라는 유언을 남겼기 때문이었다.

이 유언을 마음에 품고 있던 그는 그 후 군 생활을 하게 되는데 갑작스러운 허리 부상으로 서울수도통합병원과 대전통합병원의 병상에서 11개월 넘게 보내게 되었다. 이때 그는 하나님께서 이스라엘 백성을 40년 동안 광야에서 연단하신 것처럼, '나를 이 길로 몰아 넣으셨구나'고 생각했다고 회고한다. 이 기간 동안 그는 원망이나 불평이 아니라 기도를 많이 했다고 한다. 경제적 어려움, 어머니의 이른 별세, 육체적 질병 등의 이 모든 고난은 하나님의 연단 과정이며, 이 과정은 그에게 하나님을 만나는 은혜의 시간이 되었다. 그리고 이런 연단 과정을 거쳐 그는 마침내 목사가 되기 위해 신학교에 가겠다는 결심을 하게 된다.

사랑: 광나루와 에반스톤에서의 신학 수업

그는 제대 후 1980년 장로회신학대학교 신학과에 입학한 후 사랑하는 어머니의 유언에 따라 신학의 여정을 걷기 시작한다. 신학 수업을 하는 중에 두 분의 잊을 수 없는 은사님을 만나게 되는데, 그중 한 분은 장로회신학대학교 조직신학 교수, 이종성 학장이다. 이 학장은 장신대의 신학적 정체성을 세우기 위한 초석을 놓은 분인데 이 분 밑에서 조직신학의 기초 실력을 연마하게 된다. 이 학장의 신학은 칼빈과 바르트의 개혁신학 전통에서 다른 전통들을 폭넓게 아우르는 통전적 신학이다. 다시 말하면 '열린 복음주의적 애큐메니칼 신학'이라고 할 수 있다. 그는 장로회신학대학교 학부를 졸업하고 신학대학원 졸업논문으로 「Karl Barth의 교회 교의학에 나타난 계시론 연구」(1986)를 저작하게 된다.

그는 1986년 신학대학원 졸업 후 도미하여 프린스톤신학대학원에서 신학석사(Th. M.) 과정을 마치고, 1987년 시카고 교외 에반스톤에 위치한 노스웨스턴대학교와 게렛신학대학원 공동으로 진행하는 박사(Ph. D.) 과정을 시작한다. 그리고 그 곳에서 운명처럼 또 한 분의 잊을 수 없는 은사, 제임스 윌(James E. Will) 교수를 만나게 된다. 그는 유학 중에 한 번도 어떤 공부를 해야겠다는 계획을 세운 적이 없었고, 하나님의 인도하심에 자신의 인생을 맡겼는데 결국에는 이 과정이 자신에게 더 없는 축복이었다고 회고한다. 이 과정이 그의 인생에 축복이 된 이유는 노스웨스턴대학교와 게렛신학대학원에서의 새로운 신학의 여정 때문이었다. 그는 노스웨스턴대학교에서 철학적 현상학, 인류학, 종교 현상학, 불교 등에 관해 공부했다. 그리고 게렛신학대학원에서는 윌 교수의 지도로 틸리히, 해석학, 과정 사상을 공부했으며, 로즈매리 류터로부터 여성신학을 배웠다. 그는 폴 틸리히와 존 캅의 신학을 비교하는 논문, "God's Relation to the World and Human Existence in the Theologies of Paul Tillich and John B. Cobb, Jr." (폴 틸리히와 존 캅의 신학에 나타난 하나님의 세계와 인간 실존과의 관계)를 쓰고 1990년 박사학위를 취득했다. 이 책은 후에 『세계와의 관계성 안에 계신 하나님』(서울: 한국장로교출판사, 2006)으로 번역·출판되었다.

그는 노스웨스턴-게렛에서 교파적 당파성에 얽매이지 않는 에큐메니칼한 신학적 영성을 배웠다. 노스웨스턴-게렛은 탄성이 높고 유연한 그만의 신학을 만들어내는 용광로와 같았고, 그에게 급진적인 방식과 보수적인 방식을 한국장로교 안의 신학적 전통 안에 잘 녹여내어 세계신학 안에 균형 있게 자리매김 할 수 있는 토대를 마련해 주었다. 그는 향후 노스웨스턴-게렛에서 연구한 종교학, 철학, 신학의 간학문적 기초를 토대삼아 아시아적인 컨텍스트 안에서 아시아적인 모티브를 가지고 연구의 지평을 넓혀나가는 소망을 가지고 있다.

그는 자신이 성공적으로 박사과정 생활을 할 수 있었던 이유가 지도교수인 윌 교수와의 사랑과 우정 때문이라고 회고한다. 한국으로 돌아와서 윌 교수를 한국에 모셔 교제를 하기도 했고, 윌 교수의 타계 전까지도 이메일과 SNS로 신학적, 인간적 사랑의 교류를 지속했다. 어머니와 두 분의 은사님들께 받은 사랑은 후에 제자들과 학교, 한국교회, 한국신학에 대한 사랑과 열정으로 결실을 맺게 된다.

소망: 다시 광나루에 우뚝 서다.

유학을 마친 후 그는 1990년 9월부터 2020년 8월 은퇴할 때까지 장로회신학대학교 조직신학과 교수로 재임한다. 그는 재임 기간 중 학부, 신학대학원, 대학원 수업 등 어떤 과정의 어떤 과목의 수업에도 철저한 준비와 성실함으로 임했다. 방학 중에는 다음 학기 강의를 위한 공부를 했으며 때때로 학생들과 스터디 모임을 갖기도 했다. 이는 질 높은 수업의 결과를 낳았다. 그는 늘 새로운 분야의 새로운 책을 선정해서 학생들을 지적으로 자극했다. 수업 분위기는 자유로웠고, 모든 비판에 열려있었고, 지식에 대한 일방적인 수용이 아니라 비판적 사고를 할 수 있게 이끌었다. 겸손과 성실과 관용과 인내와 사랑으로 학생들을 대했기 때문에 학생들에게 지적인 자극뿐만 아니라 정서적, 정의적인 영향력을 끼쳤다. 수업 외에도 수업을 위한 좋은 교재 집필과 번역, 새로운 논문을 저술하기 위해서 시간과 에너지를 쏟았다. 그는 끊임없이 새로운 신학적 주제들에 도전했다. 그의 기독론, 해석학, 설교학, 삼위일체론, 인간론, 공적 신학, 신학과 과학 등의 주제들은 끊임없이 새로운 신학적 주제들을 천착해 나간 그의 도전 과정을 잘 보여준다. 그가 이 과정에서 저술한 신학 논문과 저서들은 한국 신학의 발전에 크게 기여했으며, 그는 국가 및 기독교 기관으로부터 다수의 상을 수상하였다.

그는 또한 수업과 저술 이외에 대학행정 업무, 즉 교학처장, 연구지원처장, 신학대학원장을 비롯한 교수평의회 및 대학평의회 의장 등 장신대의 다양한 보직을 탁월하게 수행하였다. 이와 더불어 학자로서 학교 밖의 여러 가지 학회 활동도 소홀함 없이 해내었다. 그는 한국화이트헤드학회 편집위원, 한국조직신학회 회장, 기독교통합신학회 회장, 온 신학회 회장 등 다양한 직책을 두루 훌륭하게 감당해내었다. 현재는 미래신학연구소의 소장으로 한편으로는 한국신학의 지평을 넓히고 깊이를 심화시키고, 후배 학자들과 교류하고 협업하는 일을 지속하며, 다른 한편으로는 성서, 신학, 설교(BTS) 모임을 통해 목회자들의 실제적인 설교를 돕는 일을 하고 있다.

그가 스스로 "하나님께서 일찍이 기가 막힌 웅덩이에 던져져 아무런 소망이 없던 자를 불쌍히 보시고 긍휼과 자비를 베푸셔서 지금 여기까지 인도해 주셨다."[2]라고 고백하듯이, 지금까지의 그의 생은 믿음에 기초한 사랑의 관계 속에서 푯대를 향하여 그리스도 예수 안에서 하나님이 위에서 부르신 부름의 상을 위하여 달려간 소망의 여정이었다.

윤철호 교수의 사상

사상적 특징: 통전적 신학(에큐메니컬적 포스트 토대주의 신학)

윤 교수의 사상적 특징을 기술하기 위해서는 장신대의 신학 방향과 특징을 다루지 않을 수 없다. 그의 신학과 장신대의 신학 방향과 특징은 떼려야 뗄 수 없는 관계에 있기 때문이다. 그는 장신대 학부와 신대원에서 신학을 시작한 이래, 석사와 박사 학위를 취득하기 위해 도미한 시간을 제외하고는 은퇴하기 전까지 장신대를 떠난 적이 없다. 앞서 언급했듯이 특히 그는 이종성 학장에게서 신학의 기초를 배우게 되는데, 이 학장은 평양과 남산을 거쳐 정착한 장신대의 광나루 시절을 연 인물이라고 할 수 있다. 이 학장은 특히 자신의 신학의 특징을 '통전적 신학'이라고 이름 붙였고, 이는 장신대 신학의 정체성으로 자리매김 된다.

김명용에 의하면 통전적 신학이란 "모든 것을 통(統)합해서 온전함에

2 윤철호, 『한국교회와 하나님 나라를 위한 공적 신학』 (서울: 새물결플러스, 2019), 16.

이르고자 하는 신학"이라고 정의한다. "통전적 신학은 편협함을 극복하고, 중요한 정신과 관점들을 소홀히 하거나 간과하지 아니하고 가능한 한 모든 진리를 통합해서 온전한 신학을 형성하고자 하는 신학"이라는 것이다.[3]

그러나 윤 교수는 단순히 자신이 속해있던 장신대의 신학 정체성이 통전적 신학이기 때문에 통전적 신학을 추구하는 것은 아니다. 그는 기독교 신학이 통전적인 이유를 하나님의 보편적 실재성과 복음의 온전성에서 찾는다.

> 기독교 신학의 통전성은 궁극적으로 하나님의 보편적 실재성에 근거한다. 즉 신학의 대상인 하나님은 보편적 하나님으로서 모든 실재와 진리와 의미와 관점을 자신 안에 포괄한다. 그리고 무엇보다 성서가 증언하는 예수 그리스도가 선포한 하나님 나라의 복음 자체가 통전적인 인간의 구원과 창조세계의 완성을 지향한다. 즉 기독교의 복음은 영혼과 육체, 개인과 공동체와 역사, 인간과 자연과 우주 전체의 통전적인 구원과 화해와 완성을 목표로 한다.[4]

이렇듯 그는 기독교 신학은 본유적으로 통전적일 수밖에 없다는 것을 주장하며 "좌와 우, 아래와 위, 긍정과 부정, 개별자와 보편자, 특수성과 일반성, 믿음과 지식과 실천을 아우르고 조화시키고 통합"하는 역동적이고 변증법적인 과정을 통합한 "통전(統全)"적 신학을 제안한다.[5] 그는 통전적 신학을 위한 방법론으로 대립과 갈등을 지양하고 부분적 진리를 아우르고 통합시키는 "회통(會通)"을 통한 "화쟁(和爭)"을 추구했던 원효의 화쟁사상을 제안한다.[6] 화쟁사상의 관점에서 보면 '통전적

3 김명용, 『통전적 신학』 (서울: 장로회신학대학교 출판부, 2004), 54.
4 윤철호,『예루살렘과 아테네: 신학방법론』 (서울: 장로회신학대학교 출판부, 2020), 454.
5 위의 책.
6 위의 책, 478.

(統全的)' 방법론은 하나의 특정한 관점에 얽매이지 않고 자유롭게 다른 관점들이 상통(相通)한다는 의미에서 또한 '통전적(通全的)' 방법론이기도 하다. 따라서 그의 신학은 실존적인 교의학적 신학, 사회참여적 신학, 문화자유주의 신학의 모든 교파의 신학 특징이 에큐메니컬의 목적으로 대화할 수 있게 하며, 상대적 적절성이란 기준에 의거하여 진리 주장을 향해 종말론적으로 나아가게 한다.

윤 교수는 이 같은 통전적 신학 비전을 이루어 나가기 위해 통전적 신학방법론을 통해 아래의 각 주제들을 보다 더 온전하게 다루기 위해 평생을 씨름했다.

그가 씨름한 신학 주제들

여기에서는 윤 교수가 씨름하던 신학적 주제들, 즉 하나님과 세계, 그리스도론, 해석학과 신학방법론, 인간론과 학제간 연구, 기독교 자연신학, 공적신학, 설교비평을 통해 통전적 신학을 추구한 예를 기술할 것이다.

하나님과 세계

그에게 신학의 첫 출발점은 하나님과 세계 사이의 관계성이다. 그는 유학 시절 서구 신학계가 고전적 유신론의 '무감동의 신'과 씨름하면서 해결하고 싶어 하던 하나님과 세계와의 관계성 문제에 천착한다. 그는 이때 화이트헤드(Alfred N. Whitehead)의 과정사상과 그의 사상을 신학에 전유한 잔 캅(John B. Cobb Jr.)을 만나게 되고, 하나님의 양극성, 즉 시원적 본성(창조)과 귀결적 본성(구원)이 하나님과 세계와의 관계를 고전적 유신론 보다 더 잘 해명할 수 있다고 간주하며 만유재신론적 신론에 기초한 하나님과 세계와의 관계를 기술했다. 그는 그의 학위 논문에서 잔 캅을 보다 전통적인 신학자 폴 틸리히와 비교하며 하나님과 인간 실존과의 관계를 조망한다. 그는 논문을 번역 출간했는데 이 책은 그의 학문 탐구의 시작과 방향성을 감지하는데 중요한 저서이다.

> "세계와 인간 실존과의 관계성 안에 계신 하나님"은 신학의 중심 주제이자 내용 전체이다. 다시 말하면, 이 표제는 조직신학 체계 안의 신론, 창조론, 인간론, 죄론, 기독론, 구원론, 교회론, 역사와 종말론을 모두 포함하는 포괄적인 주제이다. 기독교 신학은 세계와 인간 실존과의 관계성을 떠나서는 어떤 하나님에 대하여도 이야기할 수 없다. 물론 이 말은 하나님의 존재 자체가 세계와 인간 실존과의 관계성으로 환원된다는 의미는 아니다. 그러나 기독교 신학은 세계와 인간 실존과의 관계성 안에서 자신을 나타내시는 하나님 외에 다른 하나님을 알지 못한다. 신구약성서와 특히 신약성서에 기초한 기독교 전통은 예수 그리스도를 통하여 세계와 인간 실존과의 관계성 안에 들어오셔서 자신을 계시하고 인간과 세계를 구원하시는 하나님만을 증언하고 고백한다.[7)]

귀국한 후 그는 세계와의 관계성 안에 계신 하나님에 대한 논지를 보다 더 전통적인 기독교 교리적으로 확장해서 탐구했고, 이를 삼위일체론 안에서 풀어낸다. "삼위일체론의 본래적 의미는 세계와의 관계성 안에 계신 하나님의 변증법적 존재양식과 삶에 대한 구원론적 경험을 신학적으로 표현하는 데 있다."[8)] 그는 이러한 고민과 탐구 과정을 여러 해 동안 다수의 논문으로 발표했고, 『삼위일체 하나님과 세계』라는 책으로 묶어낸다.

그에 의하면 예수 그리스도를 성자 하나님으로 고백하는 기독교는 단

7 윤철호, 『세계와의 관계성 안에 계신 하나님』 (서울: 한국장로교출판사, 2006), 서문.
8 윤철호, 『삼위일체 하나님과 세계』 (서울: 장로회신학대학교, 2011), 126.

일신론적 유대교에서 분리시키면서 성자 예수와 보혜사 성령이 어떻게 같은 하나님이신지를 규명하며 그 신학을 발전시켰다. 그렇기 때문에 삼위일체는 기독교의 핵심교리이다. 그는 고대교회와 중세와 종교개혁시기의 삼위일체론과 현대 삼위일체론 논의를 변증법적 만유재신론의 관점에서 동·서방 삼위일체론의 통섭을 대안으로 내놓고 있다. 그는 동 · 서방 신학을 아우르는 통전적 삼위일체론에 필요한 다섯 가지 요소들을 제안하는데, 그것은 '세 위격이 동일 본질'이며, '세 위격은 페리코레시스적 관계 안에서 한 존재'를 이룬다는 것, '아들과 성령의 관계는 쌍방적이고 상호적인 필리오케와 스피리투케의 관계'라는 것, 그 '페리코레시스적 사랑의 관계'가 바로 삼위일체의 본질이며, '우리에게 그 사랑의 관계로 계시된 경세적 삼위일체의 하나님이 바로 내재적 삼위일체의 하나님과 동일함'을 고백하는 것이다. 결국 그에게 이런 동 · 서방 교회 전통의 삼위일체론은 "이 경세적 삼위일체, 즉 하나님이 세계와의 관계성 안에서 세계를 창조하고 구원하고 종말론적으로 완성하는 하나님의 변증법적 존재방식과 삶을 표현하는 데"로 합류하고 있다는 것을 확인하게 해준다. 이는 그의 박사 논문의 주제, 초월성, 불변성, 고통, 불가능성을 주장한 고전적 유신론에 대한 대안적인 신론으로 통전적인 만유재신론, 삼위일체론적 만유재신론을 주장한 것이다.

그것은 ① 경세적 삼위일체로 인식된 하나님을 설명하기 위한 삼위일체론적 만유재신론이어야 하며, ② 하나님께서 모든 것을 포괄하며 모든 것 안에 내재하는 동시에 모든 것 이상임을 설명하는 즉 내재성과 초월성의 긴장을 조율하는 변증법적 만유재신론이어야 하며, ③ 하나님께서 만유 안에 '충만하게' 거하시며, 모든 것이 변혁되고 구원받고 통합되는 하나님 나라의 완성을 소망하는 종말론적 만유재신론이어야 한다고 주장한다.[9] 그는 책의 마지막 부분에서 이러한 삼위일체적 변증법적 종말론적 만유재신론이 경험주의적인 현대 과학적 세계관 안에서 모순되지 않게 이해될 수 있는지에 대한 탐구도 덧붙이며 양자역학, 카오스이론 등과의 대화로 약한 창발, 강한 창발, 전체-부분 하향식 인과율, 부분-전체 상향식 인과율 모두가 하나님께서 자신의 행동 유형으로 사용하실 수 있음을 주장하며 통전적인 대답을 추구한다.

그는 이렇듯 세계와의 관계성 안에 계신 하나님에 관한 교리가 삼위일체론이라는 사실을 명확히 함으로써 특수한 구속사적 관점에서 나아가 보편적이며 우주적 관점을 신학의 스펙트럼에 포함함으로써 통전해낸다.

그리스도론

하나님과 세계의 관계성을 탐구한 후 귀국한 윤철호 교수는 다양한 과목을 가르치지만, 그의 대표적인 강의는 아마도 장로회신학대학원 신대원 필수 과목인 기독론일 것이다. 강의를 위해 심혈을 기울여 쓴 강의안을 수년 동안 윤문하여 『예수 그리스도』 상, 하(1998)로 출간하고, 이를 개정하여 『너희는 나를 누구라 하느냐: 통전적 예수 그리스도론』으로 출간했다. 그는 이 책에서 그리스도론이란 "'예수는 주이시다'라는 기독교 신앙의 기본적인 고백의 의미를 신학적으로 해명하기 위한 시도라고 정의한다."[10] 그는 예수 그리스도에 대한 바른 이해는 한편으로는 과거의 객관적, 역사적 현실에 대한 이해와 다른 한편으로는 성령 안에서의 현재적인 신앙경험으로부터 밀미암는다고 기술한다. 따라서 그리스도론의 과제는 실존적 고백의 과제와 역사적 과제를 동시에 가진다. 이러한 주관과 객관의 해석학적 순환의 과제는 오늘날 나의 개인적인 실존과 우리의 공동체적인 현실 속에서 "너희는 나를 누구라 하느냐?"에 대한 대답의 충실성에서 그 과제의 목표가 성취된다. 그는 이런 과제와 씨름하며 역사적 예수 탐구 문제에서부터 성서와 고대시대부

9 김경래, "윤철호 교수의 삼위일체론", 윤철호, 『예루살렘과 아테네: 신학방법론』. 550.
10 윤철호, 『너희는 나를 누구라 하느냐: 통전적 예수 그리스도론』 (서울: 대한기독교서회, 2013), 27.

터 시작된 그리스도론의 역사, 예수의 하나님 나라, 십자가와 부활, 현대의 서구학자들의 그리스도론(슐라이어마허, 바르트, 불트만, 본회퍼, 틸리히, 판넨베르크, 몰트만, 스킬레벡스, 존 캅, 존 힉)과 해방신학의 그리스도론(소브리노), 한국 토착화신학의 그리스도론(윤성범, 유동식, 변선환, 김광식, 서남동, 안병무, 김용복)을 다루며 그리스도론의 다양한 쟁점들을 소개한다.

그에 의하면 그리스도론은 기독교 신학의 중심이다. 예수 그리스도를 어떤 분으로 믿고 이해하느냐에 따라 우리의 신앙의 입장과 신학적 방향이 결정되기 때문이다. 따라서 신론은 예수 그리스도 안에 나타난 계시현실로부터 규정되어 최종적이고 규범적인 의미를 보증해야 하며, 성령론은 예수 그리스도의 잉태의 원천이자 그리스도의 영으로서, 현재의 우리를 2천 년 전 예수에게로 이끄는 분으로 기술되어야 한다. 창조론 또한 말씀으로 창조하시고 이 세계를 구원하시고, 종말에 있을 새 창조를 완성하실 예수 그리스도와의 연관성 속에서 이해되어야 한다. 이 땅에 자신이 시작하신 하나님 나라의 현실을 이루어 가시는 예수 그리스도와의 관련 속에서 교회론을, 예수 그리스도와 그분을 증언하는 성서라는 입장에서 성서를 해석해야 한다. 이렇듯 그에 의하면 그리스도론이란 중심과 모든 조직신학 주제는 연결되어야 한다.

그의 그리스도론 강의와 저술에서 가장 주목할 만한 공헌은 탄탄한 성서적 그리스도론의 바탕 위에 교차적이고도 입체적인 관점으로 전통적인 존재론적 그리스도론, 근대 이후의 실존론적 그리스도론, 실천적인 그리스도론 등을 통전적으로 엮어내고 있다는 것이다. 그는 고대의 그리스도론은 예수 그리스도와 하나님과의 관계, 그의 신성, 그의 내적인 본성과 정체성에 관련된 신학적 질문을 그 시대의 언어인 형이상학적 언어로 기술하는데 있었고, 이러한 존재론적 질문은 근대 이후 관계론적이고 실존론적이고, 윤리적 범주로 대체되었으나 이는 모두 '현재'

적 관점에서 "예수는 누구이신가?"라는 질문에 대한 대답이었다고 간주했다. 그러나 근대의 역사비평 이후 등장한 그리스도론은 예수 그리스도가 "누구셨고, 무엇을 하셨는지"에 대한 '과거'의 역사적 사실을 탐구하여 보완하였고, 현재와 과거에 대한 이해를 넘어 그분이 열어 보여주는 길을 따라 걷는 '미래'적 관점의 실천적 그리스도론이 요청된다고 보았다. 그는 통전적 그리스도론은 이런 현재-과거-미래적 세 관점에서 수행되어야 한다고 주장한다. 통전적 그리스도론은 '위로부터', '아래로부터', '바닥으로부터'의 방법론을 사용하며, 현재적인 고백적 신앙과 과거지향적인 역사적 탐구를 통한 앎과 미래지향적인 실천, 경건, 학문, 실천(pietas, scientia, exercitatio)을 아우른다.

해석학과 신학방법론

윤철호 교수는 신학이란 "기독교 메시지의 진리를 진술하는 일과 이 진리를 모든 새로운 세대를 위해 해석"하는 과제를 지닌다[11]는 틸리히의 정의에 동의한다. 그는 자신의 신학방법론에 가장 영향을 끼친 학자로 미국의 가톨릭 신학자 데이비드 트레이시를 꼽는데, 그는 틸리히의 상관관계방법론을 탈근대시대에 창조적으로 전유한 학자다. 윤 교수도 트레이시처럼 신학은 유비적 상상력을 통해서 성서를 오늘의 상황을 위해 해석하는 일이라 간주했다. 이 맥락에서 이상은은 윤 교수의 신학방법론의 특징을 다리놓는 일이라고 명명한다.[12] 윤 교수는 이 둘을 연결시키는 조직신학 고유의 과제를 수행하기 위해서 부단히 해석학 연구에 매진했다. "신학의 가장 큰 과제는 기독교 전통에 대한 올바른 해석을 통해 하나님, 세상, 그리고 인간에 대한 올바른 앎을 얻는 것이다."[13] 그

11 유장환, 『조직신학 I』 (서울: 한들출판사, 2001), 13.
12 이상은, "'윤철호 교수의 신학방법론", 『예루살렘과 아테네: 신학방법론』, 571.
13 안윤기, "윤철호 교수의 해석학", 위의 책, 542.

는 인간 실존의 한계와 죄, 다양한 상황과 관심에서 비롯된 불가피한 다원성과 애매성을 인정하고, 계시를 이해할 때, 적절한 해석 방법을 사용해 올바른 이해를 추구하는 해석학 작업이 요청되어야 한다고 보았다.

이런 맥락에서 그는 프랑스의 개신교 철학자 폴 리쾨르(Paul Ricoeur)의 책 『해석학과 인문사회과학』과 미국의 가톨릭 신학자 데이비드 트레이시의 『다원성과 모호성』을 번역/공역 출간했다. 해석학에 대한 관심과 탐구는 마침내 『신뢰와 의혹: 통전적인 탈근대적 기독교 해석학』으로 종합, 출간했다. 이 책에서 그는 탈근대시대를 위한 적절한 해석학으로 신뢰와 의혹의 해석학을 상호보완적으로 사용해야 할 것을 제안한다. 안윤기는 윤철호 교수의 해석학이 "가다머의 철학적 해석학과 하버마스의 비판이론을 리쾨르가 자신의 포괄적 해석학의 틀 안에 조화시키듯", "귀속성과 거리 두기, 들음과 비판, 이해와 설명, 진리와 방법은 변증법적이고 상호보완적인 관계 속에서 통합"을 주장했다고 기술한다.[14]

이런 해석학적 토대 위에서 윤철호 교수는 자신의 신학방법론을 집대성한 『예루살렘과 아테네』를 출간한다. 윤 교수는 이 책에서 교회와 교회 안의 고백적 신학에 천착하는 사람들을 예루살렘으로, 교회 밖의 공간, 지성과 합리성을 추구하고 자랑하는 사람들을 아테네로 상징하면서 우리는 "예루살렘에서 출발하되 아테네와 열린 마음으로 대화하고, 기독교의 정체성을 지키면서도 자신의 진리를 변증하는 신학방법론을 추구"해야 한다고 설득하고 있다.[15] 그는 이를 위해 인식론과 실재론으로 각각 "포스트토대주의"와 "비판적 실재론"을 내세운다. 이 두 개의 비전은 "모든 합리적인 사람들에게 열려진 공적인 장"을 제공해 주며, 이 기초 위에서 간학문적, 간공동체적, 간전통적 대화와 설득이 추구될

14 안윤기, 위의 글, 544.
15 윤철호, 『예루살렘과 아테네: 신학방법론』, 7.

수 있게 한다.[16] 이것은 "하나님의 신비와 인간이 가진 다원성과 모호성이 대조를 이루면서" "예루살렘과 아테네를 잇고 있는" 신학을 형성하며, "이 신학 안에는 미래와 현재, 초월과 내재, 종말과 역사가 함께 어우러져" 있으며, "하나님에 대한 고백과 세상을 향한 소명의식"이 얽혀 있는 역동적 운동이다.[17]

인간론과 학제간 연구

윤철호 교수는 기독교의 진리와 상황을 연결시키는 신학의 일환으로 학제간 연구에 수 년 동안 몰두해 왔다. 이는 그가 박사학위 과정을 밟았던 노스웨스턴 대학-게렛 신학대학원에서부터 추구했던 학문적 관심사였다. 그는 자연과학과 신학의 대화로 우리나라에 소개된 테드 피터스(Ted Peters)가 엮은 『과학과 종교: 새로운 공명』을 여러 명의 신학자와 함께 번역했으며, 『삼위일체 하나님과 세계』에도 자연과학과의 대화하여 하나님 행동과 섭리에 대한 간학문적 결과물을 실었다. 그러나 역시 그가 수행한 학제간 연구의 최고의 역작은 한국연구재단의 지원을 받아 수행된 그의 인간론에 관한 저서 『인간: 인간의 본성과 운명에 관한 학제간 대화』(2017)이라고 할 수 있다.

이 책에서 그는 인간 이해에 대한 지평을 확장하고, 인간을 보다 통전적으로 이해하기 위해 자연과학과 사회과학(정신분석학) 및 종교학(불교)과 대화한다. 그중 자연과학과의 대화한 글이 많다. 특히 진화론을 긍정적으로 바라보며 "기독교가 진화론을 전적인 오류로 배척한다면 하나님이 창조하신 자연 질서와 법칙 자체를 배격하는 것이 된다"고 평가하며 양자를 오고 간다.[18] 그는 '창발적 전일론'이란 개념으로 인

16 이상은, "윤철호 교수의 신학방법론", 위의 책, 571.
17 위의 글, 572.
18 황수진, "윤철호 교수의 인간론", 『예루살렘과 아테네: 신학방법론』, 554.

간을 이해하는데 이는 영혼과 육체, 진화와 창조에 기초한 이분법적 인간이해의 대안으로 내세울 수 있는 기독교적이며 자연과학적 인간론이다. 그는 "진화론적 관점에서, 의식 혹은 정신을 가진 하나님의 형상으로서의 인간에 대한 하나님의 창조가 오랜 세월에 걸친 다단계의 창발적 진화 과정을 통해 이루어졌다는 이해가, 성서 저자들이 고대의 신화론적 세계관 안에서 그 당시의 언어로 표현하고자 했던 창조 신앙과 결코 대립하거나 모순되지 않는다고 본다."[19] 이런 창발적 전일론의 관점에서 하나님의 형상을 이해한다면, 그것이 영혼 안에 완성된 형태로 주어진 것이 아니라 인간이 일생 동안 "유전자적 본성이나 내적 구조 안에서 하나님 및 타자와 상호 인격적 관계를 맺으며" 완성해가도록 주어진 것으로 이해할 수 있다고 보았다.[20]

또한 그는 사회과학, 특히 프로이트 이후의 정신분석학파 중 하나인 대상관계이론학자들과 대화하며 "인간을 관계의 그물망 안에서 타자 및 환경과 상호작용하는 존재"로 이해한다.[21] 그는 관계적 존재로서의 정신분석적 인간 이해는 예수 그리스도 안에서 하나님의 형상으로 주어진 공감적 사랑을 회복하는 것을 주장하는 현대신학의 인간론과도 공명한다고 보았다. 이 대화 속에서 우리는 인간을 "호모 엠파티쿠스"(Homo Empathicus)로 정의할 수 있다.[22]

그의 이러한 간학문적 연구는 그의 신학 방법론에 관한 저서 『예루살렘과 아테네』에서도 확장되는데, 여기서 그는 학제간 논의뿐만 아니라 한국의 종교 전통과 기독교 전통을 연결시켜 간전통간 대화를 시도한 것이다. 이 책에 실린 "통전적(온) 신학 방법론 수립을 위한 화쟁사상의

19 위의 글, 554-555.
20 위의 글, 555.
21 위의 글, 555-556.
22 위의 글, 556.

의미”에서 그는 어떤 견해나 이론도 ‘조건적으로 수립된 것’으로 파악하여 각각의 부분적 진리인 일리(一理)를 발견하여 온전한 진리로 통섭하는 화쟁사상을 통전적인 신학을 위한 방법론으로 제안한다. 이는 개개의 전통과 교리에 매몰되어 있는 한국교회의 상황에 요청되는 방법론이며 한국적 사유를 적극적으로 신학에 전유하여 세계 신학에 기여할 수 있는 방법론이다.

기독교 자연신학

앞에서도 언급했듯이 윤 교수는 학제간 대화에 지속적으로 관계했다. 인간론 편에서도 살펴보았지만 그는 학제간 연구를 통해 각 학문 분과의 현재 주제들을 보편적 실재이신 하나님의 관점에서 통전하고 있는 것이다. 이를 통해 윤 교수의 신학은 현실의 문제에 좀더 입체적이고, 구체적인 신학적 답변을 할 수 있고, 결과적으로 그의 신학의 내용이 매우 풍부해졌다. 여러 분과의 학문과 대화했지만 최근까지 가장 공을 들인 분야는 자연과학과의 대화이다. 그는 『과학과 종교: 새로운 공명』을 공역하고, 한국신학계에 ‘과학과 신학의 대화’라는 주제를 소개하는데 기여했다.[23] 2001년 1학기 장신대 신대원에서는 조직신학과 현요한 교수의 주도로 열 명의 강사를 초빙하여 “기독교와 과학”이라는 제목으로 연합세미나 수업이 열렸다. 이때 윤 교수는 “하나님의 섭리에 대한 과학적 자연신학의 접근”이라는 논문을 발표하였는데, 여기서 이미 그는 포스트 토대주의적 관점으로 현대과학과 신학적 목적론을 조화시키려는 노력을 했다.[24] 최근에는 기포드 강좌 중 과학, 철학, 신학의 대화를 다

23 테드 피터스 편/ 김흡영, 배국원, 윤원철, 윤철호, 신재식, 김윤성, 『과학과 종교: 새로운 공명』 (동연, 2002).

24 윤철호, “하나님의 섭리에 대한 과학적 자연신학의 접근”, 『기독교와 과학』 (서울: 장로회신학대학교출판부, 2002): 197-234.

론 주제들을 선택하여 후배 학자들과 학제간 연구를 진행하고 있다. 이런 학제간 대화는 그가 새로운 기독교 자연신학을 정립하기 위함이다.

윤 교수에게 자연신학이란 계시나 은총의 대척점에 서서 오직 자연이성만으로 기독교의 진리를 증명하려던 근대적 의미의 자연신학이 아니다. 그에게 기독교 자연신학은 "창조자 하나님에 대한 신앙을 전제"하며, 하나님의 형상으로 지음 받은 인간이 하나님을 알 수 있다는 본유적인 잠재적 가능성을 전제하는 신학이다.[25] 윤 교수는 구약신학자 베스터만을 인용하며 창조와 역사[구원]는 동근원적이고, 동일한 목표로 나아간다는 것을 강조한다.[26] 이런 기독교 자연신학은 개신교 신학의 약점 중 하나인 창조신학과 구원신학의 분리를 극복하고 통전하도록 돕는다.

공적 신학

윤철호 교수의 공적 신학은 그의 그리스도론과 불가분하게 연결되어 있다. 즉 그의 그리스도론은 예수 그리스도에 대한 고백과 이해에 머물러 있는 것이 아니라 예수 그리스도가 이 땅에 가져온 하나님 나라 비전을 현재 예수를 따르는 우리가 진취적으로 세상에 구현하는 그리스도인의 삶의 문제까지 확장되어 있다. 이것이 그의 공적 신학에 대한 출발점이다. 이 책에서 그는 "공적 신학은 성서가 증언하는 예수 그리스도의 하나님 나라 복음에 기초하여 교회와 신학의 공공성과 사회적 책임을 강조하는 신학"이라고 정의한다.[27] 그는 항상 신학이 자신의 게토에 갇혀 사유화되는 것을 경계한다.

이런 신학의 공적, 실천적 관점은 장신대에서 처음 개설한 여성신학 과목 교수와 현대신학 과목 중 민중신학과 정치신학과 해방신학에 대한

25 윤철호, 『예루살렘과 아테네: 신학방법론』, 434.
26 위의 책, 424-5.
27 윤철호, 『한국교회와 하나님 나라를 위한 공적 신학』 (서울: 새물결플러스, 2019), 331.

소개로 이어진다.[28] 그러나 그는 나이가 들면서 라인홀드 니버가 언급한 '인간의 모호성'에 대해 더 깊게 생각하게 되었는데, 이는 정의를 부르짖는 사람들이 꼭 정의롭지 않을 수 있다는 모순을 경험하게 되었기 때문이라고 설명한다. 이는 그를 여타의 해방신학과는 다른, 하나님 나라에 관한 관심으로 정위된 공적신학의 탐구로 이끌었다. 그는 공적신학이 진보와 보수로 나뉘어 맞서고 있는 한국사회와 한국교회에 좋은 치유책이 되리라고 생각한다. 그의 이런 관심은 『한국교회와 하나님 나라를 위한 공적 신학』(2019)에 소개되어 있다.

그는 이 책에서 교회가 자신의 본질로 돌아가는 것이 한국교회와 한국사회의 문제를 해결하는 것의 출발점이라는 것을 강조한다. 그는 교회의 본질을 예수 그리스도의 십자가와 부활 안에 정초시키며, 예수 그리스도의 죽음에서 교회의 희생적 섬김을, 예수 그리스도의 부활에서 세상을 변혁시키는 교회의 역할을 도출해낸다.[29] 다시 말해, "'예수 그리스도가 친히 몸으로 보여준 자기 비움과 겸비와 섬김'을 통해 사회적 책임, 타자, 그리고 세상을 위해 행동할 때, 한국교회는 부활하여 세상을 변혁시킬 수 있다는 것이다."[30]

이관표에 의하면 윤 교수는 하나님 나라를 세상에 실현하기 위한 공적 신학의 구체적 방향성을 제시하며, "'공적 신학[이] 공적 영역에서 [...] 인류의 공공선을 위해 기여하고 이 땅에 하나님 나라를 구현'하려는 노력인 한에서 모든 삶의 상황이 공적 신학의 자리"라고 주장한다고 전한다.[31] 윤 교수는 이런 맥락에서 구체적인 모든 삶의 상황을 신학

28 윤철호, 『현대신학과 현대개혁신학』 (서울: 장로회신학대학교, 2003)를 참고하라. 한국신학과 민중신학에 대한 소논문은 앞서 언급했듯이 『너희는 나를 누구라 하느냐: 통전적 예수 그리스도론』에 실려있다.

29 이관표, "윤철호 교수의 교회론과 공적 신학", 『예루살렘과 아테네: 신학방법론』, 566.

30 이관표, 위의 글.

31 윤철호, 『한국교회와 하나님 나라를 위한 공적 신학』, 354.

과 연결시키는데, 그것은 문화, 정치, 사회현실, 현실변혁, 한국의 분단과 통일, 화해, 차별과 평등, 창조와 진화, 탈근대의 문제로 그 수가 많고, 매우 다양하다. 이 분야를 모두 공적 신학의 입장으로 정리하고, 이것을 다시 예수 그리스도의 복음을 실현하는 교회의 사명과 연결시킨다.[32] 요약하자면 이 모든 분야에서 교회는 종파주의로부터 벗어나서 "타자의 목소리를 듣고자 하는 열린 태도를 가지고 상호비판적이고 건설적인 대화를 통해 최대한 이해 가능하고 설득력 있는 방식으로 기독교 진리를 제시하고, 실천적 행동을 통해 기독교 진리의 변혁적 능력을 입증해야 한다."[33]

설교 비평[34]

그의 설교 비평도 신학과 강단을 통전하려고 씨름하는 주제이다. 윤철호 교수는 유학 전과 유학 기간 동안 교육 전도사로 설교 사역을 했고, 유학 후에도 용인시 양지에 위치한 낙원벧엘교회라는 개척교회에서 3년 여간 담임 목사로 섬기면서 설교 사역을 감당했다. 또한 장로회신학대학교 채플에서도 정기적으로 실존적이고, 신학적인 설교를 해왔다. 따라서 그의 설교 비평은 이론 신학자의 학문적 접근만이 아닌 신학과 교회, 신학과 강단을 연결하려는 실존적이고, 실천적인 관심에서 시작된다. 이런 그의 고민과 관심은 조직신학을 대중적인 설교 형식으로 풀어쓴 『성서·신학·설교: 설교형식으로 풀어쓴 조직신학 강의』(2000), 신학자들의 설교를 번역, 출간한 『현대 신학자들의 설교』(2011), 설교집, 『복음의 발견』(2020)과 설교에 대한 이론과 비평서인 『설교의 영광 설교의 부끄러움: 설교비평의 이론과 실제』(2013)에 담겨

32 이관표, "윤철호 교수의 교회론과 공적 신학", 『예루살렘과 아테네: 신학방법론』, 566-567.
33 윤철호, 『한국교회와 하나님 나라를 위한 공적 신학』, 645.
34 이 글은 김정형, "윤철호 교수의 설교 및 설교학", 『예루살렘과 아테네: 신학방법론』을 참고했다.

있다.

그는 한국교회의 위기는 곧 설교의 위기라고 진단하며, 설교자를 돕는 일이 조직신학자의 본연의 과제에 속한다고 주장한다. 왜냐하면 "조직신학은 한편으로는 성서학자의 주석에 기초하여 그것을 교리화하고 다른 한편으로는 교회의 설교를 검증하고 제시함으로써 양자를 매개해" 주는 "성서신학과 실천신학으로 구성되는 해석학적 아치의 양극의 중심에" 위치하기 때문이다.[35] 앞서도 기술한 것처럼, 그는 신대원 논문으로 바르트의 계시론을 다뤘으나, 유학하며 바르트의 한계를 알고 자신의 신학적 지평을 조금씩 넓혀갔다. 한국신학의 미래를 위해서는 바르트를 넘어서야 한다는 것이 그의 주장이다. 그러나 설교는 교회의 컨텍스트 안에서 선포적인 신학의 성격을 띠고 있기 때문에 바르트의 신학 혹은 바르트적 영성이 필요하다고 생각한다.

그는 한국교회의 위기를 타개해 나가기 위해서는 건강한 강단을 책임질 설교자가 필요하고, 실력있는 설교자가 필수적으로 갖춰야 할 것은 신학적 사고라고 주장한다. 설교자에게 요청되는 것은 "철저한 역사적 주석의 과정"과 "신학적 사고의 훈련" 및 "사회, 정치, 문화, 자연의 세계 현실을 향한 깨어 있는 의식 안에서의 실존적, 실천적 선포"이다."[36] 이와 더불어 그는 이 셋을 통합시키는 능력이 중요하다고 강조하는데, 왜냐하면 "예수 그리스도의 말씀과 행동을 통한 담화 사건에 대한 기록인 성서를 오늘날 교회 안에서 설교를 통하여 살아 있는 하나님의 말씀으로 새롭게 재현하는 것이 조직신학의 해석학적 과정의 최종 단계"[37] 이기 때문이다. 이런 맥락에서 김정형은 "윤 교수의 강의와 저술은 일

35 윤철호, 『성서·신학·설교: 설교형식으로 풀어쓴 조직신학 강의』 (서울: 장로회신학대학교 출판부, 2000), 6.
36 윤철호, 『성서, 신학, 설교』, 5.
37 위의 책.

관되게 '역사적 이성과 신학적 사고, 그리고 실존적 통찰력을 겸비한 설교자'. '신학적 사고력과 인문학적 언어능력, 그리고 현실사태나 주제(Sache)를 파악하는 통찰력'을 두루 갖춘 목회자를 훈련시키고자 하는 목적을 지향하고 있다"고 평한다.[38)]

나가는 말

이상으로 믿음과 사랑과 소망의 관계망 속에서 충실한 삶을 살았던 윤철호 교수의 신학을 통전적인 신학의 관점에서 기술했다. 그는 부모님, 특히 어머니의 사랑 속에서 물려받은 믿음을 가지고, 두 분의 은사님과의 사랑의 관계 속에서 성실한 배움을 통해, 한국신학과 한국교회를 위해 소망 속에서 평생을 헌신하였다. 그 속에서 그는 하나님과 세계, 그리스도론, 해석학적 신학방법론, 인간론과 학제간 연구, 기독교자연신학, 공적 신학, 설교 비평이라는 주제를 신학의 여정 동안 통전적으로 아우르는 노력을 했다. 윤철호 교수는 자신의 생애를 통해 "이미 얻었다 함도 아니요 온전히 이루었다 함도 아닌" 오직 그리스도 예수께 잡힌 바 된 '통전(統全)'과 '통전(通全)'의 신학적 비전을 잡으려고 푯대를 향해 달려가는 삶을 살아내었다. (빌 3:12-14)

38 윤철호, 『성서, 신학, 설교』, 6; 윤철호, 『설교의 영광, 설교의 부끄러움』, 6.

교수평의회장으로 있을 때 교수평의회에서
주관한 교수음악회 끝난 후 아내와 함께

대학원장 시절 개교기념일에
명예박사학위 수여식 후

새물결 저자 인터뷰

저서 『인간』

윤철호 교수 가족

연구실에서 제자들과 함께

지도 목사로 섬기는 경기고 신우회 모임

윤철호 교수

수상

『세상과 관계성 안에 계신 하나님』. 한국기독교출판협회 제23회 한국기독교출판문화상 신학부문 최우수상 (2006)

『신뢰와 의혹』. 문화체육관광부 우수 학술도서 (2008)

『설교의 영광, 설교의 부끄러움: 설교비평의 이론과 실제』. 제8회 소망학술상 (2013)

『너희는 나를 누구라 하느냐: 통전적 예수 그리스도론』. 제30회 한국기독교출판문화상 신학부문 최우수상 (2013)

『너희는 나를 누구라 하느냐: 통전적 예수 그리스도론』. 대한민국학술원 우수학술도서 (2014)

『설교의 영광, 설교의 부끄러움: 설교비평의 이론과 실제』. 제31회 한국기독교출판문화상 신학부문 최우수상 (2014)

근정포장. 대한민국 행정안전부 (2020. 8. 31)

연구 목록

● 박사학위 논문

"God's Relation to the World and Human Existence in the Theologies of Paul Tillich and John B. Cobb, Jr. Ph. D. dissertation. Evanston: Northwestern University, 1990."

● 저서

『성서·신학·설교: 설교형식으로 풀어쓴 조직신학 강의』. 장로회신학대학교 출판부, 2000.

『현대신학과 현대개혁신학』. 서울: 장로회신학대학교, 2003.

『통전적 신학』.(공저) 서울: 장로회신학대학교, 2004.

『세계와의 관계성 안에 계신 하나님』. 서울: 한국장로교출판사, 2006.

『신뢰와 의혹: 통전적인 탈근대적 기독교 해석학』. 서울: 대한기독교서회, 2007.

『신학과 말씀』. 서울: 장로회신학대학교, 2008.

『삼위일체 하나님과 세계』. 서울: 장로회신학대학교, 2011.

『너희는 나를 누구라 하느냐: 통전적 예수 그리스도론』. 서울: 대한기독교서회, 2013.

『설교의 영광 설교의 부끄러움: 설교비평의 이론과 실제』. 서울: 장로회신학대학교, 2013.

『기독교 신학개론』. 서울: 대한기독교서회, 2015.

『인간: 인간의 본성과 운명에 관한 학제간 대화』. 서울: 새물결플러스, 2017.

『한국교회와 하나님 나라를 위한 공적 신학』. 서울: 새물결플러스, 2019.

『복음의 발견』. 서울: 두란노서원, 2020.

『예루살렘과 아테네』. 서울: 장로회신학대학교 출판부, 2020.

『신뢰와 의혹: 통전적인 탈근대적 기독교 해석학』 개정판. 서울: 대한기독교서회, 2020.

● 역서

Peter C. Hodgson, Robert H. King 편. 『현대기독교조직신학』. 서울: 한국장로교출판사, 1999.

Ted Peters 편. 『과학과 종교: 새로운 공명』. 김흡영, 배국원, 윤원철, 윤철호, 신재식, 김윤성 옮김. 서울: 동연, 2002.

세계교회협의회 엮음. 『질그릇 안에 담긴 보배: 해석학에 관한 에큐메니칼적 성찰을 위한 도구』. 서울: 한국장로교출판사, 2002.

Paul Ricoeur. 『해석학과 인문사회과학』. 존 B. 톰슨 편집, 영역. 서울: 서광사, 2003.

Alister E. McGrath. 『천국의 소망』. 윤철호, 김정형 옮김. 서울: 크리스천 헤럴드, 2005.

David Tracy. 『다원성과 모호성』. 윤철호, 박충일 옮김. 서울: 크리스천 헤럴드, 2007.

윤철호 편역. 『현대신학자들의 설교』. 서울: 한들출판사, 2011.

● 논문

▶ 국내전문학술지

"역사적 예수의 신학적 의미." 「교회와 신학」 제23집. 서울: 장로회신학대학교 출판부, 1991. pp. 462-489.

"하나님의 고통, 하나님의 능력." 「장신논단」 제7집. 서울: 장로회신학대학교 출판부, 1991. pp. 179-205.

"교회교의학에 나타난 칼 바르트의 그리스도 중심적 신학과 기독론." 「장신논단」 제8집. 서울: 장로회신학대학교 출판부, 1992. pp. 180-211.

"전기에서 후기에로의 칼 바르트 신학사상의 변천." 「교회와 신학」 제25집.

서울: 장로회신학대학교 출판부, 1993. pp. 347-372.
“철학적 신학에의 조망.”「장신논단」 제9집. 서울: 장로회신학대학교 출판부, 1993. pp. 369-394.
“미래지향적이고 개혁적인 복음주의신학에의 조망.” ‘21세기 한국신학의 과제’, 신학논총 11. 한국기독교학회 엮음. 서울: 대한기독교서회, 1994. pp. 181-202.
“간문화적 세계관을 향한 조망.”「기독교 언어 문화논집」 제1집. 서울: 국제기독교언어문화연구원, 1997. pp. 306-325.
“폴 리쾨르의 성서해석학.”「장신논단」 제14집. 서울: 장로회신학대학교 출판부, 1998. 12. pp. 192-226.
“한국 토착화신학에 대한 해석학적 고찰.” ‘조직신학논총’ 제4집. 한국조직신학회, 1999. 6. pp. 154-192.
“그리스도 형태론적 삼위일체론으로써의 변증법적 만유재신론.”「장신논단」 제16집. 서울: 장로회신학대학교 출판부, 2000.
“화이트헤드의 신관.”「장신논단」 제17집. 서울: 장로회신학대학교 출판부, 2001.
“트레이시의 신학 방법론과 해석학적 대화로써의 기독교 신학.”「장신논단」 제18집. 서울: 장로회신학대학교 출판부, 2002.
“리쾨르 이후의 탈근대적 성서해석학에 대한 통전적 접근.”「장신논단」 제21집. 서울: 장로회신학대학교 출판부, 2004. pp. 185-212.
“여성신학의 의의에 대한 평가와 전망.”「교회와 신학」 제26집. 서울: 장로회신학대학교 출판부, 1994. pp. 320-347.
“통전적인 종말론적 하나님 나라와 현실 변혁적 교회.”「한국기독교신학논총」 제44집. 한국기독교학회, 서울: 대한기독교서회, 2006. pp. 87-110.
“시간과 영원의 관점에서의 기독론과 기독교적 희망에 대한 해석학적 이해: 리쾨르와 반후저를 중심으로.”「장신논단」 제25집. 서울: 장로회신학대학교 출판부, 2006. pp. 97-125.

"포스트토대주의 신학에서의 합리성: 호이스틴과 슐츠를 중심으로." 「한국조직신학논총」 제16집. 한국조직신학회 편. 서울: 한들출판사, 2006. pp. 101-129.

"A Systematic Vision of an Ecological Christian Anthropology." Korea Journal of Theology, Vol. 1. Seoul: Korea Association of Accredited Theological Schools, 1995. pp. 190-201.

"이야기 해석학과 기독론: 역사적 예수와 신앙의 그리스도를 중심으로." 「장신논단」 제26집. 서울: 장로회신학대학교 출판부, 2006. 8. 30. pp. 199-228.

"변증법적 만유재신론." 「장신논단」 제28집. 장로회신학대학교 출판부, 2007. 5. 30. pp. 65-94.

"성서해석과 설교." 「장신논단」 제34집. 서울: 장로회신학대학교 출판부. 2009. pp. 157-185.

"고전적 유신론과 만유재신론." 「한국조직신학논총」 제25집. 한국조직신학회 편. 서울: 한들출판사, 2009. 12. pp. 101-132.

"동방정교회의 삼위일체론: 블라디미르 로스끼를 중심으로." 「장신논단」 제37집. 서울: 장로회신학대학교 출판부. 2010. 4. 30. pp. 51-84.

"관계론적 세계관과 여성의 발달경험: 마조리 수하키와 케더린 켈러를 중심으로." 「화이트헤드연구」 제20집. 한국화이트헤드학회. 서울: 동과서, 2010. pp. 105-143.

"악의 기원과 극복에 대한 신학적 고찰." 「한국조직신학논총」 제30집. 한국조직신학회 편. 서울: 한들출판사, 2011. 9. pp. 279-304.

"구속교리에 대한 해석학적 고찰: '승리자 그리스도' 모델을 중심으로." 「장신논단」 Vol. 44, No. 1. 서울: 장로회신학대학교 출판부. 2012. 4. 30. pp. 131-162.

"통전적 구속교리: 형벌 대속이론을 중심으로." 「한국조직신학논총」 제32집. 한국조직신학회 편. 서울: 한들출판사, 2012. 6. 30. pp. 7-40.

"정신분석 이론과 종교이해에 대한 신학적 고찰." 「한국조직신학논총」 제35집. 한국조직신학회 편. 서울: 한들출판사, 2013. 6. 30. pp. 223-260.
"창발론적 인간 이해: 필립 클레이턴을 중심으로." 「장신논단」 Vol. 46, No. 1. 서울: 장로회신학대학교 출판부. 2014. 3. 30. pp. 91-120.
"비환원론적 물리주의 인간 이해: 낸시 머피를 중심으로." 「한국조직신학논총」 제38집. 한국조직신학회 편. 서울: 동연, 2014. 6. 30. pp. 37-78.
"온신학 방법론 수립을 위한 화쟁사상의 의미: 원효의 십문화쟁론을 중심으로." 「온신학」 Vol. 1. 서울: 온신학회출판부, 2015. 10. 9. pp. 275-293.
"공적신학의 주요 초점과 과제." 「한국조직신학논총」 제46집. 한국조직신학회 편. 서울: 동연, 2016. 12. 30. pp. 175-214.
"창조와 진화." 「한국조직신학논총」 제51집. 한국조직신학회 편. 서울: 동연, 2018. 6. 30. pp. 7-44.
"빅 히스토리시대의 기독교 자연신학." 「온신학」 Vol. 5. 서울: 온신학회출판부, 2019. 10. 9. pp. 35-59.
"매쿼리의 자연신학과 변증법적 신론." 「한국조직신학논총」 제58집. 한국조직신학회 편. 서울: 동연, 2020.

▶ 국제전문학술지

"The Trinity in the East and the West, and an Integrative View from the Contemporary Perspective." Trinity: Theological Perspective from the East and the West. East-West Theological Forum. The 2nd Conference, Seoul, Ewha Womans University, 6-9 (April, 2011): 94-115.
"Wolfhart Pannenberg's Eschatological Theology: In Memoriam." Neue Zeitschrift für Systematische Theologie und Religionsphilosophie (A&HCI), Vol 57, Issue 3 (Sep. 2015): 398-417.

"The Points and Tasks of Public Theology." International Journal of Public Theology (SCOPUS) Vol. 11, Issue 1 (March, 2017): 64-87.

"Theology of Reconciliation." Japanese and Korean Theologians in Dialogue. Edited by Brian Byrd and Mitsuharu Akudo. Saitama Japan: Seigakuin University Press, 2017. 79-102.

"Missio Dei Trinitatis and Missio Ecclesiae: A Public Theological Perspective." International Review of Mission (Scopus), Vol 107, Issue 1 (July, 2018): 225-239.

"A Methodological Investigation on Christian Natural Theology." Neue Zeitschrift für Systematische Theologie und Religionsphilosophie (A&HCI), Vol 62, Issue 1 (Mar. 2020): 41-57.

최유진 교수

장로회신학대학교 (B. A.. M. Div., Th. M.)
프린스톤신학대학원 (Princeton Theological Seminary, Th. M.)
게렛신학대학원 (Garrett-Evangelical Theological Seminary, Ph. D)

호남신학대학교 조교수 (조직신학)
낮은예수마을교회 협동목사

공저_학국여성신학회편, 『혐오와 여성신학』, 서울: 동연, 2018.
윤철호·김효석 편, 『과학과 신학의 만남: 기포드 강연을 중심으로』, 서울: 새물결플러스, 2021.

이복수 박사

이복수 박사의 생애와 신학

신재철_부산외대 외래교수

고신대학교
고려신학대학원 (M. Div.)
Free Church of Scotland College (Post. Dip. Th.)
Aberdeen University (Th. M.)
Potchefstroom University (Th. D.)

Durban 한인교회설립 설교목사
모든민족선교회(M. A. N.) 대표
고신대학교 교수
고신대학교 기획실장
전국기독교대학협의회감사
학교법인 성지학원(부산구화학교) 이사 (현재)
한국복음주의선교신학회 회장
고신세계선교위원회 정책위 위원장
고신대학교 선교목회대학원 원장
고신 경동노회 노회장
고신대학교 부총장
고신대학교부설전문인선교훈련원 원장
지구촌전문인선교회(G.P.M) 회장 (현재)
부산외국어대학교대학교회 담임목사 (현재)
학교법인 성지학원(부산외국어대학교) 재단이사 (현재)

들어가면서

1880년대 미국을 위시한 여러 나라가 우리나라에 파송해준 선교사들을 통해 한국의 복음화는 괄목한 만한 성과를 이루었다. 장로교의 경우 1901년에 설립된 평양신학교를 통해 목회자들이 배출되면서 한국교회의 설립과 성장에 크게 기여했다. 하지만 1910년부터 1945년까지 일제강점기를 거치고 해방 후 6.25 전쟁을 겪는 등 어려움 중에 받은 선교의 사랑을 다시 되갚는 선교를 펼치기에는 힘이 부족하였다. 그러다가 1980년대에 이르면서 본격적으로 선교사를 파송하기 시작하여 2019년 현재는 미국에 이어 두 번째로 세계 도처에 많은 선교사들을 파송하여 구령에 힘쓰며 받은 사랑을 세계로 돌리는 한국교회가 되었다.

선교의 혜택을 받은 한국교회가 선교하는 교회로 전환하면서 선교신학의 분야도 그 학문적 위상이 두드러지게 되었다. 이런 즈음에 조동진, 전호진 박사 등은 선교신학을 정립하고 전수하는 귀한 1세대 선교신학자로 기억된다. 이들의 뒤를 계승한 여러 선교신학자들이 배출되는데, 그 대표적인 한 학자가 이복수 박사이다.

이 박사는 고신대학과 선교대학원을 중심으로 하여 선교신학을 교수했고, 고신교단의 선교사역에도 관여한 그의 활동과 영향력은 간과할 수 없다. 또한 복음주의신학회 등의 학문 활동을 통한 그의 영향력도 높이 평가할 수 있다. 이런 과정에서 이복수 박사의 삶의 여정과 수학, 그리고 교수로서의 활동과 저술, 학문적 관심 등에 대해 간략하게 소개하고자 한다.

출생, 가정배경, 교육

이복수 박사는 1947년 3월 12일 경북 포항시 남구 구룡포읍 구룡포리 480번지에서 출생하였다. 현재는 그의 생일을 호적에 맞추어 3월 12일로 지내오고 있으나 어렸을 때 이 박사의 어머니는 음력 2월 27일을 생일로 지켜주었다. 이 박사는 전주 이 씨의 의령군(義寧君) 회안대군파(懷安大君派)로서 태조의 21대 세손이며 족보상의 항렬을 따르는 이름으로는 희수(羲洙)로 표기되어 있다. 조부모는 이종완(李鍾緩), 김득추(金得秋)이며, 부모는 이만구(李滿求, 생전에 滿雨로 불림, 1923~1992), 최달분(崔達分, 1925~2005) 사이의 7남매 중 장남으로 태어났다.

원래 전주 이 씨의 의령군 회안대군파는 경북 군위지역을 중심으로 모여 살아 왔는데, 조부가 불국사 아래쪽에 있는 영지 못 아래의 마을인 경북 월성군 외동면 방어리로 이주하여 살았다. 그러다가 다시 구룡포로 옮겨 와서 새로운 토대를 마련한 형편이었다. 이로 인해 이 박사는 그의 조부모 때부터 어려운 가정형편이었던 것으로 기억한다.

그의 부친은 당시 구룡포가 일제의 지배 아래서 이루어진 동해안 어업 전진기지였기에 선박의 기계를 주조하는 대형주물 공장에서 기술을 배워 생계를 이었다. 그러던 중 8.15 해방으로 일본 사람들이 돌아간 후에 부친이 문을 닫은 주물공장을 가내공업 정도의 소규모로 다시 시작했다. 하지만 그 당시의 일반적인 상황이 전체적으로 어려웠기에 가족들의 생계를 이어가는 정도였다.

이복수 박사는 넉넉하지 못한 경제사정의 가정에서 자라나면서 지역의 구룡포 동부초등학교, 구룡포 중학교, 구룡포 고등학교를 졸업한 뒤 가장 손쉽게 할 수 있는 일을 찾았다. 결국 부친이 운영하는 주물공장의 일을 이어 받기로 하고 그 기술을 전문적으로 배우기로 했다. 그리하여 포항에 있었던 포항 주물공장과 대구에 있었던 천우 주물공장에서 4년 정도 기술을 배웠다. 이것이 이 박사가 신학공부를 시작하기 전에 경험한 처음이자 마지막의 직업 경험이었다. 이 박사의 신앙생활의 시작은 완전 불신가정에서 출발하게 되었다. 어렸을 때 삼촌이 교회에 나가는 것을 보았으나 군에서 제대한 후에 교회생활을 중단했다. 이 박사가 역시 어렸을 때에 성탄절과 같은 날이면 동네의 친구들과 어울려 교회에 갔지만 교회가 제공하는 사탕이나 떡을 받기 위해서 갔던 정도였다.

그러던 중 이 박사 자신이 교회에 다녀야겠다는 마음을 가지고 나갔던 때가 14~15세 때였다. 그 즈음에 이 박사는 철부지 어린 나이에 불과했지만 인간의 허무를 느끼기 시작했다. 그가 시골마을에서 뛰어 놀기 좋은 곳은 잔디밭이었다. 이곳은 주로 묘지와 그 주변이었다. 뛰어 놀다가 무덤 봉우리 옆의 잔디밭에 앉으면 그 속에 무엇이 있을지 생각하게 되었다. 무덤 속에 있는 시신이 참으로 오래 되었다면 흙 외에는 없을 것으로 생각했다. 소년 이복수는 자신도 나중에 이렇게 될 것이란 것을 생각하니 너무나 허무하고 슬퍼졌다. 그 즈음에 그는 밤에 잠자리에 들면 사람이 결국에는 한줌의 흙이 되고 만다는 것이 슬퍼서 쉽게 잠들지 못했다. 그는 슬퍼서 눈물을 흘리며 그 허무를 잊으려고 숫자를 세면서 잠들곤 했다.

그러한 시간들을 보내다가 결국은 스스로 교회에 가기로 했다. 그래서 다니기 시작한 교회가 장로회 고신 교단의 성산교회였다(현재는 구룡포제일교회). 특별히 소년 이복수에게 그리스도의 부활에 대한 진리가 자신이 고심했던 인생의 허무를 해결하는 복음이 아닐 수 없었다. 이렇게 시작된 신앙생활 중 1964년 12월 29일에 당시 경주교회의 담임목사였던 류윤욱 목사에게 학습을 받았다. 류 목사는 성산교회의 임시당회장이었다. 소년 이복수는 자신의 신앙을 신실한 교회생활로 나타냈다. 직장관계로 포항에 살면서 포항대흥교회로 이명을 하여 1966년

6월 19일에 당시 이 교회의 담임목사였던 김기호 목사에게 세례를 받았다. 이 박사의 부친은 이 박사가 처음 교회에 다닐 때는 아무런 반대도 없었다. 하지만 그가 본격적으로 교회생활을 하자 반대하기 시작했다. 유교적인 가정에서 7대에 걸친 장손의 장남으로 태어난 이 박사가 기독교 신앙으로 나아가는 것을 반대하는 것을 당연한 것으로 여겼다.

이복수 박사의 신앙생활은 인간의 허무를 딛고 일어서는 토대에서 출발하고 진행되었기에 부친의 반대에 쉽게 물러설 수 없었다. 고등학교 2학년 때는 학생회 회장으로 봉사하다가 교사가 부족한 시골교회여서 교회학교 교사로까지 섬겼다. 자연스레 공과를 공부하면서 성경을 더욱 가까이 그리고 깊이 대하는 시간이 길어졌다. 시골교회에서 반주자가 없어 오래된 풍금을 혼자 연습하면서 익혀 단음으로 예배시간에 찬송 반주로 봉사하기도 했다.

고등학교의 졸업이 다가올 때는 신학대학에 진학하여 목회자가 되어 허무한 인생을 사는 사람들에게 복음을 전했으면 하는 마음이 간절히 타 올랐다. 그러나 교회에 출석하는 것마저 반대를 받는 입장이어 부모와 가정에서 도저히 수용될 수 없는 분위기임을 감지했다. 그리하여 이 박사의 의지와는 달리 부친의 일을 이어 받기 위해 주물기술을 배우는 일을 시작했다.

청년 이복수는 4년 여 동안의 직장생활 동안에 목회자가 되어야 한다는 강렬한 마음이 더욱 일어났다. 그는 더 이상 버틸 수 없다고 판단했다. 끝내 자신의 굳건한 결심을 부친에게 밝히고 당시 성산교회의 담임전도사였던 윤길창 목사(대구 대일교회 담임목사로 은퇴)의 인도를 받아 1969년 4월 3일에 고신대학교에 입학을 하게 되었다. 수년간 교회에서 배우던 말씀들이 대학 강의를 들으면서 보다 체계화되는 것을 감지했다. 대학생이 된 이복수는 신학공부를 제대로 하여 많은 영혼들을 주님께 인도함에 사용 받아야겠다는 결연한 의지를 더욱 불태웠다. 그러나 군 복무가 가로막고 있었다. 결국 대학 1년을 마치면서 육군에 입대하여 처음에는 연대의 인사과에 근무하다가 25사단의 군종 참모부로 옮기게 되었다. 이때 혼자 공부하며 기도하는 시간을 적지 않게 가졌다. 또한 부대의 야간 내무반을 순회하면서 간단한 설교까지 감당할 기회를 가지는 소중한 시간들을 보낼 수 있었다. 이런 과정의 군대생활 중 청년 이복수는 하나님께서 자신의 신앙의 열정이 식지 않도록 인도하신다는 확신을 가졌다.

이복수는 1976년 2월 18일에 학부를 마치고 졸업했다. 그는 대학 4년 동안 듣고 배운 것은 신학의 입문을 위한 준비단계란 생각을 했다. 자신에게 진리의 지식이 더욱 충만하게 넘쳐야 한다는 생각에 다른 생각이 스며들 틈을 주지 않고 바로 이어서 고려신학대학원에 입학하여 1979년 2월 22일에 졸업을 했다. 3년 동안의 목회학 석사과정의 기간은 이복수가 소년 시절에 가졌던 인간의 허무에 대한 답을 받는 기간이었다.

이때 이복수는 신학대학원 시절 분류하여 배운 교의신학과 성경신학, 역사신학과 실천신학의 범주 중 자신은 선교학에 대해 깊은 연구를 하고 싶었다. 이미 한국교회가 선교의 열정이 불타있던 시기여서 이복수는 신학생 시절에 이미 선교신학이 기존의 4대 신학의 분류에서 독립하여 교수해야 한다고까지 판단했다. 인간의 허무를 해결 받고 나니 동일한 처지에 있는 예수님 밖에 있는 영혼들을 구원하는 일에 전념해야 한다는 마음이 더욱 솟구쳤던 것이다.

그러던 중 1981년 3월 4일에 경동노회(고신)에서 목사 안수를 받았다. 당시 고신교단은 부산노회와 경남노회가 중심이 되었다. 경동노회는 중심권 밖의 노회였지만 박헌찬과 류윤육 목사와 같은 신앙적으로 탁월한 지도자들이 고신교단이 안고 있었던 성도간의 불신법정 소송을 강력하게 반대하는 노회였다. 성경절대신앙을 구축한 노회였던 것이다. 이런 노회에서 이복수 박사는 안수를 받았고 노회장까지 역임을 했다.[1] 이 박사는 신학교에서 배운 개혁신학과 신앙의 토대위에서 이를 구체적으로 목회현장에서 실천해 가는 경동노회에서 오랜 기간 목사로 사역하면서 자신의 신앙과 삶을 보다 깊게 성경에 자리매김 시켰다.

이복수 박사는 1974년 12월 11일 김갑석 목사의 주례로 같은 나이의 임홍화 사모와 결혼했다. 임 사모는 부친 임실근과 모친 최순월 집사의 3남 2녀 중 막내였다. 부친 임 집사는 6.25 전쟁 중 경남 울주군 두서면 전읍리 748번지에 거주하며 전읍교회의 집사로 섬기면서 이장 일을 통해 마을을 위해서도 봉사했다. 임 집사는 전쟁 중 담임전도사와 성도들이 피난을 가자 자신만이라도 교회를 지켜야 한다고 남아 주일 설교까지 감당했다. 그러면서 의용 경찰군으로 종군했다. 전쟁 상황이 불리하자 서울시경 1개 소대가 전읍리로 후퇴했고 낮에는 최 집사의 집에서 보내고 밤에는 경찰지서가 있는 곳으로 가는 일을 반복하던 중 1951년 2월 15일 밤 11시경에 30여명의 공비가 습격하여 임실근 집사에게 서울시경 1개 소대의 위치를 대라하여 함구하자 총살했다.[2] 그 후 공비 중 한 사람이 최순월 집사에게 "이년아, 이래도 예수 믿을래, 안 믿을래." 라고 위협했다. 이때 "그래도 나는 예수를 믿고 살겠다."고 하니 공비는 그대로 돌아갔다.[3] 이를 전한 최복만 장로는 예수를 믿겠다고 한 최순월을 죽이지 않고 간 것은 하나님의 은혜와 능력이 아니고는 설명할 길이 없다고 했다.

1 이복수 목사가 경동노회(현 경북동부노회)의 노회장(2007. 10. 15~2008. 10. 13)을 역임한 것은 특이한 일로 기록된다. 고신교단의 전국 노회에서 교수가 노회장을 역임한 경우는 흔한 일이 아니기 때문이다. 이는 이 목사의 리더십이 인정을 받은 결과지만 특히 그의 신앙인격이 탁월함으로 노회원들의 절대 지지를 받은 결과이다.

2 임실근은 1961. 8. 30일에 국가유공자(보훈번호 26-068829)로 지정되어 2016. 10. 11일 대전현충원 국립묘지(묘비번호 3702)로 이장해 처인 최순월과 합장되었다.

3 최복만과 대화(2019. 11. 20)

이복수 박사는 아내 임홍화 사모를 통해 2녀 1남을 두었고 자녀들은 이 박사의 신앙을 계승한 채 모두 결혼하여 행복한 가정을 이루고 있다. 이 박사는 손자와 외손자 그리고 외손녀를 둔 할아버지가 되었지만 2019년 현재도 여전히 부산외국어 대학의 대학교회 목사와 동 대학의 이사로 주님의 나라 확장을 위해 헌신하고 있다.

이복수 박사의 고희연 예배 시 가족과 함께

영국과 남아프리카 공화국에서의 연구: 선교신학 연구

청년 이복수는 34세에 목사안수를 받고 바로 부산에 있는 브니엘 중고등학교의 교목으로 사역을 시작했다. 경동노회에서 기관목사로 파송을 해준 것이다. 이때 이 목사에게 교회에서 사역할 길이 열렸다면 평생 목회자로 헌신했을 수도 있었다. 하지만 목사안수 후 바로 교목으로 사명을 감당하면서 그는 자신이 학교에서 학생들을 가르치는 은사가 있음을 확인하는 계기가 되었다. 하나님의 섭리를 확신한 그는 이 학교에서 고등학생들에게 성경을 가르치는 일에 최선을 다했다. 그러면서 신자와 불신학생들을 지도하는 것에 노하우가 필요함을 인지했다. 그리하여 불신학생들에게는 전도를 하고 신앙을 가진 학생들은 양육을 하여 신앙생활을 잘 할 수 있게 함에 최선을 다했다.

학교 사역과 동시에 브니엘교회의 교육목사로까지 사역할 수 있는 길이 열렸다. 이제는 교육의 대상이 일반성도들에게까지 확장이 된 것이다. 그들에게 복음을 전하고 가르치는 사명까지 감당하면서 이 목사는 자신의 신학적인 수준을 더욱 함양하면서 사역에도 크게 유익함을 느꼈다.

이런 이복수 목사에게 브니엘교회에서의 사역은 새롭게 그의 진로가 정해지는 기회가 되었다. 이 교회는 기독인재를 길러내는 일에 열심을 내기로 하고 1986년 4월에 이 목사에게 1년 동안 유학을 시켜 학문적 정진에 도움을 주기로 했다. 이 목사가 비록 고신교단의 목사이지만 브니엘교회와 중고등학교를 위해 유익을 주고 있고, 또 향후에도 기여를 할 목사로 인지했던 것이다.

그리하여 유학길에 오른 것이 영국이었다. 그때 이 목사는 39세로서 세 자녀를 둔 가장이었기에 그야말로 다소 늦은 유학이 아닐 수 없었다. 당시 장녀가 10살이었다. 이 목사는 처음에 가족을 두고 혼자 떠나서 유학의 길에 올랐다. 이는 교회가 1년 과정의 유학을 허락해 주었기 때문이었다. 1년 정도이면 굳이 온 가족이 함께 가지 않는 것이 옳다고 판단한 것이었다. 이 목사는 1년 기간이었기에 자신이 생각한 바대로 성경을 보다 깊이 알 수 있도록 성경신학 분야에 더욱 치중할 수 있는 학교를 택해야만 했다. 그리하여 영국 중부지역의 랑카스터(Lancaster)에 있는 케이펀리신학교(Capernray Bible School)에서 3개월 동안 성경을 집중적으로 공부를 했다.

이때 그는 더욱 더 신학적인 공부의 필요를 느끼고 스코틀랜드의 에딘베러(Edinburg)에 있는 Free Church College of Scotland로 옮겨 Post-Graduate 과정을 시작했다. 이곳 프리처치 대학은 철저하게 복음주의 신학을 교육하는 곳이었다. 규모가 큰 대학은 아니었지만 학문적으로 뛰어난 교수들로 이루어진 대학이었다. 이 대학의 Donald Macleod 와 J. Douglas MacMillan 교수는 복음주의 신학자로 명성이 높았다. 이 대학에서 Post-Graduate 과정에서 1년 가까이 실천신학에 관한 학업을 수료하고 1987년 6월에 졸업하였다.

이 기간 동안을 보내면서 이복수 목사는 시작한 학업을 더 체계적으로 배우고 연구해야 할 필요성을 강력하게 느꼈다. Donald Macleod 와 J. Douglas MacMillan 교수와의 접촉은 이 복수 목사에게 더욱 강한 열정과 도전을 주었다. 이 목사는 이런 자신의 입장을 정중하게 브니엘 교회에 알려 양해를 구하고 유학을 연장하여 연구에 몰두하기로 했다. 이때 이 목사는 가족들까지 초청하여 함께 생활하며 학업을 진행했다.

그 당시에 스코틀랜드의 선교사로 한국에서 사역하던 중에 교제하고 있었던 이부성(William B. Black)선교사가 안식년을 맞아서 Edinburgh에 지내는 것을 알게 되어 만남이 이루어 졌다. 이는 우연한 일이 아니었다. 이 선교사의 추천으로 1987년 9월에 Aberdeen University에서 신학석사과정을 시작하게 되었다. 이곳 Aberdeen 대학교에서도 역시 실천신학을 전공하게 되었는데, 중요한 몇 과목의 강의를 듣고 시험을 치른 후에 논문을 쓰는 작업에 들어갔다. 논문은 〈A Criticism of the Social Gospel〉이었는데, 이는 복음주의 신학의 입장에서 사회복음이 가진 문제점들을 밝히는 연구였다. 이 목사는 코스워과 논문의 두 과정을 함께 거쳐야 했다. 이로 인해 쉽지 않음을 경험했지만 함께 한 가족들을 생각하면서 더욱 열심히 배움과 연구에 정진했다. 그리하여 1989년 5월에 신학석사학위를 받았다. 이때는 고국에서의 재정적인 지원이 없는 유학생활이었기 때문에 아내인 임홍화 사모가 생활전선에 나서 이 교수를 뒷받침하고 자녀들까지 돌보는 재정적으로도 힘겨운 시간들을 보내야 했다.

이 목사는 박사과정을 마쳐야 한다는 것을 스스로 알고 있었다. 힘겨운 생활에 내몰린 그 아내도 동일한 마음을 가졌다. 이 목사는 이런 형편에서 고신대학교 시절 은사였던 이근삼 박사에게 자신의 사정을 알리고 상의를 했다. 경제적으로 다소 적은 부담으로 공부할 수 있는 곳을 알선해 달라고 청한 것이다. 이근삼 박사는 서신을 통해 남아프리카공화국의 개혁주의 대학교인 Potchefstroom University(현재의 명칭은

North-West University임)를 추천했다. 이 목사는 영국에서 박사학위 연구까지 마무리하여 학위를 취득하지 못하는 것이 아쉬웠다. 하지만 아내와 자녀들을 생각하여 경제적으로 어려움이 덜한 곳을 택하기로 하고 가족 전체가 스코틀랜드에서 남아프리카공화국으로 옮겨갔다.

이렇게 해서 1989년 9월부터 그곳에서 박사학위 과정에 들어갔다. 전공은 선교신학이었다. 그간의 과정을 통해 자신이 대학시절부터 염두에 둔 학문에 정진하기로 하고 시작한 것이다. 박사학위 지도교수는 F. Denkema였다. 이 교수는 온화한 성품을 가진 개혁주의 신학의 학자로서 선교에 있어서 복음전도와 사회봉사를 균형 있게 강조하는 입장을 견지하였다.

이 목사는 그의 지도를 받으면서 평소 갈망했던 선교신학에 학문적 깊이까지 더해갔다. 한국사회는 1970년대를 전후하여 급진적인 진보신학의 영향이 쇄도했다. 선교에 있어서 사회개선만을 강조하는 경향이 강하게 대두되어 도시산업선교와 같은 사회문제가 발생할 정도였다. 이 목사는 이런 현상을 주목했다. 자신이 연구하고 정립한 선교학과는 거리가 있었던 것이다.

이 목사는 이러한 경향의 배경을 파악하고 그러한 흐름을 밝히기로 작정했다. 보다 성경적인 입장으로써 복음전도와 사회봉사의 관계에 대한 개혁주의 입장의 선교신학을 제시하려는 배경에서 연구에 들어간 것이다. 연구논문의 제목을 〈The Social Gospel's View of Mission and Its Impact on the Ecumenical Movement and Liberation Theology〉로 잡았다. 막상 연구를 시작했지만 방대한 분야로 살펴야 할 자료들이 너무나 많았다. 그러나 이 분야의 개척자와 같은 심정을 가지고 이 목사는 5년 동안 집중적인 연구에 몰두했다.

그렇게 하여 1994년 9월 16일 신학박사학위(Th.D)를 받았다. 이 논문은 1800년도 중엽에서부터 현대에 이르는 선교신학의 흐름을 고찰하되 선교신학에 있어서 한편으로 기운 경향이 시작된 근원으로서 사회복음의 선교론이 에큐메니칼 선교신학과 해방신학에 미친 영향을 밝히는 연구였다. 주제 자체가 사회복음과 에큐메니컬 운동, 그리고 해방신학 전체의 흐름을 다루어야 했기에 500페이지 이상의 방대한 연구가 되었다. 연구대상의 기간 역시 1800년대 중엽에서부터 2000년대에 이르는 기독교 선교신학에 있어서 사회문제를 강조하는 경향을 파악한 연구임으로 현대선교신학의 분야로 파악된다.

교수사역과 기타사역

이복수 목사는 1976년에 고신대학교를 졸업했다. 그 후 18년 정도의 시간동안 신학공부에 몰두하면서 1994년에 신학박사 학위를 취득했다. 하나님께서는 이복수 박사를 모교인 고신대학교 교수로 준비를 시키셨다. 때마침 고신대학교에서는 선교언어학과를 개설하여 첫 학기를 전공교수 없이 넘겼다. 그리하여 대학에서는 다급하게 전공교수를 채용한다는 공고를 냈다. 2학기가 시작되기 전에 전공교수를 충원하기로 한 것이다.

이복수 목사는 박사 학위를 취득하자 말자 다른 어느 신학교에서 강의를 해야 할 것인지 고민해야 할 겨를도 없이 자신이 몸담고 있는 교단과 신학교를 우선 염두에 두었다. 어려서부터 신앙생활을 했고 고신대학과 동대학원을 졸업하고 목사안수를 받은 교단이 자신이 속한 교단이고 사명을 감당할 사역 장소라고 여긴 것이다. 그리하여 자신의 신학을 후배들에게 나누어 교단을 위해 헌신하면서 고신교단을 통해 주님의 나라 확장에 기여함이 즐겼다는 생각을 한 것이다.

이렇게 방향을 정한 이 박사는 선교언어학과에 주저함 없이 교수로 지원을 했다. 경쟁자가 더러 있었지만 1994년 9월부터 모교인 고신대학에서 교수생활을 시작하게 되었다. 이 교수는 하나님께서 자신을 위해 선교언어학과를 계획하시고 자신의 학문적 여정에 맞추어 교수로 임용되게 하셨다고 확신했다. 한국 나이로 48세에 시작한 교수 사역이었다. 늦게 시작한 교수 사역이었기에 이 박사는 제자양성의 사역을 더욱 귀중하게 여겼다.

이 박사는 강의를 하면서 언제나 학생들의 신앙상태에 늘 관심을 가지고 교수했다. 이 박사는 선교학 교수는 단순하게 신학만 전수하는 데서 머물면 안 된다는 신념을 가지고 강단사역에 임했다. 반드시 구령과 양육이란 기준을 가지고 학기를 맞이하였다. 신앙이 없는 학생이 있다면 전도의 대상으로 삼아 그런 차원에서 교수하고 신앙이 있는 학생은 양육의 차원에서 교수했다. 강의의 내용은 동일했지만 신앙의 유무에 따라 이 기준을 적용한 것이다. 이런 점이 학생들과 빈번하게 상담을 가진 이유였다. 이 박사는 자신이 선교학 교수였기에 선교학 이론을 중시하면서도 그 실제를 경시하지 않은 것이다.

이 박사는 남아프리카공화국에서 유학을 하면서도 선교의 이론과 실제가 함께 중요함을 자신에게 적용했다. 그리하여 Durban한인교회를 설립하여 1990년 12월부터 1991년 6월까지 설교목사로 사역했다. 외국에 나와 있는 한인들에게 자신의 믿음을 견고히 성장시키면서 동시에 선교의 사명을 감당하는 선교적인 삶을 살아야 함을 강조했다. 이 박사 자신도 신학연구에 전념하면서 설교자로서 선교적인 삶을 추구한 것이다.

박사학위의 마무리 과정에서 설교사역을 다른 목사에게 맡기고 모든 민족선교회(Mission For All Nations)대표로 1993년4월부터 1994년8월까지 섬기면서 그간에 익힌 선교학을 선교현장에서 적용하며 선교에 대한 경험을 더했다. 고신교단에는 차세대 지도자를 양육하는 고신대학과 고려신학대학원이 있다. 이복수 박사는 고신대학의 선교학 교수로, 이신철 교수는 고려신학대학원의 선교학 교수로 사명을 감당했다.

두 교수가 고신교단의 선교와 유관단체에 미친 영향은 지대하다. 특히 이복수 박사는 고신대학과 고신대선교대학원, 그리고 여자신학원 등에서 다양한 미래자원들에게 교수하며 인재를 양성했다.

학생들은 이 박사의 강의와 신앙인격에 만족했다.[4] 필자는 고신교단의 많은 목사와 교수들을 대하면서 종종 이복수 박사에 대한 이야기를 들을 수 있는 기회가 있다. 그때마다 그의 신앙인격의 탁월함에 모아짐을 확인하고 있다.[5] 이복수 박사가 고신대학의 교수로 재직하는 동안 교수로 함께 동역했던 역사신학자 이상규 교수는 이복수 박사가 실력은 물론 탁월한 인격을 갖춘 교수여서 항상 대인관계가 원만했고, 이런 바탕에서 이 박사가 보직을 맡은 일은 일체의 잡음이 없이 열매를 맺었다고 했다.[6]

이 박사는 1994년 9월 1일 고신대학의 전임으로 교수가 되었다. 이듬해인 1995년 9월부터 고신대학교 선교언어학과 학과장을 첫 보직으로 받았다. 이 기간 중인 1996년 5월에 부산동교회의 협동목사로 청함을 받아 2018년 12월까지 사명을 감당했다. 교단 내의 교회를 찾던 중

4 2002년에 선교대학원에서 수학하던 안산은성교회 추경호 목사는 이복수 교수의 강의를 들으면서 선교의 열정이 더욱 뜨거워졌다. 추 목사는 고신대 대학원에서 수학중인 필자에게 이 교수가 가장 양질의 강의를 한다며 그 시간에 청강을 할 것을 요청하여 한 학기 내내 청강을 하였다. 이 교수의 강의는 고신대학과 선교대학원생들에게 깊은 학성과 영성이 전달되는 강의였으며 대학부설 여자신학원에서도 동일했다. 부산 향기로운교회에서 사역하는 김양덕 목사는 이 교수의 강의를 들으면서 구령을 위한 사역의 꿈을 키웠다고 전했다. 추 목사와 김 목사는 이 교수의 탁월한 신앙인격이 그의 강의가 더욱 힘있게 들렸다고 했다. 김양덕과 대화(2019. 10. 3)

5 차재국과 대화(2019. 11. 20) 고신대학교 명예교수인 차재국 교수는 " 이 교수님은 강도사 시절부터 영국 유학, 고신대 교수사역 등 저와는 약 40년 동안 친밀한 관계를 이어오고 있는데, 신앙과 인품 면에서 흠잡을 데 없는 이 시대의 진정한 신학자요 목회자입니다. 동료와 학생들 그리고 성도들로부터 존경받는 분입니다. 이는 단순한 학자가 아니고 신앙인품을 탁월하게 겸비하신 분이시기에 그렇습니다. 구수한 경상북도 사투리로 유머를 즐겨하여 함께 있으면 분위기 메이커로써의 역할도 하는 따뜻한 분입니다. 그 외에도 헤아릴 수 없을 만큼 장점이 많은 분입니다." 라고 전했다.

6 이상규와 대화(2019. 11. 19)

에 부산동교회의 김정득 목사의 청으로 사역을 시작하여 한 달에 한주일은 2.3부 예배의 설교를 감당했다. 그만큼 김 목사의 신뢰를 받은 이 박사는 김 목사가 은퇴하고 후임으로 현광철 목사가 부임했지만 계속하여 이 교회와 관계를 지속하면서 때때로 설교하는 기회를 가지고 있다. 2018년에 고신교단의 목사 정년이 된 이 박사는 2019년 현재도 부산동교회의 교회보에 은퇴협동목사로 이름이 올려져있다.[7)]

이 박사의 고신대학교에서의 교수사역은 1996년 9월에 조교수, 2001년 4월에 부교수, 2006년 4월에 정교수로 승진했고, 중요한 보직들도 맡았는데 고신대학교 기획실장(1997. 5~2001. 2), 대학종합평가 연구위원장(1997. 7~1998. 12), 선교목회대학원 교학처장(1998. 3~2000. 3), 고신대학교부설선교연구소 소장(1999. 10~2002. 3), 여자신학원 원장(2005. 7~2007. 7), 선교목회대학원장(2006. 1~2008. 2), 대학평교수협의회의장(2007. 3~2009. 3), 부총장(2010. 2~2012. 2) 등의 일들을 수행했다. 이 박사는 특별히 기획실장 4년과 부총장 2년의 일들을 맡으면서 대학행정을 보다 깊게 익히는 기회로 삼았다.[8)]

이 박사는 대학 외부의 사역들도 다양하게 감당한 것으로 전국기독교대학협의회 감사(1999. 3~2000. 3)직을 맡기도 했으며 2000년에는 한국일보가 주관하는 대학생해외봉사활동의 러시아사역 단장을 맡아서 전국대학교에서 선발한 40여명의 학생들을 인솔한 일로 그해 11월 29일 한국대학사회봉사협의회로부터 감사장까지 수여받기도 했다. 특별히 청각장애인들을 가르치는 학교법인성지학원 재단의 구화학교 이사(2002. 8~현재)로도 사역함으로 평소 장애인에 대한 관심과 사랑을 실천하고 있다. 2004년에는 고신대학교가 위치한 부산시 영도구의 구청

7 담임목사가 아닌 협동목사로 사역한 목사를 은퇴한 후 교회보와 교회일람에 은퇴목사로 기록을 계속 유지하는 교회는 흔치 않은 경우이다.

8 이복수와 대화(2019. 11. 28)

공직자윤리위원에 위촉되어 대학의 지역을 위한 봉사사역도 감당하였다. 2005년 1월부터 한 해 동안 고신교단의 신문사인 기독교보의 논설위원으로 교단의 언론을 돕는 일도 담당하였다.

이 박사는 자신의 전공과 관련하여 자신이 속한 교단과 교단의 선교는 물론 한국의 선교학자들과 연합하여 선교신학의 발전을 위해서도 역할을 해왔다. 교단을 위해서는 2006년부터 고신경동노회 부노회장으로 시작하여 2007년부터는 노회장으로 노회와 교회를 섬겼다. 이 박사는 자신이 목사가 되는 과정에 신앙과 학문에 도전을 주었던 경동노회에 소속하여 최선의 사명을 감당했다. 교단의 선교에 대해서도 구체적으로 관여하며 기여내지 봉사한 것은 고신세계선교위원회 정책위원회 위원장(2006. 1~2009. 9)과 같은 기간에 고신세계선교위원회 집행위원회 위원직을 겸임했으며, 교단선교부의 중요한 세미나에 참여하며 발표를 수행하였다. 한국의 선교신학 발전을 위해서는 다양한 역할들을 담당하는 과정에 한국복음주의 선교신학회 회장(2006. 3~2007. 3)을 맡으므로 고신대학과 교단의 선교에 대한 위상을 높였다. 이 박사는 교단 밖에서 활동을 할 때 자신이 고신교단이 가지는 위상에 유익을 주어야 한다는 부담감, 내지는 책임의식이 있었다. 한국복음주의 선교신학회 회장직을 맡았을 때는 학문적 증진이 이루어질 수 있도록 함에 심혈을 기울였다.

특별히 이 박사의 선교와 관련된 활동들 가운데 고신대학교부설 전문인선교훈련원(KPTI)의 사역은 2003년에 설립하는 일에서부터 은퇴할 때까지 여러 차례 원장으로 섬겨왔으며, 지금까지도 돕고 있는데 700여명이 수료하였으며, 그들 가운데 선교사로 파송된 사람만도 60여명에 이른 것으로 알려지고 있다. 2009년 8월부터는 선교사를 파송하여 관리하는 단체인 열방선교회 자문위원으로 선교단체를 학문적으로 돕고 있으며, 2018년부터는 역시 아프리카 우간다에 집중적인 선교사역을 펼치고 있는 유니언비전선교회의 고문으로 자신의 분야인 선교학과 선교의 실제를 위해 도움을 주고 있다.

이 박사는 2012년 8월 31일에 고신대학교 교수직을 은퇴하고 명예교수가 되었다. 하나님께서는 이 박사의 은퇴를 은퇴로 여기지 않으셨다. 고신대학을 떠난 지 6개월만인 2013년 3월 1일부터 부산외국어대학교 대학교회 담임목사로 세움을 받았다.[9] 은퇴 후에는 해외선교 현장에 세워진 몇몇 신학교의 학장으로 교섭이 이루어지기도 했지만 고신대학 교수사역에서 은퇴하기 2개월 전인 2012년 6월부터 부산외대 대학교회에서 설교를 맡아 감당했다. 그러다가 대학교회의 담임목사와 대학교의 교목실을 총괄하는 사역에 이어 대학교의 재단이사로 섬기는 일을 현재까지 계속하고 있다.[10] 이 박사는 일반 목회자들의 정년을 이미 넘어섰지만 여전히 선교의 사명을 감당하고 있다. 고신대학은 신자 학생들이 대다수였지만 부산외대는 불신 학생들이 상당수이다. 이 박사는 이를 알고 학원복음화에 자신의 후반부 사명 감당에 최선을 다하고 있다.

이 박사는 고신대학교를 은퇴하면서 또 다른 중요한 일을 시작했다. 바로 2012년 9월 1일에 G. P. M(Global Professional Mission) 이사

9 부산외대는 2014년 2월 25일에 경주 마우나리조트 붕괴사고로 오리엔테이션에 참가한 신입생 9명이 귀중한 목숨을 잃었다. 이때 대학교회의 목사인 이 목사는 정해린 총장, 정용각 부총장과 함께 유족들을 찾아 진정성을 보이고, 입원중인 학생들이 회복되어 퇴원할 때까지 매일 병원을 찾아 위로하는 시간을 가졌다. 기독신앙에 충실한 이 목사와 직원들의 사고대처는 유족들과 학부형들의 마음을 움직여 대학이 바로 안정을 찾아 전진함에 기폭제가 되게 했다.

10 정용각과 대화(2019. 12. 12). 부산외대 정용각 총장대행은 "제가 지금까지 살아오면서 가장 은혜로운 만남은 예수님이시고, 우리대학에서 가장 소중한 만남은 대학교회 이복수 목사님이십니다. 이복수 목사님은 영적으로 부족한 저를 하나님 안으로 바르게 인도하시고 영적성장을 갖도록 이끌어 주셨습니다."라고 전하며 "이복수 목사님으로 인해 저희 대학이 일반대학이지만 설립자의 신앙정신이 잘 구현되어 가고 있습니다. 지금 생각해 보면 하나님이 이복수 목사님을 우리대학에 보내주셔서 저를 믿음의 자녀로 인도해 주신 것 같습니다. 이러한 은혜와 감사로 저 또한 한 알의 밀알이 되어 부산외대가 하나님의 말씀을 기반으로 복음화를 이루는 대학이 되도록 목사님과 함께 기도하며 최선을 다할 생각입니다."라고 했다.

장으로 선임되어 계속하여 섬기며 현재까지 17명의 전문인 선교사들을 파송하여 관리하는 일을 하고 있다. 여기 파송된 선교사 가운데 강기철은 고신대 선교학과의 제자이면서 본 선교회의 파송을 받았다. 그는 선교현지에서 한 대학생을 전도하여 지금 이 박사가 사역하고 있는 부산외대의 대학원에 유학하도록 인도하여 이 박사는 그 학생을 돕는 일들을 펼치고 의미 있는 일들을 하고 있다. 특별히 하나님께 감사하는 것은 제자들 가운데 여러 목회자들이 많을 뿐만 아니라 해외의 선교현장에 파송을 받아 사역하는 선교사들이 많다. 고신대학교의 선교학과 졸업생 제자들 가운데도 30여명이 넘으며, 고신대학교 부설 전문인 선교훈련을 수료하고 해외에 나가서 사역하고 있는 선교사들 60여명을 합하면 100여명에 이르는데, 이들의 배출과 그들의 사역에 큰 감사와 보람을 가지고 살아가고 있다. 이 만큼 이 박사의 전문성은 고신대학과 교단뿐만 아니라 그 넘어서 까지 필요했던 것으로 표명되었다고 하겠다.

저 술

이복수 박사는 1985년에 영문출판사를 통해 「사회복음주의」라는 책을 출판했다. 그 후 계속하여 2002년에 기독교문서선교회에서 「하나님나라 : 기독교선교의 목적」을 출간했고, 2004년에는 「크리스천의 바른 삶에」 이어 2007년에는 「성부 하나님과 성자 예수님」을 2012년에는 「구원과 복된 새 삶」을 출간했다.

그 외에도 1997년에 부산의료선교교육훈련원선교회를 통해 「의료선교를 향한 소망 I」을 공저로 발간했다. 이를 시작으로 하여 고신대학교 출판부를 통해 1999년에는 「단군상 건립 무엇이 문제인가?」, 2000년에는 열린 예배, 무엇이 문제인가?」의 저술에도 공저로 동참했다. 2002년에는 기독교 문서선교회를 통해 「선교와 언어」, 「남아 및 중미 선교론」을 이용석 선교사와 함께 공저로 출판했다. 이 박사는 2005년에는 쿰란출판사를 통해 「살아있는 그리스도인」을 출판했다.[11)]

이 박사는 1989년과 1994년 자신의 석사학위논문과 박사학위논문을 위시하여 모두 40편의 학술논문을 남겼다. 대부분의 논문이 이 박사가 고신대학에서 교수활동을 하면서 연구한 성과들이다. 이는 교수하면서도 연구에 최선을 다한 교수임을 입증하는 것이다. 40편의 글들은 모두 학술논문이어 부단한 연구가 수반된 결과물이기 때문이다.

나가면서

이상에서 이복수 박사의 삶과 학문적 여정, 연구와 교수, 그의 저술과 사상, 그리고 그가 기여한 것이 무엇인지를 간략하게 소개했다. 이 박사는 고신대학과 교단을 중심으로 사용을 받은 학자였지만 그가 이룬 선교학문과 실제에 적용된 업적은 고신교단을 넘어 한국교회에 영향을 미쳤다.

이복수 박사는 파송된 선교사들과 목회 사역자들에게 현대선교의 경향에 대해 바른 이해를 하도록 하는 것이 주 관심사였다. 그는 교수사역 내내 선교는 피의 복음을 피 흘린 전파를 통해 이루어진 것임을 강조했다. 이 박사는 자신이 순교는 못해도 선교는 열심히 해야 한다는 일념으로 살았다. 그리하여 제자들이 이 박사를 생각하면 "선교는 희생입니다." 라고 가르친 모습을 연상한다.

이 박사는 자신의 가르침대로 고신대학에서 은퇴한 후에도 부산외대

11 이복수 박사는 고신대선교대학원에서 수학한 애제자인 추경호 목사가 책을 출간하도록 독려하고 이를 위해 자신이 먼저 기고를 하여 공저로 '살아있는 그리스도인'를 출간했다. 백석대학에서 신학박사학위를 취득한 추경호 목사는 이복수 교수가 제자를 사랑하는 면에 탁월한 신앙인격을 소유하여 자신의 목회와 삶에 평생에 잊을 수 없는 스승이라고 회고했다. 추경호와 대화 2019. 12. 11.

에서 대학교회의 담임목사로 섬기면서 대학의 복음화를 위해 최선을 다하고 있다. 이 박사는 특히 해외에서 이 대학으로 온 많은 유학생들을 통해 외국에 나가지 않고도 복음선교를 할 수 있는 일에 최선을 다하고 있다. 이 박사는 선교의 이론에 국한되지 않고 실제에 자신을 아끼지 않는 진정한 선교신학자로서의 삶을 보여주고 있다. 특별히 이복수 박사를 아는 이들은 모두 그의 학문성에 이를 뒷받침하는 탁월한 신앙인격과 설교까지 칭송하고 있다.[12)]

이복수 박사와 필자, 부산외대에서

한국의 신학자들을 살펴보면서 탁월한 학문성에 신앙인격까지 탁월한 이복수 박사를 모델로 제시하고 싶다.

필자와 교수들

필자와 함께

12 황우여와 대화(2019. 12. 7) 사회부총리 겸 교육부장관을 역임한 황우여 장로는 "이복수 박사님은 선교학자로 대학의 교수로 사셨지만 은퇴 후에도 잠시의 쉼도 없이 부산외대에서 젊은 대학생들의 영혼구원을 위해 선교적 열정을 다하시어 선교의 이론과 실제에 있어 일치된 모습을 보이시는 학자형 목사님이시기도 합니다. 그분을 대하면 예수님의 참 제자다운 모습을 뵈게 되고 설교를 들으면 구속사적 입장에서 정확한 복음을 전하시며 하나님 나라의 확장에 힘쓰시는 분임을 알아 최고의 선교신학자로 존경하고 있습니다. "라고 존경심을 표했다.

수상

사단법인대한노인복지후원회 감사장 (1998), 한국대학사회봉사협의회회장 감사장 (2000), 한국선교신학자장 수상 (2010), 교육과학기술부장관상 (2012)

연구 목록

● 박사학위 논문

"The Social Gospel's View of Mission and Its Impact on the Ecumenical Movement and Liberation Theology", Potchefstroom University(Th. D.), 1994년 4월, 국외, pp. 1-512.

● 저서

「사회복음주의」, 양문출판사, 1985년 5월, pp.101, 단독

「의료선교를 향한 소망 I」, 부산의료선교교육훈련원선교, 1997년 11월 14일, pp.327, 외 11명

「단군상 건립 무엇이 문제인가?」, 고신대학교출판부, 1999년 9월 27일, pp.85, 외 6명

「열린예배, 무엇이 문제인가?」, 고신대학교출판부, 2000년 9월 25일, pp.184, 외 6명

「선교와 언어」, 기독교문서선교회, 2002년 9월 30일, pp.177, 외 2.

「하나님 나라 : 기독교 선교의 목적」, 기독교문서선교회, 2002년 11월 15일, pp.193, 단독

「남아 및 중미 선교론」, 도서출판 영문, 2003년 3월 30일, pp.330, 외 1명

「크리스천의 바른 삶」, 도서출판 영문, 2004년 2월 25일, pp.265, 단독

「살아있는 그리스도인」, 쿰란출판사, 2005년 2월 15일, pp.198, 외 3명

「성부 하나님과 성자 예수님」, 영문출판사, 2007년 5월 15일, pp.285, 단독
「구원과 복된 새 삶」, 영문출판사, 2012년 4월 20일, pp.462, 단독

● 논문

"A Criticism of the Social Gospel", Aberdeen University, 석사학위논문 (Th.M), 1989년 1월 10일, 국외, pp.1-195.
"문명의 발달과 종교의 변화", 고신대학교, 「미스바」, 1995년 2월, 제20집 특집호, 국내, pp.102-107.
"대학생과 이단 비판", 고신대학교출판부, 「기독교 대학에서의 학문과 삶」, 1996년 3월, 단행본, 국내, pp.129-139.
"개혁주의 전통과 교회성장", 교회문제연구소, 「개혁주의 전통과 교회성장」, 1996년 7월, 제11집, 국내, pp.11-25.
"기독교 대학의 선교적 과제", 고신대학교출판부, 「기독교 대학과 학문에 대한 성경적 조망」(고신대학교 설립 50주년 및 오병세 박사 은퇴 기념 논문집), 1996년 8월 30일, 국내, pp.67-78.
"단군상 건립에 대한 선교학적인 입장", 고신대학교 출판부, 단군상 건립, 무엇이 문제인가?」, 1999년 9월 27일, 고신대학교연구 시리즈 Vol. 3, No. 3, 국내, pp.33-43.
"선교에 대한 이해의 재고", 고신신학연구회, 「고신신학」, 1999년 11월 30일, 창간호 Vol. 1/1, 국내, pp.187-210.
"구약성경과 선교", 고신대학교, 「칼빈주의와 문화적 사명」(한명동 박사 구순 기념논문집), 2000년 2월 17일, 국내, pp.227-242.
"사회활동에 대한 개혁주의 이해와 선교", 기독교사상연구소, 선교신학과 선교 이슈」, 2000년 3월 30일, 기독교사상연구 제6호, 국내, pp.117-144.
"한국교회의 현실과 열린예배", 고신대학교출판부, 「열린예배 무엇이 문제인가?」, 2000년 9월 25일, 고신대학교 연구시리즈(4), 국내, pp.47-77.
"21세기 의료선교의 중요성과 전망", 고신대학교의학부, 「TARGET 2010」, 2000년 12월 1일, 국내, pp.24-51.

"의료선교의 중요성과 21세기의 전망", 고신대학교, 「고신대학교논문집」, 2000년 2월 20일, 제25집, 국내, pp.81-101.
"The Evangelical Attitude Toward Social Activity", 고신신학회, 「고신신학」, 2001년 1월 5일, 제2호, 국내, pp.171-189.
"선교사와 언어 그리고 언어훈련", 고신대학교선교연구소, 「고신선교」, 2001년 12월17일, 창간호, 국내, pp.9-38.
"고신 목회자 수급방향에 대한 제안", 고려신학대학원, 「개혁신학과 교회」, 2001년 10월 15일, 제11권 제1집, 통권 제11호, 국내, pp.292-343.
"교회의 선교적 본질의 의미", 총회출판국, 「하나님의 주권과 은혜」(이근삼 박사 사역 50주년 기념논집), 2002년 9월 23일, 국내, pp.501-519.
"이단의 일반적 특징과 비판", 고신대학교선교연구소, 「고신선교」, 2002년 12월 17일, 제2호, 국내, pp.47-81.
"대속을 통한 복된 통치로서의 하나님 나라", 고신신학회, 「고신신학」, 2002년 12월 24일, 제4호, 국내, pp.89-119.
"기독교의 사회활동과 복음 커뮤니케이션의 관계에 대한 개혁주의 이해", 한국복음주의 선교신학회. 「선교와 신학」,2003년 5월 20일, 제1권, 국내, pp.219-247.
"크리스천과 일, 그리고 직업", 고신선교, 제3호, 고신대학교 선교연구소, 2004년, pp.7-36.
"세계선교동향과 고신선교의 역할(응답)", 변화와 성숙, 고신선교 포럼 자료집, 세계선교위원회, 2004년 9월 15일, pp.123-130.
"하나님 나라를 사회건설에 둔 선교론 고찰", 복음과 선교, 한국복음주의 선교신학회 논문집 제4권, 한국복음주의선교신학회, 2005년 2월 10일, pp.33-102.
"교단선교창구일원화정책", 고신선교50주년기념 세계선교대회 자료집, 총회세계선교위원회, 2005년 6월 18일, pp.134-142.
"고신 교단선교 창구일원화 정책에 대한 고찰", 고신신학, 제7호, 고신신학회, 2005년 9월 20일, pp.79-104.

"교회론의 세속화 흐름과 교회의 선교적 본질 고찰", 성경과 신학, 제38권, 한국복음주의신학회, 2005년 9월 24일, pp.198-233.
"기독교 인간론과 선교이해", 김병원 박사 고희 기념논문집, 고신대학교 교수 논문집, 제26집, 고신대학교, 2006년 2월 28일, pp.236-267.
"종교다원주의의 발생과 발전에 대한 고찰", 복음과 선교 제7권 2호, 한국복음주의선교신학회, 2006년 12월 30일, pp.97-133.
"복음전도와 사회봉사의 관계에 대한 고찰", 고신선교, 제4호, 고신대학교 선교연구소, 2007년 3월 23일, pp.7-26.
"현대선교에 대한 이해의 재고", 라틴아메리카여 일어나라, 아세아연합신학대학교 라틴아메리카연구원, 예영커뮤니케이션, 2007년 6월 11일, pp.133-156.
"아프가니스탄 피랍사건과 한국교회의 선교", 고신신학, 제9호, 고신신학회, 2007년 9월 5일, pp.11-49.
"교회성장에 대한 이해 재고", 하나님의 나라와 신학, 황창기교수 정년퇴임 기념논문집, 고신대학교출판부, 2008년 2월 29일, pp.557-574.
"선교적 교회론에 대한 고찰", 고신신학, 제10호, 고신신학회, 2008년 9월 16일, pp.73-105.
"부산의 복음화현황과 교회의 역량", 복음과 선교, 제10집, 한국복음주의선교신학회, 2008년 12월 31일, pp.215-245.
"카스피해 주변 4개국 선교현지 연구", 고신선교, 제5호, 고신대학교선교연구소, 2009년 3월 30일, pp.9-76.
"박성기 박사와 브니엘 운동의 시원", 아시아와 한국을 가슴에 안고, 혜언 박성기 박사 산수 기념문집 간행위원회 편, 도서출판 브니엘, 2009년 7월 25일, pp.215-234.
"해방신학의 구원론에 포함된 개념들에 관한 연구", 고신신학, 제11호, 고신신학회, 2009년 9월 14일, pp.237-277.
"에딘버러1910의 신학적.역사적 배경과 선교이해", 복음과선교, 제13집, 한국복음주의선교신학회, 2010년 11월 30일, pp.207-234.

"국내의 이주민 선교연구", 고신신학, 제14호, 고신신학회, 2012년 9월 13일, pp.21-88.

"정치인 황우여 장로의 신앙과 삶", 교회와 국가 : 부르심 앞의 70년 회천 황우여 장로 기념문집, 신재철 외 11인, 서울 : 쿰란출판사, 1917년 9월 5일, pp.145-211.

신재철 교수

American Bible College Seminary (B. A.)
고려신학대학원 (M. Div.)
고신대 대학원 (Th. M.)
웨스트민스터 신학대학원대학교 (Ph. D.)

부산외대 외래교수

컬럼집_『용서는 하되 잊지는 말자』, 『목사와 유행가』, 『목사님의 앞치마』, 『목사와 아멘! 아멘!』, 『목회는 종합예술』

신앙서적_『신재철목사와 함께 하는 성경산책』, 『신재철목사와 함께 하는 성경탐방』, 『기도-현실에서 천국을 잇는 다리』, 『기억되는 말씀 기억되는 교회』, 『가정과 교회바로세우기』, 『인물로 본 구약역사』, 『인물로 본 신약역사』, 『여성인물로 본 성경역사』, 『말씀으로 더 높이 더 멀리 더 넓게』, 『네 아버지께 물으라』, 『복음의 빛 그분의 빛』, 『주의 빛을 따라』, 『살아있는 그리스도인』(공저)

신학서적_『불의한 자 앞에서 소송하느냐』, 『성경과 신학의 창으로 본 소송문제』, 『교회분쟁 해결의 길은 없을까』, 『한 눈으로 읽는 구약성경의 세계』(공저)

전도문고_『예수님은 누구신가』, 『성령님은 누구신가』(공저)

논문_"불의한 자 앞에서 송사하느냐-고신교단의 송사문제에 대한 역사적 고찰", "고려교단의 형성과 발전(1971~2001)" 외 다수

이상규 박사

이상규 박사의 생애와 신학

신민석_코람데오신학대학원 교회사 교수

고신대학교 신학부 (B. Th.)
고신대학교 신학대학원 (M. Div.)
고신대학교 대학원 신학과 (Th. M.)
호주빅토리아 장로교신학대학 대학원
호주신학대학(ACT) 신학박사 (Th. D.)

호주 Macquarie University 연구교수
한국교회와 역사연구소 소장
부산경남 교회사연구회 회장
한국복음주의 신학회 편집위원
한국장로교 신학회 회장
개혁신학회 회장
기독교학술원 수석 연구원
국제학술지 Unio cum Christo, Member of Editorial Board
백석대학교 석좌교수

서 론

이상규 박사는 한국의 대표적인 교회사 연구가, 탁월한 학자로 알려져 있다. 그는 1982년 연구조교로 임명받은 후부터 2018년 2월 은퇴하기까지 36년 간 고신대학교에서 가르치며 연구했으며, 2019년 3월부터는 백석대학교 석좌교수로 임명되어 학문의 외길을 걷고 있다. 은퇴하기까지, 이상규는 공저(27), 편저(5) 모두 포함해 총 57권의 단행본, 177개의 학술논문을 썼고, 번역으로는 5권의 단행본과 15개의 논문이 있다.[1] 다작(多作)으로만 봐도 교회사학자로서 일가(一家)를 이루었음에 분명하다.[2] 다산 정약용은 머릿속에 5,000권의 이상의 책이 들어있어야 비로소 세상을 제대로 볼 수 있다고 했던가. 이상규는 개인 장서가 약 2만권에 이른다고 하니 역사를 꿰뚫는 뛰어난 그의 통찰력과 균형 잡힌 시각은 다독(多讀)에서 나왔다고 해도 과언이 아닐 것이다.

이상규는 특히 교회사학의 대중화를 위해서도 강연하며 노력해 왔는

1 이상규 교수 정년퇴임 기념문집 편찬위원회, 『한국 교회와 개혁신학: 이상규 교수 정년퇴임 기념문집』 (카리타스, 2018), 40-51에 있는 저작목록을 근거로 하고 있다. 이글에서 별다른 언급이 없으면, 이 저작목록을 가리킨다.

2 은퇴 후 그가 기고한 논문으로는 "부산일신여학교에서의 만세운동," 『부경교회사연구』 78(2019), 10-19; "삼일운동과 한국기독교," 『백석저널』 36(2019. 6), 37-70; "3.1운동, 어떻게 볼 것인가?," 『신학과 교회』 11(2019), 11-50; "서구기독교전통에서 본 '기독교문화' 이해," 『부경교회사연구』 82(2019), 28-53; "한국기독교와 민족, 민족주의," 『개혁논총』 49(2019), 9-33; "이보민 박사의 생애와 신학," 『한국교회를 빛낸 칼빈주의자들』 (킹덤북스, 2020), 558-81; "교회는 중혼자(重婚者)를 받아드릴 수 있는가?" 『동서신학』 2(2020), 11-39 등이 있다. 저술한 단행본으로는, 『기억과 추억의 역사: 부산지방에서의 초기 기독교』 (한국교회와 역사연구소, 2019), 공저로는, 『해방 후 한국 기독교인의 정치활동』(선인, 2018); 『3.1운동과 기독교민족대표 16인』 (한국기독교역사연구소, 2019); 『남기고 싶은 이야기들1: 대담으로 읽는 역사』 (한국교회와역사 연구소, 2019); 『호주 선교사열전, 진주와 통영』(동연, 2019); 『한국교회와 대구, 경북지역 3.1운동』 (정류아카데미, 2019); 『전염병과 마주한 기독교』 (다함, 2020), 편저로는 『일본인이 본 주기철 목사』 (한국교회역사연구소, 2019)가 있다. 또한 『개혁주의란 무엇인가』의 개정판이 2020년 SFC를 통해 출간되었다.

데, 교회를 섬겨야 한다는 그의 신앙에서였다. 박용규의 평가는 이를 잘 반영한다.

> 이상규의 모든 작품은 하나님 나라와 교회와 무관하지 않았다. 그저 학문의 유희를 즐기기 위해서나 자신의 업적을 드러내기 위해 저술을 하거나 논고를 출간한 경우는 거의 없는 것 같다. 적어도 필자가 볼 때 이 점은 분명하다. 그의 신학이나 가르침이나 저술이나 모두 교회를 위한 신학이었다. 하나님 중심, 교회 중심, 말씀 중심이라는 가장 기본적인 틀을 언제나 염두에 두고 자신의 학문을 세워가려고 하였다. 복음의 순수성을 늘 염두에 두었고, 교회의 생명력이 무엇인가를 깊이 생각했으며, 교회가 세상에서 문화와 사회에서 본연의 사명을 감당하는 것도 교회가 해야 할 중요한 일이라는 사실을 늘 잊지 않으려고 하였다.[3)]

한국교회를 위한 그의 중요한 봉사는 강연뿐만 아니라 설교에서도 나타났다. 그의 저작물 중 눈에 띄는 두 권이 있는데, 『예수 따라가며 복음 순종하면』(2006), 『구약의 메시지』(2013)가 그것이다. 전자는 예수님의 생애와 교훈을 연대기적 순으로 한 33편의 설교집이고, 후자는 구약성경 각권을 순차적으로 강론한 것으로 역시 33편의 설교문이 담겨 있다. 그의 설교에는 교회사적인 혜안이 늘 들어있다. 이를테면, 예수의 생애에 대한 성경 밖의 증거를 설교하면서 요세푸스와 로마 문필가(타키투스, 플리니, 수에토니우스)의 증언을, 하늘에 보물을 쌓아두라는 본문에서 18세기 클레펌 사람들의 이야기를, 원수도 사랑하라는 메시지에서 16세기 위렘스의 감동적인 순교의 이야기를 예화로 든다.[4)] 청중들은 자연스럽게 교회사와 더불어 본문이해를 더해 가는데, 박응규

3 박용규, "교회사가 이상규 교수의 학문세계", 『장로교회와 신학』 13(2017), 17.
4 이상규, 『예수 따라가며 복음 순종하면』(한국교회와 역사연구소, 2006), 11, 107, 158–59.

의 지적처럼 그는 "심오한 내용들을 재미있게 풀어내는 역사 이야기꾼"으로 교회사를 대중화시켰다.[5]

그를 아는 모든 사람이 증언하듯, 이상규는 학문과 삶이 일치한 신앙인의 삶을 늘 추구하며 노력했다. 그가 강단에서 혹은 강연에서 외친 내용들은 자신의 삶에 대한 신앙적 고백이자 지향점이었다. 현재까지 그가 이룬 학문적 업적이 비단 학계에서뿐만 아니라 고신교회를 넘어 전체 한국교회에서도 주목을 받는 이유도 여기에 있다. 이 글에서는 그의 생애를 시작으로, 그가 일관되게 추구한 역사관과 그의 연구 분야를 저작물에 근거해 살펴보고자 한다. 먼저 그의 삶의 여정을 연대기적 순서에 따라 그에게 직, 간접적으로 영향을 끼친 인물, 사건을 중심으로 살펴보자.[6]

생애와 교육

태생에서 청소년 시절까지(1951. 1~1970. 2)

이상규는 1950년 음력 12월 13일(양력으로는 1951년 1월 20일) 경북 영주군 안정면 용산동 시골마을에서 10남매 중 막내로 태어났다.[7]

5 박응규, "교회를 위한 교회사가: 이상규 박사의 학문여정에 관한 소고(小考)," 『한국 교회와 개혁신학: 이상규 교수 정년퇴임 기념문집』, 99.

6 이상규 박사는 자서전적 기록을 은퇴문집인 『한국 교회와 개혁신학: 이상규 교수 정년퇴임 기념문집』 제1부(학문의 세계) "내가 살아온 날들 – 나의 수학(受學 修學 授學)기 – Apologia pro vita mea"라는 제하(題下)에 남겼다. 여기에는 그의 생애와 신학, 학문을 다룬 8명의 필자들의 글들도 함께 실려 있다. 제2부(순례자의 여정에서 만난 이상규 교수)에서는 그를 아는 44명의 따뜻한 이야기들이 실려 있다. 그 외 논문으로는 박용규, "교회사가 이상규 교수의 학문세계,"『장로교회와 신학』 13(2017), 16–19; 우병훈, "이상규 박사의 초기 기독교 연구: 성경 중심적, 사회학적, 교회 중심적 측면을 중심으로," 『고신신학』 19(2017), 245–86; 김홍만, "이상규 박사의 생애와 신학 사상," 안명준 외, 『한국의 칼빈주의자들』(킹덤북스, 2019), 1037–64이 있다.

6.25 전쟁 중인 1952년 2월 24일 부친을 여였으니, 그가 태어난 지 꼭 1년 11일이 되는 때였다. 그의 모친 박귀돌(1910~93) 여사는, 위로는 시부모를 모시고, 아래로는 남편 잃은 자부와 손자, 그리고 5남매의 자녀를 키워야 했으니 그 삶의 고달픔은 이루 말할 수 없었으리라. 그의 회고록에 따르면, 어머니가 마지막 희망으로 찾아간 곳이 교회였고, 마치 니고데모처럼 밤중 몰래 아랫동네 대룡산(大龍山) 교회를 찾았는데 이것이 신앙의 시작이었다고 한다. 이상규도 초등학교 입학 무렵 어머니를 따라 교회에 다니기 시작했다. 그가 고백하듯, 기독교 신앙과 가치는 어린 그의 가슴에도 깊이 남겨졌다. 아우구스티누스의 어머니 모니카와 웨슬리 형제의 어머니 수잔나처럼, 어머니의 기도는 그에게 큰 힘이 되었을 것이다. 또한 이상규는 자신이 학문의 길에 들어서도록 영향을 준 인물로 할아버지를 떠올린다. 어린 시절 한학자인 할아버지로부터 배운 천자문, 명심보감, 동몽선습, 소학 등은 후일 교회사 연구를 위한 큰 자산이었다고 한다.

이상규는 1959년 4월 안정남부초등학교에 입학하여 1964년 2월 졸업하기까지 6년 내내 반장을 맡았다. 비교적 성적이 우수했던 그는 선생님과 학우들의 신임을 얻었던 것이다. 그 뒤 6년간의 중고등교육은 메노나이트 중고등학교에서 수학했다. 이 학교는 한국전쟁 중인 1951년 미국 메노나이트중앙위원회(Mennonite Central Committee)의 교육사업의 일환으로 세워졌다.[8] 무상교육이었기에 많은 응시자가 모였고 이상규는 "하나님의 은혜"로 이 학교에 입학했다고 고백한다.[9] 그가 추억하며 언급하는 이들 중에는 신앙교육을 담당했던 김이봉 목사와 김

7 이 부분은 그의 자전적 기록, "내가 살아온 날들 – 나의 수학(受學 修學 授學)기 – Apologia pro vita mea"(pp. 53–78)을 주로 참고한 것임을 밝혀둔다.

8 한국의 경제가 성장하자 이 학교는 1971년 문을 닫게 되었다.

9 이상규, "내가 살아온 날들 – 나의 수학(受學 修學 授學)기 – Apologia pro vita mea", 55.

진홍 전도사(현 두레교회 원로목사)가 있다.

청소년기의 특징이 인생관과 세계관을 형성한다는 점인데, 6년간의 중등학교 교육은 이상규의 신앙과 세계관, 그리고 향후 삶의 방향을 결정한 중요한 시기였다. 기독교 가치관으로 특히 평화적 화해와 연합, 청빈, 제자도의 실천을 배웠고, 이는 후일 그의 삶에서도 여실히 드러났다. 또한 이들 가치는 그의 연구에 있어서 나타났는데, "교회연합에 대한 칼빈의 견해"(1995), "초기 기독교의 평화주의 전통"(2006), "칼빈과 교회연합"(2007), "메노나이트교회의 평화주의 전통"(2016) 등이 대표적이다.[10]

그가 교회사학자로서의 첫 동기부여를 받았을 때도 바로 이 시기였다. 회고록에 따르면, 고등학교 3학년이었던 1969년 그는 대한기독교서회의 '현대신서' 문고판 도서소개를 통해 민경배 교수의 『한국의 기독교회사』라는 책자를 알게 되었다고 한다. 이를 계기로 그의 책을 읽게 되었는데, 이상규가 읽은 첫 교회사 서적이었고 이런 점에서 그를 한국교회사 첫 스승이라고 부른다.[11] 후일 이상규는, "민경배 박사의 한국교회사 연구"(2013)라는 논문을 통해 그의 공헌을 정리하여 기고하기도 했다.[12] 현재(2020년) 두 교수 모두 백석대학교 석좌교수로 있으니 하나님의 인도하심은 놀랍다고 밖에 할 수 없다.

대학에서부터 대학원 졸업하기까지(1971. 3~1982. 2)

1970년은 이상규의 삶에 있어서 중요한 해였다. 함석헌의 『씨올의 소

10 "교회연합에 대한 칼빈의 견해," 『목회와 신학』 69(1995), 69-79; "초기 기독교의 평화주의 전통," 『역사신학논총』 11(2006), 8-28; "칼빈과 교회연합," 『칼빈과 교회연합』(고신대학교 개혁주의 학술원, 2007), 43-68; "메노나이트교회의 평화주의 전통," 『한국교회사학회지』 44(2016), 207-42.

11 민경배 교수의 『한국기독교회사』 초판은 1972년 대한기독교서회를 통해 출간되었다.

12 이상규, "민경배 박사의 한국교회사 연구," 『교회사학』 12.1(2013. 6), 5-34.

리』, 안병무의 『현존』, 김재준의 『제3일』, 기독교장로회의 『세계와 선교』의 잡지를 통해 여러 가지 가치를 배우는 시간이었다. 장기려 박사와의 첫 만남도 이때 이루어졌는데, 그가 주도한 '부산모임'을 통해서였다. 이들 중에서 이상규에게 특히 영향을 끼친 인물은 성산(聖山) 장기려 박사라고 볼 수 있다. 그에 대한 연구 및 강연이 다소 많은 이유가 이 점을 보여준다. 대표적인 논문은, "이 땅의 평화를 꿈꾼 이상주의자 장기려"(2000), "장기려 박사의 신앙과 사상"(2003), "함께 사는 사회를 꿈꾼 장기려"(2007) 등이며,[13] 그가 강연에서 다룬 주제들은 장기려의 신앙, 영성, 사랑실천 등이다.[14] 기독교의 보편적 가치를 삶의 실천적 영역에서 이룬 장기려 박사를 강조한 것으로, 이는 이상규의 삶의 지표이기도 했다.

이상규의 신학의 길은 1971년 고려신학대학 신학과에 입학하면서 시작되었다. 당시 교장 한상동 목사를 비롯해 교수로 홍반식, 이근삼, 오병세, 양승달, 허순길, 김성린, 김용섭, 정홍권, 한부선 등이 있었으나, 그가 개혁주의 신학의 중요성을 확신하게 된 것은 안영복 교수의 지도 아래 코넬리우스 반틸의 *The Defence of the Faith*를 강독하면서부터였다. 또한, 차영배 교수로부터 한 학기 신앙고백서를 배웠고 이때 하이델베르그 신앙문답서를 외우기까지 했다고 회상한다. 이런 과정을 통해 개혁주의는 그의 신학적 사고와 신앙에 확고히 자리 잡게 되었다.

그에게 종교개혁사를 가르쳤던 인물은 당시 외래강사로 와 있던 미국

13 "이 땅의 평화를 꿈꾼 이상주의자 장기려," 『기독교사상』 (2000. 12), 64-76; "장기려 박사의 신앙과 사상," 『고신신학』 5(2003. 9), 65-91; "함께 사는 사회를 꿈꾼 장기려," 『한국교회 역사와 신학』, 328-40.

14 '장 박사의 신앙과 사상, 한국교회사적 평가'(1996. 12. 25. 장기려 박사 1주기 추모식); '장기려 박사의 신앙과 사랑 실천'(2006. 11. 10. 한국복음주의협의회 11월 월례조찬기도회); '성산 장기려 박사의 신앙과 영성'(2013. 6. 14. 한국복음주의협의회 6월 월례조찬기도회); '장기려 박사님의 가난과 고난과 섬김의 삶을 기리며'(2016. 7. 19 한국교회목회자윤리위원회 발표회).

커버넌트신학교 조셉 홀 박사(Dr Joseph Hall)였는데, 이때는 그가 군복무를 마치고 복학했을 때인 1978년이었다.[15] 대학원 과정에서 깊이 있게 교회사를 공부하고 싶었으나 담당교수가 없어 부득이 조직신학을 선택했고 이보민 박사의 지도로 '몰트만의 종말론적 신학'이라는 논문으로 1982년 2월 신학석사 학위를 받았다. 한때 조셉 홀 교수로부터 교회사를 배웠으나, 사실 그의 교회사 연구는 독학에서 이루어진 것으로 보아야 할 것이다.

고려신학대학 전임강사로부터 은퇴하기까지(1982. 3~2018. 2)

이상규가 고려신학대학 신학과 전임강사가 된 때는 1983년 3월이었다. 한해 전인 1982년 3월에는 신학과 연구조교로 임명되었고, 하지만 강사로 섰을 때는 그가 신대원을 졸업한 1980년 1학기였다. 타 과목(영어, 신약)도 가르쳤지만, 교회사 과목을 가르칠 때는 교수 내용을 완전히 암기했을 정도라 하니, 역사에 대한 그의 애착을 볼 수 있다.

1987년 2월에는 호주로 유학을 갔고 멜버른 장로교신학대학에서 호주장로교회의 초기 한국선교사를 연구했다. 스튜어트 길 박사가 지도교수였고, 연구주제의 특성상 논문작성 못지않게 일차자료를 수집하는 일에 바쁜 나날을 보내야만 했다. 그가 수집한 자료들은 후일 한국교회사 연구의 큰 발전을 가져다 준 원동력이었다.

1990년 3월 대학으로 복귀한 이상규는 가르침과 연구에 전념했다. 몇 차례의 연구년을 갖기도 했는데, 1990년에는 미시간의 칼빈대학에서, 2001년에는 인디에나 에캄트 메노나이트연합신학대학에서 재세례

15 이 시기는 다음과 같이 정리된다. 1975. 2(고려신학대학 졸업), 1975. 3(고려신학대학 본과, 현 신대원 1학년), 1975. 10~1978. 4(군복무), 1978. 4(2학년 1학기 복학), 1979. 12. 18(이성순〈李聖順, 1956~ 〉과 혼인), 1980. 2(신대원 졸업), 1982. 2(신학석사 졸업).

파, 메노나이트의 역사, 평화에 관한 문제를 연구했다. 2002-3년에는 시드니 맥쿼리대학교 고대문헌연구소와 초기기독교연구소에서 연구했는데, 평소 초대교회사에 관심을 두었던 그에게 새로운 안목을 갖게 한 소중한 시간이었다. 그 이면에는 고대사학부 설립자인 에드윈 저지 교수와의 학술적 만남이 있었고, 그를 통해 배운 역사적 혜안들은 값진 연구물로 그 결실을 맺었다. 2007년 5월에는 저지 교수를 고신대학교로 초청해 강좌를 통해 한국 신학계와 교회에 소개하기도 했다.

에드윈 저지 교수 한국 방문 | 경주에서, 2007. 5.

이상규는 2018년 2월, 35년간의 교수로서의 봉사의 삶을 마치고 은퇴했으며, 은퇴에 앞서 1월 22일에는 부산 대양교회에서 은퇴감사예배가 드려졌고 이때 그의 가르침을 받은 제자들이 준비한 퇴임기념문집이 그에게 헌정되었다.

역사이해와 역사철학(사관)

역사가의 임무는 기록으로서의 역사(history as historiography)를 통해 사실로서의 역사(history as past fact)를 파악하는 것이라 볼 수 있다. 기술된 내용은 역사가의 선택에 의해 결정되고, 해석과 평가 역시 그의 몫이 된다. 교회사가가 어떤 신학적인 관점을 가지고 해석하는가에 따라 동일한 사건일지라도 전혀 다르게 해석될 수 있다. 이런 점 때문에 교회사가의 역사철학(사관)을 파악하는 것은 매우 중요하다. 이상규 교수의 경우, 두 가지 원칙을 주요 토대로 하고 있음을 본다. 그 하나는 통합사적 관점이며 다른 하나는 개혁주의 신학이었다.

통합사적 관점

이상규가 말한 '통합사적 접근'(integrative approach to history)이란 "한국교회의 역사를 서양교회사의 전통으로 읽고, 서양교회의 역사를 한국교회의 눈"으로 읽는 것을 말한다.[16] 교회사 전반에 대한 그의 폭넓은 연구에서 얻은 안목으로, 지류, 개별성, 특수성, 고유성으로 표현되는 한국교회를 본류로 비유되는 서양교회 전통이라는 맥락에서 이해하는 것을 말한다. 그는 한국교회의 독자성을 강조하는 민족교회사적으로 파악하지 않고, 서양교회를 한국교회적 현실에서 파악해야 한다고 말한다. 이런 입장은 교회의 보편성에 대한 그의 신학적 확신에서 비롯된 것으로, "한국교회는 오랜 전통을 지닌 서구교회와 무관한 독자적인 교회가 아니라 교회의 보편성을 지닌 '한국에서의 교회'(church in Korea)일 뿐이다"라는 그의 고백에서도 분명히 나타난다.[17]

이런 통합사적 안목은 그의 글 여기저기 배어 있다. 예를 들면, "초기 그리스도인들은 어디서 모였을까?"라는 논문에서, 첫 3세기 동안 예배당이 어떤 형식으로 변천, 발전했는지를 고찰한 후 한국교회의 예배당 건축사도 2페이지에 걸쳐 소개한다.[18] 초기 기독교와 초기 한국교회라는 서로 다른 맥락이지만 예배당의 변천과정을 상호보완적으로 이해할 수 있게 된다. 한국교회사에 나타난 이단, 특히 1930년대, 1960년대, 1990년대 거짓 계시운동을 다루는 논문에서도, 초대교회 몬타누스

16 이상규, 『한국교회 역사와 신학』 (생명의 양식, 2007), 4.
17 이상규, 『해방 전후 한국장로교회의 역사와 신학』 (한국기독교역사연구소, 2015), 654.
18 이상규, 『초기 기독교와 로마사회: 로마 제국 하에서의 기독교』 (SFC, 2016), 94-95.

의 거짓계시운동을 언급하며 한국의 종말론적 이단들은 새로운 것이 아니라 "몬타누스 이단들의 아류"라고 지적한다.[19] 그러면서 "몬타누스 운동이 2세기적 상황에서 일어났듯이 한국교회의 이단들은 한국교회적 상황을 반영하고 있을 따름이다"라는 부언으로 통합사적 이해를 갖게 한다.[20] 또한, "기독교는 한국에 어떤 기여를 했을까?"라는 글 서두에서 초대교회 역시 당시 사랑과 자비의 시혜자였다는 점을 먼저 언급한다.[21] 기독교의 보편적 가치인 사랑이 본류와 지류에서 각각 어떻게 나타났는지를 볼 수 있다.

이렇듯 통합사적 관점의 역사관은 한국교회의 독특성을 유지하면서도 동시에 보편적 교회의 전통에서도 단절되지 않는 장점을 제공한다. 이런 점에서 다른 사관이 갖는 약점을 극복하게 하는데, 교회의 역사를 선교 혹은 기독교 확장사로 이해한 선교사관,[22] 민중을 주체로 기술한 민중주의 사관,[23] 민족교회의 확립이라는 틀 안에 서술한 민족교회사관,[24] 한국민족이라는 토양에서 수용-해석-적용의 과정을 거쳐 토착화된(indigenized) 교회로 이해한 토착교회사관 등이 그것이다.[25]

교회사 연구에 있어 통합사적 접근이 주는 묘미는 또 있다. 바로, 전체 교회사를 한 눈에 이해, 평가할 수 있는 교회사적 혜안을 갖게 한다는 것이다. 본류와 지류를 자유롭게 넘나들며 상호보완적으로 볼 수 있

19 이상규, 『한국교회 역사와 신학』, 405.

20 이상규, 『한국교회 역사와 신학』, 405.

21 이상규, 『한국교회 역사와 신학』, 444-45.

22 백낙준, 『한국개신교사, 1832-1910』 (연세대학교 출판부, 1973), v-vi, "기독교사는 그 본질에서 선교사이다. 또한 반드시 선교사가 되어야 한다... 기독교사는 자초지금에 선교사로 일관되어 왔다. 이러한 입장에서 볼 때 우리 한국 개신교사도 선교사가 되어야 한다."

23 주재용, "한국기독교 백년사 – 민중사관의 입장에서의 분석과 비판", 『신학연구』 21(1979), 199-216.

24 민경배, 『한국기독교회사』 (연세대학교 출판부, 1972).

25 이덕주, 『한국 토착교회 형성사 연구』 (한국기독교역사연구소, 2000).

으니 교회사 공부의 즐거움은 더해진다. 이는 교회사 연구의 대중화에 도 한 몫을 했다고 평가를 내릴 수 있다.

개혁주의 신학

이상규가 추구한 또 다른 주요 원리는 개혁주의 신학이다. 자신의 회고록에서도 밝히듯, 이상규는 개혁주의 신학 토대에서 연구하고 가르쳤다.[26] 박용규도 이상규의 학문세계는 개혁주의 전통에 기초하고 있다고 지적한다.[27] 이상규는 자신의 논문, "교회사 연구와 편찬에 관한 사적 고찰"에서, 역사 연구는 역사가의 신앙 이념에 기초하기에 고백주의적 입장을 띌 수밖에 없다고 주장한 적이 있다.[28] 그러면서, 16세기 개혁주의적 교회사 연구와 편찬은 당시 로마가톨릭의 입장과는 전혀 다른 새로운 시도의 역사서술이었다고 설명했다. 그의 개혁주의적 역사 인식이 바로 16세기 프로테스탄트 신앙고백 사관의 연속선상에 있다.

이상규의 개혁주의 신학은 박윤선의 그것과 일맥상통한다고 말할 수 있다. 이상규는, 한국교회 역사에 있어서 개혁주의 시원으로 박윤선을 꼽는다.[29] 아브라함 카이퍼, 바빙크, 보스, 리델보스와 같은 화란의 개

26 『한국 교회와 개혁신학: 이상규 교수 정년퇴임 기념문집』, 71.

27 박용규, "교회사가 이상규 교수의 학문세계", 17.

28 이상규, "교회사 연구와 편찬에 관한 사적 고찰," 『역사신학 논총』 3(2001), 279–80. 그가 교회사를 신앙고백의 관점에서 설명하는 대표적인 내용은, 한국교회사 분야의 대표적 그의 저서, 『한국교회 역사와 신학』(2007) 서론에 있다. "필자는 교회사란 그 시대의 교회가 무엇을 믿어왔던가에 대한 역사, 곧 신앙고백의 역사라고 생각해 왔다. 그래서 한국교회사란 한국에서의 그리스도인들이 무엇을 믿어 왔던가에 대한 역사라고 할 수 있다. 교회의 역사란 결국 하나님의 말씀에 대한 응답인 것이다... 이렇게 볼 때 교회사는 신앙고백의 역사인 셈이다. 역사가 국경분쟁에서 '토지문서'이듯이, 교회사는 '신앙고백문서'라고 할 수 있다. 한국교회사는 한국의 그리스도인이 무엇을 믿어 왔던 가를 보여주는 역사인 것이다."

29 이상규, "한국에서의 개혁주의 신학," 『역사신학 논총』 1(1999), 387–424.

혁주의 신학을 적극적으로 수용하고 한국교회에 소개했던 첫 인물이 바로 박윤선이라고 지적한다. 박윤선이 교수 혹은 교장으로 고신의 울타리 안에 있었던 14년 간(1946~60년), 그의 개혁주의 사상이 고신신학의 개혁주의 토대를 이루었다는 것은 자명한 사실이다. 이상규가 유학생활을 마치고 대학으로 복귀한 1990년, 동료 교수들과 함께 기독교적 기초와 가치를 드러내는 기독교대학운동을 추진했는데, 그 가치와 이념이 화란의 개혁주의였다. 그의 개혁주의 신앙을 나타내는 대표적인 저서, 『개혁주의란 무엇인가?』(2007)는 그 당시 학생들에게 가르친 결과로 나온 것이다.[30]

이상규는 개혁주의 신학이 최종적으로 추구해야하는 것으로, 신자가 삶에서 하나님의 영광을 드러내야 할 것을 강조했다. "개혁신학은 철학적이기보다는 성경적이고, 사변적이기보다는 실제적"이기 때문에, 기독교인들은 삶의 전 영역에서 "세상을 변화시키기는(transform) 문화적 소명"을 이루어야 한다는 것이, 그가 추구한 개혁주의 신학의 목표였다.[31] 개혁주의 신학에 있어서의 삶의 강조점은 앞서 언급한 그의 책, 『개혁주의란 무엇인가?』 마지막 제7장을, '개혁주의와 인간의 삶'이라는 제목으로 맺는 것에서도 나타난다.

이상규는 고신대학교에 소재한 개혁주의학술원 원장으로 약 4년간(2010. 11~2014. 8) 봉사한 적이 있다. 재직기간을 포함해 그 시기 전후로, 그는 개혁주의 역사와 신학 관련해 다수의 주요 논문을 발표했는데, 학술원 발행 정기 학술지인 『갱신과 부흥』에 10편의 논문을, 전문도서인 '개혁주의 신학과 신앙총서'에는 7편의 논문을 각각 기고했

30 고신대학교 출판부를 통해 출간되었으나, 개정판(2020년 1월)은 SFC(학생신앙운동) 출판부를 통해 출판되었다.

31 이상규, "개혁주의 생명신학과 한국교회: 신학은 학문인가 삶의 체계인가," 『생명과 말씀』 1(2010), 27-28.

다.[32] 네덜란드의 고마루스와 귀도 드 브레, 잉글랜드의 니콜라스 리들리, 스코틀랜드의 앤드류 멜빌과 같은 당시 한국 독자들에게 잘 알려지지 않은 종교개혁자들을 소개한 것은 의미가 있다.

이상규는 분명한 개혁주의 신학을 기초로 한 교회사가였지만, 그럼에도 불구하도 다른 신학이나 신학자들을 공정하게 평가했다. 자신의 신학을 견지하면서도 견해를 달리하는 학자들을 존중하며 학문적 교류를 추구해왔다. 그 사례를 보자. 2014년 11월 22일 한국장로교총연합회 주최로 개최된 한국장로교신학회 제24회 학술발표회에서, 이상규는 1960년대까지 한국장로교에서의 교회사 교육과 연구가 어떻게 이루어졌는지를 논했다. 그는 이 발제에서, 1960년대 교회사학 연구에 크게 기여한 인물로 특히 한신대 이장식 박사를 꼽았다. 비록 신앙의 색깔은 달랐지만 타자의 학문적 공헌을 인정했다. 이로부터 약 4년이 지난 2018년 4월 12일, 『크리스천투데이』 대담을 통한 두 학자의 만남은, 루터에게 큰 존경심을 보였던 칼빈의 모습을 연상케 한다. 2012년 4월 19~20일 개최된 한경직 목사 특별세미나에는 8명의 초교파적 교회사학자들의 발제가 있었는데,[33] 이때 한경직 목사의 삶과 목회활동에 대

32 『갱신과 부흥』에 기고된 논문은 "교회개혁으로서의 설교," 1(2008), 17–18; "피터 왈도와 교회개혁," 8(2011), 59–75; "브레스치아의 아놀드," 9(2011), 34–37; "개혁교회의 사회적 책임," 10(2012), 177–205; "콘질리아운동(Conciliar Movement)과 교회개혁," 10(2012), 207–11; "한국에서의 개혁주의 신학의 수용과 발전," 11(2012), 95–114; "교회개혁의 역사와 인물4: 존 위클리프," 11(2012), 173–78; "종교개혁과 한국교회 개혁," 12(2013), 66–82; "지롤라모 사보나롤라(Girolamo Savonarola, 1452–1498)," 13(2013), 161–66; "프라하의 제롬," 14(2014), 161–65이다.
'개혁주의 신학과 신앙총서'에 실린 논문은, "칼빈과 교회연합운동," 제1집 『칼빈과 교회』(2007), 43–68; "칼빈과 구호활동," 제3집 『칼빈과 사회』(2009), 177–200; "칼빈과 재세례파들," 제6집 『칼빈과 종교개혁가들』(2012), 175–96; "고마루스와 예정론 논쟁," 제7집 『칼빈 이후의 종교개혁가들』(2013), 118–34; "귀도 드 브레와 네덜란드 신앙고백," 제8집 『칼빈시대 유럽대륙의 종교개혁가들』(2014), 258–74; "잉글랜드의 개혁자 니콜라스 리들리," 제9집 『칼빈시대 영국의 종교개혁가들』(2015), 191–210; "스코틀랜드의 개혁자 앤드류 멜빌," 제10집 『칼빈이후 영국의 개혁신학자들』(2016), 29–48.

해 종합적인 평가는 마지막 발제자인 이상규에게 주어졌다.[34] 이 발제에서도 자신의 신앙고백을 훼손하지 않으면서 다른 신학이나 신학자들에 대해 정당한 평가를 하고 있음을 보여주었다.

사료와 사실(fact)에 충실한 연구

때로는 역사가가 사료적 근거 없는 소설을 쓰게 되는 실수 혹은 유혹도 받게 되나, 이상규 교수는 철저히 사실에 근거한 정직한 역사연구를 고수해왔다. 예컨대, 인물 연구에서도 사실성이 부족한 하기오그래피(hagiography) 방식으로 사람을 과도하게 칭송하거나 객관적 근거 없이 단순한 추론으로 비판하지도 않았다. 박형룡에 대한 연구에서 이상규는, 그의 신학은 "한국장로교 신학의 기초를 놓은 인물이자 장로교신학의 보수주의적 전통을 엮어간 인물"이라고 평하면서도, 한국교회 연합에는 별다른 관심을 보이지 않았던 점을 지적하며 한국장로교회의 분열에 일정한 책임이 있다는 점을 지적했다.[35] 한국교회 자유주의 신학의 대변자 김재준의 경우, 이상규는 "1930년대 상황에서 그가 리츨이나 슐라이에르마허의 신학을 추종하지 않았다는 점에서 그를 자유주의 신학자"라고 부르는 것은 지나치다고 보아, 그를 신정통주의자라고 보아야 한다고 지적한다.[36]

한국의 슈바이처라 불리는 장기려 박사와 관련해서도 보자. 그가 병원비가 없어 퇴원을 못하는 환자에게, "오늘 저녁에 이 담을 넘어 도망가시오" 하면서 뒷문을 열어둬 몰래 나가게 한 미담은 잘 알려져 있다.

33 김은섭(예장통합), 박명수(성결교), 박창훈(성결교), 서영석(감리교), 안교성(예장통합), 이상규(예장고신), 이은선(예장합동), 임희국(예장통합).

34 이상규, "한경직 목사의 한국교회사적 의의", 『고신신학』 16(2014), 227-40.

35 이상규, 『한국교회 역사와 신학』, 227.

36 이상규, 『한국교회 역사와 신학』, 213.

하지만, 이상규는 이 선의의 월담권면 주인공은 장기려가 아니라는 점을 실증적 고증을 통해 밝혀내었다.[37] 소소한 일 같지만 실증적 연구를 통해 사실이 무엇인가에 대한 그의 열정을 읽을 수 있다. 이런 점에서 손봉호 박사는, 이상규를 일컬어 "책임 있는 학자"라고 말한 적이 있다.[38] 2000년 장기려기념사업회 총회 특강 때 이상규가 '장기려의 생애와 사상'을 발표한 적이 있었는데, 보통 기본적 형식만 갖춘 강의와는 달리 학회발표 논문처럼 많은 역사적 자료를 바탕으로 준비한 그를 보고, 손봉호가 내린 첫 인상의 평가였다. 사료와 사실(fact)에 정직해야 한다는 사학자로서의 기본자세에 충실한 그의 모습을 증명한다.

교회사 연구 분야

이상규는 교회사 전반에 걸쳐서 연구하고 저술을 남겼다. 한국기독교사 관련해서는 한국교회사, 고신교회사, 부산경남지방 교회사, 호주장로교회의 초기 한국선교사이며, 서양기독교사로는 초대교회사, 중세교회사, 교회개혁사, 근현대교회사, 선교사, 장로교회사로 분류할 수 있을 것이다. 여기서는 그가 몸담았던 고신교회 역사, 새로운 지평을 개척한 부산경남지방 교회사, 첫 작품인 16세기 교회개혁사, 본래의 기독교 모습을 제시한 초대교회사, 그리고 그의 가장 중요한 연구 분야라 볼 수 있는 호주장로교의 한국선교 분야를 중심으로 다루고자 한다.[39]

37 이상규, "장기려 박사는 월담(越壁)을 권했는가?", 『한국기독신문』 2015.10.7.

38 『한국 교회와 개혁신학: 이상규 교수 정년퇴임 기념문집』, 27.

39 이상규의 저술을 시기별로 정리한 것은 박응규, "교회를 위한 교회사가: 이상규 박사의 학문여정에 관한 소고(小考)," 87–95를 보라. 그는 1980년대부터 2010년대까지 10년 단위로 정리했다.

고신교회에 대한 대표적인 첫 작품이 『한상동과 그의 시대』(2006)이다.[40] 제목이 시사하듯 한상동과 고려신학교 초기 역사, 그리고 그 주변의 아홉 명의 인물들(주남선, 박형룡, 박윤선, 송상석, 한부선, 함일돈, 박손혁, 한명동, 장기려)에 대한 연구라고 할 수 있다. 각각의 인물은 많게는 24페이지 적게는 11페이지의 분량에 생애와 신앙의 자취, 신앙사상도 함께 다루고 있다. 한상동을 "가슴의 신학자", "교회 건설의 신학자"(pp. 63, 70), 주남선을 신앙이 약한 자들과도 함께 한국교회 책임을 공유하려 했던 "통합적인 인물"(p. 93), 박윤선을 "하나님의 영광을 추구한 진정한 개혁신학자"(p. 133), 박손혁을 "항상 뒤에서, 그리고 숨은 곳에서 일하고자 했던 겸손한 인격의 소유자"(p. 190), 한명동을 "오늘의 고신대학교가 지향하는 기독대학운동의 선구자"(p. 204), 장기려를 "이 시대의 참 의사, 참 스승, 모범적인 그리스도인"(p. 242)으로 부른다. 그가 사용한 수식 어구(語句)는 각 인물의 전체 삶을 적절하게 요약하고 있다.

이상규의 고신교회 역사에 대한 대표적인 두번째 작품은 『교회 쇄신운동과 고신교회의 형성』(2016)이다. 서장에서 밝히듯, "당시의 모든 자료를 섭렵하고 보다 치밀하게 기술했다는 점에서 고신교회 생성에 대한 새로운 연구"이다.[41] 이 책에서 그는, 1952년 고신의 분열 원인은 총회에서의 경남법통노회의 축출이었지 고려신학교 인사들의 선택이 아니었다는 점을 분명히 제시한다.[42] 보다 정확하고, 사실적인 기록을 추

40 이상규, 『한상동과 그의 시대』 (SFC, 2006).
41 이상규, 『교회 쇄신운동과 고신교회의 형성』(생명의 양식, 2016), 12.
42 주강식, "이상규 박사의 교회사학 연구," 『한국 교회와 개혁신학: 이상규 교수 정년퇴임 기념문집』, 157.

구한 사학자로서의 그의 진면모를 볼 수 있다. 이 책은 고신교단의 형성과 발전에 대한 중요한 연구라고 할 수 있다.

아주 최근의 작품, 『남기고 싶은 이야기들1: 대담으로 읽는 역사』(2019) 역시 고신교회의 역사를 헤아리게 하는 주요 사료이다.[43] '역사의 현장 속으로 원로와의 대화'라는 『기독교보』 기획특집(2011. 1~2013. 11)으로 직, 간접적으로 고신교회에 기여한 29명의 인물들의 대담의 결과로 나온 책이다. 고령 혹은 고인이 된 인물들의 생생한 증언을 담고 있기에 역사적 자료로 가치가 있다.

부산, 경남지방 교회사 연구 개척

"이상규 교수를 언급하지 않고는 부산울산경남 교회역사를 이야기할 수 없다"는 탁지일 교수의 지적처럼, 그는 이 분야의 개척자요 선구자다.[44] 이상규는 연구 동기로, "1985년으로 기억된다... 여기저기 우뚝 솟은 십자가 불빛을 보면서 도대체 누가 이곳에 와서 복음을 전했기에 이곳 부산과 경남지방에도 교회가 설립되었을까"라는 호기심이라 고백하기도 했다.[45] 하지만, 단순히 지적 호기심의 발로만은 아니었다. 당시 이 지역의 기독교운동 관련 연구는 거의 전무했고, 이런 현실적 필요성이 교회사가로서의 그에게 사명으로 다가갔을 것이다.[46]

그가 애장서로 여기는 『부산지방 기독교 전래사』(2001)는 대표적인 작품이다. 1900년대 초까지 부산과 경남지역 기독교의 연원을 추

43 이상규, 신재철, 김흥식 엮음, 『남기고 싶은 이야기들1: 대담으로 읽는 역사』 (쿰란, 2019).
44 탁지일, "교회사학자, 그리스도인, 현대인 이상규", 『한국 교회와 개혁신학: 이상규 교수 정년퇴임 기념문집』, 109-10.
45 이상규, 『부산지방 기독교 전래사』 (글마당, 2001).
46 이상규, 『부산지방 기독교 전래사』, 7 각주 1에서, 김의환의 "부산의 기독교(신교)포교 고", 『항도부산』 2(1963), 293-365가 유일한 연구물이라 밝히고 있다.

적한 작품으로 이 분야 최초의 연구 서적이기도 하다. 그 동안 알려지지 않은 자료를 통해 새로운 사실을 밝히고 있다. 예를 들면, 부산지방의 첫 수세자(1894년 4월 22일)로 심상현, 이도념, 김귀주라는 여성임을 밝혀냈고, 초량교회 설립일을 선교사 윌리엄 베어드의 일기에 근거해 1893년 6월 4일로, 김해지방 기독공동체 형성과 운동의 시작을 종전 1898년보다 4년 앞선 1894/5년으로 잡은 것 등 역사적으로 흥미로운 사실들이 많다.[47]

『부산경남지역 기독교회의 선구자들』(2012) 역시 주요 작품이다. 초기 복음전도자로부터 6.25전쟁 순교자까지 총 40인을 중심으로 부산, 경남지역 교회사를 다루었다. 인물중심 연구사로 세간에 알려지지 않은 사진들도 수록하고 있어 역사적 가치가 큰 책이다. 현대사 연구에서 인물연구(prosopography) 중심의 역사서술이 크게 적용된 때는 1960, 70년대로 알려져 있다. 현대 사학자들은 집합적 전기(collective biography)라는 용어를 선호한 반면 고대 사학자들은 프로소포그라피(prosopography)라 불렀는데, 1970년부터 이 두 용어는 상호 교차적으로 사용되었다.[48] 이 시대 출판된 고대사 분야의 대표적 연구서로는 *The Prosopography of the Later Roman Empire, A.D. 260~395* (1971)와 *Athènes au IIe et au IIIe siècle. Etudes chronologiques et prosopographiques* (1976)를 들 수 있다.[49] 한국사에서 인물중심의 연구가 활발히 일어난 때 역시 1970년대 이후인데, 『월간중앙』 1월호

47 이상규, 『부산지방 기독교 전래사』, 86–87, 104, 119–20. 부산 외 다른 지역을 연구한 대표적인 연구로는, "진주지역 기독교의 기원과 발전," 『문화고을 진주』 1(2007), 116–140; "영남지역 기독교 문화유산과 보존과제," 『종교문화학보』 14(2017), 79–101; "대구/경북지방에서의 삼일운동과 기독교," 『한국교회와 대구/경북지역 3.1운동』 (정류아카데미, 2019), 34–38 등이 있다.

48 Krista Cowman, "Collective Biography," Simon Gunn and Lucy Faire (eds,), *Research Methods for History* (Edinburgh University Press, 2012), 84. 문자적으로 '사람의 얼굴묘사'(προσαπων–γραφα)를 뜻하는 prosopography는 한 인물의 외부적 특성을 묘사하는 것을 말한다.

별책부록으로 발행된 『인물로 본 한국사』(1973), 8권으로 된 『역대 인물 한국사』(1979), 10권으로 구성된 『역사의 인물』(1979)이 당시 발행된 대표적인 연구물이다.[50)]

지역사 연구에서 있어서 이상규의 한 가지 중요한 기여는 부산경남기독교역사연구회의 창립과 연구지 부경교회사연구의 발행과 편집이다. 그는 12명의 연구자들을 규합하여 2006년 1월 위의 학술단체를 창립하였고, 그해 3월부터 부경교회사연구라는 저널을 발간하여 현재까지 85호가 발행되었고 회원수는 100여명으로 늘어났다. 이 연구회를 통해 연구발표, 교육과 출판, 연구자들의 규합을 통해 지역교회사를 개척했다.

이상규의 한국교회사, 고신교회사, 부산경남지방교회사 연구에서 두드러진 것이 이 인물연구 중심의 방법이다. 김홍만 역시 이상규의 신학사상을 설명하면서 한 가지 특징으로 '전기적 연구들'을 지적한 바 있다.[51)] 단행본 혹은 논문의 형태로 그가 연구한 한국교회사 관련 인물들은 다음과 같이 정리될 수 있다.[52)]

우리가 루터라는 인물연구를 통해 16세기 당시 독일교회와 사회를 이해하듯, 이상규는 한 특정 인물을 깊게 연구함으로써 역사의 현장에 있던 한국교회 모습들을 생생하게 재현해 냈다. 그는 인물의 생애, 업적, 혹은 공헌을 단순히 열거하기보다는, 인물의 행위를 인과적으로 분석하였고 그가 살았던 사회적 배경과 척도 속에서 올바르게 이해하며 평

49 A. H. M. Jones, J. R. Martindale, and J. Morris. The Prosopography of the Later Roman Empire. Vol. 1, A.D. 260–395 (Cambridge University Press, 1971); S. Follet, *Athènes au IIe et au IIIe siècle. Etudes chronologiques et prosopographiques* (Paris, 1976).

50 『人物로 본 韓國史』(중앙일보사, 1973); 『역대 인물 한국사』, 전8권 (신화출판사, 1979); 일신각 편찬위원회에 펴낸 『역대 인물 한국사』, 전10권 (일신각, 1979). 자세한 내용은 박현숙, "고대 인물사 연구의 현황과 과제", 『한국인물사연구 』 1(2004), 3–21 참고하라.

51 김홍만, "이상규 박사의 생애와 신학사상," 1054–59. 무려 5페이지에 걸쳐서 그가 주의 깊게 열거하는 인물로는, 주기철, 손양원, 박형룡, 김치선, 박윤선, 한경직, 한상동, 장기려가 그들이다.

52 신문이나 칼럼 형식으로 기고한 것들은 포함되지 않았다.

구분	연구한 인물
한국인 (총 71명)	길선주 김광일 김이호 김재준 김치선 명향식 민경배 박손혁 박인순 박윤선 박형룡 손양원 송상석 오병세 오혜순 유재기 이갑득 이근삼 이보민 이약신 이현속 장기려 정규오 조수옥 주기철 주남선 차은희 최성순 한경직 한명동 한상동 (총 31명) ①서상륜 서경조 고학윤 배성두 정준모 이승규 심상현 심취명 정덕생 박성애 이병수 박신연 김동규 김주관 임치수 황보기 엄주신 최상림 서성희 이현속 조용학 최덕지 손명복 장바울 양성봉 양한나 심문태 윤인구 이일래 조용석 이정심 강성갑 박기천 배추달 홍반식 (총 35명) ②김메리 백사겸 백과부 이수정 장수철 (총 5명)
선교사 (총 27명)	덕배시(J. H. Davies) 마라연(C. I. Mclaren) 매견시(J. N. Mackenzie) 맥목사(J. H. Mackay) 민지사(B. Menzies) 배위량(W. M. Baird) 손안로(A. Adamson) 왕길지(G. Engel) 토마스(R. J. Thomas) 한부선(B. R. Hunt) 함일돈(F. E. Hamilton) ②기일(J. S. Gale) 편위익(M. C. Fenwick) 셔우드 홀(S. Hall) ③거열휴(H. Currell) 대지안(E. J. Davies) 모이리사백(E. S. Moore) 안진주(M. L. Alexander) 추마전(M. Trudinger) ④거이득(E. A. Kerr) 마포삼열(S. A. Moffett) 모삼열(S. F. Moore) 원두우(H. G. Underwood) 윌리엄 맥켄지(W. J. Mckenzie) 이눌서(W. D. Reynolds) 허을(R. S. Hall) 홀(W. J. Hall)

N.B. 비논문 형태로 다룬 글로, 중복된 인물은 생략됨.
① 『부산경남지역 기독교회의 선구자들』(2012), 『교회 쇄신운동과 고신교회의 형성』(2016)에 기재된 인물들.
② 『한국교회사의 뒤안길』(2015)에서 다루어진 인물들.
③ 『호주 선교사 열전. 진주와 통영』(2019)에서 다루어진 인물들.
④ 『KMQ』 (2002–5)에 기재된 인물들.

가할 수 있도록 하였다. 앞서 언급한 『한상동과 그의 시대』(2006)가 이 분야의 대표적 예로 볼 수 있다.

16세기 교회개혁사

16세기 종교개혁과 관련된 그의 대표적 작품은 『교회개혁사』(1997)이다. 서문에서 밝히듯, 월간 『고신』(1991. 1~1994. 12)에 연재했던 글들을 수정, 보완하여 출판한 책이다. 당시 개혁자들의 관심이 교회의 개혁이었다는 점에서 종교개혁이 아닌 '교회개혁'이라는 용어를 사용한 것은 눈에 띈다. 그의 역사철학의 중심에 교회가 있다는 것을 반영한다. 그는, 한국에서 '종교개혁사'라고 부르는 것은 Die Reformation의 일본어 번역을 답습한 것이라는 설명도 더한다. 그가 『교회개혁사』를 출판할 당시 이 분야에서 한국인 단행본 저술은 홍치모 교수의 『종교개혁사』(1977)가 유일했다.[53] 이 책은 총 6장으로 구성되어 있는데, 실제 종교개혁운동으로는 루터(2~3장), 칼빈(4장), 영국과 스코틀랜드(5장)에 대한 기술 뿐이다.[54] 이와 비교할 때, 이상규는 루터의 개혁운동(2장), 쯔빙글리와 취리히에서의 개혁운동(3장), 프랑스에서의 개혁운동(7장), 재세례파 운동(8장)까지도 함께 다루었는데 이는 큰 차이점이라 볼 수 있다.[55]

이상규는 같은 주제로 또 다른 두 권은 책, 『종교개혁의 역사』(2016)와 『교양으로 읽는 종교개혁 이야기』(2017)를 출간했다. 전자는 종교개혁 500주년 소책자 시리즈(12권) 중 하나로 특히 청소년 세대를 위해 쓴 것이며, 후자는 일반대중을 위해 간명하고 평이하게 기술한 작품이다. 평소 어떻게 하면 쉽고 재미있게 공부할 수 있을까 하는 그의 고심에서 나온 것이고, 깊은 내용을 이해하기 쉽게 풀어내는 역사학자로서의 면모를 볼 수 있다.

사실, 16세기 교회의 개혁운동에 대한 이상규의 관심은 1984년 한국기독교 100주년을 맞아 발행된 자료집 『한국에서의 칼빈 연구 100년』

53 참고로, 오덕교의 『종교개혁사』는, 이상규의 책이 나온 한 해 뒤인 1998년에 출간되었다.

54 홍치모의 목차는 다음과 같다. I.문예부흥과 종교개혁, II.루터와 종교개혁(1), III.루터와 종교개혁(2), IV.칼빈과 종교개혁, V.영국과 스콧트랜드의 종교개혁, VI.역사가의 업적 및 서평.

55 이상규의 목차는 다음과 같다. I.교회개혁이란 무엇인가? II.루터와 독일에서의 개혁운동, III.쯔빙글리와 취리히에서의 개혁운동, IV.칼빈과 제네바에서의 개혁운동, V.영국에서의 개혁운동, VI.존 낙스와 스코틀랜드에서의 개혁운동, VII.프랑스에서의 개혁운동, VIII.재세(침)례파 운동.

에 이미 나타나 있다. 이 책은 한국에서의 칼빈 연구사에 대한 첫 문헌 목록이지만,[56] 연구사에 대한 그의 관심의 표명이었다. 16세기 교회개혁에 대한 그의 계속적인 관심은 다음의 논문들을 통해서 확인할 수 있는데, "재세례파의 기원과 교의"(2000), "16세기 종교개혁자들과 선교"(2004), "칼빈과 교회연합"(2007), "칼빈과 재침례파"(2012), "귀도 드 브레와 네덜란드 신앙고백"(2014), "잉글랜드의 개혁자 니콜라스 리들리"(2015) 등이 그것이다.

또한 그는 16세기 종교개혁사 이후 청교도 역사와 인물, 웨슬리 형제를 필두로 시작된 복음주의 학생운동, 17세기 미국과 영국의 부흥운동에 관해서도 글을 남겼다. "윌리엄 케리 이후의 현대선교운동"(2003), "복음주의 운동과 선교"(2011), 『교회개혁과 부흥운동』(2004) 등이 대표적인 연구물이다. 특히, 역사의 과정 속에서 개혁(부흥)과 타락(쇠퇴)을 반복하는 교회의 모습을 재해석하는 장면에서는, 한국교회의 개혁과 부흥을 향한 "교회사적 고찰과 반성"을 하게 한다.[57]

초대교회사 연구

주강식은 이상규의 교회사 연구를 세 시기로 구분해 설명한 적이 있다. 초기에 해당되는 1983~89년에는 한국교회사와 고신교회의 역사와 신학, 호주 유학 이후인 중기(1990~2001년)에는 호주장로교 선교사와 부산경남지역 연구, 맥쿼리대학교 연구기간부터 시작되는 후기(2002~2017년)는 초기 기독교 연구에 집중했다고 분석했다.[58] 물론

56 이후 칼빈 연구를 정리한 대표적인 작품은 정성구의『칼빈주의 도서목록』(1989), 김광욱의『한국 칼빈 자료 100년사』(1994)이다.

57 박응규, "교회를 위한 교회사가: 이상규 박사의 학문여정에 관한 소고(小考)," 107.

58 주강식, "이상규 박사의 교회사학 연구", 162-63.

초대교회 관련 연구논문은 후기 이전에도 간간이 있었지만,[59] 이상규는 2002년 이후 집중적으로 연구했고 『헤르메네이아 투데이』에 연재된 23편의 논문을 기초로 2016년에는 『초기 기독교와 로마사회: 로마제국 하에서의 기독교』를 출간했다.

이들 논문들의 특징은 초기 기독교를 사회사적인 관점에서 접근하고 해석한데 있다. 그 대표적인 예를 보자. "바울공동체의 사람들"이라는 논문에서, 이상규는 로마서 16장에 거론된 인물들의 이름과 부가적 정보를 단서로 이들의 사회적 신분, 인종, 직업 등을 추적했고, 그 실례로 11명(뵈뵈, 브리스길라, 아굴라, 안드로니고, 유니아, 암블리아, 우르바노, 루포, 가이오, 그리스보, 에라스도)을 분석했다.[60] 이 분석을 바탕으로 "초기 그리스도인들은 어떤 신분의 사람들이었을까?"라는 글에서는, 초기 기독교 공동체는 후견인-가속인의 관계를 중심한 여러 신분적 계층이 혼합된 집단임을 밝히고 있다.[61] 1960년대 에드윈 저지의 연구를 바탕으로 한 것으로,[62] 초기 기독교 구성원들의 인물 분석에 대한 새로운 관심을 한국교회에 제시했을 뿐만 아니라, 성경본문에 대한 교회사적 해석방법의 유익을 실감케 했다. "성경을 보다 다면적으로 이해하는데 큰 기여"를 했고, 이런 점에서 "성경 중심의 신학을 지향하는 교회사가의 면모"를 보여주었다는 우병훈의 평가는 결코 지나치지 않았다.[63]

이에 앞서 2006년에 출간된 『헬라 로마적 상황에서의 기독교』 역시

59 이상규, "역사이해에 관한 사적 고찰, 고대 희랍에서 어거스틴까지", 『논문집』 11(1983), 199-299; "초기 기독교 공동체에 있어서 종말론의 문제", 『고려신학보』 9(1984), 34-43.

60 이상규, 『초기 기독교와 로마사회: 로마제국 하에서의 기독교』, 13-35.

61 이상규, 『초기 기독교와 로마사회: 로마제국 하에서의 기독교』, 53-72.

62 *The Social Pattern of the Christian Groups in the First Century* (London: Tyndale Press, 1960); "The Early Christians as a Scholastic Community: Part II", Journal of Religious History 1.3(1961), 125-37.

63 우병훈, "이상규 박사의 초기 기독교 연구: 성경 중심적, 사회학적, 교회 중심적 측면을 중심으로", 『고신신학』 19 (2017), 257.

초기 기독공동체의 모습을 재현한 신학 칼럼들이다. 그 동안 한국교회에서 별로 주목하지 못했던 내용들을 평이하게 서술한 것이 특징인데, 그 주제만 총 42개에 이른다. 초기 기독교를 헬라-로마의 종교단체들과는 근본적으로 다른 학문 공동체(scholastic community)라 규정한 것, 최초의 간호사로 잘못 알려진 뵈뵈(롬 16:1-2)를 1세기 당시 로마사회의 후견인-가속인 제도 속에서 바울을 비롯한 여러 그리스도인들의 보호자 역할을 했던 후견인으로 정정한 것, 성경에 사용되지 않는 파라볼라노이(παραβολάνοι, 위험을 무릅 쓰는 자)라는 초기 기독교인들에게 붙여진 칭호를 통해 사랑을 실천했던 초대교회 공동체를 규명한 것 등, 처음 접하는 흥미로운 내용들이 많다.[64] 원형의 기독교가 어떤 것인가를 제시하려는 그의 바람과 연구기간(2002~3년) 에드윈 저지 교수로부터 얻은 영감에서 나온 값진 열매들이다. 한국에서는 사회학적 관점에서 초기 기독교 공동체를 광범위하게 다룬 서적이 없기에, 시론적(試論的) 연구라 볼 수 있다. 그의 연구들을 통해 초대교회사 연구에 있어 한국신학이 크게 발전했음은 매우 고무적인 일이다.

호주장로교의 한국선교사 연구

이상규의 가장 중요한 연구분야는 한호관계사라 말할 수 있다. 호주장로교의 한국선교에 대한 연구라고 볼 수 있는데, 이 연구는 자신의 박사학위과정 연구주제였고 이 분야의 개척자라고 할 수 있다. 초기 내한 선교사 연구에서 미국 북장로교, 미국 남장로교, 그리고 캐나다장로교 혹은 캐나다연합교회와 관련한 연구는 이미 이루어졌으나 호주장로교의 한국선교사는 연구된 바가 없어 이상규는 이 분야 연

64 이상규, 『헬라 로마적 상황에서의 기독교』(한들, 2006), 38-41, 46-50, 103-16.

구를 개척하게 되었다. 결국 이 주제가 학위논문으로 작성되었고, 연구 결과는 단행본, *To Korea With Love: Australian Presbyterian Mission Work in Korea, 1889~1941* (2009)라는 제목으로 출판되었다.[65] 2009년 호주빅토리아장로교(Presbyterian Church of Victoria) 총회는, 총회 조직 150주년을 기념하여 교단사를 정리한 연구서, *Reaching Forwaed: From a Rich Heritage to a Certain Goal, The Presbyterian Church of Victoria 1859~2009* 출판했는데, 이때 이상규의 학위논문을 일부 평이하게 수정하여 출판하게 된 것이다.

이상규는 호주장로교회사 혹은 호주장로교회의 한국선교사와 관련하여 숭실대 한국기독교문화연구원에서 출판한 『왕길지의 한국선교』(2017)의 저술 외에도 『부산의 첫 선교사들』(2007), 『한국교회와 호주교회 이야기』(2012), 『경남지방기독교전래사』(2014), 『호주선교 한국선교』(2016), 『호주선교사열전, 진주와 통영』(2019) 등을 공저하였고, 호주 시드니에서 발간되는 기독교계 저널인 『크리스찬 리뷰』 '호주장로교회의 한국선교 산고'라는 이름으로 100회 연제한 바 있다. 이 주제와 관련된 학술 논문으로는 5편의 영문 논문과 20여 편 이상의 국문 논문을 발표하였다.[66] 이상의 연구를 통해 호주장로교회의 한국선교사를 개척

65 이 책에 대한 서평으로는 Stuart Bonnington, *Reformed Theological Review*, 69,1(2019), 73-74 등이 있다.

66 영문 논문을 발표연도순으로 정리하면, "J. H. Davies, The First Australian Missionary in Korea," 『고려신학보』 19(1990), 122-38; "Shinto Shrine Issue in the 1930's in South Kyung Province," 『논문집』 18(고신대학교, 1990), 201-41; "To Korea with Love: A Historical Sketch of the Australian Presbyterian Mission Work in Korea," Pacific Journal of Theology, 3(2000), 28-47; "Politics and religion: The Shinto Shrine Issue and the APM," Uniting Church Studies," 21,2(2017), 75-98 등이다.

국문 논문을 발표연대순으로 정리하면, "기독교의 부산전래와 선교운동," 『논문집』 13(고신대학교, 1985), 247-69; "부산.경남지방 첫 수세자는 누구인가?," 『미스바』 16(고신대학교, 1990), 130-35; "부산지방 기독교 전래사, 1880-1900," 『고려신학보』 21(1991), 48-77; "한국에 온 첫 호주 선교사 데이비스," 『미스바』 17(고신대학교, 1991), 86-84; "부산.경남지방에서의 기독교의 전

하였고, 호주교회의 역사와 신학, 한호관계사, 호주선교사 분야 연구의 토대를 쌓았다고 할 수 있다.

신학적 공헌

이상규는 역사연구의 한 주요방법으로 통합사적 관점을 제시했다. 한국교회사를 연구하면서도 서양교회의 전통에서 이해했고 서양교회사를 한국교회의 눈으로도 해석했다. 보편적 교회라는 그의 신학적 이해에 근거한 것으로, 역사연구에서 자칫 빠질 수 있는 편협과 아집에서 벗어날 수 있는 통합사적 견해를 갖게 했다. 이런 점에서 교회사의 보편성을 추구했다고 말할 수 있다. 또한 이상규의 통합사적 역사인식은 개혁주의 신학이라는 틀, 즉 16세기 칼빈, 쯔빙글리를 비롯한 개혁주의 전통에서 사건과 인물을 해석하고 평가했다. 그가 추구한 개혁주의 신학을 바탕으로 한 교회사 연구는 단지 학문영역에만 머문 공허한 지식이 아니었다. 그가 풀어헤친 역사적 사건은 오늘날의 교회 공동체에게 주는 지혜였고, 그가 발견한 역사 속 인물의 궤적은 현재를 살아가는 신자에게 교훈을 제시한 삶의 범례였다. 박응규는 이상규 박사의 학문여정을 다룬 소고에서 그 제목을 "교회를 위한 교회사가"라 붙였는데, 하

래와 선교활동," 『기독교교육연구』 1(1993), 34-69; "부산지방에서의 기독교전래와 교육, 의료활동(1880-1910)," 『항도부산』 11(부산시사 편찬위원회, 1994), 169-222; "호주장로교회의 부산.경남지역선교활동," 『기독교사상연구』 5(1998), 63-84; "나환자들의 친구, 메켄지," KMQ 1.4 (2002), 80-83; "호주장로교회의 신학," 『역사신학논총』, 5(2003), 131-58; "나환자들의 친구, 매견시," 『고신선교』 3(2004), 65-91; "복병산에 묻힌 사람들," 『부경교회사연구』 24(2010), 42-60; "매켄지와 일신병원," 『부경교회사연구』 28(2010), 15-22; "호주장로교 교육선교사 맹호은," 『부경교회사연구』 32(2011), 75-92; "호주장로교회의 의료선교," 『연세의사학』 14.2(2011), 37-53; "호주장로교회와 한국교회," 『한국교회와 호주교회 이야기』 (장로교출판사, 2012), 25-60; "왕길지와 숭실학교," 『한국기독교문화연구』 8(숭실대학교 한국기독교문화연구원, 2016), 1-33 등이다.

나님 나라와 한국교회에 실제적으로 이바지한 그의 학문적 노력을 말 그대로 표현한 것이라 본다.[67]

그는 역사학자로서의 가장 기본자세인 사료에 늘 충실했고 실증주의(positivism) 연구방법의 본을 보였다. 역사가는 그 시대가 아니라 다음 시대에 인정받아야 한다는 그의 평소 소신에서 비롯된 것으로, 사료의 행간에 있는 사실로서의 역사를 밝혀내려 했다.

이상규의 연구와 저술은 교회사 전반에 걸쳐있었고, 그의 공헌을 특히 다음의 세 가지 연구 분야로 나누어 말할 수 있다. 첫째, 호주장로교회의 초기 한국선교사 연구를 바탕으로 부산경남지방 교회사 연구를 개척했다. 2006년 1월에는 '부산-경남기독교역사연구회'를 창립해 매년 여섯 번의 정기발표회를 통해 꾸준한 연구를 이어갔다. 학술저널 『부경교회사연구』는 2019년까지 83권이 발행되었고, 400여 편이 넘는 연구논문들이 수록되어 있으니 상당한 발전을 이루었다고 볼 수 있다. 둘째, 한국교회사연구와 고신교회역사 연구에도 기여했는데, 고신교회사 연구는 고신에 속해 있는 역사학자로서 자연스러운 결과였다. 고신교회 형성과정을 비롯한 초기역사를 정리했고, 다양한 역사자료를 수집, 편찬했다. 여성 지도자들을 포함한 주요 인물들에 대한 프로소포그라피 연구는 지역교회사 연구와 더불어 미시사(microhistory) 연구의 중요성을 확인시켰다. 셋째, 그가 이룬 초대교회사 연구는 한국에서의 신학발전에 있어 큰 진보를 가져왔다. 헬라-로마 사회적 배경에서의 연구는, 한국교회가 원형으로써의 초대교회를 모습을 이해하는데 큰 도움을 주었다.

67 박응규, "교회를 위한 교회사가: 이상규 박사의 학문여정에 관한 소고(小考)," 79.

결 론

그의 연구실 책상 바로 옆 캐비닛 문에 A4 용지에 이런 글귀가 쓰여 있었던 적이 있다. 'No one may truly know Christ except he follows him in life.' 그가 끊임없이 노력하고 추구하고자 했던 신앙이자 기독교적 삶의 표현이었다. 때론 새로운 사실을 밝혀내 주위 관심과 칭찬을 듣기도 했으나, 때론 비학문적 반대 여론에 홀로서기를 하며 외로움을 벗으로 삼았으리라. 그를 경험한 모두가 증언하듯, 이상규 박사는 하나님께서 주신 은사와 재능을 소중히 여기며 삶에서 하나님의 소명을 이루어 간 참 신학자이다. 그가 이룬 학문적 업적을 보건데, 그는 분명 '교회사의 큰 산'이라 여겨진다.

필자가 공부했던 대학에 에드윈 저지 교수가 있다. 1928년 1월생이니 만으로 올해 92세가 된다. 로마사 전공자이면서 고대기독교와 바울 연구로도 탁월한 그는, 아직도 아침이면 어김없이 대학 연구실에 출근해 고대자료를 찾아가며 연구한다. 작년에는 무려 두 권의 책이 출간되었고, 비록 지난날의 글들을 다수 수록하고 있으나 고대사연구의 한 길을 꿋꿋이 걸어간 그가 남긴 또 하나의 족적이다.[68] 이상규도 한때(2002~3년) 학인(學人)으로서 저지 교수를 만나 학술적 대화를 통해 사회적 관점에서 초기 기독교를 이해하는 새로운 안목을 갖기도 했었다. 백수(白壽)를 바라보는 노학자의 모습에서, 훗날 20여 년 후의 이상규 교수의 모습을 그려본다.

68 *The Failure of Augustus: Essays on the Interpretation of a Paradox* (Newcastle upon Tyne, UK: Cambridge Scholars Publishing, 2019); *Paul and the Conflict of Cultures: The Legacy of His Thought Today*, ed. James R. Harrison (Eugene: Cascade Books, 2019).

이상규 교수 가족

올해의 신학자상 수상 | 2012년 4월 7일

이상규의 영어책 출판을 소개하는
호주 장로교신학대학의 하만(Harman) 박사

한국복음주의협의회에서 강연하는 이상규 교수

이상규 교수

이상규 교수와 부산경남
기독교역사연구회 활동

이상규 교수 정년퇴임
기념문집 | 2018년 2월

수상

통합연구학회 학술상 (1992)

한국교회사학연구원 학술상 (2010)

기독교문화대상 (2010)

올해의 신학자 상 (2012)

교육공로상(표창) (2013)

한국복음주의신학회 신학자 상 (2018)

연구 목록[69]

● 박사학위 논문

"To Korea With Love: Australian Presbyterian Mission Work in Korea, 1889-1941"

● 저서(공저, 편저 제외)

『성경공부의 이론과 실제』, 총회교육위원회, 1986.

『한국교회의 역사적 흐름』, 총회교육위원회, 1991.

『교회개혁사』, 성광문화사, 1997.

『교회의 역사』, 도서출판 영문, 1999.

『의료선교는 어떻게 시작되었을까?』, 누가회, 2000.

『부산지방 기독교 전래사』, 글마당, 2001.

『교회개혁과 부흥운동』, SFC, 2004.

69 그의 저작물(2017. 12 기준)은 『한국 교회와 개혁신학: 이상규 교수 정년퇴임 기념문집』, 40-51에 자세히 나열되어 있다. 여기서는 지면 부족으로, 저서의 경우 공저, 편저는 제외되었고, 논문과 번역서는 2015년 이후의 것만 나열함을 밝혀둔다.

『헬라 로마적 상황에서의 기독교』 한들출판사, 2006.
『예수 따라가며 복음순종하면』, 한국교회와 역사연구소, 2006.
『한상동과 그의 시대』, SFC, 2006.
『개혁주의란 무엇인가?』, 고신대학교 출판부, 2007.
『한국교회 역사와 신학』, 생명의 양식, 2007.
To Korea with Love, Melbourne: Presbyterian Church of Victoria, 2009.
『교양으로 읽는 역사』, SFC, 2009.
『구포교회 100년, 그 은총의 날들 1905-2005』, 부산 구포교회, 2011.
『부산경남지역 기독교회의 선구자들』, 고신대학교 출판부, 2012.
『구약의 메시지』, 킹덤북스, 2013.
『한국교회사의 뒤안길』, 킹덤북스, 2015.
『해방 전 후 한국장로교회의 역사와 신학』, 한국기독교역사연구소, 2015.
『초기 기독교와 로마사회』, SFC, 2016.
『교회쇄신 운동과 고신교회의 형성』, 생명의 양식, 2016.
『다시 쓴 한국교회사』, 개혁주의 출판사, 2016.
『종교개혁의 역사』, SFC, 2016.
『왕길지의 한국선교』, 숭실대학교 한국기독교문화연구소, 2017.
『교양으로 읽는 종교개혁 이야기』, 영음사, 2017.
『기억과 추억의 역사: 부산지방에서의 초기 기독교』 한국교회와 역사연구소, 2019.
『개혁주의란 무엇인가』 (개정판) SFC, 2020.
『역사의 거울로 본 교회, 신학, 기독교』, 생명의 양식, 2020.

● **논문**(2015년 이후)

"한국에서의 교회사 교수와 연구, 1900~1960년대까지," 『한국개혁신학』 45(2015. 2), 69-97.

"잉글랜드의 개혁자 니콜라스 리들리," 『칼빈시대 영국의 종교개혁가들』 (개혁주의학술원, 2015. 3), 191-210.
"손양원 목사에게 있어서 회개와 용서," 『백석신학저널』 28(2015. 봄), 39-63.
"근대선교운동과 한국선교," 『역사신학논총』 28(2015. 6), 8-46.
"2013년 부산총회 이후의 WCC의 복음화와 선교이해," 『고신신학』 17(2015. 8), 181-214.
"김광일 장로의 인권 및 민주화운동," 『개혁신학논총』 35(2015. 9), 201-238
"The Church in Korea: Persecution and Subsequent Growth," *Unio cum Christo* 1(Fall, 2015), 279-287.
"왕길지와 숭실학교," 『한국기독교문화연구』 8(숭실대학교 한국기독교문화연구원, 2016. 2), 1-33.
"스코틀랜드의 개혁자 앤드류 멜빌," 『칼빈 이후 영국의 개혁신학자들』(개혁주의학술원, 2016. 3), 29-48.
"메노나이트교회의 평화주의 전통," 『한국교회사학회지』 44(2016), 207-242.
"호주장로교선교부와 신사참배 문제," 『부경교회사연구』 61(2016. 5), 7-36.
"백석학원의 신학교육 40년, 역사와 과제," 『백석신학저널』 31(2016. 가을), 13-44.
"찬송가 연구가 김이호 목사," 『부경교회사연구』 64(2016. 11), 61-89.
"동성애에 대한 교회사적 고찰," 『장로교회와 신학』 13(2017), 203-220.
"교회사에서 본 장로제도," 『역사신학논총』 30(2017. 6), 181-215.
"케직 사경회의 기원과 발전," 『고신신학』 19(2017. 9), 147-172.
"역사로 본 루터의 종교개혁과 신학," 『월드뷰』 208(2017. 10), 11-16.
"교회개혁운동과 한국교회," 『개혁신학과 교회』 31(2017. 11), 187-224.
"영남지역 기독교문화유산과 보존과제," 『종교문화학보』 14(2017. 12), 79-101.

“Politics and religion: The Shinto Shrine Issue and the APM,” Uniting Church Studies, vol. 21, No. 2 (Dec. 2017), 75-90.
“해방 전후 윤인구의 경남지방에서의 활동,” 『부경교회사연구』 74(2018. 7), 29-63.
“부산일신여학교에서의 만세운동,” 『부경교회사연구』 78(2019. 3), 10-19.
“삼일운동과 한국기독교,” 『백석저널』 36(2019. 6), 37-70.
“3.1운동, 어떻게 볼 것인가?,” 『신학과 교회』 11(2019. 여름), 11-50.
“서구 기독교 전통에서 본 ‘기독교문화’ 이해,” 『부경교회사연구』 82(2019. 11), 28-53.
“한국기독교와 민족, 민족주의,” 『개혁논총』 49(2019. 12), 9-33.
“이보민 박사의 생애와 신학,” 『한국교회를 빛낸 칼빈주의자들』 (킹덤북스, 2020), 558-581.
“교회는 중혼자(重婚者)를 받아드릴 수 있는가?,” 『동서신학』 2(2020. 1), 11-39.
“민경배 박사의 생애와 학문,” 『백석신학저널』 38(2020. 여름), 67-88.
“6.25전쟁과 한국교회,” 『장로교역사와 신앙』 3(2020. 9), 11-54.
“교회사에서 본 이장식 박사의 학문의 여정,” 『신학과 교회』 13(2020. 여름), 47-91.
“초기 교회의 생명윤리,” 『개혁논총』 54(2020. 겨울), 139-168.

● **번역서**(2015년 이후)

Harris Harbison, “종교개혁기의 기독학자: 에라스무스,” 『갱신과 부흥』 15(2015. 1), 133-163.
Harris Harbison, “기독교적 소명으로서의 학문: 제롬에서 아퀴나스까지,” 『갱신과 부흥』 16(2015. 7), 453-483.
S. Bonnington, “칼빈과 이슬람,” 『부경교회사연구』 65(2017. 1), 93-109.
Richard Alerson, “초기 기독교회의 신앙과 생활1, 교회와 사회,” 『개혁신앙』 34(2019. 겨울), 62-73.
William Baird, "중혼자에게 세례를 베풀수 있는가?," 『한국기독교문화연구』 12(숭실대학교 한국기독교 문화연구원, 2019. 12), 343-381.
Richard Alderson, "초기 기독교회의 신앙과 생활2, 교회와 사회," 『개혁신앙』 35 (2020. 봄), 54-65.

신민석

고신대학교 신학과 (B. Th.)
호주 Sydney Missionary & Bible College (Adv. Dip. Th.)
호주 코람데오신학대학원 (M. Div.)
호주 Macquarie University (MA, Ph. D.)

시드니신학대학 외래교수
코람데오신학대학원 교회사 교수

저서_*The Great Persecution: A Historical Re-Examination*, Volume 8 of Studia Antiqua Australiensia (Turnhout: Brepols, 2019).
논문_"초대 그리스도인들의 모임장소에 대한 재고찰: 크라우트하이머의 이론을 바탕으로," 『신학논단』 103 (2021. 3): 107-46. 외 다수

이종전 박사

이종전 박사의 생애와 신학

신원균_분당한마음개혁교회, 대신총회신학연구원

안양대학교
아세아연합신학대학원 MA in Th. (ATA)
神戸改革派神學校(일본) (Th. M. eq.)
Ashland Theological Seminary(미국) (D. Min.)

대한신학대학원대학교 교수(교학처장, 대학원장)
대신총회신학연구원 원장
개혁파신학연구소 소장
인천기독교역사문화연구원 원장
(재)유나이티드문화재단 이사
사회복지법인 보라매 감사
(사)기독교역사문화연구회 감사
인천명예시민외교관
총회신학위원회 위원장
총회 교단사편찬위원회 위원장
경서노회 노회장
어진내교회 목사

들어가면서

이종전 교수를 소개할 수 있는 기회가 주어진 것 자체가 기쁘다. 특별히 대신교단의 신학을 이어가는, 즉 김치선, 최순직, 조석만을 이어서 교단의 신학을 계승한 학자, 교단의 지도자로서 그의 생애와 신학을 정리할 수 있는 기회가 되어서 영광이다.

이종전 교수를 대할 때 느껴지는 것은 언제나 학자 이전에 한 선비와 같은 목회자의 모습이다. 그 자신도 언제나 한 공동체를 섬기는 목사이기를 원했다. 또한 그가 신학을 하는 궁극적인 목적도 교회를 위한 것이고, 공동체를 형성하고 있는 모든 구성원들을 위한 것임을 늘 확인하고 있다. 그에게 신학하는 목적을 묻는다면 당연하게 '교회를 위한 섬김'이라는 단어로 표현하기를 주저하지 않는다. 그러한 의미에서 그에게 있어서 목회자와 신학자는 구별될 수 있는 것이 아니다. 신학자는 물론 신학을 하는 목적도 교회를 위한 것임을 잊어서는 안 된다고 항상 강조하는 것이 그의 일관된 입장이다.

이러한 사실은 그가 쓰고 있는 글이나 발표되는 논문들을 보면 쉽게 확인할 수 있다. 그는 신학적인 유희나 학자들만의 전유물로서 신학을 말하지 않는다. 철저하게 교회를 섬기는 수단과 원리로써 신학을 말하고 있다. 평소에도 그는 "교회를 섬기는 신학이 아니라면 하지 말라"고 할 만큼 단호한 입장을 가지고 탐구와 정립을 위한 작업을 하고 있는 것이 이종전 교수가 갖고 있는 신학에 임하는 자세이다.

또 하나, 그의 신학은 '역사적 기독교회와 정통'이라는 신학적 계보에 대한 확고한 입장에서 모든 사항을 조명하고, 정립하는 작업을 하고 있다. 즉 개혁파신학을 역사적 기독교회의 정통신학으로 확인하면서 대두되는 현안들에 대한 성경적 이해와 적용을 모색하는 일을 하고 있다.[1] '개혁파신학' 하면 조직신학에 집중되는 것이 일반적이다. 그러한 의미에서 그의 신학 작업은 조직신학의 틀을 분명하게 전제하고 있다. 그렇지만 그의 관심은 항상 '기독교회'에 있기 때문에 연구대상이나 영역이 제한되어 있지는 않다. 할 수 있는 한 교회를 위한 것이면서 필요한 연구라고 하면 전공영역에 제한을 두지 않는다. 그만큼 그의 연구와 독서량은 범위가 넓다고 할 수 있다. 이러한 사실은 그가 쓴 글들을 보면 알 수 있듯, 장르의 제한이 없기 때문이다.

그런가 하면 그의 신학작업은 교단의 요청에 의한 것이 많은 것이 또 하나의 특징이다. 그렇다보니 발표된 글들이 교단의 제안과 요청에 의해서 연구되고 정립된 것들이 많다. 그만큼 교단에서 필요한 신학작업을 했다는 의미이기도 하다. 특별히 최근 교단의 통합과 관련한 사건이 있을 때, 교단의 요청은 긴박하면서도 교단의 역사적 신학적 정체성을 확인하는 것과 관련해서 중요한 사안들이 많았다. 어떤 의미에서는 지금까지 정리되지도, 생각하지도 않았던 부분들에 대한 연구와 강의를 요구받았을 때, 그의 글들은 교단 산하의 지교회들이 판단하는데 있어서 실제로 매우 결정적인 역할을 할 수 있도록 도움이 되었다.[2]

이처럼 그의 신학하는 목적이 철저하게 목회의 현장과 함께 한다. 그 자신이 목회자이기를 원하는 만큼 현장을 위한 신학이어야 하기 때문에 현장을 이해하고 필요한 성경적인 답을 정립함으로써 교회가 가야 할

1 이종전, "교단형성의 원리와 기능에 관한 연구," 「대신개혁정론」 제1호(2018), 76.

2 교단통합에 따른 교단의 요청에 발표한 글들만 보더라도 다음과 같다. "교회 선언문의 역사적 신학적 의미"(2015. 6. 11.); "교단형성의 원리와 기능에 관한 연구"(2015. 8. 27.); "장로주의 원리와 교단형성의 실제"(2015. 12. 15); "마이너스 성장시대의 목회전략"(2016. 8. 8.); "기독교의 사회적 책임에 대한 재고"(2017. 5. 24.); 대신교단의 역사적 신학적 정체성(2018. 11. 12.); "해방 후 김치선의 사역과 그의 신학"(2019. 4. 4.); "해방정국에서 일치운동"(2019. 10. 28.); "기독교회사에 있어서 역병과 교회의 대처"(2020. 6. 21.)

길을 제시하는 것이라고 할 수 있다.

성장과정

이종전 교수는 3대 크리스천 가정에서 태어났다. 그의 조부모님과 부친은 6.25사변이 일어나던 해인 1950년에 예수님을 믿게 되었다. 그리고 1951년 1.4후퇴 때 신앙의 자유를 찾아 월남하여 정착하면서 가정을 이루었다. 따라서 이종전 교수는 피난민 정착촌에서 태어나서 자랐다. 유년기는 피난민들이 모여서 살고 있는 마을에 월남한 목회자가 설립한 장로교회에서 피난민 중심의 지체들과 함께 자랐다.

초등학교 시절을 그곳에서 지낸 그는 중학교에 진학할 즈음 읍내로 가족이 모두 이주하면서 새로운 환경에서 살게 되었다. 이주한 다음 십 리가 넘는 길을 걸어서 고향교회로 다니다가 사춘기를 맞으면서 굳이 먼 길을 걸어서 가야 하는 확실한 명분을 확인하지 못한 그는 같은 마을에 있는 감리교회로 나가게 되었다. 부친이 장로교회 목회자였고, 고향 교회도 장로교회였기 때문에 부친은 고향 교회로 다니기를 원했지만 마을에는 감리교회뿐이니 어쩔 수 없이 감리교회에 출석하게 되었다.

그즈음 그의 부친은 이종전 교수의 형제들, 그리고 조부모를 남긴 채 목회지로 떠났다. 이종전 교수는 감리교회에 출석하면서 적응하지 못하고 방황하기를 3년이라는 시간이 걸렸다. 단순히 신앙적인 문제만이 아니었다. 사춘기이도 했고, 조부모와 형제들이 함께하는 생활에서 어린 그가 장남이라는 위치를 감당하는 것이 쉽지 않았기 때문이다. 게다가 가정을 이끌던 할아버지께서 갑자기 별세함으로써 중학교 시절부터 가정은 오롯이 그가 돌봐야 하는 상황이 되었기 때문이다.

이때부터 이종전 교수는 가정에 대한 문제를 먼저 생각해야 하는 상황이 되었고, 따라서 자신의 미래를 생각하기보다는 당장 현실에서 감당해야 할 것을 먼저 생각해야 했다. 마침 중학교 교과과정에 농업이 있었고, 농업을 가르치는 선생님과의 만남이 이루어지면서 자연스럽게 농업에 대한 관심을 갖게 되었다. 이때부터 그는 농업에 심취하여 공부하기 시작했다. 그가 농업에 심취하게 되면서 선생님은 그를 친아들처럼 살피면서 농업을 공부할 수 있도록 부모님도 할 수 없는 다양한 도움을 주었다.

중학교를 졸업할 즈음에 고등학교에 대한 정보나 관심을 갖고 있지 못했던 그는 자연스럽게 농업고등학교로의 진학을 결정했다. 마침 중학교의 교감선생님이 농업고등학교로 전근을 가면서 동행할 수 있었다. 농업고등학교로 진학한 그는 전공생(專攻生)으로 미래의 농업인으로서 꿈을 키우기 위해 전력을 다했다. 다른 과목에 대한 관심은 없었고, 오직 농업에 대한 관심과 농업기술을 익히기 위해서 앞선 기술을 갖고 있는 농업인과 기술교육을 받을 수 있는 곳이라면 전국을 마다하지 않고 찾아다녔다.

그 과정에서 신앙생활이 소원해졌다. 주일과 휴일에도 학교 농장에서 살다시피 했다. 그러던 어느 날 교회로 발길을 돌리게 되는 계기가 있었고, 그날로부터 그의 생활은 완전히 교회를 중심으로 바뀌게 되었다. 그것이 고등학교 2학년 가을에 있었던 일이다. 그렇다고 농업에 집중하는 것을 포기한 것은 아니었다. 다만 학교에서 돌아오는 길에는 반드시 교회를 들러서 기도하는 시간을 갖고 늦은 시간 귀가했다. 그렇게 지내는 동안 그의 마음은 이미 하나님을 향해있었다.

고등학교 졸업을 앞두고 그의 마음에 급격한 변화가 일기 시작했다. 중학교 시절부터 오직 농업을 통한 미래를 생각했던 그의 마음에 변화를 일으킨 것은 하나님의 부르심이었다. 졸업과 동시에 이미 흔들리기 시작한 그의 마음은 농업인으로 전념하기에는 이미 많은 변화가 있었다. 따라서 간간이 주어지는 농사일을 하면서도 부르심에 대한 확인을 위해서 방황해야 했다. 하지만 그의 주변에 있었던 사람들은 이미 그가 목회자가 되어야 한다는 말을 하고 있었다.

결국, 결단을 해야 했기에 기도하는 시간을 가지면서 소명을 확인하기를 원했다. 그럼에도 손에 분명하게 잡히는 응답은 없고 마음은 복잡해졌다. 그해 가을부터는 하나님의 인도하심을 구하면서 자연스럽게 순종하겠다는 마음을 굳히게 되었다. 그리고 진학을 위한 준비를 했다. 그러나 하루아침에 될 일이 아니기에 그의 순종은 저항을 동반했다. 정녕 하나님의 부르심이 사실이라면 왜 지금껏 자신을 전혀 다른 길로 가도록 두셨는가 하는 마음이 그의 응답에 장애가 되었기 때문이다.

그는 심한 갈등 가운데 자신을 부르시는 하나님의 뜻에 응답할 수밖에 없는 인도하심을 경험하면서 진학을 준비했고, 전적인 하나님의 간섭하심을 고백하는 가운데 대한신학교(현 안양대학교)에 진학하여 목회자로서의 길을 가게 되었다. 물론 그때까지 그것은 그가 선택했던 길이 아니었다. 다만 그 길로 가도록 강권하시는 섭리와 하나님의 인도하심에 따라야 했을 뿐이다.

신학교육

목회자로 성장하는 과정에서 준비했던 농업과는 전혀 다른 길을 가야 했던 그에게 있어서 다시 갈등과 번민의 기간이 있었다. 그것은 농업에 관한 공부만 했던 그에게 신학은 전혀 새로운 것이었고, 신학을 공부하는데 필요한 기본적인 인문학적 소양과 관련한 준비가 전혀 되지 않은 상태에서 공부하는 것은 너무나 버거운 것이었기 때문이다. 적어도 중고등학교 시절에 준비했어야 하는 인문학과 관련한 공부와 독서를 하루

아침에 따라가는 것은 결코 쉽지 않았다는 그의 고백이다. 신학공부를 시작한지 2년 쯤 지나는 시점에서 결단을 하지 않으면 안 될 만큼의 갈등을 해야 했다. 그럼에도 불구하고 뿌리칠 수 없었던 것은 그를 인도하고 계신 하나님을 분명히 알고 있기 때문이었다.

그런데 때 마침 나라의 부름을 받아 조금 늦게 군복무를 하게 되면서 일단 공부하는 일을 놓아야 했다. 그 기간은 그에게 다시 하나님의 부르심에 응답할 수 있는 용기와 여력을 준비할 수 있는 기회가 되었다. 복학하기까지 그는 중고등학교 시절에 읽어야 했던 문학서적과 부족하다고 생각되는 분야의 글들 닥치는 대로 읽었다. 얼마나 기억으로 남을지 모르지만 일단은 읽어야 한다는 사명으로 읽었다. 그리고 부족한 어학에 대한 준비도 했다. 그렇게 준비하는 과정을 가진 다음 맞은 복학은 비로소 공부하는 재미를 체험하는 날로 이어졌다.

복학과 함께 공부하는 재미를 느끼고 있을 때, 그에게 개혁파신학을 정립할 수 있는 선생님과의 만남은 하나님의 인도하심이었다. 당시 '기독교철학'과 '현대신학'을 가르치고 있던 조석만 교수와의 만남은 그가 가야 할 방향과 신학을 확실하게 하는 계기가 되었다. 단지 과정을 이수하기 위한 공부가 아니라 왜 신학을 해야 하고, 그 중에서도 개혁파신학이어야 하는가에 대한 답을 확인할 수 있었던 것이 그가 신학에 몰입할 수 있었던 계기가 되었다. 그러한 의미에서 그에게 조석만 교수는 신학의 길잡이였다.

또한 이때 이종전 교수가 도전을 받게 된 또 한사람의 선생님이 있었다. 그는 프란시스 쉐퍼(Francis A. Schaeffer)이다. 때마침 그는 쉐퍼의 책들을 접할 수 있게 되면서 쉐퍼의 가르침에 도전을 받았다. 1977년 가을 어느 날, 쉐퍼의 책을 만났고, 그는 단숨에 그 책을 읽었다. 작은 책이기도 했지만 짧은 글에 담긴 가르침이 이종전 교수를 빨아들였기 때문이다. 그 책은 "이성에서의 도피"였는데, 그 후에도 이 책은 몇 번이나 반복해서 읽었고, 훗날 이 책으로 그룹 스터디를 했다고 한다. 그만큼 그에게 이 책은 결정적으로 공부를 해야 하는 이유를 깨닫게 했다. 따라서 이 책을 읽은 후 쉐퍼의 책은 모조리 읽었다고 한다. 비록 책을 통한 쉐퍼와의 만남이지만 그의 사고를 깊게 하는 동기가 되었고, 신학을 공부하는 방법을 깨닫게 했다는 의미에서 특별한 선생님이었다.

공부하는 재미를 느끼게 된 그는 사상의 흐름에 대한 이해와 추구해야 할 신학의 흐름을 찾아서 정립할 수 있는 글들을 읽기 시작했다. 이때부터 그에게 선생님들은 곧 책이었다. 당시 교계에 출판되는 모든 책을 섭렵했다. 한 주간에 한 번 이상은 서점을 찾았고, 신간과 그 중에서도 개혁파사상을 담은 책은 무엇이든 즉시 구입해서 읽었다. 오프라인에서 만날 수 없는 수많은 선생님들을 그는 책으로 만났고, 책들을 통해서 가르침을 받았다. 이때 책을 통해서 그에게 결정적인 영향을 준 선생님들은 칼빈(John Calvin), 영(Edward J. Young)을 비롯해서 바빙크(Herman Bavinck), 메이첸(Gresham Machen), 밴틸(Conellius Van Til), 루이스 벌코프(Louis Berkof), 그린(Michael Green), 프랜시스 리(Francis N. Lee) 그리고 역사학자들인 베빙톤(David Bebbington), 로버트 누슨(Robert D. Knudsen), 스완스트롬(Roy Swanstrom), 크리스토퍼 도슨(Christopher H. Dawson), 허버트 버터필드(Herbert Butterfield), 콜링우드(R. G. Collingwood), 베인턴(Roland H. Bainton)등과 같은 학자들을 만나면서 역사학에 대한 이해를 갖추게 되었다.

신학과 역사철학 서적이 귀한 시대였지만 구할 수 있는 책들은 모조리 찾아내서 읽기를 쉬지 않았다. 독서는 그의 신학을 정립하는 가장 중요한 방법이었다. 그는 현재도 매주 신간을 점검하면서 읽어야 할 책으로 확인되면 반드시 구입해서 읽고, 주변 사람들과 읽은 것을 나누는 일을 함께하고 있다. 이러한 그의 배움의 자세는 오늘의 그가 있도록 한 가장 중요한 요인이다.

그러한 자세는 신학에 입문하는 과정에서 스스로 극복해야 하는 것이 많았기에 자연스럽게 습관화 되었지만, 훗날 일본에서 공부하고 있을 당시 일본 개혁파신학의 큰 스승으로 알려진 오카다 미노루(岡田 稔) 선생과 그의 지도교수이며 당시 고베개혁파신학교 교장이었던 마키다 요시카즈(牧田吉和)와의 만남에서 도전을 받으면서 다짐한 그의 삶이기도 하다. 일본에서 만난 두 선생님은 은퇴한 후에도 연구를 계속했고, 스스로 공부하는 것을 즐거워하는 모습에 도전을 받았다고 한다. 따라서 지금도 그의 독서량은 전공이나 글을 쓰는 과정에서 참고하는 책들 말고도 다양한 글을 읽고 있다.

학부과정을 졸업한 후 전도사로 사역을 하면서 목회자로서의 훈련을 쌓았다. 그 과정에서 목회자로서 준비가 더 필요함을 고백하면서 경제적인 부담이 컸지만 배움에 대한 책임을 다하지 않을 수 없어서 아세아연합신학대학원(ATA)에 진학하여 경제적인 여건이 허락되는 만큼씩 학점을 이수하면서 공부하는 것 자체를 기뻐했다. 아세아연합신학대학원에서는 막 귀국하여 한국신학계를 향한 열정과 사명으로 충천했던 김기홍 교수를 만났다. 김 교수를 통해서 글쓰기와 정통신학의 역사적 흐름을 정립할 수 있었다. 이때 이종전 교수는 역사철학에 대한 관심을 가졌고, 김기홍 교수의 지도로 버터필드(Herbert Buterfield)의 역사관에 대한 논문을 썼다.

그 과정에서 이종전 교수는 1983년에 목사 임직을 하고 부목사로 사역을 하다가 1986년 사임과 동시에 개척을 시작했다. 지하 36평을 월세로 얻어 공간을 마련하고 전도와 목회를 시작했다. 멤버가 한 사람도 없는 상태에서 사모님과 자녀를 앉혀놓고 예배를 드리기 시작한 것이 그의 개척이었다.

때마침 서울 강남에서 청빙이 있었고, 선친이 소개하는 교회도 있었지만 처음부터 개척에 대한 비전을 갖고 있었던 그는 모든 것을 뿌리치고 인천 외곽의 소외된 지역에서 목회를 시작했다. 매월 임대료를 내는 것이 기적이라고 고백하면서 빈손으로 시작한 개척이지만 하나님의 전적인 은혜로 임대료만큼은 밀리지 않고 낼 수 있었다. 하지만 가족들은 아사를 면하는 수준에서 생활을 해야 했다. 그러면서도 주변의 동료들과 매주 모여서 스터디를 하는 것은 쉬지 않았다.

개척을 한지 3년이 된 어느 날 일본에서 공부할 수 있는 기회가 있으니 가겠느냐는 전갈이 왔다. 그는 어떻게든 공부는 하고 싶었지만 할 수 있는 기회도, 여건도 되지 않는 상황이었다. 그렇지만 여건이 안 되어 공부는 스터디모임으로 대신하고 있었다. 그러던 차에 일본의 한 한인교회에서 봉사하는 것을 조건으로 공부할 수 있는 여건을 마련해 주겠다는 전갈은 그의 마음을 한 순간에 움직였다. 어떤 교회인지? 목사님이 누군지? 학교는 어떤 곳인지? 아는 것이 아무것도 없는 상태였다. 일본의 한인교회에서 한국의 지인에게 연락을 했고, 그 이야기가 돌고 돌아 몇 사람을 거쳐서 이종전 교수에게 소개가 된 것이다. 결국은 아무도 가겠다는 사람이 없었기 때문에 주어진 기회였다고 한다.

이종전 교수는 망설임 없이 가겠다고 일단 대답을 해놓고 사모님과 이야기를 했다. 그것은 일방적인 통보였다. 가족과 함께 갈 수 있는 것도 아닌데 무턱대고 가겠다는 결정을 하고 추진했다. 가기로 결정한 다음 불과 2개월 남짓 후에 무작정 출국을 했다. 일본어 준비는 물론 학생비자도 받지 않은 상태에서 방문비자로 일단 일본으로 갔다. 그 과정과 일본에서 학생비자로의 전환까지 모두 하나님의 특별한 간섭하심을 경험하는 것들이었고, 그것은 그가 학부과정에 입학하는 과정에서 경험했던 것과 다르지 않은 것이었다.

따라서 그는 일본에서 공부하게 하신 하나님의 인도하심에 대한 확신과 함께 유학생활을 시작했다. 그는 공부하는 것 역시 사명으로 해야 했다. 주어진 기회를 잃지 않겠다는 마음으로 최선을 다했다. 그러한 그의 모습은 학교에서 지금까지 한국학생들에 대한 이미지를 바꾸게 하는 것이었다. 고베개혁파신학교(神戸改革派神學校)에서는 마키다 요시카즈(牧田吉和), 히지야 이츠로(泥谷逸郎) 등과 같은 선생의 가르침을 받았다. 졸업논문은 히지야 선생과 역사철학(진보주의 역사관에 관한 연구)을 정리했으며, 신학적으로는 마키다 선생의 가르침에 영향을 받았다. 마키다 선생과는 졸업 후에도 끈끈한 사제의 관계를 이어가고 있다.

논문을 마무리하면서 졸업을 앞두고 갈등을 하게 되는 상황이 만들어졌다. 개인적으로는 미국이나 혹은 가능한 영어권 나라에서 공부를 더 할 수 있었으면 하는 생각이 있었기 때문이다. 따라서 그는 일본에 있으면서 미국과 호주 등의 신학교에 진학하기 위한 타진을 했다. 또 하나는 졸업을 앞둔 시점에서 일본의 동포교회들이 한국에 돌아가지 말고 일본에서 목회를 하면 좋겠다는 강력한 요청이 있었기 때문이었다.

방학을 이용해서 영어권의 유학을 타진하기 위해서 직접 찾아가서 학교들과 접촉을 했으나 나이와 비자, 경제적인 문제까지 여의치 않았다. 그리고 일본의 동포교회에서 목회하는 것은 처음부터 학교와의 약속(졸업 후 돌아가겠다는)을 지켜야 하는 것과 일본 동포교회에서의 목회에 대한 소명에 대한 확신이 없었기 때문에 고사할 수밖에 없었다.

따라서 그는 졸업과 동시에 1991년에 돌아왔다. 귀국과 함께 자신이 개척한 교회로 귀임했다. 교회가 성장할 수 있었던 시기를 놓쳤지만 남은 수명의 신자들과 함께 다시 시작하는 마음으로 목회에 임했다. 한편 귀국과 동시에 가을학기부터 교단의 신학교들에서 강의를 요청하는 상황이 있었고, 그 요청은 뿌리치기 힘든 것이었다. 따라서 목회에 지장이 없는 한에서 시간을 내겠다는 다짐과 함께 허락을 했지만 강의를 그만둘 수 없는 교단적 상황들이 만들어졌다.

또한 유학하고 있는 동안 스터디그룹을 하지 못했던 그는 귀국과 더불어 스터디 그룹을 다시 만들어서 공부하는 모임을 시작했다. 주변의 목사들을 자신의 교회에 모아서 텍스트를 가지고 함께 공부하는 시간을 만들었다. 이 과정에서 사모님은 공부하기 위해 모인 목사들의 아침식사를 챙기는 수고를 감당해야 했다.

그러던 어느 날 한 선배가 기회가 있을 때 공부를 더 할 것을 종용했다. 하지만 이종전 교수는 이에 대해서 아무런 반응을 보이지 않았다고 한다. 그러자 그 선배가 자신도 하고 있으니 공부를 하는 것이 훗날 필요하게 될 것이라고 하면서 강력하게 권고하며 직접 안내를 해주었다. 하지만 이종전 교수는 이에 응하지 않았고, 그것이 하나님이 허락하신 것이라면 하겠지만 자신의 계획에는 그러한 뜻이 없다고 했다. 그러나 거의 강제로 선배에게 이끌려 거절할 수 없는 상황이 만들어졌고, 하는 수 없이 체면상 디렉터를 만났고, 유학생비자를 조건으로 공부하기로 하고 진학을 결정했다. 이 과정에서도 당시 목사에게 유학생비자를 결코 쉽게 주지 않는데 인터뷰과정서 단번에 학생비자를 받음으로써 공부하는 것을 거부할 수 없었다. 그것은 그에게 반복되는 하나님의 사인이라고 생각했다.

그러나 이때 진학을 결정한 것은 그동안 그가 공부한 것을 정리하는 것을 목적으로 하는 것 이상의 의미를 두지 않았다. 1994년부터 4년 동안 미국을 오가면서 학문과 문화적 시야를 넓이는 기회를 가진 그는 신학교(Ashland Theological Seminary)의 교수들과 신학적인 문제로 갈등을 가지기도 했다. 신학의 다름과 눈에 보이지 않는 차별적인 요소들을 경험하면서 격어야 했던 일들이 있었기 때문이다. 따라서 이 교수는 자신의 연구물을 학위에 맞게 논술한 "교회형성과 성장에 있어서 교리교육의 유용성"을 논지로 하는 D. Min. 논문을 마무리 할 수 있었고, 졸업은 1년이나 늦어지고 말았다.

신학교 사역

앞에서 언급한 것처럼 그는 처음부터 교수를 목표로 공부하거나 특별한 준비를 한 적이 없다. 다만 목회자로서 자신의 역할을 충실하기를 원했다. 그 과정에서 꾸준히 관심을 갖고 있는 영역은 물론 필요하다고 생각하는 것에 대한 연구와 탐독을 해왔다. 그런데 이종전 교수가 D. Min.을 마무리할 즈음 교단에서는 새로운 신학교를 설립하게 되었다. 즉 1997년 대한신학대학원대학교가 설립되면서 교단의 교수가 절실하게 필요한 상황이 되었다. 교단과 학교관계자들의 요청은 뿌리칠 수 없는 것이었다. 재미있게 목회를 하면서 교회도 성장해서 하고 싶은 일을 할 수 있는 상황에서 그는 등 떠밀려서 교수직을 맡아야 하는 상황이 되었다. 이미 1991년 가을학기부터 안양대학교와 교단의 신학교들에서 강의를 하던 이 교수는 1998년부터는 대한신학대학원대학교에서 전임교수로 교단의 후보생들을 가르치기 시작해서 꼭 20년의 교수직을 수행하고 지난 2018년 말로 조기은퇴를 했다.

대한신학대학원대학교에 재직하는 동안 역사신학을 가르치면서 소용돌이가 많은 학교의 교학처장, 사회교육원 원장, 대학원장 등의 요직을 맡아서 수고를 했다. 결국 학교가 사유화되고 말았기에 보람은 반감된 채 그의 인생에 있어서 가장 중요한 20년을 학교에서 보내면서 교단의 신학정립과 후보생을 양성하기 위해서 수고한 것으로 만족해야 했다.

한편 2015년 교단의 정치적 상황의 급격한 변화로 교단산하에 목회자를 양성하기 위한 신학교가 필요하게 됨으로써 새로운 신학교를 설립해야 했다. 따라서 2016년 총회에서 〈대신총회신학연구원〉 설립을 결의했고, 이듬해인 2017년에 개원을 하면서 이종전 교수를 원장으로 세워 총회의 신학교육에 대한 책임을 맡겼다. 이 교수는 이 학교를 준비하면서 신학교육을 위한 획기적이고 전혀 새로운 제안을 했다. 지금까지 교단들이 일반적으로 운영하는 신학교와 같은 것이어서는 미래가 담보될 수 없다는 전제로 모든 학생에게 교단의 전액 장학금을 주어 후보생 양성을 하겠다는 것이었다. 그리고 신학대학원 과정을 5년제로 하자는 것이었다. 이러한 그의 제안에 총회는 당혹스러워했고, 결국 3년제로 하되 전액 장학금으로 한다는 결정을 받아냈다.

이렇게 시작한 〈대신총회신학연구원〉은 학부과정을 마친, 즉 B.A.학위를 가진 사람들을 대상으로 입학자격을 제한하여 철저하게 교단이 필요로 하는 후보생양성을 위한 프로그램만을 운영하고 있다. 교수들 역시 모두 교단의 학자들로서 철저하게 봉사하는 자세로 학생들을 가르치도록 하고 있다.

이렇게 신학교와 교단의 일을 감당하면서도 이종전 교수는 한 번도 목회를 쉬지 않았다. 현재도 담임 목사로서 섬기면서 연구원장직을 감당하고 있으며, 그밖에 교단 내외의 다양한 요청에 대해서 거절하지 않고 할 수 있는 한 하나님 나라를 섬기는 자세로 임하고 있다. 신학교 교수가 목회의 경험이 없거나, 있다고 하더라도 경건을 유지하기 위해서 부단한 노력을 하지 않는다면 심령이 상하거나, 사변적인 신학 내지는 피폐한 영적인 상태에 떨어지고 만다고 생각하는 그는 어렵지만 어떤 형태로든 목회자로서의 역할을 감당하면서 신학을 하는 사람이어야 한다는 것이 지론이다. 한 생명에 대한 사랑과 애착이 없다면 종교적 지식, 성경지식을 기계적으로 전달하는 것에 지나지 않고, 그것은 생명을 재탄생시키지 못하는 결과에 이를 것이라는 것이 신학에 임하는 그의 자세이다.

그러면서도 개인적으로는 〈개혁파신학연구소〉와 〈한국기독교회사연구소〉를 직접 운영하면서 개혁파신학의 보전(保傳)과 한국기독교회사와 관련한 연구를 하고 있으며, 인천기독교회관 산하의 〈인천기독교역사문화연구원〉의 원장직을 맡아서 인천지역교회를 섬기는 일도 하고 있다. 그가 원장으로 취임한 후 최근에 “인천기독교 135년사”를 출판함으로써 교계와 인천시 지역인사들의 관심을 모으기도 했다. 뿐만 아니라 교계의 각종 신문, 월간지와 기독교 TV방송에 기고와 프로그램에 출연하여 한국교회를 섬기는 일을 하고 있다.

신학사상

이종전 교수의 신학사상은 역사적 개혁파신학에 가장 충실하다. 또한 그는 장로교 역사신학자로서도 가장 충실한 신학자이기도 하다. 개혁파신학이란 박형룡 박사가 “한국 장로교회의 신학적 전통”(전집14권, 신학논문)에서 “장로교회의 신학이란 구주대륙의 칼빈 개혁주의에 영미의 청교도 사상을 가미하여 웨스트민스터 표준에 구현된 신학이며, 한국장로교회의 신학적 전통이란 이 웨스트민스터 표준에 구현된 영미장로교회의 청교도 개혁주의 신학이 한국에 전래되고 성장한 과정이다.”라고 언급한 부분에 잘 드러난다.

이런 개혁파신학에 대한 정의는 최순직, 조석만 교수에 의해서 정립된 대신교단의 교회법 신학노선에서도 다음과 같이 잘 표현되고 있다. “우리의 신학은 개인신앙의 주관적 학적 표명(表明)이 아니라 역사적 기독교회의 교회성을 본질로 하는 교회신조(教會信條)에 의한 객관적 학적 석명(釋明)이다. 이 같은 의미에서 우리는 칼빈주의를 표방(標榜)한다. 이는 우리의 신학이 칼빈 한 사람 개인의 신학을 의미하는 것이 아니라 칼빈의 신학적 입장이 성경의 계시진리를 역사적 기독교회가 신조 또는 교회의 신학자들의 저술형태로 고백해 온 체계적 진리를 옹호하고 있기 때문이다. 우리의 신학은 역사적 기독교회의 공동신조(共同信條)를 비롯하여 어거스틴, 루터, 칼빈, 베자, 16·17세기 개혁파 신학자들, 16·17세기 개혁파교회의 신조들, 19세기와 20세기의 개혁파 교회 신학자들에 의해 변증, 변호, 보존되어 온 역사적 기독교회의 정통적 입장이다."

이처럼 개혁파신학을 계승한다는 것은 한 개인의 신학자나 특정한 시기에 편중되는 것이 아니라 2000년 교회사 전체를 살피면서 그 중에 어거스틴과 칼빈과 낙스와 구 프린스톤과 웨스트민스터 신학교로 이어지는 보수신학을 따라가는 것이다. 그리고 이 신학은 장로교 목사 7대 서약 중 임직예식에서 두 번째로 고백하는 "본 장로회 신조와 웨스트민스터 신도게요 및 대소요리문답은 신.구약 성경의 교훈한 도리를 총괄한 것으로 알고 성실한 마음으로 받아 신종하느뇨?"라는 서약에 충실한 것을 말한다.

이종전 교수의 신학이 개혁파신학을 계승하는 것에서, 또한 장로교 역사신학자로서도 가장 충실하다라고 평가할 수 있는 것은 위의 선조들이 개혁파신학을 정의한 그 신학적 계보에 가장 충실하게 사역해 왔기 때문이다. 많은 신학자들이 보수신학과 장로교 정치질서를 계승한다고 하면서도 실제로 목회현장이나 활동에서는 초교파적으로 사역하는 경우가 다반사다. 하지만 그는 앞에서 소개하는 목회사역과 교단사역의 발자취를 보도라도 개혁파신학의 계보를 성실하게 따르고자 한 모습을 확인할 수 있다.

특히 대신교단이 백석교단과 통합하는 과정에서 발생한 신학적 오류를 지적하면서 발표했던 "2015년 교단(대신) 선언서"에서도 그의 신학은 명확하다. 필자와 함께 몇 분의 신학자가 힘을 합쳐서 작성한 이 선언서는 개혁파신학의 정체성을 다시 선언하는 신앙고백적 선언이었다. 이 고백에는 1항에 성경무오성과 4항에 개혁파신학의 계보를 선언했다. 특히 2항에서는 "우리는 개혁파 교회의 전통을 따라 우리의 신앙 고백의 표본(標本) 및 신앙과 생활의 제2 규준(規準)으로 웨스트민스터 신앙고백서와 대.소요리문답서 및 교회정치와 예배모범을 성경적인 줄 알고 우리의 교리와 규례의 표준으로 채택한다."라고 하여 웨스트민스터 신앙고백을 공교회적인 객관적 신학 규범으로 재천명하였다.

5항~8항에서는 한국장로교회와 보수신학의 기준점을 재확립했다. 즉 5항은 장로정치에 대한 성경적 고백과 6, 8항에서는 사이버교회, 이머징교회뿐만 아니라 WCC, 자유주의, 신정통주의, 알미니안주의, 신비주의, 혼합주의, 기복주의, 신복음주의, 종교다원주의, 로마 가톨릭, 신사도운동, 환경신학, 퀴어신학 등을 반대한다고 표명했다. 그리고 7항에서는 여성목사 안수를 반대한다고 고백하여 보수신학의 정체성을 밝혔다. 특히 9항에서는 최근 문제가 되는 동성애, 일부다처, 일처다부, 혼전동거, 성전환자, 낙태, 자살 등을 거부한다고 밝혔다.

2017년에 새롭게 개교한 '대신총회신학연구원'의 설립과정에서도 그의 개혁파신학은 더욱 뚜렷이 드러난다. 필자와 함께 작업했던 교육이념, 교육목표에도 성경의 무오성과 웨스트민스터 신앙고백을 신학적 이상으로 발표하였고, 재학생 및 신학교수 선서문을 새롭게 수립하여 모든 학생과 교수는 성경과 웨스트민스터 신앙고백에 서약하도록 질서를 확립했다.

2018~19년은 이종전 교수의 개혁파신학적 특징이 가장 명확하게 드러난 해였다. 합신과 대신 교단이 연합으로 주최한 도르트 총회 400주년기념 연합 세미나가 2018년 7월 10일에 신반포중앙교회에서 열렸다. 합신에서는 이승진 교수가 "도르트신경과 교리강설"을 발표했고, 대신에서는 이종전 교수가 "도르트신조의 형성과 역사적 의미"를 발표하여 개혁파신학의 정체성을 제시했다. 그리고 2019년에 이 신학적 작업의 연속적 과정에서 나온 마키다 요시카즈 목사의 『도르트총회-기독교

신앙을 정의하다』를 한국교회에 소개한 것은 개혁파신학을 한 단계 더 발전시키는 귀한 연구였다. 칼빈주의 5대 교리라고 하는 도르트 신조는 개혁파신학의 뼈대임에도 불국하고 한국장로교 140년 역사상 연구가 거의 전무한 분야였는데, 이종전교수의 연구를 통해서 정확한 번역과 해설서가 한국교회에 주어지게 되었다.

개혁파신학을 있는 그대로 계승하려고 목회현장과 교단의 사역에서 수고한 목회자로서의 모습뿐만 아니라 최근에 저술한『한국장로교회사』는 학자로서 개혁파신학과 장로교회의 특징을 한 단계 더 발전시키는 중요한 과업이었다. 이 책에서는 한국장로교회 역사를 중심으로 초기 선교역사부터 최근에 이르기까지 개혁파신학이 어떻게 형성되어 왔는지를 밝혀주었다. 장로교회 역사에는 초기 성경관과 교회관에 대한 신학적 차이로 분열한 기독교 장로회(기장)의 역사뿐만 아니라 WCC가입 문제로 1959년에 나눠진 합동과 통합의 분열 등 여러 형태의 장로교회 모습이 존재한다. 이런 다양한 장로교회의 역사 중에 박형룡, 박윤선으로 대표되는 개혁파신학의 역사가 어떻게 계승되었는지를 정확히 밝혀주었고, 또한 이분들의 신학을 계승 및 발전시킨 최순직, 조석만 목사의 개혁파신학까지 총체적으로 장로교회의 역사를 밝혀주었다.

교계의 공헌

이종전 교수의 연구와 가르침, 그리고 그의 역할은 특별히 대신교단에 있어서 매우 중요한 의미를 가진다. 그 중에서도 그는 대신교단의 신학과 역사를 정립하고 공유하는 것의 중요성을 강조하고, 그것을 가능하게 하는 역할을 감당해 왔다. 대신교단의 신학적 정체성을 공유할 수 있도록 하는 작업은 그의 스승인 조석만 교수가 1984년에 창립한

‘한국성경신앙신학회’를 통해서 발행한 〈성경신앙〉이라는 논문집이 중요한 역할을 했다.[3] 이종전 교수는 〈성경신앙〉을 통해서 꾸준히 교단의 신학을 공유하는 것과 목회현장에서 필요한 신학적 깨달음을 공유할 수 있도록 논문을 발표해왔다.

‘한국성경신앙신학회’는 조석만 교수가 ‘한국복음주의신학회’라는 명칭으로 1984년 시작했다. 당시 정통신학 계열에는 딱히 학회라고 할 수 있는 것이 없었던 상황에서 대한신학교(현 안양대학교)의 교무과장으로 사실상 학사운영의 전반을 책임지고 있었던 조석만 교수가 정통신학을 지켜가기 위한 학회가 필요함을 깨닫고 창립한 학회이다. 학교의 후원이 없고, 신학자들이 학회에 대한 필요성을 적극적으로 느끼지 못했거나 현실적으로 급격히 늘어나는 신학교와 가르치는 일 자체에 급급한 상황이었기 때문에 응대하기 어려웠다고 할지, 어떻든 학회에 학자들이 적극적으로 참여하는 것이 쉽지 않았다.

따라서 학회운영에 어려움이 많았지만 조석만 교수는 이 학회를 통해서 한국기독교회 안에 정통신학을 계승, 발전시기 위해서 몸부림을 쳤다. 1990년 중반기에 이종전 교수가 조석만 교수의 고군분투하는 신학의 현장에 동참하게 되면서 다시 학회활동을 적극적으로 전개하게 되었다. 중단되었던 학회활동과 함께 논문집도 정기적으로 발행하고, 연구모임도 정기적으로 가지면서 교단 내외에 영향을 미쳤다. 그 과정에서 이종전 교수는 세미나를 준비하고, 학회지를 발행하는 일을 모두 맡아서 감당함으로써 학회지인 〈성경신앙〉을 통해서 정통신학의 입지를 한국교회에 심었다.

3 ‘한국성경신앙신학회’가 1984년부터 발행한 논문집 〈성경신앙〉은 대신교단이 추구하는 개혁파신학을 견지하는 유일한 논문집이었다. 그 중에서 22호(2006)는 “대신총회의 역사와 정체성”을 특집으로 하는 연구논문들만을 실었는데, 이종전 교수는 “한국장로교회사에 있어서 대신총회의 신학적 정통성에 관한 소고”라는 글을 기고하면서 대신교단의 역사성과 정통성을 정립했다.

또한 지난 2017년 그의 스승인 조석만 교수가 별세한 이후 조석만 기념사업회를 이끌면서 설순(雪筍) 조석만 강좌를 비롯한 조석만 박사의 신학을 계승할 수 있는 장을 만들고 있다. 또한 조석만 교수의 별세로 공석이 된 '한국성경신앙신학회'의 회장직을 맡아서 한국교회 안에 개혁파신학을 세워가는 일을 이어가고 있다.

이종전 교수의 역할로써 결정적인 것은 이미 앞에서 언급한 바와 같이 대한신학대학원대학교에서 교단의 교수로서 역할과 함께 2015년 교단이 통합과 관련해서 분열하는 과정에서 교단의 신학과 역사성과 정통성을 확인하는 글을 쓰고 강연을 이어감으로써 교단의 규합과 정통성과 역사성을 공유하면서 건강한 교단으로 이어갈 수 있도록 하는 역할을 감당하여 오늘의 대신교단이 있기까지 보이지 않는 공헌을 했다. 교단이 혼란한 상황에서 정통신학과 교단의 역사를 확인하게 함으로써 중심을 잡을 수 있도록 했고, 교단의 지도자들이 판단할 수 있는 중요한 역할을 했다. 이러한 그의 역할에 대한 공헌을 교단이 인정하여 금년 교단설립 60주년을 맞은 기념행사에서 그에게 〈대신인상 - 신학자부분〉을 수여함으로써 인정하였다.

또한 이종전 교수는 본인이 정통신학으로서 개혁파신학에 대한 확신을 가지고 한국교회를 위한 역할을 늘 고민하고 있다. 따라서 한국교회가 처한 상황에 대처할 수 있는 책과 글들을 꾸준히 제시함으로써 교단을 넘어서 한국교회가 가야할 방향과 원리를 깨우쳐 주고 있다.[4] 대부분의 신학서적은 출판과 동시에 손해가 된다는 것은 익히 알고 있는 일이다. 특별히 출판사는 꼭 필요하고 좋은 책이지만 과연 팔릴 것인가 하는 판단을 먼저하고, 그 판단에 따라서 출판여부를 결정하는 실정이다. 그렇다보니 정말 중요한 책은 출판되지 못하는 역설이 출판현장에 있다.

4 이종전, 『한국교회 어디로 가고 있는가?』(안양: 대한신대원출판부, 2010)

그럼에도 이종전 교수는 지금까지 필요하다고 생각한 책은 직접 출판해내고 있다. 초판을 출판한 후 20년이 넘도록 창고에 쌓여있는 책들이 있다. 그럼에도 가끔씩 그 책을 찾아오는 사람들을 대하면 "그것이 기쁨이고 보람"이라는 말로 자신의 역할을 사명으로 생각하여 묵묵히 그에 따른 재정적 손실을 스스로 감당하고 있다.

그의 특별한 섬김 가운데 하나는 대신교단이 50주년을 맞았을 때 '교단사편찬위원장'을 맡았고, 직접 교단의 50년사를 처음으로 정리한 일이다. 50년의 역사 동안에 단 한 번도 역사를 정리한 바가 없고, 사료가 될 만한 것들이 보관되지 않은 상태에서 그는 사료를 찾는 일부터 시작해서 〈총회50년사〉를 집필하는 일을 맡아서 그 결과물을 50주년기념행사와 함께 내놓았다.[5] 교단 창립과 발전과정의 사료를 찾는 것이 결코 쉽지 않았지만 평소에 관심을 갖고 있었던 그의 수고가 교단의 역사를 한국교회에 밝히고, 한국교회사에 한 축으로서의 위치를 확인하게 했다.

또 한 가지 그의 공헌이라면 교단 신학의 정립과 발전을 위해서 노력한 일이다. 즉 '대한신학대학원대학교'가 1998년 개교와 함께 교학과장 겸 출판부를 맡으면서 제일 먼저 논문집 〈대훈논총〉을 발행함으로써 교단과 대한신학대학원의 신학을 천명하고, 발전과 정통성을 담보할 수 있는 장을 만드는 역할을 했다. 또한 2017년 '대신총회신학연구원'을 설립하면서 초대 원장이 되자 주요 사업으로 신학논문집을 편찬하는 일을 주도했다. 경제적인 여건상 많은 경비를 필요로 하는 논문집 편찬을 하는 것이 쉽지 않지만 신학교의 역할로써 교단을 위해서 가장 중요한 일 가운데 하나로 여겨 논문집 〈대신개혁정론〉을 편찬하고 있다.

한편 그는 소속한 경서노회의 노회장을 두 차례 역임했고, 경서노회

5 이종전 외, 『총회50년사』(안양: 총회출판국, 2011)

30주년기념사업 준비위원장으로 섬겼다. 교단에서는 신학위원회 서기를 10년 넘게 맡아 섬기면서 교단의 신학적 정체성을 지켰다. 또한 교단의 통합과 함께 분열사태가 일어난 가장 어려웠던 시기에 신학위원장으로 교단을 지키는 역할을 했다. 이때 신학교육이 당면한 과제로 대두되면서 새로운 후보생양성을 위한 교육기관을 만드는 산파역을 감당했다. 수차례의 공청회를 통해서 의견을 수렵하면서 뜻을 모았고, 그러면서도 미래의 신학교육을 제시할 때 수용되지 못하는 절박한 상황에서 그의 모교인 고베개혁파신학교를 직영하고 있는 일본기독개혁파교단의 신학교 운영시스템을 배우기 위해서 교단의 지도자들과 함께 방문함으로써 오늘의 〈대신총회신학연구원〉을 있게 했다. 이렇게 그는 교단 내에서 자신의 능력을 섬김의 도구로 적극 활용하여 공교회를 만들어가는 일에 앞장서는 삶을 살았다.

그렇지만 그는 늘 고민이 많다. 스스로 주어진 역할을 조금 더 온전하게 감당해야 한다는 생각이 그를 지배하고 있기 때문이다. 특별히 신학교육을 책임지고 있는 입장에서 후배들에게 나름 어떤 면에서든 본이 될 수 있어야 한다는 생각이 항상 그를 지배하고 있기 때문이다. 배움의 자세를 한결같이 유지하고 있음에도 항상 부족한 자신의 모습을 발견하면서 자책하고 있다. 자연스럽게 언제나 낮은 위치에 있기를 기뻐하고 있다. 그의 성품에서 볼 수 있듯이 온화함을 잃지 않으면서 보이지 않는 곳에서 자신의 역할을 분명하게 하고 있다.

또한 이 교수가 한국교회를 위해 감당한 특별한 것은 한국교회사에 남겨진 유무형의 신앙의 유산을 발굴하여 소개하고 자료로 남긴 일이다. 이것은 아직도 미완성의 작업으로 진행이지만 30년이라 긴 여정을 쉬지 않고 한국교회에 남겨진 신앙의 유산들을 발굴하면서 신문과 잡지, TV방송 등을 통해서 소개해왔다. 그 작업은 연구실 안에서 되는 것이 아닌 전적으로 그의 발로 찾아가야 하는 것이고, 그 과정에는 험한 일들을 당하기도 한 어렵고 고독한 작업이다. 하지만 휴전선에서부터 제주도와 서해의 여러 섬들까지 그의 발길이 닿지 않은 곳이 없다고 할 만큼 하나님의 섭리의 손길이 남겨진 곳이라면 어디든 찾아가서 기록과 사진으로 남겼다. 이 교수가 은퇴 후에도 감당해야 할 과업은 이제까지 수집하고 정리한 사료들을 한국교회의 기록유산으로 남기는 일이다. 지금도 이 교수는 이 일을 위해서 시간을 보내고 있다.

나가면서

지금까지 소개한 이종전 교수와 그의 신학은 본인이 신앙고백으로 고백하고 선서한 대로 가장 신실하고 충실하게 살아온 목사요 신학자로 평가할 수 있다. 그는 역사적 기독교회의 개혁파신학을 고백했기 때문에 역사신학자로서 칼빈과, 종교개혁자들, 그리고 핫지, 워필드의 구 프린스톤 신학과 메이첸, 반틸의 웨스트민스터 신학과 박형룡, 박윤선, 조석만으로 계승되는 보수신학과 신학자들을 한국교회에서 소개하려고 힘썼다. 또한 장로정치를 성경적 교회의 고유한 정치체제라고 고백했기 때문에 개인적 신학을 추구하지 않고 대신교단이 고백하는 신학노선을 따라서, 대신교단의 노회와 총회적 질서를 따라서 혼란하고 어지러운 교단 역사 중에서도 교단의 정체성을 지키려고 노력해 왔다. 마지막으로 웨스트민스터 신앙고백서를 자신의 신앙고백 표본(標本)으로 삼아 목회할 것을 선서한 장로교회의 목사였기 때문에 일평생 목회현장에서 도르트 신조, 웨스트민스터 신조 등 공교회의 객관적 신조들을 성도들에게 가르치며 개혁파 교회를 수립하는 데 온 힘을 기울였다.

총신에 김의환 교수라는 역사신학자가 있어서 조직신학자인 박형룡 교수를 통해서 뿌리내린 개혁파신학의 계보와 역사를 확립해 주었다면, 대신교단에는 이종전 교수라는 역사신학자가 있어서 조직신학자인 조석만 교수의 개혁파신학을 역사적으로 확대 및 계승, 발전시키는 중요한 자리매김을 했다. 개혁파신학의 계보를 계승하고 더욱 명확히 밝혀주기 위해서 한평생 노력한 이종전 교수의 헌신과 수고에 한국장로교회는 큰 빚을 졌다. 하나님께서 그의 수고에 큰 열매를 더해 주셔서 개혁파 교회들이 더욱 성장해 가기를 간절히 소망해 본다.

이종전 박사와 필자

가족과 함께 | 2020년

한국교회기원에 관한 세미나 |
한국교회발전연구원, 2012년

어진내교회 임직식 | 2016년

인천기독교역사문화연구원 원장 취임 | 2016년

대신총회신학연구원 원장 취임 | 2017년

종교개혁 500주년 기념강좌 | 2017년 8월 24일

총회주관, 종교개혁사 500주년 기념강좌 | 2017년

개혁신학회 논평 | 2017년

존 로스 선교사 묘지에서 해설중 | 스코틀랜드, 2017년

도르트 총회 400주년기념
대신·합신 연합세미나 | 2018년

3.1독립만세운동 100주년기념 세미나 |
유나이티드 문화재단, 2019년

연구 목록

● 번역서

록 음악의 사탄적 현상, (도서출판 예루살렘, 1989)
크리스천 록, (도서출판 예루살렘, 1990)
성경적 종말론 연구, (도서출판 예루살렘, 1991)
세계 장로교회의 신앙과 역사이야기, (도서출판 예루살렘, 1992)
나는 하나님을 믿습니다, (도서출판 예루살렘, 1995)
핸드릭슨의 주제별 종말론 연구, (도서출판 예루살렘, 1994)
장로교회의 정치원리, (아벨서원, 1998)
개혁파신앙이란 무엇인가, (아벨서원, 2002)
현대의 종교개혁, (아벨서원, 2004)
도르트총회 기독교 신앙을 정의하다, (아베서원, 2019)

● 저서

웨스트민스터 신앙고백 강해 I. II., (만수남부교회, 2000)
내가 그로라, (아벨서원, 2002)
우리가 주를 보았노라, (아벨서원, 2003)

교회생활 바른 용어집, (예장총회출판부, 2004)
한국교회 어디로 가고 있는가, (대한신대원출판부, 2010)
총회50년사, (총회출판국, 2011) 공저
한국장로교회사, (아벨서원, 2014)
주님에게 길을 묻다, (아벨서원, 2014) 공저
칼빈과 복음신앙, (아가페문화사, 2018) 공저
한국교회를 빛낸 칼빈주의자들, (킹덤북스, 2019) 공저
모든 것 위에 사랑을 ...., (아벨서원, 2019) 공저
인천기독교 135년사 1.2., (아벨서원, 2020) 공저
선택받은 섬 백령도, (아벨서원, 2020) 공저
그리워지는 목회자들, (아벨서원, 2020) 공저
김치선의 생애와 신학, (아벨서원, 2021)
한국기독교신앙의 유산을 찾아서 - 인천편, (아벨서원, 2021)

● 수필집

서 있는 바람, (수필과 비평사, 2005)
철없는 백로, (수필과 비평사, 2007)
위험한 동거, (수필과 비평사, 2013)

● 편찬

김치선 박사 전집 01 – 복음의 진수, (대신총회 출판국, 2021)
김치선 박사 전집 02 – 구약사기, (대신총회 출판국, 2021)
김치선 박사 전집 03 – 갈라디아/에베소서, (대신총회 출판국, 2021)
김치선 박사 전집 04 – 기독인의 초석, (대신총회 출판국, 2021)
외, 총회(대신) 주일학교, 구역공과 다수

● 논문

"H. Butterfield의 역사관 연구"(1988) 아세아연합신학대학교

“進歩主義 歷史觀に關する一考察”(1991) 神戸改革派神學校
“개혁파 전통에 있어서 성례전과 목회”
“한국교회의 신앙과 교회형성을 위한 대한”
“종교개혁사상에 나타난 개혁주의와 그 신학”
“빈야드 운동에 대한 연구보고서–Vineyard Movement에 대한 역사적 규명”, 제33회 총회보고
“강해설교시대는 지났는가?”
“개혁파교회에 있어서 신조의 위치”
“공교회로서 교회연합의 가능성과 그 원리”
“한국장로교회에 있어서 개혁파신학의 형성에 관한 소고”
“역사적 개혁파교회로서의 대신총회”
“섭리신앙으로서의 기독교”
“삼백만부흥운동에 나타난 김치선의 신학사상연구”
“칼빈의 교회관 이해 I”「성경신앙」제7호(1995)
“칼빈의 교회관 이해 II”「성경신앙」제8호(1995)
“Westminster Confession에 나타난 최후의 심판에 대한 소고”「성경신앙」제11호(1998)
“장로교회 형성의 원리 I”「성경신앙」제11호(1998)
“21세기 교회의 개혁적 형성”「성경신앙」제12호(1999)
“개혁파신학에 있어서 윤리의 위치”「성경신앙」제13호(1999)
“한국교회의 무속적 현상과 그 극복”「성경신앙」제14호(2000)
“상실시대의 대답으로써의 성경신앙”「성경신앙」제15호(2000)
“성경적 소유와 분배원리에 따른 교회의 역할”「성경신앙」제16호(2001)
“권징과 성경신앙–Westminster Confession 30장을 중심으로”「성경신앙」제17호(2001)
“성경적 정치원리–Westminster Confession 23장을 중심으로”「성경신앙」제18호(2002)
“양심의 자유와 그리스도인의 삶–Westminster Confession 20장을 중심으

로”「성경신앙」 제19호(2002)
“언약신앙의 입장에서 본 주 5일 근무제”「성경신앙」 제20호(2003)
“한국교회에 있어서 개혁파신학의 형성에 관한 소고”(2004. 11. 1) 안양신대원 세미나
“공교회로서의 교회연합의 가능성과 그 원리” (2005. 8. 15) 서울노회 수련회
“역사적 종교로서의 기독교”「성경신앙」 제21호(2005)
“한국장로회사에 있어서 대신총회의 역사적 신학적 정통성에 관한 소고”「성경신앙」 제22권(2006)
“한국교회의 성장 지향적 부흥운동에 나타난 실용주의적 문제에 대한 소고” (2007. 8. 27) 안양신대원 세미나
“한국교회의 포퓰리즘적 현상에 관한 소고”「성경신앙」 통권 23호(2008)
“韓國教會のpopulism的 現象に關する一考察”「改革派神學」 제34호(2008)
“대한신학의 역사적 신학적 정체성에 관한 이해”(2008. 8. 27) 대한신학대학원
“칼빈의 〈교회개혁의 필요에 대하여〉에 나타난 목사의 자격에 관한 소고” (2008) 안양신대원 동문회보
“삼백만부흥운동에 나타난 김치선의 신학사상”「대흔논총」 제2호(2009)
“개혁파신학에 있어서 신조의 위치”「대흔논총」 제2호(2009)
“장로주의 정치원리 이해를 위한 소고”「대신논단」 제13호(2009)
“교단신학 일치를 위한 방향 및 전략” (2010. 2. 18.) 교단교육기관 포럼
“〈신학과 신조〉에 나타난 김치선의 사상”「대흔논총」 제3호(2010.)
“신복음주의 정체성에 대한 소고”(2011. 1. 31) 대신논단
“한국교회사에 있어서 삼백만부흥운동에 관한 소고”(2011. 4)
“대신교단의 역사적 신학적 정체성 제고”(2011. 9. 8) 교단50주년기념대회 세미나
“한국의 기독교는 전래되었다” (2012. 3. 22) 한국교회발전연구원 포럼
“관상기도에 대한 이해와 비판” (2012. 6. 18) 총회신학위원회 세미나
“삼백만부흥운동의 성격과 실체에 대한 연구”「개혁논총」 제22권(2012. 6)

“한국장로교회의 공교회성 회복을 위한 제언” (2012. 12. 3) 한장총 정체성 회복위원회
“한국교회 성장사에 나타난 성장의 원인과 전망” (2013. 1. 3) 기독교대안학교연합 수련회
“이머징교회의 이해와 비판”「부.경교회사연구」제41호(2013. 1)
“창조신앙에 있어서 소명의 위치와 이해” (2014. 2. 24) 경서노회
“성령세례의 단회성과 연속성에 대한 역사적 고찰” (2014. 5. 29) 총회신학위원회
“개혁파교회의 성례전 이해와 실행에 관한 소고–Westminster Confession 27장을 중심으로”「한우물 파는 대신인」(2014)
“교회론 이해에 있어서 현대복음주의적 현상”「Knowing Time」제5호(2015)
“교회선언문의 역사적 신학적 의미” (2015. 6. 11) 총회개혁위원회
“교단형성의 원리와 기능에 관한 연구” (2015. 8. 23) 미래목회연구소
“장로주의 원리와 교단형성의 실제” (2015. 12. 12) 미래목회연구소
“마이너스성장시대의 목회전략” (2016. 6. 21) 미래목회연구소
“김치선과 삼백만부흥운동의 의의”「개혁논총」제39권 (2016. 9)
“기독교회의 사회적 책임에 대한 소고” (2017. 5. 24) 미래목회연구소
“사상의 전제로써의 성경신앙”「Knowing Times」제9호 (2017)
“한국교회 개혁적 형성을 위한 제언”(2017. 11. 5) 신반포중앙교회 종교개혁 세미나
“츠빙글리의 교회관 이해”(2018. 2. 10) 종교개혁 500주년기념대회 나가노 교회(일본)
“사도적 은사의 단회성과 연속성에 대한 연구” (2018. 5. 16) 대신목회자대회
“도르트신조의 형성과 그 역사적 의미” (2018. 7. 10) 대신·합신 도르트회의 400주년 기념 세미나
“대신교단에 있어서 조석만의 위치” (2018. 12. 4) 설순1주기 기념강좌
“해방 후 김치선의 사역과 그의 신학” (2019. 4. 4) 미래목회연구소
“해방정국에서의 민족일치운동” (2019. 10.28) 대신남북통일선교회

"〈복음의 진수〉에 나타난 김치선의 사상" (2020. 5. 30) 한국개혁신학회
"기독교사에 있어서 역병과 교회의 대처" (2020. 7. 14) 미래목회연구소
"김치선의 일본에서의 행적" (2020. 12. 12) 개혁파신학연구소
"초기 한국교회 찬송가 수용과정" (2021. 2. 3) 유나이티드문화재단
"대신교단 60년 약사 – 그 반성적 고찰" (2021. 6. 21) 총회60주년기념 세미나

신원균 박사

대한신학대학원 신학과 조직신학 (Th. M)
칼빈대학교 대학원 조직신학 (Ph. D)

분당한마음개혁교회 담임목사
한국성경신앙신학회(조석만) 서기
대신총회 신학위원(조직신학 분과)
대신총회 웨스트민스터 표준문서 교단공역본 번역위원장
개혁파신학연구소(이종전) 학술위원
대신총회신학연구원 조직신학 책임 교수
웨스트민스터 신학회 회장

저서_청소년조직신학입문(2012), 리폼드북스
WCC를 고발한다(2013), 리폼드북스
개혁교회 신앙고백서 해설집(2015), 리폼드북스
웨스트민스민스터 신앙고백서 해설(초판 번역, 2017), 디다스코
웨스트민스민스터 다섯 가지 표준문서(2019), 디다스코

정준기 박사

정준기 박사의 생애와 신학

김호욱_광신대 역사신학 교수

미국 Northeastern Illinois University (BA in History)
동대학 대학원 (MA in American Cultural History)
The University Chicago (Ph. D. in Historial Theology and Post-doctorate under Distinguished Professor Martin Marty).
Trinity Evangelical Divinity School (D. Min. in Missiology)

제일은행 행원
대한민국 해병대 중위로 전역
시카고 UBF 선교사
미국 시카고시립대학 강사
미국 North Park University Visiting Professor
한국 UBF 선교연구원 원장
광신대학교 역사신학 교수, 대학원장, 부총장, 명예교수
미국 SCI Journal 심사위원

예수님 영접 이전의 생활

출 생

정준기(鄭準基)는 1948년 7월 7일(음력) 전라남도 함평군 해보면 금덕리 464번지에서 출생하였다. 함평은 전라남도 북서부 서해안에 있으며 동쪽은 광주와 나주, 남쪽은 무안군, 북쪽은 영광군과 장성군에 인접해 있고, 서쪽은 서해와 맞닿아 있다. 그가 태어난 시기는 광복을 맞이한 지 얼마 되지 않은 상황이라 모두들 가난하고 어렵게 살아가던 시절이었다. 그가 2살 되던 해에 6.25를 맞이하였으나 너무 어렸던 탓에 큰 기억은 남아있지 않다.

전쟁의 상흔은 사람들의 삶 속에 깊은 상처로 남았으며, 전쟁이 끝난 후에도 가난으로 먹지 못하여 작은 질병으로도 죽는 이들이 많았다. 어린 정준기의 가정에도 어머니가 유산하여 미처 태어나지도 못한 형제들이 있었고, 태어난 형제들은 9남매로 정준기 위에 형과 누나가 있었다. 그들은 감기에 걸렸으나 적절한 약을 쓰지 못해 결국 폐렴으로 일찍 세상을 떠났다. 그래서 그는 셋째로 태어났으나 졸지에 장남이 되었다. 아래로 5명의 남동생과 한 명의 여동생이 태어나 7남매가 함께 자라났다. 그는 성장하면서 날씨가 조금만 추워져도 "콜록콜록" 기침을 심하게 하면서 기관지염의 증상을 가지게 되었다.

그의 부모

정준기의 어린 시절 부모는 방앗간을 운영하였기 때문에 경제적으로 큰 어려움이 없었다. 함평은 예로부터 땅이 기름져서 농사가 잘되어 밥

맛이 좋아 '함평 쌀밥만 먹은 사람은 상여도 더 무겁다'라는 말이 있을 정도였다. 함평평야와 월야평야를 통해 추수한 벼를 빻으려고 추수철이 되면 길게 줄을 설 정도로 방앗간은 잘되었다. 그래서 그의 집에는 늘 하얀 쌀이 산더미처럼 쌓여 있었다.

부모님은 방앗간 일로 바빴지만 자녀들을 지극한 사랑으로 길러주셨다. 위로 두 아이를 잃었던 터라 정준기는 부모님의 지극한 사랑을 받으면서 자랐다. 어린 정준기의 기억 속에 어머니가 집을 지나가는 선생님들을 불러 쌀을 나누어 주시면서 "내 아들을 잘 지도해 주셔서 감사하다고 말씀하셨다."가 남아있을 만큼 모친은 자녀교육에도 열심이었다. 부친은 글을 읽고 쓰는 초등교육 정도의 교육을 받았으며, 모친은 한자는 조금 알기도 했지만 어려운 것들은 대부분 못 읽는 수준이었다. 그의 가정은 다신교를 믿었는데, 특히 어머니는 불교와 무속에 깊이 심취되어 그 분야에 조예가 상당히 깊었다. 어쩌면 그것은 함평 지역의 환경과도 연관이 있었을 것이다.

그가 자랐던 함평군 해보에는 용천사라는 오랜 역사를 지닌 절이 있다. 용천사는 거대한 사찰인 백양사의 말사로 600년(백제 무왕 1)에 창건되어 1500년 가까이 이 지역민들과 함께 해왔다. "용천사 대웅전 현판단청기"에 의하면 번창했을 때 용천사에 기거하던 승려들이 무려 3,000명이나 되었다고 전한다. 중건을 거듭하며 대 사찰이 된 용천사는 1950년 6.25 때 완전히 불에 타 없어졌으나 1964년 새로 지었다. 현재 용천사 일대에는 상사화가 바닥에 깔아놓은 듯 지천에 깔려 있어 함평군에서는 해마다 9월 말이나 10월 초 경 상사화(꽃무릇) 축제를 개최하고 있다.

절 앞에 융단을 깔아놓은 듯이 많은 꽃무릇은 용천사가 얼마나 큰 절이었는지를 가늠해보게 한다. 상사화의 알뿌리는 독성이 있어 방부효과가 있는데, 불경같이 종이를 배접해서 책을 만드는데 쓰이는 접착제에 넣었다. 그리고 탱화를 그릴 때 섞으면 좀이 슬거나 색이 바래지 않는 역할을 하므로 절 주변에 주로 많이 심는 꽃이다. 용천사는 이 지역에서 오랜 세월을 함께 하면서 정신적으로 이 지역민들에게 큰 영향을 끼쳤다.

부모가 열심히 믿었던 불교는 자연스럽게 어린 정준기에게도 그대로 물려주었기에 그도 불자가 되었다. 부모는 불교와 무당, 조상숭배에 조예가 깊어 제사를 지극정성으로 지내곤 했는데, 나중에는 두 분 모두 정준기의 전도를 받고 예수님을 영접하였다. 부모는 믿음으로 신앙생활을 신실하게 하시다가 평안하게 주님 품에 안겼다.

그의 어린 시절

서당 생활

어린 정준기는 초롱초롱한 눈망울에 총기가 있는 귀엽고 사랑스러운 아이였다. 그는 초등학교에 들어가기 전 한 달 정도 서당에 다니면서 천자문을 익혔다. "하늘천(天) 따지(地) 검을현(玄) 누를황(黃)" 소리를 내어 선창하는 서당 훈장 선생님을 따라 한자를 익히고 붓글씨를 배웠다. 서당에서 천자문을 익힌 탓인지 학교에 입학하고 보니 그가 반에서 가장 붓글씨를 잘 썼다고 한다. 그래서 초등학교에 입학한 후에는 전라남도 붓글씨 작품대회에 출품하기도 하였다.

초등학교 입학

정준기는 8살의 나이가 되자 집에서 가까운 금덕리 해보초등학교에 입학하였다. 그는 영특하고 공부를 잘하였으며, 리더의 자질을 어린 시절부터 지니고 있었던 것으로 보인다. 초등학교 1학년 때부터 줄곧 학급의 임원으로 활동하였다. 그는 초등학교 1학년 1학기에 입학하여 반에서 부반장을 맡았다. 1학년 2학기부터는 반장을 맡았는데, 이후 5학년이 될 때까지 학급의 반장을 도맡아 반을 이끌었으며, 선생님들로부터 많은 사랑을 받았다. 그의 성적표에는 5학년까지 전과목이 모두 '수'였고, 생활 활동표는 전 영역이 '가'였다. 그런데 6학년이 되자 그는 성적도 떨어지고 반장선거에서도 떨어졌다. 그 이유는 이 시기 그의 가정에 큰 어려움이 닥쳐왔기 때문이다. 부모가 운영하던 방앗간에 큰 불이 나서 모두 잿더미가 되는 바람에 많은 채권자들이 빚을 받으려고 집으로 몰려들었다. 그러나 그들에게 줄 돈은 없고, 그때부터 그의 집안은 급속도로 경제적인 어려움을 겪기 시작했다.

중학교 시절

하루아침에 방앗간이 모두 타버리고 집은 빚쟁이들이 찾아왔지만 그래도 그의 성적은 상위권을 유지하고 있었다. 당시 함평 해보에 초등학교는 있었지만, 중학교는 아직 생기지 않았던 시기였다. 부모는 어려운 중에도 장남인 그를 어떻게든지 중학교에 보내려고 애썼다. 그 시절에는 초등학교도 못 다니던 사람들이 상당히 많았다. 남자 아이들은 초등학교를 간신히 졸업해도 중학교에 진학하지 못하고 서울 공장에 취직하는 경우가 많았고, 여자 아이들은 '애기보기'나 '심부름하는 아이'로 많이 가던 시절이었다.

가난한 집안 형편에도 부모의 교육열에 힘입어 정준기는 광주에 있는 중학교로 진학하게 되었다. 그때는 중학교도 시험을 봐서 합격을 해야만 진학할 수 있었다. 당시 광주에서 중학교 명문은 광주 서중(현 광주제일고등학교), 남중(현 광주무진중학교), 동중(현 광주고등학교) 등이었다. 그 중 전기 중학교는 서중과 남중이었는데 한 군데를 선택해야 했기 때문에 지방에서 올라온 정준기는 서중 입학시험을 보지 못하고 남중 입학시험을 봐서 합격하였다. 그는 중학교에 진학해서도 공부를 잘했다. 그의 성적은 반에서 1~2등을 하였으며, 학년 전체에서는 15등 안에 들어갈 정도로 잘했다. 중학교 3학년이 되자 그는 고등학교 진학을 앞두고 고민하게 되었다. 부모님은 빨리 졸업하여 돈을 잘 벌었으면 하는 눈치였고, 정준기는 인문계와 상업고등학교를 놓고 어디로 진학할지 갈등에 빠졌다.

상업학교 진학

정준기는 부모가 힘들게 자신의 학비를 마련하는 것을 알고 있었기에 상업고등학교에 진학하기로 마음을 정하였다. 상업고등학교를 졸업하면 은행이나 돈을 잘 벌 수 있는 곳에 취업이 가능하였기에 경쟁도 매우 치열한 시절이었다. 명문 상고는 웬만한 인문계 학교보다도 합격 커트라인이 높았으며, 김대중, 노무현, 이명박 전 대통령들도 상고출신들이었다.

그는 광주상고(현 동성고등학교)에 진학하여 학비를 벌기로 하고, 낮에는 만화방에서 코흘리개 어린아이들에게 만화를 보여주는 아르바이트를 시작하였다. 그 시절에는 P.C방이나 게임 방이 없었기 때문에 만화방은 매우 인기 있는 곳이었다. 그는 일을 마치면 학교로 뛰어가 야간 반에서 공부하였다. 당시는 모든 사람들이 가난한 시절이라 낮에는 일하고 밤에 공부하기를 원하는 학생들이 많아 상업학교에는 야간부가 있었다. 광주상고는 한 학급에 60~70여 명의 학생들이 빼곡하게 앉아 공부하였으며, 한 학년만 해도 10개 반에, 학생 수는 600~700여 명 가량 되었다.

정준기는 주산, 부기, 영어 등을 배우면서 열심히 고등학교 3년 동안 공부하였다. 그는 방학이면 함평 해보의 집으로 내려가 있었는데, 그때까지도 집으로 빚을 받기 위해 채권자들이 찾아오곤 하였다. 빚쟁이들에게 쫓기고 있는 집안 형편을 보는 것이 너무나 슬프고 괴로워서 그는 절간으로 피신을 하곤 하였다. 가난한 집안 형편은 고등학생인 그의 마음속에 희망을 빼앗아 갔으며, 모든 것을 잊어버리고 싶은 마음만 가득하였던 때였다. 당시의 중,고등학생들은 머리를 짧게 깎았기 때문에 절간에 피신하여 승복을 걸치고 불경을 외우고 있으면 그는 영락없는 승려의 모습이었다. 그때까지도 그는 할머니를 따라 천주교회는 몇 번 들린 적이 있었으나, 교회는 나간 적이 없었고 어느 누구도 예수 그리스도에 관한 인격적인 복음을 그에게 들려준 적이 없었다.

첫 직장생활

당시에는 상고를 나와 은행에 취업을 하게 되면 많은 월급을 받을 수 있었다. 그래서 상고생들은 졸업할 때가 되면 너도나도 은행에 취업 하려 했고, 그러다 보니 경쟁률이 매우 높았다. 광주상고에서도 은행에 취업하는 학생들은 몇 사람 정도에 지나지 않았다. 상고를 졸업한 후 정준기도 은행에 취업을 하려고 열심히 노력한 결과 제일은행 행원시험에 합격할 수 있었다. 그때의 기분은 말 할 수 없을 만큼 좋았다. 첫 월급을 타서 계산을 해보니 그 당시 광주 지역 대학교 초임 교수 월급보다도 많아 깜짝 놀랐다. 월급이 많다 보니 생활의 여유도 생겼고 부모에게 경제적으로 도움도 드릴 수 있어 뿌듯하였다. 하지만 정준기는 배움에 대한 목마름으로 공부를 계속하기로 하였다. 그는 제일은행의 은행원 생활을 하면서 곧 바로 조선대학교 경제학과에 입학하여 공부를 계속하기로 하였다. 그의 대학생활은 낮에는 은행원이었고, 밤에는 야간 대학생이었다.

은행 직원은 퇴근이 일정하지 않았다. 하루 일과를 마친 후 재무제표가 맞아야 퇴근할 수 있었기 때문이다. 정준기는 정확하게 모든 일을 했다고 생각하였지만 계산을 해 보면 금액이 잘 맞아 떨어지지 않았다. 그래서 늦게 퇴근하는 것이 일상이 되다 보니 야간 수업이 끝날 때 쯤 되어야 학교에 도착하는 경우가 많았다. 결과는 다수의 권총(F학점)으로 재시험, 추가 시험을 보아 겨우 졸업할 수 있었다. 정준기는 학교 다니기가 얼마나 힘들었든지 몇 년 전까지만 해도 조선대학교를 졸업하기 위해 온 힘을 다하는 꿈을 꾸곤 했다.

예수 영접 이후의 생활

해병대 장교지원

정준기는 20대 초반에 은행원 생활을 하면서 열심히 살아가던 중 병역 의무를 이행해야 할 나이가 되었다. 그가 대학을 마칠 무렵에 월남전쟁이 진행 중이었는데, 선배들은 당시 상대출신이나 은행원 출신들이 장교로 참전하면 돈을 많이 벌 수 있다고 조언하였다. 그래서 그는 베트남전쟁에 경리직 장교로 참전하기 위해 해병대를 지원하였다. 경리직 해병대 장교가 되면 월남전에 파병되어 많은 돈을 벌어 집안을 일으킬 수 있으리라 생각했기 때문이다.

베트남 전쟁은 1955년 11월 1일부터 1975년 4월 30일까지 오랫동안 이어졌다. 베트남전은 남,북 베트남 사이의 내전이면서 공산주의와 민주주의 냉전시대에 이념적으로 대립한 대리전쟁이었다. 1964년 8월부터 1973년 3월까지는 미국과 여러 외국군대들이 개입하면서 캄보디아와 라오스 일대까지 전선이 확대되고 국제적인 전쟁이 되었다. 베트남

전쟁에 우리나라는 처음에 비전투병을 파견하다가 1965년부터 전투군인들이 파병되었다.

1965년부터 종전이 되는 1973년까지 파병된 우리군의 수는 325,517명이었다. 우리나라는 파병을 통해 미국과 동맹을 굳건히 하고 경제에 필요한 재원을 확보하고자 한 것이다. 또한 남 베트남과 북 베트남간의 이념 전쟁 이었기 때문에 북 베트남이 공산화 되면 남북으로 나뉜 우리나라도 위험해 질 수 있다는 생각도 있었다. 파병은 우리 경제에 많은 도움이 되었는데, 이는 군인들 대부분이 전쟁에 참여하여 받은 월급을 가족들에게 보내면서 외화를 많이 보유하게 되었기 때문이다. 파병을 통해 베트남에 군수물자 수출이 늘어나고, 기업들의 수출과 군납을 통한 이른바 베트남 특수는 우리 경제에 큰 보탬이 되었다. 하지만 베트남 전쟁에서 희생된 한국군도 많았는데, 전사자 5,000여 명과 부상자 1만 6,000여 명이었다. 미국이 베트남전에 살포한 고엽제의 후유증으로 고통 당하고 있는 한국인들이 지금도 많이 살아 있다.

경리평가 낙방

정준기는 시험을 통과하여 마침내 해병대 장교가 되었다. 그는 월남으로 파병을 받기 위해서 힘든 해병대 장교 훈련을 이를 악물고 견디었다. 훈련은 1년 동안 계속되었는데, 4개월은 기초 훈련과 임관, 임관 후 4개월은 초등 군사와 상륙훈련, 그리고 전방 소대장 경험 후 4개월은 병과 훈련이었다. 8개월의 기초와 초등군사 훈련을 마치고 임지 출발 직전 보직평가만 남아 있었다. 보직에 경리 평가만 통과되면 월남전에 파병되어서도 치열한 전선에 배치되지 않고 사단본부나 해병대 사령부에서 안전하게 근무하면서 고액의 월급을 받을 수 있는 것이다. 하지만 그는 경리평가에서 낙방하고 말았다.

월남전에 참전하여 많은 돈을 벌겠다는 그의 생각이 무참하게 무너지는 순간이었다. 나중에 알고 보니 뒷배경이 있는 사람은 경리평가를 받았고, 실력은 있으나 뒤를 봐주는 배경이 없는 사람은 낙방하였던 것이다. 그때 중대장이 찾아와 정준기에게 말하였다. “정 소위! 미안하다. 너야말로 진짜 경리 장교여야 하는데 내가 여러 면에서 노력했으나 실패했다.” 정준기는 결국 4년 동안 해병대 포병 장교로 근무하였다. 포병은 경리 다음으로 숫자를 많이 다루는 일을 하기 때문이었다. 계획대로 파병되었더라면 또 한편의 “국제시장” 영화가 나올 뻔하였다.

예수님 영접

그는 해병대 포병 장교로 4년 동안 근무하고 복무가 끝나갈 무렵이 되니 인생을 어떻게 살아야 할지 고민이 되었다. 생각해 보니 방법은 두 가지였다. 첫 번째는 방학이면 늘 절간에 들어간 것처럼 절에 들어가 승려가 되어 일평생을 살아가는 것이었다. 두 번째는 다시 은행으로 들어가 은행원이 되어 집안의 장남 노릇을 하는 것이었다. 그런데 하나님은 첫 번째도 아니요, 두 번째도 아닌 방법으로 그의 길을 인도하셨다.

그는 나이 25살 즈음 되던 제대 말년에 UBF의 평신도 목자를 만나 성경공부를 하면서 예수님을 영접하게 되었다. 하나님은 “사람이 마음으로 자기의 길을 계획할지라도 그의 걸음을 인도하시는 이는 여호와시니라”는 잠언 16장 9절의 말씀처럼 그의 인간적인 계획을 무너뜨리시고 새로운 길을 계획하고 계셨던 것이다.

정준기는 초신자였지만 창세기 1장 1절 “태초에 하나님이 천지를 창조 하시니라”는 말씀이 곧바로 믿어졌다. 그가 1972년 UBF의 1대1 성경공부를 통해 예수를 영접한 때의 나이는 25세였다. 그는 1972년 초에 UBF에 발을 들여놓은 후 1973년 말쯤 정식 멤버가 되었다. 그에게 성경공부를 가르쳐준 사람은 이병일(요한) 목자로 전남대학교 의과대학을 나온 광주 UBF의 지도자였다. 이병일 목자는 정준기를 서울 UBF 종로 회관에 떨어뜨려놓고 진해로 내려갔다. 서울 종로 UBF는 대다수가 서울대 출신들이었다. 그곳에서 서울대 치과대학 박사과정에 있었던 최선웅 목자를 만났는데, 최선웅 목자는 그에게 큰 영향력을 주었던 두 번째 목자가 되었다. 당시 종로 전임 사역자였던 명윤성(현 김사라 사모) 목자와 양주선(마가) 목자도 그의 신앙생활에 큰 도움을 주었다.

외국어대학 대학원 수료

그는 군을 제대하면 무엇을 하든지 해야 하는데 서울에 있는 유명대학을 나온 사람들보다 자신의 학벌이 떨어진다는 생각이 들었다. 스펙이 아닌 스토리가 중요하건만 학문적으로 미흡했던 그때는 그런 생각이 강하게 들어 왔다. 학벌로 고민하고 있던 제대 말년 무렵 외국어대학 대학원 모집공고를 보게 되었다. 그는 그곳 정도면 자신의 실력에 맞을 것 같아 대학원을 지원하니 합격이었다. 그는 대대장의 배려로 낮에는 장교로 복무하면서 밤에는 외국어대학 대학원 무역학을 전공하는 학생이 되었다. 그런데 문제가 발생했다. 대학원 2학년 1학기까지 다니고 2학기 논문만 통과하면 졸업할 수 있었는데 등록금을 내지 못 해 졸업이 아닌 수료로 학업을 마친 참으로 안타까운 일이 일어난 것이다.

옥합을 깨뜨려

대학원 2학기 등록을 앞두고 있던 어느 날 UBF에 긴급하게 헌금이 필요하다는 광고를 접하였다. 그의 수중에는 해병대 장교생활로 받은 월급을 차곡차곡 모아놓은 돈이 있었는데, 그것은 2학년 2학기 대학원 등록금이었다. 그는 대학원 등록을 하는 대신 그 돈을 UBF를 통하여 하나님께 헌금으로 드리기로 작정하였다. 적잖은 돈이었지만 대학원 등록보다도 하나님께서 긴급하게 필요할 때 드리는 것이 더 낫다는 생각을 하게 된 것이다. 이 일로 등록금을 내지 못해 그는 외국어대학 대학원 졸업장을 갖지 못하고 수료만 하게 되었다. 그러나 하나님은 후에 외국어대학 대학원 졸업장 대신 그를 세계적으로 유명한 미국 시카고대학교의 졸업장을 받게 해주셨다.

UBF 활동

정준기는 UBF 평신도 목자로부터 성경공부를 하고 예수를 영접하였는데 그곳에서 성경공부를 했기 때문에 UBF가 선교단체인 줄 몰랐다. 또한 장로교, 감리교, 성결교의 교단이 무엇인지 교회에 대해 잘 알지 못하였으나, 성경을 꾸준히 읽는 동안 성령님은 그의 마음을 변화시키고 있었다. 주님은 그의 믿음을 점차 성장하게 하셨으며, 주님을 위해 일생을 바쳐야겠다는 마음이 속에서부터 솟아나고 있었다. 그러면 그가 예수를 영접하였던 UBF는 어떤 곳인지 그의 저서 『자서전의 영성』을 통해 밝힌 내용을 살펴보자.

UBF의 역사

UBF는 1960년 4.19와 1961년 5.16의 정치적 혼란기에 방황하는 한국 캠퍼스 지성인들에 대한 상한 목자의 심정을 가진 이사무엘 선교사와 배사라(Sarah Barry) 선교사에 의해 시작된 학생운동으로 출발했다. UBF의 설립자였던 고(故) 이사무엘 선교사는 전북대 철학과에서 학문을 하고 장로교 신학교를 졸업했고, 이사무엘 선교사와 함께 UBF 개척을 담당했던 배사라 선교사는 미국 남장로교에서 파송된 선교사였다. 1961년 광주 남장로회 선교부의 캠퍼스 선교를 위한 협동 사업 위원회는 배사라 선교사를 책임자로 세웠다.

배사라 선교사는 당시 이창우 강도사(Dr. Samuel Lee)와 동역하여 UBF의 전신이라 할 수 있는 '기독학생회'를 시작하였다. 설립자들의 신앙적 배경을 통해 볼 때 UBF의 신학은 미국 남장로교의 신앙 전통과 닿아 있음을 알 수 있다. 그러나 '기독학생회'가 개척의 열기 가운데 다른 지방을 개척하고자 했을 때, 당시 선교지 분할 정책에 기초했던 남장로회 선교부의 행정적인 규제에 부딪혔다. 이를 계기로 '기독학생회'는 재정 및 행정적으로 남장로회 선교부와 결별을 선언하고 1962년 대학생성경연구회(University Bible Fellowship)라는 이름의 독립 단체를 세웠다. 이후 대학생성경연구회(UBF)는 대학생성경읽기회(UBF)로 한글 명칭을 개칭했다가 현재의 대학생성경읽기선교회(UBF)로 한글 명칭이 확정되었다.

리더십의 측면에서 볼 때 '기독학생회'가 배사라 선교사를 중심으로 했다면, UBF는 이사무엘 목자의 확고한 리더십 아래 배사라 선교사가 동역하는 구도로 이루어졌을 것이다. 이사무엘 선교사는 '성서한국 세계선교'의 비전, 일대일 성경공부와 일용할 양식, 소감 등의 말씀공부훈련, 장막생활, 성경강해식 메시지 등 UBF운동의 근간이 되는 기초들을 놓았다. 오늘날의 UBF운동이 가능했던 것은 이사무엘 선교사의 예수님을 향한 뜨거운 열정, 넘치는 패기와 비전에 힘입은 바가 크다.

이사무엘 선교사는 가난한 대학생들을 섬기고자 여러 아르바이트를 하며 헌신적으로 사역하였다. 박사가 되고 싶은 자신의 꿈을 버리고 절망하고 의기소침한 대학생들 한 사람 한 사람을 친자식처럼 사랑하여 열정적으로 도왔다. 그는 정치적 불안과 경제적 궁핍 가운데 운명주의와 좌절에 빠져있던 한국 대학생들을 어떻게 도울 것인가를 고민하다가 예수님의 12제자 양성에서 해답을 찾았다. 한국의 가난한 대학생들에게 세계를 바라보는 시각을 길러주며, 세계 대학생들을 품고 먹이자는 비전을 심어주었다. 또한 본부에 재정적으로 의지하지 않는 자비량 선교사로서 선교지에서 직업을 얻고 선교사역을 감당하도록 도왔다. 이 비전에 힘입어 세계 역사상 유례를 찾아보기 힘든, 단일 선교단체로서는 최대의 선교사 파송을 이루기도 했다.

UBF 회원들은 각 캠퍼스에서 매일 모여 소그룹 단위로 귀납법적 성경공부를 하며 소감발표를 나누고 기도모임을 가졌다. 귀납적 성경공부는 테이블에 둘러앉아서 리더가 질문하면 멤버들이 답변하는 것이 아니라 함께 하나님의 말씀을 관찰하고, 해석하고, 회개할 어떤 것을 찾거나 실천할 것을 찾는 방법이다. 이러한 열기는 곧 전국으로 뻗어나가 제주, 대구, 전주, 대전에 이어 1966년에는 이사무엘 목자에 의해 서울 개척이 이루어졌다. 서울지구 역사에서는 주로 말씀공부 훈련에 집중하여 성경공부와 소감 쓰기를 장려했는데, 1968년에는 자립신앙과 말씀의 기초를 쌓도록 하기 위해 QT 책자인 「일용할 양식」을 발행했다.

UBF의 세계선교가 본격적으로 시작된 것은 1970년대 초부터였다. 1998년의 자료에 따르면, UBF 선교역사는 성장을 거듭하여 86개국에 1401명의 선교사가 파송되었다. 계속적인 선교의 확장이 이루어져 2009년 말에는 92개국에 3,092명의 평신도 전문인 자비량 선교사들을 파송했다. 이중 1976년도에 한 그룹이 ESF라는 단체로 분리되었고, 2001년도에는 다시 한 그룹이 CMI라는 단체로 분리되었다. UBF는 설립 초기부터 "자립, 자치, 자주를 통해 가능하면 서구 선교사들의 영향을 받지 않는 독립적인 목회를 하자"라고 하면서 선교사들로부터 모든 통제를 끊었다. 이는 선교초기 선교사들이 한국교회에 시행한 네비우스 선교 정책과 비슷한 부분이다. 이들이 선교일선에서 겪는 고통은 이루 말할 수 없이 어려웠지만, 영혼 구원과 세계 선교라는 사명을 위해 그 모든 고난을 묵묵히 참으며 하나님께서 맡기신 선교사로의 부르심에 지금도 충성을 다하고 있다.

선교훈련

정준기는 1974년 해병대 중위로 제대한 후 본격적으로 UBF활동을 하면서 선교사로 나가기로 결심하고, 1975년 1월 1일부터 정식 UBF선교사 훈련을 받았다. 선교사 훈련은 조직신학, 선교학, 문화인류학, 신구약, 특히 모세 5경 중 창세기와 출애굽기 그리고 4복음서 등등 선교에 필요한 여러 과목을 공부하였다. 선교에 필요한 것은 언어도 필수로 포함되었는데 1970년경에는 독일어와 영어 중에서 선택하는 것이었다. 선교사 훈련은 무엇보다도 인내와 겸손훈련이 많았는데, 이창우 목자와 전요한 목자와 같은 분들이 선교사 후보들 한 사람씩 상담하며 필요한 훈련을 보강해 주었다.

혼 인

그는 선교사로 나가려면 혼인을 하여 부부가 함께 나가는 것이 좋겠다는 말을 듣고 혼인을 위하여 하나님께 기도하였다. 그는 아내 후보로 세 그룹을 놓고 기도하였는데, 첫째는 서독에서 선교활동을 하고 있는 자매 선교사 그룹; 둘째는 미국에서 선교활동을 하고 있는 자매 선교사 그룹; 셋째는 서울대학교 안에 미혼으로 UBF 활동을 하고 있는 자매 그룹이었다. 세 그룹의 자매들을 놓고 기도하다가 1975년 5월 3일 미국에서 UBF선교사로 활동하다가 혼인을 하기 위해 한국에 들어온 조영일(Reb ekah Chung) 선교사와 혼인하였다.

미국 선교사로 파송

그는 혼인을 한 후 1976년 5월 초까지 정규 선교사 훈련을 받고 미국의 시카고로 파송 받았다. 이때 그의 나이 만 27세였다. 마침 UBF 총재인 이창우 선교사도 1977년 미국 시카고로 옮겨오게 되면서 그곳은 UBF의 선교본부가 되었다. 정준기는 그곳에서 UBF Fellowship 리더 중의 한 사람으로 활동하면서 Northeastern Illinois University Campus 사역을 감당하였다. UBF의 Fellowship 리더들은 본인 스스로도 전도하면서 한 구역을 맡아 선교사역을 감당해야 하기 때문에 할 일들이 무척 많았다.

일리노이즈 주립대학교 입학

시카고에서 선교사로 바쁘게 1년을 보냈던 그는 28살 되던 1977년 미국 북동부에 위치한 Northeastern 일리노이스 주립대학 역사학과 3학년에 편입하였다. 편입이었지만 영어, 미국 헌법과 역사 등 거의 모든 교양과목은 1학년 과목부터 모두 수강해야 했다. 영어로 모든 공부를 하는 것이 쉽지는 않았지만 무사히 마치고 1979년 졸업하였다. 이어서 동대학교 대학원에 입학하여 미국문화사를 전공하고 1982년에 졸업하였다.

시카고대학교 철학박사

그는 잠시 쉬었다가 1984년 시카고대학교 철학박사 과정에 입학하여 역사신학을 전공하고 1987년에 졸업하였다. 그는 하버드대학교와 시카고대학교를 동시에 진학할 수 있었지만 시카고대학교를 선택하였다. 그의 지도교수는 마틴 에밀 마티(Martin Emil Marty, 1925~현재)였다. 마틴 마티는 시민종교에 반대하는 공적 종교를 처음 사용한 신학자이며 2021년 현재 생존해 있다. 마틴 마티는 시카고대학교가 그를 기념하는 연구소를 설립할 정도로 저명한 학자이다.

그가 시카고대학교를 다니던 시절 UBF와 공부를 병행하기가 너무나 힘들 정도로 바빴다. 이 사실을 알게 된 이사무엘 UBF 총재는 정준기 선교사를 배려해 주었다. "정준기 선교사! 자네는 UBF 주요 모임만 참석하고 공부만 하게!" 그래서 그는 UBF의 큰 행사와 주일날만 참석하고 공부에 집중할 수 있었다. 그는 박사과정을 마치고 시카고시립대학에서 강사로 학생들을 가르치기도 했다.

하나님은 이곳에서 공부하면서 필요한 물질을 여러 장학금을 통해 그에게 공급하셨다. 시카고대학교 인문학연구비(The University Chicago Humanity Division Fellowship), 동대학교 극동문제연구소 우수논문 Fellowship, 주미대사 수여 한국 명예 장학금(Korean Honor Scholarship, 2회), 대한민국 국제문화협회(현 Korea Foundation) Fellowship, 미국 Northeastern Illinois University Scholarship, 시카고 UBF 연구비(Chicago UBF Fellowship), 시카고 소재 서울대학교 총동창회 장학금 등은 그의 학업에 큰 격려와 힘이 되었다.

자녀들

정준기 선교사는 정 레베카(본명 조영일) 선교사와의 사이에 1남 1녀를 두었다. 첫째가 딸이며, 둘째는 아들이다. 그는 자녀가 태어나면 학업을 잠시 멈추고 아내를 돕다가 자녀들이 조금 성장하면 다시 공부를 시작하였다. 그의 아내 정 레베카 선교사는 미국 시카고 Cook County

Hospital 간호사로 근무하면서 정준기 선교사를 내조함으로 UBF 선교사역에 헌신했다.

트리니티(Trinity) 복음주의 신학교 졸업

그는 시카고대학에서 박사 후 연구과정을 마치고 곧바로 트리니티 복음주의 신학교에서 '선교학'으로 박사과정을 또다시 공부하였다. 트리니티 복음주의 신학교 박사과정은 1988년도에 입학하여 3년 과정을 마치고 1991년도에 졸업하였다.

독일 경건주의 연구

그는 트리니티 복음주의 신학교에서 공부한 후 독일의 경건주의를 연구하고 싶은 마음이 생겨나 1991년 3월에 독일행 비행기에 몸을 실었다. 그는 독일 베스트팔렌 주에 위치한 본대학과 쾰른대학에서 1년 동안 독일 경건주의를 연구하면서 진젠도르프 선교사역에 관한 논문을 썼다.

귀국

정준기 선교사가 고국으로 귀국한 것은 1992년 한국의 신학교에서 초청이 있었기 때문이었다. 그는 1992년 귀국하여 광주신학교에 재직하고 있었던 정규오 목사를 처음 만났다. 그의 정규오 목사와의 만남이 광신대학교에서 신학생들을 길러내는 교수로 재직하는 계기가 되었다. 당시 광신대학교는 광주신학교라는 이름으로 교육부에서 대학인가를 받지 못한 비인가 광주개혁신학연구원이었다.

신학생 양육

광주신학교

정준기 교수가 시카고대학을 졸업하고 모든 길들을 마다하고 겸손히 평생을 섬겼던 광신대학교는 어떤 곳일까? 광주신학교는 비록 광주광역시에 있는 작은 신학대학교이지만 오직 성경 66권을 하나님의 말씀으로 믿고, 성경을 신학과 신앙의 유일한 표준으로 삼으며 주님 오시기까지 선교에 힘쓰면서, 하나님께만 영광 돌리려는 목적으로 세워진 곳이다.

광주신학교는 1954년 10월 21일 광주시 동구 대의동 57번지에 소재하였던 벧엘교회당에서 개교하였다. 제1회 졸업은 1958년 4월 9일 광주동명교회당에서 8명의 졸업생과 함께 거행되었다. 그런데 1961년 12월 19일 대한예수교 장로회 총회(제46회)에서 이루어진 '지방신학교는 폐교하고 총회신학교로 병합한다'는 총회의 결의에 따라 폐교되는 아픔을 겪어야 했다. 광주신학교가 폐교되자 복교를 원하는 청원이 계속되었다. 이에 힘입어 정규오 목사를 중심으로 1965년 3월 4일 학교 명칭을 광주신학교라 칭하고, 교사가 건립될 때까지 광주중앙교회당에 속한 건물을 사용하기로 하고 복교하였다.

정규오 박사는 광주중앙교회를 은퇴한 후 1981년 10월 27일 광주신학교 제4대 교장으로 취임하였다. 그는 광주신학교를 통하여 호남 일대에 복음을 전하는 교역자를 길러내는 일을 하나님의 섭리로 받아들이면서 기도로 혼신을 다하여 학교를 섬겼다. 광주신학교 교명은 1986년 12월 4일 광주개혁신학연구원으로 개명되었다. 학교 명칭 변경은 그 당시 당국의 비인가 신학교 정비 문제와 관련하여 이루어진 것이다. 학교는 여러 차례에 걸쳐 국가에 신학교 인가를 허락해 줄 것을 요청하였으나 번번이 거부당하였다.

그러나 정규오 박사는 신학교의 인가를 위한 노력을 포기하지 않고 기도하면서 추진해 나갔다. 그 결과 1991년 11월 30일 교육부로부터 4년제 대학에 준하는 각종학교 설립계획의 승인을 받는 결실을 얻었다. 1974년부터 계속적으로 10년 동안 대학 인가를 위한 인가서를 신청 제출해 왔었다. 그런데 번번이 이유도 모른 채 반려되었는데 기도에 대한 하나님의 응답하심이 드디어 나타난 것이다. 교육부는 이어서 1992년 12월 23일 4년제 대학에 준하는 각종학교 설립인가를 허락했다. 이는 오랜 노력과 기도에 대한 하나님의 응답이었다. 정규오 박사를 중심으로 학교는 지속적으로 노력을 거듭하여 1993년 2월 11일 4년제 학력인정학교로 지정을 받는 데까지 이르게 되었다.

교육부가 1996년 10월 26일 학교법인 광신학원의 정관변경을 승인하자, 학교는 교명을 장로회광주신학교에서 광신대학교로 변경하여 지금에 이르고 있다. 광신대학교는 1997년 3월 3일 광신대학교란 이름으로 새롭게 개교하였고, 초대 총장에 정규오 박사가 취임하였다.

광신대 교수

정준기 교수는 정규오 박사를 만나 광주신학교 교수로 와 달라는 초청을 받고 하나님의 뜻이 무엇인지 기도하면서 부임하기로 결정하였다. 당시 그의 학력이면 다른 유수한 대학교 교수로도 충분히 갈 수 있는 상황이었지만 그는 지방에 있는 비인가 신학교를 선택하였다. 이러한 결단이 가능했던 것은 그가 UBF에서 받았던 지독한 겸손훈련이 크게 작용했을 것이다. 그는 1992년부터 선지생도들을 길러내는 일을 하고자 비인가 신학교로 출강하기 시작했다.

학교 이사회는 학교인가를 앞두고 정준기 교수의 지위를 어떻게 할 것인가? 논의 하다가 1992년 10월 1일 역사신학 부교수로 결정하였다. 정준기 교수는 광신대학교에서 남은 인생을 헌신하면서 후학들을 양성하는데 혼신의 힘을 쏟았다.

대학설립인가 기여

광주신학교는 여러 차례 문교부에 정규대학 인가를 위하여 서류를 제출하였으나 어떤 연유인지 설명 없이 정부의 방침 상 인가할 수 없다고 신청서가 계속 반려되었다. 또한 정부는 비인가 신학교라 하여 정비 대상에 포함시키고 있어 배움에 목말라하던 학우들은 기도하면서 교육부의 정규대학 인가가 나기를 간절히 기다렸다.

광주개혁신학연구원이 대학인가를 위하여 계속적으로 노력하고 있던 중 교육부 학교심사단장이 교수요원이 제대로 갖춰져 있는지 확인하기 위해 학교를 방문하였다. 심사단장은 교수요원 중에 미국 시카고대학교와 프린스턴대학교를 나온 사람이 비인가 신학교 교수로 재직하고 있다는 말을 듣고 깜짝 놀랐다. 그리고 실제로 그런 사람이 교수로 재직하고 있는지 직접 확인하기 위해 학교를 방문한 것이다.

교육부 심사단장은 정준기 교수를 만나 정말로 시카고대학 출신인지 확인하였고, 고광필 교수를 만나 미국 프린스턴대학교를 거쳐 드류대학교에서 박사학위를 받았는지 확인하였다. 드류대학에서 박사학위를 받은 고광필 교수도 1990년부터 전임교수로 재직 중이었기 때문이다.

심사단장이 정준기 교수를 면담한 이후 광주신학교는 1992년 12월 23일 교육부 4년제 대학에 준하는 각종 학교설립인가를 받았다. 비인가 신학교에 명문대학을 나온 교수가 두 사람이나 재직하고 있다는 점이 교수요원 평가에서 좋은 점수를 받게 되었다는 근거 있는 후일담이 있었다. 정준기 교수는 본인이 인가를 받는데 큰 기여를 했는지 잘 알지는 못한다고 했지만, 정규오 박사가 생전에 정준기 교수와 고광필 교수가 결정적인 역할을 했다고 자주 언급했다. 정준기 교수는 1999년 정교수가 되었다.

목사안수

UBF 창립이래 전임 사역자들은 한국의 교단 신학대학원에 진학하지 않고 UBF 캠퍼스 사역에 직접 적용할 신학 프로그램을 개발하여 신학과 신앙을 연단하였다. 한국 개신교계는 이런 UBF 신학훈련 과정을 성직자가 되는 정규 신학대학원 수업 과정으로 인정하지 않았다. 그렇기 때문에 모든 UBF staff들은 다시 신학을 공부하여 목사안수를 받아야 하는 문제가 발생하였다. 현실적으로 UBF 사역을 하면서 감리교신학대학교, 한신대학교, 장신대학교 등 여타 신학대학을 다니면서 공부하기는 어려운 점이 있었다.

사실 UBF 전임 사역자들은 서울이나 지방은 물론이고 각 학교에서 최고의 성적을 가진 지성인들로 엄선하여 선발되었을 뿐만 아니라, 이들의 성경지식은 이미 귀납법적 성경연구를 통해 한국의 어느 신학대학원 학생들보다 뒤떨어진 것이 아니었다. 문제가 있다면 오직 일반교회를 섬길 성례전 등 실천신학에 보완이 필요한 정도라 하겠다. 그래서 이들은 각 교단 신학교를 택해 중복된 공부를 하기보다 자신들의 형편을 충실히 반영해주면서도 공신력이 있는 개혁주의신학교를 선정하였는데, 그곳이 김성천 박사가 운영하는 서울개혁신학교였다. 서울개혁신학교는 교육부인가 신학교는 아니었지만 서울시 교육위원회의 인가를 받은 학원으로 공신력이 있는 곳이었다. 정준기 교수는 이미 미국에서 충분한 신학훈련을 받았지만 한국의 목사안수를 주는 교회정치제도에 따라 이곳에서 신학을 다시 하고 개혁교단에서 목사안수를 받아 정식으로 대한예수교장로회 합동교단 목사가 되었다.

UBF 선교연구원 초대원장

정준기 교수는 한국에 귀국한 후 자연스럽게 UBF 활동이 점차 줄어들게 되었다. 하지만 그는 서울개혁신학교를 마친 후 UBF에 스텝들과 선교사들을 위한 교육을 위해 전문연구기관의 필요성을 느꼈다. UBF 내에서도 연구기관의 필요성이 대두 되었으므로 2001년 3월부터 UBF 선교연구원이 설립되었다. 그는 UBF 초대 선교연구원을 통해 스텝들과 선교사 교육을 서울개혁신학교의 커리큘럼을 모델로 하여 선교연구원을 만들어 초대원장으로 활동하였다.

노스팍대학교 초빙교수

정준기 교수는 광신대학교 교수로 재직하면서 미국 시카고에 있는 노스팍대학교(North Park University)의 초빙교수로도 활동하였다. 그는 일찍부터 미국생활을 했기 때문에 한국 내에서의 활동보다는 국제적인데서 활동하는 것이 낫겠다는 생각이 들었기 때문이다.

노스팍대학교는 30여개의 단과대학과 신학대학원, 그리고 3개의 대학원이 있는 120여 년의 역사를 지니고 있는 미국 시카고에 위치한 종합대학교이다. 학생들은 1,600여 명이 수학하고 있으며, 교수와 학생의 비율은 1:13으로 명망이 높은 대학이다. 그 대학에는 정준기 교수와 절친한 친구이자 서울대에서 사회학을 전공하고 노스팍대학교에서 한국학연구소 소장을 맡아 아시아권 교류의 책임자로 있는 권호연 교수가 있었다. 권호연 교수가 정준기 교수를 노스팍대학교에서 초빙교수로 활동할 수 있도록 하였다. 그는 광신대학교가 여름이나 겨울방학에 들어가면 노스팍대학교에 가서 권호연 교수와 몇 주씩 나누어 특강을 열곤 하였다. 노스팍대학교는 미국사람들 중심으로 하는 심포지엄을 개최하곤 하는데, 정준기 교수가 주강사로 참석하여 "한국에 있는 기독교가 해야 할 일" 등 여러 강의를 하였다. 그의 강의 내용 중 일부는 노스팍대학교 출판사에 의해 논문으로 발행되기도 하였다.

정준기 교수는 재직하고 있던 광신대학교와 노스팍대학교가 자매결연을 맺고 교수와 학생교류 및 학술교류를 할 수 있도록 주선하였다. 그의 주선으로 두 학교는 1995년 3월 29일 학술 교류 협정을 조인하였다. 권호연 박사는 학생들에게 "다양한 민족으로 구성되어 있는 미국사회의 특수성과 미국 내 한국 교포들의 신앙 및 미국 내 교포교회의 위치"에 대한 특강을 하였다. 권호연 박사는 자매결연 맺기 전인 1993년 영서 300권을 광신대학교 도서관에 기증하기도 했다.

노스팍대학교와의 학술 교류 협정이 이루어지자 광신대학교 재학생들은 저렴한 비용으로 노스팍대학교에 교환학생으로 가서 공부할 수 있는 길이 열렸다. 졸업 후에도 본인이 원하면 유학을 할 수 있는 길이 열린 것이다. 광신대학교 학생들은 여름방학을 이용하여 노스팍대학교에 약 6주간의 어학연수를 다녀오기도 했다. 광신대학교는 1999년 5월 20일 노스팍대학교 합창단을 초청하여 광주문화예술회관 대극장에서 "찬양의 밤"을 갖기도 했다. 정준기 교수는 이렇게 두 학교를 오가며 광신대학교 학생들이 국제적인 안목을 가지고 배울 수 있도록 많은 노력을 하였다.

독일 UBF 활동

한국 정부는 1966년부터 1976년까지 서독에 많은 광부들과 간호사들을 파견하였다. 이들은 많은 경쟁을 통과한 우수한 인력들이 대부분이었다. 간호사의 경우는 당시로써 매우 높은 학력인 고졸이상이 거의 대부분이었다. 국내 대학병원에서 주는 간호사 월급은 5만원 정도였지만, 파독 간호사들이 받는 월급은 25만 원이나 되었다. 이들은 가족과 고국을 떠나 외로운 타향살이를 하면서도 본인들의 생활비만 빼고 나머지는 모두 고국의 가족들에게 송금하였다. 이들이 벌어들인 외화는 국내경제 발전에 큰 힘이 되었다. UBF는 독일에 간호선교사를 일찍부터 많이 파송하였다. 파송된 간호사들은 낮에는 일하고 저녁에는 성경공부를 통하여 복음을 전하였다. 정준기 교수는 독일 체류기간에 독일 UBF에서 특강과 컨퍼런스 강사로 독일 역사에 동참하였다.

은퇴 후 생활

정준기 교수는 재직하는 동안 도서관장, 실천처장, 대학원장 등을 역임하였고, 은퇴를 1년 남기고는 광신대학교 개교 이래 최초로 부총장직을 역임하였다. 그는 부총장직을 단 1년 역임하면서, 그가 학교에 무엇을 공헌하고 떠날 것인가를 고민하면서 사비 2천만 원을 헌금하기도 했다.

그는 교회사연구소장과 몽골선교회 지도교수 등도 맡았다. 몽골선교회 지도교수 시절에는 1999년부터 학생들과 관심 있는 교수진, 그리고 지역 목회자들과 함께 몽골단기선교여행을 수차례 다녀왔다. 몽골을 선교현장실습지역으로 다녀 온 학생들은 그의 영향력으로 세계선교의 비전을 품고 선교사로 지원한 학생들도 있다.

정준기 교수는 광신대학교에서 1992년부터 21년 11개월 동안 광신대학교에 재직하다가 2014년 8월 31일 정년퇴임하였다. 광신대학교는 정준기 교수의 탁월한 가르침과 헌신을 기억하고 그의 업적을 기리고자 그를 명예교수로 추대하였다.

2014년 8월 은퇴한 정준기 교수는 전라남도 화순에 있는 무등산 중턱 높이에 위치한 자택에 5월부터 10월까지 자연인처럼 머문다. 그의 여러 지인들은 그의 삶을 보면서 "나는 자연인이다"에 출연해 보기를 권할 정도로 자연과 더불어 생활하고 있다. 저녁 7시가 되면 잠들어 새벽 2시에 일어나 성경을 읽고 묵상하고, 새벽 4시에 아침을 먹고 5시경부터 벌레로부터 보호하기 위해 완전 무장을 하고 자택 마당의 잡초들을 제거한다. 해가 동녘에 뜰 무렵이 되면 무등산으로 올라가 그곳에 있는 조그마한 농장을 돌보고 아침 9시에 자택으로 돌아와 샤워를 한다. 그리고 지인들을 만나고 제자들을 만나고 개인적으로 찾아 온 제자들의 석사와 박사학위 논문을 지도해 준다. 이것이 그의 일상이니 "나는 자연인이다"에 출연할 만하지 않은가?

그는 매년 11월부터 다음해 4월까지 필리핀, 과테말라, 대만 등에서 선교활동을 하다가 미국 시카고 자택에서 잠시 안식을 취한다. 그는 제자인 필자를 지인들에게 '나의 친구'라고 소개하며, 은퇴 후에는 신학과 일반 학문보다 성경을 열심히 읽고 연구하는 성경교사가 되기를 원하면서 그것을 실천하고 있다.

아내인 레베카 정 선교사는 시카고의 Cook County 병원에서 수석간호사로 일하다가 은퇴하였으며, 지금은 UBF를 공동 설립하였던 배사라 선교사의 건강을 종종 돌보며 배선교사로부터 심도 높은 성경공부를 하고 있다. 그의 1남 1녀의 자녀들도 모두 성장하여 딸은 미국 미시간주의 한 교회에서 상담교사로 사역하고 있으며, 한국인 사위는 미국에서 간호사로 일하다가 칼빈신학교에서 신학을 공부한 후 목사가 되어 미국에서 목회하고 있다. 아들은 결혼하여 미국에서 개인 사업을 하고 있다.

정 리

글을 마치면서 정준기 교수의 기독교 학자로서의 면모와 에피소드를 소개하려고 한다. 정준기 교수는 대학교에서 학생들을 가르치는 교수이지만 진정한 기독교 학자이다. 강의를 시작하면 열정이 넘친다. 그의 강의 내용은 간단명료하면서 깊이가 있다. 한마디로 군더더기가 없다. 석사와 박사 학위 논문의 지도교수가 되면 학생을 혼을 내서라도 바른 학자가 되도록 지도했다. 시카고대학교에서 익힌 논문 방법론을 전수하려고 무척이나 노력했다.

많은 학생들이 그에게 지도를 받아 논문을 쓰려고 오면 반드시 동료교수를 배려했다. 석사학위 논문을 지도하면서 실력과 인품을 인정받은 많이 아끼는 제자라 할지라도 지도하는 숫자에 한계를 두고 동료 교수에게 지도를 받도록 했다. 한 사람이라도 제대로 된 학자를 만들려는 생각과 더불어 동료를 생각하는 마음, 기독교인의 정신을 실천한 것이다.

필자는 정준기 교수의 연구실에서 동거 동락하면서 공부했는데, 평소에 칭찬을 잘하다가도 조금만 허점이 보이면 대노했다. 그럴 때마다 정말로 그만두고 싶은 때가 한 두 번이 아니었다. 그렇지만 그것은 훈련의 일환임을 익히 파악했기에 잘 견뎌 지금에 이르고 있다.

정준기 교수의 호는 '꽃 화'에 '바위 암'을 쓰는 화암(花岩)이다. 어느 날 목사나 교수가 아닌 평범하며 쉽게 호칭할 수 있는 이름을 제자인 필자에게 하나 만들어 보라고 부탁하셨다. 필자는 스승님이 평소에 자연을 사랑하시고 특히 토종 들꽃과 다듬지 않은 자연스러운 돌을 좋아하시기에 "화암이 어떠십니까?" 했더니 기쁜 마음으로 수용하시고는 지인들에게 제자가 자신의 호를 화암으로 지어주었는데 매우 마음이 흡족하다고 오랫동안 자랑하셨다. 정준기 교수는 평생 잊지 못할 존경하는 필자의 스승이시다.

정준기 박사 가족

신대원 강의

저서 『청교도 인물사』

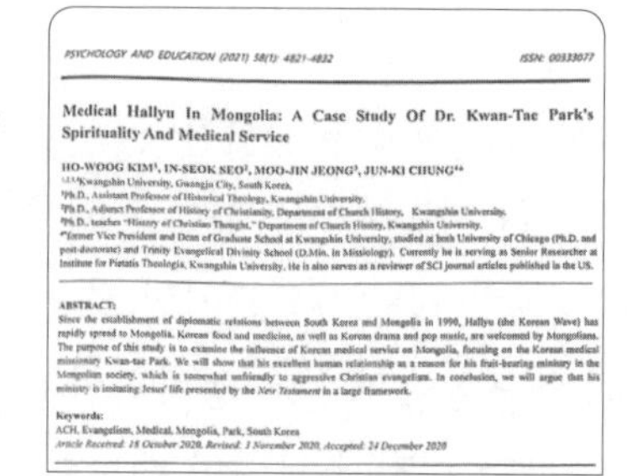

PSYCHOLOGY AND EDUCATION (2021) 58(1): 4821-4832 ISSN: 00333077

Medical Hallyu In Mongolia: A Case Study Of Dr. Kwan-Tae Park's Spirituality And Medical Service

HO-WOOG KIM[1], IN-SEOK SEO[2], MOO-JIN JEONG[3], JUN-KI CHUNG[4*]
[1,2,3,4]Kwangshin University, Gwangju City, South Korea.
[1]Ph.D., Assistant Professor of Historical Theology, Kwangshin University.
[2]Ph.D., Adjunct Professor of History of Christianity, Department of Church History, Kwangshin University.
[3]Ph.D., teaches "History of Christian Thought," Department of Church History, Kwangshin University.
[4*]former Vice President and Dean of Graduate School at Kwangshin University, studied at both University of Chicago (Ph.D. and post-doctorate) and Trinity Evangelical Divinity School (D.Min. in Missiology). Currently he is serving as Senior Researcher at Institute for Pietatis Theologia, Kwangshin University. He is also serves as a reviewer of SCI journal articles published in the US.

ABSTRACT:
Since the establishment of diplomatic relations between South Korea and Mongolia in 1990, Hallyu (the Korean Wave) has rapidly spread to Mongolia. Korean food and medicine, as well as Korean drama and pop music, are welcomed by Mongolians. The purpose of this study is to examine the influence of Korean medical service on Mongolia, focusing on the Korean medical missionary Kwan-tae Park. We will show that his excellent human relationship as a reason for his fruit-bearing ministry in the Mongolian society, which is somewhat unfriendly to aggressive Christian evangelism. In conclusion, we will argue that his ministry is imitating Jesus' life presented by the *New Testament* in a large framework.

Keywords:
ACH, Evangelism, Medical, Mongolia, Park, South Korea
Article Received: 18 October 2020, Revised: 3 November 2020, Accepted: 24 December 2020

제자들과 공저한
국제학술지(SCI급) 게재 논문

배사라 선교사 광신대학교 방문

광주 양림동 기독교유적지 관련 학술포럼 발제

WCC 운동 설명

수상

The University Chicago Humanity Division Fellowship
동대학교 극동문제 연구소 우수논문 Fellowship
주미대사수여 Korean Honor Scholarship(2회)
대한민국 국제문화협회(현 Korea Foundatuon) Fellowship
미국 Northeastern Illinois Scholarship, Chicago UBF Fellowship
시카고 소재 서울대학교 총동창회 Scholarship 등

연구 목록

● 박사학위 논문

"Social Criticism in Non-Church Christianity in Japan and Korea"

● 저서

『砂漠教父들의 靈性』,
『自敍傳의 靈性』,
『基督學生運動史』,
『福音運動史』,
『基督敎思想』,
『淸敎徒人物史』,
『宣敎的文化批評』,
『美國大覺性運動』,
『初代, 中世 敎會史』,
『近世, 現代 敎會史』,
『은혜의 강물』,
『화순중부교회사』

● 논문

Social Criticism of Uchimura Kanzo and Kim Kyo-shin. UBF Press, 1988.

A Short History of University Bible Fellowship. Gospel Culture Publishing Co., 1992.

"An Outstanding Mission Work in Japan: A Case Study of the Yohan Tokyo Christ Church," *Missiology*, vol.38. no.3(July 2010), 253-69.

"Theological Conflicts of Korean Protestantism and Issues of Unification," *Divided Korea*, ed. Ho-youn Kwon. Chicago: North Park University Press, 2004, 137-68.

"The University Bible Fellowship: A Forty-Year Retrospective Evaluation," *Missiology*, vol. 31. no.4 (October 2003): 473-85.

"Taoism in Christian Perspective," *Journal of Interdisciplinary Studies*, vol. ix (1997): 13-18.
"Christian Contextualization of Korea," *Korean Cultural Roots*. ed. Ho-youn Kwon. Chicago: North Park University Press, 1995, 81-104.

김호욱 교수

광신대학교 신학대원 (M. Div. equ.)
광신대학교 일반대학원 신학석사 (Th. M.) / 철학박사 (Ph. D.)
Knox Collage of University of Tronto (연구년)

군산화력발전소 및 영광원자력발전소 근무
광신대 역사신학 교수

저서_『영국의 종교개혁과 청교도운동』(2014).
『태인동 복음이야기: 태인교회100년사』(2014).
『복음의 큰 빛 110년: 벌교대광교회 110년사』(2017)
『꿈 너머 꿈을 꾸는 믿음의 공동체 서곡교회 110년사』(2018)
『지역사회와 함께 한 사랑의 공동체 광양제일교회 110년사』(2018).
『광영중앙교회 33년사』(2019).
『담양중앙교회 107년사』(2020) 등
공저_『개혁총회 26년의 역사』(2014).
『대한민국을 빛 낸 기독교 120인』(2017)
『별과같이 빛나는 생애』(2018)
『화순중부교회110년사』(2018) 등

주도홍 박사

주도홍 박사의 생애와 신학

안인섭_총신대학교 역사신학 교수

총신대학교 (B. A.)
보쿰대학교(Ruhr-Universitaet Bochum) 신학석사 (Mag. theol., 1990)
보쿰대학교(Ruhr-Universitaet Bochum) 신학박사 (Dr. theol., 1993)

기독교통일학회 설립 및 회장 (2006~2014)
백석대학교 기독교박물관장 (2012~2016)
백석대학교 교수 (1996~2019)
대학원 역사신학 주임교수
한국개혁신학회 회장 (2014~2016)
기독교통일학회 설립회장 (2014~현재)
백석대학교 도서관장 (2016~2017)
백석대학교 부총장 (2017~2019)
아시아신학연맹(AEA) 신학위원장 (2016~현재)
대한예수교장로회 총회 남북위원장 (2016~2018)
국제개발대학원 교수 (현재)
총신대학교 초빙교수 (2021~현재)

현대사회는 100세 인생으로 가고 있으니 60대 중반에 대학에서 은퇴한 교수라 하더라도 그 원숙함과 경륜을 바탕으로 더 맹렬한 후반전의 학술적 활동이 기대된다. 그럼에도 아직 활동하고 있는 학자의 신학과 삶에 대해 기록하는 것은 주도홍 교수의 삶의 전반부를 정리하는 의미가 있으며 차후에 더 증보되어야 할 것이다.

이 글에 대해서 객관성 있고 정확한 기록이 가능하겠느냐는 질문에 있을 수 있을 것이다. 그러나 필자는 주 교수와 직접적인 가족관계나 학연이나 지연의 연결 고리가 부족하다. 주 교수는 독일에 유학해서 신학박사학위를 받았고, 독일과 미국에서 목회를 했으며 평생을 백석대학에서 교수 사역을 했다. 그러나 필자는 네덜란드에서 공부를 했고 귀국한 처음부터 지금까지 총신대학교에서 가르치고 있다. 그렇지만 필자는 주 교수와 마찬가지로 역사신학을 전공한 후배이며 여러 학회에서 함께 활동해 왔기 때문에 누구보다 그의 학문의 의미와 깊이를 이해하고 있다고 할 수 있을 것이다. 게다가 2006년 기독교통일학회가 출범할 때부터 지금까지 매우 가까운 거리에서 시종일관 성경적 통일을 위한 학문적 길을 닦기 위해서 함께 섬겨오고 있기에 이 글을 쓸 용기를 낼 수 있었다. 아래에 기술된 내용 가운데 주도홍 교수의 생애와 사역과 저술에 대한 객관적인 정보는 주도홍 교수로부터 받은 자료에 근거하며 이에 대한 의미의 분석과 신학적 평가는 필자의 몫이라고 할 수 있다.

독일 유학

1954년 광주(송정리)에서 태어난 주도홍 교수는 호남의 명문 광주서중학교를 졸업했다. 그리고 당시 특별히 주어진 기회인 명문 광주일고로 동계 진학할 것을 포기하고, 그는 부모의 사업 때문에 부산으로 옮겨야 했다. 주 교수는 부산 동아고등학교를 졸업했다.

총신대에서 신학을 공부한(B. A.) 주도홍은 총신대 신대원 수학을 포기하고 1982년 5월 구약사본 연구를 위해 홀로 독일 유학길에 올랐다. 만 28살 청년은 이대 음대를 나온 4살 연하의 정영숙과 한 달 전 결혼한 상태였다. 그녀 역시 피아노 공부를 위해 독일 유학을 계획하고 있었다. 한 달 후 아내와 독일 루어 강변에 위치한 보쿰(Bochum)에서 합류하였다.

주도홍 교수와 정영숙 사모

독일의 유학 생활은 먼저 독일어를 배워야 했는데, 1년 동안의 어학 과정을 마치고 신학을 시작했다. 가장 먼저 원어가 앞을 막았다. 독일어는 독일어대로 쉽지 않았지만, 히브리어, 헬라어, 라틴어를 이수해야 했다. 독일 국립대학교 보쿰대학교(Ruhr-Universitaet Bochum)에서의 신학 공부는 처음부터 쉽지 않았다.

게다가 독일 도르트문트(Dortmund) 제일교회에서의 목회가 기다리고 있었다. 당시 한인교회는 막 출발한 교회로 어린이를 포함하여 교인과 유학생으로 이루어진 대략 20명 정도의 교인이 있었다. 독일교회당을 빌려 주일 오후에 예배를 드렸다. 무엇보다 전도사 담임 사역은 여러 가지로 어려웠다. 그렇지만, 하나님의 은혜와 성도들의 인내와 도움으로 이곳에서 시작한 목회는 신학석사(Mag. theol.)와 신학박사(Dr. theol.)를 마치기까지 10년 반 동안 계속되었고, 은혜중 마감할 수 있었다. 그 사이 고신 교단 서울노회에서 목사안수도 받았다.

둘째 아들 한경 가족

큰아들 서형

딸 지영과 사위

그러는 중 주도홍 목사 가정에 하나님은 아들 둘과 딸 하나를 주셨다. 서형, 한경, 그리고 지영이가 막내이다. 공부로, 목회로, 양육으로, 생활비가 쉽지 않았지만, 하나님은 감사가 끊이지 않게 하였다. 교회는 부흥했고, 주일의 은혜로운 예배와 구역모임, 성도의 교제는 화기애애했다. 유학생과 교민으로 이뤄진 교회는 서로를 존경하며 형제자매처럼 복음 안에서 끈끈한 유대를 형성하였다. 교인수도 100명이 넘어 든든한 교회가 되었다.

주도홍은 1990년 독일 개혁교회사를 연구하여 신학 마기스터 학위(Mag. Theol.)와 1993년에는 신학박사 학위(Dr. Theol.)을 취득하였다. 박사학위 주제는 "테오도르 운데어아익과 개혁교회 경건주의의

독일 스승 발만 박사와 함께

초기"(Theodor Undereyck und die Anfaenge des Reformierten Pietismus)였다. 박사 학위 제목은 그의 지도교수 발만(J. Wallmann) 박사의 슈페너 연구에 관한 표준 저서 'Philipp Jakob Spener und die Anfaenge des lutherischen Pietismus'을 자원하여 따른 것이었다. 주제는 앞에서도 언급했지만, 독일 개혁교회 경건주의 창시자 테오도르 운데어아익을 발로 찾은 제1차 자료에 근거한 연구였다. 독일은 루터의 나라로 루터교회가 다수였고, 이와 더불어 루터교회 경건주의 슈페너(Ph. J. Spener, 1635~1703)는 이미 많이 알려졌지만, 운데어아익은 그의 목회지에서 향토사학자로부터 부분적으로 연구된 상태였을 뿐, 전혀 알려지지 않은 교회사였다. 신학 마기스터를 받은 지 3년 만에 박사학위를 취득하였는데, 특별한 하나님의 은혜였다 할 것이다.

세 자녀의 어머니 아내 정영숙도 데트몰트음대의 도르트문트 캠퍼스에서 석사 과정에 해당하는 피아노 연주자 과정(Darstellende Kunst)을 마쳤다. 슬픈 것은 이 모든 것 위에 얻은 딸 지영의 열로 인한 독일 병원의 6주 입원으로 얻은 청각 손실이었다. 이는 청천벽력같은 일이었으나, 감당할 수 있어야 했다. 물론 2020년 현재 자녀들은 하나님의 은혜로 다 성장하여 각자 맡은 곳에서 왕성한 활동을 하고 있으니, 하나님의 은혜가 감사할 뿐이다. 큰아들은 CEO로, 둘째 아들은 목사로, 딸은 장애를 극복하여 특수학교 교사로서 은혜중에 살고 있다.

미국목회

1992년 여름 박사 논문 제출과 함께 부모가 계신 미국 시카고를 방문하게 되었는데, 이곳 한인교회로부터 청빙을 받았다. 1992년 10월 28일 독일을 떠나 다섯 식구는 미국 시카고 오헤어 공항에 도착했다. 유학생, 한인교회 목회자로서 10년 반의 독일 생활과 목회를 마감하고 떠나는 길은 쉽지 않았으며, 감사와 아쉬움 등 많은 생각을 해야 했다.

시카고 개혁교회는 CRC 교단에 속한 한인교회였다. 고신 출신 이명재 목사님이 개척하시고 26년 동안 강해설교와 말씀 중심으로 사역하신 교회로서 든든히 서가는 교회였다. 많은 기대와 성원 속에 시작한 시카고의 목회는 강해설교와 새벽기도, CRC 교단에서 나온 소그룹 성경공부 '커피 브레이크'로 부흥하였다. 특별히 영국의 설교자 로이드 존스와 캠벨 몰간, 존 스토트의 강해설교에 영향을 받은 설교자로서 시카고 기독교방송 설교는 많은 호응을 받았다. 시카고 한인 언론 방송, 조선일보, '크리스천저널', CRC 월간지 '개혁의 소리' 등의 칼럼니스트로서도 활약했다. 여기저기 강사로서도 많은 활약을 해야 했다. 그렇지만 40대 초반의 젊은 목회자는 시카고에서 오래 있지 못했는데, 3년 반 만에 시카고 목회를 그만두고 1996년 3월 백석대학교 교수로 임용되었다.

백석대학교 교수

1996년 3월 학기부터 천안 안서동과 서울 방배동 캠퍼스에서 역사신학 강의를 시작하였다. 그의 신학대학원 교수 취임 특별강의 주제는 18세기 대각성운동의 주역 조나단 에드워즈(J. Edwards, 1703-1758)와 독일 개혁교회 경건주의 창시자 운데어아익를 통한 영적 부흥이었다. 이는 그가 무엇을 위해 신학 교수로서의 길을 갈 것인지를 제시하는 특강이었다. 얼마나 신실하게 그가 그 길을 걸어왔는지는 그의 후학들을 통해서 밝혀질 것이다. 1996년 에드워즈를 소개한 것은 이른 시점이었는데, 그때만 해도 에드워즈에 관한 참고서적 하나 변변히 한국교회에 소개되지 않고 있었기 때문이다. 이러한 에드워즈에 관한 관심은 미국 목회 중 얻은 새로운 도전으로 한국교회에 소개할 수 있었다.

주도홍 교수는 1996년 3월부터 대학에서 가르치기 시작했는데, 그의 목회의 영성은 쉽게 수그러들지 않았다. 학교 채플에서의 교직원과 학생들 앞에서의 설교는 늘 뜨거웠고 감동적이었다. 본격적으로 1995년을 전후로 교육부의 정식으로 인가를 받고 새로 일어나는 백석대학교는 여러 가지로 구성원들이 한마음으로 열심을 내야 했다. 중요한 것은 학교 홍보였다. 주 교수는 고등학교를 찾아다니며 학교 소개와 미션스쿨에서의 설교는 도맡아 할 정도였다. 또한 여기저기 글을 투고하는 일도 열심을 내야 했다. 가장 먼저 그는 신학대학원의 교목실장으로 보직을 받았다. 그만큼 그의 목회자의 열정은 식을 줄 몰랐다.

그렇지만 학자의 역할도 소홀히 할 수 없었다. 곧 저술 활동이었다. 여기저기 학술지와 신앙잡지에 글을 투고해야 했고, 저서도 실적으로 내야 했다. 천안과 서울 캠퍼스를 오고 가면서 강의를 했고, 대내외적으로 맡겨진 일에 최선을 다했다.

자녀교육은 언어 문제로 쉽지 않았다. 독일어, 영어, 한국어의 소통이 쉽지 않았으며, 딸의 청각장애는 수화까지 요구하는 산 넘어 산이었으니, 하나님의 은혜 없이는 감당할 수 없었다. 이 모든 자녀교육의 어려움은 아빠와 남편으로서도 동참해야 했지만 아내의 힘든 몫이 될 수밖에 없었다.

백석대학교에서 2019년 만 65세로 정년퇴직하기까지 주 교수는 열정적으로 학교 보직을 감당하면서 내외적 학자의 소명에 충실했다. 신학 주임교수, 교목실장, 박물관장, 도서관장, 부총장(2017~2019)을 역임했다.

대외적으로는 기독교통일학회 회장(2006~2014) 및 설립회장(2014~현재), 한국개혁신학회장(2014~2016), 대한예수교장로회 총회(백석) 남북위원장(2016~2018), 아시아복음주의신학위원장(2017~) 등으로 활발히 활동했다.

백석대학교 부총장실에서

퇴임식에서 백석대학교 설립자 장종현 총장과 함께

기독교통일학회

주 교수에게 하나의 소명이 주어졌는데, 한국교회가 복을 강조하며 그저 안일한 기복주의 목회로 끝나는 것을 보며 가만히 있을 수 없었다. 국가는 남북으로 갈라진 채 세계 유일한 분단국으로 그 한파는 끝이 없고, 남남갈등은 이념적으로, 계층적으로, 정치적으로 임계점에 도달하고 있음을 두고만 볼 수 없었다. 과연 개혁신학은 이에 어떻게 말하고 행동해야 하는지를 적극적으로 생각해야 했다. 그저 잘 먹고, 잘 사는 자들의 행복을 부추기며, 그들 편에 서서 축복을 외치는 교회의 모습은 복음적이지 않음을 인식했다.

먼저 성경은 분단을 어떻게 말하는지, 교회사는 어떻게 이런 문제를 대답했는지 연구하여야 했다. 특히 독일교회가 동서 분단 하에서 어떻게 행동했는지 알고 싶었다. 1997년 기독교북한선교회의 후원으로 연구를 시작하였고, 결실을 '독일통일에 기여한 독일교회 이야기'라는 저서로 CLC에서 출간하였다. 일종의 교회사적 연구였다. 지금까지 합동측을 위주로 한 한국의 보수 장로교단은 성경은 정치적 남북분단에 대해 말하지 않고 있다고 인식했다. 거기다 이전 남북통일을 말하다 진보측 많은 교회 인사들이 어려움을 당한 것을 경험적으로 알고 있었으니, 가능한 침묵으로 일관하고 있었다.

주 교수는 독일개혁교회 경건주의를 연구한 학자로서 이 일에 뛰어들었으니, 사람들은 호기심 어린 마음으로 주목을 하였다. 합동측 교계 신문 '기독신문'이 18주 연속 칼러 판으로 '독일통일에 기여한 독일교회 이야기'를 연재하여 목회자와 교회를 깨우고 자극하게 되었다. 어느

듯 역사신학자 주 교수는 통일신학자로 인식되었다. 다시금 주 교수는 독일통일 이후 15년 독일교회의 변화에 대해 역사 신학적으로 연구하였는데, 저서가 '통일, 그 이후'(IVP)였다. 결국 독일통일 전후를 두 권의 저술로 보수 한국교회를 깨운 것이었다. 특히 그저 독일교회를 자유주의로 비판할 정도였던 보수 한국교회는 그들의 이야기를 들으며, 많은 생각을 해야 했는데, 그들이 복음의 음성을 따르려 노력했기 때문이었다. 독일교회의 통일신학으로 소개한 '섬김의 신학'(die diakonische Theologie), '실천적 대화'(der praktische Dialog), '보이는 사랑', '명목적 지원'이 동독과 서독교회의 그 '특별한 유대관계'(die besondere Gemeinschaft)를 분단 내내 한번도 중단하지 않고 지속하여 끝내 독일통일을 '조용한 개신교 혁명'으로 결실을 맺게 했다는 것이다.

필자 안인섭 박사와 함께

통일학회 정년 퇴임과 논문 헌정식

기독교통일학회 성탄 교제와 정영숙 사모의 연주

결국 2006년 주 교수의 이러한 열정과 헌신은 총신대의 안인섭 교수와 함께 2006년 '기독교통일학회'를 설립하여 그 길을 열었고, 2020년 기독교통일학회 학술지 '기독교와 통일'이 학술재단의 등재지로 우뚝 서게 되었다.

저서 스케치

주 교수는 다양한 저서를 내었는데, 관심의 다양성을 확인하게 된다. 수필집, 설교집, 신학, 통일, 예술에 이르기까지 다양하다. 출판된 순서를 따르면, 처녀작 『절제의 자유』(CLC, 1991)를 위시하여 『독일 경건주의』(CLC, 1991, 1996, 2003 재판), *Theodor Undereyck und die Anfaenge des reformierten Pietismus* (독일어, Bochum 1994), 『보다 고상한 기쁨』(1997, CLC), 『개혁교회사』(솔로몬, 1998), 『독일통일에 기여한 독일교회 이야기』(CLC, 1999), 『모짜르트, 음악과 신앙의 만남』(한스 큉, 역서, 이레서원, 2000), 『조나단 에드워즈의 신학』(콘라드 체리, 역서 이레서원, 2001), 『페네라의 빵』(이레서원, 2002), 『삶을 역전시키는 기도』(개혁주의신행협회, 2003), 『하늘 비전의 사람들』(UCN, 2005), 『통일, 그 이후』(IVP, 2006), 『새로 쓴 세계교회사』(개혁주의신행협회, 2006, 2016 9쇄), 『교회사 속의 설교자들』(프리칭아카데미, 2010; CLC 2017 2판), 『개혁교회 경건주의』(대서, 2011), 『설교』(대서, 2013), 『통일로 향하는 교회의 길』(CLC, 2015), 『처음 시작하는 루터와 츠빙글리』(세움북스, 2019), 『1차 자료로 츠빙글리를 읽다』(세움북스, 2021) 등이 있다. 공저는 생략하였다.

간단히 저서를 스케치한다. 1991년 출판된 『절제의 자유』는 유학 시절(1982~1992) 독일에서 한인교회를 목회하면서 한 설교들을 선택적으로 모은 설교집이다. 20대 후반 30대 젊은 목회자의 설교를 만나게 되는데, 당시 학업을 하는 목회자의 설교는 참신하고, 독일신학에서 보여주는 통찰력을 만나 반향이 좋았던 것으로 짐작한다. 출판사가 이름없는 한 30대의 젊은 목회자의 설교집을 기꺼이 출판해 낸 것으로 볼 때, 뭔가를 발견하며 기대하지 않았을까 추측한다.

『독일 경건주의』는 경건주의 개론서로 동시에 슈페너의 글 '피아 데지데리아'(Pia Desideria)를 직접 독일어 원문으로부터 번역하여 소개한 저서로서 의미가 깊다. 당시 영어에서 번역한 '경건한 요망'이 있었지만, 원문 번역은 처음으로, 절찬리에 판매되어 독자들에게 읽혔다. 무엇보다 개혁교회 경건주의를 소개하고 있는데, 지금까지 루터교회 경건주의 슈페너만 알았던 독자들이 개혁교회 칼빈주의 경건주의가 소개될 때 뜻밖의 선물이었다 할 것이다. 문제는 너무 적은 분량으로 칼빈주의 경건주의가 소개되었는데, 『개혁교회 경건주의』(대서, 2011)가 출판되기까지 10년의 인내가 필요했다. 이 저서에서 저자인 주 교수는 개혁교회 경건주의 창시자 테오도르 운데어아익을 생애와 사상에 이르기까지 자세히 소개하였다. 이 저서는 본시 주 교수의 박사학위 논문으로 독일에서 출판된 *Theodor Undereyck und die Anfaenge des reformierten Pietismus*(독일어, Bochum 1994)의 한국어 번역으로 보아도 무방하다 하겠다. 물론 약간의 차이를 보이는 것은 사실이지만, 내용적으로 다르지 않기 때문이다. 『보다 고상한 기쁨』(1997, CLC)은 미국 목회에서 강조점을 두었던 강해설교로서, 특히 이 저서는 시카고 개혁교회 사경회에서 펼친 내용이었다. 크지 않은 분량으로 교회 성경공부 교재로도 사용할 수 있도록 만든 저서로 보인다. 『개혁교회사』(솔로몬, 1998)은 신학생들을 가르치면서 교재로 사용하기 위해 만든 342

쪽의 저서이다. 이 책은 결국 773쪽의 『새로 쓴 세계교회사』(개혁주의 신행협회, 2006, 2016 9쇄)로 확장되었으니, 저자의 관심과 연구를 따라갈 수 있는 저서이다. 두 배 이상의 분량이 되었으니, 그만큼 그의 지식의 세계가 넓어졌다 할 것이다. 게다가 이 저서는 2006년 '문화관광부 우수 학술 도서'로 지정되었으니, 9쇄에 이르기까지 많은 사랑을 독자들로부터 받았다 할 것이다. 아마도 주도홍 교수의 대표작으로 이 책을 내세워도 손색이 없으리라 생각한다. 저서 『독일통일에 기여한 독일교회 이야기』(CLC, 1999)는 저자의 관심이 다른 데로 향하였음을 밝히 보여준다. 특히 보수 신학자의 주제로서 단순하지 않은 분단과 통일에 뛰어든 것이다. 특히 신학사에서 가장 보수적 주제인 17세기 독일 경건주의 연구자인 저자가 이제 가장 현대적 주제 20세기 한국통일에 연구분야를 확장한 것이다. 10년 이상 몸담았던 독일통일에 관해 연구를 시작하였다. 무엇보다 이 저서는 독일교회가 어떻게 분단 시절 동독의 가난과 아픔에 동참하였는지를 보여주었다. 무신론 공산주의 동독과 어떻게 서독교회가 관계를 했는지, 거기에 통일신학은 존재했는지를 추적하였다. 한 마디로 그것은 서독교회의 섬김의 신학, 곧 디아코니아 신학이었다. 예수님의 섬김을 받으러 오신 것이 아니라, 우리를 온전히 섬기러오신 복음의 정신으로 서독교회는 동독을 말없이 섬겼음을 밝혔다. 그러니까 무신론자 공산주의자도 복음으로 섬길 수 있음을 저서는 밝혀냈던 것이다. 그 반향은 족히 짐작할 수 있었다.

『모짜르트, 음악과 신앙의 만남』(한스 큉, 역서, 이레서원, 2000)은 역서로서 주 교수의 폭넓은 관심과 여유를 다시 확인하게 한다. 이제는 음악에로까지 나아갔으니, 역서이지만, 칼 바르트의 제자로서 로마교회로부터 교수직을 박탈당한 한스 큉의 저서를 한국어로 번역하여 소개할 수 있었다니, 신선함을 느낀다. 모차르트가 과연 신앙적이었는지를 한스 큉은 밝힌다. 물론 그의 선생 바르트도 모차르트에 대한 저서를 남겼으니, 찬송을 사랑하는 크리스천에게는 당연한 모습이지 않을지 생각한다. 『조나단 에드워즈의 신학』(콘라드 체리, 역서 이레서원, 2001)은 지금까지 개론적으로 에드워즈를 대했던 한국교회를 위해 영어 번역으로 한국교회에 깊이 있는 신학까지를 소개하고자 했던 저서로 평가하게 된다. 이로써 에드워즈는 본격적으로 한국교회에 소개되기 시작했다고 해도 과언이 아닐 것이다. 에드워즈의 대각성운동이 한국교회에도 일어나기를 바라는 역자 주 교수의 마음을 느낀다.

『페네라의 빵』(이레서원, 2002)은 저자의 수필집이다. 미국의 유명한 빵집 이름 'Panera's Bread'를 가져온 제목으로, 빵집 베들레헴을 연상시킨다. 주 교수의 수필집을 읽으면 글쟁이 필자를 만나게 된다. 길지 않은 단편들이지만, 영감이 넘쳐나 독자로 하여금 재미를 준다. 일종의 일상의 신학, 신학 산책이라 해도 좋겠다. 『삶을 역전시키는 기도』(개혁주의신행협회, 2003)는 저자의 기도 이해를 보여준다. 독일 경건주의를 연구하여 학위를 취득한 저자는 학문 세계에는 멀리 느껴지는 기도의 신학을 펼치는데, 독일 경건주의가 강조하는 경건학문으로서의 신학이해를 잘 보여준다. 『하늘 비전의 사람들』(UCN, 2005)은 사도행전 28장 전장 강해집으로, 현장교회에서 소그룹 성경공부 교재로 발간되었다. 각 장 끝에는 질문을 던지면서 소그룹과 대화할 수 있게 했다. 학자로서 여전히 이런 관심을 보이고 있는 것은 이유가 있었으니, 그가 바쁜 학자로서의 삶을 살아가면서도 교회가 꾸준히 그를 설교자로 불러주었던 것이다. 특히 그는 약 4년에 걸쳐 광주의 합동측 교회 아델리안교회의 설교목사로서 일했으니, 그러한 사역의 열매였다 할 것이다. 특히 책 말미에 제시되는 그의 '실질적 설교론'은 목회자들의 주목을 요한다.

『통일, 그 이후』(IVP, 2006)는 통일 전 독일교회를 연구한 저자가 이제는 통일 후 15년 독일교회를 연구한 저서를 냈다. 독일통일 전과 후를 수 년 걸쳐 발로 뛰며 1차 자료에 근거하여 연구하였으니, 독보적이라 할 것이다. 특히 저자의 글은 참고문헌을 많이 가져오지 않고, 자신이 직접 사료에 근거하여 연구하는 점은 특별하다 할 것이다. 물론 박사학위 논문에서 보여주는 이러한 연구방법은 주도홍 교수의 교회사 연구의 독특성으로 삼을 수 있을 것이다. 이 저서는 40여년 동안 공산주의 사상을 경험했던 동독이 어떻게 이데올로기를 청산하고 기독교국가 독일로 거듭날 수 있을 것인지를 역사적 사실에 근거하여 보여준다. 분단 한국교회는 많은 통찰을 가지게 될 것이다. 여전히 분단으로 갈등으로 해결책을 찾지 못하고 있는 한국교회에게 독일교회의 모습은 많은 교훈을 주리라 기대하는 저술이다. 『교회사 속의 설교자들』(프리칭아카데미, 2010; CLC 2017 2판)은 22명 설교자들의 생애, 활동, 사상, 설교를 다룬다. 특히 그들이 설교를 어떻게 이해했으며, 과연 그들의 설교는 어떠했는지를 역사적으로 밝힌다. 거의 7년만에 재판을 할 정도가 되었으니, 반향을 읽는다. 특히 복음적 설교자들을 초대교회에서 현대에 이르기까지 다루고 있는 교회사적 설교 이해라 해도 무방하다. 『설교』(대서, 2013)는 주도홍의 사랑하는 본문 사도행전 강해 설교집과 성탄절 설교모음이다. 여기에도 역시 저자의 설교이해가 실리고 있는데, 특히 청교도의 대표적 설교자 퍼킨스와 에임스의 설교론을 제시한다. 설교집 역시 그의 설교 목사로서의 열매이다. 그의 목회에로의 관심은 교수 사역 내내 끊이지 않고 있는데, 그의 연구 주제 경건주의가 미친 영향은 적지 않다 하겠다.

『처음 시작하는 루터와 츠빙글리』(세움북스, 2019)는 그의 또 다른 관심 주제이다. 2019년 츠빙글리의 종교개혁을 기념하여 개혁교회 종교개혁 500주년 준비위원장으로 활동하면서 이를 위해 주 교수는 책을 내었다. 루터와 츠빙글리를 비교하는 내용의 저서가 바로 이 책이었다. 루터의 종교개혁만을 알던 한국교회에게 이는 사실 충격이었다. 무엇보다 개혁신학을 그토록 강조하면서도 그 뿌리에 대한 인식이 약하고 없다는 점을 깨닫게 했다. 특히 츠빙글리의 성찬이해를 피상적으로 알았던 한국장로교회는 이제 사료에 근거해 성령임재론으로 알아야 했다. 이런 맥락에서 보면 주도홍 교수는 매우 선구자적 학자라 할 것이다. 기독교통일학회를 출범한 것도, 개혁교회종교개혁 500주년을 주창한 것도 다르지 않았다. 『개혁신학의 뿌리 츠빙글리를 읽다』(세움북스, 2021)는 츠빙글리를 1차 자료에 근거해서 연구한 저서이다. 그가 인용한 본문은 원문으로부터 직접 번역한 것으로 츠빙글리의 신학과 사상을 그대로 소개한다. 특히 지금까지 2차 자료로 소개되었던 츠빙글리의 신학이 본격적으로 그의 저서를 직접 읽고 소개하는 책으로서 그 의미는 적지 않다. 특히 츠빙글리는 개혁신학의 출발자로서 성령의 신학자, 성례 신학자, 자유와 평화의 신학자, 공적 삶까지를 파고드는 공공신학자의 모습을 일차 자료로부터 잘 보여주는 책이다. 21세기 한국장로교회가 어떻게 달라져야 하는지를 이 저서는 그 뿌리인 츠빙글리가 가르친다 할 것이다. 그런 맥락에서 주 교수의 저서는 언제나 현장 교회를 잊지 않고 있으면서, 실질적이라 하겠다. 이런 점에서 역사는 주도홍 교수를 평가하리라 기대한다.

개혁교회종교개혁 500주년 대회

주도홍 교수는 2019년 개혁교회 종교개혁 500주년을 준비하였다. 무엇보다 한국장로교회의 신학은 개혁신학인데 그 뿌리가 스위스 종교개

개혁교회 종교개혁 500주년 기념대회 출범식

혁자 츠빙글리에게 있기 때문이었다. 물론 개혁신학은 한 세대 후인 칼빈에게 이어지지만, 주 교수는 그 뿌리 '개혁교회의 아버지' 츠빙글리를 본격적으로 다루어야 할 당위성을 인식했다. 스위스의 종교개혁자 츠빙글리가 취리히에서 마태복음 강해설교를 함으로 개혁교회의 종교개혁이 시작되었다는 역사적 의미를 인식하면서, 주도홍 교수는 그 500년이 되는 2019년이 개혁교회 종교개혁 500주년이라는 것을 한국교회에 선포했다. 이것은 국제적으로도 선구적인 것으로 츠빙글리 500주년과 개혁교회 500주년을 기념한 중요한 예가 되고 있다. 2019년 6월 28일에 백석대학교에서 출범대회를 했다. 대회장은 주도홍 교수이며,

공동학술대회, 백석대학교

공동대회장은 강경림, 김재성, 안명준, 소기천, 최윤배, 유해무, 이승구 박정식, 변종길, 안인섭, 정미현 교수가 맡았고, 집행위원장으로는 이은선 교수, 사무총장은 조용석 교수가 담당했다.

베를린 개혁교회 500주년 학술대회

주도홍 교수는 개혁교회 종교개혁 500주년 대회장으로서 이 대회를 그냥 학자들의 영역이 아닌 현장교회를 찾아가서 기념대회를 열었다. 한국의 전국 방방곡곡은 물론 독일과 미국, 일본, 그리고 캐나다를 찾아다니면서 약 30차례 대회를 추진하였다.

평가 및 의미

개혁파 경건주의 연구를 통한 세계 신학계에 공헌

주도홍 교수는 자신의 박사학위 논문을 통해서 독일의 개혁파 경건주의자인 운데어아익(Theodor Undereyck)을 독일어판 위키페디아와 교회인물백과사전에 등재시킨 세계적인 역사신학자로 저명하다. 1982년에 독일에서 시작한 신학 연구의 긴 여정을 거쳐 소중한 결실을 맺은 것이다. 어느 신학자가 시종일관한 마음으로 한 주제에 대해 인내를 갖고 연구한다는 것은 결코 쉽지 않은 일이다. 그런 학문적인 열정은 많은 동료와 후배 학자들에게 감동을 준다고 하겠다. 개혁파 경건주의는 개혁주의적 건강한 교리와 경건의 통전성을 강렬하게 지향해서 16~17세기에 네덜란드에서 시작해서 독일과 프랑스어권으로 확대된 운동이다. 네덜란드어로 Nadere Reformatie(심화종교개혁)이라고 하며, 영어로는 Further Reformation 혹은 Second Reformation(제2의 종교개혁)이라고 부른다. 이 개혁 운동은 종합적인 신학적 운동들로부터 영향을 받아 형성되었는데, 공동생활 형제단(Devotie Moderna)과 같은 네덜란드 내부에 있었던 전통적인 신앙운동의 흐름을 바탕으로 스위스 개혁파의 영향을 받았으며 영국의 청교도운동과 병렬해서 발전했다. 조엘 비키 교수(Joel R. Beeke)는 이 개혁파 경건주의가 그 "언어적 장벽" 때문에 영미권 학자들에게 제대로 소개되지 못했다고 지적하고 있는데, 독일의 개혁파 경건주의의 기원을 밝힌 주 교수의 연구가 중요한 이유가 바로 여기에 있다. 일반적으로 경건주의라고 하면 독일의 루터파에서 나온 슈페너와 프랑케를 연상하게 되지만, 주 교수의 연구를 통해서 독일의 루터파 경건주의 이전에 이미 운데어아익을 통해서 독일의 개혁파 경건주의 운동이 먼저 일어났음이 세상에 알려지게 되었다.주도홍 교수가 지적한 것처럼, 경건주의는 보수주의자들로부터는 비성경적 신비주의요 주관주의라고 비판을 받는가 하면, 진보주의자들로부터는 중세적인 신학의 전형이며 머리 없는 신학이라고 폄하되기도 했었다. 그러나 주 교수의 연구로 17세기 개혁파 경건주의가 16세기 종교개혁과 신학적인 연속성을 갖는다는 점이 강화되어 경건주의에 대한 신학적 문제 제기에 대해서 정당한 평가를 할 수 있도록 해 주었다. 결국 주도홍 교수의 개혁파 경건주의 연구는 17세기 유럽의 경건주의 운동이 영국의 청교도운동과 네덜란드의 개혁파 경건주의(Nadere Reformatie)와 국제적인 네트워크 속에서 상호 교류하고 있었다는 점을 명쾌하게 설명해 주고 있다. 독일의 개혁파 경건주의는 한 지역에 고립된 운동이 아니라 국제적인 맥락을 갖는 운동임을 잘 드러내 준 것이다. 이 점은 앞으로 한국교회의 신학함도 고립적이고 배타적인 성격을 벗어나서 국제화하고 소통하는 방향으로 나가야 함을 잘 제시해 주고 있다.

성경적 통일을 위한 학문과 실천

30년 전쟁의 비참함과 계몽주의의 도전이라고 하는 매우 열악한 환경 속에서 교회를 일깨웠던 "운데어아익"이라고 하는 독일의 개혁파 경건주의 창시자를 세계 최초로 학계에 소개했던 주도홍 박사는, 눈을 한반도로 돌리게 되었다. 한반도는 분단이 된 채 70년이 넘어 버려서 남과 북의 시민들은 역사적인 고난의 터널을 지나가고 있다. 현대 한국교회와 그리스도인들은 세속주의라고 하는 거대한 조류 앞에서 표류하고 있다고 해도 과언이 아니다. 주 교수는 이데올로기가 아니라 성경적 관점에서 통일을 준비하는 학회가 절실하다고 역설하면서 2006년 6월에 기독교통일학회를 창립하게 된다. 당시 한국교회의 상황을 보면 기독교통일학회는 맨 바닥에서 시작하는 선지자적인 운동이었다. 마치 운데어아익이 계몽주의의 영향으로 죽어가던 독일교회를 일깨우는 것과 유사했다. 점차 주도홍 교수가 이끌어 가는 기독교통일학회 메시지는 한국교회의 메시지가 되어가고 있다. 언론은 그를 "통일을 위해 뛰는 학계의 대표"로 선정하기도 했다. 주도홍 교수는 기독교통일학회의 초대부터 4대까지 회장을 역임하고 현재는 설립회장으로서 성경적 통일운동을 위해 헌신하고 있다.

2019년 2월 주도홍 교수 정년 퇴임과 기독교통일학회 12주년을 맞아서 『성경적 통일의 길』이란 책이 헌정되었는데, 축사를 기고했던 박경서 박사(대한적십자사 회장)는 주도홍 교수에 대해서 "성경적인 통일운동에 큰 공헌을 했으며 사랑과 정의에 입각해서 복잡하게 얽혀있는 남북문제를 연합정신으로 풀어나가고 있다"고 그의 통일사역을 잘 정리해 주고 있다. 주도홍 교수의 공헌점은 이데올로기를 기독교와 일치시켜 양극화되어버린 한국교회에 기독교인이라면 누구나 따를 수 있는 길을 제시했다는 데에 있다. 그것이 성경적 통일이다. 그는 독일의 통일에 기여한 독일교회에 대한 연구를 통해서 이것을 역사적으로 입증하고 있다. 독일의 통일을 "조용한 개신교 혁명"으로 설명하는 관점은 한국교회의 통일의 길에 매우 의미심장한 방향을 제시하고 있는 것이다.

츠빙글리 연구 르네상스를 선도

최근 주도홍 교수는 학문적인 역량을 츠빙글리 연구에 집중하고 있다. 이미 2019년 츠빙글리에 의한 개혁교회 종교개혁 500주년 사업을 통해서 츠빙글리의 재발견이라는 신학적 화두를 던진 바 있던 주 교수는, 2021년에 초에『개혁신학의 뿌리 츠빙글리를 읽다』를 출판해서 개혁신학의 아버지 츠빙글리 연구의 르네상스를 이어가고 있다. 방대한 츠빙글리의 1차 자료를 활용해서 그의 신학을 소개하고 있다. 츠빙글리의 원저작 연구를 통해서 제시되는 공공신학과 시민의식, 그리고 기독교의 사회적 책임에 대한 재인식은 갈 길을 찾기 위해 헤매는 현대 교회에 소중한 방향타가 되고 있다.

나가는 글

주도홍 교수의 사역과 학문의 세계를 들여다보면 하나님이 주시는 절대적인 사명감과 학문적인 주도 면밀함, 그리고 불타는 열정이 융합되어 있다는 것을 발견한다. 그것은 신학과 경건, 신앙과 삶의 통전성이라는 개혁교회 경건운동을 심도있게 연구한 세계적인 신학자에게서 나올 수 있는 저력이라고 생각한다. 개혁교회의 경건주의자들이 그랬던 것처럼 신학이 그저 사변적인 곳에 머물러 있지 않고, 우리의 삶과 역사적인 현장에서 열매를 맺어야 한다는 것을 주 교수의 학문 세계에서 발견하는 것은 어쩌면 당연하다. 주 교수는 정년퇴직 이후에도 성경적 통일과 츠빙글리의 신학을 위한 연구와 강연을 지속하고 있다. 현재는 선교사 교육을 위한 국제개발대학원(총장 : 심창섭) 교수로, 그리고 2021년부터 총신대학교(총장 : 이재서) 교수로 섬기고 있다. 그러므로 주도홍 교수 삶의 후반부의 학문 세계와 활동에 대해서는 후일에 다시 다루도록 열어놓은 채로 글을 맺는다.

한국개혁신학회 20주년 열린 대담에서

경력

서울제일교회(고신), 신반포교회(예장, 합동) 교육전도사
대전 한밭교회(고신) 교환목회 (1990년)
독일 도르트문트 제일교회 담임목회자 (1982~1992년)
미국 시카고개혁교회(미국개혁교단 CRC) 담임목사 (1992~1996년)
시카고 기독교방송, 시카고 한인 언론 방송, 조선일보, '크리스천저널', CRC 월간지 '개혁의 소리' 등의 칼럼니스트
광주 아델리안교회 설교목사(합동, 약 4년)
기독교북한선교회 연구위원 (1997~현재)
천안대 기독신대원 역사신학 주임교수 (1996~2001년)
천안대 기독신대원, 실천처장(교목실장) (1998~2001년)
한국밀알 이사, 세계밀알 이사 및 운영위원(1997~2001년)
한국개혁신학회 총무이사 (1999~2001년), 수석 협동총무
한국복음주의 역사신학회 부회장 (1999~2001년)
백석대학교 신학주임교수 (2003~2006)
기독교 통일학회 회장 (2006~2014)
백석신학연구소 연구위원 (2006~2007)
기독교학술원 연구위원 (2009~현재)
백석(구,천안대학교)대학교, 학부 및 신학대학원 교수 (1996~현재)
기독신문 시론, 빛과 소금 시론, CGNTV 시론, 국민일보 종교개혁 500주년 연재
월간 프리칭 "교회사 속의 설교자들" 연재
유니 프레이어 닷컴(www.uniprayer.com):통일기독포털 공동대표 (2009~2011년)
극동방송 시사컬럼 담당 (2009~2012)

백석대 신학대학원 '목회와 신학' 트랙팀장 (2012~2013)
기독교통일학회 설립 및 회장 (2006~2014)
백석대학교 기독교박물관장 (2012~2016)
백석대학교 대학원 역사신학 주임교수
한국개혁신학회 회장 (2014~2016)
기독교통일학회 설립회장 (2014~현재)
백석대학교 도서관장 (2016~2017)
백석대학교 부총장 (2017~2019)
쥬빌리 통일기도회 상임위원
아시아신학연맹(AEA) 신학위원장 (2016~현재)
대한예수교장로회 총회 남북위원장(2016~2018)
국제개발대학원 교수(현재)
총신대학교 초빙교수 (2021~현재)

연구 목록

● 박사학위 논문

DoHong Jou, Theodor Undereyck und die Anfaenge des Reformierten Pietismus, Bochum, 1993.

● 저서

『절제의 자유』(서울: CLC, 1990)

『보다 고상한 기쁨』(서울:CLC, 1996)
『개혁교회사』(서울: 솔로몬, 1997)
『독일통일에 기여한 독일교회 이야기』(서울:CLC, 1998)
『조나단 에드워즈의 신학』(콘라드 체리, 역서, 서울: 이레서원, 2000)
『음악과 신앙의 만남』(한스 큉, 역서, 서울: 이레서원, 2000)
『삶을 역전시키는 기도』(개혁주의신행협회, 2003)
『페네라의 빵』(수필집, 서울: 이레서원, 2003)
『독일 경건주의』(편저, 서울: 이레서원, 2003)
『세계교회사』(서울: 개혁주의신행협회, 2003)
『통일, 그 이후』(서울: IVP, 2006)
『하늘 비전의 사람들』(서울: UCN, 2006)
『새로 쓴 세계교회사』(서울: 개혁주의신행협회, 2006)-문광부 우수도서 선정
『교회사 속의 설교자들』(서울: 월간프리칭, 2009)
『개혁교회 경건주의』(서울: 대서, 2011)
『설교』(서울: 대서, 2013)
『한국교회, 개혁의 길을 가다』(공저, 서울: 새물결플러스, 2013)
『통일로 향하는 교회의 길』(서울: CLC, 2015)
『교회사 속의 설교자들』(증보판, 서울: CLC, 2018)
『처음 시작하는 루터와 츠빙글리』(서울: 세움북스, 2019)
『한 눈으로 보는 츠빙글리의 신학』(공저, 서울: 세움북스, 2019)
『개혁신학의 뿌리 츠빙글리를 읽다』(서울: 세움북스, 2021)

▶ 외국어

Jou, Do-Hong, *Theodor Undereyck und die Anfaenge des Reformierten Pietismus*, (Bochum Uni, 1994).
독일, 세계 교회 인물문헌 백과사전(BBKL) 17권, 박사 논지 채택, 1439-1443.
독일, Wikipedia 박사논문 채택 등재(2009. 5. 5), "Theodor Undereyck".

● **논문 및 발표**

"독자적 종교개혁자 쯔빙글리의 말씀이해", 「역사신학논총」(제6집, 2003), 194-210.(ISSN 1229-7593).

"실제로 깔뱅주의는 무엇인가?", 「기독신학저널」(2004년 가을 특집), (총 16쪽)

"독일통일에서 얻는 한국교회의 통일노력", 「역사신학논총」, 한국복음주의역사신학회, (2006).

"통일 전후 독일교회의 사회봉사", 손봉호 외 9인 공저, 『기독교의 사회적 책임』, 세계밀알연합회 편, (서울: 기독교문서선교회, 2005), 101-133.

"웨슬리는 개혁주의인가?", 「기독신학저널」, 8권(2005년, 6월), 181-217.

"통일 전후 독일교회의 문제와 과제", 통합연구학회(DEW), 「통합연구」, (18권 1호, 2005년 2월 28일 발간), 특집 : 성경적 관점에서 본 남북통일, 65-92.

"통일 후 독일교회의 문제와 과제", 『북한선교』, 기독교북한선교회, (2005년 6월호), 8-13.

"기독교 북한선교회 학술세미나", 북한선교연구소 주최, 제7회 기독교 북한선교회 학술세미나, 주제 : 교회와 통일, 학술논문 발표 "통일 후 독일교회의 문제와 과제", 2005년 4월 1일, 서울 장로회신학대학교, 주기철 기념관.

"기독교의 사회적 책임", 총신대학교 종교개혁 488주년 기념 학술제 특강, 2005년 10월 27일, 총신대학교(서울).

"한국통일은 교회에게 기회인가, 위기인가?", 11월 12일(토), 서울 방배동, 기독교 통합학회 학술대회 발표 :

"통일독일의 청소년 신앙교육에 관한 연구", 「역사신학논총」, 제11집 2006, 한국복음주의역사신학회, (생명의 말씀사, 2006), 166-199.

"한국복음주의 교회의 통일인식", 「한국개혁신학」. 주제: 민족통일과 개혁신앙, 제20권, 171-194.

"남북분단시절 한국교회의 사회윤리학적 성찰", 기독교사회윤리학회 편, 「기독교사회윤리」(제13집), 183-205 (서울: 선학사, 2007).
마르틴 융, 주도홍 역, "독일 경건주의의 신학", 「기독신학저널」, 제12권 (2007년 봄호), 175-204.
"통일독일의 청소년신앙교육에 관한 연구", 2007년 3월 18일(토), 한국복음주의 역사신학회, 성결대학교 대학원, 발표.
"남북정상회담과 한국교회"월간 「목회와 신학」, (2007년 12월호).
"교회법을 통한 칼빈의 제네바 성시화", 고신대학교 개혁주의 학술연구원, 「칼빈과 사회」, (고신대학교 출판부, 2009), 229-255.
"한국복음주의교회의 통일인식", 「기독교와 통일」, 3권, (2009.11.1).
"역사를 통해 본 한국교회와 3.1운동", 「유관순 연구」 제14호, (천안, 2009), 5-26.
2009년 목회와 신학, 7월호, 창간 20주년 기념호, "10년 후 한국교회"- 홍정길 목사(남서울은혜교회)와 주도홍 교수(백석대) 특별대담, 진행 최원준 편집장, "통일은 한국교회의 미래입니다.", 160-166.
"한국교회와 통일", 개혁신학연구센터, 제7회 죽산기념강좌 (총신 109주년 기념행사), 주제: 박형룡과 에큐메니즘, 2010년 5월 13일(목), 총신개교 100주년기념예배당(양지캠퍼스), 총신대학교신학대학원, 총회신학원, 자료집 77-104.
"그리스도인과 통일, 독일통일로 살펴 본 한국교회의 통일론", 고신대학교 개혁주의 학술원, 「갱신과 부흥」, 2010, vol.10, 63-75.
"서평, 엘리스터 맥그래스의 「기독교, 그 위험한 사상의 역사」,「백석신학저널」, 2010. 봄호, 통권 18호, 191-204.
"종교개혁에서 보는 문화와 통일운동",「교회와 세계선교」, 제49권, 37-61. 총신대학교 부설 교회선교연구소.
"기독교대학의 사회적 책임", 제5회 국제기독교대학학술대회, 부여 롯데리조트, 6.22-24(금), 발제 : "한국교회와 남북통일", 자료집(2권), 159-176.

"독일통일이 한국교회에게 주는 역사적 교훈", 숭실대 10월 28일(금), 베어드 홀 5층, 개교 114주년 기념 학술대회 발표.
"손봉호, '종교개혁과 정치·사회·통일'에 관하여 "종교개혁 기념 Refo500 Asia, 총신대, 10월 31일, 2011 국제학술컨퍼런스, 논평.
"예정론을 향한 웨슬리와 휫필드의 역사적 논쟁", 한국개혁신학회, 11월 5일 협성대학교, 31회 정기학술심포지엄 발제: 26-39.(자료집)
"교회사적 스펙트럼으로 본 헬무트 틸리케", 「한국개혁신학」, 30권, 104-127, 학진후보지(2011)
"21세기 사마리아 북한-성경적 통일신학", 「월간 목회」, 2011 3월호, 특집 한국교회와 민족통일, 48-55.
"재스민혁명이 북한의 개방에 미치는 영향과 한국교회의 대처", 「목회와 신학」, 4월호, 133-138.
"제네바 예배모범", 요한 칼빈 탄생 500주년 기념사업회, 「칼빈의 구원론과 교회론」, (서울: SFC, 2011), 296-317.
"진리냐 사람이냐? 사람과 진리냐?", (2011. 11. 30.) 32권, 「한국개혁신학」, 170-198(학진 등재지).
"한국 장로교와 통일", 5월 3일, 10:00~16:30, 주관: 총회설립 100주년 신학정체성 포럼 준비위원회, 주최: 대한예수교장로회 총회 · 총회설립 100주년 기념사업위원회, 특강 강사, 총신대원 양지, 2012년 자료집, 114-130.
"청년이여, 통일을 누려라!", 12월 8일, 「기독교와 통일」, (2012년 제6호), 7-18. (서울: 기독교통일학회).
"종교개혁은 개혁을 원한 것이지, 분열을 원하지 않았다", 기독교연합신문, 2012. 10. 21, 기획특집, '종교개혁 495주년, 한국교회를 돌아본다'(7면)," (전면 게재).
김영한, 서평 주도홍, 『개혁교회 경건주의』, 「신학지남」, 제80권 1집, 335-343.

"고신교단 출현에 대한 역사적 고찰", 『부·경 교회사 연구』(제48호, 2014. 3), 62-67.
"유성(遊星) 김준곤의 민족복음화 통일", 2015년 6월 개혁신학회, 「개혁논총」 제34권, 213-240.
"교회사로 본 기독교 대학과 선교", 1월 5일 제1회 PAUA 포럼 새문안교회 언더우드교육관 5층, "왜 대학을 통한 선교인가?", 주제발표 자료집 29-53.
"통일독일에서 바라본 남북통일에서의 교회의 역할", 1월 25일 2016 아홉 번째 통일비전캠프, 부흥한국, 평화한국, 예수전도단, 한국대학생선교회, YWAM-AIIM, (tk) 뉴코리아, 1월 25일~29일 "용서, 평화로 여는 통일 코리아", 주제강의: 자료집, 26-34.
주도홍, "남북통일과 한국교회의 과제", 2016년 4월 30일, 제67차 정기학술대회 한국복음주의신학회 주제 100분 토론 기조강연.
"종교개혁 영성의 현장을 좇아서", 국민일보 종교개혁 500주년 특집(5월~7월까지 10회 연재).
"한반도 통일 시계와 한국교회", 신앙세계 8월(9월) 합호 단독 대담, 22-27. 통권 577호
"종교개혁이 한국교회에 말하는 것", 「월간 목회」 2016년 10월호(Vol 486) ISSN 1227-1586, 특집 주제 "무엇이 개혁되어야 하는가", 48-53.
"서독교회의 디아코니아가 독일통일에 기여한 점", 10월 15일 「통일코리아」 (2016 가을) 통권 10호 ISSN 2288-9086, 특집 65-74.
"21세기 한국교회 비전", 11월 14일, 명성교회(김삼환) 한국교회평화통일기도회 특강.
"21세기 한국교회의 비전", 11월 15일 「Newspower」 게재
"기독교통일학회 10주년 회고", 11월 19일(토) 기독교통일학회 학술심포지엄 기조강연, 광주 아델리안교회(합동).
"10년 잔치 독일 종교개혁 500주년", 11월 28일(월) 혜암신학연구소(소장:

이장식) 특강.
“정통주의 영성과 한국교회”, 2016년 12월 2일 기독교학술원(원장 : 김영한) 발제.
“서독교회의 디아코니아와 독일통일”, 2017년 2월 9일 고대의대 문숙의학관 저녁 7시 남북보건의료교육재단 포럼 주제 발제.
“개혁교회 정통주의의 영성이해 - 푸치우스와 코케우스를 중심으로”, 「한국개혁신학」, 53권(2017), ISSN 1229-1099, 223-243.
“종교개혁 500주년과 한국교회 갱신”, 2017년 31일 「백석신학저널」 (2017년 봄호), ISSN 1598-6918, 게재 101-127.
“통일한국을 향한 교회의 길”, 6월 2일 기독교학술원 . 온누리교회 공동세미나 주제: “기독교 입장에서의 통일정책 방향” 발제 : (자료집 33-52), 양재 온누리교회 통일위원회 화평홀.
“통일한국을 향한 교회의 길”, 제21차 기독교통일학회(주최) 정기학술심포지엄 주제: “종교개혁 500주년과 통일”, 주제발표: (자료집 42-55).
“한국교회, 평화의 사도로 나서야: 한국교회와 북한정권의 화해모색”, 「기독교와 통일」, (제9권 제2호, 2018), 39-58.
“루터의 종교개혁 초기에 관한 연구”, 2018년 1월 15일 캄보디아장로교 신학대학교 종교개혁 500주년 기념학술심포지엄 한국인 대상 기조 강연.
“한국교회와 북한 정권의 화해는 가능할까?”, 2018년 9월 1일, 「목회와 신학」 통권 351, (등록번호 용산 라 00090), 특집- 평화의 마중물 한국교회, 60-65.
“둘을 하나로 묶는 샬롬 예수”, 2020년 10월 17일 “독일통일 30주년 기념 한국개혁신학회+기독교통일학회 학술대회 통일과 한국교회 총신대학교 기조강연, 자료집, 12-19.
“둘을 하나로 묶는 샬롬 예수”, 「기독교와 통일」, 제11권 제2호, (2020년 11월), 5-22.

안인섭 교수

고려대학교 사학과
총신대 신대원 (M. Div.)
Theologische Universiteit van de Gereformeerde Kerken In Nederland (Drs., Ph. D.)

전, 한국칼빈학회 회장, Refo500Asia 디렉터
총신대학교 역사신학 교수
기독교통일학회 회장
한국개혁신학회 총무

저서_『어거스틴과 칼빈』
『칼빈: 하나님의 영광을 위한 열정의 사람』
『기독교와 통일 그리고 북한』(공저)
Calvin Handbook(공저)

최윤배 박사

최윤배 박사의 생애와 신학

김선권_장로회신학대학교, 객원교수

한국항공대학교 항공 전자공학사
연세대학교 대학원 전자공학석사
장로회신학대학교 신학대학원 (M. Div., Th. M)
De Theologische Universiteit van de
Gereformeerde Kerken in Nederland (Drs.)
De Theologische Universiteit van de
Christelijke Gereformeerde Kerken in Nederand (Dr. theol.)

장로회신학대학교 조직신학 교수
한국칼빈학회 회장
한국복음주의조직신학회 회장
한국복음주의신학회 부회장
한국개혁신학회 부회장

들어가는 말

향목(香木) 최윤배는 1996년 네덜란드에서 "마르틴 부처와 장 칼뱅의 성령론과 기독론의 관계"라는 제목의 논문으로 박사 학위를 취득했다. 이 논문은 최윤배의 연구에 대한 방향을 상징적으로 보여 준다. 그는 부처와 칼뱅이라는 개혁파 종교개혁자들을 조직신학 주제인 성령론과 기독론의 관계를 가지고 서로 비교하며 연구했다. 시대적으로는 16세기 종교개혁자를 연구했기에 역사신학 연구방식을 도입했으며, 연구 주제와 관련해서는 조직신학 연구방법을 사용했다. 이런 연구 방법은 귀국 후 계속되는 연구 활동 속에 그대로 남아 있다. 한편에서는 역사적, 통시적 방법을 사용하고, 다른 한편에서는 교의학적, 공시적 방법을 사용한다. 그가 조직신학 교수이기에, 조직신학 방법론을 주로 염두에 두었지만, 가능한 한 양쪽 모두를 아우르는 연구방법을 사용한 것이다.[1)]

무엇보다도 박사학위 후 마르틴 부처에 대한 연구는 계속되었다. 연구의 결과물이 『잊혀진 종교개혁자 마르틴 부처』의 출판이다. 부처에 대한 출판은 한국신학계에 큰 자산이 되었다.[2)] 그가 네덜란드에서 돌아와 부처와 칼뱅의 사상을 비교하는 연구를 했다고 했을 때, 부처(Bucer)를 부처(Buddha)나 유대교 종교철학자인 마르틴 부버(Buber)로 오해하기도 했다. 그만큼 한국은 마르틴 부처에 대한 지식이 거의 없었던 것이다. 최윤배는 부처 연구로 박사학위를 받은 첫 번째 한국인 연구자이다. 이 점에서 그는 한국신학계에 부처를 소개해야 하는 사명과 책임감을 가졌던 것이다. 또한 『깔뱅신학 입문』을 발행하면서, 칼뱅연구에 큰 기여를 했다. 입문서라는 책의 제목과는 달리 칼뱅신학의 거의 모든 것

1 최윤배, 『개혁신학 입문』 (서울: 장로회신학대학교출판부, 2015), 45.
2 최윤배, 『잊혀진 종교개혁자 마르틴 부처』 (서울: 대한기독교서회, 2012).

을 담아냈다고 할 수 있다. 이 책은 다른 칼뱅신학 입문서나 사상서에서 다루었던 주제를 확대 심화시켰을 뿐만 아니라, 다루어지지 않았던 주제까지 폭넓은 연구를 담고 있다. 특히 눈에 띄는 것은 칼뱅신학을 어떻게 연구해야 하는지 그 방법론을 다루었고, 칼뱅의 예배론, 칼뱅의 문화론, 칼뱅의 과학론, 칼뱅의 가정론, 칼뱅의 디아코니아론 등을 다루어서 칼뱅연구의 주제를 확장시키면서 한국칼뱅연구에 큰 기여를 했다.

부처와 칼뱅을 연구한 최윤배는 그 자신 안에 그들의 신학적 특징을 그대로 가지고 있다. 부처는 사랑의 신학자이자 중재의 신학자였다. 부처의 첫 번째 작품은 이웃 사랑에 대한 것이다. 부처에게서 매우 중요한 개념인 하나님 나라는 "사랑의 하나님 나라"이다. 부처의 종말론을 "사랑의 종말론"이라고도 부른다. 칼뱅 역시 중재의 신학을 그 특징으로 가진다. 양극단에 치우침 없이 "중간의 길"(via media)을 걷는 것이다. 최윤배의 신학 연구와 활동 범위 역시 사랑의 신학자와 중재의 신학자로서의 특징을 가진다. 최윤배는 성경적이며 기독교적인 신앙과 신학을 추구했다. 개혁신학 전통을 사랑하면서도 복음주의적이며, 에큐메니칼 관점에 대해서 배타적인 태도를 취하지 않았다.

최윤배의 신앙 여정

최윤배는 1955년 12월 28일 경상북도 영양군 영양읍에서 아버지 최동조와 어머니 김목출 사이에서 태어났다. 부친은 엄격한 유교적 신앙을 가졌고 어머니는 독실한 불교 신자였다. 중학교까지 고향에서 자라다가 대구의 대건고등학교로 진학했다. 초등학교 때와 고등학교 때 잠깐 교회에 출석했지만, 신앙을 가졌던 것은 아니었다.

그는 1975년 대학 진학을 위해 서울로 상경했다. 주인집 아주머니로부터 교회 출석에 대한 전도를 받아, 1975년 3월 첫 주부터 동신교회에 출석했다. 주께서는 최윤배를 자신의 품으로 강력하게 이끄셨다. 동신교회에 출석하고 얼마 지나지 않아, 그는 예수를 주로 영접하고 하나님께 회심하는 영적 출생의 사건을 급격하게 체험한다. 당시 동신교회 담임목사였던 김세진 목사는 사도행전 9장 말씀을 가지고 사울의 다메섹 도상에서의 회심에 대한 말씀을 전했다. 최윤배는 그 설교를 듣고 회심 체험을 했다. 11시 예배가 이미 끝났지만, 예배당을 떠나지 못하고 통회와 자복하며 교회에서 계속해서 기도했다. 기독교적 교육이나 신앙의 형성 없이 성장했던 최윤배는 말 그대로 "갑작스런 회심"(subita conversio)을 경험한 것이다.

회심이란 무엇일까? 첫째, 하나님께로 돌이키는 행위이며 둘째, 하나님이 행하시는 행위이다. 이것은 무엇을 말하는가? 하나님께 돌이키는 회심이란 단지 주체의 결단에 의해서만 되는 것이 아님을 말한다. 즉 하나님이 주권적으로 행하시는 행위가 있을 때, 진정한 의미에서의 하나님께로 돌아서는 회심이 일어날 수 있는 것이다. 최윤배는 예기치 못한 상황에서 하나님이 행하시는 행위로서의 회심을 경험했고, 그로 인해 하나님께 전적으로 돌아서는 회심을 했다. 회심은 한편에서는 하나님께로 돌아서는 행위라면, 다른 한편에서는 하나님의 말씀으로 가르침을 받을 만한 마음으로 준비가 되는 것이다. 회심 사건으로 인해 그는 말씀을 심령에 수납할 준비가 되어, 그리스도인으로서 생명의 말씀을 영혼의 양식으로 삼게 되었다. 최윤배에게서 회심 사건은 너무나 결정적이었기에, 회심이란 단지 그리스도인이 되는 출발점이 아니었다. 그의 향후 인생 전체의 중심 개념이자 그의 신앙과 신학을 떠받치는 대들보였다.

그리스도인으로서의 회심과 사역으로서의 회심은 구별된다. 처음 회심 사건 이후, 6년 만에 그는 사역으로서의 회심을 경험했다. 처음 회심 사건이 곧바로 그로 하여금 신학을 하게 했던 것은 아니다. 그는

1979년 2월에 한국항공대학교 항공전자공학과를 졸업하고 1981년 8월에 연세대학교 대학원 전자공학과를 졸업했다. 전자공학 전공의 공대 교수가 되는 것이 그의 꿈이었다. 그러던 그가 연세대학교 대학원에 공학석사 논문을 제출하고 연세대학교 배양로를 통해 귀가 중에 예기치 못한 소명이 찾아왔다. 공대 교수보다는 목사가 되는 것이 복음을 더 잘 전할 수 있다는 마음이 든 것이다. 목사를 그의 소명으로 받아들이고 예수 그리스도를 위해 자신을 바치기로 결심한 것이다. 군 복무를 마친 후 곧바로 1984년에 장로회신학대학교 신학대학원에 입학한다.

최윤배는 칼뱅신학에 대한 주제로 신대원 논문(M. Div.)을 쓰고, 대학원에 진학하여 조직신학 연구를 발전시켰다. 대학원 논문(Th. M.)의 제목은 "베르까우어의 하나님의 형상이해"였다. 그는 이수영 교수가 졸업한 프랑스 스트라스부르대학에서 조직신학 연구를 이어가고 싶었다. 스트라스부르대학에 유학 준비를 앞두고 있을 때, 이수영 교수와의 대화에서 네덜란드로 유학의 방향이 갑자기 바뀌게 되었다.

1989년 12월 유학의 길을 떠난 최윤배는 깜뻰(Kampen)의 네덜란드개혁신학대학교에서 조직신학 전공과 교회사와 신약학을 부전공으로 선택하여 그곳에서 3년 2개월 만에 독토란두스(Drs.)를 끝마쳤다. 학위 논문의 제목은 『헨드리꾸스 베르꼬프에게서 성령론과 기독론의 관계』였다. 그는 개혁신학연구에 집중하기 위해서 학교를 아펠도른(Apeldoorn)의 기독교개혁신학대학교로 옮겨 마르틴 부처 전공자인 스뻬이커르(Willem van't Spijker) 교수에게 박사논문 지도를 받게 되었다. 1996년 9월 4일 "마르틴 부처와 장 칼뱅의 성령론과 기독론의 관계"라는 제목의 논문으로 신학박사학위를 취득했다.

1997년에 평택대학교에서 교수로 임용이 되어 가르쳤고, 1998년 3월부터 2002년 8월까지 서울장신대학교에서 4년 반 동안 조직신학 교수를 역임했다. 2002년 9월 1일부터 현재(2019년 12월)까지 장로회신학대학교 조직신학 교수로 재직 중이다(2021년 2월 28일 은퇴 예정). 그는 학교에서 다양한 보직을 충실히 수행했을 뿐만 아니라, 많은 후학을 양성했다. 조직신학 각론의 과목과 개혁신학과 칼뱅신학을 중점적으로 가르치면서 장로교 신학생으로서의 정체성을 확립시키는데 큰 기여를 했다. 그는 9권의 저서와 2권의 번역서를, 60여 권의 공저, 20여 권의 책임편집을 했고 250편에 달하는 소논문을 작성했다. 그는 교수로서 가르침과 연구활동에서 활발한 성과를 냈을 뿐만 아니라, 학회활동에도 적극적으로 참여했다. 한국조직신학회 회원으로서 활동했고, 한국칼빈학회의 경우는 창간 학회지를 발간했고, 회장을 역임했다. 한국복음주의조직신학회에서 회장과 한국개혁신학회에서 부회장을 역임했다.

한편에서 최윤배는 중생(회심)체험을 강하게 했기에 기도와 은혜 체험을 사모하는 보수적 신학의 경향이 있지만, 다른 한편에서 지적인 열정에 있어서는 칼뱅과 개혁신학을 탄탄하게 다지고 20세기 현대신학까지 연구의 폭을 넓히고자 하는 마음도 강했다. 말 그대로 통전적 신학의 추구였다. 불신자 가정에서 태어나, 한국장로교의 정체성을 확립하는 신학자가 되기까지, 공학을 전공했던 과학도에서 개혁신학에 정통한 신학자가 되기까지, 하나님이 하시는 행위로서의 회심을 경험하여 그의 삶과 심장을 하나님께 드리기까지, 이 모든 것은 하나님이 길들인 역사였고, 하나님의 놀라운 섭리적 선택과 은혜의 결과임을 증거하는 인생 자체였다.

최윤배의 신학방법론과 신학적 기여

신학방법론

최윤배의 정체성은 조직신학자이다. 동시에 그는 16세기 종교개혁자

부처와 칼뱅을 연구하면서 다져진 역사신학자적 자질도 충분히 갖추고 그것을 드러냈다. 그는 조직신학과 역사신학의 연구방법을 그의 연구에 적용했다. 그에 의하면 조직신학과 역사신학 연구의 경향은 상호 공존하면서 상호 협력과 상호 보충과 보완을 통해서 균형을 이루어야 한다.[3)]

최윤배는 학자이기 이전에 목사였다. 신학이 목회를 위해야 한다고 생각했다. 그의 사역으로서의 소명은 교수 이전에 목사였다. 그는 『성경적·개혁적·복음주의적·에큐메니적·기독교적 조직신학 입문』에서 저술 목적을 "신학대학에서의 조직신학 교육과, 목회와 선교 현장에서의 조직신학 실천 사이를 상호 유기적으로 연결시키는" 것에 있다고 적시했다.[4)] 또한 이러한 목회를 위한 신학은 그가 실제로 강단에서 가르칠 때, 열정적으로 드러난다. 또한 그는 부흥사로서 말씀을 전하는 데에 전국 방방곡곡을 누비기도 했다. 그는 부름이 있을 때는 언제든지 교회의 강단에, 교사 대학의 강사로서 기꺼이 서기를 원했다. 신학자이지만, 교회의 현장과 밀접하게 관계를 맺고 있었던 것이다.

그러므로 조직신학과 교회와 선교 현장의 유기적 연결을 이루는 목적과 관련해서 최윤배는 신학을 하는 데에 있어서 성령의 역사를 먼저 앞세운다. "우리가 신학을 올바르게 하기 위해서 먼저 성령의 은사인 신앙이 절대적으로 필요하다. 우리는 성령과 신앙과 기도를 통해 하나님의 지혜와 계시를 알 수 있다."[5)] 지혜와 계시의 영이 부어질 때, 하나님을 아는 학문인 신학을 할 수 있는 것이다.

최윤배는 신학을 하는데 있어서 성령의 조명의 역사 다음으로 중요하

3 최윤배, 『깔뱅신학 입문』 (서울: 장로회신학대학교출판부, 2012), 96.
4 최윤배, 『성경적 · 개혁적 · 복음주의적 · 에큐메니칼적 · 기독교적 조직신학 입문』 (서울: 장로회신학대학교 출판부, 2013), 378-416.
5 최윤배, 『깔뱅신학 입문』, 41.

게 생각하는 것이 하나님이 인간에게 선물로 주신 이성이다. 이성 없는 신앙만 가지고 신학을 하는 것도, 신앙 없이 신학을 단지 학문으로 추구하는 것도 반대했다. 전자는 신학이 학문이 될 수 없게 하고, 후자는 종교철학에 불과하기 때문이다.[6] 최윤배가 추구하는 신학연구 방법은 신앙과 지식을 잘 조화시키는 것이었다. 경건(*pietas*)과 학문(*scientia*)의 조화이다. 그의 신학방법론은 마르틴 부처와 칼뱅을 기초로 한 장로교적 전통하에서 현대신학 전반에 이르기까지, 보수에서 진보까지 통전적이며 종합적 신학을 지향하는데 있다.

최윤배와 마르틴 부처

마르틴 부처는 개혁교회와 신학의 원조로서 칼뱅에게 큰 영향을 끼친 인물이다.[7] 2009년에 칼뱅 탄생 500주년 기념으로 한국뿐만 아니라 전세계적으로 칼뱅 연구의 르네상스가 일어났다. 하지만 부처는 여전히 신학의 중심부가 되지 못했다. 최윤배의 말대로 "잊혀진 종교개혁자"였다. 부처에 대한 국외 연구도 다른 종교개혁자들에 비해서 적은 편이었지만 국내 연구는 전무했다. 최윤배는 이러한 부처 연구에 대한 척박한 상황 속에서 귀국 후 수년간의 연구를 거듭하여 귀한 결실을 보았다. 이것이 『잊혀진 종교개혁자 마르틴 부처』의 출판이다. 이 저서의 의의는 한국신학자로서 부처신학 전반에 대한 연구를 진행한데 있다. 한 두 편의 논문으로 그를 소개한 것이 아니라, 성서주석가로서 부처를, 조직신학의 각론에 해당되는 주제인 기독론, 성령론, 구원론, 교회론, 종말론 등을 다루었다. 실천신학의 주제에 해당되는 예배론, 직제론, 선교론, 디아코니아론 등을 다루면서 부처신학의 적용점까지 제시

6 최윤배, 『성경적 · 개혁적 · 복음주의적 · 에큐메니칼적 · 기독교적 조직신학 입문』, 41.
7 최윤배, 『잊혀진 종교개혁자 마르틴 부처』, 44-45.

했다. 부처를 접근하는 연구방법에 있어서도 부처 전집을 소장하고 있는 저자는 1차 문헌인 원전 중심의 연구를 진행하면서 영어권, 네덜란드어권, 프랑스어권, 독일어권 연구를 광범위하게 활용하는 능력을 보여 주었다.

부처 연구에 대한 기여는 한둘이 아니지만, 특별히 부처의 직제론 연구와 성경해석가로서 부처의 연구는 의의가 있다. 칼뱅 이전에 부처는 이미 목사, 장로, 집사, 교사로서의 4중직을 교회의 직분으로 제시했다. 이러한 부처의 직제론의 영향 아래 칼뱅은 이 직분론을 제네바에서 실제적으로 실천할 수 있었다.[8] 루터와 칼뱅과 마찬가지로 부처는 탁월한 성서해석가이자 성서주석가였다. 부처는 중세의 알레고리적 성서해석을 거부하고, 성서의 역사적, 문법적 해석을 선호했다. 성서의 언어와 문법, 역사적 맥락을 중시하면서도, 성서 전체의 맥락에서 조망된 해석을 취했다. 부처는 본문에 대한 구속역사적, 기독론적, 성령론적 방법이 적용된 신학적 해석을 추구했다. 최윤배에 의하면 부처의 성경해석학은 한국의 강단과 그리스도인들의 삶이 근원인 말씀으로 돌아갈 것을 강력하게 촉구하는 예언자적 메시지에 해당된다.[9]

최윤배와 칼뱅

최윤배는 칼뱅전문가이다. 그의 칼뱅 연구의 특징은 풍부한 원전 중심의 연구이다. 그가 저술한 『깔뱅신학입문』은 1000페이지에 조금 못 미치는 분량이다. 단행본으로는 국내에서 가장 많은 분량을 가진 칼뱅 연구서이다. 연구의 서론으로 16세기 종교개혁 진영의 맥락에서 칼뱅을 다루었고, 칼뱅 생애와 연구방법론을 다루었으며, 연구의 본론으로

8 최윤배, 『잊혀진 종교개혁자 마르틴 부처』, 421, 423, 443.
9 최윤배, 『잊혀진 종교개혁자 마르틴 부처』, 538.

그의 신학 각론에 해당되는 정말 다양한 19개나 되는 칼뱅신학의 주제를 취급했다. 이 책을 쓴 저자 최윤배는 본서의 출판 목적을 "왜곡되지 않은 칼뱅에 대한 올바른 지식의 제공"에 있다고 했다.[10] 이 책을 출판했던 최윤배는 만 9년 넘게 장로교단에 속한 교회에서 신앙생활을 했지만, 신대원에서 칼뱅신학을 배우기 전까지 칼뱅에 대한 배움을 전혀 갖지 못했음을 고백했다. 종교개혁 전통과 칼뱅신학 전통에 있다고 자부하는 한국장로교회가 과연 칼뱅에 대한 이해를 정확하게 하고 있으며, 목회 현장에서 그의 신학을 실제적으로 사용하고 있느냐의 문제는 물음표를 찍게 했다. 최윤배는 "붕어빵에는 붕어가 없다"는 말을 한국장로교회에 칼뱅이 없는 현실로 적용했다.[11] 최윤배의 『깔뱅신학 입문』은 대외적으로는 칼뱅에 대한 이미지를 새롭게 하고, 그의 신학을 객관적으로 다루어서 편견 없게 칼뱅을 대하게 하며, 대내적으로는 장로교회에 속한 신학도와 목회자가 그 뿌리인 칼뱅을 이해하도록 돕는 매우 유익한 안내서이다.

최윤배와 네덜란드 신학자들

네덜란드의 신학자는 한국신학계에서 낯설다. 헨드리꾸스 베르꼬프는 낯선 신학자였다.[12] 최윤배는 베르꼬프 신학을 소개했다. 그에 의하면 베르꼬프가 그의 성령론을 통해 성령에 대한 망각증으로부터 서방교회를 구해냈으며, 성령에 대한 두 편파성을 극복하게 했다.[13] 최윤배는 베르꼬프의 경우, 기독론과 성령론은 서로 구속역사적으로 만난다고

10 최윤배, 『깔뱅신학 입문』, 7.
11 최윤배, 『깔뱅신학 입문』, 7.
12 최윤배, "헨드리꾸스 베르꼬프의 성령론과 기독론의 관계성 연구," 『신학논단』 제31권 (2003): 99.
13 최윤배, "헨드리꾸스 베르꼬프의 성령론과 기독론의 관계성 연구," 100.

평가했다. 더 나아가 성령과 그리스도의 관계는 삼위일체론적으로, 종말론적으로 상호 규정된다.[14] 이러한 성령과 그리스도와의 관계는 칼뱅에게서 성령과 그리스도와의 관계가 어떠한지를 밝히는 주제로 확장된다.[15]

헤리뜨 꼬르넬리우스 베르까우어는 바빙크, 베르꼬프와 더불어 네덜란드 3대 신학자 중 한 명이다. 베르까우어 역시 한국에는 생소하지만, 18권에 달하는 방대한 교의학 저술로 유명하다.[16] 최윤배는 『개혁신학 입문』에서 베르까우어의 신학을 소개할 때, 그의 박사학위 논문인 "독일의 새로운 신학에서 신앙과 계시"를 먼저 언급한다. 그에 따르면 베르까우어는 성령은 신앙과 계시에 있어서 상호관계성을 가진다. 성령은 인간 안에 신앙을 일으킬 뿐만 아니라, 성경계시를 신앙을 통해서 깨닫게 한다.[17] 독일신학에는 계시와 신앙의 관계에서 객관주의와 주관주의라는 양극화 현상이 있었는데, 베르까우어는 성경의 계시에 근거하지 않는 주관적인 신앙의 위험성과 성령을 통한 체험적 신앙 없는 성경의 계시만을 주장하는 객관주의의 위험성을 계시와 신앙의 상호관계성과 성령의 신앙과 계시의 결합으로 극복하고자 했다.[18] 베르까우어는 바르트 신학에 대한 관심을 가졌으며, 그의 신학에 대한 책을 저술하기도 했다. 최윤배에 의하면 베르까우어는 바르트에게서 "계시 중심, 말씀 중심, 그리스도 중심, 은총 중심"의 사상을 수용하면서도 그와의 신학적 차별을 두고 "지나친 행동주의적 계시관과 기독론 중심의 유일주의"는 문제점이라고 지적했다.[19] 베르까우어는 만인화해론을 주장하는 바르트와 달리 칼뱅을 따라 이중 예정을 주장할 뿐만아니라, 바르트가

15 최윤배, 『깔뱅신학 입문』, 223-64.
16 최윤배, 『개혁신학 입문』, 756.
17 최윤배, 『개혁신학 입문』, 756.
18 최윤배, 『개혁신학 입문』, 759-760, 791.
19 최윤배, 『개혁신학 입문』, 794.

유아세례를 부인했지만, 그는 여전히 성인세례와 같이 유아세례도 하나님의 언약의 관점에서 동일하게 보았다.

최윤배의 신학사상

장로교 정체성의 확립

최윤배는 장로교의 정체성 확립을 강조했다. 한국장로교는 교회 설립 초기부터 총회나 노회의 공교회의 입장에서 사도신경을 신앙고백으로 채택한 것은 아니었지만, 실제적으로 선교 초기부터 "사도신경"을 받아들여 사용했다.[20] 1907년 독노회는 평양 장대현교회에서 인도 자유교회의 "12신조"의 근간을 훼손하지 않은 채, 일부를 첨가하여 교회의 신앙고백으로 채택했다. 1968년에 한국장로교회(통합)는 "웨스트민스터신앙고백"과 "웨스트민스터 대·소요리문답"을 교단의 교리로 채택했다. 장로교회의 교단들은 "웨스트민스터신앙고백"과 "웨스터민스터 대·소요리문답"을 교단의 교리 표준으로 사용하고 있다. 1986년 71차 총회에서 대한예수교장로회 통합 교단은 자체적으로 만든 "대한예수교장로회 신앙고백서"를 교리로 채택했다.[21]

최윤배는 장로교를 "'장로회(長老會)'라는 교회정치체제를 가지는 것이다"라고 규정했다.[22] 장로교와 개혁교회의 차이에 관해서는 본질이 아닌 범위의 문제로 보았다. "우리 교단은, 좁게 말하면 '장로교회(長老

20 최윤배, "대한예수교장로회총회 100년: 조직신학의 어제와 오늘과 내일," 『장신논단』 제44권 제2호 (2012): 45.
21 최윤배, "대한예수교장로회총회 100년: 조직신학의 어제와 오늘과 내일," 47.
22 최윤배, 〈한국기독공보〉 "한국장로교 정체성을 말한다(3) 교직은 평등, 위계는 인정," 2016년 8월 30일자.

敎會)'에 속하고, 넓게 말하면 '개혁교회(改革敎會)'에 속한다." 장로교단의 본질은 개혁교회의 정신을 따르는데 있다. 개혁교회는 루터의 종교개혁을 직접적으로 따르는 루터교보다 "더" 개혁된 교회이며 그 개혁은 성서를 따라 교회를 항상 개혁하는 것이다. 교회의 본질로서 말씀에 따라 항상 개혁하는 이 교회는 교직제도로서 장로회 제도를 채택한다. 이렇듯 장로교라는 명칭은 그 교회의 정치체제를, 개혁교회라는 명칭은 그 교회의 본질을 가리킨다.

최윤배에 의하면 교회의 직제는 "교회의 본질"이나 "교회의 표지"는 아니다. "더 좋은 교회"를 만들기 위한 필수적 수단이다. 직제가 없다고 교회가 아닌 것은 아니다. 성령 하나님은 직제 없이도 교회를 세우고 구원 사역을 이룰 수 있다. 그럼에도 불구하고 직분을 사용한다. 최윤배는 교회의 제도가 성령과 동일시되거나, 제도가 성령을 지배하여 성령이 교회에 종속되는 로마 가톨릭신학에 반대하면서 성령이 교회의 주도권을 가지고 교회를 선도하고 항상 앞서 가야 한다고 주장했다.[23] 개혁,장로교회의 아버지인 칼뱅은 성령을 교회의 제도에 종속시키는 로마 가톨릭교회와, 직분을 배제하고 성령의 역사만을 내세우는 열광주의자들을 반대하고 성령은 교회의 직분(제도)에 매이지 않지만 그 수단을 사용함을 주장한다.[24] 최윤배는 "직제절대론"도 "직제무용론"도 반대하면서 장로교회의 정체성으로 성령은 직제에 매이지 않지만 사용함을 주장함으로써 직제가 그리스도의 통치, 또는 성령의 통치를 받아야 함을 천명한다.[25]

그리스도와 성령의 통치권 안에서의 직제는 로마 가톨릭교회와 같은

23 최윤배, 『성령론 입문』 (서울: 장로회신학대학교 출판부, 2010), 18-20.
24 최윤배, 『깔뱅신학 입문』, 398.
25 최윤배, 〈한국기독공보〉 "한국장로교 정체성을 말한다(3) 교직은 평등, 위계는 인정," 2016년 8월 30일자.

직제 간 계층구조적인 서열이 존재하지 않는다. 권세에 있어서 동등성을 가진다. 이는 그리스도가 그 주도권을 가지고 직무를 단지 직분자에게 위임했기 때문이다. 존재론적으로 직분 자체가 권위를 가진 것이 아니라, 기능과 역할을 해나갈 때 권위가 주어진다. 하지만 그 권위를 통한 영예는 직분을 준 그리스도에게 돌아간다. 직제는 동등하지만, 기능상 차이가 존재한다. 그러므로 신자들은 직분들 사이에 역할의 차이를 인정하며, 그리스도의 몸을 자라게 하는 동일한 목적을 가지고 있기에 "상호 균형과 상호 조화"를 추구해야 한다.[26)]

최윤배는 직분에 있어서 칼뱅과 같이 "성서의 규정적 원리"(regulative principle)를 따라야함을 부각한다. 즉 하나님의 말씀이 지시하는 것으로서의 교회의 직분이다. "종교개혁과 장로교회 전통 속에서 오직 성경이라는 원리는 항상 절대적이다. 그러므로 교회의 직제는 하나님의 말씀에 근거와 기초를 가진다."[27)] 이러한 주장은 궁극적으로 교회의 본질(표지)인 말씀과 좋은 교회를 형성하게 하는 직분이 서로 결합되면서, 개혁,장로교회라는 이름을 가질 수밖에 없음을 보여 준다. 즉 "말씀-직분"의 결합, "본질-정체"의 결합이다.

성령론에 대한 신학적 기여

최윤배는 자신 스스로에 대해서 "개혁파 종교개혁자인 마르틴 부처와 칼뱅의 성령론 전문가이며 성령론에 대한 관심이 높다"라고 말했다.[28)] 그는 성령론에 관한 단행본 『성령론 입문』과 성령의 능력과 목회를 중점적으로 설교한 『영혼을 울리는 설교』를 출판했다.[29)] 더구나 그의 『성

26 최윤배, 『성경적 · 개혁적 · 복음주의적 · 에큐메니칼적 · 기독교적 조직신학 입문』, 422-23.
27 최윤배, 『성경적 · 개혁적 · 복음주의적 · 에큐메니칼적 · 기독교적 조직신학 입문』, 417.
28 최윤배, 『성경적 · 개혁적 · 복음주의적 · 에큐메니칼적 · 기독교적 조직신학 입문』, 89.
29 최윤배, 『영혼을 울리는 설교』 (서울: 킹덤북스, 2012).

경적·개혁적·복음주의적·에큐메니칼적·기독교적 조직신학 입문』, 『개혁신학 입문』, 『깔뱅신학 입문』 등의 책에는 성령론이 편재하여 나타난다. 최윤배는 칼뱅의 성령론, 부처의 성령론, 베르꼬프의 성령론, 바르트의 성령론, 틸리케의 성령론, WCC 문서의 성령론, 박윤선의 성령론, 이수영의 성령론, 한경직의 성령론 등을 연구했다. 이 자체가 이미 한국 성령론 연구에 대한 귀한 신학적 기여이다. 하지만 더 나아가서, 그는 성령론에 대한 지나치게 전문적이지 않으면서도 평신도와 신학생, 목회자 등 그리스도인이라면 누구나 접근이 용이한 저서 『성령론 입문』을 출판한다.

최윤배의 성령이해는 양극단으로 기울지 않는다. 성령론의 역사는 성령에 대한 과대평가 아니면 과소평가였다. 성령의 강조가 교회의 무질서와 무분별을 가져와서는 안 된다. 이 점에서 최윤배가 강조한 것은 성령과 질서이다. "성령과 질서 사이의 관계에서 성서는 어디서도 양자택일을 강요하지 않고 있다. 성령은 질서(ordo)를 자신의 수단으로 사용하시기를 원하신다."[30] 최윤배는 성령이 제도와 동일시되거나 종속되는 것에 반대하면서도 동일한 관점에서 성령이 인간의 인격과 동일시되거나 종속되는 것에도 반대한다. 성령의 주관적 체험 속에는 성령을 자칫 잘못하면 자기 의식이나 몸의 감각에서 일어나는 것으로 감금할 수 있다. 성령과 인간의 기능 사이에는 연속성이 있지만 불연속성 또한 엄연히 존재한다. 성령이 그리스도를 우리 안에 계시게 할 뿐만 아니라, 그 그리스도는 여전히 우리 밖에 계시기에, 그리스도와 우리 사이에 존재론적 구별은 존재한다.[31]

최윤배는 모든 신학자들처럼 성령의 인격과 사역의 문제를 다룬다. "성령은 하나님 자신이고 성령은 하나님의 영으로서 성부 하나님의 영

30 최윤배, 『성령론 입문』, 17.
31 최윤배, 『성령론 입문』, 20-22.

이신 동시에 성자 하나님의 영이다. 성령은 삼위일체 속에서 제3의 위격이다. 성령은 성부와 성자와 구별되게 자신의 고유성으로서 능력, 힘, 거룩성을 가지고 계신다."[32] 최윤배는 성령의 피조성과 비신성에 반하여 "성령의 신성"을, 성령의 비인격성에 반하여 "성령의 인격성"을 주장했다.[33]

성령의 사역은 특별사역과 일반사역으로 구분된다. 전자는 창조, 인간, 역사, 우주에 관한 사역이며 후자는 구원과 재창조의 사역에 관한 것이다. 김균진에 의하면 칭의론을 강조하는 종교개혁신학은 성령론을 구원의 틀 안에서 다루었던 중세기를 계승한 것이라고 협소하게 평가했다.[34] 하지만 최윤배는 크라우스와 베르꼬프의 사상을 빌려서, "종교개혁자의 성령론은 구원론, 교회론, 인간론을 비롯하여 창조세계 전체를 아우르는 폭넓은 성령론"이라고 정당한 평가를 내렸다.[35] 최윤배는 성령의 사역에 있어서 어떤 한 사역을 경시하거나 무시하는 방식으로 성령의 사역을 희생시키는 것을 비판했다. 그는 "성령은 성부의 영과 영원한 말씀(*asarkos logos*)의 영으로서 일하실 때 일반사역과 관계되고, 성부의 영과 중보자(*sarkos logos*)의 영으로서 일하실 때, 특별사역과 관계된다"고 말하면서 성령의 사역이 결코 협소하게 한 사역으로 축소될 수 없음을 적시했다.[36]

죄와 악이 하나님이 만드신 창조 세계에 대한 파괴를 양산했다면, 창조 세계 안에 있는 생명의 근원으로서의 성령은 파괴된 창조 세계를 새롭게 한다. 성령은 창조 세계를 유지하고 보존한다. 기독교 사상은 자연이 곧 신이라는 범신론적 사상에서 자연을 하나님의 영의 피조물로

32 최윤배, 『영혼을 울리는 설교』, 19.
33 최윤배, 『성령론 입문』, 86.
34 김균진, 『기독교조직신학(III)』 (서울: 연세대학교출판부, 1987), 8.
35 최윤배, 『성령론 입문』, 93.
36 최윤배, 『성령론 입문』, 95.

인식하게 했다. 최윤배에 의하면 하나님의 영은 피조물에 대한 세속화 사역을 한다. 이는 신격화된 피조물을 원래의 모습인 피조성의 상태로 되돌리는 사역이다.[37]

최윤배에게서 성령의 특별사역은 다른 신학자들처럼 일반사역보다 더 많이 강조된다. 최윤배는 성령의 특별사역과 관련하여 세 가지 주제로 논한다.[38] 첫째, 구원론적 성령론이다. 신학 전통에서는 성령신학이 발달하기 전에, 구원론이 성령론의 자리를 대신했다.[39] 성령은 그리스도의 구원을 적용한다. 구원의 순서는 시간적/단계적 순서가 아닌, 신학적/논리적 순서를 말한다. 최윤배는 구원이 신자 안에서 이루어지는 과정에서 그 주체는 지, 정, 의와 같은 인간의 어떤 부분이 아니라 하나님이신 성령임을 강조한다.[40]

둘째, "교회론적 성령론"이다. 이 개념은 교회와 성령이 동등하거나, 교회가 성령보다 앞선다는 의미가 아니라, 성령이 교회를 창조한 주체로서 교회에 대한 통치권(Pneumatocracy)과 주도권을 가진다는 것을 뜻한다.[41] 교회의 교리 결정에 있어서 성령은 주도권을 가지고 교회를 수단으로 사용한다.[42] 하나님의 말씀으로서 성경은 구원을 알게 하고 일으키는 거룩한 책이다. 하지만 이 성경이 하나님의 말씀으로서의 권위를 주관적으로 가지기 위해서는 성령의 내적 증거가 필수적이다. 최윤배에 의하면 루터주의자들은 열광주의자들의 성경관에 대한 반작용으로 하나님의 말씀으로서의 성경을 너무나 강조하여 성령의 역사를 약화시키는 우를 범했다. 루터주의자들은 성령의 역사가 "말씀을 통하여"(*per*

37 최윤배, 『성령론 입문』, 97–99.
38 최윤배, 『성령론 입문』, 102–114.
39 최윤배, 『구원은 하나님 은혜의 선물』 (서울: 킹덤북스, 2016), 48.
40 최윤배, 『성령론 입문』, 104.
41 최윤배, 『개혁신학 입문』, 429.
42 최윤배, 『성령론 입문』, 107.

verbum)을 일어난다고 함으로써 성령을 말씀에 매이게 했다. 반면 개혁교회의 전통은 성령의 역사가 "말씀과 함께"(*cum verbum*) 일어난다고 주장했다. "말씀과 함께"는 한편에서는 성령과 말씀은 불가분리의 관계를 보여 주며, 다른 한편에서는 그럼에도 불구하고 성령이 말씀보다 크다는 것을 명시적으로 드러낸다. 이러한 최윤배의 양극 사이에서 균형(중간)의 관점은 성령과 성례전에서, 성령과 은사와 직분에서, 그리고 성령과 율법에서 지속적으로 나타나는 해석학적 틀이다. 성령론에 대한 최윤배의 기여는 바로 이러한 자칫 잘못하면 지나친 한 측면을 강조하면서 오류에 빠지는 것을 막을 수 있는 신학적 관점을 제시한데 있다.

셋째, "종말론적 성령론"이다. 최윤배가 말하는 "종말론적 성령론"은 성령의 일반사역과 특별사역이 만나는 지점이다. 종말에 성령은 지금 성도와 교회에 시작하신 구원 사역을 완성할 것이며, 피조물 전체를 또한 회복시킬 것이다. 종말론적 성령론은 성령의 역사를 지나치게 긍정하여 지상이 유토피아가 되는 하나님 나라와 세계의 동일시의 경향을 반대하며, 성령의 역사를 지나치게 약화시켜 현세의 변혁하는 능력을 부정하면서 내세론적 종말론에 빠지는 것에도 반대한다.[43] 칼뱅의 말처럼, 성령은 미래 삶의 묵상을 통한 세상 경멸의 영성을 가지게 한다. 즉 세상을 부정하고 떠나기 위해서가 아니라 변혁시키기 위해서 세상 경멸을 한다. 세상 경멸을 통한 세상 변혁의 능력은 장차 올 세상에 대한 소망에서 온다.

온전한 기독교 구원론의 제시

최윤배는 『구원은 하나님의 은혜의 선물』이라는 단행본을 저술했다. 구원론에 대한 저술들이 이 주제의 비중에 비해 미비한 수준으로 다루

43 최윤배, 『성령론 입문』, 113.

어졌다는 사실이 책의 저술 동기였다. 책의 1부에서 구원론에 대한 예비지식을, 2부에서 구원의 순서를, 나머지 3부에서 6부까지는 개별 신학자들의 구원론을 다뤘다. 먼저 최윤배에게서 구원이란 죄, 죽음, 사탄, 악을 완전하게 패배시키는 것으로서 이는 이방인을 포함하기에 이스라엘을 넘어서며, 전 우주를 포함하기에 인류를 넘어선다. 이것이 구체화되는 것으로서의 구원은 하나님과의 관계의 회복, 타자와의 관계의 회복, 다른 피조 세계와의 관계의 회복이다.[44] 이러한 이유에서 구원은 화해의 성격을 담고 있다.

화해는 은사적 측면과 과제적 측면으로 구별된다. 은사적 측면은 화해의 주체가 누구냐를 말한다. 그 주체는 "자유롭고 주권적인 은혜와 사랑"을 가진 하나님이다.[45] 이러한 은사적 측면에서 강조되는 것은 하나님의 선택이다. 이 선택이 구원의 궁극적 원인이다. 이것의 실현은 구원의 내용적 원인으로서의 예수 그리스도의 사역과 구원의 도구적 원인으로서의 성령의 사역에 의거한다. 전자가 내재적 삼위일체 하나님 안에서의 구원 계획이라면, 후자는 경륜적 삼위일체의 하나님의 사역을 통해 현실이 되고 완성되는 것이다.[46]

최윤배에 의하면 구원 순서에 대하여, 루터파와 개혁파 개신교 정통주의자들은 시간적/단계적으로 이해했지만 종교개혁자들은 신학적/논리적으로 이해했다. 최윤배는 후자를 따른다. 하지만 신학적/논리적 구원 순서 안에도 무엇이 앞서거나 뒤에 놓여야 하는지가 분명한 것들이 있다. 예를 들면 칭의와 성화가 그리스도와의 연합 안에서 이중은혜의 결과로서 동시적으로 주어질지라도 성화는 칭의에 앞서지 못한다. 회개는 소명을 앞서지 못하고, 견인은 구원 서정에서 첫 단추가 아닌, 마

44 최윤배, 『구원은 하나님의 은혜의 선물』, 19.
45 최윤배, 『구원은 하나님의 은혜의 선물』, 33.
46 최윤배, 『구원은 하나님의 은혜의 선물』, 45.

지막 단추에 해당된다.[47]

최윤배는 구원론에서 논쟁이 되고 있는 부분을 다룬다. 즉 구원의 대상이 누구인가이다. 이 질문은 달리 말하면 그리스도의 속죄의 범위는 어디까지인가의 물음이다. 이는 "제한속죄론", "만유화해론", "조건부구원론", "만유구원론" 등으로 세분화 될 수 있다. 비록 최윤배가 직접적으로 이 부분에 대한 자신의 입장을 내세우진 않았지만 제한속죄론에 속한 것으로 보인다. 그는 만유화해론과 만유구원론적 입장보다는 최종적으로 천국과 지옥, 영생과 영벌이라는 이중적 결과를 지지한다. 속죄의 범위의 문제와 관련해서 구원은 상실될 수 있는가의 문제가 함께 사유된다. 최윤배는 이 문제에 있어서 "각 교단이나 개인이 가지고 있는 신앙적·신학적 입장에 따라 첨예하게 대립되고, 모두가 나름대로의 성경적 논리를 가지고 각자의 입장을 견지하고 있다"라고 적시한다. 개혁교회의 입장은 하나님의 은혜를 더욱 강조하고, 웨슬리안적 · 오순절주의적 교회는 하나님의 은혜를 내세우지만 인간의 자유의지를 상대적으로 더 부각시킨다. 구원의 대상, 속죄의 범위, 성도의 견인의 문제는 예정의 빛에서 다루어진다. 최윤배는 구원의 서정을 신학적/논리적 순서로서 소명, 중생, 신앙, 회개, 칭의, 성화, 영화, 견인, 예정(선택)으로 정했다. 예정이 소명에 앞서지 않고 순서의 마지막에 놓인다. 그 이유는 무엇인가? 첫째는 그 자신이 개혁전통을 선호하면서도 성경과 기독교가 허용하는 복음주의와 에큐메니칼 관점을 수용하기 때문이다. 예정의 문제를 책을 읽는 독자의 선택으로 둔 것이다. 둘째는 예정을 형이상적인 사색의 문제로 놓지 않기 때문이다. 우리 편에서 예정은 후험적으로 접근된다. 그러므로 최윤배는 신론에서 예정론을 다루지 않고 구원론의 마지막에 예정을 다룸으로써 선택에 대한 확신, 다른 말로 구원의 확신

47 최윤배, 『구원은 하나님의 은혜의 선물』, 43.

을 소명, 중생, 신앙, 회개, 칭의, 성화와 같은 신앙의 체험 안에서 파악하게 한 것이다. 예정이 시간적 순서로는 맨 앞에 올 수 있을지 모르지만, 신앙의 차원에서는 일련의 신앙의 경험 후에 오는 것으로서, 자비롭고 은혜로운 선택이 신앙으로 이끌었음을 고백하게 하는 것이다.

구원의 범위의 문제는 논쟁이 되지 않는다. 영혼구원이 매우 중요하지만, 그렇다고 해서 영혼구원이 구원의 모든 것은 아니기 때문이다. 영혼을 포함하는 전인으로서의 구원이다. 그리고 이 구원은 "신령한 몸의 부활이라는 최종적인 개인구원은 물론, 사회구원, 자연구원 등을 포함하는 포괄적 구원개념으로서의 하나님의 나라"에 관계한다.[48]

최윤배는 구원과 상급의 문제도 다룬다. 이 주제는 신앙생활에서 지극히 현실적인 문제이다. 기독교적 선행의 동기를 상급으로 두는 경우가 있다. 또 반대로 상급은 없다고 주장하기도 한다. 하지만 개혁신학적 입장에서 상급은 존재하며, 그럼에도 불구하고 공로로 주어지지 않는다. 즉, 선행의 직접적 결과는 아니다. 하지만 상급은 선행과 무관하게 주어지는 것도 아니다. 이 점에서 최윤배는 "상급을 우리의 공로로 근거지우거나 환원하는 것도, 그리고 상급 자체를 부정하는 것도 성경적이지 않다"고 주장한다. 신자는 상급을 선행을 북돋우는 교육적 차원으로 인식해야 하며, 공로와 대가가 아닌, 하나님의 은혜로 베풀어짐을 믿어야 한다.

나가는 말

이 글은 최윤배의 생애와 사상에 관한 것이다. 한국기독교역사는 유럽과 미국에 비해서는 현저하게 짧다. 하지만 신학자에 있어서는 결코

48 최윤배, 『구원은 하나님의 은혜의 선물』, 54.

뒤지지 않는 많은 신학자들이 배출되었다. 최윤배는 김명용이 말한 것처럼, 네덜란드에서 개혁신자들의 신학과 사상을 깊이 연구한 신학자이다. 그로 인해 한국 장로교회와 개혁신학의 미래는 밝다.[49]

최윤배는 갑작스러운 회심 후에 하나님의 말씀으로 가르침을 받았고, 사역으로의 회심을 받으면서 과학도에서 신학도, 그리고 개혁신학에 정통한 신학자가 되었다. 그는 신학자, 교수이지만, 또한 목사였기에 말씀의 부름이 있는 곳 어디에든 그 자리에 있었다. 부흥사와 같은 열정적이고 뜨거운 강의로 많은 학생을 감화 감동시키는 신학적 실존이 무엇인가를 가슴으로 가르친 교수이다. 갑작스러운 회심의 체험은 그의 신앙과 신학을 떠받드는 대들보였기에 그의 모든 사역의 결과는 주의 은혜였다. 최윤배는 영혼과 가슴이 뜨거웠고, 하나님의 선물로 받은 이성은 차분하고 성실했다. 많은 저작을 남기면서 한국신학계와 교회에 좌로나 우로 치우지지 않는 신학과 신앙을 형성하게 했다. 그는 조직신학이 이론 중심의 신학으로 생각하여 현실과 동떨어진 신학이라는 오해를 해소하고자 하는 노력을 많이 기울였다. 이 점에서 그는 실천적 조직신학자이다.

최윤배의 신학에 일관되게 나타나는 특징은 양극단을 피하고 중재와 균형을 유지하는 것이다. 그는 보수적인 신앙과 신학을 토대로 하면서도 진보적인 신학에서 유익한 것을 찾아낼 줄 안다. 개혁주의 신학을 따르면서, 웨슬리나 다른 개신교 신학과 대화를 추구하는 에큐메니칼 신학자이다. 최윤배의 신학이 개혁,장로교라는 교파성을 가지고 있음에도, 교파성에 갇히지 않는 방식을 추구했기에, 다른 신학 전통에서도 유익을 얻을 수 있었다. 유럽 신학 전통에서 신학의 원천을 찾으면서도 사대주의에 빠지지 않고, 한국신학자의 사상과 목회자의 신학을 괄목

49 김명용, 〈한국기독공보〉 "내가 본 최윤배 교수," 2002년 2월 26일자.

하게 연구를 했다. 그는 목회자들의 설교에서 신학을 뽑아내는 연구를 통해 목회와 설교에도 신학이 중요함을 역설했다. 최윤배의 신학사상은 장로교적이다. 그는 장로교 정체성 확립을 위해 장로교 신학과 직제 연구를 했다. 최윤배는 온전한 기독교적 구원론을 제시한다. 구원을 처음부터 끝까지 하나님의 은혜에 전적으로 근거시키면서도 성도의 행위 역시 은혜에 의해 가치를 가진다.

최윤배 교수 연구실에서 제자 김선권 박사와 함께

가족들과 함께 | 2018년 3월 17일

장로교의 날 기념 학술포럼

올해의 저자상 수상 |
제17회 문서선교의 날, 2012년 10월 19일

한국칼빈학회 회원들과 함께

저서 『깔뱅신학 입문』

수상

한국기독교학회 제6회 소망학술상수상, 『잊혀진 종교개혁자 마르틴 부처』

. 2012년 한국기독교출판문화상 국내신학부문 최우수상 수상, 『깔뱅신학 입문』

연구 목록

● 박사학위 논문

De Verhouding tussen pneumatologie christologie bij Martin Bucer en Johannes Calvijn(Leiden: J. J. Groen en Zoon, 1996; De Theologische Universiteit van de Christelijke Gereformeerde Kerken in Nederland, Apeldoorn, 1996, Proefschrift, Dr. Theol.

● 저서

『16세기 종교개혁과 개혁교회의 유산』(공저, 한국장로교출판사, 2003)

『21세기 신학의 학문성』(책임 편집, 장로회신학대학교 출판부, 2003)

『칼빈 연구』(창간호~제4집)』(책임편집, 한국장로교출판사, 2004~2007)

『어거스틴, 루터, 깔뱅, 오늘의 개혁교회』(책임 편집, 장로회신학대학교 출판부, 2004)

『개혁교회의 역사와 신학』(공저, 한국장로교출판사, 2004)

『개혁교회의 종말론』(공저, 한국장로교출판사, 2005)

『개혁교회의 신앙고백』(공저, 한국장로교출판사, 2007)

『개혁신학과 기독교 교육』(공저, 한국장로교출판사, 2007)

『개혁교회의 경건론과 국가론』(책임편집, 장로회신학대학교 출판부 , 2007)

『그리스도론 입문』(서울, 장로회신학대학교 출판부, 2009)

『성령론 입문』(서울, 장로회신학대학교 출판부, 2010)

『멜란히톤과 부처』(공역, 두란노아카데미, 2011)
『잊혀진 종교개혁자 마르틴 부처』(서울: 대한기독교서회, 2012)
『깔뱅신학 입문』(서울, 장로회신학대학교 출판부, 2012)
『영혼을 울리는 설교』(용인: 킹덤북스, 2013)
『성경적·개혁적·복음주의적·에큐메니칼적·기독교적 조직신학 입문』(서울: 장로회신학대학교 출판부, 2013)
『개혁신학 입문』(서울: 장로회신학대학교 출판부, 2015)
『구원은 하나님 은혜의 선물』(서울: 킹덤북스, 2016)

● 논문

"마르틴 부처(Martin Mucer)의 구원론에 대한 연구: 예정과 소명과 영화를 중심으로."『신학논단』67 (2012): 141-169.
"깔뱅의 선교신학과 선교활동."『성경과 신학』62 (2012): 133-162.
"직제의 관점에서 본 한국교회의 위기와 신학적, 실천적 대안모색: 한국장로교회를 중심으로."『한국개혁신학』34 (2012): 67-98.
"대한예수교장로회총회 100년: 조직신학의 어제와 오늘과 내일."『장신논단』44 (2012): 41-73.
"장공 김재준 박사의 구원론에 관한 연구: 초기 신학사상(1926-1949)."『한국개혁신학』38 (2013): 121-165.
"개혁신학의 관점에서 본 신사도 운동의 영성."『한국조직신학논총』38 (2014): 121-156.
"기독교 관점에서 본 죽음과 노년의 관계에 대한 연구."『구약논단』20/4 (2014): 42-88.
"칼빈주의자 이수영의 성령론에 관한 연구."『조직신학연구』22 (2015): 6-27.
"춘계 이종성 박사의 구원론에 관한 연구."『한국개혁신학』47 (2015): 158-183.
"목회자 이수영과 그의 목회자관."『한국개혁신학』54 (2017): 81-109.
"교회사적 배경에서 비추어 본 네덜란드개혁교회의 직제에 관한 연구."『조직신학연구』 31 (2019): 46-79.
“개혁교회 전통에서 본 교회와 국가의 관계에 대한 연구.” 『한국조직신학논총』 58 (2020): 167-211.
“춘계 이종성의 국가론에 대한 연구.” 『장신논단』 52 (2020): 65-91.

김선권 교수

호남신학대학교 (Th. B.)
전남대학교 (M. A.)
장로회신학대학교 (M. Div., Th. M.)
스트라스부르대학교 (Th. M., Th. D.)

호남신학대학교 조교수 역임
장로회신학대학교 객원교수

저서_『성령론』(공저) 서울: 대한기독교서회, 2017.
『신학방법론』(공저). 서울: 대한기독교서회, 2018.
『칼뱅의 신학적 인간론』. 서울: 한들출판사, 2020.
논문_“칼뱅의 교회정치 체제 및 교회법에 대한 연구.” 『한국조직신학논총』 47 (2017)
“춘계 이종성이 말하는 통전적인 기독교인의 삶.” 『한국조직신학논총』 50 (2018)
“칼뱅의 소명론: 활동하는 하나님, 활동하는 인간.” 『한국조직신학논총』 52 (2018)
“몰트만이 말하는 그리스도인의 삶.” 『영산신학저널』 46 (2018)
“내려옴과 올라감의 관점에서 본 칼뱅의 성찬론 - 루터와 츠빙글리와의 관계를 중심으로.” 『한국조직신학논총』 56 (2019)
“그리스도와의 연합에서 본 칼뱅의 구원론.” 『장신논단』 51/3 (2019)
“칼뱅의 하나님 나라.” 『영산신학저널』 50 (2019)
“칼뱅의 교회정치와 협의체.” 『영산신학저널』 51 (2020)
“츠빙글리의 성령론.” 『한국기독교신학논총』 116 (2020)
“내재적 삼위일체와 경륜적 삼위일체에서 본 칼뱅의 삼위일체론.” 『한국조직신학논총』 59 (2020)

최홍석 박사

최홍석 박사의 생애와 신학

이상웅_총신대학교신학대학원 조직신학

한양대학교 공대 (B. E.)
총신대학교 신학대학원 (B. D.)
화란 캄펜신학대학교 (Drs. Theol.)

총신대학교 신학대학원 교의학 교수
서울 열린교회 개척 시무
화란 암스테르담 한인교회 담임목사

들어가는 말

최홍석 교수(1951)는 1984년 총신대학교신학대학원에서 조직신학을 가르치기 시작해서 2016년 2월에 정년퇴임하기까지 31년의 긴 세월 동안 교수로 재직하며 많은 후학들을 길러내었다. 최 교수는 학회를 비롯하여 외부 활동을 거의 하지 않았고, 학내에서도 처실장외에는 중직을 맡지도 않았고, 오직 연구하고 가르치는 일에만 전념하였다. 따라서 대외적으로는 그다지 알려지지 않은 학자이기도 하나, 30년간 배운 제자들의 가슴속에는 가장 존경하는 은사의 한 분으로 각인되어 있다. 필자는 1990년 신대원에 입학하여 제자로서 배웠고, 2012년부터 7학기 동안은 같은 분과 교수로 가르치면서 동역할 기회를 가졌다. 최 교수는 장인인 심산 차영배 교수(1929~2018)의 영향으로 헤르만 바빙크를 비롯한 네덜란드 개혁신학을 일찍이 접했고, 화란 캄펜(Kampen)에서의 유학 생활을 통하여 본격적으로 화란 개혁주의를 배울 수가 있었다. 따라서 그의 강의나 그의 논저들 속에는 헤르만 바빙크 신학에 근거한 논의들이 많이 눈에 뜨인다. 그러나 최 교수는 단지 어떤 신학자의 논의를 맹종하는 것이 아니라, 언제나 골똘히 사유하는 신학자이기도 했다. 최 교수가 제자들에게 남긴 깊은 인상은 꼼꼼하고 철저한 강의와 개인적인 관계속에서 우러나오는 경건한 인격의 감화였다.[1]

이어지는 본론에서 필자는 우선 최홍석 교수의 삶의 여정을 기술하되 두 부분으로 나누어 2절에서는 성장배경과 학업과정을 다루고, 3절

1 이전에 필자가 쓴 세 편의 글들을 참고하라: 이상웅, "최홍석 교수의 삶과 신학세계," 「신학지남」 82/3 (2015): 85-135; "최홍석의 개혁주의 인간론 고찰 - 하나님 형상(Imago Dei)론을 중심으로," 「한국개혁신학」52 (2016): 47-87; "개혁신학자 최홍석의 '인간의 구조적 본성론'," 「개혁논총」39 (2016): 97-125. 특히 이 글의 내용과 관련해서는 이상웅, "최홍석 교수의 삶과 신학세계": 85-135를 참고하라.

에서는 총신에서의 교수생활을 다루어보려고 한다. 그리고 마지막으로 수 많은 논저들 속에서 드러나는 최 교수의 신학적 관심사를 신학세계라는 명칭하에 개관해 보려고 한다(4절). 그리고 이 글에서는 은사의 삶의 여정과 신학적 관심사를 개관하는 선에서 멈추려고 한다.

최홍석 교수의 성장 배경과 학업 과정

한 사람의 신학자나 사상가를 제대로 이해하고 평가할 수 있기 위해서는 그 사람의 전기적인 요소를 명확하게 알 필요성이 있다는 점은 대체로 동의하는 바이다. 최홍석 교수의 경우도 이러한 일반적인 상례에 벗어나지 않는다고 필자는 생각하여 먼저 최 교수의 생애의 여정을 추적하여 정리해 보려고 한다.

성장 배경(1951~1974)

어린 시절의 신앙배경

최홍석 교수는 1951년 1월 11일에 전영창 교장과 거창고등학교로 유명한 경남 거창군 거창읍에서 출생했다. 교회 출석의 배경에 대한 필자의 질문에 대해 최 교수는 다음과 같이 답변을 해주었다.[2]

> 해방이 되고 6.25 동란을 거치는 어간에 온 가족이 복음화 되어, 고신교단 소속인 거창읍교회에서 신앙생활을 하였고, 저도 그곳에서 유아 세례(1953년)를 받았으며, 입교문답(1968년)을 하였습니다. 고신교단에서 모(母)교회로 생각하였던 교회에서 자랐기에 어릴 때부터

2 2015년 5월 6일자로 논자에게 보내준 최홍석 교수의 답메일.

> 엄격한 신앙생활의 훈련을 받았습니다. 특별히 기억나는 것은 주일 학교에서 좋은 선생님들의 신앙지도로 일찍이 십자가의 은총을 깨닫게 되었습니다. 아마도 초등학교 저학년 때로 기억됩니다. 주님의 십자가를 생각할 때, 죄 사함의 은총에 대한 감동이 자주 자주 생겨났던 기억이 새롭습니다. 그리고 그 이후, 중학교 시절, 담임 목사님(남영환)께서 갈라디아서 강해를 연속하여 설교하셨는데, 그 말씀들을 통해 복음의 이치를 분명히 깨닫게 되었습니다.

주남선 목사가 시무한 교회이기도 한 거창읍교회는 고신교단의 모교회로 여겨지는 교회였다. 그리고 최 교수가 출석하여 신앙교육을 받던 시기의 담임목사 남영환목사(1915~2008)는 신앙적인 기개가 대단한 인물이었다.[3] 남목사는 일제 말 박형룡박사가 교장으로 재직하고 있던 봉천신학원에 재학하다가, 신사참배 거부로 학교에서 퇴학당하였던 신앙인이었다. 이와 같은 목회자 밑에서 자라면서 최 교수는 은혜를 알되, 엄격한 형태의 신앙훈련을 받았던 것이다. 우리가 이러한 배경을 이해하게 될 때에 최홍석 교수의 공적인 삶의 자태도 이해할 수가 있을 것이다.

거창고등학교 시절

최홍석 교수는 경남 거창의 명문인 거창고등학교를 졸업했다. 이 학교는 익히 알려진대로 전영창 교장이 설립한 학교이다. 아직 전교장이 생존해있던 시기에 최 교수는 고등학교 시절을 보내었다. 교회에서는 남영환 목사의 교육이 학교에서는 전영창 교장의 훈육이 최홍석 교수의 신앙관과 가치관을 분명하게 결정지웠다고 해도 과언이 아닐 것이다.

3 남영환 목사에 대한 간단한 이력은 http://www.kscoramdeo.com/news/articleView.html?idxno=1615(2015년 5월 7일 접속)을 참고하였다.

전 교장이 지양했던 인간상은 "① 정의로운 인간, ② 교양과 실력을 갖춘 글로벌 지식인, ③ 사회와 인류를 위해 봉사하는 인간" 이었다.[4] 그리고 최 교수의 거창고 재학시절을 기억하고 회상해준 신학자가 한분 있다. 고신대학교 신학과를 정년퇴임한 이환봉 교수께서 기억하는 고등학생 최홍석에 대한 짧은 추억을 옮겨 적어본다.[5]

> 거창고등학교 기숙사에 들어 가기전 한동안 최 교수 공부방에서 함께 지냈지요. 추억 속의 최 교수는 옛 고향 놀이터의 맑은 샘터와 같습니다. 기억에 남는 것은 어느날 손양원 목사님의 전기인 '사랑의 원자탄'을 돌려가며 읽고 '우린 우째 이렇께 살 수 있을꼬?' 밤 늦게 이야기를 나누다 잠자리에 들었지만, 서로 돌아누워 흐르는 눈물을 훔치며 제대로 잠을 이루지 못하였던 동화같은 그 날 밤의 기억이 새롭습니다. 고등학교시절 짓궂은 친구들이 붙여준 그의 별명이 '촌색시'였는데, 최 교수는 학창시절부터 정말 '나실인'처럼 언제나 순수하고 겸손하였으나 말씀대로 살기 위해선 항상 진실하고 강직하였습니다. 누구에게든 항상 온화한 미소로 좋게 대해 주었고, 많은 친구들로부터 사랑을 받았지요.
>
> 지난번 총신 신대원에 종교개혁 특강을 위해 방문하였을 때, 한 학생이 "최 교수님은 총신대의 성자로 불리우십니다"라고 말해 주었을 때, 변함없이 살아온 친구의 옛 모습을 전해 듣는 듯하였습니다. 대학진학시에 아마 부모님의 바람이었는지 공대에 진학하지만 나중에 자기도 신학을 하겠다던 말대로 마침내 신학을 지원하였고, 서로 의논한 적도 없지만 전공도 같은 조직신학이어서 총신과 고신의 조직신학 교수로 각각 묵묵히 한평생을 섬겨 오게 된 것은 우리의 남다른 감사

4 조성국, "전영창, 학교의 목자 조국의 목자," in 『참스승』(서울: 새물결플러스, 2014): 217-223(조성국 교수의 글 전체는 205-225에 실려있다).

5 2014년 7월 24일자로 이환봉 교수가 필자에게 페북 메시지로 보내온 내용.

이기도 합니다. 주님이 사랑하시고 기뻐하시는 친구 최 교수의 아름다운 은퇴를 축하하며, 그동안 떨어져 있어 마음껏 나누지 못했던 우정을 더욱 새롭게 하길 기대합니다.

한양대학교 공대 시절

고등학교 시절의 절친한 친구가 회상한 대로 분명 최 교수는 고등학교 시절에 이미 신학을 공부할 마음을 품고 있었다. 그러나 부모님의 바람에 따라 일단은 일반대학에 진학을 하게 되었다. 고향을 떠나 한양대학교 공대에 진학하여 공부를 하게 되었다(B. E.). 한양대에 재학하면서 최 교수는 서울 동대문구 중화동에 소재한 중화동교회(고신교단 소속)에 출석하면서 신앙생활을 하였다. 그 교회에는 후일에 반려자가 될 차명숙 사모와 그 동생 차재승도 출석하고 있었다. 이들은 당시 외대 화란어과 교수로 재직하고 있던 차영배 교수의 자녀들이었다. 현재 뉴 브룬즈윅신학교에서 조직신학을 가르치고 있는 차재승 교수는 당시 주일학교 학생이었는데, 초등학교 5학년 때 최 교수는 차재승의 주일학교 교사였다. 인자하고 온화한 주일학교 선생의 감화를 받으며 차재승은 인상 깊은 주일학교 시절을 보내었다.[6]

신학 수업 기간(1975~1984)

한양대학교 공대를 졸업한 최홍석 교수는 1975년 봄에 총신대학교 신학연구원(신학대학원의 전신)에 입학하여 신학공부를 하고 싶었던 청소년 시절의 소망을 성취하게 되었다. 그리고 총신에서의 신학수업은 최 교수의 신학의 기초를 놓는 기회가 되었다. 최 교수는 신학연구원

| 6 필자에게 보내온 이메일을 통해서

졸업 후에도 대학원에서 잠시 공부했고, 그 후에 네덜란드로 유학을 떠나게 되어 3년 반 동안 개혁신학을 연구하였다. 따라서 이 항목은 총신대학교에서의 수업기간과 화란에서의 수업기간으로 나누어 논술하도록 하겠다.

총신에서의 신학수업 기간

최홍석 교수는 1975년에 총신대학교신학연구원에 입학을 했다.[7] 그 시절의 신학교 형편은 아직 규모가 작고 열악한 면이 많았다. 그리고 신학생들의 삶은 대체적으로 가난하고 힘겨웠다. 신학연구원 시절의 형편에 대해서 최 교수의 회상하는 바는 다음과 같다.[8]

> 기억을 더듬어보니, 총신에서 공부할 당시, 구약 분야에는 김희보, 최의원, 윤영탁 교수님, 신약 분야에는 박윤선, 박형용 교수님, 조직신학 분야에는 이상근, 신복윤, 차영배, 박아론 교수님, 교회사 분야에는 김의환, 홍치모 교수님, 실천신학 분야에는 김득룡, 정성구 교수님께서 계셨군요.[9] 그리고 강사들께서 각 분야에서 많이 도우셨지요. 물론 위의 교수님들은 제가 신학교에 재학하던 기간 동안 가르쳐 주신 선생님들이시고, 위의 분들이 같은 기간에 모두 동시에 계셨던 것은 아닙니다.[10]
>
> 그 당시에는 현재의 신학교 형편에 비하면 학생들의 숫자나 학교의 규모가 훨씬 작았고, 신학 자료나 서적들도 부족하였지만, 진지한 태

7 당시 신학연구원에는 61명이 등록했다(김요나,『총신 90년사』, 814).
8 2015년 5월 6일자로 필자에게 보내온 최홍석 교수의 이메일 답변.
9 김길성, 『총신의 신학전통』(서울: 총신대학교출판부, 2014), 51-83, 113-140, 169-184 등을 보라.
10 1975년 학교가 총회에 보고한 자료에 의하면 1975년 3월 1일자로 박윤선교수는 사임했다(김요나, 『총신 90년사』, 814). 그리고 1976년 2월 28일자로 이상근, 최의원, 김의환, 이진태 교수 등이 사임했고, 동년 3월 1일자로 차영배, 김명혁, 윤영탁, 박형용교수 등이 신임교수로 부임했다(김요나, 『총신 90년사』, 816).

도로 열심히 공부하는 학생들이 많았던 것 같습니다.[11] 그리고 기억하기로 월요일 오후부터 금요일까지 공부하였던 것으로 생각되며, 저는 입학하여 1년간 사당동 기숙사 생활을 하였었는데, 학생들은 늘 배가 고팠지만, 사당동 뒷동산에 기도소리가 끊임이 없었고, 원우들이 뒷동산에 송충이도 잡고, 리어카를 끌며 교정 마당 고르는 작업도 했던 기억이 납니다. 그때만 해도 학생들의 근로 기회가 많았었습니다. 자연스럽게 신학수업을 노작교육과 병행한 셈이지요.[12]

그러나 최홍석 교수의 총신재학 기간 동안 가장 큰 영향을 미친 교수는 차영배 교수라고 할 수 있다. 1976년에 차영배 교수가 외대 화란어과를 떠나 총신의 조직신학 교수로 부임하게 된다.[13] 외부사역에 바빴던 차 교수를 제외한 네 가족은 서울 동대문구 중화동에 소재한 중화동교회에 출석했기에, 최 교수와는 아는 사이였지만, 차 교수는 최 교수와 총신에서 사제지간으로 처음 만나게 되었다. 차 교수는 당시로서는 언어적 재능과 열정이 탁월해서 일본어, 영어, 독일어, 화란어, 라틴어와 성경 원어 등을 익숙하게 공부하였고, 라틴어의 경우는 문법서를 출간하기도 했다.[14] 그리고 스킬더와 흐레이다누스가 총회측으로부터 치리당함으로 세워지게 된 신학교에서 공부를 하면서 화란 개혁신학, 특히 헤르만 바빙크의 신학에 심취하게 되었다.

차 교수가 총신 교수로 부임할 당시 2학년에 재학중이던 최홍석 교수는 차 교수의 영향하에 헤르만 바빙크의 신학과 화란어, 라틴어 등의 어

11 최 교수가 입학하던 당시 총신도서관의 소장 도서는 19,566권에 불과했다고 하니, 최 교수의 회상하는 바는 정확하다(김요나, 『총신 90년사』, 814).

12 최 교수가 회상하는 건물 공사는 1975년 4월에 기공한 사당동 신관(과거 대학부 건물이라 불리던 건물) 건물을 가리킨다(김요나, 『총신 90년사』, 466, 825).

13 "심산 차영배 교수 연보," in: 『삼위일체론과 성령론』, 차영배 외 공저 (서울: 태학사, 1999), 37–38.

14 오병세, "축사," in: 『삼위일체론과 성령론』, 27.

학 공부에 도전을 받았다. 그리고 근면성실하고 꼼꼼하게 공부하는 학생이었던 최 교수는 차 교수가 가르치던 과목 시험지를 탁월하게 써서 눈에 뜨이게 되었다고 한다. 그러나 항상 말없이 강의 듣는 일에 열중했던 최 교수가 후에 자신의 사윗감이라는 소식에 다소 놀랐다고 술회하기도 한다. 최 교수와 차 교수의 장녀 차명숙 사모를 중매한 것은 최 교수의 고모였었다. 최홍석 교수와 차명숙 사모는 신학연구원 졸업을 앞둔 1977년 12월에 결혼하였고, 슬하에 아들 영준 군과 딸 수산 양을 두었다.[15)]

일반적으로 총신에 재학중일 때에 교육전도사로 사역을 시작하게 되는데 최홍석 교수도 예외가 아니었다. 총신에 입학한 해인 1975년 8월 대학 시절부터 출석하고 있던 고신교단 소속의 중화동교회에서 교육전도사로 사역하기 시작해서 1977년 1월까지 시무했고, 구로구 독산동 소재 신일교회(합동측, 담임 전우덕 목사시무)에서 1977년 7월 17일에 교육전도사로 부임해서, 1978년에 강도사 인허를 받았고, 1979년 10월에 목사안수를 받으면서 부목사로 청빙을 받아, 1979년 12월 31일 시무사면하기까지 사역을 했다.[16)]

그리고 1979년에 총신대학교 대학원에 진학하여 1년간 조직신학 공부를 하였다.[17)] 공부를 마무리짓지는 못했으나 1년 동안 신복윤 교수와 차영배 교수의 지도를 받아 조직신학을 전공했고, 이미 은퇴했다가 다시 대학원장으로 초청되어 온 박윤선 교수에게서 신약을 공부했다. 그리고 재학기간 동안 총신대학교 신학부 조직신학 분야의 조교로 일하면서 조직신학 분야 교수들의 사역을 돕는 일을 하기도 했다.[18)] 하지만

15 최 교수는 1978년 2월 17일에 총신 71회로 졸업했다. 신학연구원, 교역자연수원 등을 포함하여 총 167명이 졸업했다. 현재의 규모에 비하자면 1/3수준이었다(김요나, 『총신 90년사』, 920-921).

16 「신일교회 요람」

17 그전에도 총회 인준과정으로 대학원이 운영되고 있었으나 문교부로부터 Th. M.과정을 공식적으로 인정받고 시작하게 된 것은 1978년 2월 15일에 되어진 일이다(김요나, 『총신 90년사』, 471).

18 2015년 5월 6일자로 논자에게 보내온 최홍석 교수의 이메일 답변.

계속해서 신학석사(Th. M.)학위를 취득하는 데까지는 전진하지 않았다. 1979~1980년 어간의 총신의 혼란스러운 상황속에서 계속해서 학업을 감당한다는 것이 어려웠을지 모르겠다.[19)]

화란 캄펜에서의 유학(1980~1984)

최홍석 교수는 총신대학원에서의 학업과정도 중단하고, 신일교회의 부목사직도 시무사면하고 1980년에 들어서 유학 준비에 집중했다. 그리고 1980년 가을에 신학연구원에서 같이 공부했던 정훈택 목사 가정과 함께 캄펜신학대학교로 유학을 떠나게 되었다. 여러모로 사정이 어려웠던 시절이었지만, 최 교수의 장인 차영배 교수의 주선에 힘입어 전면 장학금을 받기로 하고 간 유학 길이었다. 당시 캄펜에는 두 개의 개혁파교단 신학교가 있었다. 최 교수와 정 교수가 유학을 간 곳은 당시 아우더스트라트(와 꼬른마르크트)에 소재한 캄펜신학교였다. 1854년에 설립되었으며, 헤르만 바빙크가 19년 동안 교의학 교수를 지낸 곳이자, 얀 리델보스와 그의 아들 헤르만 리델보스가 교수했던 곳이기도 하다.

그러면 이제 최홍석 교수가 화란에서 이수한 학업과정을 설명해 보도록 하겠다. 일단 한국에서 신학 기초과정과 대학원 1년 과정을 공부했고, 목사이기 때문에 박사과정에 바로 입학할 수 있었지만, 학교는 두 가지의 선결요건을 요구했다. 하나는 화란어를 배우고 익히는 것이었는데, 이를 위해서 화란어 교사에게 개인 교습을 받아야 했다. 그리고 또 다른 선결요건은 신학 전분야에 대한 기초를 다지는 일이었다. 최 교수의 자술하는 바에 의하면 다음과 같은 과목들이 포함되었다.[20)]

19 그 혼란스럽고 분열들이 발생했던 시기의 역사는 김요나,『총신 90년사』, 472-516과 100년사편찬위원회 편,『총신대학교 100년사』 1:716-765 등을 참고하라.
20 2015년 5월 6일자로 필자에게 보내온 최홍석교수의 이메일 답변.

화란에 도착하여 우선 화란어 학습기간을 가졌고, 그 후, 구약(E. Noort 교수), 신약(H. Baarlink 교수), 교리사(G. P. Hartvelt 교수), 선교학(A. G. Honig 교수), 교회사(A. J. Jelsma), 윤리학(G. Th. Rothuizen 교수) 과목들을, 담당 교수님들께서 주시는 필독도서들을 받아 스스로 공부하며 연구한 후, 각각의 교수님 앞에서 구술시험 통과하는 방식으로 공부하였지요.[21]

최홍석 교수의 화란 유학기간이 3년 반이라고 하는 시간이 걸렸다고 하는 것을 이해하는데, 이런 과정에 대한 이해가 필요하다고 생각된다.

이런 기초 다지기 과정을 마치고서 최 교수는 박사 과정을 본격적으로 시작하게 되었다. 끌라스 루니아(Klaas Runia, 1926~2006)의 지도를 따라 실천신학을 전공 과목(hoofdvak)으로, 바꺼르가 담당하고 있던 교의학과 오꺼 야허르(Okke Jager, 1928~1992) 박사가 담당하고 있던 대중전달법(Massa-communicatie) 등 두 과목을 부전공(bijvak)으로 공부하게 되었다. 앞서 이야기했듯이 각 과목들은 담당 교수가 읽으라고 요구하는 수 천 페이지에 달하는 문헌들을 읽고, 정한 시간에 교수에게 구두시험을 치루는 방식으로 진행되었다.

최 교수가 실천신학을 루니아의 지도하에 전공하게 된 점에 대해서 약간의 설명이 필요한 줄 안다. 차영배 교수에게 필자가 들은 바에 의하면, 최 교수가 실천신학을 선택하여 공부하게 된 것은 차 교수의 추천을 따라 끌라스 루니아 교수의 지도하에 공부할 수 있기 위해서였다고 한다. 이처럼 G. C. 베르까우어의 제자들 가운데 가장 보수적인 진영에 속했던 끌라스 루니아 교수의 지도하에 최홍석 교수는 실천신학, 특히 설교학(homiletiek)을 주전공으로 택하여 공부를 하게 된 것이다.

21 당시 캄펜신학대학교의 교수진에 대해서는 De Graaf en van de Klinken, Geschiedenis van de Theologische Universiteit in Kampen 1854-2004, 358-359을 보라.

그리고 두 개의 전공 중 눈여겨 볼만한 것은 바로 교의학(dogmatiek) 과목이다. 당시 캄펜신학대학교에서 교의학 교수직은 루니아처럼 베르까우어의 지도하에 루터 연구로 학위를 취득한 바꺼르(Jan T. Bakker, 1924~2012) 교수였다. 최 교수는 바꺼르의 지도하에 교의학을 연구하고 구두시험을 치루었다. 스스로 바빙크와 개혁신학에 대한 연구도 병행했다. 최 교수의 박사 논문에는 바빙크의 『개혁교의학』(*Gereformeerde Dogmatiek*, 3rd ed., 1918)을 비롯한 여러 교의학적 저술들에 대한 참조가 확인되어진다.[22] 최홍석 교수는 3년 반에 걸친 박사 과정을 성공적으로 마치고 난 후에 학제가 요구하는 대로 박사 논문을 작성하여 제출했다. 1984년 4월에 제출한 박사 논문(doctoraal-scriptie)의 제목은 "선포와 성령"이었다.[23]

박사 학위 취득 후에도 계속해서 박사과정을 이수하고 학위를 취득했던 동료 정훈택 교수와 달리 최홍석 교수는 박사 학위를 취득하고 바로 귀국을 하게 되었다. 당시 합신으로의 분열 이후 총신의 교수 요원이 절대적으로 부족하던 시절이었기 때문에, 학교의 요청에 따라 귀국을 하게 된 것이다. 그리고 화란 유학시절에 최 교수는 정 교수와 더불어 약 3년간(1981년 2월~1984년 1월) 격주로 설교자로 봉사했다는 점도 기억할 만하다.

22 Choi Hongsuk, "Verkondiging en de Heilige Geest" (Doctoraal Scriptie, Kampen Theologische Hogeschool, 1984), 104-110(Aangehaalde literatuur)

23 통상적으로 화란에서는 박사 논문은 출판하고 박사 논문은 출판하지 않는 것이 관례이다. "Verkondiging en de Heilige Geest"라는 제목의 논문은 최 교수 자신이 타자쳐서 작성하여 제출했고, 현재 총신대학교 도서관에 그 카피본이 보관되어 있다. 이 논문에 대해서는 박태현, "최홍석 교수의 성령론적 설교학," 「신학지남」 82/3 (2015): 137-175를 보라.

총신대학교 신학대학원 조직신학 교수(1984. 가을~2016. 2)

한국으로 돌아온 최홍석 교수는 1984년 가을학기부터 바로 모교에서 조직신학을 가르치게 되었다. 그리고 중간에 박사논문 작성을 위한 3년간의 안식년 포함한 휴직 기간(1995~1998)을 포함하여 만 31년 반을 동일한 교수직에 머물며 사역했다. 이 기간을 제외하고 최 교수가 총신의 교수로서 후학들을 가르친 학기는 총 57학기에 달한다.[24)]

30년이 넘는 긴 세월 총신의 교수로 재직한 최홍석 교수의 주된 공적 사역 분야는 신대원 / 신학원에서 조직신학을 강의하며 장래의 목회 후보생들과 기독교지도자들을 길러낸 것이었다. 교수니 당연이 강의를 준비하고 강의하는 것이 주된 사역 아니겠는가 싶지만, 최 교수는 다른 일반적인 교수들과 달리 외부 학회에 나가 발표하는 일도 거의 없었고 (적어도 필자가 아는 한 단 한 번도 없는 걸로 안다), 또는 수련회나 컨퍼런스에 강의나 설교를 하는 일도 많지 않았다. 대외활동을 거의 하지 않으면서 조직신학 과목 강의에 전적으로 매진하였던 것이 최홍석 교수의 공적 활동의 특징이었다.

이제 조직신학 교수로서 최홍석 교수가 어떤 과목들을 가르쳐 왔는지를 확인해 보도록 하겠다. 사실 총신의 교수는 교수의 은퇴와 신규 임용 과정, 안식년 등과 같은 학과의 사정에 따라 가르쳐야 하는 과목은 때때로 변경되기도 했다. 조직신학은 크게 봐서 교의학, 윤리학, 변증학, 현대신학 등으로 구성되며, 교의학 안에는 전통적으로 서론, 신론, 인죄론, 기독론, 구원론, 교회론, 그리고 종말론 등 7개의 과목(loci)으

24 최 교수는 귀국 후, 한성교회에서 교육목사(1984년 2월~1986년 7월)로, 그리고 열린교회를 개척 시무(1992년 6월~1995년 2월)하기도 했다(2015년 5월 6일자로 논자에게 보내온 최홍석 교수의 이메일 답변).

로 구성되어있다. 이 모든 조직신학 분과 과목들 중에 최 교수는 구원론과 현대신학을 제외한 모든 과목들을 가르친 바가 있다.[25] 그러나 그 가운데서도 수 년간 집중하여 가르친 과목들은 신학서론, 신론, 인간론, 교회론, 종말론 등과 같은 과목이었다.[26] 그리고 양지에서 "삶의 체계로서의 경건," "선포와 교의학" 등과 같은 과목을 선택과목으로 개설하여 가르쳤다. 그리고 대학원(석박사 과정)에도 여러 제목으로 강의를 하기도 했으나, 후기 몇 년 동안은 건강상의 이유로 대학원에는 출강하지 않았다. 최 교수는 박사논문 지도를 한 적이 없고, 10여명의 신학석사(Th. M.) 논문을 지도하였다.

최 교수의 모든 강의는 기도로 시작되었다. 필자가 신대원에 재학중일 때엔 "우리가 여기 있습니다."라고 하는 유명한 말씀으로 기도를 시작하시곤 했었다. 또한 찬송가를 한 장 부르자고 하시고, 선곡하신 곡들이 "예부터 도움되시고," "여러해 동안 주 떠나," "후일에 생명그칠 때" 등과 같이 조용하고 때로는 애잔하기까지 한 곡들이 주류를 이루었다. 그렇게 시작된 강의는 해당 주제에 대한 심원한 강의들로 채워졌다. 평소에나 강의시간에나 아이스 브레이킹을 위한 말씀 한 마디 하지 않으시는지라 대부분의 시간이 진지한 신학 강의로 채워졌다. 정말 군더더기 하나 없는 강의의 연속이었다. 물론 그렇게 하기 위해서 끊임없는 연구를 통하여 강의안을 보충해 나가셨다. 공대출신이라 기계를 잘 다루시면서도 강의안은 대체로 노트에 육필로 쓰셨고, 매년 보충해 나가는 식이었다. 그리고 수업 시간에 때로 질문을 하였다. 최 교수의 강

25 2015년 5월 6일자로 필자에게 보내온 최홍석 교수의 이메일 답변.

26 그 결과 다음과 같은 저술들을 출간했다: 『사람이 무엇이관대』(서울: 총신대학교출판부, 1991); 『신학과 삶』(서울: 총신대학교출판부, 1998); 『교회론-자기 피로 사신 교회』(서울: 솔로몬, 1998); 『인간론-개혁주의신학총서17』(서울: 개혁주의신행협회, 2005);『죽산 박형룡의 삼위일체론』(용인: 목양, 2015). 최 교수는 재직하는 동안 신론 주제에 관련된 20여편에 가까운 논문들을 「신학지남」에 발표해왔다.

의를 들었던 이들의 기억에는 갑작스레 호명을 당하여 질문을 받고 놀란 가슴을 쓸어 내려본 경험들이 떠오를 것이다. 그리고 최홍석 교수는 매 강의마다 주요 참고문헌들을 소개해 주긴 했지만 특정한 책을 교재로 삼는 일은 거의 없었다.[27]

최홍석 교수의 강의 내용은 어떠하였을까? 최 교수는 한 과목을 맡아 강의를 하면 깊은 고민에서 나온 사색과 폭넓은 지식을 전달하곤 했기 때문에 과목의 중반쯤에서 진도가 끝나는 경우가 대부분이었다. 예를 들자면 2014년 1학기 신론강의에서는 예정론을 논의하다가 강의가 끝이 났고, 2014년 2학기 인간론 강의에서는 인간의 구조적인 본성을 논의하는 것으로 강의를 마무리하였다.[28] 그렇게 되면 신론의 경우에는 창조론, 섭리론, 신정론(변신론)에 대한 논의들이 빠지게 되고, 인간론의 경우에는 죄론이 빠트리게 된다.[29] 물론 강의를 깊고 넓게 하면서 진도를 다 나갈수 있으면 더할나위 없이 좋은 일이겠지만, 과목에 따라서는 1시간씩 12~13주, 혹은 2시간씩 12~13주씩 강의를 하게 되는데, 이 제한된 강의 시간을 통해 한 과목(locus)의 진도를 다 나가되 넓이와 깊이를 두루 갖춘다는 것은 실현불가능하다는 것을 필자나 교수들은 잘 이해할 것이라고 생각된다. 따라서 때로 요약적으로 지나가거나 건너뛰면서 진도를 다 나가는 방법을 택하든지, 기초부터 차근차근 폭넓게 다루는 강의를 하다가 진도의 절반에 이르게 되든지를 선택할 수밖에 없다. 분명 최홍석 교수의 강의는 후자의 형태를 취했다.[30]

27 최교수는 칼빈, 바빙크, 핫지 부자, 워필드, 박형룡 박사 등의 교재들을 기본적으로 소개하곤 했고, 기타 그 과목과 관련된 다양한 문헌들을 소개해 주곤 했다.

28 이러한 정보는 강의를 직접 듣고 채록한 총신 원우들의 기록을 열람해 본데서 비롯된 것이다.

29 최교수는 20년 동안 인간론을 가르치고 나서 강의안을 토대로 해서 『인간론-개혁주의신학총서 17』(서울: 개혁주의신행협회, 2005)를 출간했다. 이 교본에 의하면 최 교수의 인간론 강의는 240쪽에서 끝이 난 것이고, 241-496까지는 진도를 나가지 못한 것이다.

30 논자는 최홍석 교수가 1992년 인간론강의시에는 죄론 부분을 과제물로 부과하였던 것을 기억한다.

최홍석 교수의 강의를 상기해 보면 잔잔하고도 또박또박 강의하시던 음성이 귀에 울려운다. 때로는 돋보기 너머로 강의안을 잠깐 주목하기도 하고, 때로는 (예전에 칠판을 쓰던 시절엔) 분필로 힘있게 주요 개념들을 다양한 언어로 판서하기도 했다. 그리고 학생들로 하여금 하나님 앞에서(Coram Deo) 존재함을 각성시켜주곤 했다. 분명 강의 내용이 학생들의 지성속에 전달되었지만, 그보다 더 깊은 울림은 바로 가슴의 울림이었다. 그리고 그의 신학적인 입장은 분명하게 역사적 개혁주의(historic Calvinism)의 터전 위에 굳게 서 있었다.

총신에서 재직하던 중 최홍석 교수는 1995년 초부터 1998년 2월까지 3년간 교수직을 휴직했다. 최 교수는 휴직과 안식년이 합쳐진 것이라고 말한다.[31] 학교 당국의 허락을 받아 박사 논문을 쓰기 위해서 화란으로 다시 돌아간 것이다. 박사논문 연구와 더불어 암스테르담 한인교회의 초청을 받아들여 담임목사직을 수행했는데, 주된 사역은 주일 오전설교와 오후성경공부, 그리고 수요기도회 등에서 설교내지 강의를 하는 것과 필요시 심방을 하는 일이었다.

최홍석 교수의 신학세계

이제 마지막으로 최홍석 교수의 신학적 관심사가 무엇이었는지를 간략하게 개관해 보고자 한다. 이미 앞서 말했지만, 이 글은 최홍석 교수의 삶과 공적인 이력을 개관하는 것을 목표로하여 쓰여진 것이기에 신학적 관심사 혹은 신학사상에 대한 소개는 단지 개관하는 수준에서 그칠 수밖에 없음을 양지해 주기를 바란다. 다만 공적 이력을 소개하면서

31 화란한인교회 홈페이지에 의하면 최 교수는 1995년 6월 18일-1998년 2월 1일 어간에 화란한인교회 담임목사직을 수행했다.

수 많은 논저들을 통하여 공표했던 최 교수의 신학적 관심사를 대략 정리하지 않고 마치는 것도 바르지 않은 것 같아서, 논저들에 드러난 신학적 관심사들을 몇 가지 주제로 정리해 보았다.

신론 연구

최 교수는 캄펜에서 귀국하여 모교 강단에 서게 되었을 때에 신론을 처음 가르쳤다고 필자에게 알려주었다. 그리고 1998년 3년의 휴직을 마치고 돌아온 후부터는 본격적으로 신론을 맡아서 집중적으로 가르쳐왔다(2015년 봄학기까지). 참으로 긴 시간 동안 신론을 가르쳐왔을 뿐 아니라, 또한 신론 주제에 대해 관심을 두고 많은 글들을 쓰기도 했다. 언젠가 필자에게 고백하기를 신론은 형이상학적인 내용들도 많이 포함하고 있어서 가르치기 난해한 과목이라고 했는데, 실제로 2013학년도부터 신론을 가르치고 있는 필자의 입장에서도 조직신학 7개 분과중에서 가장 난해한 과목이 아닌가 생각한다. 그리고 헤르만 바빙크의 말처럼 신학이란 하나님에 대한 지식(cognitio Dei)이기 때문에 신론은 모든 신학의 근간을 이루는 주요 과목이기도 하다. 앞서 언급한대로 최홍석 교수는 바빙크, 벌코프, 박형룡박사의 라인에 따라 가르치되 독자적인 연구를 통한 신론 강의를 전개했으며, 또한 신론 주제에 관련하여 많은 글들을 공표하기도 했다.[32]

인간론 연구

최홍석 교수가 총신에 재직하는 동안 초기부터 후기까지 지속적으로

32 관련 논문들은 후첨된 연구 문헌 목록을 참고하기를 바란다.

가르쳤던 과목은 인간론이다. 최 교수의 표현대로 하면 개혁신학적 인간론(The Reformed Doctrine of Man)이었다. 그리고 가장 초기의 작품도 인간론 전편을 평신도 수준에서 다루는 책이었고, 심혈을 기울여 쓴 후기의 신학 교본도 바로 인간론이었다.[33] 최 교수의 인간론의 정수는 2005년에 출간된 방대한『인간론』에서 확인할수 있겠지만, 교본 출간 전에도 여러 편의 논문을 통하여 인간론적 관심사를 공표하기도 했었다.

최 교수는 평신도를 위한 해설서에서 "인간은 그 자신을 지식의 대상으로 삼을 수 있는 동시에 자신이 그 지식의 주체가 될 수 있는 존재"라는 말로 인간론의 중요성과 관심의 깊이를 언급한다.[34] 그리고『인간론』 저자 서문에서는 자신이 추구하는 인간론의 방향을 다음과 같이 분명하게 밝히기도 했다.

> '인간론'이란 제목을 붙였으나 더 정확하게 표현한다면, '개혁신학적 인간론'이라고 해야 할 것입니다. 신학적 인간론은 일반적인 인간학과 본질적인 차이가 있습니다. 그것은 무엇보다 하나님과의 관계 속에서 인간을 파악하느냐, 않느냐의 문제와 연관됩니다. 개혁신학적 인간론은 비개혁 신학적 전통에 근거를 둔 인간론과는 적지 않은 차이를 드러냅니다. 그것은 무엇보다 인간의 전적인 부패를 받아들이느냐, 않느냐의 문제와 관련됩니다.
>
> 본서는 바울 사도의 가르침을 좇아 인간의 전적 부패 교리를 받아들입니다. 그렇다면 인간은 전적으로 하나님의 은총에 의해 사는 자들일 수 밖에 없습니다. 이처럼 인간 실존의 근본 문제와 하나님의 은총 사이에는 존재론적으로나 인식론적으로 불가분의 관계가 성립됩니다.

33 최홍석,『사람이 무엇이관대』(서울: 총신대학교출판부, 1991)와『인간론-개혁주의신학총서17』(서울: 개혁주의신행협회, 2005). 인간론 교본은 459쪽에 달한다.

34 최홍석,『사람이 무엇이관대』, 12-13.

하나님을 알고서야 인간을 알수 있습니다. 인간을 알고서야 그 은총의 크심을 발견할 수 있습니다.[35]

우리는 이러한 최 교수의 언명들에서 그의 인간론의 분명한 방향을 확인할 수가 있다. 최 교수의 교본은 기본적으로 역사적 개혁주의 저술들을 바탕으로 삼고 있으며, 안토니 후크마의 *Created in God's Image* 나 화란 신학자들의 영향이 분명하게 드러나고 있다. 구성에 있어서도 '원래 상태의 세계'(5부) 속에 인간 창조를 다루고, '타락한 상태의 세계'(6부) 속에서 죄론을 별도로 다루었던 바빙크와 달리 벌코프와 박형룡 박사를 따라서 인간론과 죄론을 포함시키고 있다. 하지만 박형룡 박사처럼 『인죄론』이라는 독특한 표현을 사용하지는 않았다.[36] 최 교수의 주저라고 할수 있을 『인간론』의 목차는 다음과 같다: 제1장. 서론적 고찰, 제2장. 역사적 조망, 제3장. 인간의 창조, 제4장. 인간의 본질, 제5장. 신형상의 여러 이해들, 제6장. 구조적인 본성, 제7장. 언약과 인간, 제8장. 죄와 인간, 제9장. 죄와 죽음, 제10장. 악과 고난. 제11장 표준문서의 입장, 제12장. 죄의 억제, 제13장. 인간과 영성.

교회론 연구

최홍석 교수의 신학적 주요 관심사로서 빠트릴수 없는 것은 바로 교회론에 대한 관심이다. 캄펜신학교를 졸업하면서 쓴 박사 논문의 주제도 "선포(설교)와 성령의 관계"에 대한 것이었고, 1991년에 출간한 첫

35 최홍석, 『인간론』, 5.

36 Herman Bavinck, *Gereformeerde Dogmatiek*, 박태현 역, 『개혁교의학』(서울: 부흥과개혁사, 2011), 2:509–770, 3:25–233; Louis Berkhof, *Systematic Theology*, 이상원, 권수경 역, 『조직신학』(고양: 크리스챤다이제스트, 2001), 387–527; 박형룡, 『교의신학-인죄론』(서울: 한국기독교교육연구원, 1983).

번째 저술의 제목도 『교회와 신학』이라 명명했다.[37] 그리고 오랫동안 교회론을 강의한 후에 강의 내용을 정리하여 1998년에 『교회론』을 출간하기도 했다.[38] 그리고 교회론과 관련하여 다양한 논문들을 발표하기도 했다.[39]

최홍석 교수가 발표한 논문이 약 60여 편인 것을 감안하면, 이렇게 19편이나 교회론과 관련하여 논구하였다는 것은 그의 교회론적 관심사가 얼마나 강렬했는가를 잘 보여준다고 생각한다. 최 교수는 첫 저술의 서문에서 신학과 교회의 관계를 다음과 같이 명시하고 있다.

> 참된 교회와 참된 신학은 결코 나눌 수 없는 관계에 놓여있습니다. 교회 없는 신학이나 신학 없는 교회는 결코 생각할 수 없습니다. 전자의 경우, 신학이 번쇄적 경향으로 흐를 가능성이 커진다면, 후자의 경우, 교회는 그 정체성을 상실하는 위기에 직면하게 됩니다. 이렇게 되면 참된 교회도, 참된 신학도 존재할 수 없습니다. 참된 교회와 참된 신학을 기대한다면, 이 둘은 상보적 관계에 있어야 합니다.[40]

한편 『교회론』에서는 교회가 그리스도의 몸(*corpus Christi*)이며, 머리되신 그리스도와 그의 지체로 연합하여 있는 교회의 관계를 매우 강조하고 있음을 보여준다.

37 Choi, Hong Suk, "Verkondiging en de Heilige Geest"(Doctoraal Scriptie, Kampen Theologische Hogeschool, 1984); 최홍석,『교회와 신학』(서울: 총신대학교출판부, 1991). 후자는 12개의 논문들을 포함하고 있다.

38 최홍석, 『교회론- 자기 피로 사신 교회』(서울: 솔로몬, 1998), 4. 183쪽으로 된 이 교본은 최 교수가 평소 교회론 시간에 다루었던 범위까지만 정리된 것이다. 즉, 박형룡 박사에 의하면 『교회론』은 제1편 교회와 제2편 은혜의 방편 등으로 나누었는데, 최 교수는 제1편에 해당하는 내용만 주로 강의했고 출간된 교본속에서도 그 범위만 다루고 있다.

39 후첨된 연구문헌록을 참고하라.

40 최홍석, 『교회와 신학』, 5.

> 교회는 이 생명의 근원이신 예수 그리스도께 연결되어 있는 지체들입니다. 이들은 하나의 몸을 이루고 있습니다. 원래 하나님의 계획 가운데 하나의 몸으로 부름을 받았습니다. 생명에로의 투항, 그리고 그 생명에 의한 결속, 이는 그리스도 교회의 신비입니다. 이 신비가 머무는 믿는 자들의 공동체, 곧 교회야말로 온 인류가 두려워하는 미래를 극복할 수 있는 힘의 발원지입니다.[41]

이러한 분명한 교회론적 확신에 근거하여 최 교수는 교회론에 관련된 다양한 주제들(본질, 갱신, 직분, 예배, WCC 등)에 대한 논저를 출간했을 뿐만 아니라, 실제로 기회가 닿는대로 교회사역에 투신하기도 했다.

다른 신학적 관심사들

이상에서 개관한 신론, 인간론, 교회론 등이 최홍석 교수가 심혈을 기울여온 세 가지 주요 관심분야였다고 한다면, 그 외에도 다양한 관심사를 표명해 왔음도 사실이다. 신학서론, 그리스도와 연합, 아우구스티누스나 내촌감삼 등과 같은 주제로 여러 글들을 공표했다.

나가는 말

이상에서 31년간 총신대학교신학대학원에서 조직신학 교수로 재직하고 정년퇴임한 최홍석 교수의 삶과 신학세계에 대해서 개관해 보았다. 객관적인 자료들을 토대로 하여 그가 어떠한 신앙적인 배경에서 성장했

41 최홍석, 『교회론』, 4.

으며, 총신과 화란 유학 기간 동안 어떠한 전통의 신학을 학습하게 되었는지에 대해서 재구성해 보려고 노력했다. 또한 총신에서 교수로서 지낸 긴 세월의 특징적인 면모들도 몇 가지로 정리해 보았다.

최홍석 교수는 고신의 본고장인 거창의 고신교회에서 신앙교육을 받고, 거창고등학교에서 전영창 교장의 영향하에 10대를 보냄으로 그의 신앙 인격적 특성이 분명하게 형성되었다는 점을 주목해 보았다. 지인들이나 제자들이 아는 은사의 모습은 긴 세월을 통하여 형성되었다기보다는 거창에서 지낸 어린 시절의 신앙교육과 학교교육을 통하여 거의 특징적으로 형성되었다는 점을 기억해야 한다. 고신의 철저한 신앙교육, 자아를 숨기고 신본주의적으로, 이타적으로 살고자 하는 삶의 가치관이 이미 그 시기에 다 형성된 것이다.

총신에 입학한 최 교수는 여러 교수들(박윤선 박사, 신복윤 박사 등)을 통하여 개혁주의 신학을 배웠지만, 특히 후일에 장인이 되는 차영배 교수의 영향을 많이 받게 되었다. 차 교수를 통해 화란신학의 중요성도 배우게 되었고, 화란어나 라틴어도 배우게 되었으며, 마침내 화란 유학길에 오르게 되었다. 캄펜에서는 변화하는 신학적 풍조속에서도 역사적 개혁주의를 지향했던 끌라스 루니아의 지도하에 박사 과정을 이수했다. 루니아는 교의학 전공이면서도 실천신학 교수를 하고 있었기 때문에 최 교수는 루니아, 바꺼르, 그리고 오꺼 야허르 등을 통해서 교의신학에 대한 공부도 깊이 할수 있었다.

다시 모교로 돌아온 최 교수는 3년간의 휴직/안식년 기간을 포함하여 31년 반을 가르쳤다. 조직신학의 제 분야를 가르쳤지만, 특히 인간론, 신론, 교회론에 집중하여 가르쳐왔다. 수업은 열정적이고 진지한 강의로 특징지워졌고, 특히 학생들에게 집요하게 질문하여 생각하게 만드는 방식도 택했다. 사실 자신을 늘 절제하고 살기에 가까이 다가서기 어려울 것 같으나 제자들로서는 자석에 끌리듯 가까이 다가가고 싶은 매력을 가진 은사이셨다. 수 많은 학생들에 대한 세심한 관심, 격려와 기도의 지원을 아끼지 않으셨다. 감추려고 해도 감추어질 수 없는 산위의 동네와 같은 묘한 분이셨다. 늘 자신이 하나님 앞에 선 부족한 인간임을 의식하면서 겸손하게 자세를 취하며, 자신의 맡겨진 소임을 다하다 정년퇴임을 하게 되는 최홍석 교수의 산 모범은 두고 두고 진한 여운으로 남아있게 될 것이라고 사료된다.

저서 『삼위일체론』

죽산 기념강좌 발제

은퇴 예배 설교

연구 목록

● 학위 논문

박사 논문 - "*Verkondiging en de Heilige Geest.*" Doctoraal Scriptie, Kampen Theologische Universiteit, 1984.

● 저술

『교회와 신학』, 서울: 총신대학교출판부, 1991.

『당신의 말씀은 진리니이다-교의학의 원리와 방법』, 서울: 총신대학교출판부, 1991.

『사람이 무엇이관대』, 서울: 총신대학교출판부, 1991.

『신학과 삶』, 서울: 총신대학교출판부, 1998.

『교회론- 자기 피로 사신 교회』, 서울: 솔로몬, 1998.

『성령행전』, 서울: 솔로몬, 2000.

『인간론-개혁주의신학총서17』, 서울: 개혁주의신행협회, 2005.

『죽산 박형룡의 삼위일체론』, 용인: 목양, 2015.

『존 머리를 통해 본 기독교 복음 선포』, 용인: 목양, 2015.

● 논문

카이퍼의 교회관 연구(Ⅰ) 카이퍼의 교회본질 이해, 『신학지남』 53(3), 1986. 9, 40-58.

교회갱신과 직분, 『신학지남』 54(1), 1987. 3, 105-118.

하나님의 형상에 관한 소고, 『신학지남』 54(3), 1987. 9, 114-130.

Created in God's Image, 『신학지남』 55(1), 1988. 3, 196-203.

칼빈의 신형상론, 『신학지남』 57(3), 1990. 9, 128-152.

말씀과 성령, 『신학지남』 57(4), 1990. 12, 116-130.

교리학적 관점에서 본 설교의 본질과 실제, 『신학지남』 58(3), 1991. 9, 69-97.
창조질서의 보전을 위한 개혁신학적 접근, 『신학지남』 59(3), 1992. 9, 119-138.
현대 교의학에서의 천년왕국과 종말 -현대 교의학의 동향과 관련하여- , 『신학지남』 59(4), 1992. 12, 7-48.
총신 신학교육의 자리매김, 『신학지남』 61(4), 1994. 12, 180-193.
치유에 대한 신학적 이해 -귀신들림과 관련하여-, 『신학지남』 61(2), 1994. 6, 82-111.
H. Bavinck의 삼위일체론 , 『신학지남』 65(2), 1998. 6, 110-132.
죄에 대한 개혁신학적 이해 -전가 원리에 핵심을 두고-, 『신학지남』 65(3), 1998. 9, 242-269.
그리스도와의 신비적 연합-그 성경적 의미-, 『신학지남』 65(4), 1998. 12, 157-190.
죽음, 그 이후 -기독교 장례문화의 이론적 근거 제공을 위한 논의-, 『신학지남』 66(1), 1999. 3, 46-82.
교회갱신의 은총과 책임, 『신학지남』 66(2), 1999. 6, 159-176.
내촌감삼의 교회 이해, 『신학지남』 66(3), 1999. 9, 73-101.
21세기 교회의 방향-우선적 관심을 찾는 문제-, 『신학지남』 67(1), 2000. 3, 146-163.
성경적인 교회론 정립을 위한 규범 연구, 『신학지남』 67(4), 2000. 12, 142-156.
신비적 연합(Unio Mystica)에 대한 헤르만 바빙크의 견해, 『신학지남』 67(2), 2000. 6, 38-63.
The Christian View of Man에 나타난 메이첸의 인간 이해, 『신학지남』 68(3), 2001. 9, 248-276.
아우구스티누스의 Enchiridion에 나타난 '지혜', 『신학지남』 68(4), 2001.

12, 188-224.
내촌감삼의 삼위일체론, 『신학지남』 69(1), 2002. 2, 81-119.
웨스트민스터신조를 통해 본 장로교 신앙의 인식론적 특징, 『신학지남』 69(2), 2002. 6, 7-28.
도르트신조에 나타난 TULIP 교리의 정당성과 선교적 함축 -전적 무능력과 무조건적 선택교리를 중심으로-, 『신학지남』 69(3), 2002. 9, 144-181.
內村鑑三의 예정교리 이해, 『신학지남』 70(1), 2003. 3, 33-82.
기독교 예배의 구원사적 고찰, 『신학지남』 70(2), 2003. 6, 41-71.
죽음의 정의와 뇌사(腦死), 『신학지남』 70(4), 2003. 12, 36-74.
유아세례(幼兒洗禮)의 신학적 정당성, 『신학지남』 71(1), 2004. 3, 40-82.
Overcoming Trends of Legalism, Chongshin Theological Journal 9/1 (2004. 4.) : 3-24.
Hermann Bavinck의 일반은총론에 대한 신학적 재조명-성경적 근거 제시와 관련하여 , 『신학지남』 71(2), 2004. 6, 7-43.
Hermann Bavinck를 통해 본 로마교의 이원론, 『신학지남』 71(3), 2004. 9, 9-33.
하나님의 인도하심에 대한 개혁신학적 이해, 『신학지남』 72(2), 2005. 6, 85-104.
Hermann Bavinck가 본 종교개혁의 이원론 극복, 『신학지남』 72(3), 2005. 9, 64-91.
신비적 연합(Unio Mystica)의 객관적 측면에 대한 칼빈의 견해, 『신학지남』 73(1), 2006. 3, 31-59.
하나님의 형상에 관한 존 머리의 견해, in 서철원 박사 은퇴기념 논총위원회. 『성경과 개혁신학 : 서철원 박사 은퇴 기념 논총』, 서철원 박사 은퇴기념 논총위원회 편, 서울 : 쿰란출판사, 2007: 285-312.
선(善)에 대한 아우구스티누스(Augustinus)의 견해, 『신학지남』 76(2), 2009. 6, 7-37.

세계교회협의회(WCC)의 교회관에 대한 성경적 비판, 『신학지남』 78(3), 2011. 9, 102-144.
성격적 에큐메니즘(Ecumenism)에 대한 Cornelius Van Til의 이해, 『신학지남』 310, 2012. 3, 30-63.
「神學指南」 창간호에 나타난 교의학적 자료의 신학적 내용분석, 『신학지남』 312, 2012. 9, 13-46.
섭리신앙(攝理信仰)의 신학적 함축, 『신학지남』 314, 2013. 3, 11-55.

이상웅 교수

계명대학교 철학과 졸업 (B. A.)
총신대학교 신학대학원 졸업 (M. Div.)
화란 암스테르담 자유대학교 신학부 박사과정 수학
총신대학교 일반대학원 (Th. M., Ph. D.)

대구 산격제일교회 담임목사
대신대학교 전임강사
총신대학교 신학대학원 조직신학 교수
한국개혁신학회 2020년 학술상 수상

저서_『개혁주의 종말론에 기초한 요한계시록 강해』, 서울: 솔로몬, 2019.
『박형룡신학과 개혁신학 탐구』, 서울: 솔로몬, 2019.
『마르틴 루터의 생애와 신앙고백』, 서울: 솔로몬, 2019.
『조나단 에드워즈의 성령론』, 서울: 솔로몬, 2020(= 부흥과개혁사 2009).